翟广顺◎著

山东(青岛)大学史:1929-1958

The History of Shandong(Qingdao) University:1929–1958

中国海洋大学出版社
·青岛·

图书在版编目(CIP)数据

山东(青岛)大学史:1929-1958 / 翟广顺著.—青岛:
中国海洋大学出版社,2021.12
ISBN 978-7-5670-2720-6

Ⅰ.①山… Ⅱ.①翟… Ⅲ.①山东大学—
校史—1929-1958 Ⅳ.①G649.285.23

中国版本图书馆 CIP 数据核字(2021)第 004019 号

出版发行	中国海洋大学出版社		
社　　址	青岛市香港东路 23 号	**邮政编码**	266071
出 版 人	杨立敏		
网　　址	http://pub.ouc.edu.cn		
电子信箱	cbsebs@ouc.edu.cn		
订购电话	0532-82032573(传真)		
责任编辑	纪丽真　赵孟欣	**电　　话**	0532-85902469
印　　制	青岛国彩印刷股份有限公司		
版　　次	2021 年 12 月第 1 版		
印　　次	2021 年 12 月第 1 次印刷		
成品尺寸	170 mm×240 mm		
印　　张	32.75		
字　　数	606 千		
印　　数	1~1000		
定　　价	129.00 元		

目　录

导　论 ……………………………………………………………… [1]

第一章　选址与筹建：1922—1930 ………………………… [13]

第一节　国土重光与青岛"天然文化中心点"的定位 …………… [13]

一　中华教育改进社济南年会与陶行知的提案 ………………… [14]

二　岛城官绅的企盼与教育部员李贻燕的报告 ………………… [18]

第二节　历史际会与应运而生的私立青岛大学 ………………… [22]

一　高恩洪的创举与地方大学融资机制的确立 ………………… [22]

二　宋传典的疲惫应对与民营高校董事会体制 ………………… [30]

第三节　山东大学选址与国立青岛大学的筹建 ………………… [40]

一　舶来的大学区制与省立山东大学的短暂办学 ……………… [40]

二　"五三济案"与不克筹办的国立山东大学 ………………… [45]

三　蔡元培、蒋梦麟等国立青岛大学的谋划与筹备 ………… [49]

第二章　夯基与中兴：1930—1932 ………………………… [57]

第一节　杨振声的教育理念与整肃规范的校政体系 …………… [57]

一　校长报告、演词与"校长之上"的校务会议 ……………… [58]

二　三度改订的院系设置与两次颁行的学则规制 ……………… [63]

三　平权制衡的教务处、总务处、秘书室和图书馆 …………… [70]

第二节　寓青大学名师职业模式与学术研究氛围 ……………… [75]

一　闻一多、梁实秋等文科教员及其作家型学程 ……………… [76]

二　黄际遇等理科教员群体及其课程与教学 …………………… [84]

三　黄敬思等的教育学院与文理学院辅系课程 ………………… [92]

四　名家演讲会、科学年会与中基会"莎译"项目 …………………… [99]

第三节　教授作家的创作与斑驳的学府文化空间 ………………… [106]
一　大学作家群体的形成与闻诗《奇迹》及其他 ………………… [106]
二　"左联""剧联"组织及"海鸥剧社"的活动 ………………… [112]

第四节　中共地方组织的学运方针与两年三次学潮 …………… [116]
一　褫夺学籍、勒令退学引发的"反甄别"罢课 ………………… [117]
二　校内反日救亡活动与"赴京请愿"权的夺取 ………………… [120]
三　抵制学分淘汰制及非常学生自治会的斗争 ………………… [127]

第三章　易名与勃发:1932—1936 …………………………………… [136]

第一节　赵太侔的治校方略与积极努力的校政格局 …………… [136]
一　老资格的国立山大筹委与稳妥的承续履新 ………………… [137]
二　秘书长、教务长、训育主任与"3+1"组合 ………………… [140]

第二节　趋于综合性大学的院系设置与教学科研 …………… [144]
一　文理学院的创制与理主文辅的办学倾向 ………………… [144]
二　工学院的土木、机械专业与实践性教学范式 ……………… [165]
三　草创中的农学院与山东乡村建设运动的离合 ……………… [172]

第三节　文艺、科学、体育社团与繁荣的校园文化 …………… [177]
一　老舍、臧克家等的文学创作与张煦等的理论成果 ………… [177]
二　王恒守等的自然科学研究与校内外学术报告会 …………… [185]
三　《励学》《科学丛刊》等自办期刊与校园社团活动 ………… [190]
四　宋君复的奥运情结与大学竞技性体育赛事 ………………… [196]

第四节　资金短缺下的场馆设备与毕业生质量 …………………… [201]
一　基础设施建设与部省办学主体及经费博弈 ………………… [201]
二　自主招考制度配置与精英化的高产出现象 ………………… [207]

第五节　抗日爱国热潮与青岛1935—1936年学生运动 ………… [214]
一　抗战社会动员与国立山东大学地下党的活动 ……………… [215]
二　1936年青岛元宵节事件与赵太侔被迫辞职 ………………… [219]

第四章　曲折与断裂:1936—1945 …………………………………… [229]

第一节　林济青的治校方针与特殊时期的教育施策 …………… [229]
一　敦促受命的林济青与共同担责的校政制度 ………………… [230]
二　三院八系建制与名师流失后的传统转续 …………………… [232]

第二节　益自奋励的教学生态与斐然的科研成果 …………………… [238]

一　课程教学责任制与教务考试成绩的优化 ……………… [239]

二　生物化学馆室建设与特色化的学术研究 ……………… [246]

三　大学体育的竞技标准化与军事训练的强化 …………… [253]

第三节　抗战时局与山大校园内外的政治动向 ………………… [258]

一　抗战援绥"劳军"与西安事变的应对之策 …………… [258]

二　联青悼念鲁迅与"民先"山大队部的成立 …………… [261]

第四节　七七事变后的因应开学与内迁失败停办 …………… [265]

一　消极防御下的新学年与举棋不定中的仓促内迁 ……… [266]

二　脱长衫打游击的留青学生与青岛党组织的恢复 ……… [271]

三　多变颠沛的校产迁贮与此起彼伏的复校呼声 ………… [277]

第五章　复员与赓续：1946—1949 ……………………………… [283]

第一节　因战胜利的复员大计与扑朔的复校困局 …………… [283]

一　不无悬念的人事校址之争与先期校产接收 …………… [284]

二　赵太侔走马回任与停办 8 年后的复学准备 ………… [290]

第二节　复校院系扩容与战后大学专业取向 ………………… [300]

一　文学院失衡的中、外文系与止步规划的历史系 ……… [301]

二　理学院专业结构改革与部批海洋教科系所 …………… [307]

三　农学院的农园传统专业与首创大学水产学系 ………… [320]

四　工学院的土木、机械专业与新增电机工程学系 ……… [326]

五　医学院西医课程本土化与医护卫教体系的初构 ……… [332]

六　纳入训导体制的体卫组与不计学分的体育课程 ……… [338]

第三节　战后新思潮下的校政管理与多样化的社团 ………… [343]

一　部令修正的《学则》与招生考试等教务管理 ………… [344]

二　内战硝烟中的大学学术与多有框限的学生活动 ……… [353]

三　训导制下的学生自治会与进步学生的社团组织 ……… [361]

四　教职员中的新群体与争待遇权罢教的教授 …………… [365]

第四节　反美倒蒋运动与黎明前的校园地下风云 …………… [374]

一　接连不断的反美行动与 1947 年"六二"学潮 ……… [375]

二　抗议"特刑庭"拘捕学生与反迫害争自由斗争 ……… [382]

三　1949 年房争风波与水产学系借读及护校运动 ……… [386]

第六章　重生与动迁：1949—1958 …………………………… [396]

第一节　军事接管小组与校务委员会的接办改造 …………… [396]

　　一　军管会莅校接管与王哲、罗竹风的方针策略 ················· [397]

　　二　丁燮林、华岗校务委员会与军管后的校政变迁 ············· [401]

　第二节　华东大学来青合校与新型社会主义大学目标 ············· [411]

　　一　华东军政委员会的合校意图与华岗的校政重组 ············· [412]

　　二　晁哲甫接任与教育同生产劳动结合方针的贯彻 ············· [422]

　第三节　丰硕的教科研成果与批判争鸣型学风的形成 ············· [429]

　　一　"冯陆高萧""八马同槽"与鲁迅研究的开启 ············· [429]

　　二　加强理科的办学方向与海洋特色专业的崛起 ············· [438]

　　三　师法苏联的教学改革与《文史哲》等学刊创办 ············· [445]

　第四节　知识分子思想改造运动与校园政治斗争 ············· [458]

　　一　"三反""肃反"等政治运动与华岗等悲剧性案件 ············· [458]

　　二　1957年反右斗争扩大化与"大跃进"中的教育革命 ············· [467]

　第五节　几度变更的高校调整政策与回迁济南行动 ············· [475]

　　一　1952年院系调整与1956年医学院的独立建制 ············· [475]

　　二　刘椽奉派郑州异地建校与成仿吾的济南动迁 ············· [484]

附　录　山东(青岛)大学大事记 ·················· [491]

参考文献 ·················· [513]

后　记 ·················· [517]

导　论

　　山东大学在青岛的办学历史,是山东乃至中国教育史上值得倾力书写的论题。由是须从近代中国政治中心南北播迁、山东文化地图东西转移和青岛"天然文化中心点"①的定位上讨论,且须观照一连串历史人物与事件,以及一系列迁址、易名、改组、重建等问题。这是中国近代历史特性在教育上的反映,折射的是城市与大学、政治与教育、官府与学府诸多错综复杂的关系。

　　就济南、青岛地理空间而言,山东(青岛)大学史是一部你中有我、我中有你、共生依存的关系史。国立山东大学作为一个办学实存,必然前溯到山东大学堂及其衍化的省立山东大学。1928 年在济南定名并筹备的国立山东大学,因时局等原因易地青岛而更名为国立青岛大学。作为青岛高等教育历史起点的青岛特别高等专门学堂,曾有动议落户济南,由于德国政府无意改变办学初衷而最终定位青岛,但却因 1914 年日德青岛战争而中断。1923 年日本在"鲁案"谈判中提出在青岛筹建商科大学,据说是受了美国欲在青岛开办大学的刺激。1924 年私立青岛大学(中国海洋大学前身)借助中国政府收回青岛之际得以开办,其虽短暂,却为国立山东大学东移选址奠定了物质基础。

(一)

　　山东大学堂是山东地方官府举办的第一所高等学府,也是国立山东大学的历史源头。

　　清朝末年,民族危机和社会矛盾空前加剧。经历了八国联军之役和"庚子赔款"屈辱的清政府方体悟到,"人才为庶政之本,作育人才,端在修明学术"。改革封建传统教育,推动中国教育近代化,已经成为中国教育发展的必然趋势。光

---

　　①　李贻燕:《调查青岛教育报告书》,载胶澳商埠督署民政科学务股编《胶澳商埠教育汇刊·附录》第 122 页,1924。

绪二十六年十二月初十(1901 年 1 月 29 日),以慈禧太后为首的清廷统治者在王朝末日阴影的强烈刺激下,于逃陕避难途中以光绪皇帝名义颁布变法谕旨,其命题之一是"如何而人才始盛"①。在由两江总督刘坤一领衔、湖广总督张之洞主稿的《江楚会奏变法三折》等一系列教育改革奏章的倡议下,9 月 14 日,光绪帝谕令"除京师已设大学堂,应行切实整顿外,着各省所有书院,于省城均改设大学堂"②。正在府邸休假的山东巡抚袁世凯看到皇帝的"兴学诏书",基于此前与登州文会馆的种种"交谊",他意识到先人一步创办大学的时机到了。袁世凯随即销假返回济南,组织人员起草了山东试办大学堂暂行章程折稿,于 11 月 4 日上奏朝廷。

袁世凯的奏陈开宗明义,"国势之强弱,视乎人才。人才之盛衰,原于学校。诚以人才者立国之本,而学校者又人才所从出之途也",并奏称"迨臣假期将次届满……当即钦遵,通饬各属一律举办。并筹赀择地,先于省城改设大学堂,以为之倡"。③ 这道奏折共计 4 章、96 节、约 1.4 万字,详述了学堂制度、条规、课程及经费筹措办法,为学堂的专斋、正斋、备斋设置及如何创办省城大学堂提供了规章依据。袁世凯在中国大学肇始之际便率先奉上了一个具有中国地域特点的章程范本,抢了地方大学堂开办之先机。11 月 16 日,光绪帝朱批:"知道了。政务处暨各该衙门知道,单并发。"学部大臣张百熙遂将山东大学堂办学章程转饬各省,要求仿照举办。

此时,因"庚子事变"创办于 1898 年的京师大学堂尚未复校,山东大学堂便成为一枝独秀的官立大学堂。在清廷照准的当月,"山东大学堂"的牌子就挂在

图 0-1 山东大学堂开校教职学员合影

济南泺源书院的门上。泺源书院系雍正年间由都指挥使司旧址改建而成,历经多次重修,斋舍宽敞,藏书丰富,有"其庭殖殖,其舍翼翼,其众济济,其来于于"之称。官立山东大学堂选择济南泺源书院为校址,自有对旧式书院、学宫改造之目的,更有对登州文会馆西方近代大学

---

① 朱寿朋:《光绪朝东华录》,第 4 卷,第 4602 页,中华书局,2016。
② 《大清德宗景皇帝实录》卷之四百八十六,第 7 册,第 419 页,中华书局,1987。
③ 袁世凯:《改设学堂酌拟试办章程折(附章程)》,载《袁世凯全集》第 9 卷第 627 页,河南大学出版社,2013。

教育制度的引进与借鉴,不乏一些新形态的理念组合。尤其是在任用周学熙(一说唐绍仪)为管理总办(校长)的同时,袁世凯聘登州文会馆"物望素孚"的美国人赫士(Hayes)为总教习,并延聘中西教习50余名。课程尊"课士之道,礼法为先",授以中国经史,还有社会科学、自然科学和外国语等20多门,初具近代正规高等学校的体制和规模,其"中西融通"的办学理念既是对盛行的"中体西用"观的实质性突破,也是对"西学体用"论的必要矫正。只是,官立山东大学堂正式开学之前,袁世凯已于1901年11月7日奉命署理直隶总督兼北洋大臣,离开济南去了保定,但清廷仍在11月25日的颁令中褒扬袁世凯的做法:

> 查袁世凯所奏山东学堂事宜及试办章程,拟先于省城立学堂一区,分斋督课。先从备斋正斋入手,俾初学易于造就,渐有师资,再行次第推广。其教规课程参酌中西,而淳淳于明伦理循礼法,尤得成德达材本末兼资之道,着政务处即将该署督原奏并单开章程,通行各省,立即仿照举办,毋许宕延。①

由于山东大学堂遵循清廷"兴学诏书"的精神,又着近代中国大学教育之先鞭,必然成为各省地方学堂发端的样板。在1902年,先后有江苏、浙江、福建、甘肃、陕西、广西、四川、广东、贵州、安徽、湖南等省区发布改省城书院为大学堂的报告。许多地方督抚、学政直言不讳地称本省学堂"课程、等级、班次,不外山东章程",或称"仿照山东学堂规制"②变通办理。可见,袁世凯主导制定的山东大学堂章程对中国传统教育体制的现代转圜,具有普遍的指导作用。不过,山东大学堂在初始办理中由于"专斋"生员"一时无所取材,故虽有大学堂之名,暂不立专斋之课",仅设置了相当于小学的"备斋"和相当于中学的"正斋"。官立山东大学堂300名生员的定额,以及所提出的"为天下储人才,为国家图富强"的人才观必然导致对生源质量的要求,然而科举的存在让读书士子心存犹豫和侥幸,阻碍了中国现代大学的继续发展。③ 1901年,陶模、张之洞、刘坤一、袁世凯、余联沅、李兴锐、王之春等封疆大吏分别上奏清廷,提出变通甚至停止持续了近1300年的科举取士制度。

袁世凯离任后,周馥、杨士骧继任鲁抚,皆积极发展山东大学堂,1904年在济南城西杆石桥路北购地140余亩,修建了2700多平方米的校舍和900多平方

---

① 《光绪二十七年十月十五日上谕》,载朱有瓛主编《中国近代学制史料》第1辑下册第777页,华东师范大学出版社,1986。

② 《光绪二十八年正月二十八日河南巡抚锡良学政林开谟奏设立学堂情形折》,载朱有瓛主编《中国近代学制史料》第1辑下册第812页,华东师范大学出版社,1986。

③ [美]阿特巴赫、[日]马越彻:《亚洲的大学:历史与未来》,邓红风主译,第37页,中国海洋大学出版社,2006。

米的操场,于同年冬迁入新址。根据《奏定学堂章程》"会通酌改,令归画一"的规定,山东大学堂更名为山东高等学堂,学生分为正科一、二、三类,学制3年。1905年,具有大学教育程度的高等正科(原拟中的"专斋")正式招生。光绪三十一年八月初四(1905年9月2日)清廷批准袁世凯与赵尔巽、张之洞、周馥、岑春煊、端方等"立停科举"的奏请后,1906年山东高等学堂又将正斋、备斋改为"预科",更具近代大学的规制。为适应清末"新政"对政府官员和各类实用人才的需求,山东还创办了山东省城官立法政学堂(1906)、山东官立高等农业学堂(1906)、山东优级师范选科学堂(1907)、山东优级师范学堂(1910)、山东法律学堂(1910)等数所高等专门学堂。其中,山东优级师范选科学堂和山东优级师范学堂成为近现代山东高等师范教育大发展的前奏。1910年,山东共有文科25人、理科27人毕业,这是山东自己培养的第一批高等师范毕业生。[1] 山东高等学堂呈现出多学科、多门类的综合性发展特点。

事实上,清末"新政"最富积极意义的就是教育改革。清政府意识到"需要一种西式公立学校制度"[2]解决"庠序无才士"的困惑。因此,清末教育改革催生了山东大学堂,大学堂的成立带动了清末教育改革。1911年按照"壬子癸丑学制",山东高等学堂更名"山东高等学校"。民国实行全国设大学区、各区中心城市设大学、各省设专门学校的体制,山东因隶属中心城市北平,山东高等学校于1914年停办。山东大学堂建校14年,共培养了770多名具有现代科学知识的人才,其中高等正科共有七届232名毕业生[3],去欧美和日本留学的有59名。显然,山东大学堂对推动山东留学教育发挥了桥梁作用,使得山东在中国近代留学运动表现平平的面貌得以改观。

山东高等学校遵章停办后,根据民国教育部《专门学校令》,教师和学生分别转入山东法政、工业、农业、商业4所专门学校。1915年山东医学和矿业传习所相继建立[4],后来均发展成专门学校。以上6所专门学校在山东高等教育史上具有承前启后的作用,其中山东公立法政专门学校合并了1906年设立的官立法政学堂(第一法政学校)和成立于1910年的法律学堂(第二法政学校),使用的是停办的山东高等学校的校舍;时有学生1118名,年经费达7.6万元,是6所专门学校中学生最多、经费最充足的学校。1916年易名的山东省立医学学校,于1920年改为山东公立医学专门学校,校址在济南北园白鹤庄。1920年由山

---

① 栾开政:《山东高等教育发展史(1840—2000)》,第22页,山东教育出版社,2003。
② [美]费正清、[美]刘广京:《剑桥中国晚清史(1800—1911年)》,下卷,中国社会科学院历史研究所编译室译,第438页,中国社会科学出版社,1985。
③ 褚承志:《山东高等学堂》,载《山东文献》第1卷第2期,1975年9月。
④ 山东大学档案馆:《山东大学大事记(1901—1990)》,第15页,山东大学出版社,1991。

东矿业传习所易名的山东公立矿业专门学校,设在济南东关,至 1926 年前后毕业本科 6 班、82 名学生。① 山东公立农业专门学校,其前身是 1906 年成立的官立高等农业学堂。时任署理山东巡抚吴廷斌认为,发展实业应以农学为先,"无农学以阐明物理,实不足以宏教育",举办高等农业学堂实有"探各国富强之源,浚中土未有之利,化士人空疏之弊,辟农民愚暗之蒙"②等利益。山东官署除在济南东关全福庄建筑校舍外,还以南郊千佛山、马鞍山南麓 5000 亩土地作为实验林场。③ 学校设预科 1 年,开 12 门课程,除一般科目外,设 4 门专业科目;本科修业 3 年,分农业、林学、蚕桑专业,各专业分设普通科目、专业科目及实习三类课程。该校还附设过甲种农业、蚕业讲习所及农业教员养成所。1921 年,该校已有专任教师 27 名,其中教授 10 名。这 6 所专门学校,尤其是山东公立农业专门学校与日后在青岛举办的国立山东大学发生了直接联系。

(二)

青岛特别高等专门学堂是青岛高等教育的历史起点,与官立山东大学堂和山东美、英教会大学形成了对视与对话的东西两极。

1898 年 3 月中德《胶澳租借条约》签署后,德国获得了租借青岛、修筑胶济铁路及开发沿线矿藏的权益,便将山东视为势力范围。军事上的干预、政治上的强权和经济上的牟利势必引发文化上的扩张,1905 年前后德国明显地觉察到美国和英国对山东高等教育办学权的强劲争夺。1864 年美国基督教北长老会传教士狄考文(Mateer)开办的登州文会馆,于 1882 年升格为大学建制。1884 年英国浸礼会传教士库寿龄(Couline)开办的青州中学,于 1886 年定名"广德书院",又于 1887 年开设了大学部。1902 年 6 月,美、英两国议定共同建立一所多宗派的"山东基督教共合大学",由广德书院大学部和登州文会馆正斋合并的文理科,迁至潍县起名为"广文大学"。1904 年,美国、英国及加拿大多个国家的基督教差会又在济南联合开办了"山东新教大学"。显然,德国是海外高等教育扩张的"迟到者",此前德国在德黑兰、巴格达、叙利亚、贝鲁特等东亚地区的殖民教育仅限于"宣传学校"或"广告学校",未曾有创办高等学校的计划。④ 1906 年,

① 山东大学校史编写组:《山东大学校史(1901—1966)》,第 17 页,山东大学出版社,1986。

② 《光绪三十三年十月二十日山东巡抚吴奏设立高等农业学堂折》,载朱有瓛主编《中国近代学制史料》第 2 辑下册第 184 页,华东师范大学出版社,1989。

③ 山东大学百年史编委会:《山东大学百年史(1901—2001)》,第 32 页,山东大学出版社,2001。

④ [德]F.施密特:《关于德国的外国学校的历史》,载 O.比里茨、H.绥德豪夫编《德国的外国学校》,1929。

德国成立了促进德意志在中国的文化工作委员会,力图"采用一种目标明确的、由国家倡议、资助和组织的文化政策来对抗英国和美国主要出于私人传教团体的创意"①,使"德国的知识和德国的精神……贯彻到经济上依赖青岛的腹地之中",德国开始了进一步的殖民教育规划。

1907 年 7 月 9 日,德国外交部国务秘书齐默尔曼(Zimmerman)致函海军署国务秘书提尔皮茨(Tirpitz),转达德国驻华公使雷克斯(Rex)在《德国文化政策备忘录》中提出的在青岛建立德华合办高等学校的意向。其实,齐默尔曼和雷克斯的动议正是提尔皮茨"多年来已考虑过的计划"。在将青岛进一步建设成为"欧洲特别是德国在东亚的文化中心"的图谋上,胶澳督署与海军署没有分歧;但在是否办成提尔皮茨所预谋的"这一野心勃勃的工程"上,两署的意见相左。因为 1904 年 12 月胶澳总督府曾向德国驻华公使馆送达的由中国事务专员施拉迈耶(Schrameier)拟定的 10 年后建设高等学校备忘录。胶澳总督特鲁泊(Truppel)疑虑的是,德国租借胶澳以后,租借地及山东的民众对德国的每一项事业"都充满了不信任";建设一所大学耗资巨大,"德国议会每年给租借地的补贴却日渐减少",胶澳督署"无法承担建设高等学校的费用";此外"一所高等学堂的毕业生在青岛很难找到工作"。② 但是,强势的提尔皮茨一再强调按照"政治上的考虑去做",德国必须用"一种强调纪律的、严格的、深刻的和彻底的德国教育学",来对抗盎格鲁-美利坚式教育实用主义-功利主义"肤浅的"和"自由派的激进性"。③

当然,提尔皮茨深感在青岛举办德华大学必须得到各方力量的支持,这不仅需要德国议会、政府各部及企业界的赞同,而且需要得到中国方面的认可,至少在生源、经费、建校方针上尽快达成共识。《胶澳发展备忘录》有这样一段话:

> 学校的具体组织情况还要与北京教育部、山东省政府和山东邻近各省政府仔细磋商。因为要考虑到,这所学校毕业后应具有北京同类学校的相同学历,无论如何不能使毕业生在这方面遇到麻烦。此外要与中国当局打通关系,保证能从这些省区得到合适的教育对象。④

1907 年 12 月 11 日,德国将在青岛建设华人高等学校的计划告知中国驻德

---

①③ [德]余凯思:《在"模范殖民地"胶州湾的统治与抵抗——1897—1914 年中国与德国的相互作用》,孙立新译,刘新利校,第 282—283、283 页,山东大学出版社,2005。

② Kim C S.*Deutscher Kulturimperialismus in China:Deutsches Kolonialschulwesen in Kiautschou (China) 1898-1914.* Franz Steiner Verlag,2004,S138.

④ 《胶澳发展备忘录(1906 年 10 月—1907 年 10 月)》,载青岛市档案馆编《青岛开埠十七年——〈胶澳发展备忘录〉全译》第 519 页,中国档案出版社,2007。

公使孙宝琦。孙宝琦在 12 月 14 日呈送清廷外务部的报告中转达了德国的办学要求,并使用了"用意甚善""具睦谊"等字眼。在政治上倾向于德国的军机大臣张之洞此时正主管学部事务,德国十分希望利用张之洞大权在握之际促成德华大学的创建。1908 年 2 月 15 日,雷克斯与张之洞举行首次会谈。张之洞有中国"当今第一通晓学务之人"之称,他提出了一系列办学条件,雷克斯随即反馈给德国海军署。4 月,提尔皮茨将德国汉堡大学汉学家福兰阁(Franke)聘至海军署,并委托其以特别委员身份与中方谈判。5 月 29 日,福兰阁与张之洞晤面。对于德国提出的建设德华大学的主张,中国方面议论纷纷,山东官署提出将校址设在济南,对此德方坚决反对。德国人认为,倘若在济南建校,则有违在中国办学的初衷,且不利于德国对学校事务的控制。根据中国的学校条例,只有北京的京师大学堂可以冠以大学名称,其他学堂不准以大学名义办学,双方对德华大学相当于外国大学这一核心问题上互不相让。关键时刻,张之洞一锤定音:德方所称德华大学定名为青岛特别高等专门学堂,校名中的"特别"和"专门"等限定词表明,该学堂必须符合中国的学制规定,且学生"由山东管理学务衙门考选送入"①。一直等到"确认中国的参与发言是绝对平等的而且中国可以在教学内容施加影响,张(之洞)才对学校章程表示认可"②。

　　1908 年 6 月 22 日,学部郎中杨熊祥、陈曾寿受张之洞委派,向福兰阁送交中德合办青岛特别高等专门学堂的对应文本。7 月 9 日,中德双方在青岛议定《青岛特别高等专门学堂章程》。8 月,双方又议定了开办事宜,最终达成的协议确定,中方提供部分教学经费并认可该学堂学历。德方指定的监督(校长)为德国海军署官员、地质学家凯贝尔(Keiper);中方选派的总稽察为记名御史、学部员外郎蒋楷,其职责是考察学堂办法与学堂章程是否一致,呈报中国管理学务衙门备核,并稽查中方教员是否合度,学生功德品行如何,告知监督酌办,且"该总稽察不归监督节制",这就决定了中国可以对学校施加重要影响。双方议定学堂开办费 64 万马克,其中德方提供 60 万马克;年经常费 20 万马克,其中德方支付 13 万马克。当胶澳督署得知德国以占比 94% 的开办费和 65% 的经常费的巨额付出,特鲁泊发表了言辞激烈的批评,尖刻地指责德方过分让步,背离了"这所学校拥有中国皇家高等学府的地位和权限……且只受德国领导"③的初衷和准则。1909 年 10 月 25 日,中国近代第一所中外合办的高校——青岛特别高等专门学

---

　　① 《青岛大学开办有期》,载《教育杂志》第 1 年第 8 期,宣统元年(1909)八月。
　　② [德]余凯思:《在"模范殖民地"胶州湾的统治与抵抗——1897—1914 年中国与德国的相互作用》,孙立新译,刘新利校,第 321 页,山东大学出版社,2005。
　　③ 《胶澳发展备忘录(1907 年 10 月—1908 年 10 月)》,载青岛市档案馆编《青岛开埠十七年——〈胶澳发展备忘录〉全译》第 554 页,中国档案出版社,2007。

堂开学典礼如期举行,此为中西政府间的教育合作开创先河,是中国维护教育主权、有条件出让教育经营权的成功尝试。

青岛特别高等专门学堂实行的是既有法政科、工科、医科、农林科 4 个学科,又有预备班、高等班及中文科 3 个层级这种历史上罕见的三级四科高等教育建制。与官立山东大学堂"专斋"和山东美、英教会大学多以文理和神学的学科设置比较,工科最能显示青岛特别高等专门学堂的特色。美、英在华高校"唯缺工科,如我以办工科为主,就可以同英美竞争"[①]。根据胶澳租借地建设实际、中国国内的应时之需和与益格鲁-美利坚教育竞争的需要,分建设学、机械电气和采矿冶金 3 个专业。青岛特别高等专门学堂的农林科最初定为农业科学系,参照京师大学堂的农科模式仅设农科,而无林科。1907 年 10 月提尔皮茨提交青岛

图 0-2　凯贝尔(着白衣者)在青岛特别高等专门学堂

德华大学计划时,曾建议设立一所农林学校。中德双方经反复磋商,在章程第四条写了"农林科三年毕业,其课程为林学、畜牧法、农圃机器使用法等"[②],农林科才同其他三科一并正式开课。及至 1911—1912 学年冬季学期,农林科已有 2 个班 10 名学生,此时的京师大学堂农科仅有 17 名学生。青岛特别高等专门学堂的生源地包括山东、广东、江苏、浙江、福建、湖南、河北、四川、湖北、安徽、江西、贵州、广西、东北三省共 16 个省份,1910 年入学学生为 145 名,1911 年为 212 名,1912 年达到 336 名,1913 年更是达到 368 名。[③] 1912 年春,一些来自英国在中国学校就学的学生提出到青岛特别高等专门学堂入学的申请。短短三四年的时间,青岛特别高等专门学堂形成了与官立山东大学堂和山东美、英教会大学对视、对话的格局。事实上,由于青岛特别高等专门学堂的建立,德

①　栾宝德:《德国人在青岛办教育的片断回忆》,载《山东文史资料选辑》1982 年第 1 期。

②　《青岛特别高等专门学堂章程》,载朱有瓛主编《中国近代学制史料》第 2 辑上册第 682 页,华东师范大学出版社,1987。

③　《1913 年胶州地区年度报告》,载青岛市档案馆编《胶澳租借地经济与社会发展——1897—1914 年档案史料选编》第 206 页,中国文史出版社,2004。

国在继 1904 年利用青岛港和胶济铁路完成了山东贸易重心由烟台向青岛的转移后，又于 1909 年开始了第二个转移——山东文化教育中心"逐步由济南、青州、潍县、登州等地转而移向青岛"①。1913 年，青岛特别高等专门学堂向中国学部提交的年度报告称：开校 5 年来的各项统计指标显示，学堂已进入生命的旺盛期，校产总值达 177.5 万马克。事实上，青岛特别高等专门学堂的整体办学条件在中国北方地区处于领先水平，已跻身中国名校行列，有关媒体评价称："该堂景象如此，谓之为蒸蒸日上也，谁曰不宜？"②

　　1914 年夏，第一次世界大战爆发，早有觊觎山东之心的日本趁德国无暇东顾之际挑起战争。11 月 7 日，德军投降，青岛被日本占领。青岛特别高等专门学堂被迫停办，校产被日本占领当局没收。青岛特别高等专门学堂存续仅 5 年，共毕业法政科两届和工科、农林科一届约 40 名学生。未毕业希望求学的部分学生由德士烈、白德林等教师带领，转至上海同济德文医工学堂（今同济大学前身）就读。高调开场的青岛特别高等专门学堂，最后是一个令人气短的终局。

（三）

　　日本取代德国侵占青岛、攫取山东权益以后，为抗衡欧美在山东的高等教育势力，试图借"鲁案"善后交涉之际在青岛设立商科大学。

　　1914 年 8 月日本对德开战打的是将德国占领的胶澳租借地"以备交还中国"的旗号，但战后日本不仅毁弃对国际社会的承诺，反而胁迫中国签订"二十一条"，强行控制了山东。青岛的回归问题迟迟得不到解决，旋即演变成举世瞩目的重大问题。1919 年 1 月在法国巴黎凡尔赛宫召开的战后协约会议上，由于日本执意要求继承德国在山东的权益，致使中国代表团收回青岛的外交努力受阻。4 月 30 日，美、英、法等列强召开会议决定：德国将胶州湾租借地、胶济铁路及山东的所有权益让于日本。"巴黎和会"中国青岛问题交涉失利，引发了中国国内轰轰烈烈的五四运动，在北京天安门前的游行队伍中出现了"誓死力争，还我青岛"的标语口号。中国代表在强大的民意压力下拒签《凡尔赛和约》，这一近代中国外交史上的破天荒之举所折射的是"山东是中国的耶路撒冷"，青岛问题遂成中日两国间的重大"悬案"。1921 年 11 月在美国建议召开的"华盛顿会议"上，中国外交官以日渐觉醒的国内民众为坚强后盾，凭借有利于中国的远东

---

① 李厚基：《试谈华德青岛特别高等专门学堂的建立及其作用和影响》，载赵振玫主编《中德关系史文丛》第 221 页，中国建设出版社，1987。

② 《蒸蒸日上之青岛大学》，载《协和报》第 4 年第 3 期，1913 年 10 月 18 日。

国际局势,运用"联美制日"的外交策略和斗争技巧,于 1922 年 2 月 4 日通过中日双边谈判签订了《解决山东问题悬案条约》及《附约》。至此,《凡尔赛和约》关于"鲁案"的决议得到了重要修正,同时为美国插足青岛及山东提供了机会。在中日两国代表按照条约规定进行"鲁案"善后交涉期间,一个由日华实业协会主导的青岛商科大学筹建计划悄然浮出水面。

日华实业协会是 1920 年 6 月成立的自称"以谋求日华两国之亲善",致力于"改善两国国交、增进相互福利"的民间外交组织,网罗了几乎所有与中国经济有关系的日本财团,会长是推崇日本经济对外扩张的金融界、实业界领袖涩泽荣一。9 月,涩泽荣一在协会下一年度"支那教育设施"计划讨论会上,决意在山东、直隶两地选择合适的地方建立一所相当于大学程度的学校,并指定工藤铁男负责选址筹建。是年底,工藤铁男提交了筹建报告,提出"协会自创办之后,多次对中国教育设施做全方位调研,认为稳固与山东的联系",大学的校址选定青岛。工藤铁男的筹建报告既为缓解青岛民众日益高涨的反日情绪,也出于同欧美进行教育竞争的目的,因为据传美国欲在青岛沧口选址建造大学。① 在向中国推行经济扩张中,日、美两国的矛盾日渐突出,美国驻日本大使葛士礼(Guthrie)甚至担心日、美在中国问题上有发生战争的可能性。

关于青岛的大学校址问题,日华实业协会于 1921 年 2 月 3 日同日本青岛守备军司令部签订了租用万年兵营的合同;之后又与民政长官秋山雅之介签订协议,租下了万年兵营附近一块公有土地。② 日华实业协会要求民政署调配学校教室、学生宿舍、办公室及职员宿舍所需物件,并提出接收德租时期与学校教育相关的文化设施。6 月 2 日,《青岛大学建设意见》在青岛正式出笼,分呈日本文部省、外务省及内阁拓殖局。《青岛大学建设意见》以日本经营对华文化事业最权威的机构为定位,为谋求更大的发展空间,希望得到日本政府的支持。鉴于日本在青岛有着巨大的经济利益,开办商科大学较之其他学科大学便宜,故先设商科三年制本科,另设预科二年和一所四年制的附属中学,以此为基础增设其他学科,逐渐建成一所综合大学。

然而,1921 年 11 月召开的"华盛顿会议"无疑给日本欲建的青岛商科大学吹了冷风,涩泽荣一预感到美国人会制造麻烦。1922 年 2 月 2 日,在中日签署解决山东问题"悬案"协议之前,涩泽荣一便在日华实业协会一次高层会议上预言:中日交涉的结果必然是将青岛交还中国,如果日本在山东的权益没有遗留的

① [日]山本一生:《私立青岛大学的创办——以其与日华实业协会关于青岛商科大学筹办计划之间的关系为中心》,杨柳译,载修斌主编《海大日本研究》第 2 辑第 153 页,中国海洋大学出版社,2012。

② 『青岛大学设立に関する件/防衛省防衛研究所/陆军省大日记/欧受大日记/大正 10 年自 6 月至 8 月』,JACAR:ref.C03025228900。

话,必然会有缺憾之感。① 青岛商科大学的设立不期与山东"悬案"相遇,出于遮人耳目和投资扩张的双重目的,日华实业协会决定在青岛设立商科大学的同时,在日本占据的朝鲜半岛济州设立医科大学。

为了抢抓先机,青岛商科大学定于 1922 年 9 月 20 日开校。为此,1922 年 2 月日本成立筹备事务局,3 月 1 日在北京日本语学校开始招生;到 6 月 8 日,中国各省份共有 1340 人报名,其中完成入学注册手续的 468 人。② 在 6 月 7 日中日双方代表齐聚北京展开"鲁案"善后交涉之前,青岛商科大学报名人数有 1300多名,报名人数大大超过了计划招生数。不过,1922 年 2 月 4 日签订的《解决山东问题悬案条约》及其《附约》表明,日本拟定的青岛商科大学校址已纳入交还中国的公产范围,日本如想使用必须通过"鲁案"善后谈判解决。日本外务大臣内田康哉指示日方代表小幡西吉将青岛商科大学问题单列出来交涉。

1922 年 7 月 24 日,小幡西吉在中日交涉会议上向中方代表王正廷提出,希望中国将万年兵营及原防备司令官舍无偿让渡给日方用作青岛商科大学校址。王正廷表示,为纪念归还青岛建设一所大学很有意义,但希望日本能援例美国从"庚款"中列支予以支持。小幡西吉窘得张口结舌,他辩解道:万年兵营已于"去年 2 月 3 日由青岛民政部与日华实业协会签订无偿期限之贷借契约,供其经营商科大学之用。此系基于正当之行政之动作,不能谓为不当。日华实业协会有此种正当之契约权利,应在既得权之列,望中方委员再加考量"③。王正廷当即表示,日本守备军事先未经中国允许就擅自将万年兵营拨给日华实业协会做商科大学校址,违背了"华盛顿会议"解决山东问题的基本精神,何况中国政府对于在青岛建立大学早有计划。可见,在青岛创办大学不只是"鲁案"善后交涉的外交问题,而成为中日文化教育的角逐。谈判呈胶着状态,日本计划青岛商科大学 9 月开学已无可能。涩泽荣一分别于 7 月 31 日和 11 月 3 日电督小幡西吉,务必抓紧推进青岛商科大学事宜。此时,中方向日方明确告知:

> 万年町兵营及原防备司令官舍,因中国拟留作自办青岛大学之用,不能提供青岛商科大学使用。④

为了确保收回期待已久的青岛主权,中方也适度作出让步。11 月 7 日,王

①　「日華実業協会第二回総会議事速記録」『渋沢栄一伝記資料』第 55 卷 190 頁,竜門社,1964。
②　「青岛商科大学学生応募統計表/6 月 8 日現在」『山東懸案解決交渉一件/細目協定関係/公有財産(保有財産、学校、病院)』第 3 卷,JACAR:ref.B07090862700。
③　《鲁案善后月报特刊》,载沈云龙主编《近代中国史料丛刊三编》第 31 辑第 501 页,文海出版社,1987。
④　《公文第三六号》,载青岛市档案馆、青岛市政协文史资料委员会编《中国收回青岛档案史料汇编》下册第 90 页,青岛出版社,2012。

图0-3 日本筹建的青岛商科大学

正廷在交涉会议上承诺,"允对于青岛商科大学,另谋适当解决之法"[1],把德租时期建造的伊尔蒂斯兵营(日称"旭兵营")作为青岛商科大学的校址。伊尔蒂斯/旭兵营虽比俾斯麦/万年兵营规模小,但德军撤退时留有讲桌、铁床、衣柜等物品,足够商科大学之用。对于中方的姿态,小幡酉吉无法拒绝,只得表示"以旭兵营代万年兵营一节可表同意",但他又附加条件,"旭兵营房产包括兵营暨现在这兵营地皮以及附属宿舍在内"[2]。为了如期完成"鲁案"善后交涉,中方同意将此写入《山东悬案细目协定》附件中。王正廷的让步屡被诟病,但在国际强权外交时代,殆一不令弱国作悲观。

1922年12月中国政府收回青岛主权之前,日华实业协会开始在旭兵营筹建青岛商科大学,由今田实任筹备主任,聘请东京高等师范学校教授川村直广为校长。然而,由于日方在"鲁案"谈判中未能达到预期目标,日华实业协会计划的青岛商科大学"筹备年余,迄无具体办法"[3],横滨正金银行则主张放弃支持中国的"文化设施"。1923年9月日本关东地区发生的7.9级强烈地震造成惨重的经济损失,日本因无暇他顾,致使筹建中的青岛商科大学以流产告终。

[1] 《鲁案中日联合委员会会议录(第一部)》,载沈云龙主编《近代中国史料丛刊三编》第31辑第399页,文海出版社,1987。
[2] 《鲁案善后月报特刊》,载沈云龙主编《近代中国史料丛刊三编》第31辑第509页,文海出版社,1987。
[3] 赵琪、袁荣叟:《胶澳志》卷七《教育志》,第986页,文海出版社,1968。

第一章 选址与筹建:1922—1930

山东大学在青岛办学得益于历史际会。私立青岛大学的校舍是办学的基石性条件,省立山东大学的解体成为选址青岛的必然选择。

1922年12月中国政府收回青岛主权后,由中国人独立自主创办青岛高等学府的梦想才有了希望。1922年7月,中华教育改造社济南年会提出了设立青岛大学的提案。1923年教育部员李贻燕提交的《调查青岛教育报告书》,提出了青岛是"天然文化中心点"的有利定位。1924年,北洋政府胶澳督办高恩洪领衔发起成立私立青岛大学,在解决校舍及必要办学条件的同时草创高校官商投资机制。直系败退后高恩洪下野,接任校长的奉系山东省议长宋传典,凭借近代民营高校董事会体制惨淡经营。1928年初,北伐革命军进抵山东,奉系败逃,私立青岛大学经费来源断绝,师生散去大半,学校不得已停办。此时,由于"济南事变",1926年组建的省立山东大学陷于停顿状态,南京政府教育部遂决定在省立山东大学的基础上筹建国立山东大学。但是,由于日军侵占济南和胶济铁路,致使国立山东大学筹备工作不克进行。为解困局,山东省教育厅厅长何思源请来德高望重的蔡元培。蔡元培一改国立、省立大学的设置初衷,力主将山东大学迁至青岛办学。1929年6月,教育部部长蒋梦麟决意将国立山东大学筹委会改为国立青岛大学筹委会,除接收原省立山东大学的设备和生源外,并将私立青岛大学校产、校舍收用,筹建国立青岛大学。① 由于国立青岛大学筹委会及其常务委员会成员的不懈努力,山东大学从济南移址青岛办学终于得以落实。

第一节 国土重光与青岛"天然文化中心点"的定位

中国近代史上的"山东问题",具有内政外交双重意义。由于国人舆论的强

---

① 山东大学百年史编委会:《山东大学百年史》,第51页,山东大学出版社,2001。

大压力和美、英的外交调停,中日"鲁案"善后交涉为青岛回归打开了通道。国土重光必然引来发展高等教育的期盼。1922年7月中华教育改进社主任干事陶行知在济南年会上关于创办青岛大学的提案、1923年教育部员李贻燕的《调查青岛教育报告书》,以及陈干、康有为等人的建议和设想,都为青岛高等学府的建立创造了舆论条件。

一 中华教育改进社济南年会与陶行知的提案

1922年6月中、日两国代表在北京进行"鲁案"善后交涉伊始,国内舆论界关于山东问题的解决之声便汇成洪流。谈及教育问题,阻止日本在青岛文化渗透最强有力的办法,莫过于中国人自办大学。这个问题终于在1922年7月中华教育改进社在山东济南召开的年会上形成了明确的意向。

中华教育改进社成立于1921年12月,时值北洋政府变幻无序、国库财力亏空、地方主义抬头,教育界处于权力真空时期,各种流派的教育社团借助五四催生的思想启蒙运动和美国实用主义教育思想的影响纷纷登上历史舞台。鉴于教育团体一盘散沙、难收全国统一之效,教育共进社、《新教育》杂志社、实际教育调查社3个社团决定合并组建中华教育改进社,推举对中国教育深有影响的美国教育家杜威(Dewey)、孟禄(Monroe)为名誉董事,集合了蔡元培、范源濂、张伯苓、袁希涛、李建勋、黄炎培、郭秉文、熊希龄、梁启超、严修、李石曾等中国知名教育精英,中华教育改进社实有中国"研究教育之中心机关"之名。后来的事实证明,由于中华教育改进社秉承五四新教育运动的基本精神,以"调查教育实况,研究教育学术,力谋教育改进"为宗旨,对促进中国教育科学化、民主化、世界化进程,发挥了积极的作用。

1922年2月7日—14日中华教育改进社在上海举行董事会时,即提出召开第一届年会的地点问题。此时中、日两国代表在"华盛顿会议"刚刚签订了《解决山东问题悬案条约》,迫使日本不得不归还青岛及山东主权,在山东召开年会自然是最理想的选择。1921年11月,北京大学教授张一志将编纂的《山东问题汇刊》呈请蔡元培撰序。作为中国学界泰斗的蔡元培意识到,随着五四运动携来的中国近代激烈的社会革命,西方列强不得不调整外交策略和手段,"华盛顿会议"收益的是以美国为主导的远东太平洋国际新秩序的建立。蔡元培在为《山东问题汇刊》撰写的序言中,肯定此书能够帮助读者"晓然于山东问题之真象,并借以知中国与列强外交之梗概焉"[1]。

---

① 高平叔:《蔡元培年谱长编》,第2卷,第450页,人民教育出版社,1999。

对于首届年会的举办地山东,蔡元培在综合了各位董事的意见后又高屋建瓴地给出了三条理据:第一,在我国地理上,山东实占重要位置;第二,在中国文化上,山东有特别的关系;第三,最近教育思潮的促进,山东也有特别关系。因此"我们在教育界办事的人,觉得顺应这个潮流,是我们的天职。但五四运动,是为山东问题而起。现在山东的问题,虽然解决了一段,青岛还没有完全归回,胶济铁路的赎款还没有筹齐。五四运动实在还没有完成。我们在山东开会,一定有许多新受的激刺,可以传播到教育界去,加一番促进"①。董事会聘定陶行知为主任干事,具体负责社务。第一届年会定在山东召开,在备选的济南、泰安和青岛三地中,"就各方面观察,均以济南为本届年会最相宜之地点"②。为了加强舆论宣传,1922 年 5 月,陶行知与胡适、陈筱庄在共同拟定的年

图 1-1 蔡元培(左三)、陶行知(右三)
与中华教育改进社同人

会规程中进一步强调,中华教育改进社济南年会的目的在于"为引起全国人民注意教育事业,以为改造社会,革新政治之先导"③。蔡元培则在 5 月 4 日撰发的《五四运动最重要的纪念》一文中,扣住山东问题:"五四运动,为的是山东问题。山东问题,现在总算告一段落,但是运动的结果,还不能算完满。"④6 月 4 日,蔡元培在北京大学毕业典礼上再次提出:"惟山东问题,尚不能谓完全解决。……故我以为我等今日一方面固可喜悦,而他一方面倍觉责任之重大,不能不勉力以赴之也。"⑤

1922 年 7 月 3 日,中华教育改进社第一届年会如期在济南召开。有意思的是,此时的北洋政府教育部总长一直空缺。自 1920 年 12 月齐耀珊以内务部总长兼代起,1922 年 4 月国务总理周自齐兼署了两个月,1922 年 6 月 11 日交通部总长高恩洪兼代教育部总长。此时的高恩洪可能想象不到,中华教育改进社济

---

① 蔡元培:《中华教育改进社日刊发刊词》,载《新教育》第 5 卷第 3 期,1922 年 10 月。

② 《中华教育改进社第一届年会筹备报告》,载朱有瓛、戚名琇、钱曼倩、霍益萍编《教育行政机构及教育团体》第 580 页,上海教育出版社,2007。

③ 《济南将开全国教育大会》,载《申报》1922 年 5 月 23 日。

④ 蔡元培:《五四运动最重要的纪念》,载高平叔编《蔡元培全集》第 4 卷第 196 页,中华书局,1984。

⑤ 高平叔:《蔡元培年谱长编》,中册,第 538 页,人民教育出版社,1996。

南年会竟与他两年后到青岛任职扯上了联系。国家教育权力机关无作为,教育社团会议便成为全国性盛会,有来自18个省区的212名代表注册到会(尚有后到未注册的共计366人与会)。盛会莅鲁,自是山东教育界莫大之荣幸,省教育厅厅长齐徵偕熊梦宾、于明信、胡炳辰、杨先瀛、杨寿丰、王承堡、完颜奎祯、朱正均、丛汝珠、孙毓坦、刘曾琯、纪善达、许衍灼、张步月、徐昌言等省立学校校长、学监到会聆听。担任大会主席的蔡元培看到山东到会的代表,夸赞"没有一位不是本社可以互相提携的同志",因此他"很感谢山东教育界诸君"。① 年会开幕式在山东省议会礼堂举行,山东省督军田中玉到会致欢迎词。年会期间,美国俄亥俄大学教授推士(Twiss)应邀到会发表了"科学与教育"演讲。齐徵巧借东风,特意在中华教育改进社济南年会期间举行山东历史博物展览会开幕仪式。7月5日上午,蔡元培、梁启超、黄炎培、袁希涛、张伯苓、李建勋、陶行知等知名人士联翩莅临。

中华教育改进社济南年会与以往"对于教育问题总是笼统的宽泛的去研究"的取向不同,而是实行分组会议讨论议案的办法。为"发扬各组主张的精华","明白年会全部之运动及共同努力之方向",蔡元培提议:"凡在分组会议通过的无问题之各案,可在大会宣读,作为大会通过;其在分组会议未通过而欲交大会公决者,亦可提出讨论。"② 如是,济南年会将讨论高等教育问题的人员专门列为第二组,学界认为此为中国高等教育史上最早的高等教育研讨会。此外,还有初等教育组、中等教育组、义务教育组、职业教育组、师范教育组、女子教育组、图书馆教育组、学校卫生组、教学行政组等,以及按学科划分的公民教育组、童子军教育组、国语国文教学组、数理化教学组、生物学教学组、历史教学组、地理教学组、国民音乐组、体育和国民游戏组等。

7月5日,即济南年会的第三天,陶行知"与王伯秋商议于前、陈容附议于后"③,向年会提交了创办青岛大学的提案:

> 山东为我国文化发源之地,在学术上占重要之位置。自"山东问题"发生,青岛尤为全球视线所集。今值筹办鲁案善后之际,百端待理,需才孔亟。为发展我国固有文化计,为沟通东西文化计,尤不能不设立永久性高等学术机关,以谋改进,而扬国光。应请本会设法造成筹办青岛大学之舆论,俾得早日成立,以为培植高等人材之地。④

---

①② 高平叔:《蔡元培年谱长编》,第2卷,第450、536页,人民教育出版社,1999。
③ 王文岭:《陶行知年谱长编》,第76页,四川教育出版社,2012。
④ 陶行知:《创办青岛大学案》,载《陶行知全集》第1卷第477页,四川教育出版社,1991。

陶行知的《创办青岛大学案》是为期 6 天济南年会收到的 207 件提案之一,因其系高等教育问题,便交由高等教育组讨论。这一提案经讨论通过后又于 7 月 8 日上午提交年会第三次全体学术大会表决,最终成为年会通过的高等教育组 6 项议案之一。① 因此学界公认,在中国近代教育史上第一个提议在青岛由中国人创办大学的是陶行知。

其实,安徽歙县人陶行知此前及其一生从未到过青岛,青岛对他来说只是一个地理概念,陶行知的创办青岛大学议案有着深刻的含义。

首先,在青岛回归之际创办大学,能收"谋改进,而扬国光"之效。五四运动因山东问题而起,而所谓的山东问题说到底是青岛的主权回归问题,在这座历经 25 年德租日占的中国城市创建由中国人主办的高等学府,其意义远非一般城市可以比拟。时值中、日两国进行"鲁案"善后交涉的关键时期,中华教育改进社第一届年会之所以选择在山东召开,并将青岛作为三个备选城市之一,是希望借青岛回归中国政府管辖之际为青岛教育办一件实事。提议创办青岛大学,无疑是对"鲁案"善后交涉的中方代表最有力的支持,又具有遏制日本在青岛实施文化渗透的作用。

其次,青岛"尤为全球视线所集",创办青岛大学有利于东西方教育交流。青岛地处山东半岛和黄海之滨,胶济铁路的开通和海港航线的发达使青岛拥有海陆"丝绸之路"交汇点的区位优势,自然成为世人关注的焦点。美国教育家杜威来华考察期间两次到山东,并在撰文中几次谈及青岛。孟禄在中国进行教育调查,虽未到过山东,他却将济南作为第四调查区,并就中国城市与大学关系提出了"当与社会种种的恶势力开战的时节,大学总是站在战线上当先锋"②的观点。这个看似隐晦的观点却表明:在青岛创办大学可以充分利用开埠即融入国际格局的独特优势,走出一条先锋性、开放型、全球化的大学建设之路。

再其次,中华教育改进社具有"造成筹办青岛大学之舆论"的能量。20 世纪 20 年代中国教育社团之所以繁盛,固有其中国特殊的政治社会格局之背景,但也顺应了近代中国教育变革的客观形势,反映了教育学术发展的内在规律。众多教育社团执着于民族复兴,所坚持的独立自主的地位和超党派、超宗教的立场,所探索和兴举的新教育试验,无一不是近代中国教育的革新之需。中华教育改进社提倡和实践的是民主化、科学化、国际化和本土化的教育,发挥的是中国新教育运动的引擎作用,因而由中华教育改进社倡导在青岛办大学,较易形成广

---

① 《中华教育改进社第一届年会各组议决案题目一览(节录)》,载朱有瓛、戚名琇、钱曼倩、霍益萍编《教育行政机构及教育团体》第 584 页,上海教育出版社,2007。

② [美]孟禄:《大学之职务》,载周洪宇、陈竞蓉主编《旧教育与新教育的差异——孟禄在华演讲录》第 120 页,安徽教育出版社,2013。

泛的社会舆论。

7月8日下午,在中华教育改进社济南年会完成全部预定会务后,蔡元培发表了告别词,他语重心长地对与会人员说:"我们很希望诸君对于我们会议的结果,选出千虑中的一得,提倡施行。尤希望诸君时时赐教。"①

中华教育改进社济南年会共通过109件议决案。陶行知在8月20日起草的《中华教育改进社第一次年会报告》的序言中称:"这次年会可以看到的重要结晶体,就是所通过的议决案。"②9月6日,陶行知代表中华教育改进社将济南年会通过的议决案,一并递交教育部。

二 岛城官绅的企盼与教育部员李贻燕的报告

中华教育改进社通过的陶行知关于创办青岛大学的议决案能否落实,既取决于政府的决心,亦有赖于教育部的动议,而青岛官署及当地社会贤达的意愿和作为也是不可或缺的因素。

青岛回归前夕,1922年11月14日,"鲁案"善后交涉中方代表王正廷根据"华盛顿会议"解决山东问题条约,将拟定的《胶澳商埠暂行章程》呈请北洋政府大总统黎元洪批准。11月18日正式颁布的《胶澳商埠暂行章程》,决定将青岛辟为商埠,设立督办公署,直隶中央政府,由"大总统特派商埠督办一员"③。同时颁布《青岛市施行市自治制令》,成立青岛特别市,青岛由是成为中国第一个由国家法令设立的特别市,时间上比京都(北京)、津沽(天津)、淞沪(上海)和哈尔滨特别市早得多。只是,自治制令之"施行日期由内务总长经由国务总理呈准大总统定之"④的规定,由于军阀混战和高层意见不一,致使《青岛市施行市自治制令》迟迟未能实施。因此,胶澳商埠督办公署一直代行青岛特别市政府的职权。据说由于内阁总理靳云鹏之力荐,11月30日黎元洪颁令:山东省省长熊炳琦兼任胶澳商埠督办。12月9日,熊炳琦由济南抵达青岛。

1922年12月10日,王正廷、熊炳琦与日本青岛守备军司令官由比光卫、民政长官秋山雅之介举行交接仪式,中国政府正式对青岛恢复行使主权。旋即,熊炳琦根据《胶澳商埠暂行章程》的规定,"呈请简派"刘恩源为坐办,并组建秘书

① 蔡元培:《中华教育改进社第一次年会告别词》,载《新教育》第5卷第3期,1922年10月。
② 王文岭:《陶行知年谱长编》,第77页,四川教育出版社,2012。
③ 《胶澳商埠暂行章程(1922年11月18日)》,载青岛市档案馆编《胶澳商埠档案史料选编》(一)第3页,青岛出版社,2013。
④ 《青岛市施行市自治制令(1922年11月18日)》,载青岛市档案馆编《胶澳商埠档案史料选编》(一)第4页,青岛出版社,2013。

处、政务处、保安处、工程处、财务课、交涉课"四处两课"公署机构，及警察厅、发电所、林务局、屠宰场、农事试验场等附属机关。其中，在政务处下设学务科，负责"教育及学术事项"，以及"官立学校、病院之监督、维持事项"。[1] 然而，这一机构设置未及两月便因"财政遂绌"

图1-2 1922年12月10日中日青岛主权交接仪式

"入不敷出"，在1923年3月1日熊炳琦签署的改组令中因政务处改为政务课，学务科也降格为学务股，其职能仅为管理"教育、学术事项，私立学校、图书馆等之监督、维持事项"[2]。据悉，青岛回归伊始，参与"鲁案"善后交涉知晓中日双方拟办青岛大学底细、就任胶澳督办公署高等顾问的陈干，便向熊炳琦进言在青岛设立大学，熊炳琦表示赞同，但因地点、资金等问题，一直未能落实。

此时，早在山东创办曲阜大学意向的康有为来到青岛，在挚友陈干的引荐下会晤了熊炳琦。熊炳琦对康有为热情款待，"隆情芬馥，厚意殷勤"。曾经身家两危、萍踪浪迹的政治流亡者康有为，倦游归来有意在青岛定居，尤其是拟定的"曲阜大学工程宏大，成须累年，故欲就青岛先开预科"[3]。当康有为将这一计划告知陈干时，陈干则建议康有为直接在青岛开办大学，并称"鲁案"善后交涉时预留出的万年兵营可作校址。康有为经过一番勘验，确认万年兵营是理想的办学场所。他在给友人的信中款透心曲："吾拟开一大学于此，就近收得万年兵营（即俾斯麦兵营）为之，亦相距数百步耳。扶杖看云望海之暇，与天下之英才讲学，远胜沪上矣。"[4]康有为在给家人的信中也说："加以有大学办，吾欲在青岛办之，以有现成大学舍也。"[5]

但是，此时万年兵营被担负督理军务善后事宜的北洋陆军第五师占据，要军队迁让办学，康有为自量无能为力，熊炳琦更不肯蹚这摊浑水。接收青岛以来，

---

① 《胶澳商埠督办公署暂行服务规则草案（1922年12月）》，载青岛市档案馆编《胶澳商埠档案史料选编》（一）第24页，青岛出版社，2013。

② 《胶澳商埠督办公署暂行编制规则草案（1923年5月1日）》，载青岛市档案馆编《胶澳商埠档案史料选编》（一）第43页，青岛出版社，2013。

③ 《康有为致潘复》，载张荣华校《康有为往来书信集》第797页，中国人民大学出版社，2012。

④ 李云光：《康有为家书考释》，第46页，香港汇文阁书店，1979。

⑤ 康有为：《与梁随觉书》，载《康有为全集》第11卷第256页，中国人民大学出版社，2007。

熊炳琦因以山东省省长"兼任"胶澳督办，不能常川驻青。坐办刘恩源"到青仅留二日"，又"以就任财长入都，以故负责无人"。《申报》记者曾撰文推测，陈干因在"鲁案"交涉中"与日人折冲樽俎有功"，接任坐办非他莫属，"现正在该埠设法扶植势力"；但山东省财政厅厅长张肇铨因"与督办政见相同，人地尤属相宜"，更具竞争力，"唯就趋势以观"，陈恐"不如张氏也"。[①] 青岛甫收，万事亟待进行，但官员"徒知争名夺利，互相龃龉攻击"，难免引发市民不满，具文请愿、讥评恶评之声沸沸扬扬。据《远东时报》披露，青岛"铁路货车及道路因乏人料理，日就损坏，公共所需之路、电、邮政及自来水、电灯、卫生、警察等均未善加管理，恐不久将绝对不能收拾，而将发生严重之商业、财政顿挫"[②]。焦头烂额的熊炳琦早把陈干的办学提议、康有为的古道热肠抛于脑后。康有为遭遇了熊炳琦的冷脸，辗转求助于熊的后台靳云鹏，"大学之事，幸望留意"[③]。

值得注意的是，在康有为谋划青岛办学之前，教育部已开始了青岛教育考察活动。1923 年 3 月，教育部委派李贻燕专程赶赴青岛调查教育状况。李贻燕（1890—?），字翼庭，福建闽侯人，曾留学日本东京高等师范学校，1918 年出任国立北京高等师范学校图书馆主任，经历了五四新文化运动的洗礼。李贻燕在调查后呈报的《调查青岛教育报告书》中，不仅论述了在青岛创建大学的充分必要性，阐释了青岛教育"尚在幼稚时代"此后大有改良扩充之余地，而且就校址问题提出了具体建议。李贻燕写道：

> （青岛）山明水秀，诚理想的文化都会之唯一候补地。地方教育经费预算之应增加，小学教育、社会教育、职业教育之宜改良增设，固不待言。即中央政府应于青岛设一国立大学，不特可为收回青岛之一大纪念。而齐鲁于中国历史上为圣人邦，阐扬文化，昌明教育，亦国家应负之责任也。

> 青岛为天然文化中心点。德国前此办理大学，其发达成绩即可预知。应予此地设立大学一所，以便各省子弟入学。离政治中心较远，学者可得安心讲学；而学子亦可得安心求学。俾士麦兵营若能拨充，甚为适宜；若从新建筑，则湛山临海一带山麓平地，亦觉宽旷。[④]

李贻燕报告最核心的命题是青岛"山明水秀，诚理想的文化都会之唯一候补地"，是中国北方"天然文化中心点"，具备了举办高等教育机构的所有条件，其

---

① 《青岛归客谈胶澳近况》，载《申报》1923 年 1 月 19 日。

② 《外人评议青岛行政》，载《申报》1923 年 3 月 6 日。

③ 《康有为复靳云鹏》，载张荣华编校《康有为往来书信集》第 703 页，中国人民大学出版社，2012。

④ 李贻燕：《调查青岛教育报告书》，载胶澳商埠督署民政科学务股编《胶澳商埠教育汇刊·附录》第 120—122 页，1924。文字照旧，标点符号由本书作者整理。

显而易见的思想意涵可概括为三个方面：

其一，青岛地理区位优势显著，方便"各省子弟入学"。青岛作为北方著名的港口城市，地处胶济铁路东端，又有港口航运条件，山东境内和华东、华北、华南都可作为生源地，尤其是德租时期青岛特别高等专门学堂的开办，使青岛具有"天然文化中心点"的所有要素。在军阀混战、南北对峙的特殊历史时期，李贻燕特别提及青岛"离政治中心较远"，非兵家必争之要衢，可使学者"安心讲学"，学子"亦可得安心求学"。

其二，青岛回归伊始创办大学，实"为收回青岛之一大纪念"。历经 25 年德租日占殖民统治，青岛

图 1-3 李贻燕

特殊的政治环境和多元化的文化背景呈现出迥异于北洋教育中国近代化的转型过程。宗邦桑梓重光，中国政府在恢复青岛主权伊始即创办由中国人建设、中国人管理的国立大学，不但能扬眉吐气，提振信心，增强民族自豪感；且有肃清青岛"始沦于德，继亡于日"的奴化教育之效，有利于解决青岛商贸发达、教育滞后等顽疾。

其三，在青岛开办国立大学，是"国家应负之责任"。由于"华盛顿会议"解决山东悬案埋下的种种隐患，日本在"鲁案"善后交涉中拼命争夺教育权，李贻燕深知"日本人不特以教育为立国根本，并以教育为殖民武器也"[①]。中国政府在世人瞩目下接收了青岛，百业待兴，但尤应突出教育事业。可见，青岛能否在德租日占之后建起国立大学，不单是教育问题，而是事关民族利益、国家兴旺的大是大非问题。

李贻燕的报告使青岛大学的建立问题有了教育部员的意见，李贻燕关于"青岛为天然文化中心点"一说不胫而走，成为民国时期学人的普遍共识。

但是，办大学需要一大笔投入，晚清以后的债务给北洋政府带来一笔苦涩的"遗产"，作为国家之根本的教育却时时有断炊之虞。据悉，教育部提议仿照德租时青岛特别高等专门学堂中方筹款之例，由教育部和山东、直隶（今河北）三方共同出资。可惜北洋政府忙于内争，时任教育部总长的彭允彝陷入学潮漩涡，腐败的官场无人也无心过问青岛大学的创办问题。

---

① 李贻燕：《调查青岛教育报告书》，载《胶澳商埠教育汇刊·附录》第 116 页，胶澳商埠督署民政科学务股，1924。

第二节 历史际会与应运而生的私立青岛大学

高恩洪出任胶澳督办后,依靠工商大亨的资金支持,凭借个人的政治资源,袭用德俾斯麦兵营建立了私立青岛大学,为"鲁案"善后赢得了硕果。高恩洪将这所大学定为"私立",有避其政治风险的意图,同时建构起地方大学官商投资机制。高恩洪的继任者宋传典运用近代民营高校董事会体制,在北洋政权更替频仍、军阀割据战云密布的情形下,艰难地应对经费、人事、学科开设等困局。私立青岛大学为青岛近代高等教育的发展奠定了物质基础,在山东教育史上占有一席之地。

一 高恩洪的创举与地方大学融资机制的确立

1924 年 3 月遥控青岛、颐指气使的熊炳琦去职后,继任胶澳督办高恩洪很快将青岛大学创建问题提上议事日程。

高恩洪(1875—1943),字定庵(也作"定安"),山东蓬莱人,上海电气测量学校肄业,留学英国津普大学,曾任清政府驻英使馆翻译,回国后历任督办、秘书等职;民国成立后在汉口、川藏、上海任职,1922 年升任内阁要员,是年 6 月 11 日—8 月 5 日以交通部总长"兼代"教育部总长。高恩洪颇有政治抱负,在蔡元培、胡适、李大钊、梁漱溟、朱经农、陶行知等持"好政府"①论者中很有口碑。高恩洪得蓬莱同邑、直鲁豫巡阅使吴佩孚之保荐,接替熊炳琦就任炙手可热的胶澳商埠督办,企求有所政绩。高恩洪深感,抚恤这座历经德租日占 25 年满目疮痍城市的最好置措是输入新知,佐育人才。青岛"为东南要区,沿海重镇",在已有私立青岛中学、女中和公立职业学校的基础上,

图 1-4 高恩洪

如若"于此设立大学,发展文化最为相宜","既可承继礼仪之邦荣誉之历史,又可为国土重光之纪念"。② 鉴于此,高恩洪接受了青岛富绅刘子山、私立青岛中学校长孙广钦等人的建议,发起筹建中国人在青岛创办的第一所大学。其间,有

---

① 胡适:《我们的政治主张》,载《努力周报》第 2 期,1922 年 5 月 14 日。
② 《督办训词》,载胶澳商埠督办署民政科学务股编《胶澳商埠教育汇刊·附录》第 107 页,1924。

关办学性质、校舍和经费问题，特别是官民合作的经费融资机制具有特殊的教育史意义。

1.青岛大学"私立"冠名与民办高校组织制度

据悉，创建青岛大学是 1924 年 5 月 22 日在胶澳督办公署举行的有各国驻青领事参加的宴会上首次提出来的。据出席宴会的日本驻青岛总领事堀内谦介称，青岛大学最初就规划为集商业、机械、林业、路矿、航政、文化 6 科的大学。① 学界对高恩洪将该校定为"私立"的通行说法是，不想让这所处于军阀和政客争权时期的大学染上政治色彩，避免学生卷入学潮风波。其实，辛亥革命后，国民政府即改变了清末地方高等学校放任自流的政策，在民国元年一度严格管控之后，1913 年教育部颁布了《私立大学规程》和立案办法，政府在制度层面上对民办高等教育"实有厚望"，中国私立大学进入历史发展的鼎盛期。1912—1924年，中国相继诞生了北京的朝阳大学、中国大学、中法大学，上海的大夏大学、中国公学大学部，天津的南开大学，武昌的中华大学等一批私立高等学校。中国近代的民办大学不靠政府投资，较少外国人的干预，表现出审批程序简便、办学体制灵活、拥有充分办学自主权等优越性。高恩洪将青岛这所大学定位于"私立"，既顺应了中国近代民办大学发展潮流，又是青岛回归的必然诉求，自然也可回应岛城有识之士兴学育才的强烈呼声。

1924 年 5 月 29 日，私立青岛大学发起会在胶澳督办公署举行。② 会议推举高恩洪、邵筠农、宋传典、傅炳昭、张德纯、刘子山、王子雍、宋雨亭、于耀西、孙炳炎、孙广钦 11 人为校董事，组成校董事会。校董事中工商界人士占据半数，不仅有青岛本埠的傅炳昭、刘子山、宋雨亭，还有济南于耀西、青州宋传典、烟台王子雍等商业巨子。为立时造成学校的知名度和影响力，高恩洪利用深广的人脉关系诚聘梁启超、蔡元培、张伯苓、黄炎培、颜惠庆、顾维钧、罗家伦等 24 位国内学界名流为名誉董事，名誉董事中还有美国驻青岛总领事馆代理领事纽伯尔（New-

图 1-5　1924 年 5 月 29 日私立青岛大学发起会

---

① 『文化設施及状況調査関係雑件/施設計画関係』第 1 卷，JACAR：ref.B05016116700。

② 『満支人本邦視察旅行関係雑件』第 6 卷，JACAR：ref.B05015732900。

bill)、英国驻青岛总领事馆领事美哲(Motto)、日本驻青岛总领事堀内谦介。校董事会组建筹备处为办事机构,由孙广钦任主任,邵筠农、孙炳炎为副主任。鉴于私立青岛大学筹备时间短促,所谋划的6个学科以招收适宜青岛急需的商科、工科为先更能体现"教授高深学问,培养硕学闳才,应国家之需要"之办学宗旨。为了争取生源,6月24日筹委会即在《中国青岛报》刊登招生广告,声言:"本大学系绅商协力创办,基础稳固……先招预科二级,分商、工两科,凡旧制中学毕业者皆得与试,每年150元。"①

2.军阀派系关系与青岛大学永久性校址的争得

中日"鲁案"善后交涉时,中方以旭兵营让给日方筹办青岛商科大学,而将位于青岛山南麓、占地20余公顷的万年兵营预留中方办大学。然而,1922年12月随青岛回归担负督理军务善后事宜的北洋陆军第五师第十旅却占据兵营,不肯腾挪。德租青岛时期,德国海军署自1899年10月起先后建造了伊尔蒂斯、俾斯麦、莫尔特克(毛奇)等大型军事设施,其中以德国宰相俾斯麦之名命名的俾斯麦兵营最为典型。为此,1903—1909年德国耗资约75万马克,历时6年分别建起Ⅰ,Ⅱ,Ⅲ,Ⅳ号营房。这4座营房依山而建,横三纵五布局,呈"H"形,围成一个操场,特别适宜学校办学用。

图1-6 孙广钦

占据万年兵营的第十旅,是由清军第五镇演变而来的地方部队,长期驻扎山东。1924年初,第十旅少将旅长王翰章因兼任胶东防守司令,便以军事防务地方不得干预为由,据守兵营,拒绝通融。为使私立青岛大学有一个良好的办学场所,高恩洪在王翰章旅顽固盘踞双方闹得不可开交时,求助于把持北洋军权有"秀才将军"之称的吴佩孚。吴与高同为山东蓬莱乡党,又是北洋同僚,高恩洪还负有为吴佩孚筹措军饷之责。吴佩孚便以"商埠不应驻兵"为由,将王翰章旅及其胶防司令部迁出青岛,并取消每月的津贴,腾出的兵营专作办大学使用。② 在同一天,高恩洪和王翰章同时收接了两道函令。一道是关于私立青岛大学校址的公函:

九月十五日,奉第八七〇号公函,准将青岛兵营拨给本校永作校址。③

① 《青岛大学招生广告》,存青岛市档案馆,档号:D000427-001-0001-0006。
② 山东大学校史编写组:《山东大学校史(1901—1966)》,第19页,山东大学出版社,1986。
③ 《准青岛兵营拨作校址案》,存山东省档案馆,卷号:J110-01-021。

图1-7　私立青岛大学校门

图1-8　袭用德俾斯麦兵营创办的私立青岛大学
（今中国海洋大学水产馆）

另一道是准予私立青岛大学备案的指令:

> 令开:奉督办公署第三二三九号指令准予备案。

王翰章只得遵令率军驰往潍县。高恩洪抢抓中国政府收回青岛主权的有利时机,运用人脉关系和政治手腕,以强克强,为青岛高等教育的发展创造了难得的永久性校舍基础。

3.依靠工商大亨办学热情与官民对半的经费筹措

1924 年 5 月 22 日高恩洪与刘子山等人对外宣布创办青岛大学时,仅有刘子山开出的 20 万元基本金。教育是花钱最多的事业,为得到更多的资金支持,青岛工商和教育界人士首先希望得到美国与日本的经费援助。

美国方面。1924 年 5 月美国议会通过的第二次退还"庚款"余额案,决定作为发展中国文化教育之用。消息传来,青岛总商会隋石卿、吕月塘、宋雨亭、王芩卿等在 1924 年 6 月 19 日召开的常务董事会上,决定致函美国驻华公使舒尔曼(Schuurman)和北京政府外交总长顾维钧,请求拨"庚款"给予青岛大学以财力支持。[①] 青岛总商会在公函中申述了如下理由:

> 为庚子赔款业经贵国宣布退回,规定用途亦希敝国施之教育,高谊盛情,至为感荷。
>
> (1)青岛在国际上有重大之价值。
>
> (2)青岛为最新商埠,交通便利,大学设于此地,亦有发展之机。
>
> (3)青岛有种种专门设备,如码头工程、铁路工厂、农林试验场、轮船等,均可予学生以练习之机会。
>
> (4)青岛当局现正计划创办大学,已勘定万年兵营之房(可容学生二千余人,建筑费约百万元)作为校舍,若以赔款办大学于此,自可得有利之协助。
>
> (5)收回青岛为华会结果,如在青岛设大学,无异在此建一华府会议之纪念品,而永久表彰贵国在国际上之荣誉。[②]

据闻,收悉青岛总商会的公函后,舒尔曼公使与美国洛克菲勒财团代表曾到青岛进行过实地考察。[③] 但是,青岛总商会的函请未能博得美国人的同情。

---

①② 王宜昌:《青岛总商会曾争取庚子赔款兴办青岛大学》,载中国民主建国会青岛市委员会、青岛市工商业联合会等编《青岛工商史料》第 4 辑第 178、178 页,1989。

③ [日]山本一生:《私立青岛大学的创办——以其与日华实业协会关于青岛商科大学筹办计划之间的关系为中心》,杨柳译,载修斌主编《海大日本研究》第 2 辑第 162 页,中国海洋大学出版社,2012。

　　日本方面。1924 年 6 月在得知青岛大学筹建的消息后,日本外务省致函日华实业协会涩泽荣一,愿否"注资"以"助成支那自发之事业"而实现"日支文化提携之本义"。7 月 21 日,日华实业协会核心人物涩泽荣一、白岩龙平、仓知铁吉、角田隆郎经讨论,决定放弃这个机会。涩泽荣一在给外务省的复函中称:"在协会业已无力实现设立商科大学的情况下,中国有力人士自发成立青岛大学之举,协会本应进行赞助,然而此时上海的中华学艺社酝酿成立学艺大学的计划却更有吸引力。"① 显然,日华实业协会的办学兴趣已从青岛转移到上海。1924 年 8 月,孙广钦凭借留日的人脉资源,亲往东京面见日本外务省参事官太田为吉,请求日方提供经营费补助。② 日本为防止青岛大学接受美国"庚款"而成为"纯美式大学"曾再三磋商,但最终给孙广钦的回话是:日本"庚款"用途业已确定,故不能从中支出,经费事宜可与驻青总领事堀内谦介商谈。

　　尽管百般设法,却未能得到美国和日本的经费援助。显然,依靠外援没有出路。高恩洪在机遇与忧患并存的情形下,以"好政府"时期的施政风格,确定私立青岛大学每月 2 万元经常费来自三个方面:一是胶澳商埠督办公署拨款,二是商洽胶济铁路局协款,三是动员青岛士绅富商捐赠,三者按 5:3:2 的比例分摊。其中,政府的财政经费占比半数表明,胶澳商埠督办公署负有振兴青岛公益事业的职责,近代青岛民办大学官方和民间协力合作的融资机制由此得以确立。高恩洪就任督办以后,积极发展公益事业,创办公立通俗图书馆,设立师范讲习所,建立济良所与救济院。在减免郊区农村的地税、统一中外企业的纳税标准的同时,高恩洪还开办青岛地方银行,发行 240 万张铜圆票、100 万元青岛公债和 300 万元银圆兑换券。③ 高恩洪试水地方银行,有发展华人金融业、增进民族融资实力的积极一面,当然也有为直系军阀筹措军饷的消极性。

　　由于私立青岛大学先开设的工、商科最为商界所受益,山东各地的富商巨贾、社会名流和热心教育人士为佐育人才纷纷慷慨解囊。高恩洪带头捐洋 1 万元,刘子山又捐了 2 万元,另外还筹集了些许款项作为私立青岛大学的开办费用。至此,私立青岛大学创办过程中的办学性质、校舍场地、经费来源等问题,高恩洪皆一一予以化解。

　　1924 年 8 月 11 日—13 日,私立青岛大学在北京、南京、济南、青岛四地同时招考新生,录取工科、商科新生各 40 名。这些学生来自山东、江苏、江西、浙江、

---

　　① 渋沢青淵記念財団『渋沢栄一伝記資料』第 55 卷 295 頁,竜門社,昭和三十九年(1964)。
　　② 「青島大学経営費補助方についての同校準備主任来状」『文化設施及状況調査関係雑件/施設計画関係』第 1 卷,JACAR:ref.B05016116700。
　　③ 《青岛金融史料选编(建国前部分)》,载青岛市《青岛金融志》编纂办公室编《青岛金融志》第 555 页,1988。

湖南、四川、吉林、广东等15个省份,其中包括罗荣桓、张沈川、彭明晶等一批具有先进思想的青年。为了争取华侨捐助,还录取了日本、南洋群岛等地的侨生,朝鲜贵族子弟帕尔克也报考入学。① 8月21日,校董事会公推高恩洪为校长,聘孙广钦为校务主任,1923年受教育部委派来青岛调查教育的李贻燕为教务主任。② 9月15日,私立青岛大学新生入学,9月20日开学上课。私立青岛大学所开课程除专业课外,国文和英文为必修课,还开设第二外国语(日文、德文),另有逻辑学、经济原理、科学方法等选修课(表1-1)。

表1-1　私立青岛大学商科第一、二学年课程表

课　程	第一学年				课　程	第二学年			
	第一学期		第二学期			第一学期		第二学期	
	钟点	学分	钟点	学分		钟点	学分	钟点	学分
国　文	3	3	3	3	国　文	2	2	2	2
英　文	4	3	4	3	英　文	3**	2	3**	2
日　文	3	2	3	2	日　文	3	2	3	2
经济原理	5	5	5	5	商业英文	3**	2	3**	2
西洋历史	3	3	3	3	会计学	4*	3	4*	3
簿　记	4*	3	4*	3	商业大纲	3	3	3	3
银行货币	3	3	3	3	商业历史	3	3	3	3
商业英文	3	2	3	2	民　法	—	—	3	3
体　育	1	0.5	1	0.5	商　法	—	—	3	3
					法学通论	2	2	—	—
					国际法	3	2	3	—
					保险法	—	2	2	
					银行簿记	2***	2	4	—
					体　育	1	0.5	1	0.5
合　计	29	24.5	29	24.5	合　计	30	23.5	30	24.5
说　明	* 其中讲授2个钟点,实习2个钟点; ** 其中讲授2个钟点,实习1个钟点; *** 其中讲授1个钟点,实习1个钟点。								

资料来源:根据《私立青岛大学商本科课程表》整理,载《私立青岛大学一览》第27—29页,1925。

①　山东大学校史编写组:《山东大学校史(1901—1966)》,第19页,山东大学出版社,1986。
②　李耀臻:《中国海洋大学大事记》,第1页,中国海洋大学出版社,2004。

图1-9 1924年10月25日私立青岛大学开学典礼合影

10月25日,私立青岛大学补行开学典礼。① 高恩洪发表了训词:

本埠地绾南北,舟车四达,山水幽雅,气候中和,于此设立大学,发展文化,最为相宜。即以全国大学区域论,北方之京津,西北之西安,东北之沈阳,西部之成都,中部之武汉,东南之沪宁,西南之东陆,南部之广州、厦门,官立、私立均有大学之设。本埠为东南要区,沿海重镇,自然亦可成一大学区域,既可承继礼仪之邦荣誉之历史,又可为国土重光之纪念。鄙人到此以来,即以设立大学为当务之急,但当时苦无相当地点。适值陆军撤防,腾出此广大之校舍,若弃而不用,未免可惜。是以联合同志,积极进行。筹备以来,煞费苦心。而今日幸告成立,欣慰之心,莫可言喻。但是,目下尚在草创时代,经营缔造尚须有相当之时日。校内一切校务,固由本校校董等负责办理,而诸生多半来自远方,自有远道而来之目的。既入本校,则与本校校运之荣枯、校誉之隆替,有极密切之关系,及重大之责任。此点诸生应当注意及之。此外,尚有一事,不得不为诸生郑重告诫者。近年以来,内地各省学风之坏、学生人格之堕落,无庸讳言。加以新文化之运动,新学说之繁兴,少年识力未定,往往扶择未精。弃其精华,取其糟粕,而根本精神之诚朴,自治、自尊、博爱、互助、尊师长、重秩序、尚信义、耐劳苦诸美德,几乎异星净尽。此外,荒废学业、逾越轨途者,不可胜述。本校为新创之学校,诸生为新来之学生,一切当以实事求是、日新又新为前提。一洗各地不良之陋习,蔚成本校特有良好之校风,为全国青年之模范,为将来国家有用之长才。是则鄙人愿与教职员及来学诸生共勉之。②

---

① 1924年10月25日私立青岛大学开学典礼之日,后来被中国海洋大学确定为校庆纪念日。

② 《督办训词》,载胶澳商埠督办公署民政科学务股编《胶澳商埠教育汇刊》第107—108页,1924。标点符号为本书作者所加。

高恩洪的开学训词充斥着军绅政府官员的官调官腔,且掺杂着攻讦新文化运动的辞藻,但"实事求是""日新又新""良好之校风""全国青年之模范""国家有用之长才"等词句仍不乏进步意义。高恩洪抢抓青岛高等教育的发展机遇,改写了以往依赖外国人举办大学的历史,在青岛创办了第一所由中国人自主发起、投资开设的本科起点的现代意义上的高等学府。[①] 青岛"大学路"因私立青岛大学而得名。此时的济南,拥有文理科、神科、医科号称"华北第一学府"的私立齐鲁大学尚未获得中国政府教育部的注册立案;山东公立工业、商业、法政、农业、医学、矿业6所高等专门学校正处于外侮日迫、内战日急的风云变幻之中。

二 宋传典的疲惫应对与民营高校董事会体制

值得注意的是,1924年10月拟定的《私立青岛大学暂行大纲》并未即时颁行,这一共有9章15条涵盖办学宗旨、学科设置、入学资格、学位授予、常设机构、校董会和训育、图书等专门委员会组织及其职责的纲领性文件,由于"政局影响,辗转牵延",迟至1925年2月经"整顿,擘画始行,拓辟臻棘,渐就轨道"才"初事杀青"。实际上,私立青岛大学开学不久便因第二次直奉战争陷入办学困境。1924年秋,张作霖为争夺北洋政权,率兵进关,吴佩孚败北下野。由于直系倒台,高恩洪被迫去职,退出政界,私立青岛大学一时无人负责,濒临倒闭。

高恩洪离职后,孙广钦暂代校务。1924年11月21日,校董事会公议校董、山东省议长宋传典为校长。[②] 宋传典(1875—1930),本名宋化忠,字徽五,山东益都(今潍坊青州)人,早年受英国基督教浸礼会的资助就读于青州广德书院,毕业后留校任英文教习,后有益都县立高等小学堂校长、青州公立中学堂教习、益都县教育会会长的经历;辛亥革命后弃教经商,创办青州德昌洋行,兼营进出口贸易,1922年凭借山东首富雄厚的财力,贿买选票,当选第三届山东省议会议长,同时涉足教育界,先后担任青州守善中学董事长、济南齐鲁大学和私立青岛大学董事。继任私立青岛大学校长后,宋传典聘林济青为副校长兼教务长,学校办学得以维持。宋传典上任之初坚称:"兹值本校刊布临时简章,爰述校之成立经过及将来趋向,弁

图1-10 宋传典

---

① 魏世江:《走近海大园》(英才辈出篇),第1页,中国海洋大学出版社,2007。
② 《关于宋传典任校长的公函》,存青岛市档案馆,档号:B0038-001-00341-0054。

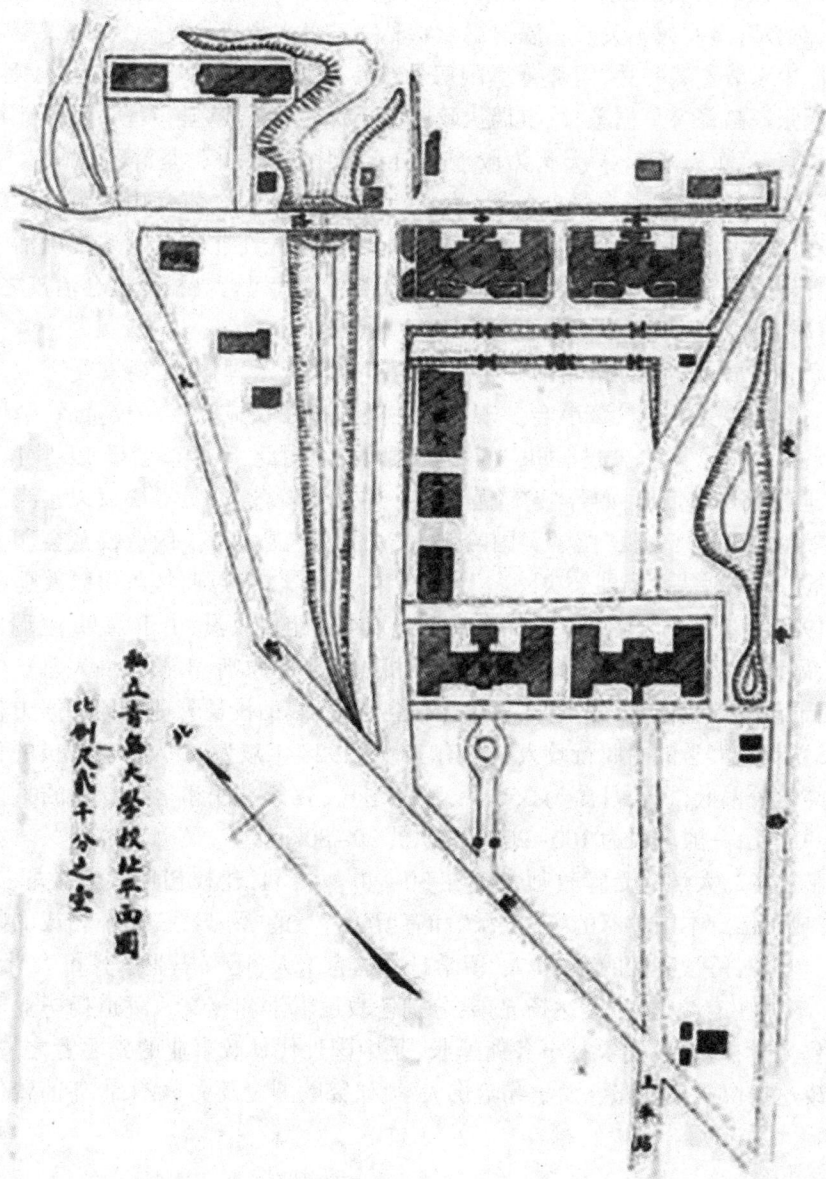

图 1-11　私立青岛大学平面图

其端,倘荷高明,辱赐教正,校之幸国之光也。"①

但是,宋传典无公署行政职权,一度代理督办的王翰章和温树德,均系颟顸督吏,对教育事业漠不关心。温树德欲将私立青岛大学校舍复为兵营,只是迫于舆论压力未敢贸然驻兵,但部分空闲房舍被军队强行"借用"。1925 年 4 月,奉系军阀张宗昌督鲁。据悉,段祺瑞执政府鉴于青岛埠务废弛,拟任命原东北特区行政长官、广东省省长朱庆澜为胶澳督办,朱因没有兵权,坚辞不就。7 月 25 日,张宗昌撤销胶澳商埠督办公署,设立商埠局总办公署,青岛由中央直辖改为山东省公署治下,赵琪任胶澳商埠局总办。苦苦挣扎在北洋军阀残暴统治中的私立青岛大学,在宋传典主校期间艰难地探索着近代民营高校董事会治校之路。

1.严格灵活的人事制度与精进优化的教职员队伍

私立青岛大学创办伊始即确定了校董事会法人治理体系,所有受聘人员必须无一例外地受制于校董事会。宋传典在被公推校长成为带薪校董后,一度忙于经营私人生意,竟"久假不归,半年未曾到校"。对此,校董事会于 1925 年 7 月 15 日通报批评宋传典,如若"逾越范围……本大学校董、委员等决议以正当法律手段限制之"。②"庚款"留学美国哈佛大学的高崇德,因其"伪造校董会印文在外招摇",被检举后"当即公决除名"。③ 肃肃规矩,柔嘉维则,教风得以敦励。

1925 年 7 月 31 日,私立青岛大学调整董事会组成人员,由于耀西、赵瑞泉分任正、副董事长。根据校董事会学校常设机构精干的原则,由校长一人总览全校行政,下设校务主任、教务主任、事务主任各一人,襄助校长管理校务。据史料记载,私立青岛大学的专职行政人员初有 16 人,1928 年减为 11 人。教职员的薪酬较同类学校偏低,校长月薪为 350 元,校务主任、教务主任和学有专长的教授为 200~300 元,一般教员为 100~200 元,职员 30~80 元。④

私立青岛大学的受聘教师大都在 30~40 岁之间,建校初期共有教职员 22 名,形成了出身本国学府的"本土派"和有留学背景的"海归派"相辅相成的师资阵容。其中,留学美国的有 10 人,留学日本的有 1 人,还有毕业于齐鲁大学的 3 人。⑤ 教师中有凌道扬、凌达扬兄弟,分别任教逻辑学和英文。凌道扬毕业于美国耶鲁大学,时任胶澳农林事务所所长,是中国近代林政事业的先驱者之一;其胞弟凌达扬留学美国耶鲁大学和哈佛大学,研究欧洲史及文学,来青岛前曾任教

① 宋传典:《弁言》,载《私立青岛大学一览》,私立青岛大学印刷出版,1925。
② 《私立青岛大学校董会公函乙字第十号》,存青岛市档案馆,档号:B0038-001-0015。
③ 《关于高宗山伪造校董会印文在外招摇即除名的函》,存青岛市档案馆,档号:B0032-001-00559。
④ 栾开政:《山东高等教育发展史(1840—2000)》,第 53 页,山东教育出版社,2003。
⑤ 「青岛大学の近况に関する件」『文化設施及状況調查関係雑件/施設計画関係』第 1 卷,JACAR:ref.B05016116700。

清华学校。工科教师严宏桂(仲絜)，公费留学美国康奈尔大学土木工程学系，时在胶澳工程事务所任职，参与了青岛的城市建设。商科教师刘乃宇(宜风)，留学美国伊利诺伊大学，曾在南开大学、厦门大学任教；另一位商科教师温万庆毕业于美国耶鲁大学经济系。化学教师李荟裳于北京大学毕业，曾任交通大学教授；另一位化学教师蔡志远毕业于美国哥伦比亚大学化工系。数学教师傅觉先留学美国科罗拉多大学。教授日文的闵星荧毕业于日本帝国大学，是郁达夫留日时的同学；英文教师程璟曾任国立北京师范大学教授。国文教师隋星源毕业于北京大学，曾任山东法政专门学校教员。来自美国、取中文名字滕美丽的英语会话教师，先后就读于美国阿海阿奥尔大学和爱阿瓦潘恩大学。① 私立青岛大学延聘名师的做法有意无意地成为民国时期青岛高等学府的成规。

2.承继官民合作融资体制与千方百计增加经费

高恩洪一走，胶澳商埠公署原定每月给私立青岛大学1000元拨款即告断失。为此，私立青岛大学校董事会于1924年12月24日致函督办公署，吁请依照第一一三六号公署函按月拨款，结果公署只给了500元。校董事会依据立校签订的融资制度，分别于1925年2月17日和28日、3月3日、4月18日，多次呈文催款"俾资维持而利进行"，但王翰章与温树德能压则压，能拖就拖，拨付艰涩。1925年7月赵琪就任胶澳商埠局总办后，由于"兴革及时，尽力整顿"，情况有些好转。这位早年考入青岛特别高等专门学堂，后留学德国，历任山东巡警厅、淞沪商埠警察厅翻译官的新任总办，重视"提振教育界之精神"②。但私立青岛大学希望将"前督办任内尚积欠校费数月，拟请转商将该款补发"之事，一直杳无音信。由于政局动荡，财竭款绌，赵琪也无法按月兑现拨款。1925年12月23日，私立青岛大学向胶澳商埠局总办公署报申领经费呈文。

　　　　敬启者：敝校自秋季开学，迄今数月，一切支出咸由借贷，以致债台高筑，周转不灵，此种情形已经陈明在案。前承贵局将七月份补助费全数拨发，诚属格外提携，敝校不胜感激。唯以年关在迩，讨债者踵门而至，罗掘既穷，应付不暇。再三筹思，惟有恳祈贵局对敝校仍予维持，迅将八、九、十、十一、十二五个月补助费合并拨发，以济燃眉而解倒悬，不独敝校感戴，即数百学子亦受惠实多矣。除将八、九、十、十一、十二五个月领款凭单奉上外，相应函达即希查照，如数拨发，实纫公谊。③

---

①「青岛大学の近况に関する件」『文化設施及状况調查関係雑件/施設計画関係』第1卷，JACAR：ref.B05016116700。

②《赵总办关心教育》，载《大青岛报》1928年9月14日。

③《私立青岛大学就申领经费补助事给胶澳商埠局的呈》，存青岛市档案馆，档号：B0029-001-02587。

胶澳商埠局总办公署在复函中不加掩饰地写道:"查本埠财政局向属收支不敷,近受军事影响,尤形竭蹶,积欠各项经费均难按时发放。"1926年3月18日,私立青岛大学直接致函总办赵琪,据理力争道:"上学期一切支出多系贷借,下学期开学在即,教职员薪金积欠数月,以故债台累累,会计仰屋,罗掘俱穷,应付乏术。仰承贵局每月资助千元,现状赖以维持。兹者山穷水尽,势陷停顿,素念我公热心教育,自当鼎力提携。本年度五月份补助费一千元,及六月、七月两月份两千元。望速并行拨发,以资维持,而利进行。"①言辞恳切,声情并茂。

由于私立青岛大学再三恳乞,胶澳商埠教育局自1926年5月起将私立青岛大学的经费补助金列入财政预算,为第三项第一目,每月定额1000元,年经费为1.2万元。这个数量占青岛私立学校年补助费24440元的49.10%,是青岛全年教育经费104963元的11.43%。1927年2月起又以"临时性质","增给补助费月额六百元"。②1927年经费达到5.5万余元。事实上,宋传典任职时期,私立青岛大学经费宽裕时"月支"达4000元。③可见,私立青岛大学所确立的民营高校董事会体制和官民合作的融资机制,不因人事更替而变异,这不仅保证了学校管理得以正常运行,而且名正言顺地得到政府的定额经费支持。

3.综合大学的科系追求与大学生的知识阶层意识

由于私立青岛大学创办时所确定的综合性大学规划,科系建设最为关切。值得注意的是,私立青岛大学较好地适应了青岛经济发展需求,在工科、商科的基础上,1925年9月开设了土木工程、采矿工程、机械3个学科。1926年秋又根

图1-12 私立青岛大学测量实习的学生

据胶济铁路运行之需,开设了铁路管理科,招收学生20名。从科系设置和所开课程(表1-2)看,私立青岛大学已初具综合性大学的规模。到1928年,私立青岛大学在校生达到155名(表1-3),涌现出郭永怀、丁履德、丁观海等理工科优秀学子。为加强教学管理,1925年2月在《私立青岛大学暂行大纲》的基础上,拟定办

---

① 《私立青岛大学就请领一九二五年度补助费事给胶澳商埠局的呈》,存青岛市档案馆,档号:B0029-001-02587。

② 《胶澳商埠一九二七至一九二八年教育发展纪要》,载青岛市档案馆、中国海洋大学中国社会史研究所编《胶澳商埠档案史料选编》(五)第275页,青岛出版社,2018。

③ 赵琪、袁荣叟:《胶澳志》卷七《教育志》,第986页,文海出版社,1968。

表 1-2 私立青岛大学铁路管理科第三、四学年课程表

第三学年					第四学年				
课 程	第一学期		第二学期		课 程	第一学期		第二学期	
	钟点	学分	钟点	学分		钟点	学分	钟点	学分
政治学	—	—	3	2	货物列车运输学	3	3	3	3
公司财政	3	3	—	—	公用实业学	2	2	2	2
铁路财政	—	—	3	3	铁路管理问题	2	2	2	2
统计学	3	3	3	3	机械总论	3	2	—	—
旅客运输运价	2	2	—	—	电机总论	—	—	3	2
铁路运输学	3	3	—	—	工业管理	3	2	3	2
旅客列车运输	—	—	3	3	铁路法规	3	2	—	—
铁路会计	3	3	—	—	广告学	—	—	3	2
材料采购及管理	—	—	3	2	打 字	1	0.5	1	0.5
保险学	2	1.5	—	—	商 品	3	2		
铁路统计	—	—	2	1.5	商业原理	3	2	3	2
高等商算	3	3	3	3	毕业论文				
水道运输	3	2	—	—	铁路实习				
港政经济	—	—	3	2					
法学通谕	2	1.5	—	—					
商 法	—	—	2	1.5					
体 育	1	0.5	1	0.5	体 育	1	0.5	1	0.5
合 计	25	22.5	26	21.5	合 计	24	17.5	21	16

资料来源:根据《私立青岛大学铁路管理本科课程表》整理,载《私立青岛大学一览》第34—37 页,1925。

学简章,围绕"研究高深学术、发展思想、陶冶性情、养成适用人才的宗旨"[1],进一步完善了学生入学、转学、请假、学业和操行成绩考查、奖惩,及宿舍、教室、图书室、自习室、实习室、操场、食堂管理等一系列规章制度,成立了教员会、职员会等组织机构,并制定了相应章程,更具现代大学的发展形态。

---

[1] 《私立青岛大学一览》,载张研、孙燕京主编《民国史料丛刊·文教·高等教育》第 1090 册第 353 页,大象出版社,2009。

表1-3 私立青岛大学同学录

姓　名	字号	年龄	籍　贯	现在通信地址	永久通信地址
王国超	逸群	22	山东潍县	本市滋阳路新1号	潍县城里南寺里巷
赵国霖	泽苍	23	山东寿光		寿光县公孙庄
黄荫群	照林	26	吉　林		舒兰县十字街黄宅
孙桂亭	桂亭	23	山东清平		清平县苍上镇
张宝祥	善三	23	天　津		北京崇文门内东单牌楼东
江德昭		24	山东文登		文登县王疃集永顺和
綦仁文	博原	23	山东平度	本埠北京路同丰益号	
郭恩纪	禄卿	23	山东高密	胶县北乡沙梁益丰号	高密县东北乡郭寨泊子
王遇良	少波	21	直隶滦县	济南天桥根同义胡同	直隶滦县榛子镇西街致和堂
岳经邦		19	四川巴县	北京东城东总布胡同1号	
张训斋		19	广东东莞	本埠台东镇平定路6号	
纪润中	杏苏	21	山东阳信	山东惠民第四中学校	阳信县城东南十八里纪家大庄
任全功	少强	19	山东即墨	本埠寿张路福字里	
宋从颐	正轩	22	山东郯城		郯城塔上
葛定邦	奠华	20	江苏昆山		昆山县万仁弄3号
曹翼孙	永光	21	江西新建	本埠观海二路4号	济南南埠纬一路兴堂里4号
徐道汇	叔源	21	山东淄川		淄川县四间义昌号
王承楷		21	山东平阴		平阴县城南孔村里东天官庄
李书勋	伯绍	21	山东寿光		寿光县城东南马范庄
王炳芝	显南	22	山东昌乐		临朐县柳山□转交
王振岳	伯华	22	山东广饶	广饶县督销局	广饶县北卧石庄
王士骧	冠民	21	山东高唐		高唐县南门里路东王寓
孙惟厚	笃生	23	山东博山		博山县西冶街永茂东
魏毓良	菊如	19	上　海	本埠广州一路52号	天津北马路龙亭西20号
韩吉田	善甫	19	山东潍县		铁路坊子站大马路同兴福
温念惠	圣和	22	山东招远	本埠滋阳路新1号	招远县城东间同德永裕温家庄
朱宝仁	子寿	18	山东长清		长清县城南段家店聚香里转交
于克敬	廉三	23	山东高苑		高苑县城东北石寨
刘瑞生	德甫	22	山东清平		清平县城里复聚源
邵履均	一民	23	山东莒县		莒县利顺和转
田恒沣	注东	20	山东益都		益都县城西朱崖交
石祖培	少东	23	山东益都		益都城里状元巷
王宝正	中伯	20	山东莱阳		莱阳县江疃转郭家庄
张安义	燕方	23	山东寿光		寿光县公孙庄
张　理	理君	18	山东潍县		胶济路坊子站车务处
黄聿霖		17	山东即墨	本埠阳信路3号	
王周泽		20	浙江义乌		义乌县佛堂镇
王志超	任迁	22	山东高密	本埠莒县路图书馆	本埠西镇台西四路3号
徐尧龙	云从	23	江苏无锡		无锡县西塘市

（续表）

俞浩鸣		19	浙江奉化		奉化县亭下镇
唐嘉衮		22	广东香山	本埠大港车站转交	
马毓山		23	山东高密		高密县马家街
徐汇叡	百川	23	山东青州	本埠太平路工程事务所第一仓库	
张宝山		23	山东文登		文登县高村六合店交
盖骏声	闻远	22	山东莱阳		莱阳县城南姜疃集安仁堂交
唐蔼如		21	山东青州	本埠观象路 1 号	
崔致儒	志如	20	直隶甯河	胶济路峉山工务段	京奉路汉沽
张景文		21	广东开平		广州邮政总局张植庭转
王国强		21	江苏崇明		奉天逢远电话局
黄体仁	松影	23	江苏徐州		江苏丰县县公署
林文鉴	明轩	30	山东牟平		烟台南大道源丰栈转院革庄
陈荣昌	卿华	24	山东菏泽	济南镇武庙菏泽陈寓	菏泽县城里玉皇庙街路南陈宅
白尚玉		22	直隶定县		定县清风店天义成号
崔致淇	竹溪	19	直 隶	胶济路峉山工务第四段交	甯河县汉沽交
李 鑫	金三	21	京 兆	胶济路大昆崙车站交	北京宣武门外上斜街后河沿 20 号
胡宝元		20	广东番禺	胶济路坊子工务第五分段交	北京西城牛八宝胡同 25 号
成鸿先	鸿先	20	山东黄县	本埠胶州路义群总号	龙口复成顺转河口成家
张聿浩	孟然	21	山东桓台		桓台县索镇街义兴和交
杨修德	懿臣	22	山东即墨		即墨县西关隆兴和
赵成遵	鸿陆	21	山东即墨	青岛西镇同兴里	
宋 麟	瑞之	17	山东临淄	青岛湖南路 20 号	临淄县西关中街南首
孙斠兹		20	山东寿光		寿光县公孙庄
郑福成		17	山东馆陶	青岛河南路 79 号	馆陶县城东北万家庄
郑福全		17	山东馆陶	青岛河南路 79 号	馆陶县城东北万家庄
金滋葵		21	山东清平		清平县辛集金格庄
邢传鋆	国鋈	17	浙 江	本埠武定路 27 号	浙江嵊县坎流庄
曲金铭	恭珊	21	山东蓬莱		蓬莱县城里后下洼街
李知三	子纲	21	山东乐陵		乐陵县西北大桑树庄
郑佩勋	心裁	18	山东乐陵		乐陵县城东郑家庙
仲伟佟		21	山东黄县		龙口福盛长转河口成家村
俞汉昌	子沛	22	浙江新昌	本埠济阳路 19 号	浙江嵊县南门外乾和来号
庞泽波	蔼人	19	广 东		山东路 107 号
王恩烈	兰生	16	浙江宁波	本埠平度路 49 号	
梁祥成	汉林	18	广东中山	本埠济宁路 68 号	
吕汉镕	陶卿	20	山东莒县		莒县吕家镇西保和堂交
马瑞璞		19	山东临朐		胶济路坊子第二段交
徐守纬	仲武	16	山东即墨	本埠天津路华昌铁工厂	
王志毅		18	山东高密	本埠台西四路 3 号	高密县北关陆家胡同
孙树荣		18	山东广饶	本埠寿张路寿字里	广饶县西关源盛永交
李熙堂		20	山东邹平	本埠广西路 35 号	邹平县辉里庄
李安甫		18	山东邹平	本埠广西路 35 号	邹平县辉里庄
刘金圻		18	山东恩县	本埠单县路南楼 3 号	恩县城西南尤王庄恒生堂交

（续表）

刘志康	寿林	19	山东益都		青州城内中所营耕书堂交
周 震	百里	18	山东聊城	胶县车站	东昌城万宫街 9 号
尚於惢	绍宗	18	山东邱县		临清西北干集镇转北华店
简炳汉	志民	17	广东中山	沧口华新纺织有限公司	
王锡年		16	山东惠民	本埠云南路慎德西里	
韩叙庆	部庭	20	山东即墨		即墨县刘家庄
刘士奇	大可	18	山东安丘	本埠寿张路寿字里	安丘县景芝镇益昌号交
赵守琮	瑞侯	19	原籍京兆寄居泰安	本埠天津路 17 号	泰安南关路西赵宅
王承祚	质侯	16	江苏阜宁	本埠观海二路 4 号	
缪瀛洲	湘如	19	江苏江阴	本埠观海二路 4 号	江阴县东外河北街
曹辅孙	继武	18	江 西		本埠观海二路 4 号
朱 铭		16	浙江湖州	本埠西藏路 18 号	浙江长兴县西鱼巷
赵元祥	乾初	17	山东禹城		济南南庙正览寺街延平里
李焕泽	□吾	21	山东即墨	本埠北京路□昌□号	即墨县鳌山东□记栈号交
孙义贤	圣斋	19	山东即墨	本埠桓台路□顺和号	即墨县院后交
丁观海		18	山东日照		日照县涛雒镇
袁彝宏		17	山东胶县	本埠桓台路 59 号	胶县城于庄
戴家驹		17	京 兆	本埠新泰路 8 号	
丁履德	骥甫	16	山东日照	本埠李村水源地	日照县朱家官庄慎德堂
张培林	墨园	16	山东胶县		胶县王台转祥和号再南河刘家庄
林祥安	庆澜	20	原籍河南寄居福建省城		本埠陵县路 21 号
管敦仁		20	山东即墨	本埠博山路历正号	
吕兴周		19		本埠湖南路 28 号或铁路局吕悌生	
倪国模	范丞	19	山东益都		青州中所营街
崔致平	育民	18	直隶甯河	胶济路峄山工务段	甯河县汉沽□善堂
冯家安		15	湖北夏口	本埠蒙阴路 1 号	
左希贤	子斋	17	山东寿光		寿光县城内城隍庙街
何 森	少严	17	山东青州	本埠工程事务所	青州北城南门内
王明职	志斌	16	广东台山	本埠济宁路 68 号	本埠广西路 33 号华德洋行
张 杰	剑豪	15	广东南海	本埠陵县路 20 号	湖北武昌大关帝庙 9 号
李发祥	呈瑞	18	山东清平		清平县刘宋海于□□
史廷琛	献之	16	山东青州		青州北关西街
陈潮生	部洲	15	浙江金华	本埠山东省银行	金华县马头陈聚星栈
王同昌		16	浙江义乌		义乌县佛堂镇
王笃信	梅春	17	山东昌乐		临朐县柳山寨转交韦清庄
林文经	圣训	17	山东牟平		烟台西南河源丰栈转院革庄
杨玥华		15	江苏阜宁	本埠观海二路 4 号王寓	天津□华里 76 号
郭永怀		20	山东荣成		荣成县滕家集交东滩郭家庄
黄桂显		17	山东即墨		潍县车站
何东林	春园	17	山东益都	本埠广西路国武农场 15 号	青州北城南门路西
奎书田		19	山东诸城		诸城县东乡林家村转交东河崖庄

资料来源:《私立青岛大学同学录》,存青岛市档案馆,档号:A001593.V12(1929)。

据史料记载,私立青岛大学十分重视营造学术氛围和学问实力。学校先后成立了交通经济学会、工程研究会、体育会、音乐会、国术团、消夏团等社团组织。其中,交通经济学会"以养成专门人才唤起国人对于交通事业之注意,及促进我们交通事业之发展为宗旨",是青岛历史上第一个研究城市交通结构的学术组织。罗荣桓、张沈川等集资300多元办起"三民实业社",制造墨水、肥皂、蜡烛、纱布、药棉等,惨淡经营,但不到一年投资全部赔光,事实证明"实业救国论"破产。据工科一班学生陈是斋回忆,私立青岛大学曾组织学生参观驻泊青岛的海军主力军舰,并到来访的日本军舰参观,由通晓日语的朝鲜同学担任翻译,对比两国军事装备差异,气氛严肃。①

图1-13 罗荣桓在私立青岛大学(摄于1925年)

1925年5月29日,日本人勾结军阀张宗昌武力镇压青岛日商纱厂工人罢工,造成"青岛惨案"。第二天,上海发生英国人枪杀中国工人的"五卅惨案",造成骇人听闻的白色恐怖。反动当局惧怕引起公愤,严密检查邮函包裹,封锁消息。私立青岛大学学生自治会得知这一情况后,组织人员连夜写宣言,印传单,揭露事实真相;同时派人去济南、北京、南京、上海等地宣传,动员民众抵制日货。6月8日,青岛各校"学生代表齐集青岛大学开会",宣布9日"一律罢课"。② 私立青岛大学特意印发了《罢课特刊》,大造宣传声势。受欧洲戏剧和日本新派剧传入中国的影响,私立青岛大学组织新剧团,从北京请来师范大学同学共同排演世界名剧《茶花女》,分赴银行、商铺、机关等处劝销戏票。③《茶花女》在青岛最大的剧场——新舞台连续义演两场,所得收入作为罢工工人生活费用。接着,私立青岛大学学生与青岛公立职业学校学生从上海引来《投笔从戎》《盲哑配》两出戏,又结合"五卅惨案"创作演出了《五卅血》,"青沪惨案"客观上促使私立青岛大学学生投身风起云涌的国民革命之中。7月26日,张宗昌下令镇压工人,逮捕中共青岛地方支部书记李慰农、《青岛公民报》主笔胡信之等20余人,整个青岛变成了恐怖世界。胡信之通过被保释的私立青岛大学附中一位美术教员通知罗荣桓等,赶快转移。为躲避军警追究,学

---

① 陈是斋:《私立青岛大学见闻录》,载青岛市政协文史资料委员会编《青岛文史撷英》文教卫体卷第153页,新华出版社,2001。

② 《青岛各界纷组沪案后援会》,载《时报》1925年6月10日。

③ 《青大学生组织新剧团》,载《益世报》1925年6月23日。

生们晚上都躲在公园睡觉。在铁路工会傅书堂、伦克忠的安排下,罗荣桓等到高密乡下躲避,8月趁暑假期间返回学校。9月,学生会清算账目尚有200多元余款,罗荣桓等将其作为抚恤金,捐赠给被反动军阀杀害的胡信之遗属。罗荣桓、张沈川等将钱交给胡家,亲送胡信之遗属返回故乡大连的轮船。①

值得注意的是,经历了"五卅运动"的洗礼,面对中国政局发生的一系列重大变化,私立青岛大学一些师生也表现出进步的思想倾向。时人所称的"知识阶级"群体的认同感、归属感愈加鲜明,有了更多的自我体认和政治个性,为此后青岛学潮的得失毁誉埋下了伏笔。有学生回忆称:"嗣后风潮平息,校变继作,同学则专志课业,从此埋头读书,闭户潜修之生活。一片火赤爱国热血自是潜伏,实则读书亦即爱国也。"②1928年10月,私立青岛大学回顾建校4年来的发展历程,在与同期的国内高校比较后,《青大旬刊》的一篇文章表达了这样的意思:

> 诚然我们不敢给青大吹牛,说他办得怎样完善。但在这经费十分难窘中,办校者就是很有名的教育家也是无可如何。巧妇难做无米之炊,没钱哪有办好的学校?回头看看,河北国立大学现在还不能开学,山大也是遥遥无期。我们还能在此按部就班地上课,不是万幸吗?③

第三节　山东大学选址与国立青岛大学的筹建

在蔡元培的大学区制和省立大学规划的影响下,山东组建了由6所专门学校合并的省立山东大学。但不及两年,由于北伐军入鲁、日军制造的"五三济案",省立山东大学停办。鉴于此,南京政府教育部决定在省立山东大学的基础上筹建国立山东大学。之后,蔡元培力主将国立山东大学设在青岛。国立山东大学筹委会遂改为国立青岛大学筹备委员会,除接收省立山东大学外,并将私立青岛大学校产收用。山东大学由此选址青岛,开始了新的办学旅程。

一　舶来的大学区制与省立山东大学的短暂办学

一生致力于高等教育事业的蔡元培,其大学思想经历了一个值得检视的嬗

---

① 黄瑶:《罗荣桓年谱》,第12页,人民出版社,2002。
② 《青大四周(年)纪念感言》,载《青大旬刊》第16期,1928年10月。
③ 《四年来之青大体育概观》,载《青大旬刊》第16期,1928年10月。

变过程,他的大学区制及其省立、国立大学的布局规划思路直接影响了山东大学的走向。

其实,早在1922年7月3日中华教育改进社济南年会开幕当天,蔡元培即向大会提出了《国立大学与省立大学分别设立议》的提案,即以国立和省立两种规制布局全国的高等学校。其中,国立大学全国共设5所,各省在省会设省立大学,作为"各种教育事业之总机关","凡本省各种教育事业之计划、布置、监督,均担任之"。①

蔡元培的大学区制及其国立与省立大学分别设立的规划,源自对欧美教育体制的采借,是一个综合德国、美国、法国等诸国制度的混合体。其中,既有德国的大学校长由教授公举制、美国大学的学术自由和教育税制,还有法国的大学区制。蔡元培赞赏,"法人多创见,德人好深思,两者并要,而创见尤为进化之关键也"②。同时,蔡元培又基于"教育救国"的理想,他说:"顾十余年来,教育部处北京腐败空气之中,受其他各部之熏染;长部者又时有不知教育为何物也,而专骛营私植党之人;声应气求,积渐腐化,遂使教育部名词与腐败官僚亦为密切之联想。"③蔡元培既有"拿来"的勇气,又有"包融"的宏量,他格局开阔,绝非一家文化所能局隅。

1922年3月,蔡元培曾撰文"分全国为若干大学区",每区设立一所大学,各大学的校长"组织高等教育会议,办理各大学区互相关系的事务",作为中央教育行政部门的教育部"不得干涉各大学区事务"。④至于省立大学的设置,则要顾及"凡一省中已有国立大学者,其省立大学可设于省城以外之都市。如南京有东南大学,则可江苏省立大学于苏州;成都有国立大学,则四川省立大学可设于重庆,其他类推"⑤。事实上,蔡元培国立、省立大学分立的思想,既着眼于中国高校的布局,也有教育独立于政党和宗教的意图,反映了现代知识分子对教育主体价值和规律的领悟。

蔡元培的大学区制尤其是省立大学的设置为全国许多省份提供了大学建设的思路。1926年6月30日,张宗昌为博取发展教育的名声,下令在济南重建山东大学。因山东无缘国立大学,只能谋划省立大学。7月24日,山东省教育厅

---

①⑤　蔡元培:《国立大学与省立大学分别设立议》,载高平叔编《蔡元培全集》第4卷第220、220页,中华书局,1984。

②　蔡元培:《说俭学会——在北京留法俭学会演讲会上的演说词》,载高平叔编《蔡元培全集》第3卷第62页,中华书局,1984。

③　蔡元培:《〈大学院公报〉发刊词》,载罗家伦主编《革命文献》第53辑,台湾"中央文物供应社",1970。

④　蔡元培:《教育独立议》,载《新教育》第4卷第3期,1922年3月。

图1-14 王寿彭

决定将山东省立工业、农业、矿业、商业、医学、法政6所专门学校合并,改建为省立山东大学,由山东省教育厅厅长王寿彭"自兼"校长。① 王寿彭(1875—1929),字眉轩,号次篯,山东潍县(今潍坊)人,光绪辛丑(1901)科乡试中举人,癸卯(1903)科连捷进士应殿试中状元,授翰林院修撰,入进士馆习法政,并有幸随载泽、端方等五大臣赴日本考察;辛亥革命前王寿彭出任湖北提学使兼布政使,代理湖北巡抚,民国初年历任山东巡按使署秘书、教育司司长,北京总统府秘书、秘书长,1925年任山东省教育厅厅长。由于历史惯性的作用,民国初年的前清翰林尤其是状元公仍享有极高的社会地位和声望。8月5日,王寿彭"就职任事"②,启用校钤,挂出校牌。至此,1901年创办的官立山东大学堂,历经12年分立办学,再次重组一体。

省立山东大学设文、法、工、农、医5科(后改称学院),共有13个分科(后改称学系)。文科设国文、中国哲学二分科,法科设法律、政治经济、商学三分科,工科设机械、机织、应用化学、采矿四分科,农科设农业、林学、蚕桑三分科,医科不分科。各科、分科仍沿用6所专门学校的房舍,校本部在清末考场的上至书院。对于6所专门学校的学生"施行试验"③,分别按其原有的基础和专业程度,编入大学不同年级,6所专门学校的一年级学生一律作为大学预科班,按原教学计划和修业年限继续学习,结业后发给大学预科毕业证书,经复试及格升入大学。学制文、工、农3科为4年,法、医2科为5年,实行学分制。学校筹备就绪后,于1926年8月10日—20日进行招生。④

由于民国学校风气大开,报考人数众多,录取新生95名,连同6所专门学校合并的学生共达1088名。其中,文科240名、法科228名、工科220名、农科222名、医科178名。⑤ 报考的学生除山东本省外,尚有江苏(北部)、河南、安徽、河北(南部)等省学生。为了保证"学生程度整齐升学便利起见",省教育厅将山东省立一中(济南)、二中(聊城)、六中(菏泽)、十中(益都)四所中学的高中部合组成立省立山东大学附属中学。附中设文、理两科,学生分为预科一、二、三部,

---

① 陈群:《科举末代状元王寿彭》,载《翼报》2006年第4期。
② 《山东大学关于启用关防的公函》,存青岛市档案馆,档号:A0039-002-00339-0001。
③ 《省立专门六校高中四校并归大学办法》,存青岛市档案馆,档号:A0039-002-00211-0084/85。
④ 《山东大学暨附设高级中学招生简章》,存青岛市档案馆,档号:A0039-001-00211-0086/88。
⑤ 山东大学校史编写组:《山东大学校史(1901—1966)》,第24页,山东大学出版社,1986。

共有学生297名。①

1926年6月27日,《山东大学设学大纲》7章21条颁行,确定"以教授高深学术、养成硕学宏材、应国家地方需要"②为宗旨。学校校长"总辖校务",科设学长,分科设主任;教员分正教授、教授、讲师、助教四级,均"由校长延聘之"。学校设评议会和教务会议,科和分科设教授会。评议会由校长、学长、分科主任和推选的教授组成,定期研究商定学校机构、人事、教学、经费等重要事项。教务会议"审议学则及关于全校教学训育事项,由校长、各学长及各主任组织之";教授会则由各科系"各设",以"本科本学系之正教授、教授组织之",其职能是"规划课程及其进行事宜"。③ 这种设置不仅比当年的官立山东大学堂进步得多,而且体现了蔡元培省立大学的基本精神。

王寿彭兴办教育发自根植于心的理念,他广揽各类人才,全校共有教职员330余名,教授约200名,由庄恩泽负责教务。庄恩泽(1884—1948),字湛然,山东莒南人,举人出身,留学日本早稻田大学政治经济系,毕业后回国任山东法政专门学校教务主任、《民言报》主笔和山东教育厅科长等职。王宪五、朱正钧、汪公旭、郭次璋、周颂声各科学长,皆为原山东公立各专门学校校长,王宪五精通经学、古文,有"山东才子"之称,其他学长均有负笈留学的经历。教授中有科举出身的经史学者,如翰林陈衎庭、举人丛禾生、秀才祁蕴璞;也有欧美和日本获取学位的回国留学生,如留学英国的张徽五、王慈伯等博士,留学德国的张东里、于复先、周瑞廷、高汉符等博士,留学日本取得大学文凭的卞东寅、房金锜等人。教员新旧搭配,才得其用,阵容齐整,教学实力与国内其他高等学校相比毫不逊色。

1926年9月5日,省立山东大学举行开学典礼,王寿彭发表了"读圣贤书、做圣贤事"的训词,随即正式上课。各科、分科的课程除专业课外,经学、数学、英文和日文为必修课,并开设古文字、古史学、世界史、逻辑学等选修课程。教材一部分选用国内出版的大学教科书,一部分靠教师自编。9月26日,山东省省长公署颁布训令称:

　　此次组设山东大学,头绪纷繁,时间短促。赖保安总司令主持于上;经该校长任劳任怨,筹划经营于下;中外名流,地方舆论,亦多表示同意,一致赞助,用能完全告成,不误秋季开学之期。足见该校长布置有方,各学长及职员亦匡裹尽力,应即一并予以嘉奖,以彰贤劳。惟是教育事业,切宜精进不懈。现在该校成立之初,款拙时促,诸凡设备,或尚未尽完善,为事实所不

---

① 张书丰:《山东教育通史》,近现代卷,第93页,山东人民出版社,2001。
② 《山东大学设学大纲》,存青岛市档案馆,档号:A0039-001-00211-0080/83。
③ 山东大学校史编写组:《山东大学校史(1901—1966)》,第28—29页,山东大学出版社,1986。

能免。然规模既称粗具,则途径自有可循。此后效果是否美满,人材能否蔚起,全视学生之是否专心向学,与职员之能否专心管理、教员之能否专心教授以为断。况该校长已苦心义尽于前,尤贵在毅力督率于后。即各科学长,学有专长,责无旁贷,亦当本竞进之旨,收树人之功。至大学中分设各科,现书本已能从严,需要均属最切,尤当分途并进,不容稍有畸重畸轻之处。尚望该校长等,共体此意,策励为之。总期最高学府,将来在本省教育界上终成一最高模范也,并转饬一体知照。此令。①

由于省立山东大学是并校重组的综合性大学,办学经费相对宽裕。除原来6所专科学校和附属中学经常费照发外,省教育厅每月拨给大学部事业费2.5万元,学生每年交纳寄宿和杂费50元,年经费总计达33万元。不过,相对于较少开支的行政办公费和设备费,教职员的薪酬待遇优渥。校长月薪为400元,学长和教授300~360元,讲师和高级职员200~240元,助教和一般职工30~80元,用于教职员的薪俸开支年约28万元。② 可以说,省立山东大学并校重建伊始正逢蔡元培倡导大学区制及国立、省立大学的创建期,占据天时、地利等各种有利条件,初步树立起"重视教学、重视研究的好风气,也充满着科学、民主和进步的生机"③。

1927年4月,南京国民政府建立。6月7日蔡元培即在国民党中央政治会议提请变更教育行政制度,改教育部为大学院。6月13日,蔡元培被任命为大学院院长。④ 在南京国民政府初建全国政权之际,蔡元培利用自己的元老地位和影响力,意欲改变北洋时代官僚化教育体系,创立新型的教育机制。但是,蔡元培的大学区制有着难以克服的局限性。这个舶来品不仅水土不服,与中国的教育体制相抵牾,而且同蒋介石的独裁政治形成水火之势。蔡元培以教育独立思想设计的大学区制,只是民国时期自由知识分子的一个理想。

此时的省立山东大学也处于动荡之中。其主要问题是所设科系难以适应山东经济社会的发展需要,特别是原省立矿专、商专在并校重建时改设为学系,实被裁撤;文科的两个学系十分薄弱,工科无法承担理学院的职能,距离现代综合性大学文、理学院的标准相差甚远;4所不同地区的高中集中于济南组建的省立山东大学附属中学,既难以形成对全省的辐射效应,又削弱了地方教育的实力。同时,在青年教职员和学生中的进步力量不断壮大,更有一些热心救国救民的先

---

① 《省长鼓励山东大学职员》,载《大青岛报》1926年9月27日。
② 栾开政:《山东高等教育发展史(1840—2000)》,第55页,山东教育出版社,2003。
③ 山东大学校史编写组:《山东大学校史(1901—1966)》,第44页,山东大学出版社,1986。
④ 高平叔:《蔡元培年谱长编》,下册(1),第56页,人民教育出版社,1998。

进分子不畏反动军阀的迫害,积极寻求革命真理,有的投入到共产党领导的斗争中去。

1927 年 6 月省立山东大学建校一周年时,校长王寿彭因思想陈旧、因循陋规,受到校内师生的强烈责难。王寿彭向以大清状元自居,自视甚高,面对攻讦乃拂袖而去。校长职位空缺,学校多数教授建议聘请"洋务派"名人、曾在北京大学任教的辜鸿铭接任校长。张宗昌对此表示赞同,辜鸿铭本人也有意前往执掌。但很不幸,辜鸿铭因病情危急,即告辞任。校长一职暂悬,且待遇优厚,必然在张宗昌集团内部引起激烈争夺,以至相互攻讦。至 10 月,张宗昌盛怒之下,拍案大骂,训斥周围:"山东大学的校长,谁也不给,由我自兼。"①

事实上,自 1927 年南京国民政府成立后,山东的军阀统治即岌岌可危。满嘴脏话、匪话的张宗昌"自兼"省立山东大学校长,鸠占鹊巢,势必葬送山东的最高学府。据悉,济南有隐名诗人赋打油诗一首流传于市:"齐鲁文明之邦,目不识丁校长。孔圣九泉哀叹,荒唐,荒唐。"②

二　"五三济案"与不克筹办的国立山东大学

1928 年 5 月 3 日的"济南惨案",既导致省立山东大学和私立青岛大学迅即停办,又为山东大学选址青岛形成定局,其间成立的国立山东大学筹备委员会事实上成为国立青岛大学的过渡机构。

1928 年 4 月,南京国民政府发动了二次北伐。随着战事节节取胜,日本担心中国一旦统一势必影响日本的在华利益,遂以保护侨民为名悍然出兵进驻济南、青岛及胶济铁路沿线,对中国革命进行武装干涉。此时,受到内外夹击的山东省督办兼省长张宗昌率部弃城北逃。5 月 3 日,日本在济南制造了枪杀市民、残害交涉要员蔡公时的"五三济案"。面对日本的战争恐怖,南京政府一力避让,绕道北伐,实则接受了日军侵占济南的事实。1928 年 6 月北伐军占领北京结束北洋军阀政府的统治后,南京政府明令在泰安组建山东省政府。省政府下设民政、财政、建设、教育四厅,何思源任教育厅厅长。

何思源(1896—1982),字仙槎,山东菏泽人,19 岁考入北京大学的前身京师大学堂,是五四运动北京集会游行的爱国学生之一,1919 年秋考取官费留美生,其间赴欧洲,先后在德国、法国攻读经济学,1926 年学成回国,任教广州中山大学。此时,蒋介石委托中山大学校长戴季陶物色山东籍人才随军入鲁,戴季陶遂

---

① 山东大学百年史编委会:《山东大学百年史(1901—2001)》,第 45 页,山东大学出版社,2001。
② 栾开政:《山东高等教育发展史(1840—2000)》,第 57 页,山东教育出版社,2003。

图1-15 何思源

推荐了时任中山大学经济系主任的何思源。1928年2月,何思源被蒋介石任命为北伐军政治部副主任兼代理主任,5月2日何思源随军进入济南,随后就任山东省政府委员兼省教育厅厅长。

何思源上任面对的是山东高等教育全面瘫痪的惨淡局面。由于张宗昌溃逃、日军出兵济南,省立山东大学师生溃散,学校停办。这所继官立山东大学堂后经一分为四又"六合一"的省立大学,自1926年8月在济南重建、1928年6月停办,存续仅有2年时间。齐鲁大学虽属教会办学,也因时局紧张处于停顿状态。青岛方面,私立青岛大学同样面临危机。面对1928年春开进山东的北伐军,宋传典怕自己长期依附北洋军阀不能见容于国民党,便逃往天津。南京政府治下的山东省政府,以"附逆"之罪下令通缉宋传典,并没收其益都、济南两地60万元资产。宋传典一走,加之动荡的时局,私立青岛大学全赖商家捐助维系运转,官民合作融资机制终因年乱而中断。1929年1月,私立青岛大学校董事会致函胶澳商埠局公署,要求按章拨给经费。4月,南京国民政府接管青岛,私立青岛大学的经费完全断绝。5月,私立青岛大学学生上请愿书要求政府重视青岛大学:"青岛山水环抱,风雅宜人,和风拂拂,夏日无威,温气熏蒸,冬日可爱,此处清秀之区,读书最宜。"[1]然而,面对师生散去大半之颓局,校董事会回天乏术,只得对在校生按专科结业处理。

何思源上任伊始,针对省立山东大学停顿的现实,适应南京政府"恢复国权"运动和省立大学国有化趋势,商得大学院同意,将省立山东大学改为国立山东大学,并"直辖于大学院。现已由大学院组织山东大学筹备委员会,负责筹备"[2]。筹委会由何思源、魏宗晋、陈名豫、赵太侔、王近信、彭百川、杨亮功、杨振声、杜光埙、傅斯年、孙学悟11人组成,推何思源、赵太侔、王近信为常务委员,何思源为临时主席。[3]8月7日,国立山东大学筹委会在泰山红门宫召开第一次会议,何思源、魏宗晋、赵太侔、王近信、彭百川、杨亮功、杜光埙共7人出席。会议讨论通过了筹委会组织条例,研究了院系设置及扩建校舍、充实图书和仪器设备等问题,会后呈报大学院备案,并函告省政府所属各机关。但是,鉴于"济案关

---

① 《本校学生会上书市政府请愿书》,载《青大旬刊》第29期,1929年5月。
② 何思源:《山东省政府教育厅教育行政纲要》,载马亮宽编《何思源文集》第2卷第758页,北京出版社,2006。
③ 《山东大学筹备委员会成立》,存山东省档案馆,卷号:J101-01-270,民国十七年(1928)。

系,一切筹备,未获积极进行"①。1929 年 3 月,中日签署《济案协定》,5 月日军撤离,国立山东大学筹委会随省政府自泰安迁回济南,但筹备工作仍未展开。此时,私立青岛大学业已停办,教育资源闲置,所使用的俾斯麦/万年兵营时刻有被挪用的可能。踌躇之际,何思源欲请蔡元培出面破解难题。

此时的蔡元培因大学区制,刚刚经历了一次颠覆性重击。早在 1928 年 2 月国民党二届四中全会上,经亨颐、丁惟汾、朱霁青、白云梯、陈树人等中央执委、监委联名提出《设立教育部案》,取消蔡元培的大学院及其大学区制。4 月,国民政府颁布的《修正国立中央研究院组织条例》,设立了一个独立于大学院之外的"中央研究院",所幸蔡元培兼任了院长。"中央研究院"与大学院分设并立,影响了蔡元培教育与学术合二为一的创制思想。10 月,随着大学院改为教育部,蔡元培不仅丧失了最高教育行政的权柄,而且他寄托着梦想并付出巨大心力的大学区制随之瓦解。唯一使蔡元培感到欣慰的是,蒋梦麟担任了教育部部长一职。蒋梦麟(1886—1964),字兆贤,号孟邻,浙江余姚人,1898 年入绍兴中西学堂,成为蔡元培的学生;1908 年蒋梦麟赴美留学,入哥伦比亚大学研究院,师从杜威,获得哲学及教育学博士学位,回国后被蔡元培聘为北京大学教育系教授,后任总务长,曾三次代理校长。学界公认,蔡元培与蒋梦麟是"萧规曹随"的关系,二人确有没世之谊。蒋梦麟任教育部长后,组建了大学委员会,依章除了部长、次长及各国立大学校长为当然委员外,另聘蔡元培、戴季陶、杨杏佛等为委员,蔡元培方在教育界终获一张难得的席券。

蔡元培经历了大学院及大学区制的挫折,面对现实政治极度失望,不免反思他一贯标举并孜孜以求的"教育独立"和"以学术化代官僚化"的改革得失。蔡元培决定放弃 1922 年 7 月中华教育改进社济南年会提出的国立、省立大学分立的主张,力主将国立山东大学的校址设在青岛。这是一个历经 1922 年陶行知的提案、1926 年大学区制备受推崇、1928 年大学院改为教育部后的理性选择,其中不乏苦涩与无奈,却是经过多元博弈下的冲突与协调。② 在城市与大学、政治与教育、官府与学府等错综复杂的关系面前,蔡元培与蒋梦麟、何思源等人形成了如下共识。

其一,国家正值多事之秋,战祸频仍,济南乃四省通衢、兵家必争之军事重镇,北洋军阀祸鲁、1928 年北伐及日本制造"五三济案"均表明,济南不能满足办大学最起码的安全稳定条件。

---

① 《校史概要》,载张研、孙燕京主编《民国史料丛刊·文教·高等教育》第 1090 册第 163 页,大象出版社,2009。

② 黄启兵:《我国高校设置变迁的制度分析》,南京师范大学博士学位论文,2006。

其二,青岛地处海滨,既有舟车之便,又可免战乱影响,山东大学选址青岛能形成"单纯关系",人事、设备可以自由安排,较少牵制,尤其是南京政府已确定青岛为特别市,隶行政院直辖,这一区位优势对于发展高等教育十分有利。

其三,私立青岛大学已有4年多的发展历程,其工科、商科业已形成一定的办学规模,而土木工程、铁路管理等科系设置体现了山东经济社会发展对人才的需求,特别是停办之后闲置的校舍必须尽快用于教育。

蔡元培抓住青岛的区位优势和山东的时局特征,因势利导促使教育部部长蒋梦麟作出创办国立青岛大学的决断。此时的何思源因山东省立二师排演戏谑孔子的话剧《子见南子》,受到南京政府和山东封建势力的两面夹击,进退维谷的何思源急邀蔡元培等共商应对之策。① 机缘际会,教育部统筹济南和青岛两地的教育资源,决意将国立山东大学改为国立青岛大学,并分设工厂、农事试验场于济南。② 1929年6月4日,南京政府行政院第二十六次会议"照准"教育部部长蒋梦麟提交的筹建国立青岛大学的议案。

> 教蒋部长(梦麟)提:国立山东大学筹备,因事实上困难,一切尚待规划,查青岛地方,有私立青岛大学一所,为张宗昌逆党前省议会议长宋传典所办,自胶济经中央接收,该校长早离校他往,现校中状况纷乱,自不待言。拟将该校取消,其校产归国立山东大学收用,国立山东大学名称,拟改为国立青岛大学。查青岛交通便利,环境优胜,设立大学,自较济南为宜,可否敬候公决案。③

这一在青岛、山东乃至中国高等教育史上具有战略意义的调整,终获国民政府的批准。接着,教育部接受蔡元培的建议,于1929年6月12日"分函聘请"何思源、王近信、赵太侔、彭百川、杜光埙、傅斯年、杨振声、袁家普、蔡元培9人为国立青岛大学筹备委员会委员,推定何思源为筹委会主任,并咨山东省政府查照。④ 6月20日,国立山东大学筹备委员会将所接省立山东大学的校产、校具、图书、仪器、文卷等"移交国立青岛大学筹备委员会接收清楚"⑤。至此,成立于

---

① 何思源回忆说:"这一事件特别复杂,很难处理。那时蔡元培当国民党的监察院长,我请他到青岛商议此事。"(何思源:《五四运动回忆》,载马亮宽编《何思源文集》第2卷第930页,北京出版社,2006。)

② 民国山东通志编辑委员会:《民国山东通志》,第4册,第2618页,山东文献杂志社,2002。

③ 《筹建国立青岛大学议案》,转引自季培刚著《杨振声年谱》(上册)第156页,学苑出版社,2015。

④ 《教部筹设青岛大学委何思源等为筹备委员》,载《大公报》1929年6月17日。

⑤ 《国立山东大学筹备委员会公函(第一九号)》,存青岛市档案馆,档号:B0032-001-00395-0109。

1928 年 8 月的国立山东大学筹备委员会"因教育部饬改国立青大"，"即于六月二十日正式结束"。① 这个结束意味着一个新的开启。

三　蔡元培、蒋梦麟等国立青岛大学的谋划与筹备

国立青岛大学一经南京政府行政院批准筹备，蔡元培与蒋梦麟便投入了大量精力，身为筹备委员的蔡元培在事关国立青岛大学发展的人、财、物几项重大问题的决策和筹划上可谓殚精竭虑。

1929 年 6 月 20 日，国立青岛大学筹备委员会在济南旧省立山东大学校部召开第一次会议，5 名本省委员何思源、袁家普（省财政厅厅长）、彭百川（山东省高级中学校长）、王近信（省教育厅秘书主任）及赵太侔（省立第一中学校长、省立实验剧院院长）在济南宣誓就职，山东省主席陈调元监督，外省委员未及出席。会议主要讨论了办学经费来源、大学基金，以及确定筹委会秘书人选等事项，并

图 1-16　1929 年 6 月 20 日国立青岛大学筹备委员就职典礼合影

刻就木质"国立青岛大学筹备委员会"钤记，即日启用。② 同日，私立青岛大学推举学生代表郭恩纪等 3 人到济南与国立青岛大学筹委会接洽私立青岛大学接收事宜。次日，何思源、赵太侔、王近信即赴青岛实地考察，预备接收私立青岛大学，筹办先修班。何思源考察完毕返回济南，留赵太侔、王近信在青岛负责办理校产接收，至 6 月 29 日接收完毕。7 月 2 日，私立青岛大学第一三七号公函称："敝校所有一切校产、校舍、账册、图表暨学生成绩名册、器具、书籍、仪器等均已于六月二十九日交于贵委员会，赵委员点收无讹并奉到。"③至此，私立青岛大学完成了历史使命。

与此同时，蔡元培也为亲临青岛筹备国立青岛大学积极做准备。为此他请

---

① 《国立山东大学筹备委员会关于教育部将国立山东大学改称国立青岛大学的公函》，存青岛市档案馆，档号：B0032-001-00395-0109。

② 山东大学档案馆：《山东大学大事记（1901—1990）》，第 25 页，山东大学出版社，1991。

③ 《前设立青岛大学公函（第一号）》，存山东省档案馆，卷号：J101-01-215。

假缺席了6月21日第三十二次国务会议和6月25日行政院召开的第二十七次会议。6月26日下午,蔡元培与蒋梦麟出现在北上的津浦列车上。之后,蔡元培于29日在天津主持召开了中华教育文化基金董事会第五次年会,又从天津过路济南,7月6日乘车前往青岛。天津《大公报》记者迅速刊发了一条消息:"中央监察院长蔡元培,偕教育部长蒋梦麟,六日晨八时许,由济到青,寓汇泉饭店,定庚(八日)午开接收青大筹备会,届时鲁教厅长可赶到参加。"①

国立青岛大学筹委会成立后共召开了6次会议,1929年7月8日由蔡元培和蒋梦麟参加的青岛会议是国立青岛大学筹委会第二次会议,9名筹委会委员全体到齐。会上,何思源首先报告接收省立山东大学和私立青岛大学的过程,随后就国立青岛大学院系设置、各院地址、经费筹措、招生工作、原有两校学生处理办法、开学日期等重要事项"详加讨论"。为便于筹委会工作,会议公推何思源、傅斯年、杨振声、赵太侔、王近信5人为筹委会常务委员。② 在蔡元培、蒋梦麟莅临会议的基础上,7月14日,国立青岛大学筹委会在济南召开了第三次会议,何思源、杨振声、袁家普、王近信、赵太侔、彭百川6人出席。会议讨论了国立青岛大学的学校行政组织、教务长和各院院长人选、已聘和拟聘教师、教职员薪金标准、经费预算、新生入学和旧生编级等办法。③ 10月,教育部增聘陈调元、于恩波、陈名豫为国立青岛大学筹委会委员,筹委会委员由9名增至12名。推定杜光埙为驻青代

图1-17 出席国立青岛大学筹备会的蔡元培、蒋梦麟(右)(摄于1929年7月)

表,监理修缮校舍,购置仪器、图书等,并在青岛开设文、理二科补习班,招收合乎投考大学一年级资格的学生,分别补习国文、外文、数理等主要科目。④ 此时,蔡元培与蒋梦麟的主要精力集中在国立青岛大学的校舍设备、校长人选、经费筹措等关键问题。有论者甚至认为,国立青岛大学其实是蔡元培擘画中国教育的最后手笔,堪称他的谢幕之作。⑤

---

① 《蔡元培蒋梦麟昨到青岛　明日开接收青大筹备会》,载《大公报》1929年7月7日。
② 山东大学校史编写组:《山东大学校史(1901—1966)》,第32页,山东大学出版社,1986。
③ 王元忠:《青岛海洋大学大事记》,第9页,青岛海洋大学出版社,1999。
④ 张静:《中国海洋大学大事记》,第8页,中国海洋大学出版社,2014。
⑤ 程新国:《晚年蔡元培》,第105页,上海文化出版社,2011。

1.理想化建校思路的修正与青济两地校舍纠葛

鉴于省立山东大学、私立青岛大学的校舍条件和济南、青岛两地的人力资源,加之"山东向无国立大学"的耻辱感,借助"五三济案"破解带来的种种有利因素,国立青岛大学筹委会最初提出的是一个颇具理想化的建校方案。据1929年7月13日上海《时事新报》披露,国立青岛大学按综合性大学规模先设文、理、工、农、法5个学院,并在济南设实验工厂,在青岛设农场,青、济两校区面积共计738.429亩。① 据说,有委员参考欧美现代大学制度提出了一个更具前沿性的跨学科乃至超学科的教学组织形式,即国立青岛大学"分院不分系",各学院"设若干讲座,学生得自由择师,听其指导",择师之后"由一位或一位以上的导师就其性质能力所及,厘定他在大学的课程"。② 7月22日,经赵太侔记录整理并发布在《大公报》上的决议案,有以下要点。

国立青大行政组织:校长下设校长秘书,各种委员会及教务长、总务长、文学院长、理学院长、工学院长、农学院长。

教员薪金标准:专任讲师分五级支薪,从一百二十元至二百四十元不等;教授分七级,从二百四十元至四百五十元不等;导师薪参酌教授、讲师之待遇;兼职讲师按时数计薪,每小时四元至六元。

教职员人选:教务长吴之椿,总务长王近信,工学院院长周钟岐,文学院长杨振声、赵太侔,理学院长由教授暂代,农学院长由教授暂代,事务主任林济青。

青大经费:由筹委会根据第二次决案,呈请教部,转呈国府,由行政院分饬照发。教授、讲师、助教薪金年共二十二万二千元,职员薪金年共五十六万七千七百二十元,夫役等工资年共二万一千元,购置费年共十四万元,转学学生津贴年共一万二千元,其他至详细预算交由秘书编制。开办费十万元预定支配如下:修理费二万元,建宿舍三万元,购仪器二万元,购中国图书一万元,购外国图书二万元。

旧生转学临时规则:(1)凡前由省立山东大学和私立青岛大学入本校生,经入学试验及编级,试验及格者,得转入国立青岛大学肄业;(2)前省立山大及私立青大学生原习科分,为国立青岛大学所无者,得请求发给修业证书,及转学介绍公函投考其他国立、十八年七月二日教育部已立案之私立大学。③

---

① 山东大学档案馆:《山东大学大事记(1901—1990)》,第26页,山东大学出版社,1991。
② 季培刚:《杨振声年谱》,上册,第161页,学苑出版社,2015。
③ 《青岛大学积极筹备》,载《大公报》1929年7月22日。

但是,上述所有规划均以校舍、设备、经费等物质条件为前提,筹委会接收省立山东大学和私立青岛大学校舍时就发现,此事不像预料的那么简单。首先,省立山东大学的校舍仅接收了6个学院中的农学院和工学院之一部分,校本部及其他学院的校舍早已被省府机关占用。驻青筹备委员杜光埙与原私立青岛大学庶务主任王志轩及张钊恕、刘志岑接收青岛校产时发现,私立青岛大学后期被驻军"借用"的房舍未能腾让。出任图书馆主任的宋春舫还发现驻青保安队觊觎校舍的迹象,便立即函告蔡元培。蔡元培对宋春舫的提醒"甚佩先见"①,即致函刚刚就任青岛特别市长的马福祥(云亭)。

云亭市长先生大鉴:

径启者:青岛大学,筹备伊始,由杜君光埙主其事。日内修葺校舍,汲汲进行,以期早日授课。惟校舍原为德、日兵营,外间不无觊觎。现有一部分房屋,为公安局保安队所借用,尚未迁让;近闻吴立凡司令军队,业已离青,深恐他项接防军队,见青大校舍宽广,发生借驻情事,影响校务,至为重大。欣值台旆履新,百端具举,关于教育,尤乐提倡。用敢备陈一切,甚望鼎力维护,曲为防范;倘有军队借驻校舍,务请格外关垂,设法消阻。将来青大发达,皆出执事匡扶之德,教育前途,实利赖之。专此奉托,不胜偻偻,诸维荃照。

祇颂

台绥

蔡元培敬启 十一月三十日②

此函诚恳坦然,既晓以利害,又动之以情,作为身居国民政府"五大院首"之一的蔡元培致函一市市长,自有居高临下之势。

2.办学经费的"国立"名分与央请吴敬恒说项

1929年6月,国立青岛大学筹委会成立伊始即草拟了一个经费来源方案,"经费预算年六十万元,拟请中央政府及省政府各出二十四万,而市政府与胶济铁路各出六万",并上报南京国民政府审核批准。但是,宋子文掌管的财政部迟迟没有回音,百般纠结的蔡元培欲请资深"国府大员"吴敬恒从中协调。吴敬恒(1865—1953),字稚晖,江苏武进人,清末举人,1901年东渡日本,就读东京高等

---

① 蔡元培:《复宋春舫函(1929年11月30日)》,载高平叔、王世儒编注《蔡元培书信集》(上)第1044页,浙江教育出版社,2000。

② 蔡元培:《致马云亭函(1929年11月30日)》,载高平叔、王世儒编注《蔡元培书信集》(上)第1042页,浙江教育出版社,2000。

师范学校,后因保送自费生问题与清政府驻日公使发生争执,被逐出日本,在被迫登轮时巧遇趁暑假在日本游历的蔡元培,蔡生怕吴再出意外,遂终止行程护送其回国。自此,吴敬恒与蔡元培成为有求必应的挚友。1929 年 8 月 3 日,蔡元培一面让何思源专程到南京面见吴敬恒,一面向吴亲书一信。

> 稚晖先生大鉴:
> 杏佛兄来,询知先生在京甚好,为慰。
> 兹有启者:山东旧有山东大学,又有私立青岛大学。现教育部取消此两大学,而设一青岛大学,似乎又多设一大学,而实则并两为一也。
> 青岛之地势及气候,将来必为文化中心点,此大学之关系甚大。其经费预算,年六十万元,拟请中央政府及省政府各出二十四万元,而市政府与胶济铁路各出六万元。省政府因旧出各专门学校费本有二十八万元,后即移作山东大学经费,减去四万,本无问题。惟中央应出之费,闻业与财政部宋部长商及,尚无确切答复。
> 弟因研究院关系,未便再向要求。欲请先生向子文切实一言。如能请蒋主席对宋谆嘱,则尤善。
> 除由何仙槎兄面详一切外,专此奉托,并祝
> 道安
>
> 　　　　　　　　　　　　　　　　　弟蔡元培敬启
> 　　　　　　　　　　　　　　　　　八月三日①

此信意思了然。蔡元培离开了中央教育中枢,不便直接插手教育事务,且此时因力辞监察院长职务,与蒋介石闹得不可开交。蔡元培便将国立青岛大学的经费筹措问题和盘托出,央请吴敬恒出面与宋子文疏通。当然,更重要的是信末的最后一句话,如果吴敬恒肯在蒋介石面前进一言,国立青岛大学经费筹措则不成问题。在国民政府初始阶段,怀玺未燮的蒋介石对吴敬恒、李石曾、蔡元培等"长衫佬"极力拉拢,比较言之,吴敬恒比蔡元培更有面子,人称"蒋介石的红人"。接到蔡元培的信并接待了专程来访的何思源,吴敬恒迅速与蒋介石晤谈。8 月 6 日,蒋介石致电蔡元培,希冀早日到南京监察院履职。此电传达出的意思耐人寻味,但蔡元培毫无反应。8 月 8 日一早,蒋介石亲临蔡元培的上海寓所,约他一同去南京赴任。② 蔡元培终于意识到,蒋介石答应拨款的条件是蔡元培

① 蔡元培:《致吴稚晖函(1929 年 8 月 3 日)》,载高平叔、王世儒编注《蔡元培书信集》(上)第 989 页,浙江教育出版社,2000。

② 高平叔:《蔡元培年谱长编》,第 3 卷,第 362 页,人民教育出版社,1999。

必须收回辞呈,屈己俯就监察院长。但是,书生意气的蔡元培偏偏不买蒋介石的账,国民政府确定青岛大学为"国立",即表明经费依赖国库拨款。因蒋介石亲自登门,蔡元培自知不宜闹僵,勉强同意去南京走一趟,但未承诺行期,也未与蒋介石同行。

蒋介石能为蔡元培执意不肯就职而迁怒于国立青岛大学吗?实际上,南京政府财政部对国立青岛大学的办学经费一直拖欠,不予拨付。据何思源称,国立青岛大学名为国立,其实经费"几乎完全由山东省支给"①。1931 年,教育部统计全国 13 所国立大学经费,国立青岛大学实际岁入 435413 元,岁出 440585 元,其额度是国立大学最少的,仅相当于中央大学、中山大学、北平大学、武汉大学、清华大学的 1/3 或 1/4。②

3.校长人选与"各方肆应、尚能相安"的必要条件

大学校长是学校的灵魂,这对于 20 世纪二三十年代中国尚未成体系的高等教育来说尤其如此,国立青岛大学的校长人选无疑是举足轻重的大事,对此蔡元培十分用心。筹委会虽多次举行会议,但均未涉及校长的人选问题,对外则含糊其词"刻尚未十分决定"。无论是前期的国立山东大学筹委会,还是现在的国立青岛大学筹委会,何思源以山东省教育厅长的身份皆任筹委会主任,筹委会主任亲任校长最具可能性,当然也不排除其他筹备委员任校长的可能。1929 年 7 月 8 日蔡元培与蒋梦麟抵青出席第二次筹备会议时,组建了由何思源、傅斯年、杨振声、赵太侔、王近信 5 人组成的常务委员会,何思源和傅斯年分列第一、第二位,这一排名似乎暗示了什么。为此,敏感的上海《时事新报》记者炒作道:"校长一席大概于何思源、傅斯年两人中择一任命。"③何思源曾因校园内树木"久乏剪裁"造成房舍"日间则遮蔽光线",于 1929 年 10 月 23 日致函青岛农林事务所,要求"整理敝校各部树木"。④ 有记者探访何思源,何思源表示:济南政务繁忙,不能兼任。那么,名列第二位的傅斯年就是不二人选。正在此时,南京突然传出"教部决任吴稚晖为国立青岛大学校长,并已得吴同意"的消息。最感意外的是蔡元培,年过花甲的吴敬恒何以看中了国立青岛大学校长这把交椅?知人善任的蔡元培认定,理想的国立青岛大学校长既不是吴敬恒,也不是何思源或傅斯

---

① 何思源:《我与韩复榘共事八年的经历和见闻》,载高亮宽编《何思源文集》第 2 卷第 937 页,北京出版社,2006。

② 根据《一九三一年全国高等教育概况统计表》计算。(详见《中华民国史档案资料汇编》第 5 辑第 1 编教育一第 248—251 页,凤凰出版社,2010。)

③ 王世儒:《蔡元培先生年谱》,下册,第 630 页,北京大学出版社,1998。

④ 《关于派人视察整理敝校各部树木久乏剪裁之杂枝的函》,存青岛市档案馆,档号:B0032-001-00566-0100。

年,而是名列筹委会五常委第三位的杨振声。

杨振声(1890—1956),字今甫(也作"金甫"),山东蓬莱人,1915 年考入北京大学的前身京师大学堂,参与创办《新潮》杂志,是五四运动被捕的学生之一;1919 年负笈美国,在哥伦比亚大学专攻教育学,获博士学位后又入哈佛大学攻读教育心理学,1924 年回国投身于教育事业,历任武昌大学、北京大学、燕京大学、中山大学中文系教授,清华大学教务长兼文学院院长。显然,在 20 世纪 20 年代知识精英群体中,杨振声的学历和资历都是不多见的。与同窗傅斯年(孟真)相比,在学业上,杨振声比留学不为文凭的傅斯年多了一张美国教育学博士学位证书;在学术上,杨振声没有读英国实验心

图 1-18 杨振声

理学、生理学、数学、物理学的傅斯年那么驳杂;在政治上,杨振声不像五四运动"游行总指挥"傅斯年那么激进。无论怎么比,杨振声做校长有着显而易见的优势。自视深知内情的梁实秋给出了许多理据:杨振声是"北大出身,当时在教育部里他的熟人不少,同时他是山东人,和教育厅里的人也有关系";更为重要的是杨振声"性情温和,冲默有量,所以双方肆应,起初尚能相安"。[1]

图 1-19 郭永怀

国立青岛大学筹备多时,原定 1929 年 10 月 1 日开学,迟滞 1930 年春仍未有确切消息。此间,已对省立山东大学和私立青岛大学留校学生进行了分流。其铁路管理科学生转入交通大学,土木工程科学生转入北京大学第二工学院,法科学生则分别转入中央大学、复旦大学等校。郭永怀、丁履德转入天津南开大学,丁观海则转入上海光华大学。一些尚未拿到结业证书的学生,申请国立青岛大学予以补发。[2] 为提高山东各地中小学教师专业能力,1930 年 4 月初,国立青岛大学筹备委员会决定举办暑期学校,聘杜光埙、宋春舫、周钟岐、沈履、杨振声 5 人负责筹备,具体由在青的筹备委员杜光埙主持。[3] 4 月 15 日,第二届全国教育会议在南京召开,尚任清华大学文学院院

① 梁实秋:《谈闻一多》,载刘天华、维辛选编《梁实秋怀人丛录》第 96 页,当代世界出版社,2007。
② 《前山大及私立青大学生请发修业、毕业证书及学业成绩》,存山东省档案馆,卷号:J101-01-021。
③ 《青大筹备暑期学校》,载《申报》1930 年 4 月 12 日。

长兼中文系系主任的杨振声以"清华、青岛两大代表"①的身份莅会,这一双重身份似乎向舆论界透出了一种意味。鉴于筹备近一年的国立青岛大学尚未开学,"金以青大之成立刻不容缓"自然成为代表议论的话题。4月19日,教育部长蒋梦麟签署的《请任杨振声为国立青岛大学校长提案》的笺函送达行政院政务处,"即请察收,编入议事日程为荷"②。4月25日,由行政院院长谭延闿主持召开的第七十三次国务会议,其第四项决议案是有关杨振声的任命。任命杨振声为国立青岛大学校长的"府令"于4月28日发布,4月29日上海《申报》首先披露这一消息,4月30日出刊的《行政院公报》印行全国。

不过,杨振声赴青上任却因中原大战推迟了行期。1930年5月,汪精卫与阎锡山在北平另组"国民政府",并派卫队企图武力接管清华大学,校长罗家伦因"学风凌替,请予辞职"。杨振声一向反对军阀插手学校,便与校务会议成员联络清华师生揭露国民党某集团"派其党羽吴南轩为校长以遂其攫取清华为党派基地的阴谋"。清华大学自此形成了"教授治校"的制度,杨振声"对于这一制度的创立起了很大的作用"。③ 5月28日,清华大学教授会选举冯友兰为文学院代理院长候选人,接替离任的杨振声;杨振声兼任的中文系主任一职则由朱自清继任。④ 据悉,杨振声动身之前,傅斯年曾有一言相赠:"只要你能领导两、三个学生走上学问的正路,也便不虚此一行了。"⑤傅斯年斯言诚有意味,足令杨振声千里命驾,夕惕若厉,不敢懈怠。

1930年6月中旬,杨振声离开北平经天津,23日从塘沽乘"长平丸"轮赴青岛,之后又去济南,聚集在省城的筹委会成员"交代办齐,即行移交"。⑥ 随着杨振声正式就任国立青岛大学校长,山东大学实现了落户青岛(鱼山路5号,今中国海洋大学鱼山校区)的发展大计,开启了此后30年的辉煌历程,山东的文化地图由此开始了历史性变迁。

---

①⑤ 季培刚:《杨振声年谱》,上册,第185、200页,学苑出版社,2015。

② 《笺函第九十一号(民国十九年四月十九日)》,载《教育部公报》第2卷第17期,1930。

③ 陈岱孙未刊稿。转引自季培刚著《杨振声年谱》(上册)第195页,学苑出版社,2015。

④ 杨振声回忆称:"朱自清先生继任系主任。课程虽有损益,我们商定的中国文学的新方向始终未变。"(杨振声:《为悼念朱自清先生讲到中国文学系》,载《文学杂志》第3卷第5期,1948。)

⑥ 《教育消息 青大近讯》,载《山东教育行政周报》第96期,1930年6月28日。

第二章　夯基与中兴:1930—1932

　　山东大学选址青岛以"国立青岛大学"之名办学不过两年多的时间,而拥有国立青岛大学校长之名的唯有杨振声一人。

　　杨振声适应 20 世纪 30 年代中国国立大学的发展趋势,借助齐鲁敦厚的文化传统和岛城优越的自然环境和社会资源,力倡文理兼通、中西交融,致力于地方综合性大学特色科系建设,与青岛形成了城市与大学的良性依存关系。为彰显一流大学的人才优势,杨振声广罗名师硕学,汇成了又一轮旅寓青岛人才潮,使国立青岛大学成为直逼北大、清华全国著名的学术重镇。[①] 曾居五四新文化运动潮头的杨振声,继续探索在清华园开启的中国文学教育的"新方向",在青岛隆起了以"新月派"为主流的文学高地,涌现出一批闻名全国的教授作家、评论家、翻译家和诗人。虽然经费拮据,杨振声撙节开支,勤俭办学,大量置办图书和教学设施,提高教学质量。为营造良好的校风,杨振声建立制度化的校务会议组织,校政事务按章程规则办事,不允通融、任便、凌乱,以期彰显现代大学的制度理性和学术尊严。

　　但是,诞生在国难之际的国立青岛大学,伴随着九一八事变深陷于民族危机的风潮中,加之经费困局、省府施压、对学生罢课处置失当,最后以校长辞职、学校更名告终。杨振声在青岛的履历和国立青岛大学的创建、发展、易名,一定程度上反映了民国大学曲折的发展历程。

第一节　杨振声的教育理念与整肃规范的校政体系

　　其实,国立青岛大学并未按筹委会预定的五院方案建置,而是"另立计划",

---

　　①　张玉玲、刘德军、王绪成:《山东近代教育发展与人才培养模式演变的特点及启示》,载《东岳论丛》2012 年第 2 期。

仅设立了文、理二院和其后从文学院独立出来的教育学院。"化复杂为简单,治纷乱以条理"是杨振声执掌国立青岛大学校政的基本原则,校务会议组织和教务、总务机构以及各专门委员会的组建,皆以纪律化、戒虚张为遵循。杨振声在1931年5月4日的报告和在国立青岛大学成立一周年大会发表的演词,集中展示了杨振声的教育理念,也是山东大学选址青岛后的工作方针。

一　校长报告、演词与"校长之上"的校务会议

1930年9月19日,国立青岛大学正式成立,20日举行开学典礼,校长杨振声宣誓就职。[①] 有关开学典礼的盛况,应邀到会的报馆记者都有或长或短的新闻见报,其中最具史料价值的是上海《申报》和天津《大公报》的报道。

据悉,受教育部委托,时在青岛的蔡元培莅会监誓、授印,并致训词。[②] 出席典礼的既有国立青岛大学的全体教职员和学生,又有40余名政府和社会团体代表,其中包括山东省教育厅长何思源、青岛市长胡若愚的代表胡家凤、国民党青岛市党部代表袁方治、胶济铁路局代表周钟岐,何思源、袁方治、周钟岐、胡家凤相继致辞。蔡元培向杨振声授印后的讲话刊在《大公报》上,大意:

> 政府所以设大学于青岛,实以青岛有文化中心的资格。以我国的广大众民、文化集中,势不能限于一点。现在长江一带有中央大学、武汉大学,北方有北平大学,西南有中山大学,东北有东北大学,此外各省则有浙江大学、河南大学等。山东为古代文化最发达之所,在昔伯禽治鲁,太公治齐,战国时稷下为学者荟聚之地,所以教育部决定设一国立大学于山东境内,乃归并前山东大学及私立青大而设诸青岛。旧时大学多设于都市,使与社会相接近,如法之巴黎大学,德之柏林大学皆是。然英国大学之最著声誉者,则在牛津、剑桥,美国各大学多设于山清水幽之所,而交通便利,接近自然,与接近社会两者均宜。青岛水陆交通,均极便利,山海林泉,处处接近自然,而工业发达,物产丰富,又非乡僻小村可比。国立青岛大学成立之后,并可设暑期演讲会,以集中全国学者于一地。至于大学课程,包括范围极广,青大现因经济关系,先设文理二科为任何各种应用科学之基础及研究的归宿点也。[③]

这篇训词是《蔡元培全集》的佚文,因此具有十分重要的史料价值,其中心

---

① 《关于惠临参加本校成立典礼的函》,存青岛市档案馆,档号:B0032-001-00344-0163。
② 《青岛大学行开学典礼》,载《申报》1930年9月29日。
③ 《青岛大学成立典礼志详》,载《大公报》1930年9月26日。

思想仍不脱青岛"必为文化中心点"的命题,但从法、德、美诸国大学的比较中,第一次明确提出在青岛办大学有着接近社会和自然的双重优势。显然,蔡元培十分满意山东大学办在青岛的主张,他应杨振声之邀欣然题写的"国立青岛大学"校牌,悬挂在校门口。开学典礼的最后一项是杨振声致答词。杨振声的答词各报记者均未做写实性报道,《申报》仅有一句"报告今后办学方针"。杨振声的办学方针及有关国立青岛大学的理念、规划等是在另外两个场合迭次披露的。一次是 1931 年 5 月 4 日在全体员工大会上的《校长报告》,另一次是 1931 年 9 月 20 日国立青岛大学成立一周年大会上的《校长演词》。杨振声的校长报告和演词一前一后,相互照应,既是可践行的办学纲要,又蕴涵着丰厚的理论能量。

其一,直面问题,申明学校是在"风雨飘摇之中,定百年树人之计"。杨振声的《校长报告》开宗明义,"为百年计,莫如树人",而学校办学每做"一件事情,即负一种责任,常不免临渊履薄之惧。这并非怕事,怕的是事情做错,辜负了这种责任"。杨振声尖锐地批评时下有的大学"不能顾及学生的出路,同时学生们只知一时就兴之所至而求学",结果导致"毕业后找不到用其所学的机会"。如果"大学是几个废物的噉饭地? 那太卑鄙了! 是学生的文凭制造所? 那也太龌龊了!"杨振声的话锋凛冽,直抒胸臆,折射的是对大学社会服务职能的追问。九一八事变发生后的第三天,即 1931 年 9 月 20 日召开的国立青岛大学成立一周年大会,杨振声则联系日本悍然发动的武装侵占中国东北的"卢沟桥事变",将国立青岛大学的使命和责任提高到救国雪耻的高度。

> 目前水灾几遍全国,七千万人民无衣无食不可终日。而日人乃乘人之灾,出兵东三省,天灾外患,相逼而来,国家之危,有如累卵。沉痛之下,我们应当如何努力学问,磨练身体,为将来以学问与勇力,救国雪耻的预备。①

曾经置身五四潮头的杨振声,将"教育问题"和"政治问题"区别开来。学生入大学读书"使个人发展其所长"是"教育问题";而"使个人应用其所长"则是一个"政治问题"。一句话,学生"毕业后做事,本是政治问题"。这种见解源于杨振声切己的体察与反思,是一种对于教育智识品质的真理性认识。

其二,夯基筑台,强调经费使用必须"对得起地方人民的膏脂"。杨振声明确提出,"大学不是教员的,也不是学生的,也不是教员与学生合有的,它是社会的,它是社会拿出血汗换来的钱,组织的学术机关"。面对仅有一万元的开办费,杨振声不无抱怨,但"又为之奈何?"他将学校的经费困境公开的目的,是要求青

---

① 《本校举行一周年纪念仪式》,载《国立青岛大学周刊》第 22 期,1931 年 9 月 28 日。

大同人勒紧腰带,"惟有节省经常费来补充设备费",因为"在行政上多花一文,这一文便是虚耗,在基础上多花一文,这一文便是建设"。杨振声将国立青岛大学的创业比喻"为山九仞,'功'始'一篑'",即"一篑中一粒粒的土"。杨振声竭力主张,"我们经常费能多省一文,即设备上能增加一文,也便是学校的基础上多放一块基石;经常费节省一点,即使感觉不便也是一时的;而设备上能增一本书,一件仪器,都是永久的,都是百年树人的基础"。正因为如此,杨振声强调:

> 我们本此宗旨,把第一年的经费极力撙节,必求以一半花在建设上。这个钱是为百年的文化造基础,如此我们对得起地方人民的膏脂,山东父老的期望。①

杨振声将国立青岛大学第一年的工作视为"打地基,按础石",因此"只求坚实,不求虚张"。杨振声计划"于五年内能够有五十万,谨慎地放在设备方面,如此则大学的基础便可一日稳固一日"。

其三,立足地方,提出海洋、考古学科为学校的"树立之道"。杨振声的高明之处在于,既看到这所新兴大学的先天不足,又洞察其可预见的潜力。山东在历史上"对于哲学、文学地位皆甚重要",但近代以来"开发迟钝,一时落后"。"青大忝为地方最高学府,其责任也自然重大","不但负恢复之责任,且当光明而扩大之",国立青岛大学"必须自求有所树立","而后其本身是具有独立之价值,始足以自固其生存"。杨振声关注的是大学与地方经济社会的互动关系,从文、理两个方面阐述了"青大因环境上之方便"而"其他大学所未设立之学系",基于海洋资源的交叉性、共生性和获取的艰巨性,首先提出发展海洋学科。

> 海边生物学,中国大学中有研究此学之方便者,惟厦门大学与青岛大学。厦门海边生物种类虽繁盛,然因天气过热,去厦门研究者多苦之,又易发生疟疾。青岛附近海边生物之种类,繁盛不亚于厦门,而天气凉热适中,研究上独较厦门为便。若能利用此便,创设海边生物学,不但中国研究海边生物者,皆须于此求之,即外国学者,欲知中国海边生物学之情形,亦须于青大求之。如此则青大将为海边生物学研究之中心矣。……海洋学、气象学,亦皆为其他大学所未办,我们因地理上或参考上便利,皆可渐次设立,此理学院自求树立之道也。②

---

① 《校长报告》,载《国立青岛大学周刊》第 1 期,1931 年 5 月 4 日。

② 杨振声:《努力把学校的根基打结实》,载李宗刚、谢慧聪辑校《杨振声文献史料汇编》第 193 页,山东人民出版社,2016。

图 2-1　国立青岛大学本部校门

图 2-2　国立青岛大学第一宿舍

继而,杨振声提出发展考古学系。

> 青大一方面对于地方文献、历史材料,应负搜集与整理之责,一方面对于中外学术皆应负供献此项文献与史料之责也。去年中央研究院来山东发掘古物,成立一山东考古研究会,青大与之订立合作条件,一面其古物之研究室及陈列室皆设于济南之青大校舍内。一面约定发掘时青大教员、学生得以参加,这就是为青大将来办考古学系的预备。①

杨振声善于谋划运筹,精于顶层设计,深信办学方针"惟必许其有计划,又能集全力以赴之,而后其得罪也心甘"。正是出于"皆以地方教育办好为目的",杨振声横下一条心——"个人之意见及地位皆可牺牲"。

基于以教育理性为核心指向的教育行动,杨振声提出,"一切机关必须纪律化,一切规程使其简而易守,然后大家循序而善行之。则学校事务,化复杂为简单,治纷乱以条理"②。本着校政工作能简则简、纳诸轨物的原则,杨振声在国立青岛大学创设了一个"权在校长之上"③的校务会议组织,其成员是从全体教授中选出的代表和校长、教务长、总务长、各学院院长、各学系主任,开会时校长可以大学组织法的规定,邀请专家列席。作为国立青岛大学的最高权力机构,校务会议审议下列事项:

(一)重要章制;
(二)本大学预算;
(三)学院与学系之设立与废止;
(四)本大学课程;
(五)各种学则;
(六)关于学生试验事项;
(七)关于学生训育事项;
(八)校长交议事项。④

值得注意的是,校务会议作为民国大学的重要组织形式,并非国立青岛大学

---

① 杨振声:《努力把学校的根基打坚实(1931年5月4日)》,载《山东大学校史资料》第2期,1982年3月。

② 《校长报告》,载《国立青岛大学周刊》第1期,1931年5月4日。

③ 《总理纪念周 校长报告》,载《国立青岛大学周刊》第28期,1931年11月9日。

④ 《国立青岛大学组织规则(1931年7月)》,载刘增人、王焕良主编《青岛高等教育史》现代卷第87页,人民出版社,2008。

独创,杨振声的创新在于从不将自己的主观意志凌驾于集体之上,对校务会议通过的决议案,杨振声是"第一个负执行的责任与遵守的义务"①。同时,国立青岛大学的校务会议是一个"集思广益的组织",集立法、行政于一体,不像清华大学、北京大学那样另有评议会和教授会,分别侧重处理行政和教务工作。杨振声这样做固然有学校初创时的不尽完善之处,但也为教授直接参与学校管理提供了便利,特别是国立青岛大学创建初期教授为数不多,通过校务会议记录发现,几乎所有教授都有参加校务会议的机会,从而实现了教授对学术事务和非学术事务完全的"治校"权。此外,学生作为受教育群体如果对校政"有何意见,也尽可联名向校务会议建议,但必须经校务会议通过后,才成法律,才有效力"②,即个体行为只有纳入组织、制度中才能得以解释。据档案史料记载,国立青岛大学校务会议共举行了52次。

受校务会议直接领导的是专门委员会。据史料记载,国立青岛大学先后成立了接收校产委员会、教员聘任委员会、训育委员会、建筑委员会、出版委员会、图书委员会、古物征集委员会等专门组织。其中,教员聘任委员会负责考察教授、讲师、助教,教授任教满1年后,根据教学实绩续发聘书,时限为1~3年。1930年10月6日,国立青岛大学第一次聘任的教授是张道藩、闻一多、黄际遇、汤腾汉、谭葆慎、谭书麟、梁实秋、赵太侔、周钟岐、杜光埙,共10人。1932年,为建设教员住宅,建筑委员会出面与金城大陆银行借款。③ 古物征集委员会则要负责山东各历史时期文物的调查、收存和整理,"每月开常会一次","每年终了时,须编制工作报告刊行之"。④

民国大学制度的演变隐含着大学精神流变的轨迹,杨振声针对一些教育组织"浪漫成了习惯,颓废成了风气"等弊窦,坚持从严治校,上任伊始便着手建章立制。各种制度既已建立就必须严格执行,不得通融;一切校政必须按章办事,不得任便;所有课程与教学必须科学实施,不得凌乱。杨振声治校奉行的是理性制度主义,从积极的意义上说,刚性置措是学校教育的社会本性使然。

二 三度改订的院系设置与两次颁行的学则规制

国立青岛大学的院系设置历经三度改订,其间确有因经费条件制约不得不

---

① 季培刚:《杨振声年谱》,上册,第290页,学苑出版社,2015。
② 《总理纪念周 校长报告》,载《国立青岛大学周刊》第28期,1931年11月9日。
③ 《国立青岛大学与金城大陆银行订立建筑教员住宅借款的合同》,存青岛市档案馆,档号:B004-0006-0005-00258。
④ 《古物征集委员会规程》,载《二十年度国立青岛大学一览》第146—147页,1931。

做强化基础、突出文理的设科选择,但也不排除办学者的兴趣偏好、济青两地管理不便等成因,最终形成的三院八系,损益互见,既有经验,也不乏缺憾。

基于接收省立山东大学和私立青岛大学的遗产,国立青岛大学筹委会最早作出开设文、理、工、农、法五学院的规划,由于法学院涉及较多棘手的问题,筹委会在 1929 年 7 月 14 日第三次会议上改为文、理、农、工四学院,而 1930 年 9 月开学时仅为文、理两个学院。无疑,"经济关系"是制约国立青岛大学科系起步的关键。对此,杨振声在几个公开场合给予了充分解释。1931 年 5 月 4 日,杨振声在报告中称:

> 诚以文、理两学院为其他学院之根本。必学理先有根基,而后始能谈及应用(工、农、教育,皆注意应用方面),故先办文、理学院,迨两学院稍有根基而后乃及其他,诚为不得不然之顺序。①

1931 年 9 月 20 日,杨振声又在演词中说:

> 国立青大接收后,另立计划,先从文、理、教育各学院做起,自属不得已之举。惟当时筹划,亦有工学院及农学院,且其计划极朴实可用。只以限于经费,及设备不足,成立尚须有待。这是我们顾及地方之需要而不免情急的。②

筹委会曾热议"分院不分系"的跨学科组合,报请教育部批复时因"不合部章"被否决,杨振声只好按部章"依样画葫芦来分系"。文学院下分中国文学、外国文学、教育学 3 个学系,理学院分为数学、物理学、化学、生物学 4 个学系。根据《国立青岛大学组织规程》第三条第一款的规定,文学院内设历史学系,筹委会拟请刘传贤教授主持。③ 杨振声还联系了当年北大学生会的同窗、明清史研究专家郑天挺。郑天挺曾回忆称:"是年夏,我决定回北京工作,已接受了北大的聘书,但走不脱。这时,山东大学校长杨振声也约我去历史系教书,我也无法去。"④杨振声为历史系的教授人选"物色几及一年",由于"差池者我们不肯请,较好者他校不放松,是以难也"。⑤ 最终,国立青岛大学将历史系放弃了。

至于教育学院则经历了一个最初附设在文学院的教育系,后独立成院的过

---

① 杨振声:《努力把学校的根基打坚实(1931 年 5 月 4 日)》,载《山东大学校史资料》第 2 期,1982 年 3 月。
② 《本校举行一周年纪念仪式》,载《国立青岛大学周刊》第 22 期,1931 年 9 月 28 日。
③ 《青岛大学积极筹备》,载《大公报》1929 年 7 月 22 日。
④ 郑天挺:《五十自述》,载《天津文史资料选辑》第 28 辑第 14 页,天津人民出版社,1984。
⑤ 杨振声:《努力把学校的根基打结实》,载李宗刚、谢慧聪辑校《杨振声文献史料汇编》第 195 页,山东人民出版社,2016。

程。杨振声的学科背景是教育学,自然对教育学科情有独钟。同时,山东省教育
厅要求国立青岛大学"在济南分设教育学院"。杨振声在《校长报告》中明确指
出,"青大对于在济南分设教育学院之要求,认为确有万不得已之苦衷。苟经费、
人材、设备上能办得到,则当集全力以成其意"①。鉴于中国农村经济萧条、民生
凋敝的严重现实,为适应20世纪30年代中国乡村建设运动的需要,1931年2月
经国立青岛大学校务会议决议,将教育系扩充升格为教育学院,与文、理学院同
级,5月复设教育行政系和乡村教育系。这样,国立青岛大学三院八系的院系设
置得以确立。各院系负责人:闻一多任文学院院长兼中国文学系主任,梁实秋任
外国文学系主任兼图书馆馆长;黄际遇任理学院院长兼数学系主任,蒋德寿任物
理学系主任,汤腾汉任化学系主任,曾省任生物学系主任;黄敬思任教育学院院
长兼教育行政系主任,谭书麟任乡村教育系主任。

其实,杨振声对文、理两院之外的工学院和农学院也有考量,他在1931年7
月主持制定的《国立青岛大学组织规程》第四条就提出,"本大学得设工学院、农
学院及其他学院或试验场,其组织由校务会议议定之"。同时,还特别写上了旨
在提高学校品质和实践性教学的第五条,"本大学得设研究院和专修科"。可
见,作为山东最高学府的国立青岛大学,杨振声注意到学科设置与地方经济社会
发展的紧密结合。但三度改订院系设置后,原属省立山东大学工学院的试验工
厂和农学院管辖的农事试验场,由于国立青岛大学未设工学院和农学院,试验工
厂归并总务处的工厂管理处,农事试验场则受教务处领导,这种失却学院支撑的
管理体制不免造成试验工厂和农事试验场的困局。事实上,国立青岛大学创始
之初仅设置文、理两院,在强化基础学科的同时带来了无法克服的局限性,即大

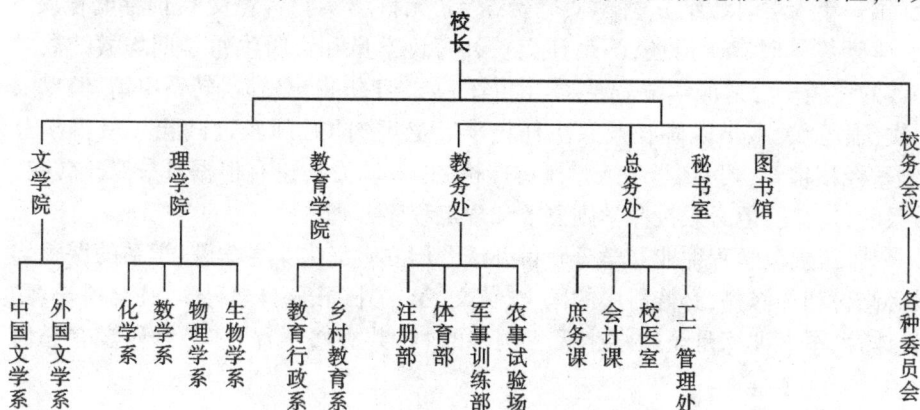

图 2-3 国立青岛大学组织系统图(1931年7月)

---

① 《校长报告》,载《国立青岛大学周刊》第1期,1931年5月4日。

学知识生产与社会服务功能的窄化。

1931 年 1 月,农事试验场行文并刊印报告,实事求是地反映了国立青岛大学创办后因"经费支绌"而"大事裁员"造成的窘况。如在农事研究方面,"害虫学及病理学上年曾已着手研究,旋因故中止";拥有 170 亩的桑园、3 万株桑树"近年来渐见生长不良",葡萄园也"年久地瘠"。尤其是农事试验场房舍欠修,"年余以来房舍之经修缮者,以工程论,不过什一",导致"旧有鸡舍、猪舍、牛舍现已倾圮","仓库不良,鼠害甚烈……保全种子亦属不易"。① 农事试验场所面临的重重困难,其中不乏省立山东大学改国立山东大学衔接时业已出现的问题,但作为接收者的国立青岛大学因无农学院建置,仅凭教务处遥控,实在难以布展。显然,杨振声"另立计划"无形中削弱了山东最高学府服务社会的功能,尽管他有经费拮据等种种苦衷。

正是基于有多少钱办多少事,杨振声的精力集中于扎牢青岛营盘、塑造"有纪律而整齐严肃"的国立青岛大学,使之"蔚然成为整肃庄严之学府"。② 起初,杨振声于 1930 年 5 月主持拟定"暂行学则",凡 5 章。经过一年多施行,1932 年 4 月 4 日第四十三次校务会议"修正"后的 7 章 49 条《国立青岛大学学则》,是一部彰显大学精神、秉持学术本位、严格学业过程,同时又颇受指摘的规制。其主要量化和定性的规定如下。

其一,严格入学考试和注册、转院/系制度。志愿考取国立青岛大学的学生必须参加"本大学入学试验及格",还要"填具入学志愿书并由保证人二人填具保证书"。③ 学生须"依限期到校注册",逾期将以"每日一元"的数额处以罚金。学生每学期始业时需缴纳学费 8 元、宿费 5 元、杂费 2 元、体育费 2 元、制服费 15 元(第一年入学时缴纳)、科学实验费 5 元(无科学实验者免交)、预存赔偿费 5 元(学期终了时有余退还,不足补交),补习班学员和旁听生每学期均缴纳数额不等的费用。为适应学情需要,学生可在一、二年级提出转院、转系申请,但仅限一次,须经"关系学院院长及系主任核准",必要时"并须经过试验",所得学分"须重经核定"。可见,学生入学既有严格的"入口关",也有根据自身专长转院、转系的自由度,但必须按照学则要求和规定程序办理。

其二,规范学程课业和学分获得办法。国立青岛大学各学院、学系的课程均设必修科和选修科,必修科中的国文、英文、第二外国语、自然科学、社会科学、党义、体育、军事训练是全体学生无一例外的"公共必修学程"。必修科没有任何

---

① 《国立青岛大学农事试验场民国十九年研究及调查报告》,载张研、孙燕京主编《民国史料丛刊》第 1090 册第 133—136 页,大象出版社,2009。

② 《校长报告》,载《国立青岛大学周刊》第 1 期,1931 年 5 月 4 日。

③ 《国立青岛大学学则》,载《二十年度国立青岛大学一览》第 14 页,1931。

弹性，选修科选课也"须依据各学院学程指导书之规定，并经系主任之核准"；对于改选、退选和加选的学程须在"每学期开学后二星期内行之"，并须经"各关系教员及所属系主任核准"，借此防止选修课的随意性。各学院、学系的"各项学程均按学分计算"，讲授课"一小时为一学分"，实验课及"无须课外自习之学程，以二小时至三小时为一学分"，考试成绩不及格者"不给学分"。各学院学程虽有差异，但"至少须修满一百三十八学分，方得毕业"。毕业须提交论文且经"审查及格"。为了保证学分质量，除第一学年外，其他各学年"每学期所修学分不得超过二十一学分"，"毕业年限不得提前"。

其三，强化成绩考核和试验、考勤要求。国立青岛大学的试验分为临时、学期和毕业三种，学期成绩"参酌平时成绩，与学期试验成绩计算之"，按百分制评定五等：甲等（90 分以上），乙等（80～89 分），丙等（70～79 分），丁等（60～69 分），戊等（60 分以下）。凡学程"成绩列戊等者为不及格"，如系"必修科须重修之"。为倡品学兼优，学生"学期成绩平均列乙等以上者，得请领本大学助学金"。学生因故缺课"须先期向注册部请假"，因病请假"须经校医之证明"，请假"逾三日者须经教务长核准"。学生学期试验请假的条件为"丧亲"或"疾病"，须"预经教务长之核准，方得补考"；凡未经请假"不与学期试验之学程，以不及格论"。一学期中任何学程如果"缺课三分之一，或旷课满五小时者，不得参与该学程之学期试验，并不得补考"；学生"全年学程有三种不及格或必修学程两种不及格者，令其退学"。[1]

客观地说，《国立青岛大学学则》对学生的学业起到了约束和激励的双重作用，引来众多学生投考。1930 年 7 月 6 日，国立青岛大学发布招生简章，拟在青岛、济南、北平三地"分招新生"[2]，10 日—12 日考试。原计划招生 150 名，结果报考人数达到 360 名，实际录取 153 名，另有先修班合格升入者 23 名。1931 年第二届招生时，报考人数达 412 名，实际录取 180 名，录取率为 43.69%。从录取学生来源看，半数以上为山东省内的生源，也有来自江苏、浙江、辽宁、云南、四川、广东、河北、河南、吉林、湖北、湖南、福建、安徽、陕西、山西等地的学生。除了正式录取的本科生外，国立青岛大学各院系还招收了一定数量的旁听生[3]，并为山东省旧制师范学校毕业生开办了一年修业期的补习班，其生源由省教育厅"考选报送"[4]，共计 21 名。本科、补习班、旁听生生源情况可参见表 2-1。

---

① 《国立青岛大学学则（民国廿一年四月第四十三次校务会议修正）》，载张研、孙燕京主编《民国史料丛刊》第 1090 册第 175—176 页，大象出版社，2009。

② 《教育简讯　青大在平招生》，载《大公报》1930 年 7 月 6 日。

③ 据 1931 年 7 月出刊的《国立青岛大学一览》统计，旁听生共计 56 名。

④ 《附设补习班规则》，载《二十年度国立青岛大学一览》第 150 页，1931。

表 2-1　国立青岛大学部分本科、补习班、旁听生名录

学　号	姓名	性别	籍　贯	就读院系	入校时间	登记通信地址
二三 105	张福华	男	云南昆明	数学系	1930	昆明市玉龙堆小吉坡 4 号
二三 115	贾玉珍	男	山西赵城	物理学系	1930	赵城县广吉堂转圪塔村
二三 146	徐植琬	女	江苏嘉定	化学系	1930	青岛太平路新 1 号
二三 149	许星园	男	山东蒲台	中国文学系	1930	广饶县史家口转许家庄
二三 153	华　芳	男	吉林永吉	物理学系	1930	永吉县南江沿三道码头同升栈
二三 165	高哲生	男	山东沂水	生物学系	1930	沂水县河阳高家店子
二三 178	李香亭	男	山东高唐	外国文学系	1930	高唐县城西李哥庄
二三 222	谈锡珊	男	湖南长沙	数学系	1930	长沙小西门谈瑞记
二三 229	丁金相	女	山东日照	外国文学系	1930	日照县涛雒镇前敬修堂
二三 230	丁观海	男	山东日照	中国文学系	1930	日照县涛雒镇前欲仁堂
二三 233	蔡文显	男	江西金谿	外国文学系	1930	江西浒湾茂积米庄
二三 235	臧瑷望	男	山东诸城	中国文学系	1930	诸城南关义成号转臧家庄南凝翠轩
二三 257	王先进	男	山东菏泽	教育行政系	1930	菏泽县临濮集西南王刘庄
二三 258	王　叕	男	河北衡水	外国文学系	1930	河北深县磨头镇转大柳树村
二三 265	魏少钊	男	四川乐山	中国文学系	1930	乐山县洙泗塘谢公馆内魏宅
二三 279	梁绣琴	女	浙江杭县	外国文学系	1930	北平东城大取灯胡同 1 号
二四 001	勾福长	男	辽宁辽中	化学系	1931	辽中县政府西边寓
二四 004	潘允文	男	河南郾城	外国文学系	1931	郾城县西南杨店四知堂药铺转
二四 017	李仲翔	男	山东莱阳	乡村教育系	1931	莱阳县水沟头邮局转
二四 018	弓英德	男	山东观城	中国文学系	1931	观城县弓家庄
二四 041	牛星垣	男	山东高密	教育行政系	1931	高密县景芝花市丰顺号转前屯
二四 042	何德芳	男	江苏南通	化学系	1931	美国华盛顿清华留美监督处
二四 047	俞启威	男	江苏江都	物理学系	1931	南京西华门头条巷 31 号
二四 050	罗演存	男	江西高安	生物学系	1931	高安县北城长顺祥号
二四 075	杨翼心	男	山东金乡	乡村教育系	1931	金乡县西关三义恒转
二四 080	钟朗华	男	四川富顺	中国文学系	1931	北平宣武门内什家户 6 号
二四 106	杨文衡	男	山东蓬莱	外国文学系	1931	青岛黄县路 4 号
二四 111	郭良才	男	山西定襄	外国文学系	1931	北平南城京报馆转
二四 128	谢冶英	男	江苏宜兴	生物学系	1931	常州南庄镇
二四 135	唐月萱	女	安徽泾县	外国文学系	1931	安庆蓄水池 27 号
二四 136	黄家器	男	广东澄海	数学系	1931	汕头澄海三妃宫振祖祠
二四 150	张佩甫	男	山东黄县	物理学系	1931	龙口增泰昌
P14	刘智白	女	山东高苑	补习班	1930	高苑县城北刘武庄
P15	杨有馨	女	湖北汉阳	补习班	1930	济南新东门外七家村 13 号
A1	李云鹤	女	山东诸城	旁听生	1931	济南按察司街 75 号
A2	沈岳萌	女	湖南凤凰	旁听生	1931	凤凰县西门上
A13	古贺亨	男	日　本	旁听生	1931	青岛黄台路新 13 号古贺医院内
A48	王隽英	女	山东青岛	旁听生	1931	青岛私立崇德中学

　　资料来源:《国立青岛大学一览》,载张研、孙燕京主编《民国史料丛刊·文教·高等教育》第 1090 册第 327—350 页,大象出版社,2009。

《国立青岛大学学则》一些弹性要求不乏民主精神。例如：学生因所考的学系"不相宜"可以转系甚至转院，杨振声起初仅限定在大学二年级调整，其实第一年"自知不相宜"的学生就转了院/系。据1931年7月出刊的《国立青岛大学一览》统计，转系、转院的学生多达24名，且每院每学系都有。如数学系的丁振成和于修文来自同年级的物理学系，物理学系的张佩甫是从外国文学系转来的，外国文学系的黄冠群原来是物理学系一年级的学生。化学系有6人从他系转入：郭质良原在物理学系，文孟虞原在生物学系，而何德芳则来自外国文学系。比较而言，教育学院调整院系的最多，共有9人转入、1人转出，院内调整的郭宪聪从乡村教育系转入教育行政系，而曾发钿、王宝善、吴乐梅、乔志恂原是中国文学系的学生，高鸿翥、马仲博、张春霖3人来自外国文学系。①

事实上，国立青岛大学的转院/系制度成就了不少学有专长、具有特殊禀赋的学生。如从外文系转物理学系的张佩甫，因学业优异毕业留校，抗日战争时期在青岛走上革命道路②，后来成为青岛高级工业学校副校长。从中文系转入教育行政系的乔志恂，毕业后致力于地方教育，是中国民生教育学会的中坚分子，他在担任山东范县县长期间对社会教育与乡村建设的有机结合做出了积极探索。转系最受益的当属臧克家。臧克家（1905—2004），笔名少全、何嘉，山东诸城人，在济南省立第一师范学校学习3年，1927年入中央军事政治学校武汉分校，曾参加北伐；1929年入读国立青岛大学补习班，注册学名"臧瑗望"。被外文系录取后，臧克家很想转到中国文学系，便去找文学院院长闻一多。闻一多也想认识这位数学考零分、语文成绩98分被破格录取的臧克家。就这样，臧克家以《杂感》中"人生永远追逐着幻光，但谁把幻光看作幻光，谁便沉入了无底的苦海"这三句诗，赢得了闻一多的重视和期许。臧克家回忆说：报到那天，闻一多"仰着脸向我注视了一眼，用高兴的声调把三个字送入我的耳中：'你来吧！'从此，我成为闻一多先生手下的一名中文系的弟子。从此，我成为闻一多先生门下的一名诗的学徒"③。臧克家不仅被国立青岛大学录取，而且成功转入中

图 2-4　臧克家

---

① 《学生姓名录》，载《二十年度国立青岛大学一览》第169—192页，1931。
② 中共青岛市委党史研究室：《中共青岛地方史》，第1卷，第314页，中共党史出版社，2003。
③ 臧克家：《悲愤满怀苦吟诗》，载《新文学史料》1980年第3期。

文系,成就了一代诗人。"名校—名师—名生"形成了值得回味的综合效应。

当然,杨振声的制度主义也在《国立青岛大学学则》的制订和修正中得以充分体现,其中颇受争议和指摘的是"学分淘汰制"。1931 年 7 月,第二十三次校务会议针对"暂行学则五章"中的"每学年必修学科有三门不及格,或全学年所修学科有二分之一不及格者"如何处理一事展开讨论,有 3 名校务委员主张开除,经深入研究、举手表决,最终议决"每学年必修学科有三门不及格,或全学年所修学科有二分之一不及格者,留级一年,四年中留级两次者,即令其退学"。①此规定施行不到一年,1932 年 4 月第四十三次校务会议又将这一条规定改为"全年学程有三种不及格或必修学程两种不及格者,令其退学"。从教育管理行动与社会权力关系的联系看,教育的强制性有其不可避免性;但从教育学原理、学校组织特性分析,《国立青岛大学学则》的要素配置未能有效解决制度供给与制度需求的矛盾。

三 平权制衡的教务处、总务处、秘书室和图书馆

作为国立青岛大学决策实施的职能部门,教务处、总务处、秘书室和图书馆具有权责分明的平行结构关系,校长杨振声的整个领导活动就是在 4 个部门的分权与制衡中追求行政效益的最大化。

民国时期的国立大学教务处有统一的英文名称:Undergraduate Academic Affairs Office,为主管教学的行政职能部门。国立青岛大学的教务处设注册部、体育部、军事训练部和农事试验场,首任教务长是张道藩。张道藩(1897—1968),字卫之,贵州盘县人,早年入读天津南开中学,后负笈英国伦敦大学攻读美术,1922 年冬在伦敦加入国民党;回国后历任广东省政府秘书、贵州省党务指导员、国民党中央组织部秘书兼南京市政府秘书长、江苏省党部整理委员会常务委员,1930 年 6 月出任国立青岛大学教务长。②据悉,张道藩就任教务长是蔡元培向杨振声推荐的。国立青岛大学的成立颇受国民党 CC 派陈果夫、陈立夫的关注,便派骨干人物张道藩,以养病为名到

图 2-5 张道藩

---

① 《第二十三次次校务会议记录》,载《国立青岛大学周刊》第 10 期,1931 年 7 月 6 日。
② 张道儒:《张道藩生平纪年(1897—1968)》,载《贵州文史丛刊》1994 年第 1 期。

青岛住下来。蔡元培知道陈家兄弟的意图，只好顺水推舟推荐张道藩当了国立青岛大学教务长。梁实秋曾谈及杨振声对此事的态度："校长杨振声先生私下对我说：'道藩先生一向从事党务工作，由他来主持教务，也可以加强学校与中央的联系。'"杨振声的话"说得很含蓄"。① 张道藩甫一上任即受杨振声委托，赴济南说服山东省主席韩复榘，解决国立青岛大学的经费难题。此时，韩复榘刚刚就任山东省主席，急需得到中央政府的支持，张道藩身为国民党中央候补委员，韩复榘自然要给他几分面子。由于张道藩出面，国立青岛大学得到了第一笔省"协款"。1930 年 12 月，张道藩辞职他就，赵太侔接任教务长。

国立青岛大学教务处下辖"三部一场"，其职员分别是：潘垂统任注册部主任，事务员有陈世芳、王寿之、郭宣霖；黄金鳌任体育部主任，管理员是鲍东生，另有国术教师高云峰、体育助教章文骢；军事训练部有教官戴自修，助教关匡汉、刘君毅；任德宽任农事试验场主任，还有蚕丝部技师郑普一、技术员崔景祺、王广誉。此外，还有教务处事务员吴伯箫、党义讲师秦亦文、音乐讲师宋以莲。教务处职员不乏名人。例如：任德宽，字济民，山东菏泽人，毕业于东南大学，历任绥远农业专门学校校长、山东曹县县长、山东省农矿厅合作社指导员。宋以莲，福建人，颇具音乐天赋，师从美国芝加哥大学惠芬夫人和法国巴黎国立音乐学院瑞拉、利维教授，与夫君江希张在澳洲生活了两年后，于 1931 年春回国寓居青岛，宋以莲是民国造诣极深的钢琴教师。

国立青岛大学总务处首任总务长为刘本钊。刘本钊（1892—1968），字康甫，号远哉，山东蓬莱人，初入北平朝阳大学学习法律，后去朝鲜大学（日办学校）留学，1923 年回国在北洋政府外交部做主事，后辗转清华大学出任会计主任，1930 年 5 月应杨振声之邀，偕全家定居青岛。1930 年 12 月，杜光埙接任总务长。杜光埙（1901—1975），字毅伯，山东聊城人，北京大学预科毕业后考取山东省费留学，1920 年负笈美国，先入美国芝加哥大学攻读政治学，后入哥伦比亚大学法学系，获硕士学位，回国后执教于中山大学，1929年主持接收私立青岛大学，并全程参与国立青岛大学的创建。

图 2-6 刘本钊

国立青岛大学总务处下设庶务课、会计课、校

① 梁实秋：《悼念道藩先生》，载刘天华、维辛选编《梁实秋怀人丛录》第 116 页，当代世界出版社，2007。

图 2-7 杜光埙

图 2-8 邓 初

图 2-9 陈命凡

医室和工厂管理处,其职员分别是:王志轩任庶务课事务员兼代主任,事务员还有李韵涛、宋锡波、程友珣、邓以从,助理员有杜原田、徐济光。会计课主任由刘本钊兼任(杜光埙任总务长后,刘本钊只任会计课主任),事务员有陈云章、刘芳椿、宋士斌。校医室有校医邓初,还有助理员兼管女生斋务的华瑾。①孟礼先任工厂管理处主任,另有助理员赵和生。总务处人员有的即是省立山东大学和私立青岛大学的职员。1930 年 10 月 23 日,国立青岛大学校务会议决定,李韵涛、孟礼生、任德宽为接收济南各学院委员,王志轩、张钊恕、刘志岑为接收青岛校本部委员。总务处位次仅次于总务长刘本钊的是校医邓初。邓初,字仲纯,安徽怀宁人,留学日本千叶医科大学,回国后在北京大学任职,1930 年 8 月应聘国立青岛大学。邓初还兼任中文系讲师。

国立青岛大学秘书室相当于校长办公室,具有近身与左右手的地位,初设秘书一人,待遇同教务长、总务长(月薪 300~500 元),始任秘书是陈命凡。陈命凡(1896—?),字季超,山东蓬莱人,国立北京师范大学毕业,曾任山东省立第一女师教务主任、山东省视学、青岛特别市教育局局长,1930 年 6 月应聘国立青岛大学。总务长兼会计课主任刘本钊、秘书陈命凡与杨振声同为蓬莱乡党,是国立青岛大学事实上的“铁三角”。秘书室还有事务员刘志岑、朱仁山和助理员李庆三。1931 年 2 月 24 日,《国立青岛大学周刊》创刊,因秘书室所特有的文牍、信息、档案等职能,特设周刊社。1931 年 5 月 4 日出版第一期(创刊号),至 1932 年 9 月 12 日终了,《国立青岛大

① 《国立青岛大学一览·职教员录》,载张研、孙燕京主编《民国史料丛刊》第 1090 册第 318 页,大象出版社,2009。

72

学周刊》共计出刊 64 期。

民国大学图书馆的行政隶属关系，体现了学校领导人对图书馆作用重要性的认识差异。与许多大学图书馆隶属教务长管辖不同，国立青岛大学图书馆与教务处、总务处、秘书室平行。考证史料，图书馆首任主任应是宋春舫，他于 1929 年 11 月到校"备款分类采购"图书，1931 年 9 月"兼任教授"①。宋春舫(1892—1938)，浙江吴兴(今湖州)人，19 岁入上海圣约翰大学，后留学瑞士攻读政治经济学并研究戏剧，精通法文、德文、英文、拉丁文等多种语言，1916 年回国历任外交官、律师和北京大学、东吴大学、清华大学教授，1928 年 11 月任青岛观象台海洋

图 2-10　宋春舫

科科长。宋春舫以搜集戏剧图书知名，其青岛福山支路的"褐木庐"主藏国外戏剧专业书刊。梁实秋以羡慕的口吻写下了一段话：

> 我看见过的考究的书房当推宋春舫先生的"褐木庐"为第一。在青岛的一个小小的山头上，这书房并不与其寓邸相连，是单独的一栋。环境清幽，只有鸟语花香，没有尘嚣市扰。《太平清话》："李德茂环积坟籍，名目书城。"我想那书城未必能和褐木庐相比。在这里，所有的图书都是放在玻璃柜里，柜比人高，但不及栋。我记得藏书是以法文戏剧为主。所有的书都是精装，不全是 buckram(胶硬粗布)，有些是真的小牛皮装订(half calf, ooze calf, etc)，烫金的字在书脊上排着闪闪发亮。也许这已经超过了书房的标准，微适于藏书楼的性质，因为他还有一册精印的书目，普通的读书人谁也不会把他书房的图书编目。②

据《国立青岛大学一览》载，梁实秋以外国文学系主任兼图书馆馆长职，图书馆主任为皮高品。皮高品(1900—1998)，湖北嘉鱼人，1925 年获武昌文华大学文学士和图书科毕业证书，历任天津南开中学图书馆主任、齐鲁大学图书馆主任、燕京大学图书馆编目部主任，1930 年 11 月应聘国立青岛大学。图书馆事务员有丁伯戣、陈颂、林斯德、舒纪维，助理员有曲继皋、魏文荃、罗凤翔、李友松。此外，还有李云鹤等未能进入国立青岛大学刊印名录的职员。李云鹤(1915—1991)，山东诸城人，1929 年随姐姐一家来到济南，入赵太侔任院长的山东省立

---

① 《本校教授讲师已陆续到校》，载《国立青岛大学周刊》第 19 期，1931 年 9 月 7 日。
② 梁实秋：《书屋》，载《梁实秋精选集》第 189—190 页，北京燕山出版社，2006。

实验剧院,1931年夏赴青岛投奔赵太侔,任国立青岛大学图书馆管理员,半工半读,参加青岛左翼戏剧文艺活动,是"海鸥剧社"的主要成员。

国立青岛大学图书馆是杨振声花心思最多的地方,他在《校长报告》中将图书馆建设列为学校设备的首位,并提出"基础的基础是图书",对图书购置实行经费倾斜,"大半年来东搏西节,挹注于此",辩证看待"书的数量与质量",注重"图书的管理与利用"。梁实秋与杨振声深有契合,他为图书馆确立了"促进社会文化,辅佐学术发展"的办馆宗旨,并借鉴美国加利福尼亚大学"The use of Books"(图书的用法)课程,强调"书籍是否选择的精当,布置是否便利,学生是否已经充分的享用——这才是最重要的问题"①。

图2-11 皮高品

鉴于从省立山东大学和私立青岛大学接收的图书仅有28箱,且大都是没有什么参考价值的旧课本,梁实秋专程带人去上海采购图书。为了保存中文线装古籍书,专门聘请修整古籍木版书的技术工人,加装蓝色布套,竖立书架。图书馆对山东先贤硕儒著作抄本也尽力寻求。例如:清代数学家、山东栖霞人牟庭(陌人)著有《诗切》未刊,图书馆借来手抄本,雇人抄录存馆;明壬戌科进士、即墨人黄宗昌除了已刊行的《崂山志》,其家尚存《崂山丛谈》和《崂山艺文志》手抄本,图书馆概借来抄录存馆。梁实秋还广泛搜集山东地方志,全省108个县,图书馆收藏了82个县的志书,搜集之全不次于山东省图书馆。由于梁实秋对莎士

图2-12 国立青岛大学图书馆职员

比亚剧作的偏爱,国立青岛大学图书馆收藏的"莎翁"图书数量和版本特色在30年代国立大学中首屈一指。据1932年3月14日《图书馆增刊》介绍,"莎翁"名著包括"剑桥本"全集9册,Tudor本全集40册,牛津大学Addis Wright编17册、Gordon编9册、New Hudson编17册。② 据杜光埙回忆,"图书方面,关于莎士比

① 梁实秋:《〈图书馆增刊〉发刊词》,载《国立青岛大学周刊》第1期,1931年5月4日。
② 《国立青岛大学周刊·图书馆增刊第46号》,存山东省档案馆,档号:J110-01-0389-001。

亚书籍收藏之完整，西洋定期刊物如英国之 *Contemporary Review*，*Fortnighty*，*Nineteenth Century*，美国之 *Current History*，*Foreign Africa* 之外购整套杂志，在其他大学也是不多得的"①。

1931 年 1 月 26 日，经国立青岛大学校务会议决定，组建图书委员会，由梁实秋任主席，闻一多、黄际遇、汤腾汉、皮高品为委员。图书委员会的职权是"拟定各院及图书馆图书经费之分配"，"添置普通图书之审查"，"拟定本校图书馆发展之计划"。② 及至 1931 年下半年，国立青岛大学图书馆已拥有中文图书 3 万册、外文图书 8000 册。1931 年 9 月，杨振声在新学年始业式的讲话中说：

> 我们可以无愧的说，国内没有几个大学能像我们这样的购买图书仪器。我们的图书，不算很少。本预备四年内可用。谁想经过一年，开辟一个书库，而现在又大有书满之患，这是个很好的现象。如此继续下去，明年我们又有在图书馆傍近添筑书库之必要了。③

与其他国立大学不同的是，《国立青岛大学周刊》创刊伊始即增设了 4 开 2 版的《图书馆增刊》，作为图书馆专业周刊，主要刊载馆藏图书介绍、图书馆学和目录学文章、图书评价、借书制度等。事实上，国立青岛大学图书馆在发展理念、制度建设、藏书规模、服务规范等方面形成了鲜明特色。

除图书馆建设外，国立青岛大学在"填沟不易，凿山尤难"的情况下，于 1931 年 8 月投资 6000 元修建操场，还设置了 2 处篮球场和 1 处排球场。1932 年 1 月兴建的科学馆投标开工。④

第二节 寓青大学名师职业模式与学术研究氛围

国立青岛大学最受推崇的是寓青名师职业模式，杨振声诚邀名家硕学来青任教，一时间学才云集、名人荟萃，其教员阵容在民国大学中屈指可数。杨振声利用人脉关系接办的中国科学社、中华农学会学术年会和孚杨振声之邀来青讲学的全国知名专家，活跃了青岛的学术气氛。一流师资，一流课程和一流的学术活动，体现出组织的共同价值观和态度，推动国立青岛大学走向欣欣向荣。

① 杜光埙：《忆国立山东大学》，载《山东大学校史资料》第 4 辑第 70 页，山东大学出版社，1981。
② 《图书委员会规程》，载《二十年度国立青岛大学一览》第 146 页，1931。
③ 《本学年第一次纪念周及始业式校长演词》，载《国立青岛大学周刊》第 21 期，1931 年 9 月 21 日。
④ 《建筑科学馆投标揭晓》，载《国立青岛大学周刊》第 37 期，1932 年 1 月 11 日。

一 闻一多、梁实秋等文科教员及其作家型学程

鉴于杨振声的小说家和清华大学文学院长的专业背景,国立青岛大学师资"颇极一时之选"的首先是文学院。历数 1931 年《国立青岛大学一览》文学院 6 名教授、17 名讲师和兼职讲师,可谓"什九均系留学欧美有年"[1]。文学院院长兼中国文学系主任闻一多、兼任图书馆馆长的外国文学系主任梁实秋,为国立青岛大学文科教学带来了文学作家型显著特色。

1930 年 4 月杨振声就国立青岛大学校长后,四处网罗教员。是年 6 月,杨振声在上海延揽教授时正巧碰到刚刚辞去国立武汉大学教职的闻一多,并通过闻一多联络到梁实秋、谭葆慎、费鉴照等人。闻一多(1899—1946),本名闻家骅,字友三,湖北黄冈人,舞勺之年以复试鄂籍第一名的成绩考入清华留美预备学校,1922 年赴美国留学,先后在芝加哥美术学院、珂泉科罗拉多大学和纽约艺术学院学习,回国先后任教北京艺术专科学校、吴淞国立政治大学、国立第四中山大学、国立武汉大学。杨振声与闻一

图 2-13 闻一多

多结缘于留美期间,五卅运动时杨振声在北京主编《现代评论》的文艺栏,曾发表闻一多《爱国的心》《七子之歌》等诗作。

对于梁实秋,杨振声更多地从"鲁-梁论战"中得以了解。梁实秋(1903—1987),原名梁治华,字实秋,祖籍浙江杭县,出生于北京,1915 年夏考入清华学校,20 岁赴美留学,专攻英文和欧美文学,获哈佛大学文学硕士学位,回国后任教东南大学,1927 年与胡适、徐志摩、闻一多等人创办新月书店和《新月》月刊,专注于文学批评,同鲁迅及左翼作家就文学性、翻译理念、普罗文学、文艺政策等诸多问题,展开了旷日持久的笔战。此前,杨振声与梁实秋没有工作关系和思想交集,杨与鲁迅素无交情,与左翼文学家群体也无过从。值得注意的是,早在杨振声任国立青岛大学筹备委员时,鲁迅在 1929 年 7 月 21 日致章廷谦的信中说:"青岛大学已

图 2-14 梁实秋

---

[1] 《本省教育消息 青岛大学积极筹备》,载《山东教育行政周报》第 47 期,1929 年 7 月 20 日。

开。文科主任杨振声,此君近来似已联络周启明之流矣。此后各派分合,当颇改观。语丝派当消灭也。陈源亦已往青岛大学,还有赵景深沈从文易家钺之流云。"①杨振声能在任筹备委员期间联系周作人网罗教员吗?鲁迅列举的陈西滢、赵景深、沈从文、易家钺,真的收到杨振声的聘书了吗?其实,鲁迅话里有话。杨振声怀着求贤若渴的心情坚邀闻一多与梁实秋到青岛任教,是确凿无疑的。闻一多因辞去武大的教职无处安身,梁实秋也"久已厌恶沪上尘嚣,闻之心动"。梁实秋后来回忆称:

> 有一天他(指杨振声)从容不迫的对闻一多和我说:"上海不是居住的地方,讲风景环境,青岛是全国第一。二位不妨前去游览一次,如果中意,就留在那里执教,如不满意,决不勉强。"这"先尝后买"的办法实在太诱人了,于是我和一多就了青岛,半日游览、一席饮宴之后我们接受了国立青岛大学的聘书。②

1930年七八月间,梁实秋、闻一多相继如期而至。随同梁实秋一起来到青岛的还有妻子程季淑和两个女儿梁文茜、梁文蔷,儿子梁文骐,一家人租住了鱼山路7号,妹妹梁绣琴考入外文系也来到青岛。很戏剧化的是,正当闻一多动身青岛赴任时,收到了来自母校清华大学的聘书。③ 闻一多不仅没有应聘清华大学,而且力邀曾在武汉大学共事过的谭葆慎、费鉴照、游国恩来青任教。

国立青岛大学文学院有一张骄人的教员名单,除闻一多、梁实秋外,尚有教授赵太侔、杜光埙、谭葆慎、郭斌龢,讲师赵少侯、游国恩、杨筠如、黄淬伯、梁启勋、沈从文、王士瑨、费鉴照,兼任讲师孙承谟、苏保志(德国籍)、罗宝善(德国籍)、孙方锡、张金梁、刘崇玑、邓初、丛汝珠和教员谭纫就。郭斌龢(1900—1987),字洽周,江苏江阴人,1927年留学美国哈佛大学研究院,越二年赴英国牛津大学研究院进修,回国后任教东北大学,九一八事变后离开沈阳到青岛,是民国屈指可数的精通英文、希腊文、拉丁文,并通晓法文和德文的权威学者。梁启勋(1876—1965),字仲策,广东新会人,梁启超之胞弟,早年就学于康有为设立的"万木草堂",戊戌变法失败后组织掩护康、梁家属摆脱清政府的追缉,逃离至海外,后被戏称为"家属队长",在美留学期间协助康有为处理维新会经济事务,自芝加哥大学毕业后回国,历任中国银行监理、币制局参事,1932年2月到国立

---

① 鲁迅:《290721 致章廷谦》,载《鲁迅全集》第12卷第197页,人民文学出版社,2005。

② 梁实秋:《忆杨今甫》,载《梁实秋文集》第3卷第420页,鹭江出版社,2002。

③ 据载,1930年7月14日清华大学校务会议决定聘请闻一多为中国文学系专任教授,月薪为三百二十元。(《清华大学校刊》第196号,1930年8月18日。)

图 2-15　梁启勋

青岛大学任教,讲授词学和音韵文。《国立青岛大学周刊》特此撰文介绍梁启勋:"本校本学期聘梁启勋先生为中国文学系讲师。梁先生当前清光绪年间曾在广州万木草堂受业于康有为先生。西历一九○八年毕业于美国芝加哥专门学校,一九一三年主办庸言及大中华报,著有稼轩词疏证,今来本校执教,可为中国文学系同学庆也。"①这些知名学者均是离开北平、上海、南京等文化中心,来到"文化边城"青岛应聘从教的。

当然,杨振声物色教员是有选择的。1930 年 8 月,山东省立一师教员、"沉钟社"代表人物杨晦想到国立青岛大学谋一教职,便托周作人向杨振声求情,周作人遂于 8 月 11 日致函杨振声。② 杨振声是如何婉拒周作人的,因未见其信,不敢妄加猜测。周作人在 8 月 28 日日记写道:"访慧修,转示金甫信。"1931 年 1 月,"语丝社"成员废名也央周作人向杨振声推荐。周作人因介绍杨晦被拒,便不想再碰钉子,遂写信给俞平伯请其帮忙:"废名见青岛而大悦,想找一点教书工作,以便住到夏天,嘱设法托金甫,云亦有信寄园奉托。我去年曾为慧修去说过无效,所以这回拟恕不了,如兄能去信则望为之一写耳。"③此时,俞平伯也收到废名的求助信,但他直接劝废名打消去青大执教的念头。学界多以此事证明杨振声敦聘教员不徇私情。其实,杨晦和废名遭拒,恐与其"沉钟社"和"语丝派"的身份有关。闻一多、梁实秋执掌国立青岛大学中、外文二系,不可能不影响杨振声对教员的甄选。废名在 1932 年夏写的一篇文章中发了点牢骚:"前年冬去青岛,在那里住了三个月,慨然有归与之情,而且决定命余西山之居为'常出屋斋'焉。……其实起名字的时候我并没有想到许多,只是听说古有田生,十年不出屋,我则常喜欢到马路上走走,也比得上人家的开卷有得而已。"④废名的话虽隐晦,仍明显地流露出内心的不快。

国立青岛大学文学院的学程(表 2-2)是一种实践性的文学教育,具有显而易见的文学创作特征。学界普遍注意到中文系编码"中一 11—— 12"的"国文 A",是国立青岛大学"国文"学程 A,B,C 三级中的最高等级,设置在入校的第一学年,规定 4 学分,要求"每二周一次习作"。中文系在二、三、四年级开设的"高

---

① 《本校聘梁启勋先生为中国文学系讲师》,载《国立青岛大学周刊》第 42 期,1932 年 2 月 15 日。
② 《周作人日记》,下册,第 101 页,大象出版社,1996。周作人日记写道:"上午,为慧修致函金甫。"
③ 孙玉蓉:《周作人致俞平伯书信选注》,载《新文学史料》1995 年第 1 期。
④ 废名:《今年的暑假》,载《废名集》第 3 卷第 1285 页,北京大学出版社,2009。

级作文"，是国立青岛大学的特色选修学程，旨在培育学生从事新文学的创作能力，分为诗、戏剧、小说、散文四组，学生"皆得于此学程中择习一组或二组"，每两周上课一小时。由于是"各体文艺之习作"课，也对理学院和教育学院

表 2-2　国立青岛大学中国文学系学程表

编　码	学　程	应修年级	每周时数	教学年限	学分	说　明
中一 11——12A	国文 A	一	2	一年	4	文学院必修,每二周一次习作
中一 11——12B	国文 B	一	2	一年	4	理学院必修,每二周一次习作
中一 11——12C	国文 C	一	2	一年	4	教育学院必修,每二周一次习作
中一 13——14	名著选读	一	3	一年	6	本系必修
中一 15——16	文字学	一	3	一年	6	本系必修
中二 11—二 12	中国文学史	二	3	一年	6	本系及外国文学系必修
中二 13—二 14	唐诗	二	2	一年	4	本系必修
中二 15—二 16	音韵学	二	3	一年	6	本系必修
中三 11—三 12	中国小说史	三	2	一年	4	本系必修
中三 13—三 14	近代散文	三	3	一年	6	本系必修
中三 15—三 16	词学概论	三	2	一年	4	本系必修
中三 17—三 18	目录学	三	2	一年	4	本系必修
中四 11—四 12	中国文学批评史	四	3	一年	6	本系必修
中四 13—四 14	戏曲概论	四	3	一年	6	本系必修
中四 15—四 16	骈体文	四	2	一年	4	本系必修
中四 17—四 18	毕业论文指导	四		一年	2	本系必修,每二周一次
中二 21—二 22	中国学术史概要	二、三	2	一年	4	选修
中二 23—二 24	毛诗学	二、三	2	一年	4	选修
中二 25—二 26	楚辞学	二、三	2	一年	4	选修
中二 27—二 28	文选学	二、三	3	一年	6	选修
中二 41—二 42	乐府诗研究	二、三	2	一年	4	选修
中三 21—三 22	高级作文(诗)	二、三、四		一年	1	选修,每二周一次
中三 23—三 24	高级作文(小说)	二、三、四		一年	1	选修,每二周一次
中三 25—三 26	高级作文(戏剧)	二、三、四		一年	1	选修,每二周一次
中三 27—三 28	高级作文(散文)	二、三、四		一年	1	选修,每二周一次
中三 41—三 42	音韵学史	三	3	一年	6	选修
中三 43—三 44	经部专书研究	三、四	2	一年	4	选修
中三 45—三 46	史部专书研究	三、四	2	一年	4	选修
中三 47—三 48	子部专书研究	三、四	2	一年	4	选修
中三 61—三 62	中国古代神话	三、四	2	一年	4	选修
中四 21—四 22	古文字学	四	3	一年	6	选修
中四 23—四 24	宋诗	四	3	一年	6	选修
中四 25—四 26	诗家专集	四	3	一年	6	选修
中四 27—四 28	词家专集	三、四	3	一年	6	选修

资料来源：《国立青岛大学一览》,载张研、孙燕京主编《民国史料丛刊·文教·高等教育》第 1090 册第 179—181 页,大象出版社,2009。

各系二、三、四年级学生开放,但"须得本学程各该组担任教员之允许,方得选习之"。① 据悉,杨振声亲自执教"高级作文"四组中的"小说作法"。这位以《渔家》(1919)、《贞女》(1920)、《玉君》(1925)等小说跻身新文学阵营的现代作家,自有一种传承文学教育"新方向"的责任担当。据1930年入学的中文系学生王先进撰文称,杨振声"特别强调学文学必须加强练习。按照他的意见,中文系的教学十分注重练习这一环节。如教师讲文章,就要学生摹写文章;教诗词,就让学生练习作诗、填词。这样,不仅使学生学到了知识,而且培养了写作能力"②。为加强写作,文学院还设置了编码"中四17—四18"的"毕业论文指导"。学生本科4年毕业时"须提出论文一篇",中文系为此要为每位学生安排"指定教员",学生撰写毕业论文的情况"每星期须向指定之教员报告一次,以资指导"。③将新文学引入大学课堂,有助于改变作家创作的社会生态,并可实现大学的文学教育与文学传承的有机对接。

文学院外文系的学程也十分重视写作,一、二年级均设有4学分的"英文写作",同时又侧重文学体裁和样式的训练,如编码"外一33——34"的一年级必修课"小说入门"。为体现阅读与写作的关系,外文系选择的两部小说一部是英国著名女作家乔治·艾略特(Eliot G)1861年完成的《织工马南》(*Silas Marner*),通过生动细腻的社会生活画面,展示出特定的历史社会因素所形成的人们的心态,被学界视为英国最出色、具有大师级水平的小说。第二部是19世纪英国批判现实主义作家查尔斯·狄更斯(Dickens C)的经典名著《大卫·科波菲尔》(*David Copperfield*),在这部具有强烈的自传色彩的小说里,不仅有曲折生动的结构、跌宕起伏的情节,还有一种现实的生活气息和抒情的叙事风格。外文系之所以选择这两部经典作品,目的在于增进学生"对于英国文学之了解,并养成其欣赏文艺之兴趣"④。二年级的"英诗入门""戏剧入门"和四年级的"维多利亚时期散文/诗",与中文系"高级作文"所列4种体裁似有对应关系,只是所设学分不同,"戏剧入门"6学分,"英诗入门"4学分,而"维多利亚时期散文"和"维多利亚时期诗"学程半年,各为3学分。此外,四年级还有一门稍具弹性的"专家研究"(编码"外四25—四26"),要求学生"商承教员"后选定一名英国文学家,就其"全集作精细之研究",研究情况"须每周向教员报告一次",于期终"缮呈教员审核之",若一学期未能完成"得续加一学期"。外文系学生毕业也要求"提出论文一篇",但允许"翻译英国文学书籍一种以代之"。⑤外文系课程与教学的文

①③④⑤ 《文学院学程纲要》,载《二十年度国立青岛大学一览》第40、39、43、47页,1931。

② 王先进:《杨振声与国立青岛大学》,载李宗刚、谢慧聪选编《杨振声研究资料选编》第190页,山东人民出版社,2016。

创性由此得以体现。其学程详见表2-3。

为了填充中国文学新与旧的鸿沟，中文系一年级的"名著选读"、三年级的"近代散文"和"经史子集研究"均强调"以文学为立场"。编码"中一13——14"设定6学分的"名著选读"，为中国文学史之预修学程，依时代顺序，选取历代文学名著"详细讲授之，务使学者对于我国文学之本身得一较透彻、较完整之

表 2-3　国立青岛大学外国文学系学程表

| 编　码 | 学　程 | 每周时数 | | | 教学时限 | 学分 | 规　定 | 应修年级 | 预修学程 |
		讲授	习作	讨论					
外一 11—— 12A	一年级英文 A	6			一年	12	本系必修	一	
外一 11—— 12B	一年级英文 B	5	1		一年	12	中文系必修	一	
外一 11—— 12C	一年级英文 C	3			一年	6	理学院必修	一	
外一 11—— 12D	一年级英文 D	5	1		一年	12	教育学院必修	一	
外一 13—— 14A	一年级法文 A	4			一年	8	第二外国语各系任意选择一种,但外国文学系不得选择日文		
外一 13—— 14B	一年级法文 B	4			一年	8			
外一 15—— 16A	一年级德文 A	4			一年	8			
外一 15—— 16B	一年级德文 B	4			一年	8			
外一 17—— 18	一年级日文	4			一年	8			
外一 31—— 32	一年级英文作文	1	1		一年	4	本系必修	一	
外一 33—— 34	小说入门	3			一年	6	本系必修	一	
外二 11—二 12A	二年级英文 A	3			一年	6	本系必修	二	
外二 11—二 12B	二年级英文 B	3			一年	6	中文系必修教育学院选修	二	
外二 11—二 12C	二年级英文 C	3			一年	6	理学院必修	二	
外二 13—二 14	二年级法文	4			一年	8	继续一年级第二外国语必修	二	
外二 15—二 16	二年级德文	4			一年	8		二	
外二 17—二 18	二年级日文	4			一年	8		二	
外二 31—二 32	二年级英文作文	1	1		一年	4	本系必修	二	
外二 33—二 34	英诗入门	2			一年	4	本系必修	二	
外二 35—二 36	戏剧入门	3			一年	6	本系必修	二	
外三 11—三 12	英国文学史	3			一年	6	本系必修	三	
外三 13—三 14	三年级法文	3			一年	6	继续二年级第二外国语必修,理学院必修,他系选修	三	
外三 15—三 16	三年级德文	3			一年	6		三	
外三 17—三 18	三年级日文	3			一年	6		三	

（续表）

外三 31—三 32	莎士比亚	3		一年	6	本系必修	三	
外三 33—三 34	浪漫诗人	3		一年	6	本系必修	三	
外三 35	英文圣经	2		半年	3	本系必修	三	
外三 38	古典神话	3		半年	3	本系必修	三	
外四 11—四 12	西洋文学批评史	3		一年	6	本系必修	四	
外四 13	维多利亚期散文	3		半年	3	本系必修	四	
外四 16	维多利亚诗	3		半年	3	本系必修	四	
外四 17—四 18	毕业论文指导		1	一年	2	本系必修	四	
外三 21—三 22	英文演说	2		一年	4	选修	三、四	
外三 23—三 24	英国戏剧研究	3		一年	6	选修	三、四	外二 35—二 36
外三 25—三 26	传记文学研究	3		一年	6	选修	三、四	
外三 41—三 42	法国文学概论	3		一年	6	选修	三、四	外二 13—二 14
外三 43—三 44	德国文学概论	3		一年	6	选修	三、四	外二 15—二 16
外三 45—三 46	日本文学概论	2		一年	4	选修	三、四	外二 17—二 18
外三 47—三 48	俄国文学概论	2		一年	4	选修	三、四	
外四 21	希腊悲剧	3		半年	2	选修	四	
外四 24	现代英国文学	3		半年	3	选修	四	
外四 25—四 26	专家研究		1	一年	3	选修	四	

资料来源:根据《文学院学程分配表》整理,载《二十年度国立青岛大学一览》第33—36页,1931。

概念,庶将来习文学史时,不致蹈扣盘扪烛之病"[1]。编码"中三 13—三 14"、同为 6 学分的"近代散文",其范围"起自唐宋,迄于清季",凡这一时期"各体各派之散文,其作风之特征及演变之痕迹,并加讨究",比较言之,各代散文"尤侧重于清代桐城派之古文运动及其反响"[2]。选修学程"经史子集研究"的要求是研究经、史、子集一种或数种,其学程纲要开列的经部专书是《尚书》《左传》和《礼记》,史部专书是《战国策》《史记》《汉书》和《水经注》,子部专书是《庄子》《荀子》《韩非子》和《淮南子》。[3]由于学程是大学文化生态的重要标志,从文学创作实际出发,外文系使用的三种教科书都具有强烈的文学色彩。一是英国艺术评论家、散文家和社会学家约翰·罗斯金(Ruakin J)的《芝麻与百合》(*Sesame and Lilies*);二是有"美国文学之父"之誉的华盛顿·欧文(Irving W)的《速写本》(*Sketch Book*);三是英国文学新浪漫主义的代表作家罗伯特·路易斯·斯蒂文

---

[1][2][3] 《文学院学程纲要》,载《二十年度国立青岛大学一览》第37、38、41页,1931。

森(Stevenson R L)的成名作《金银岛》(*Treasure Island*)，王国维盛赞此书"青年之读物恐无出其右者"。

值得特别注意的是，为突出国立青岛大学文、理两院的基础地位，文学院为各系增设了16门"共同学程"(表2-4)。其中，10门必修、6门选修，选修学程

表2-4　国立青岛大学文学院各系共同学程表

学　程	所属院系		每周时数		教学时限	学分	应修年级	说　明
	院　系	编　码	讲授	实验				
中国通史	文学院	文一 11——12	3		一年	6	一	中国文学系必修
英国史	文学院	文一 13——14	3		一年	6	一	外国文学系必修
高等混合数学	数学系	数一 33——34	3		一年	6	一、二	(自然科学)各系任选一种必修
普通物理	物理学系	物一 11——12	3					
普通化学	化学系	化一 11——12	3					
普通生物学	生物学系	生一 11——12	2	3				
欧洲通史		文一 31——32			一年	6	一、二	(社会科学)各系任选一种必修
经济学	文学院	文一 33——34	3					
社会学		文一 35——36						
政治学		文一 37——38						
中国文化史		文三 21——三 22			一年	6	三、四	选修
中国哲学史		文三 23——三 24						
中国美术史	文学院	文三 25——三 26	3					
哲学概论		文三 41——三 42						
西洋哲学史		文三 43——三 44						
文艺复兴史		文三 45——三 46						

资料来源：根据《文学院学程一览表》整理，载《二十年度国立青岛大学一览》第27—28页，1931。

均排在三、四年级。一、二年级的10门必修共同学程中，"高等混合数学""普通物理""普通化学"和"普通生物学"4门自然科学学程，各系任选一门；另有4门社会科学学程("欧洲通史""经济学""社会学"和"政治学")，各系也任选一门。

国立青岛大学分别设置的4门自然、社会科学课程，渗透着强化基础、文理兼容的理念，同时在适应学程要求的教科书和参考书选择上也十分用心。例如："社会学"教科书选用的是美国社会学家爱德华·阿尔斯沃思·罗斯(Ross E A)的《社会学要素》(*Elements of Sociology*)。罗斯曾于辛亥革命前来到中国，对中国社会状况进行了独到的观察，他提出华人身体素质强于西方人是根源于残

酷生存环境等许多有趣的见解。参考书则有两本:一本是凯恩(Cain)的《社会学入门》(*Introductory Sociology*);另一本是美国芝加哥学派代表人物罗伯特·E.帕克(Park R E)和美国城市社会学家欧尼斯特·伯吉斯(Burgess E)1921年合著的《社会学导论》(*Introductory to the Science of Sociology*)。[①] 伯吉斯基于一系列的假设于1924年提出了著名的"同心圆模式",成为西方第一个模式解释社会阶层于城市内分布的学者,影响了整个世界对城市土地利用的研究。再如,"政治学"的教科书是美国著名国际法学家与政治学家詹姆斯·威尔福德·迦纳(Garner J W)1928年出版的《政治学与政府》(*Political Science and Government*)。[②] 本书引论精宏,采诸名家学说,兼著者的学识和见解,融会贯通,实精辟独到。参考书也有两册:《政治要义学》(*Grammar of Politics*)是英国政治家、工党领导人之一、西方民主社会主义重要理论家哈罗德·约瑟夫·拉斯基(Laski H J)的论著;《国际关系论》(*International Relations*)是雷蒙德·莱斯利·贝尔(Buell R L)1925年完成的专著,1929年8月进行了修正,由叶启芳、曾豫生合译,上海神州国光社分上、下两册发行。由此可见,国立青岛大学将世界最前沿的社会学和政治学理论著作作为教科书和参考书引入课堂。

二　黄际遇等理科教员群体及其课程与教学

由于杨振声坚持文、理二院"不能此疆彼界",而是"相辅而行",国立青岛大学理学院比文学院毫不逊色。事实上,此前的青岛特别高等专门学堂及私立青岛大学皆以理科为宗,作为小说家的杨振声顺应山东经济社会发展趋向,延续了青岛高等教育的理科优势,且为其后的发展埋下了伏笔。

与文学院无历史系终抱缺憾不同,理学院建院伊始就是数学、物理学、化学和生物学"四轮驱动"的科系组合,且院长和系主任均为国内一流人才。理学院院长兼数学系主任黄际遇(1885—1945),字任初,广东澄海人,14岁中秀才,17岁留学日本攻读数理科,毕业回国后任教天津工学堂,辛亥革命前参加京试中格致科举人;1920年由教育部派赴欧美考察,入美国芝加哥大学研究

图2-16　黄际遇

---

① ② 《文学院学程纲要》,载《二十年度国立青岛大学一览》第51、52页,1931。

数学,获硕士学位,归国后历任武昌师大、中州大学、广州中山大学教授,曾任河南中山大学校长,一度出任河南省教育厅厅长。黄际遇是一位学贯中西、文理兼长,并于书法、棋艺、体育皆擅长的通才人物,他还兼教中国文学系必修科"骈体文"课程,具有近代学人转型过渡期博通与专精相辅相成的知识结构。黄际遇任院长的理学院,各学系的教员及其课程、教学呈现出精致严谨的特征。

1.数学系选修学程比重与科学、思维、应用价值

数学系作为理学院的基础学系,不仅直接培养数学学科人才,还影响到物理、化学、生物学科人才的素养,历来居综合大学重中之重的地位。数学系建置之初,只有黄际遇一名教授,被称为"一人系",黄际遇包揽了数学系微积分、代数解析、立体解析几何、数学演习全部课程。1931年6月和1932年8月先后引进宋鸿哲(智斋)、李先正两名讲师。统观《二十年度国立青岛大学一览》的数学系学程,其必修学程有微积分、高等微积分、代数解析、立体解析几何、微分方程式、偏微分方程式论、复素变数函数论、实变数函数论、变分学等17门,另有27门选修学程(表2-5)。

表 2-5　国立青岛大学数学系选修学程表

编　码	学　程	应修年级	每周时数	教学年限	学分	预修学程编码
数一 21 或一 22	三角学及复素数	一	3	半年	3	平面三角
数一 23 或一 24	弧三角	一、二	3	半年	3	平面三角
数一 25 或一 26	初等几何学通论	一、二	3	半年	3	平面立体几何
数一 27 或一 28	近世几何学	一、二	3	半年	3	高中数学
数一 41 或一 42	测量	一、二	3	半年	3	高中数学
数一 43 或一 44	几何作图论	一、二	3	半年	3	数一 15—一 16
数二 21 或二 22	高等解析几何	二、三	3	半年	3	数一 15—一 16
数二 23 或二 24	定积分之理论	二、三	3	半年	3	数二 13—二 14
数二 25 或二 26	连分数之理论	二、三	3	半年	3	数一 15—一 16
数二 27 或二 28	方程式之理论	二	3	半年	3	数一 15—一 16
数二 41 或一 42	行列式与矩阵	二、三	3	半年	3	数一 15—一 16
数二 43 或二 44	高等近世几何	二、三	3	半年	3	数二 13—二 14
数二 45 或二 46	数论	二、三	3	半年	3	数一 15—一 16
数二 47 或二 48	统计学及最小二乘法	二、三	3	半年	3	数二 13—二 14
数三 21 或三 22	天体力学	三	3	半年	3	
数三 23 或三 24	椭圆积分	三	3	半年	3	数二 13—二 14
数三 25 或三 26	代数不变式	三、四	3	半年	3	数二 13—二 14
数三 27 或三 28	双曲线函数与 Gudermann 函数	三、四	3	半年	3	数二 13—二 14
数三 41—三 42	微分几何学	三、四	6	一年	3	数二 13—二 14
数三 43 或三 44	四元论	三、四	3	半年	3	数二 13—二 14
数三 45 或三 46	Galois 氏方程式论	三、四	3	半年	3	数二 15—二 16

(续表)

数三47或三48	向量解析	三、四	3	半年	3	
数四21或四22	非欧几里得几何学	三、四	3	半年	3	数二13—二14
数四23或四24	椭圆函数	三、四	3	半年	3	数二13—二14
数四25或四26	一般解析	三、四	6	一年	3	
数四27或四28	积分方程式	三、四	3	半年	3	数二13—二14
数四41或四42	线性代数	三、四	3	半年	3	数二13—二14

资料来源:《国立青岛大学一览》,载张研、孙燕京主编《民国史料丛刊·文教·高等教育》第1090册第218—220页,大象出版社,2009。

值得特别提及的是,数学系选修学程中的预修学程占比接近90%。预修学程被视为新授科目的"桥梁",具有降低难度、缩短时间之奇效,以便使学生更好地掌握新知识。例如:"椭圆积分""非欧几里得几何学""椭圆函数""积分方程式"和"线性代数"均以编码"数二13—二14"的"高等微积分"为预修学程。数学系的预修学程还涉及物理、化学、生物各学系的相关学程。例如:编码"数二31—二32"的"应用数学"是物理学、化学两系的预修学程,要求学生"尤注意图解及数值计算",习题"皆采自杂志及物理、化学专书"。[①]

2.物理学系的数学预修与三、四年级的选修学程

物理学系是理学院必修学分最高的学系,共计103学分。[②] 物理学系的教员阵容,具有人多势众的特点。系主任蒋德寿(1900—1964),字迦安,江苏江都(今扬州)人,18岁自南通纺织专门学校毕业,考入英国曼彻斯特大学,获理学学士学位后回国,历任东北大学、省立湖南大学教授,1930年9月应聘国立青岛大学。另有讲师王普、郭贻诚,助教李颖川,兼任讲师刘朝阳。刘朝阳(1901—1975),浙江义乌人,1923年入厦门大学兼攻数学、物理、天文诸科,之后有任教中山大学、清华大学、燕京大学的经历,系最早在中国学界介绍爱因斯坦相对论的少数学者之一,1931年任青岛观象台研究员,是年10月兼任物理学系讲师。物理学系共计23门学程(表2-6),其中必修学程11门。除了"普通物理""传热论""物理学史"三门无预修学程,其余均有预修学程,且将数学作为预修内容。例如:"力学""物性学""热学"和"电磁学"均以"普通物理"为预修学程的同时,皆要求预修数学"微积分"。这种物理、数学"双预修"的学程还有"高等力学""光学""量子论"等。编码"物三11—三12"的"高等力学"要求预修物理科"力学"和数学科"高等微积分";编码"物三15—三16"的"光学"要求预修物理科"电磁学"和数学科"高等微积分";编码"物四11或四12"的"量子论"则

———————————

① 《理学院各系学程纲要》,载《二十年度国立青岛大学一览》第87页,1931。

② 《理学院学则》,载《二十年度国立青岛大学一览》第56页,1931。理学院其他学系必修学分分别为数学系81学分、化学系100学分、生物学系84学分。

表 2-6　国立青岛大学物理学系学程表

编　码	学　程	每周时数			教学时限	学分	修别	应修年级	预修学程
		讲授	实验	讨论					
物一 11——12	普通物理	4	4		一年	10	必修	一	
物二 11—二 12	力　学	2		1	一年	4	必修	二	物一 11——12,数一 13——14
物二 13	物性学	3	3		半年	3	必修	二	物一 11——12,数一 13——14
物二 16	热　学	3	3		半年	3	必修	二	物一 11——12,数一 13——14
物二 17—二 18	电磁学	3	4		一年	6	必修	二	物一 11——12,数一 13——14
物三 11—三 12	高等力学	3		1	一年	6	必修	三	物一 11——12,数一 13——14
物三 13 或三 14	热力学	3			半年	3	必修	三	物二 15 或二 16
物三 15—三 16	光　学	3	4		一年	8	必修	三	物二 17—二 18,数一 13——14
物四 11 或四 12	量子论	4			半年	4	必修	四	物三 11—三 12,数 15—三 16
物四 11 或四 12	新量子论	4			半年	4	必修	四	物三 15—三 16,物三 11—三 12
物四 15—四 16	高等物理实验	1	6		一年	6	必修	四	物三 15—三 16
物三 21 或四 22	流体力学	4		1	半年	4	选修	三、四	物二 11—二 12,数 13—二 14
物三 23 或四 24	弹体力学	4		1	半年	4	选修	三、四	物二 11—二 12,数 13—二 14
物三 25 或四 26	理论声学	4		1	半年	4	选修	三、四	物二 11—二 12,数 13—二 14
物三 27 或四 28	分子运动论	4		1	半年	4	选修	三、四	物三 13 或三 14
物三 41—三 42	应用电学	3	4		一年	8	选修	三、四	物二 17—二 18
物三 43—三 44	电振动及电波	3	4		一年	8	选修	三、四	物二 17—二 18
物三 45 或三 46	传热论	4			半年	4	选修	三、四	
物三 47—三 48	物理学史	4			半年	4	选修	三、四	
物四 21 或四 22	理论电学	4		1	半年	4	选修	四	物三 15—三 16
物四 23 或四 24	X 光线	4			半年	4	选修	四	物三 15—三 16
物四 25 或四 26	质射论	4			半年	4	选修	四	物三 15—三 16
物四 27 或四 28	相对论	4		1	半年	4	选修	四	物三 11—三 12,物三 15—三 16

资料来源:根据《物理学系学程》整理,载《二十年度国立青岛大学一览》第62—63页,1931。

需物理科"高等力学"和数学科"近世代数学"的预修支持。此外,物理学系还规定一、二年级不设选修学程,选修学程自第三学年开始,且 2/3 的学程要求三、四年级连续选修。例如:"流体力学""弹体力学""理论声学""分子运动论"等。这种两个年级连续选修的学程制度,有助于强化学业水平。

　　3.化学系的计算讨论与不同各系的选修要求

化学系在国立青岛大学理学院中格外突出,其教员名气和学程特点备受瞩目。系主任汤腾汉(1900—1988),祖籍福建龙溪,出生于印度尼西亚爪哇,17岁回国求学,先后在南京工专机械系、天津北洋大学冶金预备科肄业,1922年赴德国柏林大学留学,获德国"政府特许优等药化学师"证书和博士学位。据介绍汤腾汉来青的教育部大学筹办科长谢树英称:

> 杨(振声)说尚缺化学系主任人选,我便推荐汤先生。这时,汤先生已任爪哇化学研究所所长,接我电报后,即刻动身,抛弃了月薪1000多元的工作,携眷归国。他在我家小住后即赴青岛山东大学就职。[1]

汤腾汉抱定献身祖国化学事业的信念,从青岛开始了毕生的化学和药学的教学与科学研究工作,他主讲普通化学、有机化学、有机分析、药物化学等课程,倡议在化学系成立药科,把化学教育与药学教育结合起来。化学系教授还有傅鹰。傅鹰(1902—1979),字肖鸿,祖籍福建闽侯,出生于北京,17岁入燕京大学化学系,1922年公费赴美留学,获密执安大学博士学位后回国,历任东北大学、北京协和医学院教授,1930年9月应聘国立青岛大学。化学系还有助教王钊。

图2-17 汤腾汉

图2-18 傅 鹰

化学系的课程、教学(表2-7)有两个特别值得关注的特点。其一,化学专业学程种类少,实验与讨论分量重。在理学院各系中,化学系的专业学程只有7门,而实验是一、二、三年级的重要课程,均为4.5学分;化学讨论设在第三、四学年,均为2学分。化学实验和讨论则包括"毒物化学""食物化学""农业化学""法庭化学""药化学""商品检验化学""生理化学""胶质化学""燃料化学"等。其二,对化学以外的各学科均有特别要求。首先对数学要求高,指定"微积分"和"应用数学"为必修学程[2],分别设在一、二年级;同时指

---

① 谢树英:《八十七春秋忆往事》,载《北京文史资料选编》第36辑第90页,北京出版社,1988。
② 《理学院各系学程一览·化学系》,载《二十年度国立青岛大学一览》第77页,1931。

表 2-7　国立青岛大学化学系学程及学分分配表

编　码	学　程	第一学年		第二学年		第三学年		第四学年		小计
		第一学期	第二学期	第一学期	第二学期	第一学期	第二学期	第一学期	第二学期	
中一 11——12B	国文 B	2	2							4
外一 11——12C	一年级英文 C	3	3							6
数一 13——14	微积分	3	3							6
物一 11——12	普通物理	5	5							10
化一 13——14	化学实验	4.5	4.5							9
化一 15——16	定性分系化学	1	1							2
化一 17——18	无机化学	3	3							6
外二 11—二 12C	二年级英文 C			3	3					6
数二 31—二 32	应用数学			1	1					2
化二 11—二 12	有机化学			3	3					6
化二 13—二 14	化学实验			4.5	4.5					9
化二 15—二 16	定量分系化学			1	1					2
	选修			3	3					6
文三 33—三 34	经济学					3	3			6
化三 11—三 12	理论化学					4.5	4.5			9
化三 13—三 14	化学实验					4.5	4.5			9
化三 15—三 16	化学讨论					2	2			4
—	第二外国语	4	4	4	4	3	3			22
—	选修					2	2			4
化四 11—四 12	实验室研究及论文指导							8	8	16
化四 15—四 16	化学讨论							2	2	4
—	选修							6	6	12
合　　计		25.5	25.5	19.5	19.5	19	19	16	16	160

资料来源：根据《理学院学程分配表》整理，载《二十年度国立青岛大学一览》第 77—80 页，1931。

定物理科的"普通物理"为一年级必修学程。"应用数学"所使用的教科书为约瑟夫·威廉·梅洛尔（Mellor J W）的《化学与物理专业的高等数学》（*Higher Mathematics for Students of Chemistry and Physics*）和丹尼尔斯（Daniels）的《物理化学的数学准备》（*Mathematical Preparation of Physical Chemistry*），强调在物理、化学的背景下使用数学，而不仅仅将其视为数学教科书。其次，国立青岛大学文学院所开出的面向所有学系的 4 门选修学程,化学系指定选修"经济学",而不得选修"欧洲通史""社会学"和"政治学"。

4.生物学系的必修学程与始于青岛的海洋调查

生物学系是国立青岛大学最具潜力的学系,因横跨动物与植物两大门类,对教员业务能力和专业精神要求特别高。与其他各系甫一建系即定系主任不同,曾省因 1931 年 9 月应聘国立青岛大学,因此在《二十年度国立青岛大学一览》上,生物学系系主任一度空缺。曾省(1899—1968),字省之,浙江瑞安人,18 岁于南京高等师范学校农业专科毕业留校任助教,1929 年得中华文化基金资助,前往法国里昂大学攻读昆虫学、寄生虫学和真菌学,获博士学位,又去瑞士寄生物研究院从事生物学研究,1931 年到青岛。生物学系还有讲师秦素美、沙凤护和兼任讲师张玺。张玺(1897—1967),字玺玉,河北平乡人,18 岁考入保定甲种农校及勤工俭学留法班,1921 年公费赴法留学,获硕士学位后又攻读法国国

图 2-19 张 玺

家博士学位,1932 年 1 月回国任北平研究院动物研究所研究员,4 月兼任国立青岛大学生物学系讲师。

生物学系第一学年的课程除了 6 学分的"普通生物学",其余 35 学分皆习生物学科之外的国文、英文、数学、物理、化学学程,特别是编码"数一 33——34"的"高等混合数学",各系均为选修,而在生物学系则是必修学程。分析表 2-8 不难发现,生物学系的选修学程不像化学系那样自二年级开始,而仅开设在第四学年,两个学期共计 17 学分,比重只占 10% 左右。生物学系对外国语要求特别高,英文是一、二年级的必修学程,共计 12 学分,第二外国语则从第一学年持续到

表 2-8　国立青岛大学生物学系学程及学分分配表

编 码	学 程	第一学年		第二学年		第三学年		第四学年		小计
		第一学期	第二学期	第一学期	第二学期	第一学期	第二学期	第一学期	第二学期	
中一 11——12B	国文 B	2	2							4
外一 11——12C	一年级英文 C	3	3							6
数一 33——34	高等混合数学	3	3							6
物一 11——12	普通物理	5	5							10
化一 11——12	普通化学	4.5	4.5							9
生一 11——12	普通生物学	3	3							6

（续表）

外二11—二12C	二年级英文C			3	3					6
化二11—二12	有机化学			3	3					6
生二11—二12	无脊椎动物学			3	3					6
生二13—二14	脊椎动物比较解剖学			3	3					6
生二15—二16	植物形态学			3	3					6
生三11	遗传学					3				3
生三14	脊椎动物分类学					3	3			6
生三15—三16	组织学					3	3			6
生三18	昆虫学					3				3
生三31—三32	植物分类学					3	3			6
	社会科学					3	3			6
	第二外国语	4	4	4	4	3	3			22
生四11	生理学							3		3
生四14	卫生学								2	2
生四15	胚胎学							3		3
生18	植物生理学								3	3
生四31—四34	动物学或植物学研究							3—5	3—5	6—10
	选修							8	9	17
合　　计		24.5	24.5	19	19	18	18	17—19	17—19	157—161

资料来源：根据《理学院学程分配表》整理，载《二十年度国立青岛大学一览》第81—84页，1931。

第三学年，共计22学分。

　　国立青岛大学的外语教学，特别是第二外国语学程是一个值得深入探讨的问题。英文按难易程度区分为A,B,C,D四个等级，外文系修A级，中文系修B级，理学院各系修C级，教育学院则修D级。第二外国语设定法文、德文和日文3个语种，各系任选一种必修，但外文系不得选日文。[①] 审视理学院的共同必修学程（表2-9），第二外国语持续3个学年（一、二、三年级），不仅时间长，而且分量重，由一年级"讲授较简易之文法……联系发音和造句"，至二年级"练习作文及翻译"，再到三年级"选读名家作品，增进阅读与写作能力"。[②] 第二外国语有助于加强认知优势，促使大脑在识别、调整语义的过程中，拥有同时执行多项任

---

① 《文学院各系学程一览》，载《二十年度国立青岛大学一览》第24页，1931。
② 《文学院学程纲要》，载《二十年度国立青岛大学一览》第42—45页，1931。

表 2-9　　国立青岛大学理学院各系共同必修学程表

学　程	所属院系		每周时数	教学时限	学分	应修年级	说　明
	院　系	编　码					
国文 B	中国文学系	中一 11——12B	2	一年	4	一	必修
一年级英文 C	外国文学系	外一 11——12C	3	一年	6	一	必修
一年级法文 A		外一 13——14A					
一年级法文 B		外一 13——14B					
一年级德文 A	外国文学系	外一 15——16A	4	一年	8	一	第二外国语各系学生任选一种必修
一年级德文 B							
一年级日文		外一 17——18					
二年级英文 C	外国文学系	外二 11—二 12C	3	一年	6	二	必修
二年级法文		外二 13—二 14					
二年级德文	外国文学系	外二 15—二 16	4	一年	8	二	继续一年级第二外语必修
二年级日文		外二 17—二 18					
三年级法文		外三 13—三 14					
三年级德文	外国文学系	外三 15—三 16	3	一年	6	三	继续二年级第二外语必修
三年级日文		外三 17—三 18					
欧洲通史		文一 31——32					
经济学		文一 33——34					(社会科学)各系学生任选一种必修,但化学系必修经济学
社会学	文学院	文一 35——36	3	一年	6		
政治学		文一 37——38					

资料来源:根据《理学院各系学程一览》整理,载《二十年度国立青岛大学一览》第 57—58 页,1931。

务的能力和在不同架构中轻易转换的技能,并拥有立体的世界观。理学院的英文和第二外国语共计 34 学分,占共同必修学程的 77.27%,且"及格方给予学分"①。这种做法适应了理学院各系教科书和参考书选用欧美版本的需要,同时也反映出国立青岛大学理科教育与国际接轨的迹象。

三　黄敬思等的教育学院与文理学院辅系课程

国立青岛大学院系设置最大的变局是原隶文学院的教育系,不及半年即独

---

① 《理学院学则》,载《二十年度国立青岛大学一览》第 55 页,1931。

立升格为教育学院,由此不仅弥补了青岛高等教育学科的空白,而且对于 20 世纪 30 年代山东兴起的乡村建设运动,发挥了理论支持和人才供给作用。

将教育系扩充为教育学院,1930 年冬曾有迁教育系至济南设教育学院的动议。① 由于种种原因,最终决定还是在青岛校本部改系为院。为此,杨振声在 1931 年 2 月山东省第二次教育行政会议上作出解释:

> 目前山东所最需要的,是师资问题。……将教育系扩充为教育学院,惟地点尚在斟酌。在理论上说,本该设在济南,济南房子现成,又是省会之区,山东用许多钱办一个大学,似乎不能不设一部分于济南……不过事实上又感觉困难,盖教育学与文学院不能分离,学教育学者必须兼修其他课程。如设于济南,则不能兼习文理两科课程,且经济方面,分之则用费多,合之则用费少。②

特别值得注意的是,国立青岛大学的教育学院不能简单归属于高等师范教育,更不是既往山东优等师范专门学校的翻版,而是以"研究教育学术,造就教育行政人员及学校师资为宗旨"③,兼顾普通教育与职业教育、沟通理论研究与实际工作的教育行政管理学院。教育学院能于 20 世纪 30 年代初跻身地方国立大学落户青岛,并以迥异于鲁省近代各类师范教育机构的样貌出现,其理念和格局皆值得珍视和总结。此间,除国立中央大学设立教育学院外,北京大学仅在文学院设教育学系、在理学院设心理学系,而清华大学仅在理学院设心理学系,地方国立大学均未成立独立建置的教育学院。

较之国立中央大学教育学院和国立青岛大学文、理二院,1931 年 2 月独立建置的国立青岛大学教育学院有以下三个方面的显著特征。

首先,国立青岛大学教育学院拥有超一流的人力资源和课程优势。教育学院不仅有院长兼教育行政系主任黄敬思、乡村教育系主任谭书麟,还有教授程乃颐与马师儒、讲师刘天予。黄敬思(1897—1982),字仲诚,安徽芜湖人,毕业于北京高等师范学校英文部,1923 年负笈美国,先后就读斯坦福大学、哥伦比亚大学,获教育学博士学位,1930 年 8 月应聘国立青岛大学。乡村教育系系主任谭书麟(1903—?),又名谭天凯,青岛人,19 岁毕业于北京高等师范学校研究科,留学美国获斯坦福大学教育硕士和哲学博士学位,1928 年回国曾任安徽大学教授。教授程乃颐(1900—1970),江西南城人,1924 年赴美国留学,先后在哥伦比亚大学、芝加哥大学攻读心理学,获哲学博士学位,回国后任教北平师范大学,

---

①　《青大将在济设教育学院》,载《大青岛报》1930 年 12 月 20 日。
②　《第二次山东教育行政会议全省各学校校长均到济参加》,载《大公报》1931 年 2 月 5 日。
③　《教育学院学则》,载《二十年度国立青岛大学一览》第 119 页,1931。

图 2-20　黄敬思

1931 年 10 月应聘国立青岛大学,主讲"教育心理学""儿童心理学""教育问题"等课程。程乃颐博学多识,精通英、法、俄三国语言,他用英文撰写的《倒摄抑制与相似程度的关系》发表在 1929 年《美国实验心理学报》上。教授马师儒(1888—1963),字雅堂,陕西米脂人,1921 年入德国柏林大学,获教育学博士后又赴瑞士苏黎世大学,1927 年获哲学博士学位,这名"双博士"曾任上海劳动大学教授兼教育科主任,1931年 9 月应聘国立青岛大

图 2-21　谭书麟

学。讲师刘天予,安徽六安人,1931 年 9 月来青岛之前曾任河南大学、上海大夏大学、暨南大学、复旦大学教授及系主任。[①] 国立青岛大学之所以用远在文、理两院之上的人才优势建设教育学院,旨在通过专业的教育学课程,打造国内一流的教育学科人才群体。例如:作为把控教育事务决策、组织、调控和管理活动的教育行政系,其学程(表 2-10)的基本特点是,如何通过综合运用各种管理手段实现教育行政的科学化目标,体现教育发展的规律性特征。1931 年 10 月,教育学院设立教育研究室,借此提高科学研究能力。

　　应当说,国立青岛大学教育学院十分重视对欧美教育思潮和课程体系的借鉴。黄敬思留学美国因师从学校调查运动代表人物薛尔思(Sears),便直接将美国学校调查范式移植到中国,他在任教国立青岛大学期间使用的是留学美国时"借的薛氏原稿自己打印的"《学校调查》(*The School Survey*)。在追求教育效率与学校变革的背景下,相较于历史学方法,学校调查有其显而易见的科学性,"非实证无以言科学"之声不绝于耳。但是,黄敬思用薛尔思的讲稿"教过两次,终觉外国教材不甚适合我国之用"[②]。针对教育技术领域重过程与方法、轻基础理论的倾向,国立青岛大学教育学院的一些学程多采取"讲述—实验—讨论"的互动方式。例如:编码"教—11——12"的"教育原理"学程"发给讲义大纲,由学生自作笔记";教育学院毕业论文的要求则"以应用研究方法及工具与讨论

---

① 《职教员录·教育学院》,载《二十年度国立青岛大学一览》第 166 页,1931。
② 黄敬思:《自序》,载黄敬思编译《学校调查》第 1 页,中华书局,1940。

表 2-10　国立青岛大学教育行政系学程表

编　码	学　程	每周时数 讲授　实验　讨论			教学 时限	学 分	规定	应修 年级	预修学程
行二 11—二 12	教育行政	3			一年	6	必修	二	教一 11——12
行二 14	社会教育	3			半年	3	必修	三	
行三 11	学校行政	3			半年	3	必修	三	
行三 14	地方教育行政	3			半年	3	必修	三	行二 11—二 12
行四 11—四 12	教育参观及实习		4		一年	4	必修	四	
行二 21	教育社会学	3			半年	3	选修 其一	二	
行二 23	乡村教育	3			半年	3		二	
行二 26	小学教育	3			半年	3	选修 其一	二	
行二 28	教学辅导	3			半年	3		二	
行三 21	师范教育	3			半年	3	选修 其一	三	
行三 23	中等教育	3			半年	3		三	教二 11—二 12
行三 25	社会心理学	3			半年	3		三	教一 13——14
行三 42	比较教育	3			半年	3	选修 其一	三	
行三 44	职业教育	3			半年	3		三	
行三 46	教学法	3			半年	3		三	教一 11——12,教二 13
行四 21	教育哲学	3			半年	3	选修 其一	四	教一 11——12,教一 18
行四 23	教育法规及公文	3			半年	3		四	
行四 25	专题研究	3			半年	3		四	教一 11——12
行四 42	教育思潮	3			半年	3	选修 其一	四	教二 11—二 12
行四 44	教育调查	2	2		半年	3		四	
行四 46	课程论	3			半年	3		四	教一 11——12

资料来源：根据《教育学院学程一览》整理,载《二十年度国立青岛大学一览》第 122—124 页,1931。

学理之机会"，期望学生在教育上"有所发明、发现或整理、改进"。① 教育学院的选修学程具有"三选一"弹性,如教育行政系学生既可在"比较教育""职业教育"和"教学法"中"三选一",又可在"教育哲学""教育法规及公文"和"专题研究"中"三选一",还可在"教育思潮""教育调查"和"课程论"中"三选一"。

其次,国立青岛大学教育学院的学程紧密配合山东乡村建设运动。与一般

---

① 《教育学院学程纲要》,载《二十年度国立青岛大学一览》第 136 页,1931。

教育学科分割成教育心理、教育行政和教育社会学不同,国立青岛大学教育学院在开设教育行政系同时,舍弃教育心理和教育社会学,突出乡村教育。此前,在南京高等师范学校基础上成立的国立东南大学1924年增设了乡村教育系;而国立中央大学教育学院一直保持师范化的教育学系、心理学系和体育科、卫生教育科、艺术科的设置,最终改教育学院为师范学院了。国立青岛大学教育学院则适应山东邹平盛极一时的具有民族自救与社会改造实验性质的乡村建设运动,开设了乡村教育系,借鉴西方近代团体组织、科学技术的优长,将目光投向乡村不识一字的白丁农民,为破败的农业社会寻求出路方面贡献了智慧。据史料记载,20世纪30年代青岛在涉及农村政治、经济、教育、文化、民俗等方面进行了富有成效的改革,引起了山东乡村建设运动代表人梁漱溟的关注。1932年6月,梁漱溟带领山东乡村建设专业培训机构300名师生来青岛参观、学习。之后,另一位中国农村改革家晏阳初,也带领河北定县乡农人员来青岛考察、交流乡村民众教育经验。

国立青岛大学乡村教育系顺应时代潮流,其学程具有理论与实践紧密结合的特征,详见表2-11。值得注意的是,乡村教育系必修学程仅有"乡村教育"

表2-11　国立青岛大学乡村教育系学程及学分分配表

编　码	学　程	第一学年		第二学年		第三学年		第四学年		小计
		第一学期	第二学期	第一学期	第二学期	第一学期	第二学期	第一学期	第二学期	
中一11——12C	国文C	2	2							4
外一11——12D	英文D	6	6							12
生一11——12	生物学	3	3							6
教一11——12	教育原理	3	3							6
教一13——14	心理学概论	3	3							6
教一15	伦理学	3								3
教一18	哲学概论		3							3
	第二外国语	4	4	4	4					16
教二11—二12	教育史			2	2					4
教二13	教育心理学			3						3
教二15—二16	英文教育名著选读			2						2
乡二11—二12	乡村教育			3	3					6
乡二14	社会教育				3					3
乡二21/23	乡村学校行政/农业概论*			3						3
乡二26/28	小学教育/乡村经济学*				3					3
	辅系选修			3	3					6

（续表）

	社会科学					3	3		6
教三 11—三 12	教育统计与测验					3	3		6
乡三 11	乡村社会学					3			3
乡三 14	乡村师范教育						3		3
乡三 21/23/25	乡村学校教学法/乡村教学辅导/乡村自治 *					3			3
乡三 42/44	地方教育行政/职业教育 *						3		3
	辅系选修					3	3		6
	选修					6	6		12
教四 11—四 12	论文							1	1	2
乡四 11—四 12	教育参观及实习							2	2	4
乡四 21/23/25	教育哲学/合作实业原理及实施/专题研究 *							3		3
乡四 42/46	土地问题/课程论 *								3	3
	辅系选修							3	3	6
	选修							3	3	6
合 计		24	24	20	20	21	21	12	12	154
说 明		* 选修其一								

资料来源:根据《教育学院学程一览·乡村教育系学程》整理,载《二十年度国立青岛大学一览》第131—134 页,1931。

"社会教育""乡村社会学"和"乡村师范教育"4 门,是国立青岛大学各院系必修学程最少的学系。编码"乡三 14"的"乡村师范教育"是第三学年为期半年的必修学程,3 学分,学程要求为"略及省立、县立及实验乡村师范学校之性质、目的、沿革",通过对行政系统、人员、经费、课程、实习等问题的研习,"使学生了解乡村师范教育之理论及实施,并讨论其改进之方法"。[1] 乡村教育系选修学程也采取"三选一"或"二选一"的方式设置。例如:"三选一"的选修学程有"乡村学校教学法""乡村教学辅导"和"乡村自治";"二选一"的学程则有"乡村学校行政"和"农业概论","小学教育"和"乡村经济学","土地问题"和"课程论"等。其中,编码"乡二 21"的"乡村学校行政"强调研习乡村单级小学的组织、教务、训育、课程等实际问题;编码"乡三 21"的"乡村学校教学法"则要求掌握乡村"教学的意义及目标、教材的选择及整理、学习的程序、乡村学校教室的管理等,以及关于乡村教学的观察、计划及实习","使学生能实际运用于乡村学校"。[2]当然,作为社会改良属性的山东乡村建设运动,虽然遍及邹平、菏泽、济宁等鲁西南 14

[1][2] 《教育学院学程纲要》,载《二十年度国立青岛大学一览》第 141、141 页,1931。

个县,构思宏大,但在中国阶级斗争激烈、贫富差异显著的社会条件下,最终难免失败的结局。实际上,国立青岛大学教育学院的乡村教育系也难以承担研究农村教育学术与发展农村教育事业的使命。

第三,国立青岛大学教育学院承担起沟通文、理学院跨学科的任务。《教育学院学则》硬性规定,每个学生必须在文、理二院"各系中选定一系为辅系"。通过教育学院共同必修学程(表2-12)可见,所开列的19门学程中,只有9门学

表 2-12　国立青岛大学教育学院共同必修学程表

编　码	学　程	每周时数 讲授 实验 讨论			教学时限	学分	规定	应修年级	预修学程
中一 11——12C	国文 C	4			一年	2	必修	一	
外一 11——12D	一年级英文 D	6			一年	12	必修	一	
外一 13——14B	一年级法文 B	4			一年	8	第二外国语任选一种必修	一	
外一 15——16B	一年级德文 B	4			一年	8		一	
外一 17——18	一年级日文	4			一年	8		一	
外二 13—二 14	二年级法文	4			一年	8	继续一年级必修	二	
外二 15—二 16	二年级德文	4			一年	8		二	
外二 17—二 18	二年级日文	4			一年	8		二	
生一 11——12	生物学	2	3		一年	6	必修		
文一 31——32	欧洲通史	3			一年	6	会科学任选一种必修	一、二、三	
文一 33——34	经济学	3			一年	6		一、二、三	
文一 35——36	社会学	3			一年	6		一、二、三	
文 37——38	政治学	3			一年	6		一、二、三	
教一 11——12	教育原理	3			一年	6	必修	一	
教一 13——14	心理学概论	3	1	1	一年	6	必修	一	
教一 15	伦理学	3			半年	3	必修	一	
教一 18	哲学概论	3			半年	3	必修	一	教一 15
教二 11—二 12	教育史	2			一年	4	必修	二	
教二 13	教育心理学	3			半年	3	必修	二	教一 13——14
教二 15—二 16	英文教育名著选读	2			一年	4	必修	二	
教三 11—三 12	教育统计及测验	3			一年	6	必修	三	教二 13
教四 11—四 12	论文	1			一年	2	必修	四	外一 11——12D 教一 11——12

资料来源:根据《教育学院学程一览》整理,载《二十年度国立青岛大学一览》第 121—122 页,1931。

程是教育学院单设的，其他 10 门中有 9 门为文学院的学程，有 1 门为理学院的学程。教育学院对外国语的要求是各学系中最低的，英文为 D 级标准，且只修 1 年(第二学年为"英文教育名著选读")；第二外国语的德文和法文为最低的 B 级标准，也只修第一、二学年。为了弥补学生未来从教的学科缺憾，教育学院实行辅系制度，学生可根据自身的兴趣和特长，在文、理二院各学系中任选一系作为辅系学程，从二年级开始，直到第四学年，每学年 6 学分，共计 18 学分。

教育学院的辅系制度有其显而易见的合理性。一方面，国立青岛大学的教育学院始于文学院的教育学系，而"心理学"课程又与理学院的"生物学"课联系密切，"生物学"遂成为教育学院中仅次于国文和英文的共同必修学程。未实行辅系制的国立中央大学，1932 年将原属理学院的心理学系划归教育学院。另一方面，辅系制度有助于化解师范院校所设科系不能满足中小学校所需师资的弊端，那种在文、理学院实行志愿师范生随原系就读的办法，遮掩了教育学院的本质面貌，不利于教育学科建设。尤其是在中国新教育的运动中，新学说的介绍、名著的翻译、新方法的实验、新测验的编制，都需要跨学科的能力。

四 名家演讲会、科学年会与中基会"莎译"项目

国立青岛大学注重发挥课程教学与学术讲习的"两翼"作用，在利用校内名师资源举办演讲会的同时，充分利用青岛的地缘优势，连续承办全国性高层次学术年会，不断诚请国内专家学者来青讲学，还参与了莎士比亚作品译著项目。杨振声旨在将组织和文化两者间的分裂融合起来，把大学理解为提供思想支点以影响师生的观念和行为，这对于创建之初的国立青岛大学尤为重要。

1.校内名师演讲会与学科社团活动的兴起

以学术为本是教授治校的本质要求，国立青岛大学注重体现大学自治、学术自由精神。学校在办学初期曾在每星期一"总理纪念周"集会上增加学术演讲，后又正式确定全校性学术演讲会，由学校、院系负责人及教师主讲。国立青岛大学学术演讲会前三讲分别由黄际遇、闻一多和梁实秋担任。1930 年 11 月 14 日，理学院院长黄际遇承担了国立青岛大学校内演讲会第一讲，题目是《数学的革命》，学校为此专门刊发消息，各院系师生"届时如蒙，惠临听讲，无任欢迎"[1]。1930 年 12 月 16 日，闻一多推出了演讲会第二讲《什么是新诗》[2]。身为文学院

---

[1] 《关于黄际遇先生在本校大礼堂举行讲演欢迎参加的函》，存青岛市档案馆，档号：B0032-001-00802-0107。

[2] 《关于邀请同仁参加学术演讲的函》，存青岛市档案馆，档号：B0034-001-00064-0145。

院长兼中文系系主任,闻一多在中文系开设了"中国文学史""唐诗""名作选读"三门课程,还在外文系讲授"英诗"等课,他在中国诗歌界名气很大,做新诗演讲无人比肩。1931年3月26日,梁实秋出场第三讲演讲会,题目是《我的文学观》。① 梁实秋开设"欧洲文学史""莎士比亚""文艺批评"等课,他知识渊博、语言准确,有学生深有体会地说:"你如记录下来,就是一篇组织严密、内容充实的论文,课后重温它,确又够学生思索两三个小时的。"②

为了发扬学术民主、活跃学术气氛,国立青岛大学创建伊始各学系相继成立了国文学会、数理学会、化学社、生物学会、教育研究会等学术社团。数理学会成立于1930年秋,黄际遇以"复素数"为题连讲7次,1931年春又就"对数表之构造"连讲了5次。1931年5月,生物学系的学术活动计划提出:

> 本校位居海滨,气候温和,海产富饶,最宜于海洋生物之研究。故本校生物学系,即决利用此种特殊环境,以海滨生物为研究中心,并拟与本市筹办中之水族馆切实合作。③

1931年10月生物学会成立,截至1932年5月共开学术会议11次,除了曾省、秦素美、沙凤护等教师演讲外,还有5名学生担纲主讲,其题目多涉及青岛地域的动植物。例如:1931年10月18日曾省讲的《青岛之渔业》;1931年10月31日学生何均讲的《青岛昆虫之调查》;1931年12月19日学生张奎斗讲的《青岛之鲨鱼》;1932年2月29日学生任树棣讲的《青岛之蛙类》。1931年10月,国立青岛大学生物学系连续接到济南齐鲁大学、北平清华大学和北京大学来函,嘱托搜罗鲨鱼作比较解剖学实验材料,"良以两地苦无此物,而沿海各埠又无相当生物学材料可以供给,故咸求助于本校"。生物学系注重海产生物调查和采集,平时每两周前往海滨采集一次。1931年暑假,曾省将学生分组,北往龙口、烟台、威海等处,南至台州、厦门一带,他率领学生在山东半岛北部各海口采集,所得标本甚丰。天津《大公报》撰文报道国立青岛大学生物学系发现的两个海产新物种,其中的蟹命名为"杨振声氏蟹",鱼则命名为"曾省之氏鱼"。④ 因崂山植物繁茂,向未经人采集,未作系统研究,讲师沙凤护带领学生多人,冒暑到崂山20多天,得草木标本300多种。1932年元旦成立的化学社,除了举办学术演讲活动,

① 《关于在本校大礼堂举行梁实秋先生演讲会的函》,存青岛市档案馆,档号:B0038-001-00538-0002。
② 王昭建:《追思梁实秋和洪深先生》,载山东省政协文史资料委员会编《悠悠岁月桃李情——山东大学九十周年》第103页,中国文史出版社,1991。
③ 《生物学系新计划》,载《国立青岛大学周刊》第1期,1931年5月4日。
④ 《青大生物系发现鱼蟹新种》,载《大公报》1932年2月22日。

还调查青岛工商业状况,"以服务社会之宗旨,办理各种化验工作",承接了青岛商品检验局委托的鲨鱼肝油化验。① 1932 年 1 月 18 日,青岛市长沈鸿烈令市农林事务所积极与国立青岛大学化学社联络。1932 年 5 月 20 日,化学社拟编《科学的青岛》,请求市农林事务所提供资料。② 教育研究会则组织学生走出校园,参观、调查青岛市各类学校,1931 年 5 月邀请青岛市教育局长徐崇钦来校做了题为《现在青岛教育之状况》的演讲。各类学科社团结合青岛本地的学术活动,弥补了教科书难以起到的作用。

2.科学社、农学会青岛年会与海内外专家的瞩目

为致力于建构一个内蕴深厚、特色鲜明的大学价值体系,使国立青岛大学在较短的时间内形成国内学术高地,1930 年 8 月,杨振声直接和间接承办的中国科学社第十五次年会、中华农学会第十三届学术年会,为新生的国立青岛大学带来了名人造势的效应。

1930 年 8 月 12 日—15 日,国立青岛大学承办的中国科学社第十五次年会,到会的名人多、规格高、影响大。中国科学社是民国时期科学事业最权威的领导机构,因其"联络同志、研究学术,以共图中国科学之发达"的宗旨,团结了一大批献身中国科学事业的知识精英,社员人数从 1914 年的 35 名发展到 1930 年的 1005 名,且"习物质科学、生物科学、社会科学的社员比例"明显增多。③ 早在 1930 年 5 月初,中国科学社理事会即接到"青岛大学正式邀请,故本年遂决定在青岛开会云"④,并成立由杨振声、何思源、蒋丙然、周钟岐、宋春舫、杨孝述、凌道扬 7 人组成的年会筹备委员会。7 月 3 日,在南京举行的中国科学社第八十九次理事会上,青岛年会的议程一一确定。8 月 9 日,《时事新报》刊发消息:"中国科学社第十五次年会,定于本月十二日在青岛大学开幕。"到会人员,"上海社员蔡子民、周子竞、杨杏佛、胡刚复、杨允中、胡适之、颜任光等;广州社员陈宗南等共计二十余人","已约定翁文灏、李济、秉农山、蔡子民、李石曾、吴稚晖、胡适之七人,分期演讲"。据统计,最终与会的有 100 余名来宾。8 月 12 日,蔡元培在开幕会的致词中说:

今日科学社在青岛开会,我们得到青岛大学及各机关的帮助,才能开

---

① 《国立青岛大学化验七鳃鲨鱼肝油的结果》,存青岛市档案馆,档号:B0034-001-00509-0003。

② 《关于拟编印〈科学的青岛〉请农林所提供农业方面资料的函》,存青岛市档案馆,档号:B0032-001-00641-0046。

③ 《中国科学社三十六年来的总结报告(1914—1950)》,载林丽成、章立言、张剑编注《中国科学社档案整理与研究·发展历程史料》第 132 页,上海科学技术出版社,2015。

④ 《中国科学社年会先声》,载《申报》1930 年 5 月 6 日。

成。⋯⋯青岛在三十年以前,不过一渔村,经过德、日的经营,以致成为商埠要区,有今天这样的繁荣。并且青岛的地价,一天一天的增高,人口渐渐稠密,这没有一件不是科学的帮助和科学的成效。现在当局对于科学事业,非常热心的提倡,我们也非常感激,尤其是能在此地聚会,也是很好的机会。①

蔡元培致辞后,葛敬恩、何思源、张道藩、萨福均、杨振声、刘鸿生、任鸿隽等分别代表有关方面相继发表演说。从 8 月 13 日起,年会按照预定计划进行公开演讲、宣读论文,并组织代表参观游览。年会期间,蔡元培的《实验的美学》演讲

图 2-22　1930 年 8 月,中国科学社第十五次(青岛)年会代表合影

在国立青岛大学师生中引起热烈反响。青岛年会期间,中国科学社理事会进行了改选。王琎接替竺可桢任会长,杨孝述续任总干事,理事会成员为翁文灏、赵元任、胡刚复、秉志、杨杏佛、丁文江、任鸿隽、竺可桢、胡庶华、孙洪芬、李仪祉、胡先骕。②

1930 年 8 月 22 日—26 日在国立青岛大学举行的中华农学会第十三届年会,青岛农林事务所为承办方,杨振声则以东道主的身份参与协办。中华农学会是全国农界最为活跃的学术组织,因融合了不同学派并覆盖不同的地域,具有会员众多、组织稳固等特点,学人各以人缘、地缘与学缘为纽带开展活动。据《申报》报道,青岛年会到会的中华农学会各地会员共计 48 人,受邀参会的来宾有蔡元培、农矿部代表刘运筹、国立中央大学森林系教授曾济宽,还有青岛市政府代表汪希、市教育局长韩安、市商品检验局长牟钧德、青岛总商会代表丁敬臣。青岛年会特别引人注意的是,日本农学会派出了以生态学家、果树园艺学家菊池秋雄为首的代表团,成员有田中贞治、铃木幸三、末松直治、野口弥吉。开幕会上,

---

① 蔡元培:《中国科学社第十五次年会开会词》,载《蔡元培全集》第 6 卷第 530—531 页,浙江教育出版社,1997。

② 樊洪业:《〈科学〉杂志与中国科学社史事汇要(1928—1935)》,载《科学》2005 年第 2 期。

中华农学会会长、会议主席许璇首先致辞，蔡元培、刘运筹、汪希、菊池秋雄、杨振声、牟钧德、凌道扬、曾济宽等相继发表演说。①

青岛年会上，倡言农学与林学为"孪生兄弟"的凌道扬格外引人注目。凌道扬（1888—1993），广东宝安人，留学美国麻省农业大学，后入耶鲁大学林学院，获硕士学位，回国先在北京政府农商部任职，后应聘南京金陵大学农学院林科主任，被中华农学会吸收为会员，1922年青岛回归参与接收，历任林务局局长、农林事务所所长等职，1924年兼任私立青岛大学教职，1928年离青应聘国立北平大学农学院森林系主任。凌道扬任职青岛时，为培养农林人才，在林场附设林内义务小学，还以李村试验场为基础，筹建了边学习、边实习的中等程度的农林职业技术中学，开设农艺、园艺、畜牧专业。1929年，凌道扬曾致函南京政府教育部，要求在青岛设置林业专门学校。② 凌道扬因记挂着曾经付出智慧和汗水的青岛农林事业，中华农学会在青岛召开年会，他以中央大学农学院森林科主任和南京政府农矿部技正的身份与会，自有一种特殊的荣耀。客观地说，近代中国农学因处于农村经济衰败的时代背景，为挽救农村经济而立会，因此未能形成统一完整的学科体系，仅仅处于理论传播和学科建设阶段。蔡元培在演说中要求中华农学会为实现"大农"和"小农"的目标"脚踏实地实际去做"，利用会员分布全国各地的有利条件，"广泛开展农村调查，研究农村经济，普及研究成果，以期取得更大成绩"。③

总的来说，国立青岛大学在创始期所接办的中国科学社和中华农学会年会，增进了城市依靠高等学府营造科学理念、培植学术精神的意识。同时，名家咸集，使青岛被众多国内一流知识精英所认识，由此拉开了新一轮旅寓青岛文化名人潮的序幕。

3. 胡适等学者讲座与《莎士比亚全集》汉译项目

国立青岛大学最先组织的是国内名家演讲会，第一个受邀的是胡适。1930年10月，杨振声邀请乘轮途经青岛的胡适前来讲演。不料，那天因风浪太大轮船无法靠岸，胡适只好发电报："宛在水中央。"杨振声接到电报回电曰："盈盈一水间，脉脉不得语。"④两份电报均有典出，酬答至妙，诚谓文人之笔墨雅趣。

1931年1月26日，胡适应邀再次莅临青岛，杨振声即执弟子礼亲临码头迎接，安顿胡适下榻后又寄奉短函商约。

①《第十三届中华农学会年会在青开幕》，载《申报》1930年8月27日。
②《批凌道扬据呈请将林业专门学校设在青岛已转咨教育部酌办文》，载《农矿公报》1929年第15期。
③ 王烜之：《回忆十三届年会上蔡元培先生的讲话》，载《中国农学通讯》1987年第3期。
④ 司徒良裔：《杨振声小记》，载《大公报》1947年2月3日。

适师:

你来了给我们多少精神上的安慰与勇敢!我们不敢自私,愿以公之学生与民众,故敦请你讲演,时间定为明日(星期日)下午四时。

题目还请先生自定。定好了请即告诉我们,以便公布于大家。

我们现在都忙着,不能来看你,下午看再不能来,就在晚饭后同来谈天了,你现在是否也要点小小的工夫预备?

请安

学生　杨振声谨启

廿六日①

收到杨振声的信,胡适在当天日记里写道:"因为金甫邀我在青岛大学讲演'文化史上的山东',故今晚我到李锦璋家去借了几本《史记》《汉书》……回寓写演稿,到一点多始睡。"②胡适日记中的李锦璋,名李方琮(1888—1958),字锦章,山东文登人,早年考入官立山东大学堂,1909 年正科毕业旋留学英国,回国后执教山东省立农业专门学校;1922 年青岛回归时参与接收,任农事试验场主任、胶澳商埠督办公署外交科长,1930 年 9 月应聘国立青岛大学外文系。为了扩大受众面,国立青岛大学还向青岛市各机关发函:"兹因胡适之先生莅临青岛,本校为提倡学术起见,特请于二十七日(星期三)下午四时,在敝校大礼堂公开演讲。"③

1 月 27 日下午 4 点,胡适如约来到国立青岛大学礼堂,"听者满座,约六百多人"。胡适以"文化史上的山东"为题的学术演讲,就地取材,旁征博引,借古讽今,对齐文化与鲁文化的差异,以及孔子、阴阳家、神仙家、黄老之学的讲述,概括了齐鲁文化的变迁和儒道思想的递演历程,凸显出对中国文化变革的理性精神。最后胡适总结道:"鲁学的儒,齐学的道,都来自山东,山东人支配了中国两千多年,阔哉!"时读中文系二年级的王先进有幸领略了胡适的讲演风采,评价道:"我听后思想变化很大,以前我是受古书约束的,听了胡先生演讲后转变为以己为学、组织研学。"④

胡适之后,应邀来国立青岛大学演讲的国内名家还有章太炎、罗常培、陈寅恪、冯友兰、顾颉刚等。欣沾化雨如膏,名家演讲借鉴了西方近代大学文明采借

---

① 耿云志:《胡适遗稿及秘藏书信》(38),第 131—132 页,黄山书社,1994。

② 季羡林:《胡适全集》,第 32 卷,第 37 页,安徽教育出版社,2007。

③ 《国立青岛大学关于邀请胡适教授来青演讲文化史报告的函》,存青岛市档案馆,档号:A0017-002-00453-0037。

④ 王先进:《古稀之年忆母校》,载张乐玲主编《峥嵘岁月》第 206 页,山东大学出版社,1991。

的形式，通过学院空间又参与了青岛特殊区域文化的构建。

胡适不仅给国立青岛大学带来高水平的学术讲座，还启动了《莎士比亚全集》汉译项目（"莎译"）。1930年，中华教育文化基金董事会（"中基会"）第六次年会议决成立编译委员会，选择"在世界文化史上曾发生重大影响之科学、哲学、文学等名著，聘请能手次第翻译出版"。编译委员会由胡适任委员长，聘定丁文江、赵元任、傅斯年、陈寅恪、梁实秋、陈源、闻一多、姜立夫、丁燮林、王琎、胡先骕、胡经甫、竺可桢共13名委员。1930年8月，胡适来青岛请闻一多、梁实秋参照"哈佛丛书"，拟一个欧洲名著目录。鉴于国立青岛大学图书馆拥有莎士比亚多种版本的藏书，以及闻一多执教的"英诗"和梁实秋所教"莎士比亚"学程的便利，闻、梁两人不约而同地将"莎译"列为目录首项。胡适对此深表赞同。

1930年12月23日，胡适在复梁实秋的信中提出，计划用5~10年"成一部莎氏集定本"，并成立专门委员会，由闻一多、梁实秋、陈源、徐志摩、叶公超5人组成，闻一多为主任。胡适特别提出，"最要的是决定用何种文体翻译莎翁"，他主张由闻一多和徐志摩"试译韵文体"，梁实秋和陈源"试译散文体"，"试验以后，我们才可以决定，或决定全用散文，或决定用两种文体"。信末，胡适对梁实秋加重语气道："我很希望知道你和一多对此事有什么批评。金甫、太侔，也请一商。"①显然，"莎译"不是个人行为，而是集体的意志。为了拓宽视野，胡适在1932年2月15日致闻一多、梁实秋的信中提出："委员会以外，若有人翻译莎翁戏剧，愿交由委员会审查者，委员会得接受审查。如有良好译本，可由委员会收受校阅出版，并酌定报酬办法。"②

胡适圈定闻、梁、陈、徐、叶5人组成"莎译"委员会，日常工作则由国立青岛大学闻一多、梁实秋承担，其中梁实秋付出的最多。此时，"鲁-梁论战"更趋白热化和情绪化。1931年12月，瞿秋白将鲁迅与梁实秋关于"硬译"之争定性为"翻译论战"，但及鲁迅得知梁实秋着手"莎译"后，他连续发表了《〈莎士比亚〉》《又是"莎士比亚"》两篇杂文，抨击梁实秋"莎译"是为了获取优厚的稿酬："梁实秋教授将翻译莎士比亚，每本大洋一千元。"③鲁、梁双方均不乏意气用事的措辞，只是梁实秋锲而不舍、孜孜不倦地投入莎学的东方之门。后来，由于徐志摩飞机失事、闻一多埋头古籍研究、陈源游学美国、叶公超步入官场，"莎译"5人委员会名存实亡，只有梁实秋坚守始终。到1939年，梁实秋相继翻译出版了《哈姆雷特》《马克白》《李尔王》《奥赛罗》《威尼斯商人》《如愿》《暴风雨》和《第十二

---

① 胡适：《复梁实秋》，载季羡林主编《胡适全集》第24卷第63页，安徽教育出版社，2007。
② 胡适：《复闻一多、梁实秋》，载季羡林主编《胡适全集》第24卷第79页，安徽教育出版社，2007。
③ 鲁迅：《又是"莎士比亚"》，载《鲁迅全集》第5卷第600页，人民文学出版社，2005。

夜》8 部作品。历经 37 年的努力,1967 年梁实秋独自译完了多达 37 种戏剧和 3
部诗集的《莎士比亚全集》,最终竖起中国译学史上的一座丰碑。回忆这段经
历,梁实秋感慨地说:"青岛四年之中我们的家庭是很快乐的。我的莎士比亚翻
译在这时候开始。"①胡适带来的《莎士比亚全集》汉译项目,具有反拨五四以来
浪漫式文学翻译与创作的意义,以丰富中国新剧、新诗的内容和形式,从而塑造
中国成熟的新文学。

第三节　教授作家的创作与斑驳的学府文化空间

事实如此,以小说家名世的杨振声影响并带动了国立青岛大学文学创作活
动,隆起以"新月派"为主流的大学作家高地。与此同时,"海鸥剧社"的成立及
演出的《饥饿线上》等广场剧,传达出唤起民众的革命之声,开创了山东左翼红
剧团体的进步道路。斑驳陆离的学院空间与岛城都市空间交互契合,青岛成为
20 世纪 30 年代全国知名的"文化边城"。

一　大学作家群体的形成与闻诗《奇迹》及其他

民国青岛文学创作的真正繁荣,始于国立青岛大学作家群体的自觉努力。
此间,小说、散文、诗词、文学批评等各类体裁佳作连连,闻一多、梁实秋、梁启勋、
沈从文、吴伯箫、臧克家、陈梦家、方令孺、黄际遇、郭斌龢、赵少侯、费鉴照、游国
恩等均有令人瞩目的成就,"新月派"成为国立青岛大学文学流派的主流。闻一
多的诗作《奇迹》及其背后的故事,映射出民国大学知识阶层的另一面。

小说创作主要是沈从文的都市小说。沈从文(1902—1988),湖南凤凰人,
只上过几年私塾,没有正规文凭,早年从军漂游在湘西沅水流域,1923 年独闯北
京以写作谋生。1930 年 6 月杨振声去上海延揽教员时,沈从文在中国公学任讲
师。由于胡适的介绍和徐志摩的引荐,1931 年 8 月,沈从文带着九妹沈岳萌来
到青岛,沈从文在中文系主讲"中国小说史"和"高级作文(散文)"两门课,沈岳
萌则做旁听生。沈从文说:"在青岛那两年,正是我一生工作能力最旺盛,文字也
比较成熟时。许多较完美作品多是在青大完成的。"②在青岛,沈从文创作了《泥
涂》《凤子》和《懦夫》3 部中篇小说,《三三》《厨子》《贤贤》《战争到某市之后》
《春》《若墨医生》《三个女性》《黑暗充满了空间的某夜》等二三十篇短篇小说,

---

① 梁实秋:《槐园梦忆》,第 60 页,中国青年出版社,2012。
② 沈从文:《复鲁海》,载张兆和主编《沈从文全集》第 26 卷第 273 页,北岳文艺出版社,2002。

还写了《记胡也频》《记丁玲女士》和《从文自传》3 部传记，以及诗歌、文论等作品。值得注意的是，沈从文的都市小说多半是在青岛创作的，他看透了城市文明的病态，其视角始终不肯放弃湘西地域的浪漫精神和田园牧歌式的抒情韵致。与其说沈从文在感情和生活上与城市格格不入，毋宁说在他的生活和记忆里，是城市拒绝了他。① 沈从文的乡土情结在他离开青岛后，投入到小说《边城》的创作，其构思则是在青岛完成的。

　　散文创作以吴伯箫为代表的大学美文领骚文坛。吴伯箫（1906—1982），山东莱芜人，早年入读省立曲阜师范学校，毕业后在孔府教孔氏嫡孙孔德懋、孔德成学英文。吴伯箫 19 岁考入北京师范大学，1931 年 9 月应聘国立青岛大学，任教务处事务员。在青岛，吴伯箫以"忘我的境界"和"客居的心情"抒写了《海》《山屋》《岛上的季节》《阴岛的渔盐》《别前夜》《海上鸥》《萤》等散文，后托王统照辑成散文集《羽书》。吴伯箫的作品有着"小说的生活题材，诗的语言感情，散文的篇幅结构"②，章法收敛，情思凝重，表现出叙述语言意浓、自然、精巧的特点，最终使他成为中国现代文学史上卓有成就和深具影响的散文家。1931 年闻一多写的《青岛》一文，是迄今发现的闻一多唯一一篇写景

图 2-23　吴伯箫

抒情散文，文字中透着光泽——"海天的云彩永远是清澄无比的，夕阳快下山，西边浮起几道鲜丽耀眼的光，在别处你永远看不见的"③。此外，杨振声在 1931 年 12 月写有《与志摩最后的一别》。

　　梁实秋的文学批评应对的是鲁迅及左翼作家的辩论。1932 年 4 月，鲁迅连续出版的《三闲集》和《二心集》，都在序言中或隐或现地提到梁实秋，梁实秋也将与鲁迅及左翼作家辩争的文章结成《偏见集》。作为中国现代自由主义文学批评家，梁实秋早期唯美的浪漫主义批评在习得白璧德的新人文主义思想后，就以古典主义批评来清算五四文学"浪漫的混乱"；而经历了与鲁迅及左翼作家的交手，梁实秋又徘徊在浪漫主义与古典主义批评之间，但在终极的文学理论上，梁实秋没有放弃古典主义立场。④客观地说，梁实秋批评一些左翼作家以苍白的政治口号取代文学，这对坚守文学的审美与纯然不无裨益，但梁实秋的批评"缺

①　胡梅仙：《论沈从文作品的人文精神建构》，载《文学评论》2010 年第 3 期。
②　吴伯箫：《无花果——我和散文》，载《吴伯箫研究专集》第 145 页，广西人民出版社，1987。
③　闻一多：《青岛》，载《闻一多精选集》第 171 页，北京燕山出版社，2009。
④　高旭东：《面对左翼：梁实秋文学批评的演变》，载《齐鲁学刊》2004 年第 5 期。

乏一套完整的哲学体系作为文学批评的准绳",“伦理的立场太过,而哲学意味的兴味还太少".①

梁启勋兼具词学家、词人双重身份。1930 年 10 月梁启勋来青岛后,不仅写作出版了《词学》、执笔《中国韵文概论》,而且确定所著词集取“海波"之名。其中,收录青岛的词作有《鹧鸪天·北九水道中》《八声甘州·玉鳞口飞瀑》《临江仙·太和观》《满江红·白云洞》《水调歌头·望田横岛》《清平乐·华严寺》《摸鱼儿·明霞洞》《天门谣·天门峰》《金缕曲·太清宫》,另有《水龙吟·庚午重阳前四日谒南海先生墓》《菩萨蛮·庚午重阳前二日青岛海滨晚步》《念奴娇·辛未端午》《南乡子·辛未策杖山行》《睿恩新·樱花自移植青岛后》等篇什。梁启勋的词一洗近代词家仿摹依傍的陋习,提出在词中表现新意境、追求艺术性和审美效果的创作观。

国立青岛大学诗歌创作最具文学史价值的是闻一多与“二家"(臧克家、陈梦家)师生三人圈的诗作,以及方令孺的小诗。

臧克家和陈梦家都受业于闻一多,陈梦家以闻一多助教身份来到国立青岛大学时,臧克家正在读三年级。1929 年臧克家入读补习班期间,即在青岛《民国日报》上发表新诗《默静在晚林中》。跟随闻一多学诗后,臧克家融会了闻诗的精炼、谨严风格,走上了凝视社会和民生的现实主义诗歌创作之路,唱出了激越沉实的时代声音。臧克家在青岛写出的《烙印》《罪恶的黑手》两部诗集,几乎是老师闻一多文化心理的同质同构。臧克家的诗深受“新月派"的影响,但困苦的童年和艰辛的人生之旅,使他的诗透出一种苦涩的凝重与悲凉。臧克家选择的现实主义创作路径以及他所表现的“中国如麻的苦难"与民族的忧患,显然又与“新月派"的风格不同,这使得诗坛对臧克家的“苦吟"多了一些敬畏和赞叹。

国立青岛大学文学院讲师方令孺和助教陈梦家,都是“新月派"诗人。方令孺(1897—1976),安徽桐城人,3 岁即遵父母之命许配与人,16 岁完婚,1923 年随丈夫偕女儿赴美国留学,先后就读华盛顿州立大学、威斯康星大学,回国后舍弃优越的家庭生活,与丈夫分居,1930 年 4 月经邓初介绍任教国立青岛大学。②可以说,方令孺是来青岛后才开始诗歌创作的,她发表的《诗一首》《灵奇》《枕江阁》《幻想》《任你》《她像》等诗,笼罩着一种烟水朦胧的美,既“写了对于真诚的爱的婉拒,也写了对于纯洁的爱的静穆的坚守"③,呈现出的是神秘而曲折的意象组合。

---

① 李长之:《梁实秋著〈偏见集〉》,载《国闻周报》第 11 卷第 5 期,1934 年 1 月 22 日。
② 《国立青岛大学教职员录(1931 年 6 月)》,存青岛市档案馆,档号:A001434-V12。
③ 孙玉石:《闻一多〈奇迹〉本事及解读》,载《北华大学学报》(社会科学版)2000 年第 1 期。

陈梦家(1911—1966)，祖籍浙江上虞，出生于南京，16 岁考入国立第四中山大学，1931 年夏应徐志摩之邀编选《新月诗选》，12 月参加"一·二八"淞沪抗战，1932 年 3 月应闻一多之约来到国立青岛大学。身为后期"新月派"的代表诗人，陈梦家在青岛写了《在蕴藻滨的战场上》《一个兵的墓铭》《白俄老人》《哀息》《海》《小诗》《四月樱花将开》《叮当歌》等诗篇，精心构建起一座由真挚美、格律美、意蕴美共同支撑的诗美堤坝。陈梦家告别青岛后在《往日》一诗中留下了"像我／所在的青岛一样，有时间长风／怒涛在山谷间奔腾，那是热情"①的诗句，是对青岛诗意岁月最富想象力的追述。

当然，国立青岛大学作家群最具影响力的诗作是闻一多的《奇迹》。1931 年 1 月，《诗刊》创刊号刊出了令徐志摩惊叫"一多'三年不鸣，一鸣惊人'的奇迹"的《奇迹》一诗。闻一多的诗一向以意象的繁复性与视觉性为特征。《奇迹》一开头就把诗人的内心冲突凸现出来——"我要的本不是"司空见惯的"火齐的红"，而是"比这一切更神奇得万倍的

图 2-24　陈梦家

一个奇迹"。诗人为了这个"奇迹"，在自由与责任的不断裂变中强烈地感觉到，"这灵魂是真饿得慌"，"我是等你不及，等不及奇迹的来临"。虽然灵魂渴望奇迹，厌恶平庸，但生活中只有平凡没有奇迹，诗人只能"把藜藿／权当作膏粱"。历经虐心的惆怅和难言的痛楚，诗人抛弃一切伪饰、造作，用一如既往的真诚坦言，"只要你——／只要奇迹露一面，我马上就放弃平凡"，"我便等着，不管要等到多少轮回"，哪怕天崩地裂，"让雷来劈我，火山来烧，全地狱翻起来扑我"，诗人为那"一刹那的永恒"，"愿这蜕壳化成灰烬"。《奇迹》曲达圆妙，使人难以体悟"奇迹"所指，直到诗的末尾，终于"我听见阊阖的户枢砉然一响，紫霄上／传来一片衣裙的綷縩——那便是奇迹——／半启的金扉中，一个戴着圆光的你！"②

诗无达诂，这个"你"究竟是谁？根据徐志摩给梁实秋的信，以及闻一多致朱湘、饶梦侃的函可知，《奇迹》的写作应在 1930 年 12 月初。闻一多停笔已两年有余，他为什么会在这个时候"一鸣惊人"地创造了《奇迹》？由于无法推断，《奇迹》的神秘性便超越了本文，加之好事者的种种臆想，写《奇迹》的闻一多正挣扎在谜一般不可参透的情感漩涡中，因为诗中的"你"是方令孺。

---

① 陈梦家：《陆离——〈往日〉之三》，载陈梦家著《梦家诗集》第 181 页，中华书局，2007。
② 闻一多：《奇迹》，载《中国新文学大系(1927—1937)》第 14 集第 377 页，上海文艺出版社，1985。

方令孺,一个柔美入骨的女子,曲折的婚姻史让她不得不隐忍现实生活的风刀霜剑。梁实秋在文章中这样写方令孺:"她相当孤独,除了极少数谈得来的朋友之外,不喜与人来往。她经常一袭黑色的旗袍,不施脂粉。她斗室独居,或是一个人在外面彳亍而行的时候,永远的带着一缕淡的哀愁。"①这"极少数谈得来的朋友"中就有闻一多。方令孺在国立青岛大学中文系讲授《昭明文选》,遇有问题免不了向闻一多请教;闻一多在南京时曾有一个写诗的学生方玮德,方玮德又是方令孺的侄儿,种种关系拉近了闻一多与方令孺的距离。1930 年 12 月 10

图 2-25 方令孺

日,闻一多在致朱湘、饶孟侃的信中说:"此地有位方令孺女士,方玮德的姑母,能做诗,有东西,只嫌手腕粗糙点,可是我有办法,我可以指给她一个门径。"②由此可见,闻一多对方令孺的欣赏和两人之间的交往。1930 年 8 月闻一多偕妻带子初到青岛时,住在大学路,后搬到汇泉湾离海水浴场不远的一座房子。在青岛住了不到一年,因妻子临产,闻一多便把家眷送回湖北老家,他自己搬到了学校的第八宿舍(即"一多楼")。没有家室拖累,又有可观的经济收入,青岛时期的闻一多可谓人地两宜。青岛之于闻一多"虽然是一个摩登城市",但"毕竟是一个海陬小邑","没有文化"。③ 因为没有文化,便有酒如渑,好酒善饮者杨振声、赵太侔、闻一多、梁实秋、刘本钊、邓初、陈命凡等"酒中八仙",每逢闲暇经常在一起开怀畅饮,往往从薄暮直至深夜,三十斤装花雕一直喝到酒坛见底,号称"酒压胶济一带,拳打南北二京"。既为"八仙"必有"何仙姑",闻一多便将方令孺介绍到酒桌上来,凑成"酒中八仙"之数。美人如馔,好酒如嫣。其实,方令孺并不善饮,梁实秋说她"微醺辄面红耳赤,知不胜酒力,我们也不勉强她"。

闻一多的《奇迹》发表不久,方令孺所做《灵奇》竟被当作二人感情的回响。1931 年 4 月 28 日,徐志摩在致梁实秋的信中道:"前几天禹九来知道你又过上海,并且带来青岛的艳闻。"④徐志摩所言"艳闻"分明指的是,闻一多因为一个婚

---

① 梁实秋:《方令孺其人》,载刘天华、维辛选编《梁实秋怀人丛录》第 154 页,当代世界出版社,2007。

② 闻一多:《致朱湘、饶孟侃(102)》,载《闻一多书信选集》第 225 页,人民文学出版社,1986。

③ 梁实秋:《谈闻一多》,载刘天华、维辛选编《梁实秋怀人丛录》第 96 页,当代世界出版社,2007。

④ 虞坤林:《志摩的信》,第 385 页,学林出版社,2004。

外女人而"在感情上吹起了一点涟漪"。1931 年 11 月 10 日,方令孺踏着晚秋的
残叶黯然地离开了这个口水之地,她无法忍受私生活置于众目睽睽之下的难堪。
方令孺离开青岛后,11 月 15 日沈从文在写给徐志摩的信中称:方令孺"她人是
很好的,很洒脱爽直的,也有点女人通同不可免的毛病,就是生活没有什么定见。
还有使她吃亏处,就是有些只合年轻妙龄女人所许可的幻想,她还不放下这个她
不大相宜的一份"①。显然,沈从文并不认可方令孺情感的困厄,他认为方令孺
"在此有些痛苦,就全是那些生活不合体裁得来的,为了使她的情同年龄相称,她
倒真真需要'教婆'教训一顿的人";沈从文进一步认定,方令孺"这次恐怕不好
意思再回青岛来,因为其中也有些女人照例的悲处"。②《奇迹》,谁解情衷？欲
诉无人能懂。

　　一波未平一波又起,闻一多《奇迹》背后的故事尚未平息,沈从文的小说《八
骏图》惹了风波。据悉,《八骏图》以国立青岛大学"酒中八仙"为素材,刻意塑造
了 8 个教授自私、做作的虚伪性。他们有的喜读艳体诗文,有的在海滩窥视女
子,有的惦记内侄女,有的怀虐恋倾向,还有一个"非常随便的女孩子"。这篇小
说被猜谜般地对号入座,有好事者断定小说中的"教授甲"就是闻一多。小说中
描写的窗台上的保肾丸子,被演绎为"教授甲"的性功能有问题,意指闻一多的
性生活不如意,因为他娶的是乡下妻子。

　　更有意思的是,《奇迹》和《八骏图》进一步演绎出令人啼笑皆非的另一解。
有美国学者称,《八骏图》中那位非常随便的女孩
子,则可能是俞珊。③ 人说,俞珊是国立青岛大学的
校花。《八骏图》中的"教授庚",则可能影射赵太
侔。据传,徐志摩来青岛特别警告俞珊,要她约束自
己,不料这时闻一多已经被她深深吸引住了。这位
美国学者推断,闻一多的《奇迹》中的"你"不是方令
孺,而是俞珊。俞珊(1908—1968),祖籍浙江山阴
(今属绍兴),出生于日本东京,少时就读天津南开
女中,后入上海国立音乐学院,热爱戏剧,1929 年经
田汉引荐入"南国社",主演《莎乐美》《卡门》等剧,
是中国戏剧史上最早的话剧明星,1931 年 2 月经梁
实秋介绍就职国立青岛大学。此时,《国立青岛大学

图 2-26 俞 珊

① 《沈从文致徐志摩》,载虞坤林编《志摩的信》第 199 页,学林出版社,2004。
② 沈从文:《致徐志摩》,载《沈从文全集》第 18 卷第 148 页,北岳文艺出版社,2002。
③ [美]金介甫:《沈从文传》,符家钦译,第 289 页,国际文化出版公司,2009。

周刊》正在筹办中,据史料记载,俞珊担任周刊社编辑员。① 1931 年 6 月 14 日,徐志摩在《爱眉小札》中描述说:"星四下午又见杨金甫,听了不少关于俞珊的话。好一位小姐,差些一个大学都被她闹散了。梁实秋也有不少丑态,想起来还算咱们漏脸,至少不曾闹什么话柄。"②

不光俞珊、方令孺,抑或其他什么人,国立青岛大学不乏风花雪月,拜倒在石榴裙下的风流轶事不胜枚举,包括"洒脱地独居在外"的杨振声"亦正未能免俗"。③ 民国大学知识阶层获得了历史上从没有过的地位,优渥的经济收入诱使他们沉溺于光怪陆离的都市幻影中,追求难以被其他阶层轻易仿效的率性、随意、注重个人体验的生活方式。搬弄是非、窥探隐私、秽语中伤等恶习,以及背离道德伦理规范的丑陋行为便有了滋生的温床。事实上,在民国青岛多元、虚华的都市外衣下,掩盖着不为人知的深层面相。1932 年 6 月 9 日,闻一多在给吴伯箫的信中流露出明显的抱怨情绪,"我们这青岛,凡属于自然的都好,属于人事的种种趣味,缺憾太多"④。风前不让一寸弯,闻一多不愿被冒犯。

二 "左联""剧联"组织及"海鸥剧社"的活动

国立青岛大学建校不久,在中共青岛地下市委的领导下,一些青年学生相继成立"左联""剧联"等组织,在青岛开垦出一块革命文化处女地。以青大学生为主体的"海鸥剧社",在青岛、山东乃至全国引起很大的反响,被誉为"预报了暴风雨的海鸥"⑤。

20 世纪二三十年代,国际左翼文学思潮声势浩大。此时的中国,轰轰烈烈的大革命运动中途夭折,国内政治局势徒然逆转。为冲破国民党反动政治的高压,1929 年 6 月,中共六届二中全会提出了《宣传工作决议案》,决定在新开辟的思想文化阵地上展开斗争。1930 年 3 月,中国左翼作家联盟("左联")在上海成立,同年 11 月即成为国际革命作家联盟的一个支部,苏联"拉普"(俄罗斯无产阶级作家联合会)和日本"纳普"(全日本无产者艺术联盟),对中国文学艺术界产生了多方面的影响。在"左联"的旗帜下,戏剧家联盟("剧联")、美术家联盟("美联")、社会科学家联盟("社联")、世界语联盟("语联")先后成立。这些

---

① 《国立青岛大学教职员录(1931 年 6 月)》,存青岛市档案馆,档号:A001434-V12。俞珊履历填写的是"国立中央大学学生"。

② 徐志摩:《致陆小曼》,载《徐志摩全集》第 6 卷第 171—172 页,天津人民出版社,2005。

③ 梁实秋:《忆杨今甫》,载刘天华、维辛选编《梁实秋怀人丛录》第 147 页,当代世界出版社,2007。

④ 闻一多:《致吴伯箫》,载《闻一多全集》第 12 册第 256 页,湖北人民出版社,1993。

⑤ 中共青岛市委党史研究室:《中共青岛地方史》,第 1 卷,第 184 页,中共党史出版社,2003。

左翼文化团体的领导核心是"党团"，其上级是中国左翼文化总联盟（"文总"），"文总"则由中共中央文化工作委员会（"文委"）直接领导。"左联"活动的范围不断扩展，除上海总部外，还在各地建立分盟或小组。特别是"左联"因遭国民党的破坏不得已转入地下后，"左联"秘书处提出了"必须于最短期内在广州、汉口、青岛、南京、杭州等地建立起支部和小组"的要求，1931 年底至 1932 年春，在中共青岛市委的领导下，国立青岛大学学生王弢、俞启威组织部分进步学生，秘密成立了青岛"左联"小组和"剧联"青岛分盟小组，为左翼文化团体提供了基本的组织力量。

王弢（1909—1984），又名王林，河北衡水人，1927 年入读北京今是中学，1930 年秋考入国立青岛大学外文系，与青岛地下党组织接上关系，转为共产党员，1931 年 9 月担任国立青岛大学党支部书记。1932 年初，中共青岛市委指示青大地下党支部，改变斗争策略，组织一些公开的群众团体，以团结广大同学，积蓄力量，开展斗争。王弢联络同学成立"新文学研究会""时事研究会""读书会"等团体，其中的"新文学研究会"即为青岛的"左联"小组，由于白色恐怖严重，只能用这种灰色名称当保护色。青岛"左联"小组成员有王弢、李林、俞启威等六七人，由王弢负责。"左联"小组为青岛文艺青年搭建起活动平台，很多青年在"左联"组织的活动中找到了兴趣点，特别是读书活动（阅读鲁迅及左翼作家的文学作品）成为大学生的追崇，不啻文科学生如此，理科学生也以谈论左翼作家作品为时尚。在鼓噪文学与人生的风气下，梁实秋与鲁迅之间旷日持久的论战必然成为"左联"小组关注的热点，一个国立青岛大学图书馆"清书事件"轰动了全国左翼文化战线。

1932 年 5 月，上海左翼刊物《文艺新闻》发表了一篇题为《"自由思想"如此这般!》的文章，指责梁实秋把持国立青岛大学图书馆馆长之位，清除鲁迅写的书，不许学生借阅蒋光慈等左翼作家的著译作品。文章称：

> 青大现在完全被新月派、民声派等国家主义者所统治。前数日有一部分同学出过一张壁报，略微谈到新月派在书馆内的"清书事件"，即是把鲁迅译的《艺术论》、蒋光慈的《最后的微笑》等类的书不下二百余种完全清出……这事竟惊动了新月派的小说家沈从文和诗人陈梦家，冒雨来看了之后，不到一个钟头，壁报就被撕去，代替的是恫吓的"训令"，学校当局调遣一批走狗同学暗中调查办报的人，新月派所施行的自由主义德谟克拉西，原来如此!①

---

① 《"自由思想"如此这般!》，载《文艺新闻》1932 年 5 月 24 日。

另据王弢的回忆文章称：

> （"新月派"）除了在讲堂上倾销反动透顶的英美资产阶级毒品以外，还用"焚书坑儒"的办法，取缔图书馆里极有限的几本马列主义的英文著作和中文的左翼文艺书刊。图书阅览室里原本有一部左翼刊物《新文艺》，这一期上有马雅可夫斯基《谈诗》一文的译文，支部用它作为培养赤色群众的武器，忽然有一天不见了，党团员以为收藏起来了，就问图书馆管理员。图书馆管理员说是被馆长梁实秋检查出来禁止出借了。她并且指着堆在屋角的其它被禁止借阅的革命书籍叫党团员看。①

但是，梁实秋否认此事，并发表声明称："我首先声明，我个人并不赞成把他的作品列为禁书。我生平最服膺伏尔泰的一句话：'我不赞成你说的话，但我拼死命拥护你说话的自由。'我对鲁迅亦复如是。"②梁实秋只承认将书架上的"低级黄色书刊"剔除注销。当然，梁实秋出于"莎译"项目和个人偏好，确实采购了大批莎士比亚著作及相关研究书籍。"清书事件"并非空穴来风，书是肯定清过，但清理的都是什么书？梁实秋是否有清除鲁迅及左翼作家书籍的行为？

鲁迅对国立青岛大学"清书事件"有所耳闻，他在谈及禁书问题时曾两次点了梁实秋的名。一次在《"题未定"草（六）》一文中，鲁迅写道："梁实秋教授充当什么图书馆的主任时，听说也曾将我的许多译作驱逐出境。"③另一次在给曹靖华《苏联作家七人集》撰写的序言中，鲁迅又写道："梁实秋教授掌青岛大学图书馆时，将我的译作驱除。"④梁实秋直到晚年回忆"清书事件"仍解释说："我曾在一个大学里兼任过一个时期的图书馆长，书架上列有若干从前遗留下的低级的黄色书刊，我觉得这是有损大学的尊严，于是令人取去注销，大约有数十册的样子，鲁迅的若干作品并不在内。但是这件事立刻有人传报到上海，以讹传讹，硬说是我把鲁迅及其他左倾作品一律焚毁了，鲁迅自己也很高兴的利用这一虚伪情报，派作我的罪状之一！其实完全没有这样的一回事。宣传自宣传，事实自事实。"⑤国立青岛大学"清书事件"事出有因，但又难下定论，至今仍是一个历史悬案。

事实上，青岛"左联"小组的活动一直处于秘密状态，青岛左翼文学艺术受到严格控制。此间，青岛市长沈鸿烈曾接南京政府内政部"警字第五七一号密

---

① 王林：《青岛大学的爱国民主斗争》，载《王林文集》第7卷第265—266页，解放军出版社，2009。
②⑤ 梁实秋：《关于鲁迅》，载《梁实秋文集》第1卷第614、615页，鹭江出版社，2002。
③ 鲁迅：《"题未定"草（六）》，载《鲁迅全集》第6卷第435页，人民文学出版社，2005。
④ 鲁迅：《曹靖华〈苏联作家七人集〉序》，载《鲁迅全集》第6卷第573页，人民文学出版社，2005。

询"，称"左联"作家"尚为赤匪作思想上之宣传，其影响人民心理甚巨"，训令青岛市教育局将左翼作家姓名及笔名秘密发至各文化教育机关。[①] 1932 年夏，王弢为躲避警察逮捕转移到解放区，青岛"左联"小组被迫停止活动。10 月，中共青岛地下市委决定重建青岛"左联"小组，委派市委青年委员乔天华任"左联"党代表。乔天华以在青岛崇德中学任教为掩护，与担任中共青岛市委宣传委员的俞启威共同领导青岛"左联"的工作。[②] 俞启威（1912—1958），又名黄敬，俞珊之弟，祖籍浙江绍兴，生于北京，少年就读于南开中学、汇文中学，1930 年在上海参加"左联"文艺团体"南国社"，从事进步文化活动，同年冬入国立青岛大学做旁听生，次年暑假考入物理学系，与王弢同住一个宿舍，1932 年春俞启威加入中国共产党。俞启威在青岛"左联"活动最具影响力的是成立"剧联"青岛分盟小组，组织"海鸥剧社"进行革命戏剧展演。

据史料记载，1931 年 12 月俞启威给上海"南国社"的田洪写信，与"剧联"领导成员之一的赵铭彝取得联系，秘密成立了"剧联"青岛小组。[③] 俞启威在青岛开展"剧联"活动，一方面借助中国左翼戏剧迅速蔓延为反帝反封建和反对国民党统治为目的的政治文化运动的有利势头，另一方面源于青岛是中国最早演出话剧的城市，特殊的文化风尚具有左翼文学思潮所需求的社会环境和文化语境。1932 年春，身兼《清风报》记者的国立青岛大学旁听生崔嵬加入"左联"青岛小组，负责组织各学校剧团的排练演出。由于中共对戏剧的关注和有意识的引导，"无产阶级戏剧"由理论倡导迅速走向实际操作。1932 年 4 月，在王弢、俞启威等人的组织发动下，"海鸥剧社"在青岛诞生。利用公开场合展演革命戏剧，既可以联络爱好文艺的青年，又可以喜闻乐见的形式向工农群众宣传反帝反封建的道理，戏剧成为一种特殊的斗争武器。"海鸥剧社"刚成立时，参加的人员除王弢、俞启威外，还有体育部干事王东升、图书管理员李云鹤、学生张福华等十几个人。

图 2-27 崔 嵬

---

① 《关于核准拆发左翼作家姓名及笔名一览表》，存青岛市档案馆，档号：B0027-004-00116-0009。
② 中共青岛市委党史研究室：《中共青岛地方史大事记（1921—1949）》，第 132 页，中共党史出版社，2006。
③ 王林：《记青岛"海鸥剧社"》，载韩连霆主编《山东党史资料文库》第 5 卷第 803 页，山东人民出版社，2015。

　　为了扩大影响力,1932 年 5 月 28 日晚,"海鸥剧社"在国立青岛大学礼堂进行第一次公演,剧目为独幕话剧《月亮上升》和《工场夜景》。《月亮上升》是爱尔兰剧作家葛力格里夫人的作品,叙述了一个民族革命者的故事,具有浓厚的爱国主义色彩,由俞启威和李云鹤分别扮演男女主角。《工场夜景》由易扬编剧,反映惨遭剥削的上海产业工人的生活及其反抗斗争,由王东升扮演警察,张福华扮演革命志士。当晚演出时,校内外"观众不下千余人,济济一堂,诚属空前盛举","颇得观众的赞美"。① 6 月 30 日,上海"左联"机关刊物以"预报了暴风雨的海鸥"为题,盛赞"海鸥剧社"首场演出是打破青岛"沉默的第一声钟",虽然公演的成绩"没有什么精彩,可是观众的热烈,是值得惊奇的"。② 之后,"海鸥剧社"不断壮大成员队伍,在校内发展了杜建地、李岱思等人;在校外,因崔嵬曾到文德女子中学、电报局辅导话剧活动,便从文德女中吸收了李秀英、梁桂珊,从电报局吸收了杨浴昆,还有电影院的赵星火等人。"海鸥剧社"的演出迎合了国统区民众面对内忧外患的心理需要,对中共占领剧场获得意识形态领域话语权、培养文艺干部发挥了积极的作用。当然,由于对国际左翼文艺思潮输入的本土化实践仓促及受党内"左"的思想影响,青岛"左联"文化运动的局限性在所难免。

　　据史料记载,除"剧联"外,20 世纪 30 年代青岛左翼文化组织中的"社联"和"语联"也积极开展活动,特别是世界语联盟组织,其代表人物是季焕麟与何春尧。季焕麟(1909—1985),江苏无锡人,1932 年前后在青岛学世界语,后与韩俊才、陆仲陶、杨玉昆、邱营等人组织青岛"语联",曾在国立青岛大学开设世界语初级班。何春尧(1908—1943),又名何子成,回族,山东东平人,出生于青岛,少年入读济南东鲁中学,1930 年秋考入国立青岛大学;次年参加世界环游团出国,后在印度泰戈尔国际大学习世界语,1933 年辗转回到青岛任教一所中学,1938 年奔赴延安马列主义学院学习,后到重庆中国回教救国协会活动,1941 年8 月受中共中央西北局派遣到宁夏工作,1942 年 9 月因叛徒告密被捕,狱中受尽酷刑,但坚贞不屈,1943 年 4 月 17 日夜被国民党反动派杀害。何春尧可谓国立青岛大学学子的骄傲。

第四节　中共地方组织的学运方针与两年三次学潮

　　国立青岛大学建校之初校方与学生就产生了矛盾对立。1930 年 11 月因发现部分学生使用假文凭报考,校方作出褫夺学籍的处罚,结果引起学生"反甄

---

① 《海鸥剧社公演盛况》,载《国立青岛大学周刊》第 53 期,1932 年 6 月 6 日。
② 《预报了暴风雨的海鸥》,载《文艺新闻》1932 年 6 月 30 日。

别"罢课风潮。1931年9月中共国立青岛大学支部成立后，在中共青岛地下市委的领导下，学生运动此起彼伏。1931年12月赴南京请愿团行动和1932年5、6月抵制"学分淘汰制"罢课罢考，客观上加剧了国立青岛大学的动荡局面，最终造成校长杨振声辞职、国立青岛大学被教育部解散、改组的结局。

一　褫夺学籍、勒令退学引发的"反甄别"罢课

　　国立青岛大学第一次学潮发生在建校只有两个月的1930年11月。

　　开学后不久，教务处通过甄别考试发现，有些学生是用假文凭报考录取的。对于弄虚作假行为，杨振声毫不姑息和迁就。教务长张道藩则怀疑持假文凭的学生可能在中学时代因"闹学潮"被开除学籍，所以没有正式毕业文凭，这些人如果留在青大，势必成为隐患。校务会议决定，凡用假文凭考取的学生一律褫夺学籍，勒令退学。从公布的名单看，被褫夺学籍、勒令退学的学生人数有20多人，因而造成群体性不满情绪。学生反驳说：不论是真文凭或假文凭，既然考上了，就证明够入学的资格，不应当被开除。学生与校方几经交涉，希望学校"收回成命"，但都未果。

　　校方的态度引起了更多学生的义愤。王弢此前在北平今是中学就读，因组

图2-28　王弢（右二）与国立青岛大学同学

织罢课被学校开除，所以他的中学文凭也很可疑，一些在中学有被开除经历的学生"就花钱买张假文凭考取青大"①。此时，国立青岛大学刚刚成立不久，学生们之间相互不熟悉，加之白色恐怖严重，尚未建立党团组织。王弢等一些受革命影响的学生，凭借革命热情和过去斗争的经验，召集全校学生大会，决定用罢课的方式强烈要求学校收回成命。对于要不要罢课的问题，学生形成两派。一派拥护学校决定，反对罢课，并组成"护校团"（又有"复课团"之称），臧克家是其中的代表人物。另一派则主张罢课，反对校方处罚"假文凭报考"，并成立学生自治会，组成"纠察队"，"领导和维持罢

---

　　① 李林、王林：《回忆青岛大学两年三次罢课斗争》，载山东省政协文史资料研究委员会编《文史资料选辑》第9辑第122页，山东人民出版社，1981。

课的革命秩序"①。王弢对罢课很坚决,担任纠察队副队长。学生自治会和"纠察队"占用学校礼堂办公。

1930年12月4日,国立青岛大学学生以自治会名义开展的"反甄别"罢课开始了。青岛大学生罢课必然引起新闻记者的关注,《大公报》立即刊发消息:"青大校学生二十名,因资格问题,校方昨忽令同退学,支(四日)全体学生罢课。"③罢课以后,学生自治会派代表再次与校方交涉,校方的答复是:"不罢课还可以商量,一罢课就更得开除。"

罢课当天,杨振声主持召开临时校务会议,张道藩、闻一多、黄际遇、梁实秋、赵太侔、谭葆慎、谭书麟、汤腾汉、杜光埙、陈命凡等出席。会议讨论了学生以自治会名义宣布罢课的问题,作出两项决议:全体学生即行上课,在未恢复上课之前,任何要求不予置议;学生自治会不合法,其议案无效。显然,坚持制度主义的杨振声采取的办法是压服,以强硬的行政干预措施维持甄别考试及褫夺学籍决定的严肃性。与此同时,站在校方立场、反对罢课的"护校团"则力劝同学复课,尤其是那些通过甄别考试的同学成为"护校团"争取的对象。

12月5日,臧克家等"护校团"成员因力劝未持假文凭的同学上楼复课,与罢课的"纠察队"王弢在西教室楼北门的楼梯前狭路相逢,双方因观点分歧争吵起来。据王弢等学生领袖撰文称:

> 罢课的第二天,我们纠察队听说有人出头拉拢同学去复课,便立即赶去。当赶到西教室楼正中北门里的楼梯前时,迎面遇上中文系的一个同学正领着几个同学上楼,纠察队过去阻拦说:"罢课啦,上楼干什么去?"那个复课团的头头把脸一沉说:"我愿意上楼就上楼,你们管得着吗?"纠察队的同学说:"全体同学开会通过的罢课,不许任何人违反大会决议私自上课,你们最好也不要上教室楼。"复课团的头头故意大声张扬说:"怎么,你们纠察队用武力干涉我们的自由,侵犯我们的人权吗?"纠察队的同学解释说:"罢课是全体同学的决议案,我们纠察队是执行全体同学的意志,不许任何人破坏。"复课团的头头蛮不讲理,还打出"自由""民主"的幌子,胡说我们是"强奸民意"。纠察队员们火了,把手中的齐眉棍用力一磢说:"全体同学通过的决议案怎么不民主?你有意见可以拿到大会上去讨论么,我们纠察队今天就是执行大会的决议案,不许任何人上楼复课,不许任何人破坏罢课斗争!"复课团的头头故意提高嗓门咋呼说:"纠察队用武力压迫人,侵犯我们

① 李林、王林:《回忆青岛大学两年三次罢课斗争》,载山东省政协文史资料研究委员会编《文史资料选辑》第9辑第122页,山东人民出版社,1981。
③ 《青大罢课学生二十名因资格问题校方令退学引起罢课风潮》,载《大公报》1930年12月5日。

的自由,要求学校当局保障我们的民主权利!"①

　　争吵声越来越大,惊动了教务长张道藩。自恃是国民党中央候补委员的张道藩跑到楼梯口,厉声喊道:"哈,共产党要暴动! 这还了得! 打电话叫警察保安队来!"②王弢等纠察队以为张道藩只是吓唬人,没大在意,便回到礼堂与学生自治会商量下一步行动。不一会儿,窗外传来跑步声。纠察队代表拥出礼堂一看,警察保安队已经开到,正在包围校舍。这一突然袭击令王弢等人措手不及,只得离开办公的礼堂,四处散去。

　　12 月 5 日,杨振声再次主持召开校务会议,决定除了开除用假文凭报考的 13 名学生(另有 8 名已自请退学),对罢课中的主要成员也开除学籍,同一天恢复上课。《大公报》为此报道称:"青大学校查明用假证书投考学生二十一名,现自动退学者八名,其十三名反对未成,均开除,限微(五日)午后五时离校,微(五日)已复课。"③《大公报》的消息提出的 21 人退学或被开除,并未包括领导罢课中的学生自治会主要成员,此次被除名者实为 38 人。被开除的学生中有的是持假文凭被甄别查实的,有的虽有真文凭但为罢课积极分子,还有的本并不赞成罢课却也受到牵连。

　　据悉,开除学籍的布告甫一贴出,"训育员就勒令被开除的学生'立即出校'。找不到本人,就由工友收拾衣物,先把行李'驱逐出境'。有的行李来不及从楼门携出,就从楼上平台往下扔"④。王弢等人还撰文说:"'新月派''大师'们叼着香烟,指手画脚,见楼上扔下行李震起尘土来,还皱着眉头直躲。"⑤王弢文中提及的所谓"新月派""大师",即指闻一多、梁实秋等人。这次对学潮的压制,张道藩起了主要作用。据梁实秋称,"在警察不敢捉人时,是张道藩给警察壮胆"⑥。可是,事后张道藩却散布流言,说是闻一多打电话叫来警察。在此次事件中,闻一多身为文学院院长必然站在校方立场,他对学生罢课行为极为反感,但对持假文凭的学生并非一概而论,认为有事可以复课后再商议解决。但张道藩推卸责任,把闻一多推到了学生的对立面。

　　国立青岛大学第一次学潮令杨振声十分难堪。梁实秋对杨振声的处境深表同情,他在写给徐志摩的信中说:"事变之来如疾风暴雨,其衷心苦闷可以想

<hr>

① 　李林、王林:《青岛大学两年三次罢课斗争》,载共青团青岛市委青运史办公室、中共青岛市委党史资料征委会办公室编《青岛党史资料》(内部发行)第 7 辑第 227 页,1991。

②④⑤ 　李林、王弢:《青岛大学两年三次罢课斗争简述》,载《山东大学校史资料》第 6 期,1983 年 11 月。

③ 　《青大潮息》,载《大公报》1930 年 12 月 6 日。

⑥ 　梁实秋:《悼张道藩先生》,载《传记文学》第 13 卷第 1 期第 36 页,1968 年 7 月。

见。"徐志摩在复信中称："好，你们闹风潮，我们（光华）也闹风潮。你们的校长脸气白，我们的成天的哭，真的哭，如丧考妣的哭。你们一下就去三十多，我们也是一下去了卅多。这也算是一种同情罢。"① 杨振声从此次甄别考试的反思中总结的经验教训是，制度是一系列被制定出来的规则、程序和办法，必须减少条款的模糊性和不确定性。1930 年 5 月杨振声曾主持拟定《暂行学则》，但不够具体，不甚成熟。12 月 18 日，杨振声召开校务会议，通过暂行学则五章和暂行规则十条，其中特别强调严格入学资格。投考国立青岛大学的学生必须在"公立或已立案私立高级中学或同等学校毕业"，外校转入生必须是"公立或已立案私立大学肄业一年以上成绩及格"；开学后三日尚未注册者，如是新生"即予除名"，若旧生则"令休学一年"。同时，还规定"学生如有品行不端或违反校章者，分别记过或令退学，记过满三次者令其退学"②。杨振声将制度定义为一种约束，一种规范性的义务。

王弢总结此次罢课的教训称：国立青岛大学初期，"党团员和赤色群众，只凭革命热情和过去的斗争经验，仓促应战"③。对校方颁行的规章制度，王弢不无挑战，也迫使学校对某些要求予以修正。例如：学生宿舍管理规则最初要求"（宿舍）楼下学生设有招待室，所有来宾不得进入寝室"。王弢不听从传达处工友的劝阻，强行带客进入宿舍，为此第二十二次校务会议决定给王弢记过处分。④ 之后，校方对宿舍规则进行了修正，原则上要求"凡学生之来宾，应在招待室接待"，但又补充"如有愿参观宿舍者，经斋务股允许后，得陪同入内参观（惟在每日下午七时以后，不得参观）"。⑤ 杨振声进一步将制度定义为一种关系。

二　校内反日救亡活动与"赴京请愿"权的夺取

国立青岛大学第二次学潮发生在九一八事变后的 1931 年 12 月。杨振声面对不听劝阻集体南下请愿的学生，引咎向教育部辞职，后虽经教育部慰留，但国立青岛大学校方与学生的关系日渐疏远，失却了弹性。

1931 年 9 月 18 日，日本关东军向驻守北大营的中国军队发起攻击，继而占领沈阳城，长春、营口、吉林及南满铁路沿线相继沦陷。九一八事变不久，一天晚

① 徐志摩：《致梁实秋》，载《徐志摩全集》第 6 卷第 416 页，天津人民出版社，2005。
② 《国立青岛大学学则》，载《二十年度国立青岛大学一览》第 18 页，1931。
③ 李林、王林：《青岛大学两年三次罢课斗争》，载韩连霆主编《山东党史资料文库》第 5 卷第 811 页，山东人民出版社，2015。
④ 《第二十二次校务会议记录》，载《国立青岛大学周刊》第 8 期，1931 年 6 月 29 日。
⑤ 《修正国立青岛大学学生宿舍规则》，载《国立青岛大学周刊》第 47、48 合期，1932 年 3 月 28 日。

饭后，国立青岛大学几个接近国民党官员的学生谣传"日本军舰要上岸"，接着就往校外搬行李。"恐怖圈"越扩越大，校园一时恐慌万状，风声鹤唳。学生们有的投亲友，有的找客栈，有的直接跑到车站，校园里只剩下为数不多的学生。虽然一宿风平浪静，岛城并没有发生战事，但内忧外患的国内外局势击碎了青岛大学生的"民国玫瑰梦"。

杨振声对外侮日迫、国难方殷深有体悟。1931 年 10 月，国立青岛大学免除了本校东北籍学生一学期的学费、杂费、试验费。① 12 月 18 日，杨振声在校务会议上作出在体育部附设军事训练组的决定。九一八事变后的第三天——1931 年 9 月 20 日，正值国立青岛大学建校一周年之际，清晨 8 点，全体教职员和学生在学校大礼堂"肃立，静默两分钟，以志日人以无理强暴之手段，占领我国领土，杀戮我国官民之大耻"。杨振声发表演词后，教育学院院长黄敬思即席"演说日人侵暴之行为，及吾人应有之感悟，全体教职员、学生皆不胜愤慨云"②。此后，顺应广大师生的悲愤、敌忾之心，学校开展了一系列反日救亡活动。

1931 年 10 月 1 日，国立青岛大学召开全校师生大会成立"反日救国会"，选出由李桂生等 15 人组成的执行委员会（没有推举主席），会务由执委会分组轮流主持，校长杨振声和几名教员也被选为执委。"反日救国会"即日通电南京国民政府及北平张学良，"并快邮代电通告全国"③。根据国民政府《学生义勇军纲领》提出的"全体教员学生痛自淬厉"，"作举国同仇之团结"，在杨振声的支持下，学校除了增加军训钟点，还组建了学生军。据《申报》报道，国立青岛大学"呈请"南京政府当局"颁发枪支，加紧军事训练"。④ 一条来自青大校刊的消息进一步证实，校方已向山东省政府"拨借"所需"枪械"，且军训用"服装亦已招商赶制"。⑤ 学校有十几名东北籍学生因难忍家乡惨遭日军铁蹄蹂躏，便赴北平谒见张学良请求从军，得到照准后他们又联合向学校提出休学 1 年的请求。1931 年 11 月 25 日，杨振声召开第三十四次校务会议，决定准予东北籍学生李云东、华芳、张麟阁、季鸣时、赵金堂、曹吉豫、关立藩、勾福长、李复初、郭质良、白元贞、张廷谧、高翔翎 13 人休学 1 年，保留学籍，但休学期满后须缴验从军证明，方准续学。旋即，这 13 名东北籍学生离青北上，行前同学"惜别之情使男儿黯然心伤"⑥。1931 年 11 月，国立青岛大学决定设立抗日救国临时课程，在 11 月 30 日

---

① 《青大奉令减免辽吉黑学生学费》，载《青岛民报》1931 年 10 月 28 日。
② 《本校举行一周年纪念仪式》，载《国立青岛大学周刊》第 22 期，1931 年 9 月 28 日。
③ 《本校反日救国会成立》，载《国立青岛大学周刊》第 23 期，1931 年 10 月 5 日。
④ 《青岛大学组织学生作救国准备》，载《申报》1931 年 10 月 2 日。
⑤ 《青岛大学组织学生军并加紧军事训练》，载《国立青岛大学周刊》第 23 期，1931 年 10 月 5 日。
⑥ 《青大从军学生昨日起程 乘三次车赴济北上》，载《中华报》1931 年 12 月 2 日。

第三十六次校务会议形成的决议中明确提出,除了"加紧军事训练,其他课程暂行分别变动",主要是"改设有关抗日救国之临时课程,并设分组研究会",决定自本星期四(12月3日)起实行。① 之后,由于"编制不及,改自本周五起实行",但由于种种原因,抗日救国临时课程"暂缓执行"。

事实上,南京国民政府颁布《学生义勇军纲领》不久,便出尔反尔,对日军入侵采取不抵抗主义,坚持"攘外必先安内",大举武力"剿共"。在全国一片呼吁抗日的浪潮声中,南京政府则幻想通过外交途径"专依国联",迫使日本撤兵。然而,英、美、法等国出于不同的在华利益,对日本侵占中国东北的行为持观望态度;苏联也仅仅在道义上表示同情,为避苏日冲突而采取不干涉的中立立场。10月19日,山东省政府主席韩复榘发布布告,要求"爱国虽具热忱,办事须持大体",不徒为无裨益之宣传,适滋纠纷。当此危急存亡之秋,青年学生不断高涨的爱国热情和集体激愤是无法抑制的。10月,上海数千名学生集体赴南京请愿,要求国民政府举兵抗日。消息传来,群情振奋。人同此心,心同此理,曾经被德、日侵略者占领过的青岛,大学生对国耻深感切肤之痛。一些学生纷纷提出仿效上海同学,赴南京请愿,敦促国民政府抗日救亡。对此问题,"反日救国会"几经商讨,未能形成一致意见。杨振声对学生的爱国精神极为同情,但迫于政府当局禁止南下的明令,深恐发生冲突事件,一再劝阻学生不可贸然行动。"反日救国会"的多数执委主张召开全体师生大会,讨论决定。

此时,中共青岛地下市委向国立青岛大学支部发出由一般宣传走上实际行动的指示。此前,王弢等曾秘密散发中共中央号召全国人民自动武装起来组织义勇军抗击日本侵略者的传单。11月30日,"反日救国会"召集全校大会,200多名学生和近100名教职员工出席,会上围绕要不要赴南京请愿问题展开了激烈辩论。杨振声提前来到会场,大谈自己在五四时代激进、爱国的行为,继而话题一转说道:"青岛环境特殊,时代今非昔比,因此你们要爱国,不能超出学校的范围。"②杨振声的话音刚落,几名学生相继反驳,且情绪激愤。梁实秋起身"救驾",辩解说要听候"国联"的调查、仲裁,最后公理终究要战胜强权。学生们对梁实秋群起而攻。梁实秋招架不住,声明退席,杨振声也随之退出会场。学生群体遇事常有的极端性、激愤性特点显现出来,在随后的会议上形成了罢课赴南京请愿的决议,王弢等提出当场在"宣誓书"上签名,即刻成立起179人的请愿团。请愿团按文、理、教育三学院为单位,各组成一个中队,分别推举许星园、俞启威、

---

① 《青岛大学关于该校抗日救国会二案决议的第36次校务会议记录》,载共青团青岛市委青运史办公室、中共青岛市委党史资料征委会办公室编《青岛党史资料》(内部发行)第7辑第110页,1991。

② 王林:《青岛大学的爱国民主斗争》,载《王林文集》第7卷第262页,解放军出版社,2009。

李仲翔为中队长，杨翼心、魏少剑为请愿团领队。国立青岛大学学生请愿团作为山东大学生群体主动参与政治活动的组织，以强烈的政治批判意识，挺立在时代的风口浪尖。据悉，中共青岛地下市委迅速向时在青岛的山东省委书记胡允恭做了汇报，胡允恭提出了"罢课、要车、到南京请愿及其他一切政治口号"，通过王弢等党团员学生"透露到全体学生中去"。①

　　闻讯请愿团决定赴南京，杨振声立即主持召开校务会议。会议形成的决议认为，"时局已见缓和，本校学生无全体请愿必要，如派遣请愿团人数想三十人以内时，得由反日救国会提出名单，送请教务处核准"②。但是，血气方刚已经按捺不住南下请愿激情的学生，自然不满意校务会议的决议。由于担心学校阻拦和联系好的火车中途变故，在《请愿书》尚未起草好的情况下，请愿团 179 人便于12 月 2 日清晨"抢上火车"③出发了。听说学生已动身南下，杨振声十分恼火。他在 12 月 2 日上午 10 点主持召开了第三十七次校务会议，决定对"此次请愿学生中用不正当手段煽动最力者，应予退学处分。其姓名由学校负责调查，于本学期终了时与其他不堪造就学生一并提交本会审查办理"④。

　　请愿团甫一出发，国立青岛大学校方就把消息电告南京政府，国民党当局通知济南、南京和津浦沿线严加戒备。火车到济南车站时，天已黄昏，山东省政府主席韩复榘命令济南市长闻承烈带领军警赶到车站，打着"热情款待"的幌子，实施监视防范，对要求出站吃饭的学生派军警"监护"。一些获悉青大南下请愿团学生到车站的群众，聚集在铁栅门外，结果被军警驱散。请愿团出发前，中共山东省委曾指示济南市委，要求发动济南学生联合行动，一道南下，但因联系不畅，未能实现。火车抵达浦口，请愿团乘轮船于 12 月 4 日早晨到达南京下关，国民党中央党部组织了大批人员在车站"接待"，并派军警严密封锁车站。请愿团整队出站，高呼"停止内战，一致对外，团结抗日，收复失地"的口号，游行到"国府"和国民党中央党部门前，活动一直持续到黄昏。由于事先未与沪、宁各校取得联系，没有下榻处的青大南下请愿团学生只好随国民党"接待"人员到中央军校住下来。

　　5 日，请愿团分成几个小组，分头到国民政府、外交部、国民党中央党部等处

　　①　中共青岛市委党史研究室：《中共青岛地方史》，第 1 卷，第 314 页，中共党史出版社，2003。
　　②　《青岛大学关于该校抗日救国会二案决议的第 36 次校务会议记录》，载共青团青岛市委青运史办公室、中共青岛市委党史资料征委会办公室编《青岛党史资料》(内部发行)第 7 辑第 110 页，1991。
　　③　王端阳：《父亲王林在国立青岛大学》，载《良友》第 12 辑第 159 页，文汇出版社，2012。
　　④　《青岛大学关于决议该校学生擅自离校赴京请愿应如何处理案的第 37 次校务会议记录》，载共青团青岛市委青运史办公室、中共青岛市委党史资料征委会办公室编《青岛党史资料》(内部发行)第 7 辑第 111 页，1991。

送《请愿书》,陈述意见和要求,迫使蒋介石不得不亲自到中央军校大礼堂接见请愿的学生。蒋介石操着除了同乡其他中国人难以听懂的口音,大放"对日作战准备不足"等陈词滥调,还用那套"三年之内如不收复失地,当割蒋某之头以谢天下"的虚伪诺言来搪塞学生。① 实际上,蒋介石一向对学生"指手画脚"指责政府的言行充满厌恶。他的讲话仍不忘激烈地抨击共产党,指责中共鼓动学生反对政府。蒋介石大耍软硬兼施伎俩,希冀以他的"委员长"之威左右学生运动。

受到蒋介石接见后,青大南下请愿团一些持中间立场的学生都被"弄迷醉了",有的"高呼拥护南京政府的口号,大为满意而出礼堂"。② 而态度激进的学生则认为,不能被蒋介石

图2-29　国立青岛大学南下请愿的学生

的几句空洞说教所蒙骗,至少争取一个能为大家接受的结果。悠悠众口,七嘴八舌,正当请愿学生情绪激荡之时,一封来自青岛的匿名信引起了思想混乱。大意是:请愿团要尽快回校,否则学校将给予严厉处理,每人记大过一次。由于请愿团事先没有计划好进一步的行动,便决定谒中山陵后就回青岛返校。对此,有学生在日记里发泄愤懑情绪道:"青大学生的领袖们都是这样一群无聊的王八蛋,这次的请愿,因了他们几个人,把青大全体学生的面子都给丧失尽了!"③对于请愿团的南下活动,校方编印的《国立青岛大学周刊》扼要刊发了消息,转载了请愿团致杨振声校长的电函。

青岛大学杨校长钧鉴:江戌抵京。支酉蒋主席接见。微午谒陵。鱼返。请愿团叩　微。④

国立青岛大学请愿团179名学生集体南下,占了学生总人数的3/4,客观上造成学业停误、正常教学秩序遭受损害。校长杨振声"以学生赴京请愿事,违反校务会议决议,破坏校纪,又以学生行动虽失,而请愿动机出于救国,如取严厉制

① 杨希文:《一九三一年青岛大学学生赴南京请愿始末》,载《山东教育史志资料》1983年第3期。
②③ 郭根(郭良才):《1931年青岛大学日记》,载《良友》第12辑第174、174页,文汇出版社,2012。
④ 《请愿团消息》,载《国立青岛大学周刊》第32期,1931年12月7日。

124

裁,恐挫青年锐气,对学生行动,深感辅导之困难"①,于 12 月 7 日致电教育部长李书华,引咎辞职。

南京教育部李部长钧鉴:

　　本校学生 179 人为抗日事,签名赴京请愿,屡经劝导,俱无效果。临行时联名请假,未经准假,即行离校,已于本月 2 日出发,当经电达。此举揆之部令校章,皆难认许。惟其行动系激于爱国之热忱,加以惩处,则青年爱国锐气,有挫折之虞;不加惩处,则学校风纪不严,无维系之法。振声忝长斯校,处置无方,惟有恳请准予辞职,以重职责而肃纲纪,实为德便。

　　　　　　　　　　国立青岛大学校长杨振声叩　质　印②

　　教育部随即复电"校长所请辞职一节,应勿庸议",杨振声辞职未准。③ 国立青岛大学请愿团的行动具有相当的影响,从时间上看,堪称全国大学生群体南下请愿的先锋队,请愿权的夺取远比请愿结果重要。蒋介石接见青大请愿团的当天(12 月 5 日),南京政府随即明令各地"禁止结队到南京请愿,无论何种团体,如有意见欲陈述于政府者,均应书面呈请当地行政机关或学校校长转呈"。12 月 9 日,未能与青大南下请愿团联合行动的济南 14 所学校 2500 余名学生抵达南京后,"在站鹄守三昼夜"④。12 月 15 日,青岛市长胡若愚签达"内字第九三〇一号密令",转发南京政府"制止学生赴京请愿的训令"。⑤ 几乎与此同时,山东省政府"以各地学潮澎湃"令省教育厅"转饬全省中等以上学校,一律提前即时放年假,今各校已放假"。⑥

　　12 月 17 日,杨振声主持召开第三十八次校务会议,认为学校"反日救国会"组织赴南京请愿"未经准假擅自离校,又于各班上课之际摇铃开会,违犯校章,破坏秩序",应对首要分子严厉惩处。出席校务会议的教授十分同情杨振声的处境,对学生的过激行为极为反感,闻一多说:这是"挥泪斩马谡",事关重大,"不得不尔"。其实,从五四风潮走过来的杨振声,不可能不理解学生运动极端现象的特定社会原因,青大南下请愿学生都是一些涉世未深的青年,其请愿行为在体现爱国性和正义性的同时,存在着显而易见的盲目性。此时,新任青岛市代市长

---

① 《校长辞职》,载《国立青岛大学周刊》第 32 期,1931 年 12 月 7 日。
② 季培刚:《杨振声年谱》,上册,第 300—301 页,学苑出版社,2015。
③ 《杨校长辞职未准》,载《国立青岛大学周刊》第 33 期,1931 年 12 月 14 日。
④ 《济南学生入京》,载《申报》1931 年 12 月 9 日。
⑤ 《关于奉国民政府文官处指示制止学生赴京请愿的训令》,存青岛市档案馆,档号:B0027-004-00183-0055。
⑥ 《鲁省府令各校放假》,载《申报》1931 年 12 月 17 日。

沈鸿烈签发了"密字第二四〇号训令",要求对请愿学生"务必劝导,和平制止"[1]。校务会议最终决定,给"反日救国会"常务委员杨翼心、陈和均、许星园3人及摇铃学生姜化邦、谢冶英2人"各予记过一次"。[2] 其余人不予追究。

客观地说,发生在1931年12月学生请愿是一次有影响的爱国救亡学潮,但未形成全国统一和持久的运动。中共山东省委书记胡允恭总结称:中共"对学生南下请愿的组织领导不够有力",致使"学生群龙无首,斗争无力"。[3] 在国民党当局的化解政策和众多因素影响下,请愿学潮很快归于平息。国立青大南下请愿团返校后,"反日救国会"的主要活动是声援和募捐。据史料记载,1931年12月16日,"反日救国会"召集的第七次临时会议决定,电慰率领爱国官兵奋起抵抗日本侵略军的黑龙江省主席马占山,同时电请南京政府"速派援兵",并"代电全国一致声援"。其中,致全国同胞电文如下。

全国同胞钧鉴:

自国联十六号撤兵之议案传出,东三省日军之暴行益烈。最近旬日以来,藉口修理江桥,实行武力攫取黑省,马主席以边境孤军,屡挫顽敌,忠勇善战诚可敬,以少当众不可再。今闻日军首领,业经电请本国,派军来援,似欲以全国力量,一鼓而歼黑军。东北疆土,已丧其二,黑省控制蒙满,军事上之关系綦切,若当此坐视不相顾,势必各个击破而后已。迩来事态日急,国联依然袖手。祈佛已验无灵,终须恃诸己力。为备最后决心计,亦应拯此数万健儿,供为日疆场上周旋。本会前特电请国府,速饬主管长官,就近加派硬旅,驰援边疆。东隅已失,桑榆非晚,苟能保此半壁,亦以稍湔前耻。本会义勇军,环甲执戈,愿为前锋,苟有驱遣,请自隗始。所望全国各界,一致声援,联电当局,共为请命,则黑军幸甚,黑省数千万同胞幸甚。

国立青岛大学反日救国会　叩　铣[4]

1932年1月28日,日本为迫使南京国民政府承认东北被占领的既成事实,悍然出兵进攻淞沪。2月,国立青岛大学教育学院讲师刘天予自上海归来,报告

---

[1] 《关于学生请愿务必劝导和平制止不得开枪的训令》,存青岛市档案馆,档号:B0027-004-00183-0066。

[2] 《青岛大学关于对赴京请愿学生处分的第38次校务会议记录》,载共青团青岛市委青运史办公室、中共青岛市委党史资料征委会办公室编《青岛党史资料》(内部发行)第7辑第111—112页,1991。

[3] 胡允恭:《1931年山东学生反帝运动》,载《山东党史资料》1982年第5期。

[4] 《青岛大学反日救国会电慰马占山将军并电请中央速派援兵急施接济》,载共青团青岛市委青运史办公室、中共青岛市委党史资料征委会办公室编《青岛党史资料》(内部发行)第7辑第162—163页,1991。

"一·二八"十九路军抗击日军的战况。"为慰劳前线将士起见",杨振声、赵太侔、刘本钊、黄敬思、邓初、刘天予领衔发起全校师生捐款。杨振声捐50元,谭葆慎捐40元,赵太侔、汤腾汉各捐30元,不日即"集得洋八百五十五元五角",汇至上海市长吴铁城"转交各军将士";曾省教授个人捐款200元,已提前一周"汇往矣"。① 杨振声、赵太侔代表学校师生致电慰问。

> 上海吴市长转蒋总指挥、蔡军长、张军长、戴司令,并前敌各部队将士钧鉴:
>   贵军忠勇义烈,杀敌致果,为国家争生存,为世界保和平,义声充于海内,威风振乎敌人,全国奋发,愿为后盾,谨集款八百五十五元五角,由金城银行电汇。聊借薄资,用慰崇庸,并祝最后胜利!
>   国立青岛大学全体教职员学生　　叩②

不日,国立青岛大学收到蔡廷锴、蒋光鼐的致谢电:"青岛大学列先生及学生诸君鉴:承惠劳金八百五十五元五角,经照收到,特此电谢。"③此电证实杨振声及青大师生敞开了一种双重视野:我在我之中,又在我之外。

三 抵制学分淘汰制及非常学生自治会的斗争

发生在1932年5月—6月的国立青岛大学第三次学潮,起因表面上是学生反对学则新规,实际上是南下请愿、抗日救亡运动的继续。

1932年3月30日杨振声主持召开第四十三次校务会议通过的《国立青岛大学学则》修正案,其中第43条"学生全学程有三种不及格或必修学程二种不及格者令其退学"④,受到学生强烈反对。不少学生认为,校方用"学分淘汰制"压制学生的抗日热情,是逼学生埋头读书,不给学生参与社会活动的时间。据实而论,学生基于肩荷时代重任的立场反对学则新规不是没有道理的。自1931年九一八以后,中国的时局日趋恶化。3月,"国联"出面调停,以绥靖日本的倾向达成淞沪停战协定。此间,日本扶植废帝溥仪在长春建立傀儡政权"满洲国",以图"以华治华"的阴谋。面对日益加深的民族危局,凡有血性的青年学生岂能安心读书?

1932年4月24日,中共山东省委组织部长汤美亭来青岛巡视,认为青岛市

---

① ②　《本校教职员及学生捐款慰劳上海抗日各军》,载《国立青岛大学周刊》第44期,1932年2月29日。

③　《第十九路军复电致谢》,载《国立青岛大学周刊》第47、48合期,1932年3月28日。

④　《国立青岛大学学则》,载《国立青岛大学周刊》第49期,1932年4月4日。

委的工作没有进步,"是用左的口吻掩盖之下的实际上的右倾机会主义"①。国立青岛大学党支部在中山公园召开会议,研究应对校方学则新规之策。中共青岛地下市委书记李春亭(祖茂林)以《青岛时报》记者的身份参加了会议,指示以反对"学分淘汰制"为口号,发动新的斗争,配合全国抗日反内战总形势。

此时的杨振声正为经费拮据而苦恼。1932年,国立青岛大学计划"在济南先设农学院,次设工学院",当年预算为66.8万元。但是,青岛市政府和胶济铁路局以开支过大为由,不予"协款"支持,教育部应拨之款也由于教育经费被压缩积欠已久。4月21日,杨振声决定亲赴南京,请中央拨发积欠经费。② 杨振声离校之前,将校务交教务长赵太侔"代拆代行"。此时国立青岛大学正处在风雨飘摇的前夜。据王弢等学生领袖撰文分析:

> 这时,因新月派校长杨振声对于镇压学生爱国运动还不够有力,南京教育部对之不满。于是各派势力为争夺青大肥缺而进行角逐。国民党大同盟派的教务长赵太侔,就想趁机取而代之。山东教育厅长何思源的亲信、社会学教授杜毅伯也想钻空子抓权。③

也许,事实不像王弢等表述得那么复杂,不存在什么"国民党大同盟派",也没有杜光埙作为何思源的亲信与杨振声"角逐"的问题,但龃龉与争斗或隐或显。国立青岛大学与山东省政府在经费及学校方针方面存在许多分歧。青大在法理上属国立大学,但教育部却一向疏于关照;山东省政府承担青大大部分"协款",而省方却无法染指学校人事及发展规划。这种局面导致中央政府、山东省政府及青大校方之间形成多重角力,也使杨振声在筹措经费方面面临诸多阻难。同时,杨振声与何思源关系微妙。杨振声曾言:"大学设在青岛,而省教育之重心在济南,虽中间交通尚便,而声息不免隔阂,减少彼此间切磋之益。"④杨振声曾在1931年4月9日致胡适的信中坦言:"我现在的地位,对济南掣肘青大计划,万分讨厌。"⑤杨振声南京催款碰了壁,经费不落实,"将来一切计划,无从实现,异常灰心,乃于本月五日由津电呈教部辞职"⑥,随后便去了北平。

① 中共青岛市委党史研究室:《中共青岛地方史大事记(1921—1949)》,第127页,中共党史出版社,2006。
② 《杨校长因公赴京》,载《国立青岛大学周刊》第51、52合期,1932年4月25日。
③ 李林、王林:《回忆青岛大学两年三次罢课斗争》,载山东省政协文史资料研究委员会编《文史资料选辑》第9辑第129页,山东人民出版社,1981。
④ 《校长报告》,载《国立青岛大学周刊》第1期,1931年5月4日。
⑤ 耿云志:《胡适遗稿及秘藏书信》(38),第133页,黄山书社,1994。
⑥ 《杨校长电部辞职》,载《国立青岛大学周刊》第55期,1932年5月16日。

其实，杨振声早在 1930 年 12 月国立青岛大学第一次学潮后就萌生了辞意。1931 年 1 月胡适到青岛商定《莎士比亚全集》翻译期间，或出于善解人意，曾邀杨振声去北京大学。杨振声应诺，并称偕闻一多、梁实秋同往，但"所踌躇者，青岛大学不易丢手"①。是年 2 月北京大学改制时，胡适曾向校长蒋梦麟力荐杨振声出任文学院院长。然而，对于胡适罗致杨振声就职北大，傅斯年不以为然，赵太侔去北京拜访胡适时也表示不愿杨振声去北大。后来，由于复杂的人事关系，最终还是胡适充任北大文学院院长一职。

对于杨振声 5 月 5 日的辞呈，教育部于 5 月 9 日复电"慰留"②。5 月 10 日，在校长杨振声请辞、教务长赵太侔离校的情况下，黄际遇、郭斌龢等 14 人召开校务会议，决定"由校务会议负责维持校务期间，公推黄任初先生为校务会议临时主席，处理一切校务"③。杨振声对这一决议极为赞同，他立即复电"校务请黄任初先生代拆代行"。5 月 12 日，黄际遇、闻一多受校务会议委托，前往北平敦劝杨振声回校复职。是日下午 4 点，在汤腾汉等 12 人出席的校务会议再次决定，"本会议暂时维持校务之责应即停止"，同时"布告周知，并电达教部"④。5 月 13 日，教育部致电杨振声挽留，并"允筹拨经费"⑤。教育部部长朱家骅又电傅斯年，请其出面敦催杨振声回校主持校务。因经费有着，学年将终校务诸事均待解决，加之傅斯年电催、黄际遇与闻一多前来敦劝，杨振声"定日内由平赴济，与何厅长商洽一切，即返校主持校务"⑥。6 月 2 日，杨振声由北平返校"勉暂维持"，并三电教育部坚辞青大校长职。这道人称"惺惺作态"的电文是这样写的。

南京教育部朱部长钧鉴：

前一再电呈请辞职，未蒙命人接替，倒悬之下，惶悚万分。今者学年将终，招生及下学年一切计划，急待进行，不可再缓。谨于支晨返青，勉暂维持，静候交代。请速简贤能，早赐接替，不胜感荷！

国立青岛大学校长杨振声叩　微　印⑦

经过王弢等国立青岛大学党团员分头活动，在各系、各班酝酿的基础上，6

①　季羡林：《胡适全集》，第 32 卷，第 38 页，安徽教育出版社，2007。

②　《青大校长辞职慰问留》，载《申报》1932 年 5 月 11 日。

③　《青岛大学关于决议慰留杨校长等三案的第 45 次校务会议记录》，载共青团青岛市委青运史办公室、中共青岛市委党史资料征委会办公室编《青岛党史资料》（内部发行）第 7 辑第 113 页，1991。

④　《第四十六次校务会议记录》，载《国立青岛大学周刊》第 56 期，1932 年 5 月 23 日。

⑤　《教部挽留杨振声》，载《申报》1932 年 5 月 14 日。

⑥　《青大校长杨振声打消辞意》，载《青岛民报》1932 年 5 月 27 日。

⑦　季培刚：《杨振声年谱》，上册，第 318 页，学苑出版社，2015。

月16日,国立青岛大学党支部发起组织学生自治会,向校方提出免住宿费、修改学则、取消不良教员教授、图书馆学术公开等要求,并限期答复。在学生激越的对抗中,杨振声折旋不力,在限期最后一天6月20日晚去了济南。限期一过,未收到答复的学生于6月21日晚7点集会,决定自次日(22日)起实行罢课,并成立"非常学生自治会",选出钟朗华、曹崇龄等9名常委。

围绕学则争论,6月22日召开的第四十九次校务会议曾推定赵太侔、黄敬思、傅鹰、汤腾汉、梁实秋、杜光埙6人担负修正,主要是第43条的修改。学生们质问"两种功课是否可以断定该生不可造就",何况"逼之失学,不教而诛,又岂教育育人之义乎"。① 在6月24日召开的第五十次校务会议上,第43条学则被修改为:学生全年所修学程"有二分之一或三种不及格者令其退学",如有"三分之一或二种不及格者留级一年,但不得留级二次";半年学程则"以两种作一种计"。② 校方做出适度让步。校务会议原定6月23日—28日正常举行期终考试,但到了23日学生却无一人到场,而"校壁满贴标语,相率罢考",教师们"目睹此结果,群谓教育失败"。校方不得已决定:提前放假,俟9月12日开学后,再行补考。③

6月23日,应对校局的校务会议持续了八九个小时。闻一多主张开除9名非常学生自治会常委,因出席校务会议的法定人数不足,并未形成决议,但闻一多仍主张贴出布告。结果,布告一出更加激怒了学生。在国立青岛大学历次风潮中,闻一多因主张严厉制裁招致学生的强烈不满。6月25日,非常学生自治会发表了《驱闻宣言》,称闻一多是"准法西斯主义者"及"不学无术的学痞",并认为闻一多聘陈梦家来做助教是任用私人,培植党派力量。《驱闻宣言》极尽渲染闻一多对学生的残酷无情,要求"为了学校前途打算,为整个的教育打算",必须将闻一多驱逐。

为了缓解僵局,校方将开除9名非常学生自治会常委的决定"改休学一年",闻一多"着令辞职"。④ 黄际遇见此状,在日记中写下了"短兵行相接矣,杏坛之间,戈矛伏于,友生之谊,敌冠视之"。6月26日,杨振声应天津《大公报》记者之约,发表了答记者问。

---

① 《国立青岛大学发生学潮 学生向校方提出四项要求未得确切答复昨日遂罢课》,载《青岛时报》1932年6月23日。

② 《青岛大学关于决议修订学则第43条案的第50次校务会议记录》,载共青团青岛市委青运史办公室、中共青岛市委党史资料征委会办公室编《青岛党史资料》(内部发行)第7辑第117页,1991。

③ 《青大仍在僵持 昨日考试学生无一人到场 校当局遂出布告即日放假》,载《青岛时报》1932年6月24日。

④ 《青大学潮未决 学生态度仍强硬》,载《大公报》1932年6月26日。

问:贵校学生为反对学则第四十三条规定过严而罢课,该条学则是否过严?

答:该条有"必修课程两门不及格者令其退学"之规定,比其他大学为严。

问:过严是否合宜?

答:这在看法如何,敝校素主严格,也无非督促青年多用点功,将来到社会上能力充足一些,找职业也就容易一些。

问:学生要求修正,学校态度如何?

答:预备再付审查,因为用意虽在督促学生勇进,但假使因期望过切,而学生又因以前根基差些,在入大学后,虽努力犹苦不及的时候,这条学则也可以暂时修改宽些,以后渐渐的再向严处办。

问:学生何以至于罢课罢考?

答:敝校上课至六月二十二日止,二十三日举行学期试验,学生以自治会名义于六月十六日提出,尚有其他条件,限于三日内答复……学校以为不应受此等限制……而且校务会议若讨论学则,必须自由的、客观的、审慎的讨论,不能在一种要胁之下,开会讨论……个人不幸,当了中国的大学校长,不能不以身拥护这可怜的中国的大学校务会议,而使得连这点自由都没有,所以既不必要,也不能答应。学生于二十二日以非常自治会的名义,实行罢课罢考了。

问:罢课罢考后,学校如何处理?

答:上课,本来只剩一天,罢了学生牺牲尚少,罢考则牺牲了自己半年的成绩,学生牺牲甚大。近来罢课罢考成了时髦玩艺。不过就个人看来,考试并不是为学校考的,是学生学期的辛苦用功,要有一个结束的成绩,无论升级转学,都用得着,故考试是学生学了若干的学期后,应得的一种权利,应是学生要求学校,不应是学校要求学生的一件事。于今学生既要放弃这种权利,学校不便硬给,学生留校也闲来无事,只好提前放假了。

问:尚有其他处理否?

答:自然有学生受了这大的牺牲,自然得有人受处分,作为这个牺牲的赔偿。据我看来,第一个应受处分的是校长……其次应受处分的是鼓动罢课最力的学生,所以开除钟朗华等九人。

问:听说先生二十四日受学生的包围,其详情如何?

答:我们的学生说是请愿,并非包围。当时有三个要求:(一)向中央争经费;(二)撤除不良教员;(三)不能惩罚少数学生。关于第一项,我答用不到罢课罢考,罢课罢考与争经费是相反的手段。关于第二项,用字方面我不大懂，但学校应当于学年交替之时，力请更适宜的教员……这是学校最大的天职，用不着要求。关于第三项，须交校务会议复议，在复议以前，可暂缓执行。他们又要求开校务会议时，学生派代表到场。我说就是他们把我先打死，我也不能让校务会议受他们的监督。他们很有礼貌的，且是很有秩序的散了。

问：关于处罚一项，先生以为应如何办理？

答：在校务会议未复议前，我不便预测，学生以为不应处分少数人，但情形有轻重，学校只能处分其重者。至学生有愿与他们受同等处分者，从好的方面看，有这种义气，我不但舍不得处分，且不能不为这种义气所动的酌量减轻他们的处分。但前提开除之九人，至底限度得离校，我将以学生的义气转达于校务会议，看校务会议肯不肯减轻开除九人之处分。至于学生不惜破坏学校在社会上的地位，误认要求学校降低标准为谋自己的利益，这是世界上顶惨的事，校长不能使学生明白这一层，所以我以为最好的惩处办法，是先对校长撤职查办。[①]

6月27日，在杨振声动身赴南京请辞之前，罢课学生对校方改开除9名非常学生自治会常委为休学1年的决定"仍表不满"，集体赴杨振声住所交涉。杨振声没有给出令学生满意的答复，学生领袖决议全体学生"自写志愿书，请求休学"。校方以"学生态度强硬，实难挽回僵局"，发布第一一五号布告，批准刘培基等"二百零一人自请休学"。之后，杨振声"赴京辞职，即日离校"。[②]

原本以为如此可迫使学生平息怒火，结果学生不仅把矛头指向杨振声，还进一步扩大到教务长赵太侔及支持开除学生的梁实秋。6月28日一篇题为《国立青大全体学生否认杨振声校长并驱逐赵畸梁实秋宣言》，指责杨振声"受政府委任之重，暨全国父老属望之隆，职长青大，于兹二年，善政不闻，过失彰著，耗费公款，滥用私人"；赵太侔则"平居无建树之功，遇事起摧残之念"；梁实秋"与闻一多狼狈为奸，操纵校务，欲以新月派一手包办青大，对职务不谋尽忠，对学生唯取压迫"，尤其痛斥赵太侔、梁实秋在上年底处理赴南京请愿学潮时的严厉态度。更有激进的学生在黑板上画了一只乌龟和一只兔子，旁边写着：闻一多与梁实秋。[③]宣言称："我青大同学一致决议，除电教部声明经过，并请另派贤能，接替

---

① 《杨振声谈青大学潮考试是学生的权利不应放弃　罢课罢考校长首先应受处分　杨氏赴京决向教部辞职》，载《大公报》1932年6月30日。

② 《青大学生请求休学　学校布告准许　校长赴京辞职》，载《大公报》1932年6月28日。

③ 梁实秋：《谈闻一多》，载刘天华、维辛选编《梁实秋怀人丛录》第104页，当代世界出版社，2007。梁实秋还谓："一多很严肃地问我：'哪一个是我？'我告诉他：'任你选择。'"

校长外,誓不承认为青大校长,所有在校一切非法处置学生行动,概不承认。"①
与此同时,国立青岛大学学生自治会召开全体学生大会,形成五项决议:

（一）否认学校一切处置;

（二）驱逐校长杨振声和教务长赵太侔;

（三）请教育部另选贤能;

（四）请各教授组织维持会;

（五）全体赴京请愿,并通电全国大学,请一致援助。②

国立青岛大学校方与学生对峙势难转圜,完全失去回旋之地。校园秩序彻底崩溃,到处是奔走呼告的学生、各色标语和墨黑文章。因传闻非常学生自治会又组织"铁拳制裁团",恐行暴力事件,教职员们避之不及,纷纷或作离青打算,或闭户不见人。谭葆慎、杨筠如、黄淬伯、王士瑨、费照鉴、梁启勋、刘天予、陈命凡"及各重要职员"相继离校,校政"似已无形停顿"。③ 教育部闻讯,电令山东省教育厅厅长何思源莅青处理,何思源于6月29日抵达青岛。同日,杨振声赴南京面见教育部长朱家骅,"报告学潮经过,并引咎辞职,听候中央处分"④。此时的南京政府,对抗日救亡的工潮、学潮采取了严厉态度,7月1日下令解散了闹学潮的国立中央大学。敏感的上海《申报》记者称:行政院将召开会议,对国立青岛大学学潮"提出讨论,并有将暂时解散改组说"⑤。

舆论界给国立青岛大学学生带来了不祥之感。6月30日晚,国立青岛大学3名学生代表星夜奔赴济南,谒见山东省政府主席韩复榘,"求其同情援助"⑥。7月2日,国立青岛大学非常学生自治会通电全国,呼吁援助,同时转述致行政院的电报。

万急。全国同胞钧鉴:敝会顷上行政院一电曰:南京行政院钧鉴:报载钧院议决解散青大,未知是否属实,窃此事经过,已详呈教部,学生此举,实非得已,且绝无铁拳制裁团之事实,伏请钧院派员来青调查事实真相,以便合理

---

① 《关于驱逐闻一多宣言及否认杨振声校长并驱逐赵畸梁实秋宣言等传单》,存青岛市档案馆,档号:B0038-001-00643-0055。

② 共青团青岛市委青运史办公室、中共青岛市委党史资料征委会办公室:《青岛党史资料》(内部发行),第7辑,第171页,1991。

③ 《青大学潮解决无期　全体学生昨又发宣言　否认杨校长及赵梁等　该校重要职员已相继离校》,载《青岛民报》1932年6月30日。

④ 《青大学生反对杨振声》,载《申报》1932年6月30日。

⑤ 《杨振声谒见朱家骅》,载《申报》1932年7月1日。

⑥ 《青大学生求韩复榘同情援助》,载《大公报》1932年7月1日。

处置，使二百余名学生不致无辜受累，全国教育幸甚，青大幸甚。临电涕泣，伏乞垂鉴。青大非常学生自治会叩冬（二日）印。等语。敬希予以相当援助，全体同学感激万千。临电怆惶，纸不尽辞，谨乞垂鉴。国立青岛大学非常学生自治会叩。冬。①

虽然电报仍为罢课、罢考辩解，称"学生此举，实非得已"，但却使用了"临电涕泣，伏乞垂鉴"及"敬希予以相当援助"的字眼，已没有火药味了。非常学生自治会恐200多名同学"无辜受累"的担心并非多余，因为政府当局镇压学潮从不手软。7月3日，教育部令国立青岛大学"解散"，留校学生"限于三日内一律离校，听候甄别"。青大奉令解散后，青岛"市府派保安队一小队，暂维秩序"。② 更不幸的是，1932年春夏之际中共青岛地下市委机关遭破坏，李春亭、李伟仁两任市委书记相继被捕，青大的罢课斗争"失去了领导"。王弢、俞启威、张福华等"坚留校内，编辑罢课专刊"。当王弢将稿件整理好准备到印刷所付印时，国民党便衣特务突然包围校园，王弢察觉后从后窗逃走，俞启威也闻风离开青岛。③ 青岛大学生革命力量受到极大削弱。

在平息学潮的同时，山东省政府紧紧抓住国立青大未来命运的主导权。7月5日，韩复榘主持召开的山东省政务会议决定，省府给青大的"协款"自7月起暂停，俟整理就绪后再发；一直拖欠拨款的教育部乃至国民政府行政院只得妥协、退让。7月10日，教育部组建国立青岛大学整理委员会，聘定蒋梦麟、丁惟汾、朱经农、傅斯年、赵太侔、何思源、王芳亭、王向荣、张鸿烈9人为委员。其中，丁惟汾、赵太侔、何思源、王芳亭、王向荣、张鸿烈6人均为山东籍。

7月15日，整理委员会在济南召开会议，杨振声应邀列席整理委员会会议，并受委托于7月18日返青到校，"进行甄别学生及聘任教员事宜"④。7月19日，杨振声组成甄别委员会，成员有杜光埙、汤腾汉、曾省、梁实秋、闻一多、黄际遇、赵太侔、郭斌龢、蒋德寿。⑤ 甄别委员会以学生平时学业成绩及品行为甄别标准，对此次"罢课罢考主动，及平时学行不良者，不得再行收入，并不发给转学证书"⑥。除了维持原先开除9人外，以"不及格者"为由又有66人被甄别。当

① 《青大学生通电呼吁援助　请行政院调查真相　勿使无辜学生受累》，载《大公报》1932年7月6日。

② 《青大遵命解散　教部拟组甄别委员》，载《申报》1932年7月4日。

③ 李林、王林：《青岛大学两年三次罢课斗争》，载韩连霆主编《山东党史资料文库》第5卷第817页，山东人民出版社，2015。

④ 《整理青大杨振声着手办理》，载《大公报》1932年7月19日。

⑤ 山东大学校史编写组：《山东大学校史（1901—1966）》，第99页，山东大学出版社，1986。

⑥ 《本校整理之经过》，载《国立青岛大学周刊》第61期，1932年9月12日。

时国立青岛大学在校生 230 人,被开除、甄别取消学籍者几占 1/3。出于整治学潮的动机,甄别工作难免草率,一些被甄别的学生确有本不情愿、从众"随大流"的参与者。生物学系一个名叫罗演存的被甄别学生,不堪忍受取消学籍之辱,于 7 月 30 日晚来到杨振声住所持刀自杀,因同学陈富春救护侥幸未死,两人因夺刀,手臂均受伤。罗演存在遗书中写道:"此次并未鼓动风潮,而受不白之冤,故自杀以促教育当局之觉悟。"①这是一出本应避免的悲剧。

如同打开了"潘多拉盒子",国立青岛大学两年三次学生罢课所形成的影响力一次超过一次,最终以国立青岛大学解散告终。这个结果对于任何一个当事者来说都是不想看到却又不得不面对的。从抗战的意义上说,罢课锻炼了青年学生勇于斗争的意志,起到了动员民众、团结抗日的目的。杨振声虽同情学生的爱国热忱,但又必须执行政府的严令,并以校规校纪大行制度主义手腕,结果激化了与学生的矛盾。一向长于肆事的杨振声未能在官府与学府的博弈中找到平衡点,结果"二年心力,付之乌有",最终葬送了国立青岛大学。1932 年 8 月 22 日,杨振声再次向教育部部长朱家骅提交辞呈。

> 南京教育部朱部长钧鉴:
> 　　窃职前于七月初间晋谒请示处理青大办法,并呈请处分。青大当经奉令解散改组,又势不容缓;是用负疚待罪,勉励完成中央之命令。今者甄别学生、改组内部、招考新生等,皆已大体就绪,只使继任有人,必能进行无碍。中央之命令,既已经毕行,个人之意志,从此可伸,若勉强为之,不独罪戾在躬,愧为师长,且恐纵容成风,有败政纪。为此恳请转呈国府,准予辞职,实感盛德。
> 　　　　　　　　　　国立青岛大学校长杨振声叩　马　印②

自知已经没有回旋的余地,杨振声的这封辞呈是他告别国立青岛大学的最后道白。③

---

① 《青大整理中之悲剧　罗演存因被开除自杀未遂》,载《大公报》1932 年 8 月 2 日。
② 《青大校长杨振声请辞》,载《大公报》1932 年 8 月 23 日。
③ 1933 年,杨振声受教育部委托主持中小学国文教科书编撰,1938 年任西南联大秘书主任,1952 年调任长春东北人民大学中文系教授兼中国文学史教研室主任。1956 年 3 月 7 日,杨振声因病在北京逝世。

第三章　易名与勃发：1932—1936

　　山东大学以国立青岛大学之名选址青岛办学不过两年，便在解散、整理的阵痛之后易名"国立山东大学"，在青岛开启了新的办学历程。

　　赵太侔任职校长期间，"遵循仿效"[1]杨振声的办学理念，致力于营造严谨勤奋、基础扎实、敢于开拓的学风，创设文理合一、理工合办的新型科系，农学教育跟踪山东农业需求，海洋特色课程初露端倪。赵太侔更加重视人才资源，打造优质整齐的师资阵容，谋求外国语教学与新文学素养养成的统一、文学艺术创作与理论研究双轮驱动，促使青岛现代文学步入多种流派、不同风格的繁荣期，并收获了一批有影响的理论学术成果。赵太侔视校风为大学的精神支柱，严格学生招录政策与毕业质量，进一步扩大了国立山东大学的生源数量及区域覆盖面。赵太侔坚持教学、科研、学校建设齐头并进的方针，撙节行政开支，添置仪器设备，改善教学条件，提高办学声誉，教育部对国立山东大学教学中的严谨、研究中的创新、建设学校中的勤俭节约、培养人才中的质量甚为满意，并颁发表扬训令。事实上，20世纪30年代山东大学在青办学所形成的"杨-赵体系"，创造了山东大学发展史上的第一个"黄金期"，堪称民国国立大学的北方范例，也为青岛的城市品格和文化特质增添了丰富的内涵。

　　然而，在国难益亟、抗日救亡的历史关头，由于赵太侔固执地坚持治校成规，将自己置于学生运动的对立面，加之来自山东省、青岛市消减"协款"、干预校政的重重压力，赵太侔步杨振声之后尘，以辞职告终。

第一节　赵太侔的治校方略与积极努力的校政格局

　　赵太侔任职国立山东大学校长，有其复杂的历史背景和人际关系因素，在教

---

① 赵太侔：《〈二五年刊〉叙》，载《国立山东大学二五年刊》第1页，青岛醒民印刷局，1936。

育部与山东省政府的权力博弈和办学置措"急转弯"的过程中，赵太侔睿智地把握了稳与进、常与变、近与远、危与机的关系，不事声张，不奉应酬，通过调整校政格局、界定事权职能、协调人际关系，并有力地把控运作节奏，在较短的时间内形成了内部积极努力的工作局面，为教学、科研、学校建设齐头并进提供了良好的行政基础。

一　老资格的国立山大筹委与稳妥的承续履新

1932 年 9 月 2 日，南京政府行政院第六十次会议通过了杨振声辞职、赵太侔就任国立山东大学校长决议案。[①] 9 月 16 日，国民政府发布命令："杨振声准免本职"，"任命赵畸为国立山东大学校长"。[②]

赵太侔（1889—1968），原名赵海秋，又名赵畸，字太侔，后以字行，原籍山东益都（今潍坊青州市），出生于山东聊城，青州官立中学堂就学时加入同盟会，辛亥革命期间任山东军政府军务科科员，二次革命时加入中华革命党从事反袁活动；1914 年考取北京大学英文科，毕业后任山东省立第一中学教师，并在省立第一师范学校兼教夜班英文课程，五四后考取公费留美，赴哥伦比亚大学攻读西洋文学、西洋戏剧；大革命时期南下广州，混迹军界，出任军事委员会政治训练部秘书长，大革命失败后因厌恶政治返回山东。此时，受南京国民政府高等学校"国有化"政策的影响，停办的省立山东大学改为国立山东大学，并组建起以山东省教育厅长何思源任主任、11 名委员的国立山东大学筹备委员会，赵

图 3-1　赵太侔

太侔以第四位排名跻身筹委会（杨振声排名第八位）。1928 年 8 月 7 日，筹委会在泰山红门宫召开会议，何思源、赵太侔、王近信 3 人被推为常务委员。可见，赵太侔是山东大学"国有化"进程中的筹备成员，其资格仅次于何思源，且远在杨振声之上。

但是，历史未给赵太侔机会。因"五三济案"山东省政府偏居泰安，国立山

---

① 《转行政院关于国立青岛大学更名国立山东大学原校长杨振声免职任命赵畸为校长的公函》，存青岛市档案馆，档号：B0032-001-00421-0024。

② 《命令》，载《申报》1932 年 9 月 18 日。

东大学的筹建工作不克进行。待 1929 年省政府回迁济南后,赵太侔又有了新的任命——山东省立第一中学校长兼省立实验剧院院长。在组建国立青岛大学成为定局后,赵太侔任常委的国立山东大学筹备委员会已是明日黄花。由于张道藩出任了国立青岛大学教务长,赵太侔这个筹建国立山大和青大元老级的"筹委"在杨振声最初组阁的班子里没有任何职务,但此时赵太侔已没有退路,他任职的省立一中和省立实验剧院因中原大战而被迫停办。尺蠖之屈,人不遇时。应当说,赵太侔在国立青岛大学的工作和生活是愉快的,杨、赵两家合住黄县路 7 号一栋楼房的上层,彼此关系融洽。张道藩离任后,赵太侔充教务长之遗缺;1931 年 5 月以赵太侔为首的学校训育委员会成立,成员还有黄际遇、刘本钊、谭书麟、梁实秋共 5 人;1931 年 8 月,杨振声还聘赵太侔为学校建筑委员会主席。时人称颂的蓬莱杨振声、聊城傅斯年、菏泽何思源、青州赵太侔 4 个鲁籍北大学子是一个得风气之先、创教育新潮的团队。比之杨、傅、何,赵太侔是一个"整天不说话的奇人",梁实秋称赵太侔"饶有六朝人的风度"。①

对于赵太侔任职校长,杨振声极表赞同。其实,早在整理委员会处理善后期间,杨振声就函请赵太侔出任国立山东大学校长一职。为此,杨振声于 8 月 19 日和 26 日两次致信梁实秋,请梁实秋继续留校,并出面"劝太侔为校长,之椿为教务长,再辅以吾兄机智,青大前途,定有可为。望兄运用神技,促成此事,弟不胜感激叩头之至"②。杨振声在与梁实秋私下交谈中还说,校长一职一定要让赵太侔担任,因为这对赵太侔"正在进行中的婚事将有决定性的助益,事实证明他的所见非虚"③。梁实秋所言杨振声"所见非虚",是指赵太侔正在追求俞珊。赵太侔虽有家室,且长俞珊近 20 岁,但对这位风靡一时的"莎乐美公主"十分爱慕,为此赵太侔不惜与原配夫人离婚。俞珊最终嫁给赵太侔,除了二人在戏剧事业上志趣相通,还有一个原因:为了营救弟弟俞启威。1932 年初,俞启威在国立青岛大学就读期间秘密加入中国共产党,1933 年升任中共青岛市委宣传委员。后因党组织遭国民党破坏,俞启威被捕,关进监狱,有生命危险。据知情人刘本钊之子刘光鼎在回忆录中透露,赵太侔曾对俞珊说:"你嫁给我,我就把他救出来。"④这场颇具戏剧性的婚事缔结于 1933 年 12 月,《北洋画报》刊载的"蜚声戏剧界之名闺俞珊女士与赵太侔君新婚俪影"的照片,极具渲染效应,赵、俞的罗曼史遂成为岛城文人雅士茶余饭后的谈资。想来,杨振声让赵太侔就任校长背后

---

① 梁实秋:《忆国立山东大学》,载《山东文献》第 6 卷第 3 期,1980 年 12 月。

② 杨振声:《致梁实秋》,载李宗刚、谢慧聪辑校《杨振声文献史料汇编》第 207 页,山东人民出版社,2016。

③ 梁实秋:《忆杨金甫》,载《梁实秋文集》第 3 卷第 424 页,鹭江出版社,2002。

④ 刘光鼎:《我和我的父母及兄弟姐妹》,载《党史博览》2006 年第 4 期。

的"所见非虚",实为君子成人之美。

有意思的是,赵太侔在1928年作为国立山东大学筹委会常委,后经两年多国立青岛大学辗转,1932年秋成为国立山东大学的校长。后来的历史证明,赵太侔与国立山东大学结缘最深。1932年9月6日早7点多钟,赵太侔乘火车到达青岛。一些教职员事先得知赵太侔抵青的消息,便至青岛站迎接,但却失迎。为人低调的赵太侔不愿制造接站的热情声势,提前在大港站下车,随即"赴私寓休息"①。因新学年开学在即,当天下午赵太侔即访杨振声请辞期间主持校政的校务会议临时主席黄际遇,两人"久谈,共商教员名录"。事实上,杨振声离职,校务未辍。7月18日,赵太侔曾与黄际遇、潘垂统3人组成招生委员会,拟定8月10日招考。由于学潮的影响,1932年文科暂停招生,只招理工科,实际录取新生99名;经过甄别,1930年和1931年两届学生仅剩119名,国立山东大学第一年在校生总计为218名。9月19日,国立山东大学举行开学式,受赵太侔委托,黄际遇"讲训"40分钟,从"学术思想二层,以求学与作人结论"。

1932年10月1日,赵太侔到任视事。10月10日,《国立山东大学周刊》创刊并出刊第一期,刊载学校行政、教学、科研和校园生活信息,至1937年内迁前共出刊199期。10月13日,赵太侔主持召开第一次校务会议。② 赵太侔意识到,"学潮甫告平息,师生之间,咸怀警惕之心"③,由"警惕"一词可知师生情感所受创伤之大。若在短时间内重建师生互信,将学校带入发展正途,非有强大的精神感召力和物化的凝聚力不可。赵太侔不像杨振声有长篇、大段的校长报告和演词,这与他做事不爱声张、主张实干的风格是一致的。在《国立山东大学周刊》刊载的赵太侔为数不多的言论中,1934年9月赵太侔在纪念学校创办4周年会议上的讲话集中体现了他的办学思想和治校方略。

> 本校过去的四年,可以说无时不在艰苦经营中,虽仅是短短的四年,总算已建设了相当的基础,可以供作学术研究,这在我们检查已往工作的时候,是可以稍为自慰的一点;同时也有许多我们力量还没有做到的地方,也是我们应该警惕的。虽然,本校在社会上有时得不到一般的了解,而在学术界却已有了很深的认识,这并无足怪。因为一个学术团体要得到社会上普遍的了解,是一件很困难的事,但这更是鼓励我们。因为我们不能太注重宣传,也不能太向各方面应酬。其实这并无碍,只要我们内部工作能够积极努力。还有一点同学们应注重的。一个学校是一个有机体,有它整体的生命,

---

① 《山东大学校长赵畸已到青 昨日乘二次车到》,载《青岛时报》1932年9月7日。

② 《第一次校务会议记录》,载《国立山东大学周刊》第2期,1932年10月17日。

③ 赵太侔:《〈二五年刊〉叙》,载《国立山东大学二五年刊》第1页,青岛醒民印刷局,1936。

每个分子对于这个有机体都有密切的关系,任何那一个分子的引动都能直接影响到全体,所以今后大家不应只图自己的便利而忽略了团体的健康。只要团体是健康的,外力的摧残是不能生效力的;推而言之,不仅是对于本校,就是对于民族,对于社会,我们每人都是其中一分子。所以我们不仅要完成个人的学业,并要排除一切自私的观念,时时顾到整个社会、民族的健康,努力尽到一个健康分子的责任。①

赵太侔讲话之后,黄际遇进一步阐发了赵太侔的观点,提出打倒"随便主义",国立山东大学不能办成"随便大学"。② 基于"奋发淬励不稍懈"的治校观,赵太侔"竭其绵薄,勉力撑拄",带领国立山东大学进入了新的发展时期。1934年6月,教育部在表扬训令中称:"查该校近年设施,尚能秩序稳进,殊为可嘉。"③1934年8月教育部长朱家骅及李四光、李书华等莅临青岛,在对国立山东大学视察后"甚赞大学之猛进"。然而,赵太侔在一片赞誉声中始终保持清醒的头脑。1936年6月,国立山东大学二五级级会邀请赵太侔为编辑发行的《山大年刊》写几句话。赵太侔回顾主校以来励精图治的艰辛,从希望学生珍惜同心勠力、维护学校声誉、光大优良传统的角度写道:

> 虽然苟即此以求其略,则寻踪问迹,旧事可追,缔造经营,艰难自见,庶几诸生异日献身国家之时,偶披斯编,当有鉴于往者之努力,而不至有懈于将来,是又区区之所厚望也夫。④

一直与赵太侔保持精神共鸣的老舍曾用"冬的精神"概括国立山东大学特征,这可以视为赵太侔教育思想的注脚。

二 秘书长、教务长、训育主任与"3+1"组合

事实上,赵太侔在校政机构设置上,既保持了国立青岛大学时期机关组织的连续性,又采取因事、因人设岗的办法,协调秘书长、教务长、训育主任与前任校长离职后主持校政的校务会议临时主席黄际遇的关系,于微妙的人事经纬中,组

---

① 《本校举行四周年纪念及始业式·校长报告》,载《国立山东大学周刊》第85期,1934年9月24日。

② 《本校举行四周年纪念及始业式 赵校长黄院长均有诚恳训话》,载《国立山东大学周刊》第85期,1934年9月24日。

③ 《一九三四年六月五日教育部给山东大学的训令》,存山东省档案馆,档号:J110-01-485。

④ 赵太侔:《〈二五年刊〉叙》,载《国立山东大学二五年刊》第1页,青岛醒民印刷局,1936。

合起一个精干、负责的校政格局。

在 1933 年度《国立山东大学一览》的职员表上，排在校长赵太侔后的 4 名"阁员"依次是：秘书长吴之椿、教务长杜光埙、文理学院院长黄际遇、训育主任兼体育部主任郝更生。这种安排是基于总务处和秘书室取消，另设秘书处，原总务处的职责归并秘书处，原独立建置的图书馆划归教务处管理的背景；未设训育处，但设训育主任，且与秘书长、教务长平行。当然，最令人瞩目的是黄际遇和吴之椿。黄际遇以文理学院院长之位跻身"内阁"，且居教务长之后、训育主任之前；位居教务长之前的秘书长吴之椿，则是一个空降的"黑马"。

吴之椿（1894—1971），湖北江陵人，1917 年官费留学美国伊利诺伊大学，旋读哈佛大学，获硕士学位后赴英国伦敦政治研究院和法国巴黎大学深造，1922 年回国后任教中州大学、中山大学；1926 年随军北伐，任职国民政府外交部政务处长，参与收回九江英租界，"宁汉合流"后辞职离开政界，远赴欧洲学习，1928

图 3-2　皮松云

年夏回国，任清华大学政治学系教授、系主任，并兼教务长，1932 年 8 月来到青岛。杨振声在致梁实秋的信中曾提议，请吴之椿任教务长，但赵太侔还是在吴与杜光埙两人比较权衡之下，请吴之椿出任位高权重的秘书长一职。1934 年 6 月，吴之椿辞职，改皮松云任秘书长。皮松云，字达吾，湖北枝江人，留学美国哥伦比亚大学，历任国立武昌商科大学教务长、山东省教育厅经费稽核委员会主任要职。1936 年 3 月刘本钊暂代秘书长职。国立山东大

学秘书处辖文牍课、事务课、会计课、出版课和校医室。文牍课主任庄仲舒（1893—1974），山东莒县人，早年加入同盟会，1919 年毕业于日本东京中央大学法科，回国后历经江西省教育厅、山东省农矿厅、安徽省教育厅任职，1932 年 9 月到青岛加盟山大；文牍课另有事务员钟季翔、助理员李庆三。事务课事务员、代理主任王志轩，系私立青岛

图 3-3　孟礼先

大学庶务主任、国立青岛大学庶务课事务员兼代理主任；1935 年孟礼先任事务课主任。事务课有事务员李韵涛、宋锡波、王迺栋（云浦），助理员吴同伦、赵和

生。会计课主任仍是国立青岛大学的会计课主任刘本钊,刘本钊还兼出版课主任;会计课有事务员刘芳椿、刘景秀,助理员邵磊厂、张振楷;出版课有事务员邓以从,助理员杜原田。校医室仍是原校医邓初(1935年为校医室主任)、助理员仍为华瑾(幼琳)。此外,原国立青岛大学教务处事务员吴伯箫调任国立山东大学校长室事务员。①

1932年10月8日,国立山东大学发布第三号布告,公布杜光埙任教务长。②

图 3-4 胡鸣盛

教务处有事务员郭宣霖(兼校长室秘书)、王寿之、王经纶,1935年王经纶与王寿之改任注册课事务员。③ 教务处辖图书馆、体育部、军事训练部。由于1932年6月学潮梁实秋受到冲击,经杨振声劝说,梁实秋为“避嫌”起见辞去图书馆馆长职务,只留外文系系主任一职。图书馆主任黄星辉,湖南湘潭人,1923年武昌文华大学毕业后任职东吴大学图书馆主任,1932年8月到青岛,接替梁实秋和皮高品,皮高品调任武汉大学图书馆。1935年8月,黄星辉辞职留学美国密歇根大学,继任图书馆主任为胡鸣盛。④ 胡鸣盛(1886—1971),又名胡文玉,湖北应城人,1913年考取北京大学哲学门,后任北京医科专门学校教授,1927年弃

职返回湖北应城出任县教育局长,越二年应聘国立北平图书馆,1935年8月赴青岛出任山东大学文学院教授兼图书馆主任。图书馆事务员有陈颂、丁伯豉、舒纪维、曲继皋、石裕华,助理员有罗凤翔、张兆和、韩孝儒、王静君。张兆和(1910—2003),安徽合肥人,上海吴淞中国

图 3-5 1933年沈从文、张兆和在青岛崂山

① 《国立山东大学一览》,载张研、孙燕京主编《民国史料丛刊·文教·高等教育》第1089册第234页,大象出版社,2009。

② 《杜教授光埙兼任教务长》,载《国立山东大学周刊》第1期,1932年10月10日。

③ 《职教员录·职员》,载《国立山东大学二十四年度一览》第274页,1935。

④ 《本校聘胡鸣盛先生为图书馆主任兼中文系教授 约于暑假前到校就职》,载《国立山东大学周刊》第113期,1935年4月29日。

公学毕业，1933 年 2 月到青岛，1933 年 9 月与沈从文在北平成婚。1933 年 2 月，经第五次校务会议修正的《图书馆组织规程》规定，图书馆设总务、编目两股，各设股长一人。

体育部主任是兼任训育主任的郝更生。郝更生（1899—1975），原名郝延浚，江苏淮安人，留学美国哥伦比亚大学习土木工程，因感于中国人体格羸弱，遭外人讥讽，转而就读于美国春田大学专攻体育，1925 年回国任教苏州大学、清华大学、东北大学，1932 年 8 月到青岛。国立山东大学将训育主任与体育部主任委于一人，某种程度上淡化了训教分离的现象，使以学生事务管理为核心的训育体系较少"党化"的影响。与郝更生同时来

图 3-6　郝更生、高梓夫妇

到青岛就职的还有其妻子、体育教授高梓。高梓（1902—1997），字仰乔，安徽贵池人，1920 年留学美国威斯康星大学，回国后任上海女师教授、北平女子文理学院体育系主任，1932 年 8 月到青岛，在国立山东大学任教期间曾出任第五届全国运动会裁判委员会主席。高梓"举止高雅、望之俨然、即之也温"[1]，她以智慧、风度与谦冲享"卓具贡献的女体育活动家"之誉。

图 3-7　张紫雏

体育部还有教授宋君复，体育助教兼训育指导员傅宝瑞、助教杨钟秀，管理员鲍东生，国术教师秘道生、高云峰[2]。1933 年 11 月，郝更生调任教育部督学，高梓也应聘中央大学离开青岛，宋君复任体育部主任。军事训练部有主任教官王文元，军事教官戴自修，助教关匡汉、刘君毅、胡琏。1934 年 8 月教务处恢复注册课，张紫雏任课主任。[3] 张紫雏，名张瑞鹭，字紫雏，山东昌邑人，毕业于北京大学，毕业后任青岛市立中学校长、国民党青岛市党部执行委员。吴伯箫调任注册课事务员。[4]

国立山东大学最高权力机构是校务会议，其职能与国立青岛大学校务会议八项规定完全相同。作

① 刘思祥：《高梓传略》，载《江淮文史》2001 年第 2 期。
② 《体育部聘高云峰先生为国术教师》，载《国立山东大学周刊》第 108 期，1935 年 3 月 25 日。
③ 《教务处恢复注册课　聘张紫雏为主任》，载《国立山东大学周刊》第 84 期，1934 年 9 月 7 日。
④ 子张：《吴伯箫年谱（1925—1937）》，载《现代中文学刊》2016 年第 2 期。

为校政重要组成部分的各种常设委员会,赵太侔则在保持稳定中有所变更,最突出的变化是撤销了图书委员会,1931 年 5 月 4 日随校刊出版的《图书馆增刊》,至 1933 年 10 月 16 日《国立山东大学周刊》第 46 期后压缩为一个版。有损有益,国立山东大学增设的职业指导委员会则是一个体现教授治校的常设机构。1934 年 12 月 28 日,赵太侔签发第四〇号校长布告,公布了《国立山东大学职业指导委员会规程》,1935 年 3 月成立了由教务长杜光埙任主任委员的学生职业指导委员会。① 受传统的就业心理、不健全的就业机制等因素影响,20 世纪 30 年代是民国高校毕业生就业形势相对严峻的时期,学生职业指导委员会的设立有利于辅助学生生涯发展,促进招生、培养、就业的良性循环。

第二节　趋于综合性大学的院系设置与教学科研

国立山东大学的院系设置,较之国立青岛大学时期具有明显的变化。文、理两院合一自是一种普遍看好的创制,规划建立的工学院、农学院更能体现综合性大学的发展构架。只是农学院因进展缓慢、经费停拨,年余便告结束;教育学院的撤销更是院系调整中的败笔。在教学与科研方面,国立山东大学实行的加大必修学程、突出理性思维的教学思路和"学年学分制",逐渐形成了以理为主,以文辅助全校中外文基本训练的教学倾向,生物学渐成强势学科。

一　文理学院的创制与理主文辅的办学倾向

国立山东大学最重要的院系革新是文、理两学院合二为一,此举博得教育部及学界名家的一致好评,黄际遇的名望和文理兼备的才气使文理学院风生水起,更为重要的是"以理为主,以中文、外文两学系辅助全校中、外语文之基本训练"②的教学倾向,在国立山东大学愈来愈显著。

其实,杨振声主校国立青岛大学时就提出文学院与理学院"相辅而行"的理念,并认定"文理两学院是没有绝对界限的",因为"文学院的学问,方法上是得力于自然科学;理学院中的学问,表现上也得力于文学美术。文学院中的人,思想上越接近科学越好;理学院中的人,做人上也越接近文学越好"。③ 当然,真正

---

① 《本校成立职业指导委员会　聘杜教务长等五人为委员》,载《国立山东大学周刊》第 108 期,1935 年 3 月 25 日。

② 山东大学校史编写组:《山东大学校史(1901—1966)》,第 61 页,山东大学出版社,1986。

③ 《校长报告》,载《国立青岛大学周刊》第 1 期,1931 年 5 月 4 日。

打开文、理二学院疆界的是赵太侔。对此，1934 年 6 月 5 日教育部在表扬训令中给予了"事属新创，用意尚佳"①的赞许。1934 年 9 月 20 日，蔡元培在国立山东大学校庆 4 周年的讲话中也积极评价，他说：

> 山大还有几点特色，是其他各大学少有的。……第一，文学院与理学院合并为文理学院——因为文理不能划得界限太清楚了，譬如有许多课目，过去都划在文科里，现在却都归为理科了；如果文理两院合并，自然可以使文科的学生不致忽略了理科的东西，理科的学生也不致忽略了文科的课程。所以，山大合并来办是非常好的。②

国立山东大学文理学院辖中文、外文、数学、物理学、化学、生物学共 6 个学系。黄际遇对文理学院编制课程和教学的基本原则是："第一，欲巩固各学系根本知识之基础；第二，欲顾及时代环境，最低限度能与各姊妹大学并辔齐驱；第三，就教、学两方面才能，各有充分发展之可能。"③文理学院各系教员及课程、教学情况分述如次。

1.中文系的学者、作家与趋于稳定的课程体系

国立山东大学中国文学系系主任是张煦。张煦（1893—1983），字怡荪，四川蓬安人，1915 年考入北京大学国学门，历任北京女子师范大学、北京大学、清华大学教授，因研究《老子》与梁启超结交，传为学术界佳话；受陈寅恪影响，张煦的研究方向转到藏学和西陲文化，1932 年 9 月任教国立山东大学。1932 年 8 月到任的中文系教授有闻宥和姜忠奎。闻宥（1901—1985），字在宥，江苏娄县（今属上海松江）人，小学毕业后因家贫到上海《申报》馆谋生，并在私立震旦大学进修，后入商务印书馆编辑部做文牍，兼任私立持志大学、中山大学等校教职，毕生致力于语言文字及古文物研究。闻宥任教一年后离任，1935 年 8 月再任国立山东大学中文系教授。姜忠奎（1897—1945），字叔明，山东荣成人，毕业于北京大学，1926 年出任河南中州大学教授，1932 年

图 3-8　张　煦

① 《一九三四年六月五日教育部给山东大学的训令》，存山东省档案馆，档号：J110-01-485。
② 《蔡元培在国立山东大学成立四年纪念会上的演说词》，载《国立山东大学周刊》第 85 期，1934 年 9 月 24 日。
③ 山东大学校史编写组：《山东大学校史（1901—1966）》，第 61—62 页，山东大学出版社，1986。

图3-9 丁 山

回任北京大学,同年来青岛国立山东大学执教。1933年8月丁山任教授。丁山(1901—1952),原名丁增熙,字丁山,安徽和县人,毕业于北京大学,先后在厦门大学、中山大学、中央研究院历史语言所、中央大学任教任职,参与安阳殷墟发掘,对殷商氏族制度的研究推进了中国商史研究进程,其成果令学术界瞩目。1935年8月胡鸣盛来青任国立山东大学图书馆主任兼中文系教授。由国立青岛大学留任的中文系讲师为游国恩、沈从文,只是沈从文于1933年8月离青去了北平,游国恩则被聘为教授。游国恩(1899—1978),字泽承,江西临川人,1920年考入北京大学中文系预科,后升入本科,毕业后回故乡任省立中学教员,1929年应聘国立武汉大学讲师,后随闻一多到青岛任教。1933年夏,萧涤非和彭仲铎(啸咸)任讲师,贺华予任助教。萧涤非(1907—1991),原名萧忠临,江西临川人,19岁考取清华大学,1930年免试进入了清华国学研究院,1933年一毕业即得导师黄节(晦闻)的推荐赴青岛任教国立山东大学。

图3-10 游国恩

国立山东大学中文系关注度最高的是1934年8月受聘讲师的老舍。老舍(1899—1966),原名舒庆春,字舍予,满族正红旗,出生于北京,毕业于北京师范学校,有京师公立第十七高等小学、天津南开中学、北京第一中学国文教员的经历,1924年赴英国伦敦大学亚非学院任讲师,1929年夏回国途中在新加坡留居半年任中学教员,旋任齐鲁大学教授,边写作边教学,其间与赵太侔结识。《国立山东大学周刊》在第83、85期两次介绍新任教员,其中对老舍的介绍是:"舒先生曾在英国伦敦大学教学五年,对于西洋文学,研究极深。回国后在济南齐鲁大学中国文学系担任教授四年,著述甚多,国内各大刊物常见其作品(署名老舍),文字别具风格,极富兴趣,社会人士多爱读之。今来本校就教,中文系同学无不庆幸也。"[1]1935年7月,老

---

① 《本校新聘教员之介绍》,载《国立山东大学周刊》第85期,1934年9月24日。

舍改聘为教授。①

据国立山东大学教学档案记载,1934—1936
年老舍共开设过 6 门课。其中,汉语言文学领域的
有"小说作法""高级作文""文艺批评" 3 门。"小
说做法"每周 2 课时,学程 1 年,其教学基本要求包
括三部分:(1)对小说之结构、言语及人物、风景之描
写等逐一讲解,以示小说与别种文艺之不同及其特
有的方法和技巧;(2)小说各体(如历史小说、象征
小说等)之特点,因题材之不同,作法亦异;(3)练习
写作。"高级作文"每周 2 课时,学程也为 1 年,教
学基本要求为各体文艺之习作,分诗、戏剧、小说、
散文 4 组,每组每两星期上课 1 小时。而学程 1 年
的"文艺批评",每周 1 课时,教学基本要求分两部

图 3-11 老 舍

分:(1)介绍文艺批评史上之重要理论与著作;(2)讨论各家理论之短长,并比较其
方法,以确定批评之任务及批评者应有之态度与手段。从老舍担任的教学任务
可以大致窥见国立山东大学文科教学的概貌。必修课程由原来的 14 门增加到
15 门(不含共同必修),必修学分由 72 学分提高到 82 学分②;选修课程自三年级
始设,由原来的 18 门增加到 28 门。至 1935 年度,中文系课程基本稳定(表 3-
1),此后变化不大。

在教学方法和风格上,中国文学系教师各有特点。例如:张煦讲《庄子》出
神入化,文章的精义不仅讲得明白细致,而且多用深言妙语暗示;游国恩讲"楚辞
学"考订翔实,他将编就的《离骚》《天问》油印本发给学生参考;丁山讲"中国通
史"启发学生思考,避免为旧说所囿;姜忠奎讲"文字学",要求学生都能篆写《说
文解字》540 部的部首。为了加强国学基本功,中文系布置的课外作业是句读训
练。据 1933 年考取中文系的王碧岑回忆:

> 我在一年级时,系里给全年级学生布置课外作业,要学生进行所谓"离
> 经辨志"的句读训练,规定的书是《论语》和《史记》,后者可能只限一部分
> "世家"和"传记",更看重文学家本传。于是,同学们便都购置砚台、颜料,
> 用朱笔点起这两部书来。我用了整整一年的功夫,点完《论语》之后,又点
> 完全部《史记》,而且包括《集解》、《索引》和《正义》三家注解。在断句过程

---

① 《本校聘定下学期教职员》,载《国立山东大学周刊》第 123 期,1935 年 7 月 8 日。
② 《中国文学系规则》,载《民国二十四年度国立山东大学一览》第 23 页,1935。

中,自然就会遇到不少难以句读的地方,这就需要对文章的词汇、语法以至上下文意,反复琢磨、玩味、吟诵、辨析,而且边点边改,确实吃了不少苦头,但也确实长了不少本领。从此,我对阅读古书产生了更大的兴趣。①

表 3-1 1935 学年国立山东大学中国文学系学程表

共同必修			本系必修			本系选修 (第三、四学年)
课程名称	年级	学分	课程名称	年级	学分	
国文 A	一	4	文字学	一	6	毛诗学
一年级英文 B	一	12	名著选读	一	6	楚辞学
自然科学	一	6	中国通史(一)	一	6	赋学
一年级第二外国语	一	8	先秦文	二	6	汉魏六朝诗
二年级第二外国语	二	8	诗	二	6	唐宋诗
社会科学(欧洲通史)	二	6	音韵学	二	6	乐府诗研究
			中国通史(二)	二	6	文艺思潮
			中国文学史(一)	二	4	中国文艺故事
			汉魏六朝文	三	6	高级作文*
			词	三	4	训诂学
			小说	三	4	音韵沿革史
			目录学	三	4	古文字学
			中国文学史(二)	三	4	古器物学
			文学批评	四	2	儒家学说研究
			唐宋以降文	四	6	谶纬研究
			戏曲	四	4	经学概论
			毕业论文指导	四	2	史学概论
						诸子学
						专书研究**
合　计		44	合　计		82	专集研究***
说　明			* 高级作文分诗、戏剧、小说、散文 4 组; ** 专书研究含经、史、子、语言文字专书; *** 专集研究含诗、文、词家专集。			

资料来源:根据《中国文学系学程一览》整理,载《国立山东大学二十四年度一览》第 24—27 页,1935。

---

① 王碧岑:《值得欣慰和自豪的回忆——记国立山东大学三十年代的学习生活》,载《山东大学校史资料》第 3 期,1982 年 5 月。

2.外文系的美国籍教授与降低要求的第二外国语

国立山东大学外国文学系因课程较为繁重，所以聘请的教员数量最多。据不完全统计，该系先后有专任教授 12 人、讲师 14 人、助教 2 人，另有兼任教授、讲师 19 人。系主任最初是国立青岛大学留任的梁实秋，1934 年 8 月梁实秋辞职离青，9 月由洪深"暂时代理"①。洪深（1894—1955），字浅哉，号伯骏，江苏武进

（今属常州）人，18 岁入读清华学校，1916 年考入美国俄亥俄州立大学化工系，而后转入美国哈佛大学习戏剧与文学，1922 年回国先后执教于复旦大学、暨南大学等校，同时开始戏剧创作，1930 年加入"左联"，旋任中国左翼"剧联"总书记，是中国现代话剧和电影的奠基人之一；1935 年 8 月洪深就任系主任。

图 3-12 洪深

外文系还聘有教授赵少侯、陈逵、孙大雨、戴丽琳（Taylor L，美国籍）、李茂祥（公瑞）、葛其婉（Grzy-wacz M，德国籍）。赵少

图 3-13 赵少侯

侯（1899—1978），满族，浙江杭县人，1919 年自北京大学法文系毕业留校任讲师，后任中法大学预科主任、中国公学大学部和国立劳动大学教授，1931 年 8 月来到青岛，是国立青岛/山东大学任教时间最长的教员。陈逵（1902—1990），又名陈弼猷，湖南攸县人，18 岁赴美勤工俭学，擅长英文诗，是美国最活跃的东方诗人；1928 年回国先后任教北平女子文理学院、北京大学、南开大学，1933 年 2 月来青岛任教。孙大雨（1905—1997），号子潜，上海人，17 岁考入清华学校，1926 年赴美国新罕布什尔州达德穆学院专修英国文学，兼攻西方哲学史和美术史，1930 年回国先后任教武汉大学、北京师范大学、北平女子文理学院、北京大学，1933 年 9 月来到国立山东大学，但在青岛只教了一学期便转任浙江大学。外文

图 3-14 陈逵

---

① 《本校续聘各系教员 外文系请洪深教授兼代》，载《国立山东大学周刊》第 84 期，1934 年 9 月 17 日。

系讲师有袁振英、周铭洗、郑成坤、王国华、水天同、朱传霖、周学普，兼任讲师有邓初(校医)、孙方锡、张金梁、谭玉峰、科治玛(Kretschmer W，德国籍)，助教谭纫就。袁振英(1894—1979)，字震瀛，广东东莞人，1915年自香港皇仁书院毕业考入北京大学，五四后应陈独秀之约参加上海共产主义小组，旋赴法国里昂中法大学入读博士院文学科，1924年回国任中山大学文科哲学系教授，

图3-15 袁振英

图3-16 周铭洗

1928年被当成"共产党重要分子嫌疑"被捕，经蔡元培等保释出狱后在武汉中央军校、暨南大学任教，1933年8月应聘国立山东大学。周铭洗(1904—1996)，湖南湘潭人，早年就读天津女子师范学校，继读北京女子师范大学，后赴美留学获教育学硕士学位，归国后先任教北京大学，1932年8月受聘国立山东大学，仅教了一年即任青岛圣功女中校长。王国华(1886—1980)，字哲安，浙江海宁人，王国维之弟，1912年毕业于上海圣约翰大学，旋赴加拿大多伦多大学深造，回国后服务桑梓，曾有浙江海宁县教育会会长、浙江省立二中代理校长等任职经历，1933年9月应聘国立山东大学。水天同(1909—1988)，甘肃兰州人，志学之年即入清华学校，1929年开始在美、德、法等国辗转留学，精通英、法、德、日、意大利、拉丁等语言，1933年9月回国即应聘国立山东大学。

图3-17 王国华

图3-18 水天同

国立山东大学外文系如之前的国立青岛大学只有一个英文专业，同时为全校开设公共英文及第二外国语——法、德、日文，且仍规定本系学生不得选日文

为第二外国语,并限定中文系学生第二外国语不得
选德文,机械工程学系第二外国语必选德文。不同
的是,除了中、外文系,其他各系第二外国语要求有
所降低。土木工程学系免修,数、理、化、生四学系
自1934年度起由20学分改为16学分。尤须注意
的是,国立山东大学对国文和英文的要求较高,系
主任洪深以"顾到学生不感困难,同时并能引起对
于本课程的兴趣为原则",将第一学年英文分为4
期训练:"第一期训练'基本英文';第二期选读并练
习写作说明文;第三期选读科学论文(性质亦偏重
于说明文),并练习作长篇论文;第四期于练习作文
外,并选读短篇小说、诗及美文。"洪深计划每期教

图3-19 朱传霖

程为8个周,"每期终了时举行考试一次,及格者方能进入第二期训练"。① 显
然,这种有坡度的阶梯式教学法和严格的阶段准入制英文学习要求,适应了大学
一年级学生学习外国语的实际需要。为了"奖进各系一年级学生国文、英文成
绩",学校每年专设400元奖学金,奖励"成绩最高者"和"进步最速者",对连续
两次获奖的学生"除发给奖金外,另给荣誉奖牌"。② 将英文与国文平行要求,实
则提升了英文学科的地位,凸显了国立山东大学中、外文作为各系学生基本训练
的教学倾向,由此也能体察出削弱第二外国语的真实用意。外文系学程参见表
3-2。

女教授戴丽琳(也叫"莉莲·泰勒""秦丽莲"或"泰勒女士"),可能是民国
青岛高校聘请的第一个教授英文的美国人。1932年8月,杨振声曾托梁实秋诚
聘这位颇具知名度的旅华美国籍教授来青岛任教,其间她可能因与金岳霖的情
感纠葛,迟至1933年8月才抵青。③ 通过何炳棣的回忆,可以窥见戴丽琳的授课
风格以及国立山东大学外国语教学情形。

> 除了化学之外,我在山大相当多的时间用在英文上。……教授是泰勒
> 女士(Miss Lillian Taylor)。最不可解的是她明明是美国人,但三番五次地警
> 告我们决不可学一般美国人的发音,尤其不准读出"滚转的R"(所谓的 rolluig
> R),一定要学牛津人的"a"。她英文发音和语调是比"皇家英文"都更"英"。
> 真幸运,这一年我有充分机会学习地道的英文口语,改进英文写作。记

---

① 《三月十一日纪念周》,载《国立山东大学周刊》第107期,1935年3月18日。
② 《一年级学生国文英文成绩奖学金规则》,载《国立山东大学二十四年度一览》第257页,1935。
③ 《职教员录·教员》,载《国立山东大学二十四年度一览》第278页,1935。

表 3-2　国立山东大学外国文学系学程表

共同必修			本系必修			本系选修
课程名称	年级	学分	课程名称	年级	学分	(第二、三、四学年)
国文	一	4	古犹太文学	一	3	法文
一年级英文	一	12	希腊神话	一	3	德文
自然科学	一	6	美国散文选读(二年级英文)	二	8	日文
第一年第二外国语	一	8	英国文学史	二	6	英语会话
第二年第二外国语	二	8	英诗选读	二	6	民谣学
社会科学*	二	6	戏剧选读	二	6	欧洲文艺思潮
			英国散文选读(三年级英文)	三	6	欧洲文学概论
			小说选读	三	4	高级法文
			莎士比亚	三	6	专家研究
			西洋文学批评史	四	8	
			欧洲文学史	四	4	
			现代欧美文学(甲)**	四	4	
			现代欧美文学(乙)***	四	2	
			浪漫诗人	四	4	
			毕业论文指导	四	4	
合　计		44	合　计		78	
说　明			* 社会科学限定"欧洲通史"； ** 现代欧美文学甲组为散文与小说； *** 现代欧美文学乙组为戏剧与诗歌。			

资料来源:根据《外国文学系学程一览》整理,载《国立山东大学二十四年度一览》第40—42页,1935。

得全班刚刚读完爱尔兰当代第一作家 James joyesc 的"Eveline"这短篇小说之后,她出了作文题目,叫我们写一篇中国的 *Eveline*。原著中这女孩大概十八九岁,住在首都都柏林,母已丧,父亲是不时发酒疯的工人。她结识了一个跑远洋的水手,两人已有默契,迟早结婚。这次水手回来,坚持两人乘船私奔成婚卜居澳洲。事实上,他已把她说服了,因为无论如何,海外两夫妻小家庭的生活一定会比他目前的生活好得多。可是,直到就要开船了,她仍是半麻痹似地凝望窗外,始终不忍摒弃衰病潦倒的父亲。最后船和汽笛之声都在沉沉暮霭之中消逝了,她才被熟悉的手风琴奏出的凄凉的爱尔兰民歌惊"醒"过来。作文时我只需把都柏林换成胶州湾,把 Eveline 换成一个

图 3-20　国立山东大学文学院部分师生(摄于 1935 年)

高密海滨的村姑,其余几乎可以照抄,只是完全用自己的词句。一星期后,泰女士在班上大声地说,怎么全班都把题目作错了,全作成社会伦理的评论了,只有 Mr. Ho 写出一篇真正的短篇小说,背景是胶州湾情调,情调却又有点像 joyec。[1]

3.数学系优生多、教学充实与不给学分的选修科

国立山东大学数学系系主任仍由文理学院院长黄际遇兼任。1932 年,黄际遇争取他早年的学生、时在德国哥廷根大学攻读博士学位的曾炯学成后来青任教。[2] 曾炯(1897—1940),字炯之,江西新建(今南昌)人,是中国最早从事抽象代数研究的学者。曾炯蒙黄际遇厚爱,便推荐了获博士学位已回国任教清华大学的留德学友李达。李达(1905—1998),字仲珩,湖南平江人,早年就读东南大学,1928 年留学德国慕尼黑大学,是中国最早发表差分方程稳定性论文的数学家。1934 年 8 月,李达辞去清华的教职,偕德国籍妻子(中文名字"杜泛霓")来到青岛。[3] 为使李达留根青岛,

图 3-21　李　达

① 何炳棣:《难忘的山大一年》,载山大(青岛)校友会编《山东大学(青岛)人物志》第 205—206 页,海洋出版社,1991。
② 1933 年度《国立山东大学一览》教员名录中有曾炯的名字,职务为数学系教授。
③ 《职教员录·教员》,载《国立山东大学二十四年度一览》第 279 页,1935。

1935 年夏黄际遇说服赵太侔将自己兼任的数学系主任让给李达。得知陈传璋获法国理学博士,黄际遇即聘其来青教授。陈传璋(1903—1989),字琰如,安徽怀宁人,早年入读中央大学,毕业后曾在安徽大学执教 2 年,1930 年负笈法国留学,主攻积分方程理论,获理学博士学位,1935 年 8 月应聘国立山东大学数学系。[①] 数学系还有讲师宋鸿哲、李先正、杨善基、李蕃,助教王熙强。李蕃(1903—1987),字锐夫,浙江平阳人,毕业于中央大学数学系,1935 年 8 月任教青岛。数学系还聘有兼职讲师王应伟。王应伟(1877—1964),字硕辅,江苏吴县人,青年时期因家境衰落设私塾糊口,后外出谋生,略得积蓄遂赴日本留学,入东京物理学校数学科,毕业后在日本东京中央气象台任职(一度任台长),1915 年回国就职北京中央观象台,1929 年应青岛观象台台长蒋丙然邀请来到青岛,随其而来的儿子王大珩在礼贤中学插班读书。国立山东大学数学系的教授和讲师能开出 15 门必修课和 22 门分组必修课(表 3-3),以及 13 门选修课,共计 50 门课程。这个显而成型的集体气场在民国高校数学教育界令人眼热。

图 3-22 陈传璋

图 3-23 李蕃

数学系有十分严格的教学规定,教员须"细思教者为何、教之如何、何为教之三事,即目的、方法、理由三事"。黄际遇要求教学重视习题演习,第四学年下学期须受口试,时间为 1.5 小时,科目是"微积分""复元函数论""高等代数学""近世代数学""解析几何""微分几何"共 6 门。数学系的选修学程分分析、代数、几何和应用数学 4 个组,每组至少须选习 3 学分方得毕业。[②] 数学系对不及格课程不予补考,一门不及格令其重读,两门不及格令其留级,三门不及格则令其退学,因此能够升级者多属优秀学生。严格的教学要求带来了数学教学的高质量。1933 年,黄际遇批阅学生学期考试答卷颇感满意,7 月 8 日他在日记中写

---

① 《职教员录·教员》,载《国立山东大学二十四年度一览》第 279 页,1935。
② 《数学系规则》,载《国立山东大学二十四年度一览》第 57 页,1935。

表3-3　国立山东大学数学系学程表

他系必修			本系必修			本系选修 (第二、三、四学年)
课程名称	年级	学分	课程名称	年级	学分	
国文	一	4	微积分(甲)	一	10	定积分
一年级英文	一	12	解析几何	一	4	行列式与矩阵
普通物理A	一	10	初等方程式论	一	4	方程式论
普通物理实验	一	2	微分方程式(甲)	二	6	非欧几何学
力学	二	8	高等代数学	二	4	向量分析
第一年第二外国语	二	8	射影几何	二	4	概算
第二年第二外国语	三	8	无穷级数	二	4	最小自乘法
社会科学	三	6	复元函数论	三	6	积分方程式
			近世代数学	三	4	点集论
			微分几何	三	4	变分学
			数学问题讨论(上)	三	2	代数不变量
			实元函数论	四	6	群论
			高等几何	四	4	几何通论
			数论	四	4	统计学
			数学问题讨论(下)	四	2	保险算
			毕业论文指导	四	2	全函数
						椭圆函数
						代数函数论
						多元函数论
						连续群论
						数的几何
合　计		58	合　计		70	形性论 Topology

资料来源:根据《数学系学程一览》整理,载《国立山东大学二十四年度一览》第58—61页,1935。

道:“场中评阅试卷,诸生颇有进境。”

　　4.物理学系课程衔接一贯与第二年始开分组教学

　　1932 年国立山东大学文、理两院合并的同时,一度将数学系和物理学系合并为数理学系,但一年后两系又重新分立,物理学系系主任为王恒守。[①]　王恒守

---

① 《职教员录·教员》,载《国立山东大学二十四年度一览》第277页,1935。

图 3-24 王恒守

(1902—1981),字咏声,浙江海宁人,毕业于中央大学数学系,负笈美国哈佛大学研究生院深造,专攻理论物理,1932 年秋回国应聘国立山东大学。物理学系教授有任之恭、李珩、王淦昌、何增禄、郑衍芬。任之恭(1906—1995),山西沁源人,1926 年自清华大学毕业后留学美国,获哈佛大学博士学位后留校任助教、讲师,1933 年夏回国任教青岛国立山东大学[①],不过翌年任之恭转任清华大学物理学兼无线电学教授。王淦昌(1907—1998),江苏常熟人,1929 年毕业于清华大学,留校任助教,旋考取官费留学,赴德国柏林大学威廉皇家研究所深造,获博士学位后曾在英国、法国、荷兰、意大利做学术访问,1934 年 3 月应聘国立山东大学。何增禄(1898—1979),浙江诸暨人,毕业于南京高等师范学校,即任南开大学理科助教,旋即入读东南大学物理学系,1929 年任清华大学助教,次年赴美,先后在加州理工学院研究高真空技术、

图 3-25 王淦昌

在罗彻斯特大学任助教并研究光学,获理学硕士学位,回国后任浙江大学副教授,1935 年 9 月任教国立山东大学物理学系。郑衍芬(1893—1979),字涵清,浙江慈溪人,毕业于南京高等师范学校并留校任教,后北上应聘清华大学物理学系,1929 年赴美国斯坦福大学研究院深造,获博士学位,回国任浙江大学副教授,1935 年 10 月来青岛应聘国立山东大学。

图 3-26 何增禄

物理学系教授兼任青岛观象台特约研究员李珩及妻子罗玉君十分引人注目。李珩(1898—1989),字晓舫,四川成都人,1925 年留学法国,攻读天文学博

---

① 《职教员录·教员》,载《国立山东大学一览》第 174 页,1933。

图3-27 李珩

士学位,其间在巴黎巧遇重庆时的学生罗玉君。罗玉君(1907—1987),四川岳池人,先在重庆入读第二女子师范学校,后考入上海大夏大学,1928年赴法国巴黎大学深造,获文学博士。李珩与罗玉君在巴黎结婚生女之后于1933年回国工作,是年10月任教国立山东大学,罗玉君任中文系讲师兼任女生指导。① 当然,物理学系主任王恒守与生物学系讲师秦素美的伉俪之情,也传为佳话。物理学系聘有兼任教授蒋丙然。蒋丙然(1883—1966),字右沧,福建闽侯人,1908年赴比利时留学,并获双卜罗大学农业气象学博士学位,是中国最早派出学农的留学生之一,1912年回国,次年在北京中央观象台任职,1924年应派青岛接收日本管理的测候所(更名青岛观象台),1928年成立青岛观象台海洋科,是海洋研究的奠基人,担任天文气象分组教学。物理学系还有讲师王普、郭贻诚,兼任讲师费尔(Pfeil K,德国籍),兼任教员刘朝阳、薛钟彝,助教薛兆旺、许振儒、斯何晚、金有巽、杨幼泉。

图3-28 罗玉君

图3-29 蒋丙然

图3-30 费 尔

国立山东大学物理学系学程的编制原则基于三个方面:一为"培养理工之基础",二为"探讨近代物理学之新发展",三为"适应环境之需要"。这就决定了物理学系的课程注意授课内容的前后衔接,上

---

① 《聘罗玉君先生为讲师兼女生指导》,载《国立山东大学周刊》第128期,1935年10月21日。

下一贯,以使学生循序渐进,各有所成。物理学系一年级开设的"普通物理"和
"普通物理实验"是必须学好的科目,若考试成绩达不到 70 分,则不得升入二年
级。1935 学年度物理学系规定,自二年级起实行物理学、天文气象学分组教学。
物理学系学程参见表 3-4。

表 3-4　国立山东大学物理学系学程表

年级	物理学组				天文气象学组			
	必修学程		选修学程		必修学程		选修学程	
	课程名称	学分	课程名称	学分	课程名称	学分	课程名称	学分
一	国文 一年英文 微积分(甲) 普通化学及实验 普通物理(A) 普通物理实验	4 12 8 8 10 2			国文 一年英文 微积分(甲) 普通化学及实验 普通物理(A) 普通物理实验	4 12 8 8 10 2		
二	第一年第二外国语 微分方程式(甲) 力学 磁电学 原子物理概论 磁电学实验	8 6 8 8 4 2			第一年第二外国语 微分方程式(甲) 力学 普通天文学 气象学 普通天文学实习	8 6 8 8 6 2		
三	第二年第二外国语 社会科学(经济学) 光学 物性学 热与热力学 无线电学 无线电学实验 物性与热学实验 光学实验	8 6 8 3 4 3 1 1 1	应用电学 实验室技术学 航空力学 量子论大意 无线电工程 气体运动论 X 光波及放射学 (第三、四年级)	8 6 3 3 3 3	第二年第二外国语 社会科学(经济学) 光学 热与热力学 光学实验 天体力学 气象观测法 气象观测法实验	8 6 8 4 1 6 6 2	轨道计算法 日月食计算法 海洋学大意 恒星统计学	3 2 3 2
四	近代物理选读 近代物理实验 专题研究	8 2 8	弹道学 理论物理 电力学 电振动与真空管及实验 原子核物理	6 6 4 8	磁电学 磁电学实验 天体物理学 天体物理学实验 实用气象学 实用气象学实习 专题研究	8 2 4 2 3 1 8		
合计		133		50		151		10

资料来源:根据《物理学系学程一览》整理,载《国立山东大学二十四年度一览》第 86—89 页,1935。

物理学组必修学程计 63 学分，问题演习及实验报告的课程是主要部分，第四学年开始专题研究，为 8 学分，以便提出毕业论文。天文气象组必修学程计 79 学分，分为两类：一为天文气象学课程，实习讲义与青岛观象台合作编制；一为物理学课程，如热、力、光、电等科目，其毕业论文以解决天文或气象实际问题为标准。由于物理学以数学为基础，同时又与化学相联系，数学系的"微积分"和"微分方程式"是分别占 6 学分和 8 学分的必修课，化学系的"普通化学及实验"则为 8 学分。物理学系学程表上所定科目每年必须开设，选修学程则视教与学的具体情况择要开设，或属应用方面的，如无线电工程、应用电学、航空力学等；或为物理学的新发展，如量子论大意、原子核物理等。基于"质重量简"的原则，各年级必修和选修学程除了实验课不计外，一般"不超出五门"，目的在于培育"优良基础"，促使学生"切实研习，力校浮泛之弊"。

5.化学系辟增刊载实习报告与二年级的药化学科

国立山东大学化学系系主任一直是汤腾汉，只有 1935 年度在他休假期间暂由陈之霖代理。陈之霖（1898—1986），浙江新昌人，早年公费留学日本，在东京高等师范学校、京都帝国大学及研究院深造，1929 年回国任教浙江大学，1932 年与曾昭抡等发起成立中国化学会，1934年 8 月来到青岛。化学系教授有傅鹰、胡金钢（铁生）、邵德辉，讲师有王祖荫（竹村）、王文中、石坦因（Stein G，德国籍），还有助教黎书常（季武）、葛春霖、王葆华、勾福长、郭质良。教授邵德辉（1906—?），江西都昌人，清华大学毕业后留学美国，先后获伊利诺伊大学陶业工程科学学士、俄亥俄州大学工

图 3-31 陈之霖

学硕士、麻省理工学院化学工程科学博士学位，历任江西陶业所所长、美国芝加哥博览会（1933）中国专员，1935 年 9 月应聘国立山东大学。[1] 讲师王文中（1900—1981），河北赵县人，初入北京中法大学，1925 年赴法国勤工俭学，获巴黎大学生物化学硕士学位，1934 年 8 月任教国立山东大学。

图 3-32 邵德辉

---

① 《职教员录·教员》，载《国立山东大学二十四年度一览》第 281 页，1935。

化学系必修学程为 76 学分,另行必修数学系的"微积分"、物理学系的"普通物理"和"普通物理实验"(计 18 学分),各年级的课程前后变化不大(表 3-5)。为使师生学习研究方便,化学系为每位教授设一个研究室,以指导学生做研究课题,同时把学校图书馆有关化学的专业用书和杂志集中在化学系内,统一管理使用。计有图书 1.2 万册和成套的外文杂志,如德文杂志 *Berichte*, *Zentrablatt*,

图 3-33 王祖荫

Anaten,从第一期到 1937 年学校内迁,全部订阅,一期不落。[1] 化学系重视学生的独立研究能力,鼓励学生多做实验。为此,实验室除了星期日和节假日外,每天开放时间为上午 8:00—12:00,下午 1:00—6:00,学生除规定的实验时间外,可随时到

图 3-34 石坦因

实验室。化学系的实验课程还注意利用青岛的社会资料,在实践中增长学生的才智。1934 年 12 月,化学系组织学生到实业部青岛商品检验局所辖的沧口血清制造所,考察狂犬疫苗配置技术。[2] 为了及时发布、报告研究成果,校刊《国立山东大学周刊》自 1933 年 10 月 16 日第 46 期起,压缩"图书馆增刊",挤出一个版面开辟"化学系增刊",不仅发表教员的学术演讲稿,还刊登学生的调查、实习报告,每年编汇成册出版发行。[3] 何炳棣回忆说:

> 在山大我主修化学,抵校后,才知道化学系可能是当时全校最坚强的一系。系主任汤腾汉先生是德国柏林大学博士,并经德国国家考试取得最优等药物化学师执照。20 世纪 30 年代,德国的化学无疑是全世界最领先的。汤先生非常诚恳,不时到一年级定性分析实验室亲切"视察",回答实验上较难的问题。记得最后几周学习如何化验矿石,从磨粉、溶解以至如何分析

---

① 勾福长:《化学系之过去及将来》,载《国立山东大学校刊》第 7、8 合期,1946 年 12 月 28 日。
② 《关于山大学生拟往血清制造所参观请派员指导的函》,存青岛市档案馆,档号:B0034-001-00427-0032。
③ 《化学系试验室报告 引起学术界之注意》,载《国立山东大学周刊》第 103 期,1935 年 1 月 28 日。

表 3–5 国立山东大学化学系学程表

必修学程			选修学程			药化学科 必修学程
课程名称	年级	学分	课程名称	年级	学分	
国文	一	4	普通矿物学	二	3	毒物化学
一年英文	一	12	吹管分析	二、三	2	药剂学
微积分(乙)	一	6	国防化学	二、三	2	药物学
普通物理(B)	一	10	工业化学	三、四	6	生药学
普通物理实验	一	2	立体化学	三、四	2	医药化学分析
化学实验(一)	一	9	油脂化学	三、四	2	细菌学
定性分析化学	一	2	食物化学	三、四	4	制药学
无机化学	一	6	有机化学	三、四	3	卫生化学
第一年第二外国语	二	8	工业化学分析	三、四	9	军药师须知
社会科学(经济学)	二	6	微量化学分析	三、四	4	药业法律
有机化学	二	6	无机物制造	三、四	3	药物学研究
化学实验(二)	二	9	高级无机化学	三、四	2	药房或医院实习
定量分析化学	二	6	化学史	三、四	2	
第二年第二外国语	三	8	热力学	四	3	
物理化学	三	9	生理化学	四	3	
化学实验(三)	三	9	胶质化学	四	3	
化学讨论(一)	三	4	电化学	四	3	
实验室研究初步	三	4	高级有机化学	四	2	
实验室研究及论文指导	四	12				
化学讨论(二)	四	4				
合　计		136	合　计		58	

资料来源:根据《化学系学程一览》整理,载《国立山东大学二十四年度一览》第118—120页,1935。

无法溶解的渣子,工序和难度都超过清华大一的定性分析。普通化学由傅鹰教授主授。傅是美国密西根大学博士,理论物理造诣很深,尤精胶体化学。他的课要比清华张子高先生所教的普通化学高明得多。幸而那时有高班学长指教私下加读美国大二化学教本,才能在傅先生班上取得高分。傅先生一看就是聪明绝顶的人,对学生要求十分严格,使一般学生不易和他接近。事实上他很幽默,喜欢和同学们谈科学水准和掌故。①

为了探讨化学与社会课程,填补化学制药和化学试剂生产的空白,经教育部备案,国立山东大学化学系自 1933 年度起附设药物化学学科,为二年级修业期满有志于药物化学的学生而设,不另招新生,每两年开一班。② 1935 年 10 月,化学系汤腾汉、胡金钢、王文中和学生赵幼祥、赵元祥、陈富春等发起筹集资金,购置设备,在天津成立了化学制药公司。③ 为了适应部分师生研究山东黏土综合利用的需要,化学系还在校内设立了一个瓷窑厂,专门从博山聘请技师带学生实际操作,试制耐火制品和陶瓷品。化学系密切联系经济社会的价值取向和专业发展意识,促进了学生素质和能力的提高。

6.生物学系师资强势与三年级动、植物分组教学

国立山东大学生物学系系主任初为曾省,1933年度改由刘咸继任。刘咸(1901—1987),字仲熙,江西都昌人,早年就读东南大学,1927 年任清华大学讲师,次年留学英国牛津大学,为英国皇家人类学会会员,1932 年 8 月任教国立山东大学。1935 年 1 月刘咸辞职,系主任一度由教务长杜光埙兼任④,6 月林绍文继任系主任。林绍文(1907—1990),字元清,福建龙溪人,17 岁入燕京大学生物学系后读研究院,获硕士学

图 3-35 刘 咸

图 3-36 林绍文

位后赴美国康奈尔大学留学,获博士学位,1935 年 6 月任教国立山东大学。生物学系教授有喻兆琦(慕韩)、沈嘉瑞(天福)、段续川、童第周、王宗清。王宗清(1906—1984),浙江湖州人,1928 年毕业于

---

① 何炳棣:《难忘的山大一年》,载樊丽明、刘培平主编《我心目中的山东大学》第 18 页,山东大学出版社,2005。

② 《化学系附设药化学科课程》,载《国立山东大学二十四年度一览》第 144 页,1935。

③ 《化学系师生在津创办制药工厂 已于本年国庆日正式开幕》,载《国立山东大学周刊》第 130 期,1935 年 11 月 4 日。

④ 《生物系刘主任辞职 系主任职务由教务长暂代》,载《国立山东大学周刊》第 101 期,1935 年 1 月 14 日。

图 3-37　王宗清

图 3-38　秦素美

图 3-39　张 恺

上海沪江大学，同年进中央大学植物学系攻读研究生，旋赴法国巴黎大学研究院留学，1934 年获科学博士学位，享"科学美人"之誉。据悉，王宗清的博士论文《黑穗病的细胞和寄主的病理研究》在国外生物学界颇有影响，屡被专业著作引用，1934 年 9 月应聘国立山东大学。生物学系有讲师秦素美、沙凤护、左仲伟、曾呈奎，还有兼任讲师张恺。张恺，字乐亭，毕业于日本东京农业大学，曾任山东农业专科学校教务主任、省立山东大学农科教授兼农场主任，在青岛任职农林事务所技士。张恺利用工作关系，为 9 名学生安排在青岛农林事务所实习。① 生物学系的 4 名助教高哲生、阎有训、何均、庄孝德，均是国立青岛/山东大学生物学系的毕业生，高哲生、阎有训、何均 1934 年 9 月留校助教，庄孝德则为 1935 年 8 月第二届学友。他们与数学系留校助教的王熙强，物理学系留校的许振儒、金有巽、杨幼泉及化学系留校的王葆华、勾福长、郭质良，承担着专业基础课的辅导、讨论、答疑及实验准备、实习指导等教辅任务，是国立山东大学名师群体的新生代。

　　生物学系学程的必修学程随世界生物学科的进步颇多变化，原必修的"昆虫学"和"鱼类学"改为选修，"人种学"和"洪荒学"则取消。为了便于学生修习，从三年级实行动物、植物分组教学，学生认定组属后非有充分理由不得更改。两组的必修学分分别为动物学组 68 学分，植物学组 63 学分。生物学系的选修学程共有 25 门，任由学生选习，以培养学生研究学术的兴趣与能力（表 3-6）。

---

　　① 《关于派学生到青岛农林事务所实习的公函》，存青岛市档案馆，档号：B0032-001-00319-0045。

表 3-6　国立山东大学生物学系学程表

年级	共同必修学程		动物组必修学程		植物组必修学程		选修学程		
	课程名称	学分	课程名称	学分	课程名称	学分	课程名称	学分	应修年级
一	国文 一年英文 普通物理(B) 普通物理实验 普通化学 大学动物学 大学植物学	4 12 10 2 8 4 4					动物分类学 原生动物学 寄生虫学 植物组织学 细菌学 藻学 菌学 孢子植物学	3 3 3 5 4 4 3 3	二、三 二、三 二、三 二、三 二、三 二、三 二、三 三
二	第一年第二外国语 社会科学(经济学) 普通有机化学 无脊椎动物学 比较解剖学 植物形态学	8 6 8 5 6 5					蕨学 经济植物学 古生物学 地质学 昆虫学 鱼学 两栖爬虫学	3 6 4 3 4 3 3	三、四 三、四 三、四 三、四 三、四 三、四 三、四
三	第二年第二外国语 生物学史 动植物技术学 高等植物分类学*	8 2 4	动物体素学 胚胎学 动物生理学	5 5 6	植物解剖学	5	鸟学 植物生态学 人类学 实验胚胎学 动物生态学 生物演化论	3 3 3 3 4 2	三、四 三、四 三、四 三、四 三、四 三、四
四	细胞学 遗传学 书报讨论	4 4 2	动物学专题研究	6	植物生理学 植物学专题研究	6 6	神经学 卫生学 植物病理学 植物育种学	3 2 4	三、四 三、四 三、四 三、四
合计		106		22		17		86	

说明　* 植物组三年级开设,动物组四年级开设。

资料来源:根据《生物学系学程一览》整理,载《国立山东大学二十四年度一览》第156—159页,1935。

　　因国立山东大学地处海滨青岛,生物海富于陆,研究海洋生物独多便利。1933年,生物学系在沙子口租借胶海关分关的房舍筹建海滨生物研究所。①1934年3月,中国动物学会接受中华海产生物学会筹建海滨生物研究所的要

---

　　① 《山东大学生物系在沙子口海滨研究海洋生物承租胶海关分关房屋的函》,存青岛市档案馆,档号:B0047-001-00329-0012。

求,并征寻到中央研究院院长蔡元培和总干事丁文江在青岛设立研究所的意向。恰在此时,太平洋科学协会海洋学组中国分会在成立大会上提出拟在厦门、定海、青岛、烟台四地分别设立"海洋生物研究场",其中青岛研究场附海洋学①,由中华海产生物学会、中国动物学会、青岛观象台和国立山东大学合作办理。7月1日,青岛海洋生物研究所成立。据悉,外埠"纳费加

图3-40 1935年国立山东大学生物学系实习

入"的有北京大学、清华大学等,其讲习班课程有"海藻学"和"海产无脊椎动物学",分聘北平静生生物调查所李良庆教授、国立北平研究院生物研究所所长陆鼎恒担任。② 当然,山海城浑然一体的青岛山林野生鸟兽种类丰富,1933年11月生物学系专门雇佣猎户袁相瓒,"往市区各山林猎取鸟兽",制成标本供教学用,为此要求青岛农林事务所给予执照,"俾资持用"。③ 1936年5月,生物学系购得大蟒蛇骨标本。④

客观地说,国立山东大学文理学院的创建,对于民国大学管理体制的革新不无裨益,为文理渗透和学科交叉创造了条件。特别是由于国立青岛大学存续时间较短,各科系三、四年级的学程未能实施,国立山东大学凭借文理学院的组合优势,赓续了未竟的学程,并培育出一批高素质的毕业生。但是,从文理学院课程修读方面看,大学生所拥有的跨学科组织课程的任务与权利未能得以体现,通识教育与专业教育双重要求未能得以满足,文理学院仍像一个文与理各学系拼凑的组合体。

二 工学院的土木、机械专业与实践性教学范式

国立山东大学工学院的创办,显而易见地弥补了国立青岛大学院系设置的缺憾,所开设的土木工程学系和机械工程学系既为山东经济建设培养了人才,又

---

① 郭金海:《1935年太平洋科学协会海洋组中国分会的成立与影响》,载《中国科技史杂志》2017年第3期。

② 《海产生物研究所近讯》,载《国立山东大学周刊》第82期,1934年7月30日。

③ 《关于研究生物采集标本的函》,存青岛市档案馆,档号:B0032-001-00813-0008。

④ 《生物系购到大蟒蛇骨标本》,载《国立山东大学周刊》第153期,1936年5月18日。

进一步凸显了青岛高等学府理工科教育的优势。

在1933年《国立山东大学一览》的职教员名录中,工学院仅有一人——赵铭新。赵铭新,字涤之,河北定县人,毕业于香港大学土木工程科,先后在呼海铁路工程司、民国水利局任职,后任教于参谋部陆地测量学校、国立工业大学,1932年8月任职国立山东大学。赵铭新以"工学院教授"主持国立山东大学工学院院务。工学院设土木工程学系和机械工程学系,由此筑起了国立山东大学工科教育的基本框架。

1.土木工程学系主任一年一任与适应地方需求的课程

土木工程学系是大学工科建筑学的基础学系,是民国工科院校的核心专业,必然成为支撑国立山东大学工学院的梁柱。土木工程学系首任系主任为赵铭新,1934年9月唐凤图接任系主任。唐凤图,天津人,从南开中学考入清华留美预备学校,1924年留学美国普渡大学,1930年获美国康奈尔大学土木工程科硕士学位,回国后曾任唐山交通大学副教授。一年后,余立基接任系主任。余立基,安徽来安人,毕业于南京金陵大学,留学美国斯坦福大学,获硕士学位,回国后任教中央大学,曾任安徽省工务局局长、苏常铁路工程主任工程师,1935年9月应聘国立山东大学。土木工程学系聘

图3-41 余立基

有教授吴柳生、萧津。吴柳生(1903—1984),字维藩,浙江东阳人,18岁考入清华留美预备学校,1928年留学美国麻省理工学院,后转入伊利诺伊大学研究生院,获硕士学位后回国,曾任河南大学教授,1934年9月来到青岛任教国立山东大学。萧津(1904—1983),字季和,山东济南人,毕业于清华留美预备学校,1924年留学美国,先后就读麻省理工学院、哈佛大学,获硕士学位,1929年回国先后任江南铁路公司副工程

图3-42 吴柳生

图3-43 萧 津

师、京孙段第二分段长,1935 年 8 月应聘国立山东大学。土木工程学系还有讲师耿承(式之)、赵韻臧,兼职讲师博其尔(德国籍)、孙方锡,助教汤瑞钧(子超)、翟吉全(子才)。

　　土木工程学系以工程能力为核心理念,立足于培养从事规划、设计、施工、管理和研究工作的高级工程技术人才。在学程设置方面,一年级以工科的知识、能力、品格协调发展为目的,除了"工程制图"(2 学分),其余 44 学分完全用于学习国文、英文、数学、物理学、化学等基础学程,以拓宽知识领域;二年级设置的是工程制图、材料等有助于形成基础工程意识的学程,三、四年级则"普授土木工程之专门学术",使学生具备"任何土木工程职务之普通学力"。学程详见表 3-7。

　　为构筑学科发展规训体系,土木工程学系引进美国工科发展理念,使用的教科书和参考书为清一色的舶来品,以美国版本居多。例如:编码"土二14"的"工

表 3-7　国立山东大学土木工程学系学程表

共同必修			本系必修						选修(四年级)	
学程名称	年级	学分	学程名称	年级	学分	学程名称	年级	学分	学程名称	学分
国文	一	4	工程制图(一)	一	2	石工学	三	2	高等铁道工学	2
一年英文	一	12	平面测量	二	6	房屋构造	三	2	渠工学	3
微积分(B)	一	8	工厂实习	二	1	材料实验	三	1	应用天文学	3
普通物理(A)	一	10	工程材料	二	2	水文学	三	3	水电工学	3
普通物理实验	一	2	投影几何	二	2	暑假测量实习	三	3	高等市政工学	2
普通化学	一	6	工程地质	二	3	铁道工学	四	3		
普通定性分析	一	2	材料力学	二	5	污水工学	四	3		
微分方程式(乙)	二	3	水力学	二	3	道路设计	四	2		
应用力学	二	5	高等测量	三	3	给水工学	四	3		
机件学或热力学	二	3	铁道曲线及土工	三	3	高等结构学	四	2		
最小自乘方	二	2	灌溉工学	三	3	桥梁设计	四	4		
社会科学	二	6	道路工学	三	3	筑港工学	四	3		
电机工程	三	6	结构工学	三	8	工程契约及规范	四	2		
			钢筋混凝土	三	3	水工设计	四	2		
			河工学	三	3	都市计划及工程	四	2		
			水力实验	三	1	论文	四	3		
合　计		69	合　计		51	合　计		40	合　计	13

　　资料来源:根据《土木工程学系学程一览》整理,载《国立山东大学二十四年度一览》第 187—189 页,1935。

程材料"学程,使用的教科书是美国建筑学家阿德尔伯特·菲洛·米尔斯(Mills A P)1922 年出版的《建筑材料:制造和性能》(*Materials of Construction:Their Manufacture and Properties*),另外还有 4 本外文参考书。再如,编码"土三 11"的"高等测量"课,使用的教科书是查尔斯·B.布莱德(Breed C B)和乔治·L.霍斯默(Hosmer G L)合著的《高等测量学》(*Higher Surveying*);所指定的 2 册参考书均为乔治·L.霍斯默撰写的《大地测量学》(*Geodesy*)和《实用天文学》(*Practical Astronomy*)。

土木工程学系以必修学程为主,选修课仅在四年级开设,且仅有为数不多的 5 门(13 学分),二年级的工厂实习和三年级的暑假测量实习都是必修课。1935 年暑假,讲师耿承带领土木工程学系三年级学生去钱塘江大桥畔做测量实习。[1] 值得揣摩的是,国立山东大学土木工程学系"揆以国内经济状况",根据"农村、国防急切之需要",特别重视水利、卫生、路政等实践工程的学程,其中有关水利的必修课程就有 9 门之多,占 25 学分,近代水利教育得到确立和发展。实际上,土木工程学系创始之初即建立教学、科研、服务的实践性学科范式及学科发展使命。1935 年春假期间,土木工程学系全体师生参观青岛市工务建设。[2]

2.机械工程学系的学程学分与特别重视的实习论文

机械工程学系是民国大学为适应近代工业机械化程度不断提高应运而生的科系,对于国立山东大学所在的青岛,乃至山东经济社会发展来说,机械工程学系有其独特的存在价值。

作为工学院的两翼,机械工程学系首任系主任由土木工程学系主任赵铭新兼任。1933 年 8 月周承佑到校后,接任了系主任职务。周承佑(1901—1983),字承佑,江苏江宁人,自清华留美预备学校毕业后,留学美国麻省理工学院机械系,1926 年学成回国,先后在河北工学院、北洋大学、中央大学任教。机械工程学系教授有张闻骏、伊格尔(Igel M,德国籍)、金韶章。张闻骏(1901—?),字逸樵,江西九江人,自清华留美预备学校毕业,1922 年赴美就读麻省理工学院,获硕士学位,回国后任中央大学工学院教授、中央政治学校兼任教授,1933 年 9 月来到青岛。金韶章,字莳生,江苏嘉定人,毕业于日本庆应大学

图 3-44 周承佑

---

[1] 《土木系三年级暑假测量实习补志》,载《国立山东大学周刊》第 124 期,1935 年 9 月 23 日。

[2] 《土木系师生春假参观本市工务建设》,载《国立山东大学周刊》第 112 期,1935 年 4 月 22 日。

经济科,就读美国哈佛大学商科,获硕士学位后回国,历任上海商科大学、光华大学、中国公学教授,湖北交涉公署课长、武汉财政委员会秘书、工商部设计委员会委员、铁道部专员,1935年1月应聘国立山东大学。机械工程学系另有讲师李良训,助教赵仲敏、刘时荫,工厂管理员周旭东。

图 3-46 伊格尔

图 3-45 张闻骏

机械工程学系的必修学程门数及修习学分,是国立山东大学各院系最多的。通过表3-8可见,该系既有国文、英文、德文(第二外国语)、微积分、普通物理、普通化学等共同必修学程,又有大量关于工业认知、机械知识和设计制图等的专业学程,还有工业管理、成本会计、工厂设计等技能训练及热力、电机、冷气等相关的工程实践学程,具有广泛的知识面和工程实践性。作为工科院系,机械工程学系的实践操作则有锻工、铸工、金工、木工实习,三年级暑期的工厂实习是不计学分的必修学程。据学生李百炼回忆,系主任周承佑带领学生在工厂实习时,用他清洁的衣袖抹揩机器上的灰尘,其爱护机器的精神给学生留下深刻的印象。[1]

图 3-47 金轺章

机械工程学系理论研究要求高,不仅要完成2学分的毕业论文,还要提交编码为"机四37"的"专门报告",要求学生"调查某工厂或社会上一种有关工程之现状,或考究一种现成之伟大工程,加以讨论,作成一种有系统之报告"[2],仅占1学分。

机械工程学系入学第一年,其基础学程与土木工程学系合堂上课,此外就是

---

[1] 李百炼:《古稀之年忆往事》,载"山大文化网"https://culture.sdu.edu.cn/info/1139/3999.htm,2019年4月22日。

[2] 《机械工程学系学程说明》,载《国立山东大学二十四年度一览》第232页,1935。

图 3-48　国立山东大学校门

图 3-49　国立山东大学实习工厂

表3-8 国立山东大学机械工程学系学程表

共同必修			本系必修						选修（四年级）	
学程名称	年级	学分	学程名称	年级	学分	学程名称	年级	学分	学程名称	学分
国文	一	4	锻工实习	一	1	会计学	三	3	汽车工程	3
一年英文	一	12	铸工实习	一	1	暑假工厂实习	三		飞机工程	3
微积分(B)	一	8	应用力学	二	5	热力工程(二)	四	3	造船工程	3
普通物理(A)	一	10	金工初步	二	1	热力工程实验	四	1	纺织工程	3
普通物理实验	一	2	机件学	二	3	汽轮机	四	3	自动机械学	3
普通化学	一	6	机件制图	二	1	原动力厂设计	四	1	引擎设计	2
普通定性分析	一	2	机械制图(一)	二	1	工厂设计	四	4	淬钢学	3
工程制图	一	2	机械制图(二)	二	1	工业管理	四	3	高等应用力学	3
微分方程式(乙)	二	3	木工实习	二	1	成本会计学	四	3		
一年德文	二	8	热机学	二	2	机车学	四	3		
社会科学(经济学)	二	6	热力工程(一)	三	6	机车设计	四	3		
平面测量	二	6	簿记学	三	3	内燃机	四	3		
投影几何	二	2	热力工程实验	三	1	暖房及通风	四	2		
材料力学	二	5	机械设计原理	三	8	冷气工程	四	2		
水力学	二	3	机械设计绘图	三	2	电机工程实验	四	1		
二年德文	三	8	电机工程	三	6	专门报告	四	1		
工程材料	三	3	金工实习	三	4	论文	四	2		
			应用机构学	三	2					
合　计		90	合　计		49	合　计		38	合　计	23

资料来源：根据《机械工程学系学程一览》整理，载《国立山东大学二十四年度一览》第209—212页，1935。

各为1学分的锻工实习和铸工实习，自二年级起增设8学分的德文课（连续修2年），部分学程也与土木工程学系合堂讲授。与土木工程学系主要使用西方教科书相同，机械工程学系除了"锻工实习""金工初步""应用机构学"等个别学程自编讲义外，其余学程的教科书和参考书均直接使用外国教材。例如：编码"机三17—三18"的"电机工程"教科书有2册，其中之一是德克斯特·辛普森·金博尔（Kimball D S）和约翰·亨利·巴尔（Barr J H）的《机械设计元素》（*Elements of Machine Design*）。这本教科书是机械设计的世界经典，不仅包括工程力学、工程材料、形状综合原理等内容，还涉及典型机械零部件的设计方法；"铸工实习"则着眼于钢铸的熔炼与铸模技术的训练。所使用的 2 本参考书也是西方经典书目,其中之一是雷金纳德·海伯·帕尔默(Palmer R H)的《铸造实习:铸模师、学生和学徒的教科书》(*Foundry Practice*:*A Text Book for Molders*,*Students and Apprentices*)。[①] 由此可见,机械工程学系的课程基本承袭了美国工科大学的模本。

图 3-50　国立山东大学锻工实习情形

与课堂教学相辅相成的是参观考察活动。青岛德租日占时期的工业遗产为国立山东大学工科学生提供了观摩样本,使其眼界又得一广。1934 年 12 月,机械工程学系三年级学生到青岛最大的机械制造厂四方机厂考察钢铁冶炼技术。[②] 利用春假参观青岛工业基础设施,在国立山东大学工学院成为惯例。1935 年 4 月,机械、土木两学系学生对青岛各工厂进行参观。1936 年 4 月,机械工程学系由系主任周承佑、教授金韶章带领,对青岛 20 多家工厂进行旅行性参观。[③] 无疑,不论德租时期的工业基础、日资主导下的工业格局,还是 20 世纪 20 年代以来青岛工业发展的经验和教训,对于工科大学生来说都是教科书之外的重要学习资源。这在济南或山东其他地方是难以想象的。

三　草创中的农学院与山东乡村建设运动的离合

国立山东大学农学院因经费问题,迟至 1934 年 7 月 7 日方在济南挂牌办公。[④] 农学院院长曾省与原农事试验场主任任德宽进行了交接。备受社会各界瞩目,寄托着山东高等农业教育厚望的国立山东大学农学院蹒跚起步了。

早在 1932 年 7 月国立青岛大学整理委员会的策划中,新组建的国立山东大学农学院设研究部和推广部,暂不招收本科生。研究部暂设园艺学、植物病虫害学、农艺学 3 个系,聘教授 3 名、讲师 1 名,并招研究员若干名,以国内大学农科毕业生充任,从事山东地方主要农产品的改良;推广部以向民间传播研究成果为

---

① 《机械工程学系学程说明》,载《国立山东大学二十四年度一览》第 217 页,1935。
② 《机三同学赴四方机厂参观炼钢》,载《国立山东大学周刊》第 97 期,1934 年 12 月 17 日。
③ 《工院同学春假参观本市各工厂》,载《国立山东大学周刊》第 112 期,1935 年 4 月 22 日。
④ 《农学院已开始办公》,载《国立山东大学周刊》第 82 期,1934 年 7 月 30 日。

宗旨,并附设农业传习所,专门招收农家子弟,实习改良农作物。1932 年 10 月 13 日,赵太侔在主持召开的国立山东大学第一次校务会议上就确定生物学系主任曾省改任农学院院长,1933 年又将青岛农林事务所特约研究员吴耕民聘为教授。吴耕民（1896—1991）,原名吴仁昌,字润苍,浙江余姚人,18 岁投考北京农业专门学校,改名耕民,以示学农之决心,1917 年赴日本静冈兴津园艺试验场

图 3-52 吴耕民

图 3-51 曾 省

做研究生,回国先后在东南大学、金陵大学、浙江大学任教,1929 年奉派赴英、德、法等国考察园艺,1933 年到青岛,1934 年协助筹建农学院。但是,限于经费拮据,农学院迟迟未能开办,仍是济南的农事试验场独撑局面,时有主任任德宽、蚕丝技师郑普一、技术员崔景祺（仰山）、祝汉一（镇五）,以及几名技工。

1932 年 11 月 23 日,农事试验场主任任德宽因“本场经费不足”,场内“畜产部亟待整理”,提请青岛农林事务所“赠给牝牛一头,巴若斜（巴克夏）猪、瑞士乳羊各一对,来古行鸡二对,俾资推广”[1]。由于国立山东大学农学院迟未开办及办理农事试验场不力,引起社会人士的不满。1932 年冬,山东省教育厅向教育部递交报告,要求借用在济的农事试验场建设一所专科层次的农业学校。为此,教育部发布“教字第六六四一号训令”,鉴于国立山东大学农学院“因经费关系,一时难以成立”,为“兼顾地方需要计”,可将“原有之农事试验场之校舍、场地及各项设备,暂时让与山东省教育厅,俾用以筹办农业专科或职业学校,俾与教育厅商洽办理”。[2] 当农学院的存亡问题迫在眉睫的时候,国立山东大学校务会议紧急磋商应对之策。赵太侔立即与山东省教育厅长何思源取得联系,争取经费。除了足额拨付农事试验场原定 13692 元年经费外,并得山东省政府每年 3 万元的补助费。1933 年 5 月,赵太侔在呈教育部的报告中剀切地写道：

---

① 《关于请赠牝牛的函》,存青岛市档案馆,档号:B0032-001-00663-0045。
② 《山东农业大学史（1909—2006）》,第 20 页,山东农业大学电子音像出版社,2006。

查农学院因本校经费短绌,荏苒二年,迄未开办,今春经山东省提议,并由山东省政府协款补助,兼以地方需要,农产物亟应改进,以谋农村之救济,商定于下学年度开办成立。经聘生物系教授曾省任院长,积极筹备进行。[①]

赵太侔承诺的"于下学年度开办成立",让曾省不得不一边罗致人手,一边置办设备,一边编制"各系计划研究事项"[②]。根据史料记载,曾省提报的农学院教职员有讲师孙中信、林德一,助教屠锷、管超、张缅新、陶家驹、何均,助员屠世涛,事务主任徐金南。孙中信,山东潍县人,金陵大学毕业,系青岛商品检疫局济南检疫分处技士。所聘助教大都是浙江大学园艺学系毕业生。研究部开设了植物病虫害和园艺研究室;推广部于1934年12月—1935年2月举办农业训练班,从报考的48人中录取学员15名。[③] 该训练班每天在农场工作6小时,课堂授课2小时,开设的课程有国语、常识、珠算、园艺、农作物、畜牧、森林、土壤、肥料、病虫害防治、农村合作、农村卫生等;1935年初春又续招了一期为期3个月的农训班。1935年2月,农学院接待莱阳县派的乡村师范学校毕业生实习。[④] 设备方面,鉴于青岛、莱阳、烟台果树种植品种多、产量高,为破解果品贮藏难题,1934年秋在农学院建起果品贮藏库。

为及时整理、发布农学院研究成果,改变农民守旧、技术和新品种推广缓慢的弊端,1934年《山东大学农学院丛刊》创办,吴耕民与屠锷、管超、张缅新、崔景祺等人将对德州西瓜、益都甜瓜、肥城桃、莱阳梨等果蔬调查情况写成报告,予以刊发。吴耕民还应烟台张裕酿酒公司经理徐望之邀请,对其葡萄园栽培和管理进行指导。由美国选育的陆地棉品种"美棉",因其具有产量高、纤维成熟度好和适应性强的特点,自1933年引入中国后颇受农学专家的重视。1934年9月,曾省到山东高唐县实地考察棉花作物。1935年3月,农学院与山东省建设厅合作在高唐县开办棉花种植讲习会。[⑤] 1935年2月,农学院设立蔬菜推广指导区,并研发苗期管理、保水保肥、人工辅助授粉、防治病虫害等六条科学办法。1935年5月,农学院为解决桑树草虫害问题,稳定栽桑养蚕农户的经济来源,派人到益都等地指导。[⑥]

尤有意义的是,农学院为适应轰轰烈烈的山东乡村建设运动,从研究和推广

---

① 《赵太侔呈教育部的报告》,存山东农业大学档案资料中心(history.sdau.edu.cn),2016。
② 《农学院已开始办公》,载《国立山东大学周刊》第82期,1934年7月30日。
③ 《招考农训班经过及开课情形》,载《国立山东大学周刊》第97期,1935年12月17日。
④ 《莱阳县政府派乡师毕业生到农院补习》,载《国立山东大学周刊》第107期,1935年3月18日。
⑤ 《农学院与建设厅合办高唐植棉讲习会》,载《国立山东大学周刊》第108期,1935年3月25日。
⑥ 《农院研究桑树害虫 派讲师林德一等赴益都等县调查》,载《国立山东大学周刊》第115期,1935年5月13日。

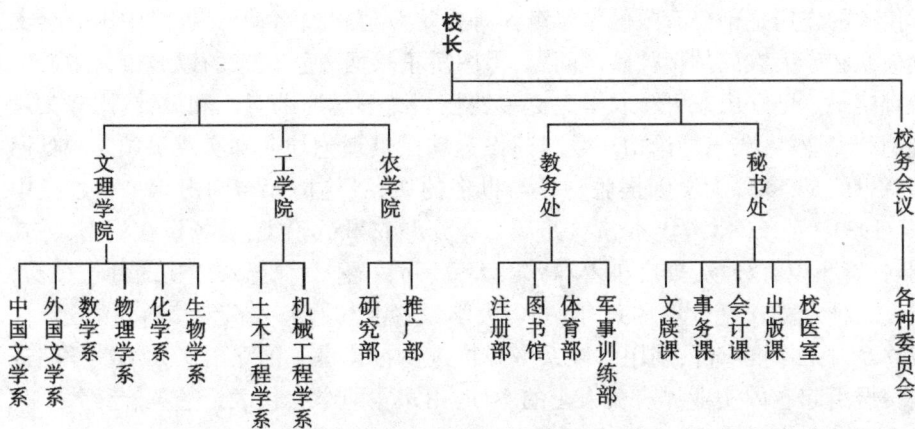

图 3-53　国立山东大学组织系统图（1932 年 9 月）

两部的需要出发，开展了一些应对性工作。据记载，1935 年 2 月吴耕民赴邹平山东乡村建设研究院进行演讲。[①] 这一由梁漱溟等知识分子倡导并发起以拯救乡村、复兴农业和解决中国农民问题为主旨的社会改良运动，由于得益于山东省政府的默许支持，在全国形成极大的声势。与之相伴随，青岛为破解城乡发展失调而开展的乡村建设，则具有都市反哺乡村、城市文明反哺乡村文明的意涵。设立于青岛的国立山东大学及其落地济南的农学院，正逢山东乡村建设大潮，必然肩负社会各界特别是"教育兴农"者的期许。1935 年 5 月，梁漱溟等到国立山东大学农学院参观。[②] 其实，早在 1932 年梁漱溟即对青岛的乡村建设产生了兴趣，是年 6 月 12 日他带领山东乡村建设研究院第一届乡村服务人员训练部 7 个班 300 名师生来青考察，15 日青岛市长沈鸿烈在市民众教育馆接待了来访的全体师生。无疑，青岛在这场乡村建设运动中提供了一个与乡建精神相契合却又别具炉锤的范例。1934 年 5 月，国民党中央要员李宗黄率考察团一行 7 人在对南京江宁、山东邹平、河北定县和青岛进行为期 34 天的考察后，给出了"以青岛为张本"[③]的建议。另一位国际知名的农村改革家晏阳初于 1935 年 9 月率领冀中团队对青岛考察，认为青岛的乡村建设"不仅备内政改良之模范，且足供外人之视察，与国际上增无限光荣，至深佩服"[④]。

　　客观地说，国立山东大学农学院在山东乡村建设运动，以及应对外国农业资

①　《吴润仓教授赴邹平讲演》，载《国立山东大学周刊》第 106 期，1935 年 3 月 11 日。
②　《梁漱溟先生等来院参观》，载《国立山东大学周刊》第 118 期，1935 年 6 月 3 日。
③　李宗黄：《考察江宁邹平青岛定县》，第 14 页，南京正中书局，1935。
④　宋恩荣：《晏阳初全集》，第 3 卷，第 480 页，湖南教育出版社，1989。

本侵入的作用是十分有限的。梁漱溟等揭橥乡村建设运动,是针对中国社会文化失调和广大农民的精神破产问题,力图矫正从西方移植来的以城市为中心的教育模式。国立山东大学农学院更多地强调高等学府的意志和设计,固守大学规制和专业本位,未能给山东乡村建设运动提供理论导向和实践引领。颇具讽刺意思的是,齐鲁大学则摆脱神圣与世俗的纠葛,热情参与到山东乡村建设中来。1933年,齐鲁大学与胶济铁路局合作开办农事试验场,总场设在济南,另在周村、青州设有分场,推广小麦、高粱、大豆、马铃薯、美棉等农作物的种植试验,改良品种,增加产量。① 1934年,齐鲁大学设置乡村服务人员专修科,1936年又成立乡村工作推广部,利用各院系资源推进乡村建设。国立山东大学农学院进展缓慢引起省内实业界有关人士的不满,山东实业学会代表彭芝英、赵经之、卞晓亭等致函省教育厅,要求收回山大农学院院址及经费,另起炉灶,开办农业专科学校。教育部在饬令各省速设农、工、医专科学校的同时,派督学钟道瓒对国立山东大学农学院进行了视察。②

关于农学院,山东省教育厅与国立山东大学分歧丛生。1935年"省库"原定每年3万元的补助费停拨,致使农学院经费无着。1935年10月曾省离别山东,出任四川大学农学院院长,赵太侔只得让秘书长皮松云"兼代"农学院院长。③ 吴耕民则受邀,任职西北农林专科学校园艺学系主任、园艺场场长及附设高等职业学校校长。天涯何处无芳草,仰天大笑出门去,曾、吴两人均觅有施展抱负之地。1935年10月,山东省政府召开第四四五次政务会议,决定以国立山东大学农场(桑园)为校址,合并省立济南高级农业职业学校、济南简易乡村师范学校,组建山东乡村建设专科学校,办学经费由国立山东大学、省建设厅和山东省政府三方分担。1935年11月4日,教育部长王世杰签署第一六二〇六号训令,案准成立山东省立高级农业职校及第一农场。至1935年底,教育部又令山东在济南桑园设农事试验场,回到了国立青岛大学的原点,筹办农业专科学校一事不了了之。山东乡村建设运动由于未能真正意识到帝国主义和封建主义才是中国农村最大绊脚石,这场基于改良的运动最终归于失败;同样可悲的是,国立山东大学农学院在山东教育史上最终落了个"实际未开办"④的结论。

此外,总结国立山东大学院系调整教训不能不提及教育学院的撤销。杨振声在一篇文章中发表了措辞激烈的反对之声:

---

① 《胶济路局与齐鲁大学合办农事试验场概况》,载《都市与农村》第19期,1936。
② 《教育部督学钟道瓒来校参观并赴沙子口参观农院害虫研究室》,载《国立山东大学周刊》第116期,1935年5月20日。
③ 《农学院院长由皮秘书长兼代》,载《国立山东大学周刊》第128期,1935年10月21日。
④ 张书丰:《山东教育通史》,近现代卷,第198页,山东人民出版社,2001。

最近半年来,社会对于教育的责难,以及负责人对于教育整理的倾向,都足证明中国今天的教育,实在成了问题,而且是个很严重的问题。①

教育学院撤销后,院长黄敬思离青南下,改任江苏省立黄渡乡村师范学校校长。教育学院原一年级学生多数转入本校中文系,二年级学生则转入中央大学教育学院。② 撤销教育学院必然造成山东高等师范教育的断档。1936 年 6 月,山东省教育厅将设在济南北园白鹤庄(后迁址桑园)的原济南简易乡村师范学校,改成"山东省立乡村建设专科学校",附设乡村师范学校。国立山东大学注册课事务员吴伯箫来此先后任训育主任、教务主任,并一度代理校务。③ 这其实是一个为山东乡村建设运动培养人才的专科层次兼办中等师范教育的机构,实不具备教育学院的功能。山东由此将教育学院与师范学院对立而置,屡经调整,但始终没有找到高等师范教育发展的正确路径。

第三节 文艺、科学、体育社团与繁荣的校园文化

国立山东大学内涵发展特征显著,举凡文艺学术、科学实验、理工制造等领域都有不同凡响的成就。老舍、洪深、臧克家、徐中玉等的文学创作,张煦、姜忠奎、丁山等的学术造诣,王恒守、李达、童第周、周承佑等的理论研究皆名重一时,话剧社、化学社、生物学会等社团丰富了大学校园文化,《励学》《刁斗》《科学丛刊》等期刊相生辉。宋君复的体育情怀得以绽放,从大学操场走向奥运会赛场,国立山东大学的田径和球类赛事反映了竞技性体育运动特征。

一 老舍、臧克家等的文学创作与张煦等的理论成果

与国立青岛大学教授作家单方面发展不同的是,国立山东大学形成了师辈和生辈两个作家群体,且在交光互影中共同构成民国青岛文坛靓丽的风景线。与此同时,中国古文字学、古史学理论及古典经史子集研究异军突起,一些教授的研究成果反映出高深的学术造诣。

1.老舍、洪深等的创作繁盛期与翻译文学的"新月派"余绪

国立山东大学时期的老舍迎来了创作生涯中的第一个高峰,实现了由教授

---

① 杨振声:《也谈教育问题》,载《独立评论》第 26 号,1932 年 11 月 13 日。
② 《教育学系二年级学生转学中大》,载《国立山东大学周刊》第 4 期,1932 年 10 月 31 日。
③ 子张:《吴伯箫年谱(1925—1937)》,载《现代中文学刊》2016 年第 2 期。

作家到专业作家的转型。老舍在青岛完成了长篇小说《骆驼祥子》,长篇小说《牛天赐传》《选民》《小人物自述》和中篇小说《月牙儿》《新时代的旧悲剧》《我这一辈子》相继连载;还发表了《赶集》《上任》《老年的浪漫》《毛毛虫》《邻居们》《善人》《断魂枪》等短篇小说,这些小说分别收在 1935 年 8 月出版的《樱海集》和 1936 年 11 月出版的《蛤藻集》中;另有《青岛与我》《青岛与"山大"》《五月的青岛》《画像》《鬼与狐》等二三十篇散文、杂文和 20 多篇以创作自述为主的文学评论文章,还有《〈论语〉两岁》《礼物》等诗歌、《战壕脚》等译作、演讲、报告、序跋等。

图 3-54 《骆驼祥子》初版本

老舍一直把《骆驼祥子》视为"重头戏",是写"给行家看的"且"最使我自己满意的作品"。[1] 1936 年为写作《骆驼祥子》,老舍从春到夏,不断收集资料,进行创作准备。从 1936 年 9 月 16 日起,《骆驼祥子》开始在《宇宙风》杂志第 25 期连载,至 1937 年 10 月 1 日第 48 期续完。[2] 老舍的《骆驼祥子》,实际是他"撕裂城市现代性的华丽外衣"建构的一个"被照亮了的城市底层劳苦世界"的印象。老舍的创作与国立青岛/山东大学所坚持的文学自由化取向是一致的,在内在精神上,老舍有审丑化倾向,更具平民情怀。

青岛时期的洪深进入了创作的高产期,他在教学授课工作之余对影剧事业其心恒恒如一。仅以 1935 年为例,洪深在青岛写作和发表的剧本就有独幕话剧《门以内》《多年媳妇》《汉宫秋》,九本有声片电影剧本《花花草草》(天一制片公司摄制),十一本电影剧本《时势英雄》(艺华影业公司摄制),九本电影剧本《新旧上海》(明星影片公司摄制);还有汉译德国表现主义剧作家格奥尔格·凯泽(Kaiser G)的剧本《煤气厂》(Gas),以及莎士比亚(Shakespeare)的《威尼斯商人》(The Merchznt of Venice)第五幕。此外,洪深有《电影戏剧表演术》《电影术语词典》《电影戏剧的编剧方法》等多部戏剧理论专著出版,他还为《中国新文学大系》第九集《戏剧集》撰写了《现代戏剧导论》。在中国现代文学史上,洪深"是作为戏剧文学家而被写上的"[3]。

---

① 老舍:《我怎样写〈骆驼祥子〉》,载《青年知识》第 1 卷第 2 期,1945 年 7 月。
② 张桂兴:《老舍年谱》,上册,第 167 页,上海文艺出版社,1997。
③ 洪钤:《洪深文抄》,第 381 页,人民文学出版社,2005。

当然,洪深在青岛影响最大的作品是电影《劫后桃花》的创作。这个以洪家崂山祖产历史变迁为原型的故事,经过洪深《我的"失地"》和《"留得青山在"》两篇散文改编成电影文学剧本《劫后桃花》。剧本甫一发表即受到文学艺术界的关注。上海明星影片公司不惜耗费巨资,将其列为"1935年特级巨作"来拍摄,由张石川执导、胡蝶主演,以青岛花石楼为主要拍摄取景地,由此拉开了青岛为电影拍摄胜地的帷幕。洪深对中国影、剧艺术作出的贡献已成为宝贵的精神财富,载入了中华民族的文艺史册。①

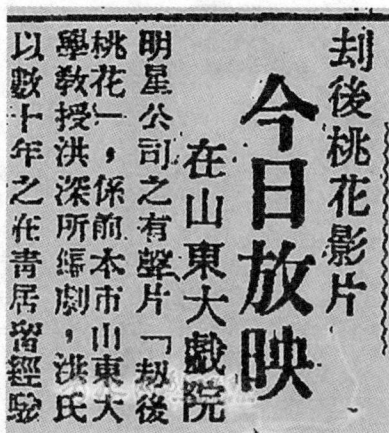

图3-55　青岛《劫后桃花》放映广告

国立山东大学教授作家的翻译文学成就斐然。除了梁实秋外,1933年9月任教外文系的孙大雨翻译了莎士比亚的《黎琊王》(《李尔王》)和罗伯特·勃朗宁(Browning R)的长诗《安特利亚·特尔·沙多》(Anteria Tul Sado)。孙大雨对英文诗歌形式(特别是莎诗的韵律)有精深的探求,一直用韵文体翻译莎诗,并创造了"音组"理论;而梁实秋则主张用散文体翻译,为此两人产生了严重的分歧。公平而论,孙大雨与梁实秋的观点具有形式和内容的统一性,相互兼顾和包容更有利于莎诗汉译。但由于孙大雨待人

图3-56　孙大雨

接物上的草率和与同人交往不甚友好的方式,导致他与梁实秋"只共事了一个学期就分手了"②。法文教授赵少侯任教青岛后,翻译了阿纳托尔·法朗士(France A)的历史题材小说,并就法郎士的法国民歌等论题撰文阐述,称颂这位荣获诺贝尔文学奖的高卢人。赵少侯还翻译出版了埃德蒙·阿普(Edmond About)的小说《山大王》(Le roi des montagnes)和莫里哀(Molière)的五幕喜剧《恨世者》(Le Misanthrope)。赵少侯的译作具有典型的学院派风格,绵密细致,老练精纯。赵少侯还与老舍合作在《北京晨报》副刊《文艺》上连载了未竟长篇书信体小说《天书代存》。赵少侯还结有诗集,他的《大风》《今晚》

---

①　中国电影家协会电影史研究部:《中国电影家列传》,第1集,第221页,中国电影出版社,1982。
②　孙大雨:《莎译琐谈》,载《中外论坛》1993年第4期。

图 3-57 周学普

《当我记起了你》《别后》《自责》等篇什,仍能看到"新月派"的影子。周学普则在德国文学翻译上颇有收获。周学普(1900—1983),字企明,浙江嵊县人,毕业于日本京都大学文学院,1934 年 8 月来青岛任教后,相继译出歌德(Goethe)的《浮士德》(Faust)、《铁手骑士葛兹》(Götz von Berlichingen)、《赫尔曼与陀罗特亚》(Hermann und Dorothen),其中 1935 年 8 月由商务印书馆出版的《浮士德》是中国第一个全译本;周学普还完成了《哥德对话录》(Gespräche mit Goethe in den letzten Jahren seines Lebens)的翻译。梁实秋、孙大雨、赵少侯、周学普等的努力旨在将翻译文学纳入译入国国别文学之中,特别是梁实秋、孙大雨、赵少侯因坚持"新月派"忠实、流畅、传神的译著路径,翻译本身即是中国新文学的探索过程。此外,罗玉君开启了《红与黑》(Le Rouge et le Noir)的翻译,显示出以心理分析见长的翻译特征。水天同在《人生与文学》《小雅》等杂志上发表诗歌及诗论文章。

2.臧克家、徐中玉、蔡天心等生辈作家的出众表现

身为第一届学生的臧克家,跟随闻一多学诗,从一个"嚼着"巴豆苦汁的"虫",走上了凝视社会和民生的现实主义诗歌创作之路。至 1933 年 7 月,臧克家的许多新诗在国内一些名刊名报上发表,逐步显露出卓尔不群的风格。作为初露头角的文学青年,臧克家很想出一本自己的诗集,但又苦于没有书店肯为一名在校大学生出书。闻一多、王统照、妻兄王筱房慷慨解囊,资助臧克家自费出版《烙印》。臧克家又把诗稿寄给在北平的中学同学李广田及李广田的朋友卞之琳,请求帮忙。卞之琳热情地为其跑书局,搞校对,设计封面。

《烙印》既是臧克家的处女作,又是成名作。这部诗集共有 22 首诗,里面没有闲情,没有绚烂的色彩,有的只是"用素朴的字句写出了平凡的老百姓的生活"①。正是从《烙印》开始,中国

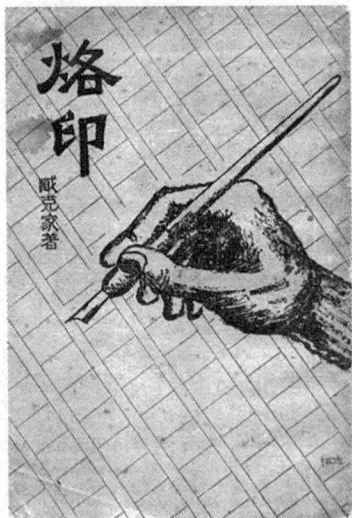

图 3-58 臧克家的诗集《烙印》

① 茅盾:《一个青年诗人的"烙印"》,载《文学》第 1 卷第 5 期,1933 年 11 月 1 日。

现代文学史才出现了有血有肉地反映农村和农民生活的诗篇。臧克家初登诗坛就表现出用生命写诗的特点，对闻诗及"新月派"产生了一种包容式的扬弃心理。他摆脱了个人格局，而与广阔的世界、时代和社会发展取得了情感上的联系，并在追求新诗民族性的同时，疏离了新诗区别于古典诗歌的审美现代性。①《烙印》甫一出版，就以强烈的艺术感染力吸引了评论界的目光。在最初的一两年里，《文艺月报》《现代》《益世报》《申报》《晨报》等报刊纷纷刊出评论文章。《烙印》出版后，臧克家又于 1934 年和 1936 年相继推出了诗集《罪恶的黑手》和《运河》。从青岛写作的《烙印》，到完成于青岛的《罪恶的黑手》，以及离青后不久出版的《运河》，这三部诗集代表了臧克家抒情诗的成就和特色，展现出现实主义诗歌艺术的实绩。

徐中玉的散文（小品文）在国立山东大学生辈作家中十分出众。徐中玉（1915—2019），江苏江阴人，1929 年入读无锡中学高中师范科，毕业后至县立澄南小学教书，1934 年考入青岛国立山东大学中文系。徐中玉对张煦、老舍、洪深等教授悠然忆念，他说："我很感谢当时这些老师们的看得出，感觉到的指导，同时受到的无形熏陶，也是无法替代，不可多得的。"②1934 年 12 月，徐中玉在胡适编的《独立评论》第 130 号上发表了散文《从江阴到青岛》，此后一发不可收创作了大量的小品文、小说、诗歌，分别在《大公报》《益世报》《宇宙风》《东方》等报刊发表。他还办起了两个报纸副刊。1936 年 5 月，徐中玉写下的一组以"绿色的回忆"为题的散文，包括《春风杨柳花开》《夏日海山归舟》《雾里黄昏槐影》等篇目，收录在国立山东大学《廿五年刊》。③ 有研究者统计，1934 年 9 月—1937 年 11 月，徐中玉在青岛共发表了 100 余篇文学作品。④

在国立山东大学生辈作家中，蔡天心的小说独树一帜。蔡天心（1915—1983），原名蔡国政，辽宁辽阳人，1929 年入读辽宁省立第一中学，九

图 3-59 徐中玉

① 姚家育：《臧克家对闻一多现代格律诗的接受与偏差——以诗集〈烙印〉为例》，载《求索》2006 年第 2 期。
② 徐中玉：《回忆我的大学时代》，载《学术界》2001 年第 3 期。
③ 《山大年刊》，存青岛市档案馆，档号：A001364-00004-00085/87。
④ 李莹：《从"益世小品"到"新地"——徐中玉国立山大期间文学活动转型研究》，载《现代中文学刊》2019 年第 2 期。

一八事变后因不愿进日伪学校接受奴化教育,而考入了沈阳私立文会高级中学,1935 年毅然离开沦陷区的家乡,流亡关内,考入国立山东大学。身为九一八后东北来青的学子,蔡天心自有一种流亡人的烙印。故土沦丧的锥心之痛和国破家亡的现实阴影,将他对个人的生活关注提升到对整个民族命运的感受和体验的高度上来,蔡天心希望"用微弱的声音,唤起同胞们的爱国热情",愿"把自己的青春和声名,献给抗日救国的伟大斗争"。[①] 1935 年 12 月,蔡天心完成了 3 万多字的中篇小说《东北之谷》,之后又于 1936 年写出了反映东北人民抗日活动的中篇小说《山村父女》。蔡天心的小说丢弃了关内作家的优雅心境,超出青岛小说家和读者的经验范畴,为 20 世纪 30 年代的青岛文学带来了血与火交织的激昂文字。此外,生辈作家柳乃瑞、郭根、周小鸥、赵瑞蕻、唐月萱等也有尚佳的文学表现。

还值得写一笔的是,1935 年夏,国立山东大学洪深、老舍、赵少侯、水天同、吴伯箫、臧克家等师生与王统照、王余杞、王亚平、杜宇、李同愈、孟超、西蒙等"相识的人,聚集在青岛",依托《青岛民报》副刊合办的《避暑录话》,带着强烈的时令色彩在青岛文坛落地。这份同人性周刊从 7 月 14 日至 9 月 15 日共出刊 10 期,发表小说、散文、诗歌、随笔、文评、译文等各类文体作品 67 篇。其中,国立山东大学的洪深、老舍各 9 篇,吴伯箫 4 篇,赵少侯、臧克家各 3 篇,水天同(斵冰)2 篇,占全部作品的 45%。老舍曾言,《避暑录话》是青岛文坛同人"向文海投了块小石,多少起些波圈,也正自不虚此'避'"。[②] 其实,这颗"小石"激起的"波圈"超出了青岛文坛的范围,不仅外埠《庸报》《国闻周报》等报道了《避暑录话》的消息,《避暑录话》合订本还在天津、上海、北平、济南、绥远、太原代销,其影响力不止是岛城夏夜划过的流星。

3.张煦、姜忠奎、丁山等文史宿学的理论魅力

张煦在国立山东大学任教期间致力于文字学研究,于 1934 年出版了《〈玉篇〉原帙卷数部第叙说》。《玉篇》是南朝梁顾野王奉敕编纂的中国第一本楷书字典,是继东汉许慎《说文解字》之后的又一部重要的字书,在释义上第一次增加了大量训释和书证,启发了后世的辞典编纂。因《玉篇》具有重要的学术价值,引起学界的研究兴趣,历代学者在版本流传、整理校勘、文字音韵、与其他文献的关联等领域多有论述。张煦根据《篆隶万象名义》得出原本《玉篇》部首编纂的特点,是民国学人最有影响力的文字学研究成果之一。

当然,张煦在青岛时期更具影响的是藏文字研究。清末民初以来,由于西部

---

① 蔡天心:《东北之谷》,第 94 页,辽宁人民出版社,1959。

② 老舍:《"完了"》,载《青岛民报》副刊《避暑录话》第 10 期,1935 年 9 月 15 日。

边疆危机刺激国人关注西陲,在西方对中国边塞古地研究遥遥领先的压力驱使下,张煦受陈寅恪等学者的影响,顶住家人和朋友"丢了现成的铁不打而去挖矿"的责难,在这一难见成效的研究领域,以"于世界学术界争一立脚地"的民族意识,立志编纂一部藏汉辞典。1934年蔡元培来青小住期间,张煦曾往其寓所拜望,并报告了沟通藏汉文化的研究情况。蔡元培在日记中写道:"怡荪用力至勤","曾请喇嘛庙堪布某君住寓中,向习蒙文,现山大学生中,就怡荪习蒙文者凡十人,每晨自六时至十时,星期日亦不间断"。① 蔡元培还得知张煦"自英文及日文各译藏文辞典一部,尚未印"②。1934年9月19日,蔡元培偕夫人周峻专程"答访"张煦、王振求夫妇。1937年,张煦编成《藏汉集论词汇》,紧接着又完成《藏汉语对勘》《藏汉书牍轨范》和《汉藏语汇》。历经半个世纪艰苦曲折的磨难,1985年7月在张煦85岁那年,由他主编的350万字的《藏汉大辞典》由北京民族出版社出版。张煦在藏语辞书编纂、选词、释义、引例等方面均超过一直被国际上奉为权威辞书的《藏英辞典》,实为藏族文化史上的壮举。

姜忠奎以研究《说文解字》名重一时,并在文字学、词汇学、经学、文学史等学科学术领域建树颇深。1934年10月,姜忠奎将其所著《说文转注考》赠予蔡元培,为此蔡元培在日记中写了一大段《说文解字》转注的考释,以"老""考"两字对举,与"上""下","日""月","武""信","江""河","令""长"同例,认"考,老也"与"老,考也"之互训不能成立。由此,蔡元培感到姜忠奎的考证"可谓新发现"。③ 在语言文字领域,闻宥的研究论文有《论字喃之组织及其与汉字之关涉》(1933)和《论爨文丛刻兼论罗文之起源》(1936)。

丁山受"古史辨"派的影响,在国立山东大学任教期间开始研究古代神话与民族问题,著有《由齐侯因脊敦铭黄帝论五帝》(1933)、《宗法考源》(1933)、《辨殷商》(1934)、《由三代都邑论其民族文化》(1935)等论文,借助甲骨金文史料与文献记载互证,运用音韵学、文字学和比较语言学的方法,重建上古自然崇拜和神灵体系。④

国立山东大学生物学系主任刘咸在民族学领域多有涉猎。1934年11月2日蔡元培亲访刘宅,观赏其从海南岛搜集的黎族人物品。黎人"以竹为契,记债务",这种约定俗成的符号比起文字毫不逊色,且有严格的计量单位。蔡元培怀着探究的心境在日记中写了一大段话:短者以欠债者"中指近尖两节之长"为长度界限,大约"每线记一圈";长者以欠债者"自中指尖至肘之长"为长度界限,以

---

①②③ 《蔡元培日记·一九三四年》,载《蔡元培全集》第16卷第353、341、341页,浙江教育出版社,1998。

④ 刘宗迪:《丁山的神话研究》,载《民俗研究》2016年第6期。

"十线为一段落",凡两段,约值 500 元,"其下刻短线记零数,再下画较长之线四,记牛四头"。① 壮侗语族黎语支同样是汉藏语系之一脉,都是民族智慧的结晶。据悉,1934 年黄星辉在青岛任职期间出版了《普通图书编目法》。

黄际遇数理精通、文采绰约,并具深厚的书法、棋艺、体育等艺道学养。黄际遇是民国现代高等数学教育的元老,早在留学日本时就大量译介《几何学》《高等微积分》《近世代数》等数学教材。黄际遇著有多部数学论著,《Gudermann 函数之研究》既有早期河南中州大学数理学会的讲稿,又有 1932 年在国立山东大学数理学会的讲稿,他的《定积分一定理及一种不定积分之研究》据旅美数学家陈省身称,是"继牛顿、布莱尼茨发明的导数、积分的概念和运算法则之后的又一大发明,它对 20 世纪初叶的航海、天文学、力学的发展,做了杰出的贡献,故被称为世界科海一青灯"②。在青岛任教期间,黄际遇经常应邀出席全国数学、物理学、天文学学术研讨会,还担纲北京大学等高校数学理论讲学。

黄际遇于韵文尤多深究,出口成章俯拾皆丽句,楹联意高文雅。1931 年初夏,黄际遇与闻一多、方令孺等结伴游崂山"三宿而还",对崂山的一亭一寺、一诗一文都有研究。1934 年 11 月 1 日黄际遇宴请来青小住的蔡元培,据悉二人甫一见面即做起对子。黄际遇出:"君居古都帝皇之居。"蔡元培对:"子住岛上神仙之宅。"③迅即应答且对仗工整,语惊四座友朋。黄际遇尤长骈文,"文以词章为最难,词章又以骈文为最难。抽象缀藻,于斯为至"。他给国立青岛/山东大学文科学生讲骈体文,仰容甫、北江之遗风,摒弃齐梁之浮丽,气象雍容,讲解精警。听黄际遇的骈体文授课,实为一种享受。黄际遇还有写日记的习惯,数十年如一日,留存下来的共计 43 册,其中包括任教国立青岛/山东大学时的《万年山中日记》24 册、《不其山馆日记》3 册。他的日记就摊在桌上,不避人窥视,梁实秋曾披览数页,深为折服。黄际遇的日记,内容不拘一格,"凡各种科学、文艺理论,多笔之于中";其形式主要用文言文,亦散亦骈,有不少异体字和通假字,偶尔还夹有英文、日

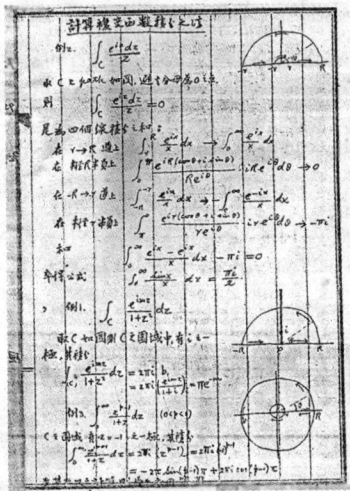

图 3-60 黄际遇日记(局部)

① 《蔡元培日记·一九三四年》,载《蔡元培全集》第 16 卷第 341 页,浙江教育出版社,1998。
② 陈训先:《博学鸿才真奇士 高风亮节一完人——记现代著名学者黄际遇教授》,载《岭南文史》2010 年第 2 期。
③ 蔡溶川:《黄际遇年表》,载《韩山师专学报》1993 年第 4 期。

文、德文等。蔡元培曾说:"任初教授日记,如付梨枣,须请多种专门者为任校对。"①黄际遇的日记是其全部学术生涯的另一个范畴。

另外,作为民国时期的宪政学人,杜光埙曾在 1931 年任教国立青岛大学期间翻译了美国学者麦克班(McBain)和罗杰斯(Rogers)合著《欧洲新宪法》(*The New Constitutions of Europe*)的绪论及前 8 章,题《宪政制度之新问题》为书名交商务印书馆出版。在国立山东大学,杜光埙关于政治制度与宪政的学术研究始终未辍,他在《东方杂志》第 32 卷第二号发表的《关于冈田组阁的几种政治制度问题》,文末注有"二十三年十二月十五日于青岛,东山"字样。

二 王恒守等的自然科学研究与校内外学术报告会

国立山东大学理科教授的理论研究同样令人刮目,王恒守、童第周等的论文博得国内外理论界的好评,多名理科学子在国内相关赛事中获奖。同时,国立山东大学利用青岛优越的区位优势,相继承办中国物理学会、工程师学会等全国或地区性学术年会,一些应邀来青讲学的专家和校内的"纪念周"演讲、晚间公开演讲浓厚了学校的理论研究氛围。

1.王恒守、童第周等的学术论文与理科学子的参赛成绩

王恒守任教青岛时,正是原子物理学、量子力学等物理学科新领域在世界范围内兴起和加速发展的时期,因中国相关研究者十分贫乏,王恒守迅速投入量子力学研究,先后在几个有影响的科学学刊上发表了《从相对论到量子力学》《由 Schrödinger 之波动力学推求 Dirac 在连续光谱上所运用之 $\delta(\lambda\mu)$ 函数》《近二十年原子物理学之演进》等论文,重点介绍了普朗克(Planck)、爱因斯坦(Einstein)、德布罗意(De-Broglie)、海森伯(Heisenberg)等的研究成果,成为中国最早传播量子力学的学者之一。[②] 王恒守的研究视角还进一步深入宇宙射线、正电子、人工放射性等前沿领域,为新兴物理科学在中国的发展作出了贡献。

图 3-61 国立山东大学海洋藻学实验室

---

① 高平叔:《蔡元培年谱长编》,下册(2),第 170 页,人民教育出版社,1998。
② 段菲菲、尹晓冬:《王恒守的科研和教育生涯》,载《物理通报》2014 年第 6 期。

　　童第周在实验胚胎学、细胞生物学和发育生物学的研究方面成果斐然。1936年,童第周做胚胎实验时发现一个两头蛙卵,培养后竟长成双头青蛙蝌蚪。[①] 童第周通过实验证明,双头青蛙并非精虫穿入所致,而在于卵子本身。这一结论纠正了比利时人卢克斯(Roux)、布拉舍(Brachet)的理论偏差,开创了中国的胚胎学。林绍文在青岛、烟台和崂山收集到300多个十字水母标本[②],对这一生活在南、北极寒带海域多附着在海藻上的十字水母进行研究,所撰写的《中国十字形水母之研究》填补了海洋生物领域的空白。曾呈奎则对渤海、黄海、东海和南海的底栖海藻进行调查,开展中国海藻资源和分类区系研究,最终发现了几十个新种、几个新属、一个新科和一门藻类。

图3-62　1934年曾省(后排中)与中华海产生物学会青岛组同人

　　此外,国立山东大学一些教授频频受邀参加教育部和国内各高校学术会议。例如:1934年10月,教育部聘刘咸任比较解剖学术语名词审查委员会委员[③];1934年12月,汤腾汉被推选为中国科学化运动协会总干事[④];1935年1月,中山大学文史研究所决定聘请姜忠奎为名誉编辑;1936年6月,李珩应中国日食观测委员会的邀请,赴苏联远东城市伯力(哈巴罗夫斯克)观测日全食,研究有关太阳的物理状态和化学组成,为1941年9月中国的日全食观测做经验准备。

　　无疑,教授的科研成就必然启发学子的研究热情,国立山东大学理科学生在全国物理、生物、化学等学科竞赛中多次斩获奖项。1934年中华文化科学馆举办生物学考试竞赛,全国各国立大学可选4名学生参加,最终有30余人获奖,国立山东大学选送的4名学生全部获奖。其中,张奎斗获特等奖(奖金100元),庄孝僡获甲等奖(奖金60元),高哲生和刘萃杰获乙等奖(奖金40元)。[⑤] 1935年

---

① 《童第周教授研究两头蛙卵》,载《国立山东大学周刊》第152期,1936年5月11日。

② 周太玄、黄明显:《中国产十字水母》,载《生物学通报》1957年第7期。

③ 《教部聘刘咸教授为比较解剖学术语名词审查委员》,载《国立山东大学周刊》第87期,1934年10月8日。

④ 《校长汤主任被选为中国科学化运动协会干事　并推定汤主任为总干事》,载《国立山东大学周刊》第97期,1934年12月17日。

⑤ 庄孝僡:《对母校的一段回忆》,载樊丽明、刘培平主编《我心目中的山东大学》第45页,山东大学出版社,2005。

中华文化科学馆又举办物理学考试和征文两项竞赛,规定全国各公、私立大学可选 3 名学生参加物理学考试,2 名学生(含助教)参加征文比赛,国立山东大学选送的 5 人全部入选。①

2.全国、区域性学术年会与知名学者的学术报告

一如国立青岛大学时期多次承办全国学科年会,国立山东大学承办的全国和区域性学术年会接连不断。1933 年 8 月 24 日—31 日,中国经济学社第十届年会在青岛举行,国立山东大学是主会场。出席会议的有来自全国政、学、商各界名流马寅初、甘乃光、彭学沛、周作民、陈光甫、梁漱溟等,马寅初以中国经济学社社长的身份致开会辞,青岛学界、工商界及“各机关团体领袖列席观礼者数百人,盛极一时”②。青岛年会以“中国经济改造”为主题,共收到社员论文 23 篇,国立山东大学因无经济学专业和研究人员,未向年会提供论文。年会期间,马寅初发表了《复兴农村的途径》的演讲,梁漱溟做了《解决中国经济问题之特殊困难》的发言,史量才因事未能与会,也提交了题为《太平洋如发生不测,吾国沿海各省经济应如何保证》的议案。中国经济学社作为中国经济学界的中心组织,彪炳发展中国经济学术和改进中国现实经济,其学术思想居于民国经济学界的主流。在闭会式上,马寅初提议中国经济学社与中国统计学会合组成立中国社会科学研究委员会,原中国经济学社的研究委员会同时取消。

1935 年是国立山东大学承办全国和区域性学术年会比较集中的一年。是年 3 月,文化建设协会青岛分会假国立山东大学举行成立大会,推举赵太侔为主席,洪深等被推为评议员。③ 这是中国本位文化建设运动的产物,折射出的是中国文化界、思想界“民族文化复兴的保守主义思潮和在亡国灭种危机逼迫下全盘西化观念的矛盾对立”,其思想广度和深度为中国近代思想史所少有。5 月,中国工程师学会假国立山东大学礼堂开会,德国工程师柏克应邀做了《世界港湾》的学术报告。

1935 年 9 月 3 日—5 日国立山东大学承办的中国物理学会第四次年会,既是中国物理学会史上的一次重要会议,也是国立山东大学展示物理学科研成果的良好时机,本校师生提交 5 篇学术论文④,几占全部 42 篇论文的 1/8。较其他

① 《物理系学生获得第二届中山奖学金　物理学考试竞赛及征文两部　本校选送与应征者均已获选》,载《国立山东大学周刊》第 121 期,1935 年 6 月 24 日。

② 徐兆苏:《中国经济学社第十届年会纪实》,载《经济学季刊》第 4 卷第 4 期,1933 年 12 月。

③ 《文化建设协会青岛分会在本校开成立大会》,载《国立山东大学周刊》第 106 期,1935 年 3 月 11 日。

④ 《中国物理学会在本校举行年会补志　王恒守主任担任筹备长　本校师生提出论文五篇》,载《国立山东大学周刊》第 124 期,1935 年 9 月 23 日。

图3-63　1935年中国物理学会第四次年会代表合影

全国学科性专业学术团体，中国物理学会十分年轻。1932年在清华大学召开了第一次年会之后，1933年和1934年分别在上海交通大学、南京金陵大学举行了第二、三次年会，到1935年国立山东大学承办的第四次年会，会员发展到197人。蔡元培及李书华、严济慈、叶企孙、丁燮林等全国物理学界人士共计40人出席。会前，蔡元培于8月31日来到国立山东大学与赵太侔、王恒守及抵青不久的严济慈商谈年会事宜，由王恒守任此次年会主席。① 9月1日晚，赵太侔、俞珊夫妇在"顺兴楼"招待与会代表。5日上午，青岛市长沈鸿烈出席开会式，会上展出的由中央研究院物理研究所新研制的高中物理仪器，为青岛理科教学视野的开阔和质量的提升带来了难得的机遇。中国物理学会青岛年会期间，推举叶企孙为会长，推选杨肇燫、饶毓泰、张绍忠为评议员，以接替任期届满的李书华、吴有训和丁燮林。有意思的是，杨肇燫和丁燮林后来都应聘到国立山东大学。

此外，国内高校知名学者纷纷莅青做高端学术报告。例如：1935年4月12日，北京大学法学院教授陶希圣莅临国立山东大学，发表了《中国社会经济史概说》②；1935年5月13日，教育部督学钟道赞在国立山东大学做了《职业教育问题》的报告；1935年6月12日，北京大学化学系主任曾昭抡应邀做了《谷氨酸化学》(*The Chemistry of Glutamic Acid*)的报告，据悉"阐述均极详尽，观众大感兴趣"；1935年12月1日，王统照以新文艺作家的身份应邀做了一次题为《悲壮精神与文学的表现》的学术演讲。③ 1932年9月南开大学校长张伯苓受反内战大同盟的委托，为调解山东韩复榘与刘珍年之间爆发的武装冲突，于28日应邀赴国立山东大学参观并讲演，在讲演中，张伯苓就调解韩、刘冲突的使命、过程、结果做了陈述；山东省教育厅厅长何思源则于1935年5月25日发表了题为《从山

---

① 王士平：《中国物理学会史》，第26页，上海交通大学出版社，2008。
② 《北大教授陶希圣来校讲演　讲题为中国社会经济史概说》，载《国立山东大学周刊》第111期，1935年4月15日。
③ 《国文学会举行学术演讲　主讲新文艺作家王统照先生　讲题悲壮精神与文学的表现》，载《国立山东大学周刊》第135期，1935年12月9日。

东地方教育说到山东大学》的演讲①。考入德国柏林大学攻读博士学位的王普，将柏林物理学院的设施及教学概况撰成文字并制成图片发回学校，《国立山东大学周刊》自 1936 年 5 月 4 日第 151 期起，连续 3 期腾出版面予以刊载。

3.广泛的"纪念周"普通演讲与晚间学术演讲

国立山东大学延续了青大时期利用"纪念周"举办学术演讲的传统，自 1932 年 10 月便由秘书长吴之椿开始第一讲。② 之后，各学院、学系教授和讲师纷纷登台演讲。1934 年 10 月新学年开学后，赵太侔对全体师生提出改进"纪念周"演讲办法，他说：

> 本校每周普通学术演讲，虽是由各系诸位先生担任，所讲者不免偏于个人所学；但这种既非专门的演讲，纯是一种普通的知识，无论哪系的同学都应该来听。从前，每次讲演者定有次序表，先行公布，因此遇到某系的先生讲演时，听讲者必为那系的同学为多，他系的同学到者很少。为补救此种缺憾，本学期就不把讲演者预先公布。临时到这里来报告，如此，听讲的人就容易普及些。③

校内演讲办法的改进，进一步打破了学科壁垒，拉近了师生距离，又与时事政治有机联系。据悉，洪深在以"怎样做一个有用的人"为题发表的演讲中，"首叙国际大势，对于英、美、法、德、意、日、俄诸国关系，以及我国直接间接受到之影响，申述极详。次述国内现状，水旱灾后、农村困苦情形。最后勉诸同学，处此艰危时代，各人应忠于所学，以备来日为国报效云云"④。洪深的演讲从使命立意，主张不计较个人的利益，无畏地担当责任，鼓励学生要有宏大的气魄和使命感。据不完全统计，汤腾汉做过 10 多次讲演，任之恭一年内做过 6 次演讲，王淦昌 2 年半做过 8 次讲演。从演讲的主题看，有政治时事类的，如老舍的《中国民族力量》（1934 年 10 月 22 日）、张煦的《中华民族之伟大性》（1934 年 12 月 31 日）、游国恩的《复兴民族的先决条件》（1935 年 6 月 24 日）、余立基的《学术救国》（1935 年 10 月 21 日）⑤；有学科知识类的，如王文中的《化学与人生》（1934 年

---

① 《鲁教育厅何（思源）厅长莅临讲演　题为从山东地方教育说到山东大学》，载《国立山东大学周刊》第 117 期，1935 年 5 月 27 日。
② 《吴秘书长之椿讲演盛况》，载《国立山东大学周刊》第 2 期，1932 年 10 月 17 日。
③ 《十月十五日纪念周》，载《国立山东大学周刊》第 89 期，1934 年 10 月 22 日。
④ 《洪深先生作普通学术演讲　讲题为怎样做一个有用的人》，载《国立山东大学周刊》第 89 期，1934 年 10 月 22 日。
⑤ 《十月二十一日纪念周　余立基先生讲"学术救国"》，载《国立山东大学周刊》第 129 期，1935 年 10 月 28 日。

11月19日)、李珩的《宇宙之一瞥》(1935年1月14日)、萧津的《战争时期之交通》(1936年1月13日)、曾呈奎的《生物之起源》(1936年4月27日);有生活常识类的,如吴柳生的《关于住宅的常识》(1934年12月3日)、周学普的《机械与艺术》(1935年4月29日)、耿承的《学校生活与职业生活》(1935年5月27日)、陈传璋的《大学生读书之目的与态度》(1935年11月11日);也有参观考察类的,如刘咸的《牛津大学之学校生活》(1934年11月26日)、周承佑的《春假参观本市工业之感想》(1935年4月22日)、金辂章的《土地村公有之检讨》(1935年10月28日)[①]、赵韵臧的《欧洲见闻之杂感》(1936年3月30日),等等。

除了"纪念周"普通学术演讲,国立山东大学还适时举办晚间演讲。因洪深是中国电影开拓者,青岛又是中国最早感受电影魅力的城市,山大学子热望听到洪深更多深获人心的见解。1934年12月8日晚,洪深应中文系学生之邀,在山大科学馆做了一次题为《有声电影》的公开演讲。据载,"到有听众二百余人。洪先生对于有声电影之发明,及其构造之原理,均阐发精详,并做种种图解,以资证明,听众颇感兴趣"[②]。1935年12月14日晚,化学社举行学术演讲会,主讲者王祖荫讲师带来的《立体化学》,从三维空间揭示分子的结构和性能,清晰地讲述了化合物分子由于原子的空间排列以及空间关系不同而形成的不同影响。1936年5月9日晚生物学会聘请秦素美讲师所做的《脑下垂体之最新研究》学术演讲[③],则将位于脑下方如豌豆大小的脑垂体,以及脑下垂体分泌的激素与激素在人体中的作用解析得条理分明。这些讲演既有追踪学术前沿的新理论,又有贴近师生生活实际的新见解,生动有趣,广受欢迎。

三 《励学》《科学丛刊》等自办期刊与校园社团活动

国立山东大学创办了多种期刊,《励学》《习斗》《文史丛刊》《科学丛刊》等及徐中玉的《益世报》副刊营造了良好的校园文化环境。同时,国文学会、物理学会、生物学会、工程学会、化学社等课余学科组织及话剧社、戏剧团等校园社团十分活跃。丰富多彩的大学社团活动为学科爱好者提供了展示才华的平台,自办期刊则是青岛学术史和期刊发展史的历史见证与精神财富。

1.《励学》等自办期刊与徐中玉的《益世报》副刊

---

① 《十月二十八日纪念周 金辂章先生作普通学术演讲 讲题为"土地村公有之检讨"》,载《国立山东大学周刊》第130期,1935年11月4日。

② 《洪深教授作公开演讲》,载《国立山东大学周刊》第97期,1934年12月17日。

③ 《生物学会举行学术演讲 主讲者讲师秦素美先生 讲题脑下垂体之最新研究》,载《国立山东大学周刊》第152期,1936年5月11日。

事实如此,国立山东大学自办期刊影响较大、成绩较为显著者是《励学》和《刁斗》。《励学》是1933年12月国立山东大学学生团体"励学社"的期刊。这个最初由弓英德等4名学生经办的半年刊,分文史和科学两部,刊载本校师生的文章,以学生的作品为主,并鼓励不同思想争鸣。赵太侔为刊物作序称:

> 我希望同学们努力使这刊物负起阐扬文化的使命等等。但如果这使命不是包办性质的话,则凡属学术刊物自然都负担一部分,似不待言,更不须印在前面给别人看。学术论著不外是学术研究的记录,有此记录而后有继续研究讨论之凭藉,而后有更进一步之研究记录,文化生命之延续及拓展确系于此。从学术团体本身来说,学术刊物又有其特别功用,它不仅报告社员的研究,而且催动着每个社员研究的努力。因为学术论著不仅是研究的结果,而常是研究的动力,有时作论著即是作研究,论著和研究多半分不开。所以我们可以说,因了有此刊物,而同学们的学业将益加精进。我个人觉得此点应特别置重,其价值反不在乎外求。[①]

《励学》得到众多教师的支持,由于"经费所限,一再延期",不少教授"慨予捐助",其创刊号刊载的《本社鸣谢启事》所开列的名单就有赵太侔、游国恩、萧涤非、任之恭、李珩、杜光埙、汤腾汉、张煦、曾省等26位教师的名字。老舍等一些教授或帮助审阅、修改文章或在刊物上发表文章予以支持。《励学》为铅印横排16开本,每期二三百页。社会科学方面的研究成果主要以古典文学、训诂学等研究为主,自然科学方面包括植物水产学等文章。童第周曾在第三期上发表了《发生学上三种不同之卵子》的文章[②],臧克家的作品《都市的春天》于1934年6月发表在《励学》第二期上。《励学》的影响力不断扩大,逐渐引起国内学术界的重视,傅斯年在中央研究院1936年《历史语言研究所集刊》第六本第四分册《谁是〈齐物论〉之作者》一文中对《励学》刊发的文章予以褒奖。《励学》自1933年12月持续至1937年,成为民国大学生刊物史上的一段佳话,以至蜚声海外,颇受一些外国图书馆的重视。

1934年1月1日创刊的《刁斗》,是国立山东大学外文系三年级学生宋默庵、郭根等7人出刊的文学期刊,主要刊载小说、诗歌、散文、戏剧、评论和翻译作品。《刁斗》为16开本,原定为季刊,但后来刊期不定,第一卷第二期5月1日出刊,第三期延迟到11月1日,第四期又提前至12月15日,1935年4月1日出刊

---

① 赵太侔:《励学序》,载《励学》第1期,1934年1月。

② 《励学第三期已出版　内容较前两期尤为丰富》,载《国立山东大学周刊》第115期,1935年5月13日。

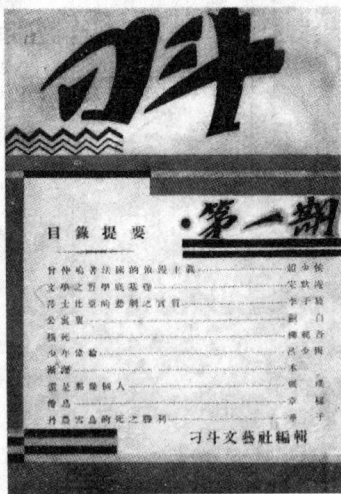

图 3-64　文学期刊《刁斗》

了第二卷第一期。《刁斗》在《发刊词》中表明，"内心底表现,便是我们刊印这个刊物的终极的旨趣","忠实于人生,忠实于艺术,是我们写东西时所持的态度;换句话说,就是我们不以成见来看东西,也不以偏见来诠释那掇拾了来的人生现象"。①《刁斗》的第一卷第一期开头是宋默庵、李子骏的评论文章,之后是 5 篇小说。柳辑吾(乃瑞)的《横死》,主人公是一个上过几天学堂的农民,曾为乡亲免受兵匪糟蹋尽力,最后却死在愚昧乡亲组织的红枪会的枪口下。剑白的《公寓里》,一个记账的佣工、一个厨房烧开水的伙计都对索要车费的车夫缺少同情,但他们都没有逃脱失业的结局。木的《淅沥》写一个雨中上街拉车的车夫为妻儿挣口饭吃,遭受饥饿、疲劳和警察追打,倒在地上再也没有起来。《少年伟纶》和《倦鸟》描写的是青年人爱情与婚姻的纠葛痛苦,表现了婚恋的复杂性和多面性。《刁斗》的出刊补充了文学期刊的空缺,记录了国立山东大学文艺思潮与创作的真实面貌,特别是关注现实,表现社会底层、市井人物进入了书写视野,当然作品的青涩是显而易见的。

　　与其他国立大学或教授或学生专属性的期刊不同,《刁斗》是国立山东大学师生合作的文学刊物。首先,教授赵少侯是《刁斗》的常客。第一期的文学评论《曾仲鸣著法国的浪漫主义》出自赵少侯之手,第二、三、四期刊有他翻译的评论《法郎士的真面目》《罗曼罗兰评传》《法郎士论法国古代民歌》和法郎士的小说《巴格节的红鸡蛋》。赵少侯的诗作结集为《马首集》,《刁斗》第四期有他的《〈马首集〉序》,幽默调侃,别有意趣。老舍的《我的创作经验》刊发在《刁斗》第四期。老舍说:"假若我要有别的可说,我一定不说这个题目。"但是,"不管好坏,经验是我自己的,我要不说,别人就不知道;这或者也许有点趣味"。老舍坦言:"到了英国,我就拼命的念小说,拿它做学习英文的课本。念了一些,我的手痒痒了……想起过去几年的生活经验,为什么不写写呢?""我写的不多,也不好,可是力气卖的不少","玩意是假的,力气是真的"。②《刁斗》第二卷第一期有老舍的书评《读巴金的〈电〉》。此外,周学普翻译歌德的《牢狱》发表在《刁斗》第四期,这是摘译《浮士德》之一景;第二卷第一期列宁的《作为俄国革命之

---

　　①　《〈刁斗〉发刊词》,载《刁斗》第 1 卷第 1 期,1934 年 1 月 1 日。
　　②　老舍:《我的创作经验》,载《刁斗》第 1 卷第 4 期,1934 年 12 月 15 日。

镜的托尔斯泰》，也系周学普所译。梁实秋的译文《阿迪生论幽默》发表在《刁斗》第二期上。

　　1934 年 5 月创刊的《文史丛刊》是文科类学术性刊物，由国立山东大学出版委员会编辑，出版课发行，主要刊载本校教授的研究成果。第一期刊有丁山的《辨殷商》、彭仲铎的《汉书佚注叙例》、胡鸣盛的《定安先生年谱》、游国恩的《离骚后辛菹醢解》、黄际遇的《潮州八声误读表说》、姜忠奎的《说文四十一声旁转数目总表》、张煦的《玉篇原帙卷数部第叙说》，还有 3 篇外文著述，分别是李茂祥的《温莱希·海因·莱塞》(*Wenn lch Heine Lese*)、赵少侯的《阿纳托尔·法朗士》(*Anatol e France Déhguré*)、梁实秋的《埃德加·艾伦·普切的文学批评》(*Literary Criticism of Edgai Allan Pce*)。此外也刊发外校来稿，如胡适的《记北宋本的六祖坛经》即刊登在《文史丛刊》的头题位置。《文史丛刊》刊发的文章理论水平高，不少是国立山东大学教授的代表性作品，大都收入个人文集。只是《文史丛刊》仅出刊一期即告终。

　　1933 年 1 月创办的《科学丛刊》是国立山东大学理科类学术期刊，由上海科学图书仪器公司印刷，黄际遇、曾炯、汤腾汉、曾省、宋鸿哲、郭贻诚、秦素美、沙凤护等教员都在此刊发表学术文章。《科学丛刊》的作者既有教授、讲师，也有高年级学生。例如：第一期收录的 19 篇文章中，就有化学系学生赵幼祥、罗瑞麟、曾在因、王葆华的实验报告，以及生物学系学生张奎斗、萧庆恒、任树棣、高哲生的论文。《科学丛刊》第二期于 1933 年 7 月出刊，容量足足超出第一期的 2 倍，只是第二期后也告停刊。国立山东大学的自办期刊反映出民国大学自治、学术自由这一现代大学制度的基本特征，尤其是学生参与其间，不仅激发了学习兴趣，还可有效提升学生发现、分析和解决问题的能力。但是，《文史丛刊》与《科学丛刊》均昙花一现，缺乏学术期刊的韧性和持久力。

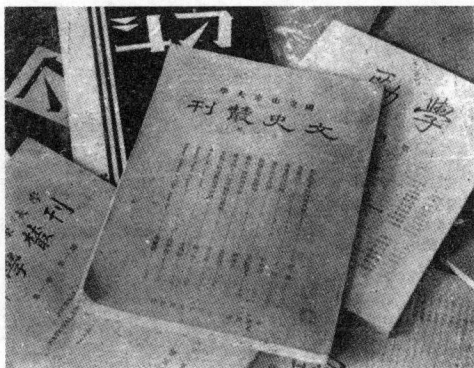

图 3-65　国立山东大学出版的期刊

　　特别值得写一笔的是徐中玉编辑的《益世报》副刊《益世小品》。[①] 徐中玉因频频向天津《益世报》副刊《语林》投稿，深得主编吴云心的欣赏，1935 年 3 月吴

---

　　① 李莹：《从"益世小品"到"新地"——徐中玉国立山大期间文学活动转型研究》，载《社会科学文摘》2019 年第 4 期。

云心邀请徐中玉每周编辑一期《益世小品》。3 月 24 日,徐中玉主编的《益世小品》在天津《益世报》正式创刊。徐中玉在编辑中,约请国立山东大学及青岛文学艺术界名流,包括老舍、洪深、王统照、臧克家、吴伯箫、杜宇、王亚平、李同愈、西蒙、孟超等撰稿,繁荣了青岛的文学创作。《益世报》作为中国北方仅次于《大公报》的第二大报,竟然放手聘请徐中玉这位素不相识的大一学生"不仅业余,而且异地,每周一期的稿子,都是从青岛寄到天津发排"①,这既体现了报人吴云心的气度,也显示出徐中玉非同一般的写作、编辑和组织能力。此外,有关社团还办有一些随报发行的专刊。例如:"素丝社"的《素丝》周刊随《山东日报》发行,"征程社"的《社会与文学》周刊随《青岛晨报》发行,"潮音社"的《潮音文艺》周刊随济南《民国日报》发行,"文刊社"的《文刊》周刊随《青岛民报》发行。1935 年 10 月,化学系学生借助《青岛时报》每周四出刊一期《科学常识》;理学院学生则在《青岛民报》每星期三出刊《大众科学》。②

3.国文学会等学科社团与洪深指导的话剧社

国立山东大学的学科社团活动不仅延伸了课堂教学,而且活跃了课余生活。学科课余组织有国文学会、外文系研究会、数学会、物理学会、生物学会、工程学会、国际问题研究会、化学社等,文艺社团有话剧社、戏剧团、歌咏队等。

1935 年 10 月 8 日,中文系国文学会成立,朱瓒高为主席,顾宝荃、徐中玉等 7 人为各股干事。1936 年 9 月国文学会改组,徐中玉、陈锡恩、王世桃、蔡天心、狄克东、许白凝、吴绪 7 人当选年度干事,因徐中玉得票最多而当选临时主席和常务。改组后的国文学会分为新文学、经学、诸子、诗词、语言文字等分会。其中,由徐中玉担任干事的新文学分会联络孟超主编的《青岛民报》副刊,创办了文学周刊《新地》。③ 几乎与国文学会同时,1935 年 10 月,数学系在新学年进行的迎新会上决定成立数学会,将此前成立的数理学会分解。为纪念徐光启 300 周年诞辰,1933 年 11 月数理学会曾举办"纪念祭",数学和物理学两系全体师生到会,赵太侔、杜光埙、李珩、赵铭新等出席。据史料记载,1934 年 11 月外文系研究会成立,李子骏等 5 人当选理事。物理学会成立于 1932 年,1935 年 3 月物理学会举行全体大会,改选产生了第三届干事。④ 1935 年 3 月,工学院同学会进

① 夏康达:《徐中玉与〈益世报〉》,载《天津日报》2011 年 4 月 3 日。

② 《理院同学组织大众科学社 每周三在民报出版大众科学》,载《国立山东大学周刊》第 93 期,1934 年 11 月 19 日。

③ 李莹:《从"益世小品"到"新地"——徐中玉国立山大期间文学活动转型研究》,载《社会科学文摘》2019 年第 4 期。

④ 《物理学会召开全体大会 并改选第三届干事》,载《国立山东大学周刊》第 107 期,1935 年 3 月 18 日。

行换届改选时成立"工程学会"；5月，工程学会邀请胶济铁路局专家演讲《胶济铁路工程设备之过去、现在及未来》。①

国立山东大学化学社初建于1931年，及至1935年已有4年社龄。通过《国立山东大学周刊》可以看到化学社开展的诸多活动记载。例如：1935年1月，化学社举行学术演讲，特邀德国籍讲师石坦因讲解近代化学。② 石坦因，德国犹太人，毕业于柏林大学，获博士学位，由于纳粹党独裁执政驱逐犹太人，石坦因幸得汤腾汉的引荐，于1934年8月辗转来到青岛应聘国立山东大学，担任化学系定量分析化学和无机化学课程。一位身在异国的外籍教员，满腔热情地用科学知识培育中国青年，学生汪昭武曾以"忆化学系外籍教授石坦因"为题记载石坦因

图3-66　国立山东大学化学社成员合影

的教学点滴。1935年11月，化学社组织社员赴山东博山考察陶瓷业，之后又去天津、唐山一带参观，采集标本100多件，并形成多篇考察报告。在著述方面，1935年5月化学社编辑出版了《科学的山东》，详述山东农业作物、工业原料、矿产资源。③ 6月，化学社还出版了《山东之农工矿业——科学的山东抽订本》，由青岛醒民印刷局印制，发行了3000册。1935年12月，化学社编印建社4周年纪念刊。

除了上述以学系为单位的课余学科组织，国立山东大学还有跨系的社团组织。1935年3月，跨系组织"国际问题讨论会"成立，选举田新亚、乔树楣为干事，并聘请教务长杜光埙和讲师罗大东为顾问。④ 6月，国际问题讨论会邀请杜光埙和罗大东进行演讲，各会员就相关问题进行专题研究。1936年1月，国立山东大学四年级成立"二五级会"，组建年刊编辑委员会，推出9名跨系同学负责筹备，聘请老舍为顾问，是年6月由青岛光华制版社承办、醒民印刷局印制的《民国二十五年山大年刊》发行。

---

① 《工程学会举行学术讲演　主讲者胶济铁路第一段段长王节尧先生》，载《国立山东大学周刊》第114期，1935年5月6日。

② 《化学社举行公开学术演讲　主讲者化系讲师石坦因先生　讲题为近代化学之一瞥》，载《国立山东大学周刊》第103期，1935年1月28日。

③ 《科学的山东出版》，载《国立山东大学周刊》第120期，1935年6月17日。

④ 《本校同学成立国际问题讨论会　选定田新亚乔树楣为首届干事　聘杜毅伯罗大东两先生为顾问》，载《国立山东大学周刊》第108期，1935年3月25日。

与文字、符号、器物为载体的学科社团相呼应的是,国立山东大学话剧社、戏剧团、歌咏队的舞台艺术展演。1935 年 1 月,国立山东大学话剧社成立。洪深将改译的英国剧作家休伯特·亨利·戴维斯(Davis H H)的三幕话剧《寄生草》(The Mollusc)搬上舞台。此次排演《寄生草》,是洪深"为人生"的戏剧理论在大学校园的实践化。虽然山大师生缺乏戏剧专业训练,舞台经验也不足,但同年 5 月第一次公演就轰动了青岛剧坛。为了先让山大学子一饱眼福,公演首日专门"招待诸同学,外宾概不招待"。第二天演出"招待教职员,并售门票百张",结果"各界购买入场券者,极为踊跃","门票供不应求,颇多向隅"。公演当晚,天降大雨,热情的观众冒雨前来观看,称《寄生草》的演出为"青市之创举"①。《寄生草》公演的成功,原因在于保留、放大了原剧中与中国文化契合的元素,实现了与中国观众的情感结构、观赏思维的契合。在洪深的支持下,1935 年开学后国立山东大学重新组建了以学生为主体的戏剧团,并计划排演挪威戏剧家易卜生(Ibsen)的世界名剧《玩偶之家》(A Doll's House)。② 据悉,山大外文系毕业生柳乃瑞创作的剧本《一兵士》,也列入排演计划。

国立山东大学自办期刊、课余学科组织及社团活动的演化路径、表现形态及教育功能,反映了民国大学共同沿袭的西方现代大学校园文化路数,同时又具有内向化倾向,服务在地城市乃至山东经济社会发展的功效不甚显著。

四 宋君复的奥运情结与大学竞技性体育赛事

国立山东大学的体育活动既是现代大学制度的有力表征,又是校园文化的有机组成,宋君复是山大体育理论供给与实践选择的灵魂人物,尤其是他身为中国奥运会先行者的非凡经历,成为国立山东大学乃至民国大学体育史上最令人称道的荣耀。

宋君复(1897—1977),浙江绍兴人,幼读私塾,后入基督教浸礼会教会小学、杭州蕙兰中学,19 岁公费留学美国,先读柯培大学物理专业,获理学学士学位后因感中国体育之幼稚,即入美国麻省春田学院攻读体育学,回国后先执教于母校蕙兰中学,1926 年起历任沪江大学、东北大学、北平师范大学体育教职,1932 年 9 月应聘国立山东大学体育教授。③ 此前,宋君复作为中国体育代表队

---

① 《本校话剧社第一次公演志盛》,载《国立山东大学周刊》第 118 期,1935 年 6 月 3 日。
② 《本校同学成立戏剧团 由洪主任担任指导 定明年元旦日公演》,载《国立山东大学周刊》第 129 期,1935 年 10 月 28 日。
③ 《职教员录·教员》,载《国立山东大学一览》第 174 页,1933。

教练率刘长春参加第十届美国洛杉矶奥运会，实现
了中国奥运史上的破冰之行。在美国参奥期间，宋
君复详细考察了洛杉矶的奥运设施，回国时带来了
体育场的图样、资料和照片。

　　1933 年 3 月，青岛为迎接第十七届华北运动
会动工修建体育场，这为宋君复建造"奥运样式体
育场"的设想创造了机会，特别是与美国洛杉矶世
界运动场相同的 400 米环形跑道，给国内以往"直
来直去"的跑道带来了"跑道革命"。青岛体育场
建成后，成为中国第一个奥运级田径赛场。1933
年 11 月，宋君复接替郝更生出任国立山东大学体
育部主任。

图 3-67　宋君复

　　为备战 1936 年在德国柏林举行的第十一届奥运会，1935 年 7 月 10 日—8
月 20 日，中华全国体育协进会在国立山东大学举办田径和篮球夏令营集训班，
宋君复承担了组织和训练任务，青岛由此与奥运会结下不解之缘。作为第十一
届奥运会中国田径组主要负责人，宋君复带领参赛部分队员在国立山大体育场
进行训练。[①] 宋君复参加了 1936 年 8 月 1 日—16 日的柏林奥运会，之后在欧洲
考察体育，于是年 9 月底回国。国内赛事，宋君复多次挂帅，1934 年 10 月宋君复
受青岛市教育局委托，以总领队的身份率队赴天津参加第十八届华北运动会，国
立山东大学有 7 名学生代表青岛参赛。[②]

　　宋君复作为民国初年留学美国的体育人才，加之两次出征奥运会的特殊经
历，在国立山东大学任教期间将西方体育从理念到主义、从规则到标准的完整体
系迁移过来，贯彻的是以攀登运动技术高峰和创造优异运动成绩为主要目的的
竞技性体育方针，体育知识、技术与技能的传授旨在最大限度地发挥和提高个
人、集体的体格、体能、心理及运动能力。针对民国时期"体教分离"的倾向，宋
君复从教育的本源出发，认定"体育是教育里的一部分，譬如教育是个大圈子，体
育是这个大圈子里边的一个小圈子，不是在圈子外边的"[③]。宋君复将道德培养
视为人才培育的核心目标，并提倡"运动场即道德的训练场"。宋君复认为，"体

---

　　① 今中国海洋大学鱼山校区操场边设有"奥运历史文化标志"卧石，以为永久纪念。（张静：《中国
海洋大学大事记》，第 321 页，中国海洋大学出版社，2014。）

　　② 《青岛教局聘宋主任为华北选手总领队　本校学生七人代表青市》，载《国立山东大学周刊》第
87 期，1934 年 10 月 8 日。

　　③ 宋君复：《本校过去体育实施之检施及将来之展望》，载《国立山东大学校刊》（复校纪念专号）第
16 页，1946 年 12 月 28 日。

育教育之价值即体育对于品性及人格教育之价值也"①,学生在运动场上能学到书本上学不到的东西。

国立山东大学的体育是学生的必修科,每周2小时,此外还有晨操和课外活动,使每个学生都有运动的机会。为此,宋君复将国立山东大学田径运动会作为检验体育普及的有效途径。1935年4月4日国立山东大学第四届春季运动会格外令人瞩目,与往届不同的是增加了一个精神锦标和校长、教授一周赛跑。据《国立山东大学周刊》报道:

> 精神方面以本校教职员工之一周(约三百七十公尺)赛跑表演为最佳,参加者有洪浅哉、李仲珩、王淦昌、汤腾汉、王贯三、童第周、张怡荪、赵少侯、李茂祥诸先生及赵校长等十人,均各抖擞精神,整装待发,极引观众注目。鸣枪后,开始比赛,乐声掌声同时并起,西装便服,虽各不同,但各争先着,互不相让,一时至为热烈。王淦昌先生首达终点,计成绩一分九秒,李仲珩先生继之,次为童、洪两先生,再次各先生均相继到达;惟赵校长因中途失跌,故到达最后。是项表演,精神极佳,逸趣横生,实开本校历年之新记录,为大会生色不少。②

在此次运动会上,有8个田径项目打破本校纪录,男子三级跳远打破青岛市纪录。赵太侔在闭幕式致辞中语重心长地教导学生一定要坚持体育锻炼,并阐述健全的体格对于学业及意志的重要性,他说:

> 体育实在是太重要太基本了,我希望每一个同学都要对于自己的身体检查一下,我们的体格是不是训练太差? 是不是功课一繁重,身体就不能胜任,每到考试时就发生疾病的增加? 是不是我们还应当努力? 这些直接的关系都在于我们体育上的训练,不但影响到我们的身体方面,一切行动精神方面都要受到影响,我们作事是不是常觉得缺乏毅力,有时半途而废? 我们是不是常觉得缺乏志气,好因循妥协? 我们是不是常觉得没有胆量,对于真正是非不敢承认,对于一种真理不敢拥护,胜不过困难,战不过环境,遇事不敢负责任? 这是什么原因? 因为我们的体力不够健全。我们必须先锻炼成健全的体格,才能有勇往直前的精神,这是每个人都要注意到的。③

比之田径运动会,宋君复更注重组织各种球类赛事,这是他躬身体育事业的

① 宋君复:《体育原理》,第13—14页,上海商务印书馆,1929。
② 《校长教授等作一周赛跑》,载《国立山东大会周刊》第111期,1935年4月15日。
③ 《春季运动会志盛》,载《国立山东大会周刊》第111期,1935年4月15日。

重要部分。实际上，国立山东大学竞技性体育是体育实践活动的主要形式，尤以校内外篮球、排球、足球、网球、棒球等各种球类赛事为多，宋君复强调强力运动，较为排斥体操、乒乓球等小负荷运动项目。《国立山东大学周刊》的体育新闻接连不断，仅1935年校内系际、院级、校内各球类赛事的消息不下十几条。例如：

排球赛的消息有1935年3月25日第108期《国立山东大学周刊》刊发的《系际排球锦标决赛，机械以三比零胜生物》，篮球赛的消息有1935年10月7日第126期《国立山东大学周刊》刊发的《体育部发起篮球锦标赛，男子分系际女子自由组织，定本月二十五日举行》，足球赛的消息有1935年11月25日第133期《国立山东大学周刊》刊

图3-68　国立山东大学田径运动会一景

发的《工院杯足球赛举行完毕，工二实力雄厚膺获锦标》。1934年11月工学院学生队与教职工队比赛，结果学生队以5：0胜。[1] 1935年4月，国立山东大学还决定举办网球公开锦标赛。[2] 这种不限制参赛人员身份的公开赛，具有模仿国际赛事的意味。

当然，更多的是国立山东大学组队参加的青岛市各种球类友谊赛、锦标赛。以篮球赛为例。由于宋君复的篮球专长，国立山东大学篮球队是最早出战的球队，1934年12月就与胶济铁路局、永裕盐业公司、四方机厂各打了一场比赛，结果两负一胜，胜的是与永裕盐业公司之战。负的是与胶济铁路局和四方机厂，前者以11：31告负，后者以18：35败北。[3] 1935年12月，国立山东大学男、女两支篮球队分别对阵祥泰公司、青岛圣功女子中学，结果男胜女败。12月9日第135期《国立山东大学周刊》报道此次篮球赛消息的题目是《本校两篮球队首次出战男胜女败，男队以三十比十七胜祥泰，女队十三比十七败圣功》。宋君复在《测验篮球运动员及篮球队之方法》总结经验教训时写道："球员对于球队之知识，个人技术之知识，球队合作之知识皆为运动者应必备之知识。"1935年3月为参

---

① 《工院足球队大胜教职工　结果五与零之比》，载《国立山东大学周刊》第91期，1934年11月5日。

② 《体育部发起全校公开网球锦标赛》，载《国立山东大学周刊》第111期，1935年4月15日。

③ 《篮球队最后一战又失利　一八比三五负于四方机厂　投篮多不命中球运太不幸》，载《国立山东大学周刊》第98期，1934年12月24日。

图 3-69　国立山东大学足球队

加青岛市排球锦标赛,国立山东大学组建校级排球队,每周训练 4 次。① 在 4 月 1 日第 109 期《国立山东大学周刊》刊发的 2 场与青岛市立中学和李村中学的比赛消息是《本校排球队对外之两战,对市中以零比三负,对李中以三比一胜》。比之篮球,国立山东大学足球队的成绩好得多。1934 年 12 月,跨系组建的一年级"二七级足球队"第一次比赛选择青岛市立中学足球队,大学队踢中学队自有胜算。在 1934 年 12 月—1935 年 1 月青岛市足球锦标赛上,国立山东大学队首战与海军学校队打成 2:2 平局,所失 2 球均为角球。第二战与四方机厂交锋,结果 1:0 胜;第三战则以 4:2 克胶济铁路队,两战终于报了篮球失利之仇。在决赛再次遭遇海军学校队时,凭着战术终以 3:2 胜。此次足球锦标赛,国立山东大学队共计出战 5 场,结果四胜一平,夺得锦标。此外,1935 年《国立山东大学周刊》还刊有两条网球、棒球赛事的消息。②

国立山东大学女生的球类赛事主要是排球。例如:1935 年 5 月,山大排球女队迎战青岛文德女中队,1934 年入校的生物学系女生尹左芬与马淑文配合默契,以 3:0 取胜。③ 1936 年 5 月,国立山东大学女子排球队再次参赛,结果均告失败,不仅输给了市立女子中学,而且让文德女中挽回了面子。④ 竞技运动不偏袒任何参赛者,因其竞争性便具有排他性,追求的都是运动成绩最大化,女大学生不及女中学生成绩好,可能多了些闺气。

作为中国近代杰出的体育教育家,宋君复注意体育理论研究。1929 年任教沪江大学时他曾出版《体育原理》一书,任教东北大学又有《刘长春短跑》《女子篮球训练法》等著述,青岛时期写出了《女子垒球训练法》一书。1933 年 12 月,

---

① 《体育部选定排球校队　规定每星期正式训练四次　以备参加青市排球锦标赛》,载《国立山东大学周刊》第 108 期,1935 年 3 月 25 日。

② 1935 年 5 月 27 日第 117 期《国立山东大学周刊》刊有网球赛消息:《本校网球队首战大胜四方机厂　两双打全胜单打二胜一负》;1935 年 6 月 10 日第 119 期《国立山东大学周刊》刊有棒球赛消息:《体育部选定棒球校队　参加青市棒球锦标赛　第一战大胜海军学校》。

③ 《本校女排球队再战败文德队　尹左芬马淑文表现积极　结果三比零比数甚接近》,载《国立山东大学周刊》第 115 期,1935 年 5 月 13 日。

④ 《本校女排球队两战俱遭失利　第一战零比三败于女中　第二战一比三败于文德》,载《国立山东大学周刊》第 151 期,1936 年 5 月 4 日。

宋君复依托青岛体育协进会创办《体育周刊》,由赵庶常编辑、兴华印刷局印制、宋君复发行,以"传达体育消息、宣传体育功能"为宗旨,至1937年6月停刊,共发行92期。其中,宋君复发表的文章和体育研究成果有《体育与培养运动员之特性》《球队训练之生理学及心理学》《欧洲体育考察报告(德国、丹麦、匈牙利)》等,特别是《第十届世运会各国著名选手电影姿势图》从第57期《体育周刊》开始刊登,连载了17期。这为青岛体育界送来了奥运会赛事成果,同时也进一步反映出宋君复的体育理论基础、价值取向和体育功能的竞技化倾向。

第四节 资金短缺下的场馆设备与毕业生质量

由于国立青岛大学时期经费投入体制的先天不足,导致国立山东大学资金短缺,办学经费始终充斥着利益相关者——教育部与山东省政府之间的权力博弈。尽管如此,赵太侔搏节开支,使用银行存款,申请教育部专项经费补助,集中财力建起了科学馆、体育馆、工学馆及水力试验室,同时添置大批教学仪器和图书资料,基本满足了教学与科研需要。办学条件的逐步改善促进了学校声誉的提高,报考生源逐年增多,严格考试制度下的毕业水平折射出精英主义质量观。

一 基础设施建设与部省办学主体及经费博弈

1932—1935年,国立山东大学相继完成的教学场馆有科学馆、体育馆、工学馆及水力试验室,还有配置篮球、排球、足球、网球场地的体育设施。这4年投入的建筑营造费共计269240.11元,占4年支出2035313.67元的13.23%。

科学馆(今中国海洋大学仍沿用此名)奠基兴工于1932年3月国立青岛大学时期,至1933年1月竣工,3月中旬投入使用,4月1日行揭幕典礼,教育部委托山东省教育厅厅长何思源来青致辞。科学馆呈三层"巨"字形楼房,总面积3800平方米,一层设有物理学系的普通物理、近代物理、热学物性、无线电、磁电、光学实验室,及仪器室、金工室和研究室。二层设有生物学系的植物学、生物学、无脊椎动物学及海洋学、脊椎动物学及人类学实验室,组织学、动物生理学、植物生理

图3-70 国立山东大学科学馆

图 3-71　国立山东大学工学馆

学、胚胎学研究室，还有标本室及饲养室、切片室、暗室、图书馆等专用室。三层设有化学系的定量分析化学、定性分析化学、物理化学、有机化学实验室，药化学实验室，还有天平室、药品室、配药室、仪器室等辅助用房。工学馆及水力实验室于 1935 年 5 月招标，7 个投标厂家竞价，最终由创新营造厂中标，包价 35232 元。[①]　科学馆和工学馆相继建成，大大改善了国立山东大学的办学条件。

体育馆于 1934 年 10 月招标，11 月开标，总包价为 19500 元，至 1935 年 4 月体育馆落成。[②]　据宋君复撰文称：

> 民国二十三年冬季，因为校中实际的需要和赵校长热心的提倡，虽然在经费困难的时候，毅然决然的开始建筑了一座很合实用设备完全的体育馆，也可以说是青岛市唯一的体育馆。该馆于民国三十四年四月落成后，学生运动兴趣又提高了甚多，体育馆内自早至晚运动的学生是川流不息的，青岛市的社会团体同其他学校的学生也利用晚间到体育馆来参加各种比赛。[③]

此外，1932 年国立山东大学已有 2 个篮球场、1 个排球场和 1 个小型运动场，1933 年又新增了 3 个篮球场、2 个网球场和 1 个排球场。1934 年，国立山东大学扩建了田径赛场，铺设 360 米的环形跑道，并在场内修建了 1 个足球场。

场馆建设的同时，国立山东大学添置了大量图书和大批教学仪器。通

图 3-72　国立山东大学体育馆

①　《工学馆及水力室建筑均有创新营造厂承包　包价三万五千二百三十二元　现已签订合同不日开始兴工》，载《国立山东大学周刊》第 117 期，1935 年 5 月 27 日。

②　体育馆于 1946 年冬美军占用时被毁。（张静：《中国海洋大学大事记》，第 18 页，中国海洋大学出版社，2014。）

③　宋君复：《本校过去体育实施之检施及将来之展望》，载《国立山东大学校刊》（复校纪念专号）第 16 页，1946 年 12 月 28 日。

过表 3-9 可见,1932—1935 年 4 年投入图书、仪器设备及实验费共计445688.04元,占支出总量的 21.90%左右,比投入场馆土木建设的费用足足高出 8.66 个百分点。其中,图书费 148002.16 元、仪器费 247575.19 元、实验费50110.69元,1933年图书、仪器及实验费支出比高达31.89%,高于当年教职员薪给的

表 3-9　1932—1935 年国立山东大学财政支出情况表

项目　年度	教职员俸给		建筑营造费		图书、仪器设备及实验费(元)					年总支出(元)
	金额(元)	占比(%)	金额(元)	占比(%)	图书费	仪器用品费	实验费	小计	占比(%)	
1932	108960	21.81	130163.81	26.06	40235.80	49636.24	11888.82	101760.86	20.37	499495.94
1933	148190	31.80	10342.43	2.22	47508.63	82515.59	18566.06	148590.28	31.89	465954.43
1934	174760	32.54	55254.06	10.29	35700.27	71632.35	9962.96	117295.58	21.84	537080.40
1935	204245	38.34	73479.81	13.79	24557.46	43791.01	9692.85	78041.32	14.65	532782.90
合计	636155	31.26	269240.11	13.23	148002.16	247575.19	50110.69	445688.04	21.89	2035313.67

资料来源:根据刘本钊《山大六年来经费收入表》整理,载《国立山东大学年刊》,1936。

数额和比例。据史料记载,1934 年 9 月,国立山东大学集中订购了一批物理和化学仪器,价值 17500 元。[1] 11 月,机械工程学系订购的价值 1500 元的蒸汽机到达青岛。1935 年 4 月,机械工程学系"七十匹马力锅炉已装置完竣,烟筒建筑正在招商投标承包",5 月烟囱施工厂家确定为青岛华丰恒营造厂,承包价为1800 元。1935 年 11 月,生物学系订购了 3 架显微镜。国立山大注重协调关系,确保设备仪器及时供给。1935 年 6 月,山大委托天津公懋洋行从美国订购了一批教学仪器,并呈请教育部转咨财政部办法免税护照,结果仪器运抵青岛港,免税护照"尚未奉到"。赵太侔向海关提出"先缴押税,将仪器通融放行应用,一俟护照到校,即行迳请查照补验,并将所缴押税退还,以清手续"[2]。财政部胶海关监督袁思彦念及仪器系教学所需,且"该校既已允缴押税",立即签字"通融验放"。

图 3-73　国立山东大学生物标本室

① 《物理化学两系订购大批仪器药品　约值国币一万七千五百余元》,载《国立山东大学周刊》第86 期,1934 年 10 月 1 日。
② 《关于国立山东大学订购仪器通融验放的公函》,存青岛市档案馆,档号:B0047-001-00381-0224。

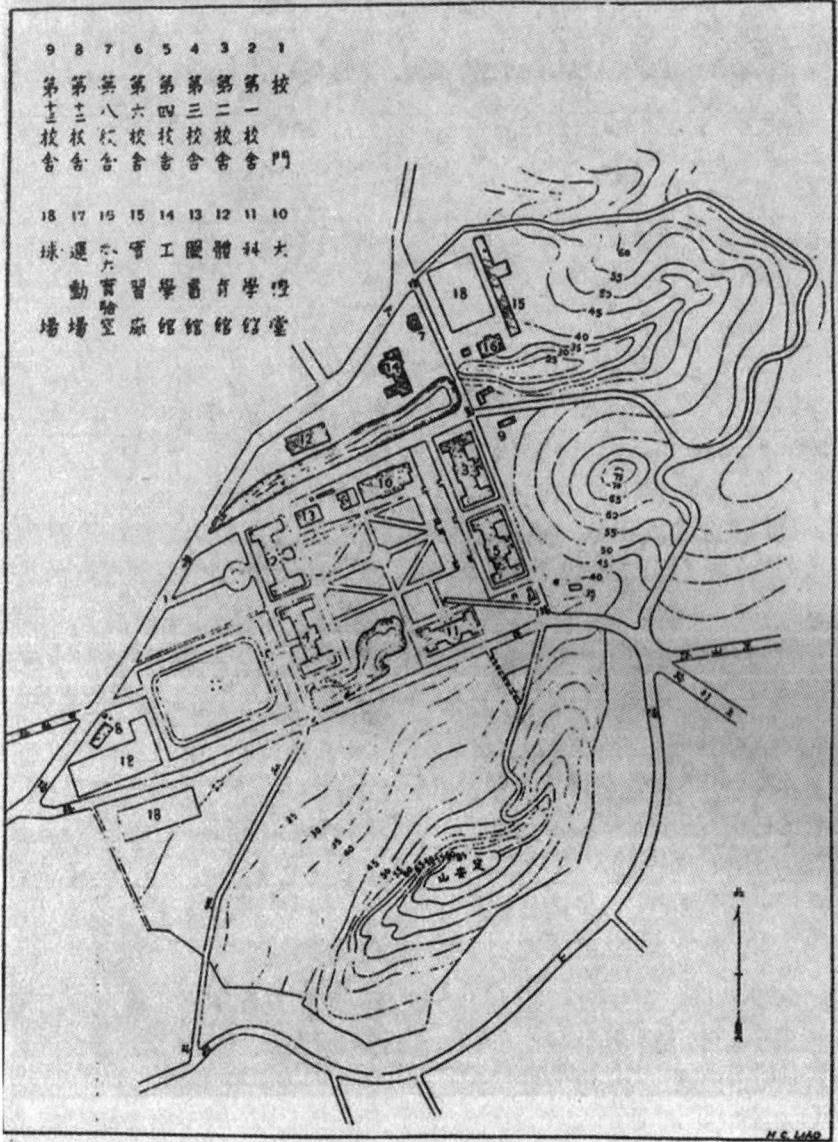

图 3-74　国立山东大学(今中国海洋大学鱼山校区)平面图

国立山东大学还接受了不少国内外有关单位捐赠的仪器和图书。例如:1935 年 1 月,德国驻青岛总领事专程到访国立山东大学,传递德国企业决定赠给化学系一批教学设备的讯息,2 月德国金银化学品厂的 130 余件仪器标本运抵青岛码头。[①] 3 月,德国皮革厂又送来一批皮革标本。5 月,美国杜邦(Du Pont)化工集团的恒信洋行赠给化学系大批颜料和标本。1936 年 5 月,法国厂商

图 3-75　国立山东大学图书馆
(今中国海洋大学铭史楼)

也向山大化学系赠送了多种标本、染色样本等物品。1934 年 11 月,国民党山东省党部要员刘次箫向国立山东大学捐赠了一批中外文图书。[②] 1935 年 4 月,决定赴德攻读博士学位的王普给学校图书馆捐赠了 100 多册图书。[③] 至 1936 年,国立山东大学图书总数已达 87805 册。其中,中文图书 65287 册,外文图书 22518 册,中外文杂志 1208 种、计 54116 册,藏书量及文献种类基本满足教学和学术研究的需求。

国立山东大学大兴场馆建设、大量添置图书和教学仪器,是在政府经费拨付不足、不能保障学校发展及师生利益的冲突下进行的。政府的人才需求与大学治校理念的契合是"府学合作"的基础,教育经费对大学的生存与发展具有决定性的作用。但是,南京国民政府推行的是中央集权化行政体制,政治干预无所不在,民主与法治环境缺失,教育经费投入始终未形成制度化约束,政府抑扬决定学府沉浮。国立山东大学名为"国立",直属教育部,校长由国民政府任命,但由于建校之初形成的所在地省、市政府"协款"办法,以及国立青岛大学时期"国库"一直拖欠的经费痼疾,教育部与山东省政府之间存在着严重的权力博弈,经费筹措渠道阻隔不畅。1932 年"国联"调查团曾批评南京政府的教育经费分配问题,指出:在国立大学方面,各大学分配款项之比例,一半是根据过去各年度之旧例,一半须靠大学校长运用手腕……似此毫无系统的方法,既无效率,也不经济。通过表3-10可见,在国立青岛/山东大学办学起初5年,来自"国库"的投

---

① 《德国金银化品厂赠化学系大批瓷器颜料标本　共计一百三十余种》,载《国立山东大学周刊》第 104 期,1935 年 2 月 25 日。

② 《刘次箫先生捐本校书籍　中日英共计一百零三册》,载《国立山东大学周刊》第 95 期,1934 年 12 月 3 日。

③ 《王贯三先生赠图书馆大批书籍》,载《国立山东大学周刊》第 113 期,1935 年 4 月 29 日。

表 3-10 1930—1935 年国立青岛/山东大学经费收入表

单位:元

项目 \ 年度	1930	1931	1932	1933	1934	1935
中 央 拨 款	–	–	15000	–	89909.50	168702
山东省政府协款	275000	360000	360000	390000	346000	242000
青岛市政府协款	36000	36000	33000	9000	–	–
胶济铁路局协款	12000	12000	–	–	–	–
青大筹委会移交经费	89103	–	1903.03	–	–	–
学杂费收入	13485.21	27412.29	19128.66	24588.20	23776.66	18727.07
建 筑 借 款	–	–	–	–	60000	–
上年度经费剩余款	–	173733.33	168560.05	98095.80	55729.57	38335.69
合　计	424588.21	609145.62	597591.74	521684.00	575415.73	467764.76

资料来源:根据刘本钊《山大六年来经费收入表》整理,载《国立山东大学年刊》,1936。

入总共只有 273611.50 元,只占这 5 年学校总收入的 8.6%左右。1934 年中央教育文化预算为 3600 万元,实际支出 3200 万元,国立山东大学只分得不到 9 万元,在当时 13 所国立大学中数量最少,而此年国立大学经费"国库"占比高达 90%,地方财政所占份额很小,但国立山东大学的经费却主要依靠"省库"。山东省政府承诺的每年 36 万元"协款",也多有克扣,1935 年仅给了 24.2 万元,克扣了近 1/3。而青岛市政府每年 3.6 万元"协款"仅在国立青岛大学时期足额拨付,1932 年起逐年递减,1934 年后便分文不给了;胶济铁路局每年 1.2 万元"协款"也只付了 2 年。

饶有意味的是,赵太侔并非"勒紧腰带过苦日子"的校长,国立山东大学不仅保持了国立青岛大学的薪俸供给,且占教育总支出的比例由 24.63%提高到 31.26%。杨振声时期形成的"酒中八仙",在赵太侔主校期间又有了新的发展,翻阅黄际遇日记每每看到隔三岔五的"酒局",觥筹交错,酩酊尽欢。例如:1933 年 2 月 23 日下午校务会议上,黄际遇因被推为科学馆筹备落成典礼主席,"晚招太侔、实秋、毅伯、怡荪、少侯、涤之、咏声、腾汉、肖鸿、省之、刘、孙诸同人欢宴粤馆公记楼。酒局殊不弱,费金二十三元。散局后又往宏成发品茶"①。酒后品茗,好不逍遥。酒旗风暖名士欢,民国大学豪酒场面令人瞠目结舌。1935 年 2 月 3 日是农历除夕,国立山东大学举行辞旧迎新晚宴,老舍的主持让媒体记者看到了小说家老舍的另一面。

我们的"笑神"——老舍先生——秉着和平使者的心眼儿,指手画脚地

① 潮汕历史文化研究中心:《黄际遇日记》,卷二,第 148—149 页,汕头大学出版社,2014。

从礼堂里钻出来向大家招呼："来吧，来吧，请到里边坐吧，请里面坐吧。"他两条伸张的手臂，好像准备拥抱爱人儿的样子，向那礼堂的入口一摆一摆的……大家还未坐稳，老舍先生已经立在讲台上。……"今天预备的菜，我保险管够；可是挺不好，不过还热；酒预备的可不多也不好，不过还辣。我希望大家要吃得饱饱的，不要喝得醉醉的！"……最后老舍先生表演舞剑，真叫棒，掌声雷动之中，他在台上来上无数大作揖。[①]

二　自主招考制度配置与精英化的高产出现象

国立山东大学最被学界看好的是育人质量，其背后潜在的因素是"生源圈"逐步扩大、严格的考试办法和毕业制度。"诲我谆谆，南针在抱，仰瞻师道山高"，精英化的高产出现象令国立山东大学誉满中华。

1.政府调控下的自主招生政策与助贫救济置措

国立山东大学充分运用民国高校自主招生主导下高度灵活的招考政策，自行编订招生简章，自行确定考试时间，自行定夺考试内容和录取标准，不断扩大"生源圈"，提高生源质量。据黄际遇日记记载，国立山东大学更名后的第一年，为挽回国立青岛大学解散的后遗症，当年招考的 99 名理工科新生是从 697 名考生中采取降分办法录取的。1932 年 8 月 19日，在由黄际遇、吴之椿、赵太侔、梁实秋、汤腾汉、曾省、杜光埙参加的成绩批评会上，确定45 分为录取线，录取的学生"以土木系为最高，数理次之，机械、化学又次之，生物最低"[②]。

为了缓解完全自主招生带

图 3-76　国立山东大学土木工程学系师生

来的文、理科生比例失调，考试公正、公平性被诟病等问题，1933 年教育部颁布《二十二年度各大学与独立学院招生办法》，采取"比例招生法"；1934 年又规定招生以学系为单位的限制办法，文科类院校各系平均名额不得超过 50 名；1935年又进一步控制招考政策，根据各学系师资、设备等条件"酌定名额"。国立山

---

① 《废年·除夕·青岛·山大一夜狂欢　笑神老舍大显身手》，载《益世报》1935 年 2 月 9 日。
② 潮汕历史文化研究中心：《黄际遇日记》，卷一，第 158 页，汕头大学出版社，2014。

东大学则以不变应万变,借助民族资本主义工业对人才的需求,增加理工科招生数量。自 1932 年招收的理工科学生数量大大超过文科学生,1932 年文、理之比为 0.58∶1,1933 年为 0.65∶1,1934 年为 0.47∶1,1935 年为 0.36∶1,1936 年为 0.38∶1,理工科见长的学科优势愈加凸显。分析表 3-11 可见,1932—1936 年共招收五届学生,从录取人数占投考人数的比例看,1932 年为 14.20%,1933 年为 22.51%,1934 年为 20.37%,1935 年为 19.01%,1936 年进一步下降到 10.97%,当年考生多达 1786 名,国立山东大学新生录取率自 1933 年起呈逐年下降的趋势,生源质量不断提高。1935 年和 1936 年国立山东大学每年录取的新生均接近 200 名,1936 年在校生由 1935 年的 352 名增加到 462 名,其中正式生 411 名、旁听生 51 名。据有关资料分析,462 名在校生中理学院占 181 名(其中女

表 3-11　国立青岛/山东大学历年学生情况表

年　　度		1930	1931	1932	1933	1934	1935	1936	合计
在校生合计		176	264	218	314	319	352	411	—
文理学院	中国文学系	37	48	48	81	67	52	64	397
	外国文学系	44	53	32	43	35	42	49	298
	合　计	81	101	80	124	102	94	113	695
	数学系	16	28	46	31	25	23	29	379
	物理学系	26	32		27	31	25	40	
	化学系	16	31	36	45	43	45	42	258
	生物学系	6	14	24	32	32	51	49	208
	合　计	64	105	106	135	131	144	160	845
教育学院	教育行政系	31	47	—	—	—	—	—	78
	乡村教育系	—	11	—	—	—	—	—	11
	合　计	31	58	—	—	—	—	—	89
工学院	土木工程学系			17	35	49	66	74	241
	机械工程学系			15	20	37	48	64	184
	合　计			32		86	114	138	425
本年度投考人数		360	412	697	822	864	1026	1786	5967
本年度录取新生		153	180	99	185	176	195	196	1184
录取比率(%)		42.50	43.69	14.20	22.51	20.37	19.01	10.97	19.84
本年度毕业学生		—	—	—	53	87	53	193	

资料来源:根据《各院系历年学生人数统计表》和《1930—1936 年投考人数与录取人数比较表》整理,载《山东大学校史(1901—1966)》第 49—50 页,山东大学出版社,1986。

生 33 名），工学院占 141 名（其中女生 7 名），均超过 140 名学生的文学院。这 462 名在校生隶籍达 24 个省（区），其中山东籍学生 150 名①，占比不到 1/3，可见青岛已走出了山东地方国立大学的藩篱。例如：生在江阴的徐中玉考入国立山东大学，才离开苏南地区，由此确定了"一生的走向"②。温州学子赵瑞蕻则是在上海大夏大学读了一年之后，二年级转学进入国立山东大学。

国立山东大学也接收教育部下达的专项招生计划和有关省份提出的委托招生要求。九一八事变后东北全境沦陷，原有的教育体制瘫痪瓦解。1934 年，教育部成立"东北青年教育救济处"，安排学生入关转学。1936 年 5 月 22 日，一件标有"公字第一三四六号公函"的文件传到国立山东大学，要求加增东北籍学额。③ 1934 年 10 月，为解决西部地区青年学子求学问题，甘肃省教育厅保送部分学生到国立山东大学修业。④ 1933 年，安徽省为解决寒门学子升入大学问题，发布了专科以上学校清寒优秀学生助学贷金办法，如果没有学费、生活费，可以向教育部门申请"助学贷金"。国立山东大学为扩大生源于 1936 年 1 月在第 140 期《国立山东大学周刊》公布了考试章程。1935 年 10 月，国立山东大学还收到湖北省教育厅寄送的"国立大学鄂籍学生辅助基金董事会"的公函。据说，把持山西军政大权的阎锡山对考上国立山东大学的山西籍学生，每人发给 200 元的资助。⑤ 至少在华北地区，国立山东大学是青年学子理想的求学之校。

妥善安置贫寒家庭学生使其安心就学，是国立山东大学招生工作中的重要环节。鉴于助学金有限，不能普遍救济，1935 年 3 月国立山东大学校务会议颁布了《学生作工给酬办法》。办法规定：学生作工分日常工作和临时工作两类，日常工作分管理校园、管理校舍两种，每月给酬 5 元；临时工作有种植花木、修砌道路园圃、缮写或校对文件等。⑥ 3 月 25 日，赵太侔在学期第五次"纪念周"会议上讲述了学生作工给酬的意义。

> 此种作工，不仅为补助清寒学生，且可以奖励劳动。我们要相信劳工是神圣的，以劳力换的报酬，当较不劳而获的生活更有价值。中国学校学生作工的尚不多，而在外国这种情形是很普遍的，也并没有人觉得奇怪。学生作工，一方面可以得到补助，完成他的学业，同时并能锻炼自己的刻苦与耐劳，

---

① 《山大年刊》，存青岛市档案馆，档号：A001364-00004。

② 徐中玉：《回忆我的大学时代》，载《学术界》2001 年第 3 期。

③ 《教育部东北青年教育救济处公函公字第一三四六号》，载《国立山东大学周刊》第 156 期，1936 年 6 月 8 日。

④ 《甘肃教育厅保送学生来校修业》，载《国立山东大学周刊》第 89 期，1934 年 10 月 22 日。

⑤ 江寒秋：《百年山大的校与城》，载《齐鲁周刊》2018 年第 26 期。

⑥ 《学生作工给酬办法》，载《国立山东大学二十四年度一览》第 258 页，1935。

这是最好的办法,就是不需要经济补助的学生,也可以因为练习劳动而作工,不要觉得作工是有失身份的事,不能作工的同学,对于作工的同学尤其不要讥笑,而且应该特别敬重。中国的教育一向是四体不勤的士大夫教育,我们要纠正这种错误,转移风气不能只靠几个人,我们人人要有共同的信念。①

赵太侔将学生作工给酬不再简单视为扶贫济困,而赋予了"共同的信念"意义。1936 年 5 月,教育部颁布设置免费学额及公费学额规程,国立山东大学有 8 名学生免缴各种学杂费;7 名学习成绩平均乙等以上的"公费学额"学生除免缴各种学杂费外,每人每年得领 200 元津贴。

2.严格的考试、留级制度与广为赞许的毕业质量

国立山东大学的考试制度沿袭了国立青岛大学时期的严要求,特别是学期试验办法、毕业试验规则具有严肃学风、刚性规范、纪律约束的作用。据弓德英回忆教务长杜光埙整治考场秩序时称:

> 我们的考试制度,特别严格认真,以求公平无弊。无论期中考试,或学期考试,每次都是在大礼堂集中考试,座位安排,前后左右不会有同班的同学,进场的时候,在门口有专人负责检查。每堂毅伯师以教务长的身份,坐在考场的讲台上,居高临下,监视全场。考生的座位,都有编号,哪个有作弊嫌疑,杜师先叫出座号,予以警告;如果真的作弊,被他看到了,就在他身后待备的黑板上,写出这个人的座号,所考科目,通知任课先生,定为零分,所以考生少敢考试舞弊者。并且从考试第一天,一直到考完,每一节课,杜师都不会缺席。如此尽职负责的教务长,除杜师外,我还没有见过,也没有听说过。②

严格考试带来的是高淘汰率,学生如有两门学程不及格须留级一年,三门学程不及格则令其退学,毕业论文达不到规定要求,不得毕业。据载,1933 学年考试中共有 9 人留级、10 人退学。③ 1934 学年度则有 7 人因三门学程不及格退学,6 人因两门学程不及格留级,4 人因未注册退学,9 人休学。1935 年新学年开学时,有 8 人复学、4 人休学、30 人退学。④ 34 人休、退学,占352 名在校生的9.66%,

① 《三月二十五日纪念周 校长报告举办学生作工给酬事宜》,载《国立山东大学周刊》第 109 期,1935 年 4 月 1 日。
② 弓英德:《杜光埙先生三年祭》,载《山东文献》第 4 卷第 1 期,1978 年 6 月。
③ 《上年学生成绩已统计完竣》,载《国立山东大学周刊》第 84 期,1934 年 9 月 17 日。
④ 《本年复学休学退学人数》,载《国立山东大学周刊》第 126 期,1935 年 10 月 7 日。

表3-12 1934—1936年国立山东大学外国文学系毕业生情况表

届次	姓名	性别	籍贯	出　身	总学分	毕业论文题目	指导教员
1934	张淑齐	女	广东东莞	青岛文德女中高中毕业	158	吉尔夫先生的情史	—
1934	冯冷光	男	吉林滨江	吉林省立一师后期毕业	144	约翰幸著《悲哀的苔尔瑞》	—
1934	韩国栋	男	江西临川	江西省立八中高中毕业	151	史蒂芬孙著《带驴旅行记》	—
1934	任于锡	男	山东长清	山东省立济南高中毕业	151	A Brief Historical Sketch of Shakespearian Criticism	—
1934	李香亭	男	山东高唐	本校补习班考试及格	142	加莱尔著《彭士评传》	—
1934	李宝谔	男	山东清平	北平大同中学高中毕业	143	培根散文选译	—
1934	刘饬浦	男	山东平度	山东省立一师毕业	140	菲里普迈逊彻著《新法偿旧债》	—
1934	丁金相	女	山东日照	本校补习班考试及格	155	A Critical Study on Fitzgerald's Rubaiyat of Omar Khayyam	—
1934	蔡文显	男	江西金溪	江西省立八中高中毕业	150	The Hamlet Problem（哈姆雷特问题）	—
1934	戚荣晋	男	湖北沔阳	武昌中山大学一年肄业	145	约翰力著《思地米昂》	—
1934	梁绣琴	女	浙江杭县	北平师范大学修业一年	143	A Critical Study of "Wuthering Heights"	—
1935	高鸿翥	男	山东诸城	北平中国大学预科	144	译 James Joyce's Dubliner	洪　深
1935	潘允文	男	河南郾城	北平私立弘达中学毕业	158	选译 D.H.Lawrence：The Woman Who Rode Away	水天同
1935	柳乃瑞	男	山东昌邑	北平私立文治中学毕业	167	译 Four Plays of Yeats：(1) The Countess Cathleen；(2) Cathleen in Houlikan；(3) The Shadowy Waters；(4) The Land of Hearts Deorie	洪　深
1935	李子骏	男	山东临清	北平私立北方中学毕业	158	译 Corneile：Le cid	赵少侯
1935	吕少恒	男	山东平原	山东省立济南高中毕业	158	译 Eugene Serike：Lerre Deau	赵少侯
1935	李应明	男	山东蓬莱	山东省立济南高中毕业	156	A Critical Study of Wordsworth's Lyrical Poetry	戴丽琳
1935	李世昌	男	山东泰安	北平私立文治中学毕业	157	Plays of irish Renaissance	洪　深
1935	周文正	男	山东菏泽	北平私立文治中学毕业	148	译 Lytton Strachey：Landmarks in French Literature	水天同
1935	田玉山	男	山东历城	山东省立济南高中毕业	156	选译 W.S.Mingham：The Casuarina Tree	水天同
1935	魏振德	男	山东寿光	山东省立济南高中毕业	156	译(1) Le Lepreux De La cite Daostei；(2) La Jeune sierienne	赵少侯
1935	王德懋	男	山东济南	山东省立济南高中毕业	157	译 Harris：Unpathed Water	水天同

(续表)

1935	李 瑚	男	山东利津	北平大同中学毕业	157	译 G.B.Shan;Saint Joan	洪 深
1935	纪泽长	男	山东利津	北平私立弘达中学毕业	154	译 Sinelair Lewis;Rabbit	洪 深
1935	郭良才	男	山西定襄	北平师范大学附中毕业	148	WillaCather;My Moralenemy	洪 深
1935	马连均	男	山西益都	山东省立济南高中毕业	156	译 Homer snd His Influence	水天同
1935	韩 明	男	山东泰安	山东省立二师毕业	145	译 Tarluffe	洪 深
1935	齐东野	男	安徽桐城	北平私立北方中学毕业	154	Georige Gissing;The Private Papers of Henry Ryeeroft	水天同
1935	宋墨庵	男	山东临清	北平私立文治中学毕业	159	Boilean;Art Poetique	赵少侯
1936	李恺中	男	山东恩县	山东省立济南高中毕业	146	注:1931 年入学本校,1935 年留级一年	
1936	韩秀文	女	山东胶县	北平女子文理学院肄业	141	注:1931 年入本校为三年级生	

资料来源:张洪刚著《梁实秋在山大》,第304—306页,山东大学出版社,2018。

大学前3年接近1/10的淘汰率是赵太侔交出的质量答卷。

1934年6月,国立山东大学首届学生毕业,赵太侔为此成立毕业试验委员会,委员由严济慈、何思源、林济青、胡先骕、蒋丙然、雷法章、杜光埙、皮松云、黄际遇、张煦、梁实秋、王恒守、汤腾汉、刘咸等校内外著名学者组成,赵太侔为委员长。毕业试验委员会于6月10日、15日两次开会,审查论文,审查成绩;6月11日—14日,每日轮流莅临考场监督考试。国立山东大学首届毕业生共计61人,经过审查有8人不予毕业,准予毕业者53人。其中,中文系18人、外文系11人、数学系9人、物理学系4人、化学系8人、生物学系5人。名列毕业生前茅的是:第一名丁金相(外文系)、第二名赵幼祥(化学系)、第三名蔡文显(外文系)、第四名薛傅泗(中文系)、第五名高哲生(生物学系)、第六名曾在因(化学系)、第七名冉昭德(中文系)、第八名王聿相(数学系)、第九名许振儒(物理学系)。

1934年6月23日,国立山东大学举行第一届毕业典礼,国民党中常委陈立夫、山东省教育厅长何思源、青岛市长沈鸿烈及社会各界来宾100余人亲临现场致贺,教育部长王世杰发来贺词。沈鸿烈为53名毕业生授毕业证书,并代山东省主席韩复榘给前九名优秀毕业生颁奖,每人奖励一只金手表、一支自来水笔、一个皮包。颁奖后,沈鸿烈还颁给前三名丁金相、赵幼祥、蔡文显书籍多种。发奖后,陈立夫、何思源、张竹溪、沈鸿烈、黄际遇等相继致辞,之后蔡文显代表毕业生致答词。国立山东大学第一届学生圆满毕业,开启了山东高等学府教书育人的新篇章,山

图 3-77 丁金相

大由此迎来了黄金时期。

1935 年 6 月 10 日—13 日，国立山东大学举行第二届毕业生考试。试验委员会由赵太侔为委员长，委员除了本校的 8 名教授外，还聘请了 11 名校外委员（实到 7 人），其中包括北平研究院副院长李书华、中山大学文学院院长刘凌霄、北京大学化学系主任曾昭抡、浙江大学物理学系主任郑衍芬、青岛市工务局局长邢契莘、山东省政府委员林济青、山东省教育厅厅长何思源。考试期间，校长及

图 3-78　国立山东大学机械工程学系师生合影

各任课教师按日到场，毕业试验委员会委员每人每日轮流监试一场，试卷经各任课教师评阅后，交由委员会相关成员复阅。经过审查，本届毕业生共有 93 人，准予毕业者 87 人。[1] 1936 年 6 月 10 日—13 日，国立山东大学举行第三届毕业考试，由于教育部"不另派员，即由委员会慎重办理"，试验委员会由本校各系主任及教授

张煦、赵少侯、李达、王恒守、陈之霖、林绍文、余立基、周承佑、吴柳生、张闻骏、汤腾汉 11 人组成，吴柳生任代理委员长。经过审查，55 名毕业生有 2 名不予毕业。[2] 其中，工学院毕业生 19 名，1932 年入校时为 32 名，淘汰率达 40.6%。

值得注意的是，相对于民国大学普遍存在的"毕业即失业"的状态，国立山东大学毕业生少有面对就业的无所适从感。一方面，1935 年 3 月成立的学生职业指导委员会，不仅调查社会"职业供求状况"，登记学生"职业志趣及工作技能"，还"指导并介绍毕业学生职业工作"。[3] 另一方面，国立山东大学主动联系青岛市政府为毕业生推荐工作。例如：1934 年 4 月，国立山东大学向沈鸿烈提出本届毕业

图 3-79　国立山东大学化学定量分析室

① 《毕业考试已举行完竣　校外委员四人因事未到　考试及格者共计八十七人》，载《国立山东大学周刊》第 120 期，1935 年 6 月 17 日。

② 《毕业考试已举行完竣　考试办法仍按往届办理》，载《国立山东大学周刊》第 157 期，1936 年 6 月 15 日。

③ 《职业指导委员会规则》，载《国立山东大学二十四年度一览》第 256 页，1935。

生"在校尚均具有相当成绩,毕业后自应用其所学,服务社会",敦请青岛市"各单位选用山大毕业生"。青岛市政府发布"内字第三〇五九号训令",要求"查照量予介绍职业"或"饬各中等学校遇机延聘,俾展所学"。① 经调查,第一届毕业生53人中毕业后即有相当职业者达51人;第二届87名毕业生中除3人情况不明外,其余84人全部就业,他们"颇著声誉,负责耐劳,学业充实,为各方一致推许"②。例如:丁金相毕业后在山东省立济南女中任教;柳乃瑞先后在文登中学、潍县县中任教;臧克家毕业后在山东省立临清中学任教,其间出版了诗集《运河》和长诗《自己的写照》。第二届中文系毕业生、山东滕县人刘位钧就职西安公安局。还有的则继续求学。例如:蔡文显毕业后考取清华大学研究院,攻读英国文学专业;第二届生物学系留校任助教的毕业生刘萃杰于1936年4月考取留美官费生,9月入俄勒冈州立大学农学院研究院攻读博士学位。

图3-80　国立山东大学物理学系师生合影

民国大学毕业生多被称为"天之骄子",这在国立山东大学表现为精英化的高产出现象。台湾有学者曾以货币比喻台湾大学与国立山东大学毕业生的质量说:"民国二十六年前一位国立山东大学的学士,好比一元含银七钱二分的大头,现在台湾一般所谓大学的学士,好比一元新台币,贬值多了。"③1935年教育部曾对13所国立大学排名,国立山东大学列第八位。

第五节　抗日爱国热潮与青岛1935—1936年学生运动

国立山东大学是在民族危亡时期从国立青岛大学演变而来,军事训练成为民国大学应对国难的重要一课。国立山东大学地下党通过政治结社、社会动员、示威游行等形式组织进步青年学生参与政治,直接引发了呼应北平"一二·九"学生运动的1936年青岛"元宵节事件",赵太侔等国立山东大学教员对学生运动的不同态度,与当时国、共两党抗日政策的对立息息相关。

---

① 《关于各单位选用山东大学毕业生的训令》,存青岛市档案馆,档号:B0032-001-00804-0072。
② 《第二届毕业同学职业调查》,载《国立山东大学周刊》第132期,1935年11月18日。
③ 褚承志:《国立山东大学》(下),载《山东文献》第6卷第3期,1980年12月。

一　抗战社会动员与国立山东大学地下党的活动

九一八事变后,日本步步紧逼。1933 年 5 月《塘沽协定》签订使华北主权进一步丧失,民族危机日益加深。迫于形势和国民政府军事化教育要求,国立山东大学开展了应对国难的军事训练,山大地下党则致力于恢复组织建设,开展抗日宣传活动。

1.适应国民政府军事化教育规定的军事训练

受九一八事变后民族主义与国家主义激荡的影响,面向在校学生(尤其是高中以上学生)军事训练教育再度兴起。南京政府强调教育"文武合一",不仅使受教育者"懂得文事,并且要懂得武艺",并认定"卸除武装的教育,教育出来的学生无论学问怎么高深,只是一种装饰品,甚至是一种浪费"。国立山东大学专设军训部,将军事训练排进教学课程表,授以军事学识与技能,增强学生身心涵养、纪律、服从、负责、耐劳诸品质,提高"国民献身殉国之精神,以增进国防之能力"。同时根据山东省教育厅的规定,每年暑期集中 3 个周"受训"。

1934 年 7 月,以黄际遇任总负责,宋君复为领队,国立山东大学 170 多学生到青州"受训"。由于军事教官临时动议将原定 3 周军训延长为 4 周,遂发生学生抗议军训程序设置,进而集体罢训事件。山东省政府主席韩复榘"震怒",以"校风不整"和省政府财政困难为由,下令停拨"协款"。① 赵太侔与黄际遇急赴济南,"费尽唇舌"以求解决之道。在大学生中推行培育军人精神的军事化教育,体力强度、时间长度也需要考虑学生的承受能力,而不是武断地只是按军训程式进行。

经此风波,教育部与山东省政府进一步磋商学生军训办法,决定派遣有陆军军官学校毕业资格的现役军官驻校充军事教官,加强平时军事训练,并由青岛市国民军事训练委员会配合进行。1934 年 9 月,主任教官王文元、教官胡琏被派赴国立山东大学。② 王文元,字星魁,山东临沂人,中央陆军军官学校毕业,中校副团职衔;胡琏,字子敬,湖南澧县人,中央陆军军官学校毕业,上尉区队长衔。根据史料记载,1934 年秋后,国立山东大学军事训练进入正规化阶段。是年 12 月,为军训配置的"教育枪"到校。1935 年 4 月,国立山东大学决定举行两次实弹射击,按每人每次 4 发、164 人计算,共需子弹 1312 发。为防"子弹损坏或药

---

① 《山东省府拟停拨山东大学协款　因该校校风不整财政困难　刻正与中央磋商中》,存青岛市档案馆,档号:D00124-00024-0003。

② 《军事训练已开始　王胡两教官已到校》,载《国立山东大学周刊》第 87 期,1934 年 10 月 8 日。

力不及起见",主任教官王文元在 3 月 7 日呈请青岛市国民军事训练委员会的报告中,要求发给学生军训用射击步枪 20 支、子弹 1360 发。[1] 青岛市国民军事训练委员会主任委员解若澜迅即予以签批。1935 年 5 月,山东省童子军训练班师生到国立山东大学参观,军训部特意安排了一次野餐。[2] 1936 年 9 月,国民党第三路军旅行团莅临国立山东大学,军训部安排部分学生展示步兵操练,并在学校大礼堂招待茶点。

国难当头,时局恶化。在此情形下,在校大学生的军事训练更加制度化、实战化,并且按山东省统一规定,实施为期 2 个月的集中军训。[3] 为适应社会一度倡导的"男人杀敌、女人救护"的分工设想,1936 年 5 月 11 日,教育部规定高中以上学校女生学习军事看护课程。5 月 18 日,国立山东大学在一年级女生中实施看护训练,开设 12 门课程。[4] 7 月又决定女生看护训练需"定期考试"。战争从

图 3-81　国立山东大学女学生

来不只是男人的事,女性通过短期救护训练迅速补充战地医疗人力,成为抗战时期青年妇女的重要使命。

2.国立山东大学地下党组织与文化宣传活动

1932 年 9 月国立山东大学开学后,俞启威利用社会关系的掩护返回青岛,担任山大党支部书记。俞启威联络崔嵬、杜建地、杨裕昆、李秀美、李岱思等,恢复"海鸥剧社",成员增加到 20 多人。他们在学校礼堂先后演出《一致》《暴风雨中的七个女性》,在校外的青岛大舞台演出《乱钟》《SOS》《婴儿的杀害》等剧目。同年 10 月,乔天华以青岛私立崇德中学教员身份为掩护从烟台来到青岛,任中共青岛市委青年委员和青岛"左联"党代表,与俞启威一起领导青岛"左联"的工作。之后,姜宏、王涛、杜宇、王令菲、陈迈千、于黑丁、周浩然、郭锡英等进步青年

---

[1]《关于借发山东大学军训学生射击用枪二十支并价给子弹一千三百六十发的呈文》,存青岛市档案馆,档号:B0031-001-00305-0067。

[2]《鲁童军训练班来校参观　本校并招待该班师生野餐》,载《国立山东大学周刊》第 117 期,1935年 5 月 27 日。

[3]《本校一年级生赴济集中军事训练　训练日期定为两个月》,载《国立山东大学周刊》第 152 期,1936 年 5 月 11 日。

[4]《一年级女生看护训练已上课　共开课程十二门》,载《国立山东大学周刊》第 153 期,1936 年 5月 18 日。

相继加入青岛"左联"组织。

1933 年由青岛"左联"赞助的"荒岛书店"在广西路 4 号建成后，因其鲜明的新文化传播风格，吸引了国立山东大学许多师生的目光，老舍、洪深、赵少侯经常光顾荒岛书店，老舍写《骆驼祥子》手稿的部分稿纸源于荒岛书店，后来印有"舍予"字样的稿纸也是在荒岛书店订制的。此间，从东北逃亡青岛的青年作家萧红、萧军因荒岛书店牵线，与仰慕已久的鲁迅取得联系，萧红的《生死场》在青岛竣稿，通过荒岛书店寄往上海；在鲁迅的支持下，萧军的《八月的乡村》也得以出版。1934 年 6 月 28 日，中共青岛市委在向中央写的一份工作报告中称："对于他们这一团知识分子，我们决定一面监视，一面训练，决定允许他们的要求开展左翼作家的组织，同时准备发行一种文学刊物。"①青岛"左联"联络点荒岛书店，连接着中国南北方的文化经脉。

根据左翼"剧联"作出的"在白色区域开展工人、学生和农民的演剧运动，采取'剧联'独立演出、辅导工农和学生表演以及联合演出"②的指示，俞启威提出，下乡到崂山去让农民看到最新的抗战剧，又可借此时机查看地形，在山里建立抗日武装队伍，打游击。③ 此时，陈鲤庭写的表现人民群众抗日爱国的话剧剧本《放下你的鞭子》从北京传到了青岛。为了适应农村演出需要，由艺术剧场向大众剧场转变，崔嵬将《放下你的鞭子》改成适宜于街头演出的广场剧《饥饿线上》。这一改革在剧场空间方面彻底摒弃传统戏剧的空间观，布景、道具、服装都不再是必不可少的设备，时间、地点、

图 3-82 "海鸥剧社"演出广场剧《饥饿线上》

演出风格都根据具体的演出情况随时调整，一切艰深的措辞和民众不解的术语，极力避免不用。为了传达出民众能够看懂、听懂、愿意接受并能够接受的内容，崔嵬大胆创新让演员全用地道的青岛话演出，他担任导演并饰演剧中的卖艺老

① 中共青岛市委党史研究室：《中共青岛地方史》，第 1 卷，第 185 页，中共党史出版社，2003。

② 《中国左翼戏剧家联盟最近行动纲领》，载《中国左翼戏剧家联盟史料集》第 17 页，中国戏剧出版社，1991。

③ 中共青岛市委组织部、中共青岛市委党史研究室：《20 世纪 30 年代青岛学生运动》，第 35 页，青岛出版社，2009。

人，由李云鹤饰演女儿。

1933 年春节期间，俞启威同崔嵬、李云鹤、杜建地、赵星火、梁桂珊、李秀英等人带着简单的服装、道具来到崂山王哥庄村演出。《饥饿线上》开场后，一位姑娘在胡琴的幽咽声中唱叙九一八事变，因为饥寒，姑娘倒地不起，拉琴老汉竟拿起鞭子抽打。此时，观众中一名男青年站出来护住姑娘，并高声喝止："放下你的鞭子！"老人这才哽咽着说出实情，因为东北家乡被日本占领，无处安身，只好逃难来青岛卖唱为生。凄婉的故事感染了在场观众，男青年高喊："打倒日本帝国主义！"观众随着高呼口号。①

戏剧作为一切武器艺术中"最伟大的武器"，因其具有"能即刻推动群众集体"的优势，特别是在街头巷尾的广场剧，没有专业道具，多数情况下凭借几管颜料、几块幕布进行演出，全凭演员的声音、动作和表情传情达意，有时演出还配合"飞行集会"。《饥饿线上》首演成功后，这部根植于青岛的广场剧走向全国，成为抗战期间各地上演场次最多的一个剧目。青岛"剧联"小组和"海鸥剧社"，作为中国左翼文化运动的一个地方样本，在青岛文化史上占有光辉的一页。令人唏嘘的是，与上海左翼文化组织成员多是有名望的作家、艺术家不同，青岛"左联"和"剧联"成员大都是爱好文艺活动的青年，实力不够强大，在斗争的方式上则存在简单化倾向，过多的直白口号、脸谱化的人物形象，削弱了戏剧独立的审美价值。

1933 年 3 月，由李俊德（李大章）、王经奎和俞启威组成的中共青岛临时市委成立，俞启威分管宣传和学运工作，负责领导左翼"剧联"，组织"海鸥剧社"的活动。是年 7 月，中共山东临时省委组织部长宋鸣时被捕后叛变，供出了俞启威。俞启威在青岛被捕，后被押往济南。据悉，俞珊、李云鹤通过不同方式找到赵太侔，要他设法营救。赵太侔赶赴济南，力请国民党省党部和省教育厅要员出面保释，并亲领俞启威返回青岛，送给旅费，密嘱速速远走。俞启威被保释后，回上海治病。1935 年，俞启威前往北平，旋即考入北京大学数学系。是年 12 月，俞启威参与领导"一二·九"爱国学生游行活动，成为著名的学生运动领导人。俞启威

图 3-83 "一二·九"学潮中的俞启威

① 鲁海、马述祯、时桂山：《青岛"剧联"小组和海鸥剧社》，载《新文学史料》1984 年第 2 期。

离开青岛后,崔嵬等避险离去,"海鸥剧社"因而停止了活动。①

由于 1933 年夏山东省特别是青岛市地下党机关遭到严重破坏,国立山东大学党组织仅剩一名学生党员李香亭(李克明),与中共青岛临时市委书记李俊德单线联系。10 月,中共国立山东大学支部再度重建,由李香亭、王广义、李实谔 3 人组成,李香亭任书记。② 11 月,李香亭还成为在青岛成立的中共山东省工委委员。在省工委书记张德一的直接领导下,1933 年 12 月,李香亭等带领同学群起反对校方成立的消费合作社,并提出由学生接管合作社、清算账目、赔偿学生损失等要求。1934 年 8 月李香亭、李实谔毕业离校,山大党支部由王广义负责。王广义(1913—2003),又名王路宾,山东聊城人,1929 年在济南师范学校加入共青团,次年转为中共党员,1933 年考入国立山东大学生物学系,因组织关系未能按时转到青岛,由中学同学李香亭介绍,暂作重新入党,后成为支部成员。王广义又发展了从上海私立大同大学转入的生物学系二年级学生陈延熙入党,计划再发展一名党

图 3-84 王广义

员,共同组成山大党支部。由于 1934—1935 年中共山东省和青岛市地下党领导机关屡遭破坏,国立山东大学党员与上级组织失掉联系。③

二 1936 年青岛元宵节事件与赵太侔被迫辞职

1935 年华北危局日趋严重,丧权辱国的"何梅协定"和日本策动汉奸制造的华北五省"自治运动",致使华北乃至整个中华民族到了生死存亡的危急关头,动荡的危局之下"已经安放不得一张平静的书桌"。为响应北平大中学校学生发动的"一二•九"爱国运动,国立山东大学掀起了抗日救亡运动新高潮。

1935 年 12 月 9 日北平数千名大中学生为反对"华北自治"、反抗日本帝国主义侵略走上街头示威游行的消息在平津见报不久,国立山东大学露天布告栏豁然出现了一张响应北平"一二•九"运动的通告。虽然没有署名,但大家推测

---

① 中共青岛市委党史研究室:《中共青岛地方史大事记(1921—1949)》,第 135 页,中共党史出版社,2006。

② 山东大学档案馆:《山东大学大事记(1901—1990)》,第 37 页,山东大学出版社,1991。

③ 中共青岛市委组织部、中共青岛市委党史研究室:《20 世纪 30 年代青岛学生运动》,第 48 页,青岛出版社,2009。

图3-85　国立山东大学学生观看壁报

这是"经校内进步学生策划,由王广义执笔的"①。山大党员站在了运动的最前沿。基于以爱国主义为主题的群体意识形态的高度认同,国立山东大学进步学生迅速走到了一起。12月18日,国立山东大学学生抗日救国会成立,通过全校各班同学代表大会,推举陈延熙、李声簧、王广义、熊德邵、韩福珍等21人组成执行委员会。执委会通电全国,声援北平学生的正义斗争。同一天,国民政府行政院致电青岛市长沈鸿烈,针对北平学生游行问题,要求"亟应采取和平方法尽力防止一切罢课游行请愿等事",指示沈鸿烈"即转饬各主管机关切实防止为要"。② 沈鸿烈即于次日签发第二一六号密令,指示教育局、公安局"秉承钧令"随时防范。旋即,沈鸿烈又亲莅国立山东大学"训话"。③

南京政府意识到,"抗日救亡"已成为凝聚全国民众的政治目标,"一二·九"运动标志着全国抗日救亡斗争新高潮的到来。为了软化瓦解学生运动,教育部指令全国大中学校选派学生代表于1936年1月15日到南京听蒋介石训话。国立山东大学学生抗日救国会闻此消息,向校方提出不派代表参加,但遭拒绝。1月4日,在赵太侔主持召开的第四十七次校务会议上,确定徐碧宇、邴鸿章、王延琦3人为国立山东大学派往南京"聆训"的代表。徐碧宇因不愿"聆训"以事假推脱,校务会议又改选陈文魁。3名"聆训"学生返校后,即和救国会持对立态度,救国会通过决议,开除他们的会籍。此事在全校引起很大的反响。

出于维护校政、严肃校纪的目的,2月2日赵太侔在全校教授、讲师会议发表的谈话中使用了一些人"假借救国运动名义屡图滋事端","希学生切勿受少数操纵分子挟持"等措辞,并称如果不能维持校纪"即使全体去职亦所不顾",身

---

① 熊德邵:《"一二·九"学生运动在山东大学》,载共青团青岛市委青运史办公室、中共青岛市委党史资料征委会办公室编《青岛党史资料》(内部发行)第7辑第290页,1991。另一说法是:"一二·九"运动期间,延荣懋从一个同学手中阅读了8月1日中国共产党发表的《为抗日救国告全国同胞书》("八一宣言"),便和"信得过的同学"王广义商量,两人"偷偷地"将通告贴在学校露天布告栏。

② 《行政院致电沈(鸿烈)市长密令防止学生请愿游行》,载共青团青岛市委青运史办公室、中共青岛市委党史资料征委会办公室编《青岛党史资料》(内部发行)第7辑第127页,1991。

③ 《沈(鸿烈)市长莅校讲演》,载《国立山东大学周刊》第138期,1935年12月30日。

为师者"坐视学生率意而行致酿成祸患,实有违爱国本旨,并有失教导之责"。①

1936 年元宵节,青岛市举行大港三号码头落成典礼,晚上在栈桥燃放焰火。国立山东大学学生抗日救国会利用观众云集的有利时机冲进会场,散发传单,登台演说,宣传中共"停止内战,一致对外"的主张,抨击国民党政府丧权辱国的政策。市政当局派出军警镇压,强行驱散围观的市民,拘捕李声簧、陈延熙、廷荣懋、韩福珍、王广义等山大学生。在青岛各界民众的舆论压力和被捕学生据理力争下,市政当局被迫将他们释放。据廷荣懋回忆,赵太侔乘车将这些学生接回学校时"一言不发"②。显然,赵太侔动了气。

1936 年 2 月 29 日,在赵太侔主持召开的第五十四次校务会议上,以"行动逾轨,破坏校纪"为名,决定对王广义、陈延熙、韩福珍、熊德邵、李声簧、周文煜 6 人"令其退学并限时离校"。③ 在次日发布的决议案中规定,"限时离校"的时间为 3 月 1 日上午。据陈仰之后来回忆,开除 6 名同学的布告刚一贴出,校园中就聚集了 100 余名愤愤不满的同学,有人主张立即罢课。土木工程学系四年级学生徐碧宇提议先向校长赵太侔交涉,要求学校收回成命。于是,几十名学生蜂拥到赵太侔荣成路私宅。赵太侔对学生代表提出的收回开除 6 名同学的"成命"不予接受,双方形成僵局。

图 3-86　报载国立山东大学学潮消息

当晚,学生抗日救国会在科学馆大教室召开临时全体会议,学生代表报告与校长交涉的经过,会议决定次日罢课。一些学生撕毁了开除布告,用封条封闭了校长办公室,控制了校钟,切断了电话总机线路,贴出了"驱逐赵畸"的标语。3 月 2 日学生罢课后,赵太侔立即电报教育部。3 月 4 日,教育部电令"以严厉手段处置"山大学潮。校方公布了教育部的电令,并发布了《关于开除学生李声簧等六人学籍的第六三号布告》。校方的布告引起了学生更大的义愤,学生抗日救国会当即致电国民政府行政院,要求撤换校长,其中有这样的措辞:

---

① 《山东大学教授会议发表谈话》,载共青团青岛市委青运史办公室、中共青岛市委党史资料征委会办公室编《青岛党史资料》(内部发行)第 7 辑第 131 页,1991。

② 廷懋:《我在山大参加"一二・九"运动的回忆》,载韩连霆主编《山东党史资料文库》第 6 卷第 4 页,山东人民出版社,2015。

③ 《校长室布告长字第六二号(二月二十九日)》,载《国立山东大学周刊》第 142 期,1936 年 3 月 2 日。

属校校长赵畸知识谫陋,办学无方,东日竟又无理勒令同学六人退学,群情愤慨,一致驱逐。现校中秩序安定,校长赵畸正要挟教授辞职,学生等一致恳请教授照常上课,伏恳钧座,速令教部遴员接受主持校务,并恢复六同学学籍,以维学业。[1]

学生抗日救国会还组成"纠察队",推举程恒诗(陈汉)为队长,维持校内秩序,在第四校舍(男生宿舍)严加戒备,对被开除同学加强保卫措施。一些女生在吴绮、胡家珍、沙霞英带领下,自动到第四校舍参加守卫。

实际上,罢课的第二天学生群体就发生了分化。四年制大学各年级学生都有各自面临的实际问题。四年级学生因为"临近毕业而考虑就业问题",二、三年级因为"专业课程加重"对运动缺乏热情,唯有大一学生入校不久,思想尚不成熟,在"运动中易于发动"。[2] 3月4日,以四年级学生为主的"护校团"成立,并在第二校舍门口张贴壁报,指责救国会"蛊惑众听,强奸民意",其"失国初衷,奚啻南辕北辙,能早洞悉其非者,大抵相率退去",声称护校团"期以全力挽救危局,凡有破坏我校者,皆视之以敌"。同时,护校团在《青岛时报》发表声明,申明少数同学包办救国会,所发通电非全体同学公意。就这样,罢课之初学生就分成了两派。两派互相指责,群情汹汹,以至于"展开了殴斗"。护校团用桌椅堵塞楼梯通道,并用"瓶罐击退"冲上来的救国会同学,双方"一直僵持到午夜"。另有一些学生则"采取观望中立的态度"。[3] 国立山东大学一时气氛紧张,流言四起。

4日下午6点,赵太侔在大同西菜馆设宴招待青岛各报社、通讯社新闻记者,一再申明"本校修造非易,决不容少数不良分子肆意破坏也"。同时,赵太侔致信青岛市公安局局长王时泽,要求"派警协助执行"。[4] 5日晚,山东省教育厅厅长何思源从济南赶来,会商平息学潮办法。沈鸿烈、何思源均认为,"爱护之计已穷",万不得已,只有遵照教育部令,"派警强制执行"。[5] 6日,教育部以第二八一〇号训令发布《维持治安紧急办法》。8日4点多钟,青岛市公安局特务队、

---

① 中共青岛市委组织部、中共青岛市委党史研究室:《20世纪30年代青岛学生运动》,第67页,青岛出版社,2009。

② 熊德邵:《"一二·九"学生运动在山东大学》,载共青团青岛市委青运史办公室、中共青岛市委党史资料征委会办公室编《青岛党史资料》(内部发行)第7辑第290页,1991。

③ 陈仰之:《记山大一九三六年学潮》,载韩连霆主编《山东党史资料文库》第5卷第849页,山东人民出版社,2015。

④ 《赵畸校长致雨林兄的信》,载共青团青岛市委青运史办公室、中共青岛市委党史资料征委会办公室《青岛党史资料》(内部发行)第7辑第133页,1991。

⑤ 《山大学潮告一段落 公安局派警强制执行》,载《工商新报》1932年3月9日。

保安队、侦缉队、消防队、交通队及各分局警察共计500多人"将山大第四校舍包围"，身着皮衣钢帽的消防队"持拆屋器具"，大批警察"亦一拥而入"。[①] 学生则奋力抵抗，打斗中有4名学生头部受伤。《新闻报》用较大篇幅报道这一突袭事件，并指出经"沈鸿烈、何思源、赵畸等商洽，八日晨由公安局派警将为首的学生程恒诗及女生沙霞英等"人"逮捕"。[②] 对于女生被拘，胡家珍回忆说：她发现吴绪被抓至警车后便与警察评理："吴绪有什么罪，不能抓她！"见警察不理，胡家珍又说："我们是一起的，要抓就一起抓，不能只抓她，就抓我吧！"这时，站在一边的黄天华、姚媛、陈纫秋、盛韵婉、朱芬芬等女同学都支持胡家珍。于是"我们6名女生就往警车

图3-87 冲进国立山东大学校园里的军警

上挤"。[③] 章茂桐写文章证实"胡家珍在军警逮捕吴绪时，勇敢出来捍卫，并说'要抓人就抓我吧！'就这样她也同时被捕了"[④]。这次突袭共抓走学生32人。

抓捕学生的当天上午8点，赵太侔主持召开了国立山东大学第五十五次校务会议，决定对程恒诗等13人"令其退学"。会议记录如下。

> 时间：(民国)二十五年三月八日上午八时。在会议室。
>
> 出席者：张闻骏、吴柳生、李达、余立基、洪深、周承佑、王恒守、赵少侯、陈之霖、林绍文、张煦、赵畸。
>
> 主席：赵畸
>
> 议案一：学生程恒诗、廷荣懋、朱缵高、沙霞英、武希龄、汪昭武、吴绪、刘一志、刘荣汉、严曙明、顾欲然、党士英、赵如辰等十三人结合被革学生，鼓动风潮，破坏校纪，应如何处理案。
>
> 决议：令其退学。
>
> 议案二：本校学生救国会、护校团、二七级级会、二八级级会等团体，应

---

① 《昨日黎明武力解决》，载《青岛时报》1932年3月9日。
② 《山东大学学潮 女生沙霞英等廿余人被捕》，载《新闻报》1932年3月9日。
③ 唐棣华：《山东大学一九三六年学潮的回忆》，载韩连霆主编《山东党史资料文库》第6卷第6—7页，山东人民出版社，2015。
④ 章茂桐：《忆我在山大期间的抗日救亡活动》，载共青团青岛市委青运史办公室、中共青岛市委党史资料征委会办公室编《青岛党史资料》(内部发行)第7辑第323—324页，1991。

否解散案。

决议：解散。

议案三：决定复课日期。

决议：定三月九日起复课。①

对 3 月 8 日黎明发生的 32 名学生被捕事件，教授们的态度发生了变化。据悉，教务长杜光埙"反对开除学生"，还要与赵太侔"划清界限"；抱"同情态度的"还有童第周等人。站在赵太侔一边的教授有"竭力攻击"学生的王恒守，还有"不了解情况的"老舍。②

一位笔名"中生"的知情者在回忆文章中说："我记得那一天晚上，两派学生都挤在学校的礼堂里，听舒先生的一篇伟论。""他走上讲台，一开口就说：'这一次的事情，弄到今天的地步，可说是学校办教育的失败（大家肃然），但我听说你们要开火了，吓得我三天不敢出来（大家哗然）。今天，你们都来了，这是一个好现象。现在有些问题，我们仍要讨论一下。你们能接受意见，没事儿；不能接受，学校关门大吉。'"③

据悉，两派对垒期间，洪深赶来劝架，但双方互不相让。洪深参加了校务会议处分学生的讨论，会后他曾到第四校舍看望被开除的学生，劝他们离校，可以转到上海一些大学，并愿资助路费。学生们自然不予答应，还"指控"洪深代表赵太侔"收买"学生，并向同学"揭穿"其"瓦解爱国行动的阴谋"。④洪深到被捕学生的关押处探望学生时，吴绡和沙霞英批评洪深说：洪教授，你经常鼓励我们要抗日救国，我们深信你的话，想不到我们这些人都被教授会开除学籍，并捉到这里来了，我们如何理解过去你教导我们的话呢？⑤还有当事人回忆说：洪深看望女同学时要同学们打他、骂他，说那样心里会好受些；他对男同学说，他原以为少数人闹事，捕人时他在大操场上观察了捕人场面，听到呼声震天，才认识到了"这是一个伟大的有群众基础的爱国运动"。

洪深承认自己错了，为挽回过失，他决定立即离开山大。洪深果然辞去教职，并登报发表声明。

---

① 《山东大学关于令学生程恒诗等 13 人退学及解散学生救国会等四团体和复课的学籍的第 55 次校务会议记录》，载共青团青岛市委青运史办公室、中共青岛市委党史资料征委会办公室编《青岛党史资料》（内部发行）第 7 辑第 136 页，1991。

②④ 熊德邵：《"一二·九"学生运动在山东大学》，载韩连霆主编《山东党史资料文库》第 5 卷第 842、842 页，山东人民出版社，2015。

③ 张桂兴：《老舍年谱》，上册，第 159—160 页，上海文艺出版社，1997。

⑤ 葛春霖：《一九三五至一九三六年山东大学学潮之经历》，载韩连霆主编《山东党史资料文库》第 5 卷第 846 页，山东人民出版社，2015。

深将行矣，有三事不得不为社会人士告：第一事，声明责任——凡从三月一日起，至三月十日中午十二时为止，一切校务会议决议议案，全体教授讲师会议决议议案，以及对外所发之函电，宣言，谈话等，深应负连带责任，因自始深即为坚决主张维护校纪诸人中之一也。第二事，声明辞职——从三月九日上午九点钟以来，因不断与同学谈话，对于一二年级同学之行动，情绪，态度，得有新的理解；深个人突增许多感触。刻下因所受刺激太大，神经已经反常；授课既无心绪，静坐亦觉难堪。不得已辞职离校，盖自知深个人已无能力再负责任也。深之必须声明责任者，表示深不愿出卖朋友；必须声明辞职者，表示深欲给自己严格的清算也。第三事，顾念将来——在严重的国难当中，一般人不是麻木，即是畏缩，青年学子起而做救国运动，我们做师长的人，思之不能不疚惭。我希望以后的事，能好好地处理，务使本无仇怨之学生中间，及学生与师长之间，恢复友谊，保全此缔造艰难之山大；那么，我心中的痛苦，也因此而减少一些了！谨此告别。①

3月9日上午8点，校方就按第五十五次校务会议决议，令工友敲钟上课，但"只有三、四年级学生到堂，第四校舍之一、二年级学生，仍在坚持，无一人上课"②。为解决国立山东大学学潮，教育部派督学孙国封抵达青岛负责处理。10日晚，孙国封召集学生代表谈话，陈仰之、周仲篪、吴绪提出立即释放被捕同学、恢复被开除同学的学籍、撤换校长等三个条件，"但至午夜二时，仍无结果"③。被警察局关押的学生不屈不挠，积极与当局交涉。据王广义后来回忆，他们被羁押后曾向当局提出两个要求：一是允许在押同学互相见面，二是允许会见来探望的校内同学。因要求遭拒绝，遂进行了"三天的绝食斗争"，当局"被迫答应了"其要求。④

赵太侔一向厌恶学潮，但32名学生被警方强行羁押有违整理学潮的初衷，特别是洪深的离去及来自校内教员的逆耳之言，令他感觉到两难选择时不知所措的纠结。此时，与赵太侔有过节的沈鸿烈、何思源趁机展开了针对赵太侔的攻讦。3月11日下午3点，沈鸿烈"特赴公安局向被捕学生训话，四时复在市府召集一、二年级学生代表十人谈话"⑤。据被捕学生回忆，沈鸿烈到关押学生的地

---

① 《洪深启事》，载《青岛民报》1935年3月11日。

② 《山大昨有一部上课》，载《青岛时报》1936年3月10日。

③ 《山大学潮解决尚无确期》，载《青岛民报》1936年3月12日。

④ 王路宾：《一九三三年秋至一九三六年春山东大学革命斗争的回忆》，载中共山东省委党史资料征集研究委员会编《山东党史资料》1981年第2期。

⑤ 《山大学潮停滞　沈市长尽力调解》，载《青岛时报》1936年3月12日。

方训话时"承认"学生是"爱国行动",并声称下令逮捕学生是"上了赵畸的当"。① 一些三、四年级鲁西籍学生因受何思源的挑唆,罢课呼声最激烈,并声言必须将赵太侔驱逐出校。调停学潮的孙国封察觉沈鸿烈、何思源的用意,检讨赵太侔在学潮中的失误,权衡利弊,便找救国会学生代表谈话,提出三条意见:(1)可以将囚禁的同学全部释放;(2)可以恢复第五十五次校务会议作出的开除程恒诗等13名同学的学籍,但第一次开除李声簧等6名同学不能复学;(3)让赵太侔主动向教育部提出辞呈。救国会学生代表决定召开全校大会表决。

学生抗日救国会立即在科学馆大教室召开大会,全校有100多名同学到会,意见分歧很大,多数不赞同孙国封的调解。支持赵太侔的教授听说学生不接受孙国封的意见,便召开教授会"酝酿总辞职,来支持赵太侔"。由于形势紧迫,没有资格出席教授会的葛春霖冲进会场,要求"教授们不要走极端,应当把学生们看成自己的孩子",不能"不教而诛"。② 最后,教授会决定派老舍等3位教授去开导学生,接受孙国封的调解意见。然而,学生对3位教授的劝导仍置之不理,葛春霖责备学生代表"不顾身居牢狱"中同学的"安危"。救国会再行表决时,在场的多数学生深恐"学潮拖延日久有些麻烦","只得同意孙国封调停的意见"。③最终,以"一票的多数"通过接受孙国封调解,即时复课。

孙国封的调解指向赵太侔,赵太侔要为此次学潮付出辞职的代价。国立山东大学看破局势的秘书长皮松云、教务长杜光埙、文理学院院长黄际遇几个关键职员纷纷离职。无奈之下,赵太侔以去南京公干为由,挂冠而去,校政由校务会议暂时代理。校务会议选出张煦、陈之霖、张闻骏组成常务委员会,并由刘本钊暂代秘书长职,张紫雏暂代教务长职。④

3月13日,国立山东大学第五十七次校务会议召开,因"教师请求从宽处理",决定修正第五十五次校务会议作出的开除13名学生的决议,除朱缵高外,对其他12人"暂准留校察看"。⑤ 同日,国立山东大学致函青岛市公安局,请求保释廷荣懋等29名学生回校。

① 熊德邵:《"一二·九"学生运动在山东大学》,载韩连赓主编《山东党史资料文库》第5卷第843页,山东人民出版社,2015。

② 葛春霖:《1935—1936年山东大学学潮之经历》,载共青团青岛市委青运史办公室、中共青岛市委党史资料征委会办公室编《青岛党史资料》(内部发行)第7辑第304—305页,1991。

③ 陈仰之:《记山大一九三六年学潮》,载韩连赓主编《山东党史资料文库》第5卷第852页,山东人民出版社,2015。

④ 《赵校长因公赴京 校务由校务会议暂时代理》,载《国立山东大学周刊》第144期,1933年3月16日。

⑤ 《校长室布告长字第六五号(三月十四日)》,载《国立山东大学周刊》第144期,1936年3月16日。

国立山东大学公函(第一二三号)

本校以学生王广义等十九人违犯校纪,予以退学处分,因该生等抗不离校,承□□□□贵局派警协助执行,计被捕学生三十二人,尚在贵局看管。兹经本校校务会议决定,被革生程恒诗等十二人,暂准从宽处理,留校察看记录在案。除王广义、陈延熙、熊德邵、韩福珍等四人,已函请该生等家长及保证人具保请释外,所有现留贵局学生廷荣懋等二十九人,拟请交由本校保释回校。相应开附名单函请查照办理,为荷。此致
青岛市公安局

附名单一纸

被保释学生名单：

章茂桐、廷荣懋、马万骅、张致一、崔世文、王觉民、赵如辰、程恒诗、顾欲然、沙霞英、刘荣汉、汲寿彬、陈松柏、李咏坦、吴绩、王择纯、宿藩、何文祥、周炎、王广义、韩福珍、陈延熙、萧广馀、王济诚、党士英、汪昭武、熊德邵、黄天华、陈纫秋、盛韵琬、朱芬芬、姚媛、胡家珍。

被开除及被捕：李声簧、周文煜。

国立山东大学关防
中华民国廿五年三月十三日①

3月14日,青岛市公安局致国立山东大学《关于处置山东大学学生的法字第一二三号公函》,请校方来局领人。随即,宋君复、郭贻诚作为山大代表从公安局带回24人。何文祥在与警察争斗中因"脑部撞伤"被"送赴市立医院医治",王广义、陈延熙、熊德邵、韩福珍已由其"家长及保证人自行具保请释",业已"移居青年会别墅"。随后,青岛市公安局撤回派驻国立山东大学的警察。山大校方除在3月17日致函"申谢",为"昕夕从公,勤劳备至"的警察"略备慰劳医药等费",还在3月25日给公安局送去50包面粉"聊申酬答"。② 青岛市公安局则在大谈"维持地方安宁秩序,实属警察应尽职责"的高调之后,因"一再推辞不获"便"拜领分配"了。③

身在南京的赵太侔向教育部提出辞职。在3月30日出刊的第146期《国立

---

① 《山东大学关于保释廷荣懋等29人回校给市公安局的第123号公函》,载共青团青岛市委青运史办公室、中共青岛市委党史资料征委会办公室编《青岛党史资料》(内部发行)第7辑第139页,1991。

② 详见《山东大学复函申谢青岛市公安局的第128号公函》和《山东大学关于慰劳员警面粉给市公安局的第134号公函》,载共青团青岛市委青运史办公室、中共青岛市委党史资料征委会办公室编《青岛党史资料》(内部发行)第7辑第142—143页,1991。

③ 《青岛市公安局关于山东大学第134号公函的复函》,载共青团青岛市委青运史办公室、中共青岛市委党史资料征委会办公室编《青岛党史资料》(内部发行)第7辑第144页,1991。

山东大学周刊》上有一条题为《赵校长辞职教育部指令慰留》的消息,此后再没有赵太侔的讯息,国立山东大学似乎恢复了往日的平静。第一批被开除的6名学生准许转入其他高校,熊德邵转入南京中央大学。3月22日,沈鸿烈应邀到校在"纪念周"校会上发表了演讲。他在谈及北平"一二·九"运动时批评道:在

北平"用大刀对待学生是不对的","如果日本进攻青岛,我守土有责,一定与青岛共存亡"。沈鸿烈的话竟然"博得许多同学的掌声"。① 4月18日,山东省主席韩复榘莅临国立山东大学。② 韩复榘此番抵青盘算的是,扳倒赵太侔后如何与教育部

图3-88 国立山东大学学潮中被捕学生合影

博弈。旋即,教育部政务次长段锡朋莅临国立山东大学视察。③ 6月21日,教育部"照准"赵太侔辞职,并"以由部令饬该校校务会议常委代行校务"。④

赵太侔辞职确系孙国封调解学潮开出的条件,被迫而无奈。此次学潮,赵太侔最大的失误在于处置学生问题仅以"行动逾轨,破坏校纪"论,动辄行"退学""开除"令,尤其是主动央请警察进校抓捕学生,不教而诛,丧失了教育者的基本立场;同时又给地方势力插手山大造成可乘之机,身落陷阱,又遭下石焉。当"抗日救亡"成为全民族的思想基调时,"一二·九"运动中任何针对爱国学生的行为都会被视为汉奸行径。1936年3月16日,中共在法国巴黎出版的《救国时报》刊有一篇指控赵太侔的长篇文章,其标题赫然是《青岛军警摧残爱国学生,山大学生奋起抗日救国,山大校长赵畸甘为汉奸,爱国学生被杀伤数十人》,这是赵太侔意想不到的。

---

① 廷懋:《我在山大参加"一二·九"运动的回忆》,载韩连霆主编《山东党史资料文库》第6卷第4页,山东人民出版社,2015。
② 《鲁省韩(复榘)主席莅校参观》,载《国立山东大学周刊》第149期,1936年4月20日。
③ 《教部段(锡朋)次长莅校视察》,载《国立山东大学周刊》第151期,1936年5月4日。
④ 《赵畸辞职 教部业经照准》,载《正报》1936年6月22日。

第四章　曲折与断裂:1936—1945

　　林济青是在国立山东大学遭遇学潮风波、赵太侔被迫辞职后走上代理校长职位的。林济青凭借对青岛高等教育的了解和山东省政府的支持,重整旗鼓,恢复教学秩序,一定程度上延续了名师办学的传统。机械工程学系添设电机学组,化学馆落成,专业建设和办学条件进一步优化,教学、科研不断有所刷新和突破。但是,林济青的省政府委员身份带来的官僚习气和"代理"一职的尴尬境地,使他难有国立大学校长的尊严,国立山东大学出现了由盛转衰的迹象。①

　　1937年七七事变将国立山东大学推向了历史转折关头。在国内大多数高校纷纷迁移后方的形势影响下,刚刚开启1937年秋季新学年的国立山东大学被迫停课,匆匆加入了中国历史上最大规模的战时大学迁徙潮。日益浓烈的战争阴霾催生了青岛大学生的革命觉悟,中华民族解放先锋队山大队部自发成立。在随五十一军进驻青岛的中共东北军工委领导下,一个由山大学生党员组成的中共青岛特支使破坏已久的中共青岛地方组织焕发出勃勃生机,"脱下长衫,到游击队去"成为抗战军兴、救亡图存的时代强音。

　　历经颠沛流离之苦到达四川万县的国立山东大学,等到的却是国民政府行政院"暂时停办"的训令,学生大部并入中央大学,林济青的代理校长职务随即被免除。国立山东大学是全面抗战时期唯一一所因迁校失败停办的国立大学。自1940年起要求复校的呼声日渐高涨,自发组建的复校促进委员会联合各地校友,请求国民政府恢复山大建制,为国立山东大学复校办学奠定了民意基础。

第一节　林济青的治校方针与特殊时期的教育施策

　　林济青有心揭开国立山东大学校史上"光荣的一页",因为他可以依仗山东

---

①　山东大学百年史编委会:《山东大学百年史(1901—2001)》,第108页,山东大学出版社,2001。

省政府对山大的控制权。在与教育部的合作与摩擦中,林济青凭借对青岛高等教育的了解,直面国立山东大学的诸多利害关系,通过紧张的准备,重整校政机构,多方延揽人才,力图尽快把控工作局面。

一　敦促受命的林济青与共同担责的校政制度

1936 年 7 月 9 日,教育部委任林济青为国立山东大学代理校长,7 月 16 日林济青到任视事。[①] 青岛高等学府迎来了一任代理职校长。

林济青(1886—1960),又名林则衣,山东莱阳人,出生于基督教家庭,早年自潍县广文学堂毕业就读北京汇文大学,后留学美国哥伦比亚大学获文学学士学位,回国任陕西高等学堂英文教习;辛亥革命爆发时组织教会医院救治起义士兵,被委以陕西督府外交司长职,1912 年作为有功之臣再往美国留学,获里海大学矿学硕士学位;回国后任济南基督教青年会干事长,齐鲁大学理学院地质学与经济学讲师、教授,1922 年作为"鲁案"接收委员会实业处技术员来到青岛,曾出任宋传典时期的私立青岛大学副校长兼教务长;国民政府接管山东后跻身山东省政府,旋即被聘为齐鲁大学文理学院院长,代行校长职务,曾被国立青岛大学筹备委员会提名事务主任人选,赵太侔主校期间两次受聘国立山东大学毕业试验委员会委员。客观地说,林济青两度负笈美国留学,文、理兼通,出入政、学、耶三道,阅历不凡,既有任职私立青岛大学的经历,又是齐鲁大学代理校长,还有山东省政府委员的"金字招牌",步杨振声、赵太侔后尘主校国立山东大学,算得上合适人选。

图4-1　林济青

林济青甫一上任便利用暑期假日,招工"修治"整个校舍,使"业已数年,褪落剥蚀,殊碍观瞻"的办公楼、教室、宿舍等处"粉刷焕然,气象一新"。[②] 当然,林济青亟待呈现的是经过学潮洗礼之后国立山东大学的办学方针,这寄托着他的期许、愿望和决心。1936 年 9 月 21 日,林济青在 1936 年度第一学期第一个"纪念周"集会上对全校师生发表了演讲,其中说道:

---

① 《奉教育部令关于派林济青代理国立山东大学校长职务关于七月十六日到校任职的公函》,存青岛市档案馆,档号:B0038-001-00785-0019。
② 《本校校舍刷新》,载《国立山东大学周刊》第 162 期,1936 年 9 月 28 日。

现在是廿五年度第一学期的第一个纪念周,全体师生来自廿余行省。济济跄跄,欢聚一堂,互相砥砺,以求学术的进展,诚令我们感到十分的快慰。

本校历史虽仅六年,但经前此杨、赵两校长与历年同人的努力和诸同学的爱护,设备和课程总算有相当的成绩;可是前路方修,仍应加意扩展,以达到更完善的地步,这种责任是要大家共同担负的。

本校所在地青岛,环境优美,擅园林之胜,校外有巍峨的崂顶和浩漾的东海,仰观远眺,都足以启发高尚的志趣和广大的襟怀;深愿大家触景生情,益自奋励,庶不负当前的责任。

本人此次受命教育部与各关系方面的敦促,前来主持校政,处处当以发展学校为前题,愿与大家和衷共济,步伐齐一,向前迈进,以造成教育史上光荣的一页。①

林济青的演讲没有埋没前任校长杨振声、赵太侔的功绩,并小心翼翼地使用了"加意扩展""益自奋励""步伐齐一"等措辞,意在形成一个责任共担的校局。赵太侔辞职前后,秘书处、教务处主要职员相继离校,林济青草拼班子,任严智开为秘书长。严智开(1894—1942),字季聪,天津人,历任天津美术馆馆长、北平艺术专科学校校长。严智开告假期间由训育主任王圻兼任代理秘书长。王圻,字秩疆,山东诸城人,获美国纽约大学教育哲学博士学位,历任齐鲁大学教授、山东省教育厅督学。王志超任教务长,颜实甫任出版课主任,王志轩改任会计课主任,黄星辉回任图书馆主任。此外,留任的罗玉君继续担任女生指导,邓初仍任校医室主任,宋君复仍任体育部主任,孟礼

图4-2　严智开

先仍任事务课主任,张紫雏仍任注册课主任。林济青不像杨振声那样淋漓尽致地鼓噪思想,鹤立称雄于一尊;也不像赵太侔那样沉默缄口,靠实干赢得声望;林济青自知代理校长的职位缺陷,也明了自身优势。特别是在"一二·九"学生运动由高潮转向低谷,抗日民族统一阵营已成历史潮流,林济青游走在政治与教育的风口浪尖上,直面诸多书生官员棘手的难题。

1937年1月11日,林济青主持召开第六次校务会议,决定成立国立山东大学学生生活指导委员会,由校长、秘书长、训育主任、军训主任教官、注册课主任、

① 《廿一日纪念周校长演讲词》,载《国立山东大学周刊》第162期,1936年9月28日。

女生指导、校医及本校教授、讲师组成,指导的内容包括:

一、思想之指导

(1)指导其作精密之认识

(2)指导其作正确之判断

二、学生个别生活之指导

(1)行为之指导(礼貌、互助、耐劳苦、戒嗜好)

(2)学业之指导(图书方法、图书馆利用法、讲义笔记整理法、实验室)

(3)日常生活之指导(整齐、清洁、简单、朴素)

(4)职业之指导(介绍、选择)

三、团体生活之指导

四、课外活动之指导

(1)课外学术之指导

(2)一般娱乐之指导①

林济青可能在扮演"牧师""导师"与"训育师"三重角色。从上述学生生活指导内容看,有着显而易见的曾在齐鲁大学实施过的教会教育元素,尤其是行为指导和日常生活指导,完全超出了教育部 1936 年 4 月《专科以上学校特种教育纲要》的范畴;同时又带有上海大夏大学、浙江大学推行的对学生学业、品德、生活开展个别指导"导师制"的成分;还有国民党政府"新生活运动"改造国民生活形态的含义。这些都集中在林济青所确定的"遵守规约、诚恳服务、见义勇为、锻炼身体、努力修养"五项训导方针之中。

客观地说,林济青的大学生生活指导,确有通过师生间积极、活跃、能动的交往活动,在多质性关系中促进教师与学生的思想修养。但是,林济青的生活指导,是用生活细节的要求来转移大学生对政治、社会问题的不满。由于教师占据主导,师生双方沟通的平台微乎其微,师生之间的代沟和差异难以掩盖师生关系的疏离。可见,林济青的大学生生活指导与其说是"教养身体的政治",毋宁说是"教化身体的政治",他玩弄的是政治把戏。

二 三院八系建制与名师流失后的传统转续

林济青上任后最难堪的问题是,由于赵太侔辞职,一些知名教授坚持"共进

---

① 《国立山东大学学生生活指导委员会章程》,载《国立山东大学周刊》第 180 期,1937 年 2 月 1 日。

退"的立场相继递交辞呈。林济青一面劝阻他们辞职,一面借助青岛优越的环境条件和各方关系,补齐各院系所缺师资,一定程度上延续了名师传统。

据悉,林济青为了要老舍给他撑门面,利用此前齐鲁大学的同事关系"三顾茅庐",一再挽留老舍。但老舍宁愿放弃 300 元月薪,也坚辞不就。萧涤非对此赞叹道:"'铁骨铮铮'这四个字,也可以说是老舍的夫子自道。……明摆着每月300 元的教授薪金不要,宁可单靠写稿过活,也要和朋友们共进退,真是好样的!"①萧涤非也离开青岛,"远道孤栖"四川大学。在青时,萧涤非与中文系女生、19 岁的江西同乡黄兼芬热恋。离开青岛时二人决定结婚,但因请不起客,只好临上火车前发送婚帖。老舍闻讯赶到火车站,送上刚出版的《牛天赐传》作为纪念,这本书成为萧涤非新婚时收到的唯一礼物。

林济青代理校长时期,国立山东大学名义上为文理学院、工学院、农学院"三院"和中文系、外文系、数学系、物理学系、化学系、生物学系、土木工程学系、机械工程学系"八系"建制。文理学院院长一直虚位,由化学系系主任汤腾汉代理;汪公旭任工学院代理院长兼机械工程学系系主任。汪公旭(1896—1992),名汪煦,字公旭,浙江杭县人,1919 年清华学校毕业考取"庚款"赴美留学,获斯蒂文斯理工学院机械工程师,回国后历任山东公立工业专科学校校长、北平工业大学、河北工学院、东北大学等校教授,汪公旭系省立山东大学的"老班底"。名存实亡的农学院对外仍设研究、推广两部,实际仅由办事员李韵涛驻守济南。②1936 年 10 月,林济青与省教育厅长何思源、建设厅长张鸿烈合议成立山东乡村建设专科学校,由山大出资 2 万元。③ "八系"系主任除汤腾汉(化学系)、林绍文(生物学系)外,其他各系主任均为"新面孔"。

中国文学系系主任施畸(1889—1973),又名施俊,字天倠,河北通县(今属北京)人,早年加入同盟会,1919 年考入保定直隶高等师范学堂,后任京师公立第四中学国文教师,是五四新文化运动的热情参与者,曾与胡适、陈独秀、傅斯年、罗家伦等编辑《新文学评论》,并任教于中法大学服尔德学院国文系、国立武汉大学哲学系,撰有《中国文体论》《文学方法论》《文章组织论》等著述,1936 年 8 月应聘国立山东大学。

图 4-3　闻　宥

---

① 萧涤非:《聊城铁公鸡》,载舒济编《老舍和朋友们》第 637 页,三联书店,1991。
② 《民国二十五年国立山东大学一览》,第 280 页,1936。
③ 《济建教两厅与山大农院合组乡建改委会　完成农业行政之基本原则　以乡建专校为执行机关》,载《大青岛报》1936 年 10 月 5 日。

图 4-4　姜忠奎

中文系教授除了留任的闻宥、姜忠奎外，新聘教授有栾调甫、黄孝纾。栾调甫（1889—1972），本名栾廷梅，字调甫，山东蓬莱人，14 岁随父去上海格致书店当学徒，1920 年到齐鲁大学译书，对梁启超《墨经校释》观点质疑，被梁启超称之"迈越前人，石破天惊"，1936 年 8 月任国立山东大学教授。在青岛，栾调甫创立"字系说"，著《说文解字补正》，编印《中国语言百科全书》《中国语文学》。黄孝纾（1900—1964），字公渚，号匑厂，福建闽侯人，1912 年随父晚清翰林黄曾源举家迁居青岛。黄孝纾少治经学，喜考

据，精训诂，善书画，后在上海嘉业堂校雠古籍，1934 年回到青岛，1936 年 8 月任国立山东大学中文系教授。黄孝纾选注的《欧阳永叔文》1934 年由商务印书馆出版，《匑厂文稿》六卷 1935 年出版，其学养、著述、道山、跌宕起伏，瑰丽异常。中文系还有出版课主任、兼任讲师颜实甫。颜实甫（1898—1974），名歆，字实甫，重庆人，1918 年赴法勤工俭学，

图 4-5　栾调甫

后考入法国里昂中法大学，获文学硕士学位，又入巴黎大学研究院研究哲学，用法文向西方翻译介绍《中国庄子哲学》，还将法国英雄史诗《罗兰之歌》等著作翻译成中文，1936 年回国，8 月应聘国立山东大学。中文系还有讲师台静农、吴廷璆。台静

图 4-6　黄孝纾

农（1903—1990），本姓澹台，字伯简，安徽霍邱（今六安）人，中学后入北京大学国文系旁听，后肄业，1925 年与同乡李霁野、韦素园、韦丛芜、曹靖华等成立文学社团"未名社"，出版小说集《地之子》和《建塔者》，后有任教辅仁大学、厦门大学的经历，1936 年 8

图 4-7　颜实甫

月应聘国立山东大学。吴廷璆（1910—2003），又名默健、曼泉，浙江绍兴人，中学毕业加入北伐军，1929 年考入北京大学史学系兼修日本文学，九一八事变后参加北大学生南下示威团被打入"黑名单"，危急之下乘船奔赴东瀛，入读日本京都帝国大学史学科，1936 年经范文澜等推荐受聘国立山东大学。

外国文学系系主任凌达扬（1894—1986），字庭显，广东宝安（今属深圳）人，1918 年获耶鲁大学历史学学士学位，1920 年获哥伦比亚大学历史学硕士学位，回国后历任清华学校、齐鲁大学、东北大学英文教职，曾与其兄凌道扬任教私立青岛大学，1933 年凌达扬任英文版《青岛泰晤士报》主编。外文系除了留任教授李茂祥、葛其婉（德国籍），讲师周学普，兼任讲师朱传霖外，还有新聘教授叶石荪。

图 4-8　凌达扬

图 4-9　叶石荪

叶石荪（1893—1977），名麐，字石荪，四川兴文人，早年参加辛亥革命，后弃职先后入苏州蒙藏垦殖学堂、上海南洋公学、北京大学学习，1921 年赴法国里昂中法大学留学，专攻心理学，获博士学位后应聘巴黎大学心理研究所，1930 年回国，历任清华大学、北京大学教授，1936 年 8 月应聘国立山东大学。外文系新聘兼任教授有谢李琳。谢李琳人称"谢夫人"，江苏吴县人，留学美国耶鲁大学，曾任教清华大学、北京大学，1936 年 10 月在国立山东大学兼职。外文系还聘有讲

图 4-10　李茂祥

图 4-11　葛其婉

师饶余威、张国桢、王苏冰心（美国籍），兼任讲师王缵祖。饶余威，广东大埔人，毕业于清华大学，后留学英国爱丁堡大学，1936 年 8 月来到青岛。张国桢，

江西九江人,留学美国,获西北大学硕士学位,回国后曾任教江西省立教育学院。兼任讲师王缵祖,字尧昌,江苏南汇人,系驻葡萄牙使馆二等秘书。外文系还聘有助教孔庆铃。

数学系系主任周绍濂(1905—1970),又名周慕溪,湖北汉阳人,毕业于东南大学,1933年初入法国巴黎大学专攻数学,其间曾到德国、波兰等国讲学,1936年获法国科学博士学位,回国就任教国立山东大学数学系。原数学系留任的教授有陈传璋,1936年8月到任的教授有马纯德。马纯德(1902—1988),字修如,河南扶沟人,1923年考入北京大学数学系,后公费留美斯坦福大学研究院,获博士学位回国服务桑梓,任教河南大学,1936年应聘国立山东大学。

图4-12 周绍濂

原数学系留任的讲师有李先正、李蕃,新聘讲师章用于1936年8月来青岛任教。章用(1911—1939),字俊之,湖南长沙人,出生于苏格兰,早年由父章士钊交给李大钊习政治学,1928年随父母再游英伦,章用后入德国哥廷根大学攻读数学与哲学课程,1936年回国来到青岛。章用对中国数学史颇有研究,精于历算,且能以拉丁文原著校核明代西方传教士所译之书,为中国近代最早阐明"几何"二字的翻译法。

图4-13 章用

数学系除助教王熙强外,新聘助教刘智白系本校1936年毕业生。

物理学系代理系主任方光圻(1898—?),字千里,江苏江都人,毕业于南京高等师范学校理化科,后留学美国芝加哥大学物理研究所,回国后任教清华大学、中央大学,1936年8月应聘国立山东大学。物理学系除留任教授李珩,兼任教授蒋丙然,讲师费尔(德国籍),兼任讲师刘朝阳、薛钟彝,助教许振儒、金有異外,新聘吴敬寰为讲师,助教有佟士號、田金棠、陈同新,其中田与陈均为本校1936年毕业生。

图4-14 王熙强

汤腾汉兼任系主任的化学系,除留任教授王祖荫、晋升教授的王文中、石坦因（德国籍）外，尚有新聘教授刘遵宪、讲师何心洙。刘遵宪（1904—1957），河南封邱人，16 岁考入清华学堂攻读化学，以"庚款"公费留学美国，历俄亥俄州立大学、麻省理工学院，最后获斯坦福大学博士学位，回国先后任教北京

图 4-15 方光圻

大学、河南大学、岭南大学、浙江大学，1936 年任职国立山东大学。何心洙，字性坚，福建闽侯人，初读日本东京铁道省专门部特级预科，后于德国耶拿大学药物化学科毕业，1936 年 8 月应聘国立山东大学。此外，王葆华、勾福长、郭质良 3 名留校毕业生仍任助教。

图 4-16 王文中

生物学系，有留任教授童第周、讲师秦素美和曾呈奎、兼任讲师张恺、助教高哲生。新聘教员有兼任讲师王烈，系青岛市立医院皮泌科主任；助教曲漱蕙、崔友文系本校 1936 年毕业生。1937 年 2 月新聘

图 4-17 刘遵宪

讲师汤独新到任。汤独新，原名汤畏三，浙江之江大学毕业，1937 年在《中国石首鱼的研究》（*A Study of Sci-aenoid Fishes of China*）发表了所发现的五属 25 种石首鱼的研究论文，其中包括尖头白姑鱼、大头白姑鱼、丁氏鳠 3 个新品种的解说。

图 4-18 王葆华

土木工程学系代理系主任张倬甫（1898—1937），号润田，河北滦县人，留学美国康奈尔大学，获工学博士学位，回国后曾任东北大学、北洋大学土木工程学系主任、山东省政府工程顾问等职，1936 年 8 月来青岛任教。除留任讲师赵韵臧和耿承、兼任讲师孙方锡和博其尔（德国籍）外，新聘教授有王师羲，讲师有吴潮、丁观海。吴潮（1912—？），又名吴问涛，浙江杭州人，

图4-19 张倬甫

图4-21 丁观海

于上海交通大学毕业留校任助教,1934年赴美国深造,获康奈尔大学硕士学位,1936年8月应聘国立山东大学。丁观海(1911—1991),山东日照人,早年就读私立青岛大学,后转上海光华大学,1930年以一年级肄业资格考入国立青岛大学,1934年毕业又入上海交通大学,旋自费赴美留学,与公费留学的恋人王隽英结为伉俪,1936年丁肇中在美国出生。丁观海学成回国后应聘河南焦作工学院,1936年8月回母校国立山东大学任教。此外还有王俊、孙凤英、孙文灿3名本校1936年毕业的留校助教,以及助理员胥承祖。

图4-20 吴 潮

汪公旭任系主任的机械工程学系,除留任教授伊格尔(德国籍)外,有新聘教授史久荣、杨寿百(1937年2月到任),兼任教授李锡初、谢仁,讲师叶芳哲、蒋君武,兼任讲师宋孝璠,助教张佩甫、李香洲,工厂管理员田新亚。张佩甫和田新亚均系本校1936年毕业生。

林济青新聘的30多名教员,弥补了名师流失后的人才不足,使国立山东大学名师传统得以延续。总的看,这些新聘教员大都年富力强,多数有政治革命的阅历,且理科强于文科,工科更具实力,青年新锐主要是理工科留校助教,赵太侔时期"理主、文辅"的倾向进一步演变为"工主、理辅、文助"的现象。

第二节 益自奋励的教学生态与斐然的科研成果

林济青主校时期的课程与教学具有弹性、理性化、责任式特征,必修学程占据主导,学期试验与成绩报告制度更加严格。在理工科占优势的国立山东大学,化学系和生物学系超本科教育初见端倪。"纪念周"集会教育与教员演讲得以坚持,所承办的中国化学会年会、中华图书馆-博物馆协会联合年会进一步浓厚了学术氛围。体育的竞技性、标准化更为突出,战时军训成为压倒性主题教育,大学生生活指导盛行一时。

一 课程教学责任制与教务考试成绩的优化

通过林济青主校时编印的《民国二十五年国立山东大学一览》不难发现,各系学程纲要一仍旧制,但后续增补和调整的学程使课程与教学有了弹性,且教员冠名凸显了学程的责任性。对于学期试验,在以往国立青岛/山东大学的基础上,林济青下足了"严"字功夫,学生的毕业质量呈现向好趋势。

1.教员冠名责任制与增补改进的课程内容

1936 年度国立山东大学各系学程是《国立山东大学周刊》的重要内容,加之各系主任"纪念周"演讲提出的教与学要求,以及各学科社团的活动内容与形式,均反映出林济青对以往国立青岛/山东大学的课程标准的修正,最为突出的是教员冠名学程责任制(表 4-1)的实行和学程的增补与调整。

中文系所开设的 30 门学程,每门都清晰地标有任课教员的姓名,既有显示教员名气的作用,又能责任到人,便于督查。与责任制相应的是,必修学程居主导地位,共 23 门,占比达 76.67%,选修学程不足 1/4,这不仅改变了 1935 年 3:5

表 4-1 1936 年度国立山东大学中国文学系学程表

学 程	担任教员	修别	时限	应修院系及年级
论理文(甲)及习作(A)	施 畸	必修	全年	文学院一年级
论理文(甲)及习作(B)	台静农	必修	全年	理学院一年级
论理文(甲)及习作(C)	台静农	必修	全年	工学院一年级
文字学	闻 宥	必修	全年	中文系一年级
修辞学	施 畸	必修	全年	中文系一年级
子书攻读(墨子)	栾调甫	必修	全年	中文系一年级
中国通史(一)	吴廷璆	必修	全年	中文系一年级
中国通史(二)	吴廷璆	必修	全年	中文系二年级
论理文(乙)及习作	姜忠奎	必修	全年	中文系二年级
古今体诗及习作	黄孝纾	必修	全年	中文系二年级
音韵学	闻 宥	必修	全年	中文系二年级
中国文学史	台静农	必修	全年	中文系二年级

(续表)

文艺心理学	叶石荪	必修	全年	中文系二年级
词及习作	黄孝纾	必修	全年	中文系二年级
文学批评原理	叶石荪	必修	全年	中文系三年级
中国思想史	施畸	必修	全年	中文系三年级
记事文及习作	吴廷璆	必修	全年	中文系三年级
文集攻读(韩愈或杜甫)	姜忠奎	必修	全年	中文系三年级
经书攻读(诗经)	台静农	必修	全年	中文系三年级
校雠学	姜忠奎	必修	全年	中文系四年级
毕业论文指导	全系教员	必修	全年	中文系四年级
汉魏六朝文及习作	黄孝纾	必修	全年	中文系各年级
唐宋以降文	黄孝纾	必修	全年	中文系各年级
名学	栾调甫	选修	全年	中文系各年级
哲学概论	颜实甫	选修	全年	中文系二、三年级
经学史	栾调甫	选修	全年	中文系二、三年级
古文字学	闻宥	选修	全年	中文系三年级
中国现代文学研究	台静农	选修	全年	中文系四年级
儒学研究	姜忠奎	选修	全年	中文系四年级
西洋哲学史	颜实甫	选修	全年	中文系三、四年级

资料来源:《中国文学系学程一览》,载《国立山东大学周刊》第 165 期,1936 年 10 月 19 日。

的必、选修比例,而且学生选择的余地有限。例如:"哲学概论"和"经学史"仅二、三年级可选,"古文字学"仅三年级可选,"西洋哲学史"仅三、四年级可选,"中国现代文学研究"和"儒学研究"仅四年级可选;各年级均可选的仅限于"名学"。值得注意的是,中文系的习作与文体学习结合进行而不单设。例如:"论理文(甲)及习作(A)"是在学习理论文体的基础上做 A 层写作练习;"古今体诗及习作"是学习古典、现代诗歌后练习写诗;"记事文及习作"则是在学习记事文体的同时进行记叙文写作。杨振声、赵太侔主校时期的"小说作法""高级作文"等新文学写作被理论性文章取而代之。这是五四落潮后民国大学的普遍现象,并非林济青独出机杼。当然,作家教授的缺失也是新文学课程走衰的原因。

提请留心的是,1936 年度第二学期学程增补和调整的现象比较突出,这可能因为新聘教员多、课程不甚稳定所致。除了中文系没有调整外,其他各系"另行改订学程多门",土木工程学系公布的学程还包括教科书书目(表 4-2)。由此可见,杨振声、赵太侔时期课程编制的严密性、统一性演变为弹性和个性化。

4-2 1936 年度第二学期国立山东大学土木工程学系学程表

学 程	担任教员	讲授	实习	讨论	教 科 书	修别	应修院系及年级
钢筋混凝土设计	赵韻臧	1	4		Design of Concrete Structnre (Urquhart,Winter,Rourke)	必修	土木工程系三、四年级
水文学	赵韻臧	3			Element of Hydrology(Meyer)	必修	土木工程系三年级
河工学	赵韻臧	3			Improvement of Rivers (Thomas & Watt)	必修	土木工程系三年级
水工设计	赵韻臧	1	4		Notes and Instruction	必修	土木工程系四年级
结构工学	吴 潮	3	4		Structure Theory and Design (Sutherland & Bowman)	必修	土木工程系三年级
桥梁工程设计	吴 潮	1	4		Design of Streel Structnre (Urquhart & Rourke)	选修	土木工程系四年级
高等结构工学	吴 潮	2		1	Notes and Instruction	选修	土木工程系四年级
工程制图	丁观海		4		French：Engineering Drawing	必修	土木工程系一年级 机械工程系一年级
工程材料实验	丁观海		4		Notes and Instruction	必修	机械工程系三年级
石工学	丁观海	3			Masonry Structure (Spalding,Rlyde,Robison)	必修	土木工程系三年级
道路工学	丁观海	3			Highway Engineering(Agg)	必修	土木工程系三年级
平面测量	耿 承	2	12		Elementary Surveying(vol. I) (Breed & Hosmer)	必修	土木工程系二年级 机械工程系二年级
高等测量	耿 承	2	4		Higher Surveying(vol. II) (Breed & Hosmer)	必修	土木工程系三年级
铁路曲线	张倬甫	3	4		Railroad Curves and Earthwork (Allen)	必修	土木工程系三年级
铁道设计	张倬甫	2	4		Notes and Instruction	选修	土木工程系四年级
污水工程	王幼泉	3			Flowel：Swerage	必修	土木工程系四年级
海港工程	博其尔	3			Notes and Instruction	必修	土木工程系四年级
材料力学	孟昭礼	5			Resistance of Materials(Seely)	必修	土木工程系二年级 机械工程系二年级
水力学	孟昭礼	3			Hydraulics(King & Wisler)	必修	土木工程系二年级
都市计划及工程	高治枢	2				必修	土木工程系四年级
工程地质	孙方锡	2	3		Notes and Instruction	必修	土木工程系二年级
毕业论文指导	全系教员					必修	土木工程系四年级

资料来源：根据《土木工程系二十五年度下学期学程及教科书一览表》整理,载《国立山东大学周刊》第 179 期,1937 年 1 月 25 日。

2.改进学习方法的课程演讲会与学科社团多元化

通过史料发现,林济青主校时期特别重视学生知识获取的方法和过程,学生的课程演讲踊跃,通过学习方法的改进,养成终身受益的治学品质。

在1936年10月12日出刊的第164期《国立山东大学周刊》上,刊登了数学系学生算学问题演讲讨论的时间、人员、题目和指导教员一览表,这个每周一下午3点—5点定时举行的由学生主讲的算学问题演讲会,不仅深化了课堂教学效果,而且有助于学生在与教员的互动中增进知识(表4-3)。

表4-3　1936年第一学期国立山东大学数学系学生演讲表

时　间	演讲学生	演 讲 题 目	指导教员
10月5日	祝 楣	Curvature and torsion of skew curves	周绍濂
10月12日	祝 楣	Contact between skew curves.Contact between curves and surfaces	周绍濂
10月19日	李 铭	Curvature of curves drawn on a surfaces	周绍濂
10月26日	李 铭	Culculus of limits	陈传璋
11月2日	黄天华	Transformations	陈传璋
11月9日	马叔文	Definite integrals	章 用
11月16日	马叔文	Allied geometrical concepts	李 蕃
11月23日	蒋正楷	Generaligations of the idea of an integral improper integrals, Line integrals.Functions defined by definite Integral	章 用
11月30日	薛洲善	Double integrals;Method of evaluation;Oreen's theorem	李 蕃
12月7日	王济诚	Area of a surface	马纯德
12月14日	王济诚	Surface integrals	马纯德
12月21日	薛洲善	Analyticals and geometrical applications	马纯德
12月28日	黄天华	Uniform convergence	李先正
1937年 1月4日	蒋正楷	Implicit functions;Analytic curves and surfaces	李先正

资料来源:《二十五年度第一学期算学问题讨论分配表》,载《国立山东大学周刊》第164期,1936年10月12日。

中文系则重视增进和改善学习方法。徐中玉在比较所读过的国立山东大学、四川大学、中央大学,认为学风显然不同,他说:

学习现代的研究方法,力求融会中外古今,古为今用。而且需要运用卡片方法积累资料,这些都是从叶石荪先生处具体领会了才开始,并一直不断向往过来的。在此之前,我每常把所记所想杂抄在一起,自己也感不便。知道古人已有随见随感就记下的习惯，或写在书上，或记下贴在墙上，亦有相近方法，但不知其详，也未实践。从叶老师不仅坚定了要从古代文论开始渐及现代的研究计划，也开始树立了运用卡片更便于搜罗并不断分类整理所得材料的决心。从大学第三年起开始用这方法，断断续续，至今未辍。①

徐中玉师从叶石荪学会用卡片搜罗、积累、分类资料的治学方法，反映出林济青所聘教员的学理型、思辨性特征。较之杨振声、赵太侔主校时期学科社团偏重学术演讲之风，林济青时期国立山东大学的学科社团活动更趋多元，更重内涵，当然这是数年积淀的结果。例如：1936年9月26日，中文系在欢迎新同学会上改选成立的国文学会，针对"往年单凭一、二小时之讲演，不能获得实际利益"，根据文学类别和同学兴趣，分成几个组，每组"均聘请系中教师担任指导"，全系同学"可

图4-22 叶石荪（前）与徐中玉（后右）、蔡天心（左）、狄克东（1937年摄于青岛）

择其性之所近"自由加入。② 1936年10月5日新成立的"土木工程学会"，选出程恒诗、周俊逸、李光斗、林国英、张桐、徐家骏、周仲篪7名委员，及王觉民、党士英、王复基3名候补委员，并确定创办工程学报、组织土木工程参观团等事宜。③耐人寻味的是，国文学会具有"冀于正课之外，再能增进知识，联络友谊"的目的，土木工程学会则将程恒诗、党士英等参与1936年"元宵节事件"的激进学生纳入学科社团之中。大学专业社团旨在浓厚学术兴趣与氛围，不失为避免与消解政治事端之良策。

3.学期成绩报告制度与1937年第四届毕业生

林济青主校时期继续坚持严格的考试制度，月考、学期试验及毕业考试、毕业论文章则均效法杨振声、赵太侔的成规，并按权限通过校务、系务（院务）会议予以落实。例如：月考和学生毕业论文题目的选定问题，交由系务会议决定。以土木工程学系为例。

① 徐中玉：《回忆我的大学时代》，载《学术界》2001年第3期。
② 《国文学会近讯》，载《国立山东大学周刊》第163期，1936年10月5日。
③ 《本校土木系举行迎新大会 土木工程学会亦同时成立》，载《国立山东大学周刊》第164期，1936年10月12日。

一、时间　二十五年十一月十八日下午七时半

二、地点　本校工学馆图书室

三、出席　张侹甫、吴潮、赵韵臧、丁观海、蒋君武、耿承、孙方锡、孙凤英、胥承祖、王俊

四、缺席　博其尔、王幼泉

五、主席　张侹甫　　　记录　胥承祖

六、讨论事项

(1)四年级学生毕业论文题目如何选定与指导案

决议:由本系担任课程诸先生每人选出三题,以备学生选择后,由出题者分任指导。

……

(5)本系各课程每学期举行月考之次数及时间之如何规定请公决案

决议:每课程每学期月考次数之多寡及时间之规定,由担任先生斟酌举行之。①

　　为利用本校优等生资源提高教学质量,第168期《国立山东大学周刊》特刊发1935年生物学系毕业、1936年留校任教期间赴美国留学的刘萃杰发来的致全校师友的函,通过学友的现身说法勉励在校生进步不失为良策。1937年1月,国立山东大学为严格学期试验专门召开第六次校务会议,表决通过了学期试验办法、学期试验阅卷及成绩报告办法等规章。除了严格的防止夹带、旁窥、传递等作弊行为外,还规定各学程学期试验由"应担任本学程之教员亲临监场,并由各系主任轮流监场";考试结束后"最迟一星期内,各教员应将担任各学程之成绩,送交注册课"。② 同时规定,"各学系主任有催阅试卷及报告成绩之责任"③。上述办法既能检验学生的学业完成情况,又能达到监督教员履行学程责任制的目的,而且用"学生学期成绩通知学生家庭"的办法,密切了学校与家庭的联系。

图4-23　刘萃杰

---

① 《本校土木工程系二十五年度上学期第一次系务会议议事录》,载《国立山东大学周刊》第171期,1936年11月30日。

② 《国立山东大学学期试验办法》,载《国立山东大学周刊》第178期,1937年1月18日。

③ 《学期试验阅卷及报告成绩办法》,载《国立山东大学周刊》第178期,1937年1月18日。

　　林济青主校时期适逢国立山东大学第四届学生毕业，为此组建考试委员会。除本校委员外，特聘清华大学叶企孙、顾一樵（毓琇），北京大学曾叔伟（昭抡）等"主持一切考试事宜"①。经过严格考试，共有 67 人合格毕业，其中中文系 24 人、外文系 8 人、数学系 2 人、物理学系 2 人、化学系 5 人、生物学系 7 人、土木工程学系 12 人、机械工程学系 12 人，1934 年入校时录取 176 人，毕业率仅为 38%。林济青参照赵太侔前几届毕业典礼的做法，盛邀山东省教育厅长何思源、青岛市长沈鸿烈、胶济铁路局管委会委员长葛光庭、青岛市教育局长雷法章，以及美、英、德等国驻青总领事出席毕业典礼。依旧由何思源代表山东省政府主席韩复榘向优秀毕业生颁发奖品，授奖学生扩大到前 32 名，只是奖品有差异，前八名学生的奖品为一支派克金笔、一个皮包、一部综合词典、一本《青年心理训练》，第九名后的奖品为"新民钢笔"和书籍多本。沈鸿烈则向各学系成绩前两名学生赠送奖品，"多为宝贵之书籍及纪念品"②。林济青代表教育部致训辞，他说：

图 4-24　1937 年国立山东大学毕业证书

　　　　今天是本校四届毕业举行典礼，蒙韩主席派何厅长，本市沈市长、葛委员长，以及友邦来宾，都来参加，全体师生深感荣幸，谨代表本校道热烈的谢忱。诸位同学在以往的四年之中，一方面受国家的恩惠，另一方面受师友之训导，现虽告一段落，不过略具基础。入社会后，总要和蔼待人，并用诚恳的态度，接人处事，应付变化无穷的社会。不要对利害认得太分明，以趋于自私自利的自我主义。总要继续研求，以达到远大的目标。也就所谓公而忘私，国而忘家。因为国家培养我们不是为自己，乃是为国家民族尽忠效力。若仅为自己，就是有成绩，也无多少价值。国家民族发达，是国家民族的光荣，也是我们个人的成功。盼望诸位兢兢业业，负起责任，努力前进，以达到成功的地步。③

　　林济青的话固然不脱师长居高临下的教训口吻，但也有责任性的教诲。为

————————

① 《本校四年级学生毕业考试委员会消息》，载《国立山东大学周刊》第 196 期，1937 年 6 月 14 日。
② 《本校四届毕业典礼记盛》，载《国立山东大学周刊》第 197 期，1937 年 6 月 21 日。
③ 《校长致词》，载《国立山东大学周刊》第 197 期，1937 年 6 月 21 日。

了大造声势,林济青力主举办游艺会,既能活跃校园文化生活,又能笼络人心。
原定 6 月 14 日举行的欢送毕业生游艺会,因临时增加内容"筹备不及",故改在
6 月 17 日晚上进行。经过精心准备的毕业晚会,竟是一场中西合璧的艺术盛
宴。上半时的京剧曲目有《珠帘寨》《辕门斩子》《坐宫》《探亲相骂》和《虹霓
关》,均为经典唱段,且请来了杜士俊、沈承书、李之珣、萧庆恒等鲁青梨园名角,
让国立山东大学师生尽享国剧艺术之魅力。下半时的西乐有弦乐四重奏、小提
琴独奏、独唱、合唱等节目,其中尤以本校歌咏团的《醒狮奋起》、德国籍女教授
葛其婉的花腔女高音《伊布拉·特里德-德·赫岑斯庄园》(*Ihr, die ibr Triede des
Herzens Kennt*)和《男孩看见野玫瑰》(*Sah ein Knab ein Röesl ein stehn*),以及学生
汪昭武独唱《茶花女》中的饮酒歌,格外引人入胜。[①] 无疑,这种歌舞升平的景象
出现在 1937 年七七事变的前夜,是难以想象的。

二 生物化学馆室建设与特色化的学术研究

林济青主校时期国立山东大学的科研水平呈现出常态化、特色化特征。海
产生物研究室、应用化学研究所的设立和化学馆建设,使生物学与化学同策并
进,成为强势学科。中华图书馆-博物馆协会联合年会、中国生理学会、化学会学
术年会的相继举办,提高了国立山东大学的影响力。《山大工程》《化学月刊》等
学报性杂志创刊,进一步呈现教育科学研究的新气象。

1.海产生物研究所/室与闻名遐迩的研究成果

国立山东大学生物学系,特别是涉海生物专业自杨振声首倡"海边生物学"
以来,历经 1932 年生物学系聘请张玺开设海洋知识课程、1933 年设于青岛沙子
口的海滨生物研究所和 1934 年改组共建的青岛海产生物研究所,利用有限的资
金在普及海洋学及海洋生物学知识、培训海洋科学研究人才方面,积累了一定的
经验。1935 年 5 月由张玺领导的胶州湾海产动物采集团,在为期 2 年时间 4 次
海上和沿岸调查采集中,对多种软体动物展开全面考察,发现了青岛文昌鱼、黄
岛柱头虫[②],获取了许多重要的生物标本和数据。

1936 年 8 月 12 日,得蔡元培、丁文江等支持,由国防资源委员会、青岛市政
府、国立山东大学、胶济铁路局、中华海产生物学会、中央研究院、北平研究院等
共同筹资兴建的青岛海滨生物研究所办公楼,在水族馆东侧的保留公地举行奠
基仪式,沈鸿烈撬起第一铲土。青岛海滨生物研究所为一栋二层仿古风格建筑,

---

① 《山大同学举行欢送毕业同学游艺会》,载《国立山东大学周刊》第 197 期,1937 年 6 月 21 日。
② 张玺:《中国海产动物研究之进展》,载《张玺文集》第 665 页,学苑出版社,1999。

图 4-25 1936 年 8 月青岛海滨生物研究所奠基

屋顶为歇山顶,南侧两翼略微凸出,南、北立面中央均设有入口,入口上方设飞檐雨棚。为保证各出资方的利益,12 月 25 日在工程即将竣工之际,各筹资单位和相关学术团体在青岛观象台举行代表大会,推举沈鸿烈、朱家骅、李书华、林济青、秉志、葛光庭、何思源等 15 人为董事,函请各董事圈选组建董事会与理事会,推举候选理事和干事。为便于工作,在总干事确定前推定蒋丙然、林绍文、曾呈奎、李方琮"负责计划一切事宜"。① 此次代表大会在强化组织建设的同时,形成了《青岛海滨生物研究所章程》,确定该所隶属于太平洋科学协会海洋组中国分会,由青岛观象台和国立山东大学共同主持。事实上,青岛海滨生物研究所是 1935 年 4 月太平洋科学协会海洋组中国分会议定的 4 个海洋生物研究机构后成立的中国第一个海产生物研究所。② 青岛海滨生物研究所的创办引起国内外学界的关注,美国芝加哥大学著名生物学家李廉(Lillie)根据美国麻省伍兹霍尔(Woods Hole)海洋生物研究所的经验,为青岛海滨生物研究所的发展提出了良好的建议。

图 4-26 青岛海滨生物研究所

作为一个跨地区、跨领域的科研机构,青岛海滨生物研究所以发展中国海洋学和海洋生物学为宗旨,分研究和推广两部分。研究上主要以海洋理化、海洋生物为主;推广方面则包括渔业与渔境的调查和改进,搜集各项标本,举行暑期科学演讲,创办海洋学与海洋生物学暑期讲习班等。比之先后成立的厦门大学海洋生物研究室、渤海海洋生物研究室、定海海洋生物实验室,青岛海滨生物研究所建设的起点高、组织和制度完备,以 20 世纪 30 年代"中国第一"也是唯一建成的海滨生物研究所,成为近代

---

① 《青岛海滨生物研究所代表大会会议记录》,存中国第二历史档案馆,卷号:393-625。
② 郭金海:《1935 年太平洋科学协会海洋组中国分会的成立与影响》,载《中国科技史杂志》2017 年第 3 期。

中国海洋科学的辉煌坐标。

国立山东大学在参与青岛海滨生物研究所建设的同时,参照厦门大学海洋生物研究室,于 1936 年 11 月 1 日在生物学系成立海产生物研究室。[①] 厦门大学海洋生物研究室成立于 1935 年 7 月,是太平洋科学协会海洋组中国分会议定的4 个海洋研究机构之一,得中华教育文化基金会 3000 元补助,福建省政府每年给予 6000 元经费支持。其实,国立山东大学海产生物研究室创意甚早,1935 年6 月林绍文来青岛任教时鉴于"系中平日教材,多取之于海产生物,而本市海产,除北平研究院每年派员来青采集,携回研究外,几无就地作详细之调查及研究之者","遂有筹设海产生物研究室于该系之议"。[②] 与青岛海滨生物研究所业务范围不同,国立山东大学海产生物研究室立足于生物学科研需要,研究人员由生物学系教员充任,不另请人,其业务主要有五项:

(一)中国海产动物之分类、分布形态及生态;

(二)青岛浮游生物之分布生态及分类;

(三)海产动物实验胚胎之研究;

(四)海产动物生理之研究;

(五)中国马尾藻之研究。[③]

这个注重研究、以谋海产生物学发展的生物学系海产生物研究室,与研究和推广并重的青岛海滨生物研究所有所不同。研究室既注重胶州湾、渤海湾与山东半岛海产生物研究,又关注中国海域生物形态考察,尤其重视海洋动物胚胎和藻类经济价值的研究。研究所与研究室由此形成青岛海滨生物研究的"双翼"。根据 1937 年 3 月统计,生物学系海产生物研究室共撰写研究论文 20 余篇,这个数量"查国内外著名大学生物系研究室每年所发表论文,多者亦不过如是"[④],由此彰显了国立山东大学在民国大学海洋生物研究领域的实力。

2.专业化学馆建设与应用化学研究所的设立

在国立青岛/山东大学校史上,汤腾汉是任职时间最长的教授兼系主任,除了 1935 年按满 5 年离职休假由陈之霖代理系主任外,汤腾汉一直居青任教,使化学系形成了基础扎实、学以致用、服务社会的优良学风。1936 年 8 月汤腾汉以化学系主任兼代理文理学院院长后,他主导的化学专业乘势而上,成为国立山东大学的强势学科。

为加强国立山东大学化学基础设施建设,化学馆作为重要的场馆建设项目

---

①②③ 《海产生物研究室成立》,载《国立山东大学周刊》第 171 期,1936 年 11 月 30 日。

④ 《生物系海洋生物研究室近况》,载《国立山东大学周刊》第 185 期,1937 年 3 月 29 日。

在林济青主校伊始便提上议事日程。1936 年 10 月，国立山东大学建筑委员会即商定化学馆建筑事宜，旋即向教育部呈报，"并具建筑图说"。10 月底，教育部以第一五九九〇号指令予以批复。[①] 1937 年 1 月 19 日，国立山东大学向青岛市工务局呈送建筑执照申请书，并附化学馆建筑图样。1 月 26 日，化学馆建筑公开招标，在青岛新慎记、创新、美化、华丰恒、上海申泰五家建筑商竞标中，最终新慎记营造厂以 7.8 万元的标价承建。[②] 3 月 10 日，教育部颁令核准，化学馆建设破土动工。为保持校园建筑物布局的整体性，化学馆与科学馆并排，面积约 2400 平方米，为地下一层和地上两层单体建筑物，符合化学专业教学和实验规范。化学

图 4-27　国立山东大学化学馆

馆于当年 7 月竣工，教育部长王世杰题写的"实学源泉"，铭镌一碑，立于馆前，成为山东大学与中国海洋大学校史共同期的重要文化遗存。

值得特别注意的是，与化学馆建设同步的是应用化学研究所的设置。早在 1936 年 10 月商定化学馆建筑选址时，汤腾汉在呈报教育部的报告中就提出"拟建应用化学研究所，由经常费搏节开支，不另请款"，随后教育部批示"呈件均悉，准如所拟办理"。[③]应用化学作为一门实验技能性专业，集化学基础知识、基本理论、基本技能及相关工程技术知识于一体，立足于化学基础研究和应用研究的科学思维和科学实验训练，旨在培养科研机构、高等学校及实业界从事科学研究、教学及管理工作的高级专门人才。汤腾汉主导下的国立青岛/山东大学化学系，始终致力于实践应用，所形成的文字材料多为实验报告，因此应用化学研究所的设立水到渠成，实至名归。汤腾汉"不另请款"，又为教育部排除了经费纠结。事实上，林济青主校期间，国立山东大学经费支绌问题得以缓解。1936 年 7 月，中英"庚款"理事会拨给国立山东大学物理、化学设备补助费 4 万元，分两年拨付，1936 年度应拨 2 万元"已全部汇来，购置之仪器，多已到校"[④]。显然，化学馆的建设与应用化学研究所的设置，是国立山东大学提高化学学科实力的"双头鸠"，国立山东大学超本科学历教育渐显晨曦。

3.全国图博、生理、化学年会与《山大工程》等创刊

林济青主校期间先后 3 次承办了 4 个全国性学术年会。第一次是 1936 年 7

---

① ③　《教育部指令(国十三 4 第一五九九〇号)》，载《国立山东大学周刊》第 167 期，1936 年 11 月 2 日。

② ④　《林校长二月廿二日纪念周报告》，载《国立山东大学周刊》第 181 期，1937 年 3 月 8 日。

月 20 日—22 日在国立山东大学举行的中华图书馆协会第三次年会和中国博物馆协会第一次年会。

中华图书馆协会("图协")是中国现代图书馆专业学术团体,1925 年 4 月在上海成立,1927 年成为国际图书馆协会和机构联合会(IFLA)的发起单位之一。该会原定 1935 年秋"图协"成立十周年之际举行,因"敦请美国圕专家毕孝普及凯欧尔两先生来华指导……旋以时局不靖,而毕凯两先生亦无来华确讯,遂改无形停顿"①,迟至 1936 年夏与中国博物馆协会第一次年会联合举办。中国博物馆协会("博协") 系 1935 年 9 月在北平成立的"研究博物馆学术,发展博物馆事业,并谋博物馆之互助"的全国博物馆专业学术团体。"图协"与"博协"虽专业属性不同,但在提倡学术、发展教育、增进民智方面,两会宗旨则一。时人有"图书是文字的博物,博物是实物的图书"的说法,两会联合举行具有集思广益、通力合作,"冀以嘤鸣之诚,收切磋之益"②的成效。为此,国立山东大学图书馆主任胡鸣盛参与年会的筹备,林济青作为东道主在开幕式上致辞,到会"各机关团体代表、报馆通讯社记者,及该两会会员等,济济一堂,将近千人"③,其中有叶恭绰、李石曾、袁同礼、杜定友、刘国钧、马衡、沈祖荣、万斯年、沈兼士、朱光潜、

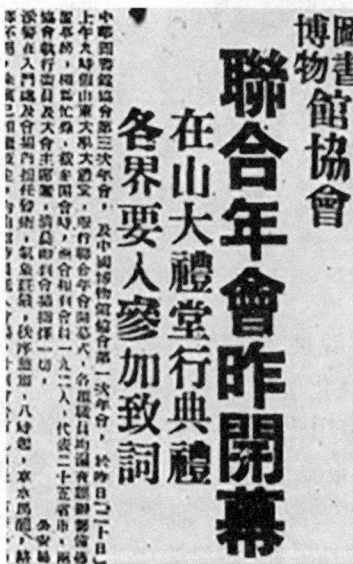

图 4-28　中华图书馆-博物馆协会联合年会报道

蹇先艾、王献堂等知名人士。

联合年会期间,与会代表参观了国立山东大学图书馆。经过数年积累,山大图书馆藏书已达 87805 册,1936 年度至图书馆阅览者 7 万余人次,借阅图书累计共 4 万余册。"图协"经过 10 年发展,也到了提升、拓深中国图书馆事业的历史节点,年会收到的代表提案达 80 件。比之"图协","博协"年会的提案共有 35 件,主要涉及博物馆行政、建筑、陈列、保管、考古发掘、档案整理等方面,代表了近代中国博物馆学界的理论思潮。"博协"参照"图协"以"圕"代表图书馆之义,决定用"博"作博物馆缩写字。联合年会之后,"图协"与"博协"还在青岛举办

---

① 《中华图书馆协会筹开年会》,载《中华图书馆协会会报》1936 年第 5 期。
② 《中华图书馆协会、中国博物馆协会联合年会指南启》,载《中华图书馆协会会报》1936 年第 6 期。
③ 《图书博物馆会联合年会昨开幕　在山大礼堂行典礼　各界要人参加致辞》,载《青岛时报》1936 年 7 月 20 日。

了图书、博物联合展览，时间从 7 月 25 日开始，历时 7 天。此次"图博档"实为民国学术研究与交流的多馆会通之举，称得上文化学术资源整合的范例，也在岛城文化史上留下了明光烁亮的一页。

1936 年 8 月 3 日—6 日，中国生理学会第九届年会假国立山东大学科学馆举行，会场设在第一层，会员则住在第二层。该会于 1926 年 9 月在北平协和医学院成立，及至国立山东大学承办第九届年会已有 10 年会龄，时有会员 110 名，涉及生理学和生物化学、药理学、解剖学、微生物学、病理学、临床医学等相关专业。限于资料的匮乏，未见国立山东大学提交论文和参会的翔实情况。

1937 年 8 月 4 日—6 日，中国化学会第五届年会在国立山东大学举行。这个成立于 1932 年 8 月旨在促进中国化学学科和技术的普及、推广、繁荣和发展的学术团体，发起会员只有 45 人，自 1933 年南京第一届年会后，历经上海、南宁、北平 4 届年会，1937 年 5 月经理事会第三次会议议定，第五届学术年会在青岛举行。国立山东大学成立以汤腾汉为主任的筹备机构，化学系王文中、王祖荫、刘遵宪等为筹备委员。[①] 其实，较之国立青岛/山东大学办学以来承办的各种学术年会，1937 年承办的中国化学会年会最能展示国立山东大学的学术水准。这不仅因为当年开工建设的化学馆业已投入使用，更重要的是化学系的教学与科研"在乎毅力之坚决与否为凭"。化学系每年编订一集试验室研究报告，"振衰起敝"总结一年化学教学成绩，1937 年 3 月第六年实验研究报告已付梓。[②] 1932 年元旦成立的化学社，每年元旦编辑出版年刊，研究成果"扶助社会实业之发展"，1936 年 12 月决定出版的《五周年纪念刊》，内容包括"社员工作报告、各部工作实施情形及将来发展之计划"，全书 200 多页，"材料较前尤为丰富"。[③] 在全国各类化学征文竞赛中，化学系教员屡创佳绩。以 1937 年为例：3 月，1935 年留校任教的勾福长以《制造骨胶之研究》荣获严特约纪念工业化学征文特等奖（奖金 200 元）[④]；5 月，与勾福长同年留校任教的郭质良以《山东酒曲之研究》，荣获中

图 4-29　勾福长

---

①　《中国化学会定期在青岛本校举行年会》，载《国立山东大学周刊》第 194 期，1937 年 5 月 31 日。

②　《化学系第六年试验室研究报告正在编印中》，载《国立山东大学周刊》第 184 期，1937 年 3 月 22 日。

③　《本校化学社编印五周年纪念刊》，载《国立山东大学周刊》第 174 期，1936 年 12 月 21 日。

④　《化学系助教勾福长君荣获严特约纪念工业化学征文本届奖金第一名》，载《国立山东大学周刊》第 184 期，1937 年 3 月 22 日。

华文化教育基金会特种科学奖金 500 元。①

国立山东大学化学系的教学与科研成果,为中国化学会青岛年会的召开提供了现场经验。然而,由于 1937 年 7 月 7 日"卢沟桥事变",各地前来参会的代表不多,青岛年会仅起到了沟通声气、联络同人的作用。会上,曾昭抡、吴蕴初分别当选正、副会长,吴承洛任总干事,理事有郑贞文、范旭东、韩组康、陈裕光、王琎、马杰、戴安邦、吴宪等 11 人。1937 年 11 月,中国化学会总部由南京迁至重庆。

林济青主校时期,校、系级和跨系的学报性杂志较为丰富。1933 年创办的《励学》年来蜚声海外。1936 年底,美国华盛顿国会图书馆(Library of Congress Watington D.C.)致函国立山东大学"订购全份"②。1937 年 6 月,因毕业生离校励学社更换职员,《励学》出刊了第七期,据"闻第八期日内亦可付印"③。1934 年创刊的《刁斗》,于 1937 年 1 月出刊了第二卷第二期。④

图 4-30　郭质良

《山大工程》是 1937 年 6 月由工学院土木和机械工程两学系创刊的综合性学报。据土木工程学系学生周俊逸回忆,他任主编一职是得系主任张倬甫向汪公旭院长竭力推荐的结果。该刊"理论与应用同时兼顾",除了刊载工学院教授的文稿外,"同学之稿件亦复不少"。⑤ 其中,既有林济青的《发刊词》、史久荣教授的《论中国采用外燃机代替内燃机式商业自动车经济问题的检讨》、吴潮讲师的《结构分析之范围及应用》,助教王俊与毕业生关伟合作的《青岛市下水道之概况及其研究》,还有往届毕业生乔树楣的《离校后的生活》等,全刊共计 300 多页。主编周俊逸的《青岛自来水工程考察记》在《山大工程》登载的同时,还在湖南《长沙大公报》连载了 12 天,为星城兴办自来水工程提供了宝贵的资料。⑥ 此外,还有 1936 年 11 月出版的《山大丛刊》,1937 年化学系提议创办的《化学月

① 《化学系助教郭质良君荣获中华文教基金会本届特种科学奖金五百元》,载《国立山东大学周刊》第 192 期,1937 年 5 月 17 日。
② 《国外图书馆来函订阅》,载《国立山东大学周刊》第 179 期,1937 年 1 月 25 日。
③ 《本校励学社改选职员近况》,载《国立山东大学周刊》第 198 期,1937 年 6 月 28 日。
④ 《励学刁斗二刊物即将出版》,载《国立山东大学周刊》第 179 期,1937 年 1 月 25 日。
⑤ 《山大工程出版　内容丰富装潢精美》,载《国立山东大学周刊》第 198 期,1937 年 6 月 28 日。
⑥ 周俊逸:《拳拳思念情——怀念恩师张倬甫教授》,载樊丽明、刘培平主编《我心目中的山东大学》第 304 页,山东大学出版社,2005。

报》；1937 年 7 月出刊的《山大生物学会年刊》，计分专载、译著、小品、书目、索引摘要等栏目。① 1937 年 1 月，《二六年刊》编辑委员会成立，由吕彦俊、杨道松、陈自忠、祝楣、武希龄、曾友梅、李天钧、周仁寿 8 名学生负责。这种年鉴性刊物仅在 1936 年、1937 年正式印行了 2 卷，却成为山东大学史存最珍贵的资料。

三　大学体育的竞技标准化与军事训练的强化

林济青到校视事不久，参加第十一届柏林奥运会的宋君复即返青回校。宋君复历经 2 次奥运会的洗礼，为国立山东大学的体育注入了新的元素，标准化、竞技化愈加突出。处于抗战局势最危急时期的国立山东大学，战时大学军事训练成为当务之急。

1.早操的军事化、泛政治化与体育的标准化、竞技化

1936 年 9 月 25 日，国立山东大学根据教育部体育课程纲要"应添早操"的规定，决定自 9 月 28 日起每天清晨 6：35—6：50 全校学生在校足球场集合做早操，并要求"一律着短装或制服"参加。② 11 月 9 日，体育部又将学生早操分排编制，每排指定排长一人，并通过第 168 期《国立山东大学周刊》予以公布。12 月 1 日冬季来临，为防止学生畏寒懒床，又进一步细化作息时间，规定每日 6：30 前起床，6：40"吹号集合"，6：45"升旗早操"。③ 早操呈现出军事化、泛政治化的倾向。与早操同步进行的是冬季越野长跑活动。上述体育活动与体育课均实行严格的考勤制度。

尤有意义的是，宋君复将以往只有部分有兴趣和特长学生报名参加的田径运动会，改为全校学生普遍参与的田径活动，并研发了田径项目标准及计算办法（表4-4）。比较同期青岛市研制并颁布的中学生毕业会考体育田径项目标准，国立山东大学男、女学生的项目与之完全相同，只是标准普遍低于中学，尤其是男生。例如：男子100米跑中学及格标准为15秒，山

图4-31　1936 年国立山东大学田径运动优胜奖牌

---

① 《山大生物学会年刊不日出版》，载《国立山东大学周刊》第 199 期，1937 年 7 月 5 日。
② 《体育部布告体字第五十号（九月廿五日）》，载《国立山东大学周刊》第 163 期，1936 年 10 月 5 日。
③ 《国立山东大学布告第二八号（中华民国二十五年十一月二十六日）》，载《国立山东大学周刊》第 171 期，1936 年 11 月 30 日。

表 4-4　国立山东大学全校学生田径运动测验标准

类别	项目	及格标准(60分)		最高标准(100分)		加　分　法 (男/女)
		男子	女子	男子	女子	
跑	50 米	—	9 秒	—	7 秒 2	每少 0.1 秒加 2.2 分
	100 米	15 秒 4	18 秒	11 秒 6	13 秒 8	每少 0.1 秒加 1.05/0.95 分
	200 米	30 秒 7	36 秒 5	24 秒 3	29 秒 2	每少 0.1 秒加 0.625/0.55 分
	400 米	1 分 12 秒 8		56 秒 8		每少 0.1 秒加 0.5 分
	800 米	2 分 51 秒 4		2 分 13 秒 4		每少 0.2 秒加 0.21 分
	1500 米	6 分 50 秒		4 分 35 秒		每少 1 秒加 0.296 分
	高栏	26 秒		18 秒 5		每少 1 秒加 0.533 分
	低栏	—	20 秒(80米)		14 秒 8	每少 0.1 秒加 0.37/0.77 分
跳	跳高	1.23 米	1 米	1.69 米	1.33 米	每多 1 厘米加 0.87/1.2 分
	撑竿跳高	2.26 米	—	3.19 米		每多 1 厘米加 0.43 分
	跳远	4.16 米	3.10 米	6.25 米	4.46 米	每多 1 厘米加 0.191/0.294 分
	三级跳远	9 米		12.50 米		每多 1 厘米加 0.1143 分
投	铅球	6.80 米(12磅)	5.5 米(8磅)	12.50 米	9.35 米	每多 1 厘米加 0.0702/0.107 分
	铁饼	19 米	15.50 米	31.50 米	25.54 米	每多 1 厘米加 0.032/0.44 分
	标枪	23 米	16 米	45.26 米	24.20 米	每多 1 厘米加 0.078/0.49 分
	垒球		28 米		40.72 米	每多 1 厘米加 0.031 分

　　资料来源:根据《国立山东大学全校学生田径赛测验标准及规程》整理,载《国立山东大学周刊》第
183 期,1937 年 3 月 15 日。

大则为 15 秒 4;最高标准中学为 11 秒 3,山大为 11 秒 6。再如,男子跳高中学及
格标准为 1.30 米,山大则为 1.23 米;最高标准中学为 1.79 米,山大为 1.69 米。
通过 1937 年 4 月举行的全校学生田径测验看,男子 100 米跑最好成绩为 12 秒
5,跳高的最好成绩为 1.61 米,与最高标准仍有差距,但最后名次的成绩均超过
了及格线。由此可见,国立山东大学全校学生田径运动标准切实可行,其指导思
想反映了国难时期增强全体学生体质的重要意义。1936 年 10 月,林济青在青
岛市纪念"双十节"运动大会发表的演讲中提别提出:

　　　　体力为个人事业成功的根本,也是一个民族健全强大的基础。一个人
　　如果没有强健的体力,则纵有坚强的意志、热烈的愿望、高深的学问,均不能
　　实现。一个民族,也是一样。……我国人民身体素极孱弱,从前为外人讥为
　　"东亚病夫",这是很可耻的。近年来虽已进步不少,但和欧美人比较,相差

还是很多。我们要解除国难，收复失地，一定先要把自己的身体锻炼好。①

2. 军事训练的集中化与女生的战时特别训练

伴随着战争阴云的笼罩，大学生与中华民族生死存亡的关系愈加紧密。在此形势下，国立山东大学的军事训练不仅配有军事教官，严格按章开齐、开足军训课程与课时，而且根据山东国民军事训练委员会的统一部署，实施一定期限的集中军事训练，军训期满者方可获得证书。1936 年 5 月 7 日—7 月 6 日，国立山东大学 84 名 1935 年秋入校的一年级男生，与来自齐鲁大学、济南师范学校、广文中学等 16 校 1263 名大、中学生集中到济南，接受为期 2 个月的军训。军训教官队出自韩复榘指挥的第三路军教导团。据称山大学生"两月中未出营门一步，所得军事常识，极为丰富"，7 月 6 日下午"乘第三路钢甲车离济"，7 日上午到达青岛车站，学校召开茶话会"以资慰劳"。② 这种在大学起始年级第二学期实施的占用正常教学时间的军事训练，不仅时间长、强度大，而且具有强制性，军训期满证书的获取是毕业的必备条件。1936 年 11 月 16 日，84 份盖有"山东国民军事训练委员会"印鉴的军训期满证书"发还"国立山东大学。③

1937 年 5 月，山大 1936 年秋入校的一年级男生依据这一制度化的军事训练要求，集体开赴济南辛庄，以完成 2 个月的军训任务。据参训的学生回忆：

> 派来从事训练的人员都很干练，他们完全遵循冯玉祥那套练兵方法，每天三操两讲，投弹射击，劈刺击拳，利用地形地物、野外勤务以及各种典、范、令等使劲猛灌，大概他们认为我们是大学生，文化高、接受快。……我们班无论在内务方面，在操场动作方面都做得比较好，结业时我们班还得了奖。两个月严格的军事生活，为我后来从事军事政治工作创造了有利条件。④

与男生集中军训相辅相成的是女生的战时救护训练。国立山东大学在 1936 年 5 月—7 月面向全校女生开设 12 门救护课程的基础上，1937 年初又编制了一年级女生特别训练科目。除星期日外，每天实施救护训练。其中，在校训练的科目是：校医室主任邓初主讲含药物调剂及生理卫生的"医学常识"，生物学系主任林绍文主讲"人体构造"，林黄倩英主讲战时"应用英语"，林江耀群负责"音乐"，几位跨系教授分讲"科学战争"。救护训练科目中的"看护学"由军事看

---

① 《国庆纪念运动大会暨汇泉球场开幕详记》，载《青岛教育》第 4 卷第 6 期，1936 年 11 月。

② 《一年级同学军训受毕返校》，载《国立山东大学周刊》第 161 期，1936 年 7 月 13 日。

③ 《山东国民军事训练委员会公函（第二一八号）》，载《国立山东大学周刊》第 170 期，1936 年 11 月 23 日。

④ 李欣、许建中：《李欣口述自传》，第 97—98 页，中国大百科全书出版社，2014。

图4-32　海边训练小憩的国立山东大学女生

护、兼任讲师汪佛航负责,实习地安排在市立医院。① 女生的训练科目接近实战化,基本能胜任战地护士的要求。为此,国立山东大学召开第八次校务会议,组建"女生特别训练委员会",由训育主任王圻负责,成员有林绍文、邓初、罗玉君、宋君复。② 女生救护训练成为大学训育工作的重要内容。

与此同时,国立山东大学训育处接到山东省民政厅编印的《国民防空常识》,立即通过《国立山东大学周刊》发布启事,供师生"备览""取阅"。化学系还教全校师生制作防毒面具。③ 抗战教育融入学校工作的各个方面。

第三节　抗战时局与山大校园内外的政治动向

1937年七七事变前的国立山东大学,处在历史发展的关键节点。由于中共地下党组织遭遇破坏和民国大学训育制度的强化,学生自治流于形式,实效殊鲜,国立山东大学校园激进、火爆、有声势的活动不多。绥远"劳军"慰问特别是应对西安事变,不难窥见林济青处理复杂事态的政治谋略。进步师生联合青岛学界悼念鲁迅活动,发出了让思想冲破牢笼的积极信号;中华民族解放先锋队山大队部的组建,则展现了投身救亡图存运动中青年的革命热情和斗争理想。

一　抗战援绥"劳军"与西安事变的应对之策

1936年冬国立山东大学为援绥运动开展的捐款和组团"劳军"慰问,策应了全国大学师生拥军抗战大局。紧接其后的"西安事变"及其兵谏蒋介石引发的政治波澜,将国立山东大学师生推向了思想漩涡,林济青的应对之策显示了官场政客的城府与精明。

———————————

① 《一年级女生特别训练科目时间表》,载《国立山东大学周刊》第192期,1936年5月17日。
② 《布告第四三号(中华民国二十六年三月卅一日)》,载《国立山东大学周刊》第187期,1937年4月12日。
③ 《化学系全系师生开始制作防毒面具》,载《国立山东大学周刊》第176期,1937年1月4日。

1.捐款、体育"劳军"与组团赴绥远"劳军"慰问

发生在 1936 年 11 月—12 月傅作义部与日本支持的德王等蒙古分裂势力的绥远战争,唤醒了中华民族奋起抵御外辱的民族自尊,特别是"百灵庙之捷"极大地鼓舞了中国军民的抗战士气。在海内外为绥远战事捐赠风潮的影响下,青岛新闻记者公会酆文翰、张乐古等发起成立"慰劳前方将士推行会",通知各家报馆代收捐款。据悉,青岛一个街头乞丐将半个月讨要所得的 4 角 9 分钱送交银行,汇绥援军。① 此间,国立山东大学开展了不同形式的"劳军"慰问活动。

1936 年 11 月 25 日—27 日,国立山东大学应青岛市体育协进会要求,腾让体育馆举行慰问绥远将士篮球比赛,本校教职工和学生"如欲进馆参观者,须请先期购票而后入场"②。11 月绥远战事正酣,国立山东大学全体教职工响应全国大学"以一日所得援绥"运动,纷纷签名"捐薪一天",慰劳绥远抗敌将士。由于会计课来不及从 11 月份的薪水扣留,遂"由校先行垫付,俟至十二月补扣"。③当这笔 660 元善款寄达绥远后,绥远省主席傅作义于 12 月 7 日函复国立山东大学林济青及全体教职员,"谨当拜领,谊不容辞,惟有奉扬仁风,切加激策庶期三军,振奋效命疆场,本此血诚,亦即仰答爱国同仁所厚赐也"④。与此同时,国立山东大学全体学生组成"绥远抗敌后援会",决定宿舍停火一周,将节省的 10920斤煤炭折成 72.07 元,通过天津《大公报》馆转给绥远将士,以购置御寒衣。《大公报》即向国立山东大学发出复函。

　　敬复者:尊处以塞外严寒,绥北兵士尚无皮衣,函托本馆代收捐款,转汇绥省,作为绥北兵士置备皮衣之用,藉表爱国之忱。奉命之下,敬佩曷极。除将来款汇集成数,直汇绥远省政府,并将芳名、款数刊登本报。用昭信实外,特此备函致敬。用慰高谊,专此敬颂。⑤

据悉,青岛市各界捐绥善款共计 3.4 万元,其中国立山东大学师生捐赠额达1500 元。⑥ 当然,较之体育"劳军"、捐款捐薪"劳军",更有实际意义的是组团赴绥远前线"劳军"慰问。

绥远抗战的枪声激发了全国民众的爱国热情,各地各界纷纷组织慰问团携

---

① 钱占元:《绥远抗战和援绥抗日(下)》,载《思想工作》2005 年第 2 期。
② 《体育部布告(体字第六十九号)》,载《国立山东大学周刊》第 171 期,1936 年 11 月 30 日。
③ 《慰劳绥东将士通启》,载《国立山东大学周刊》第 171 期,1936 年 11 月 30 日。
④ 《绥主席傅作义将军复函》,载《国立山东大学周刊》第 174 期,1936 年 12 月 21 日。
⑤ 《天津大公报复山大绥远抗敌后援会函》,载《国立山东大学周刊》第 179 期,1937 年 1 月 25 日。
⑥ 《关于移交青岛市各界贡献一日所得援绥灾民款的函》,存青岛市档案馆,档号:B0032-001-00622-0206。

图 4-33　赴绥"劳军"途中的国立山东大学师生

带钱物前往慰问"劳军"。闻北京大学组成以化学系主任曾昭抡为团长的师生绥远慰问团、清华大学工学院院长顾毓琇随清华学生前线服务团远赴绥远，又闻燕京大学新闻系组织前线考察团、齐鲁大学成立慰问团赴绥，国立山东大学"绥远抗敌后援会"吴绮、马骏、黄丽倜等要求校方组团赴绥远慰问，并愿做代表，此举得到外文系教师周学普的赞许。12 月初，国立山东大学师生赴绥慰问团从青岛出发了。当抗日的怒火在塞上山川燃烧，全国民众同仇敌忾、支援抗敌将士的时候，国立山东大学师生赴绥慰问团比其他"劳军"形式更有意义。这些身居不暑不寒之岛城的知识分子，顶着零下 20 多摄氏度的严寒，冒着随时可能被日本军机扫射、轰炸的危险，跋涉数千里，汇入全国援绥运动的洪流之中。

有统计资料显示，1936 年 11 月—1937 年 2 月全国有 43 个群众团体参与援绥运动。但是，由于学界对绥远抗战的研究尚显薄弱，国立山东大学赴绥四人团缺乏声势，加之周学普、吴绮等当事人未能留下文字资料，记载国立山东大学赴绥活动的讯息不多。据悉，1937 年 1 月抵绥的上海妇女儿童前线慰问团中就有当年青岛"海鸥剧社"的崔嵬，他仍演街头剧《放下你的鞭子》，只是女儿的扮演者是陈波儿而非李云鹤，崔嵬还在绥远前线指挥演唱《义勇军进行曲》。

2.政治应对西安事变与 1936 年秋冬的山大校局

1936 年 12 月 12 日，张学良、杨虎城兵谏蒋介石，发动了震惊中外的西安事变。与蒋介石虚与委蛇多年且同张、杨两人都有千丝万缕关系的韩复榘，虽在主要幕僚及所属将领的通气会上提出"营救蒋委员长"脱险，但之后却观望不语。山东省主席的这一态度令国立山东大学师生不知所措。

西安事变发生，舆论界一片哗然。12 月 13 日，中央研究院等 7 个学术机关通电全国讨张，中央大学罗家伦领衔南京各大学校长、教授 347 人联名致电张学良、杨虎城，指责扣蒋行为是"亡国之举"。面对这一历史谜团，林济青及至 12 月 16 日清华大学发表谴责张学良的宣言后，方以国立山东大学全校教职员的名义发表《本大学对西安事变通电》，提出：

> 西安事变，举国愤慨。际兹内忧外患危机之秋，统帅安危，实为国家存亡所系。遽被劫持，国本动摇。遥闻巨变，实深痛愤。望我全国民众，在中央指导之下，精诚团结，集中力量，制裁叛乱，挽救领袖，而奠邦家，无任迫切之至。①

次日，北京大学也发表讨张声明。林济青暗自庆幸与清华、北大保持同步，

① 《本大学对西安事变通电》，载《国立山东大学周刊》第 174 期，1936 年 12 月 21 日。

足以堵韩复榘及山东省政府诸委员的嘴。为了控制校局,林济青拉拢学生救国会,于12月18日以国立山东大学全体学生的名义,发出《本大学全体学生致张学良快邮代电与急电》。

> 西安张汉卿先生鉴:
>> 委座被留,全国骇愤。蒋公一身,系民族安危。务希速护出险,罢兵顺国,以慰群望而固国本。
>> 　　　　　　　　青岛国立山东大学全体学生　叩①

同一天,国立山东大学又以全体学生的名义发出《本大学全体学生致全国各界快邮代电》。林济青指令《国立山东大学周刊》编辑部,腾出版面,于12月21日全文刊发了这两封电报。恰在同一天,韩复榘以密码电报致电张学良,称赞其兵谏行动为"英明壮举"。这封密码电报立刻被南京方面截获并破译,很快转给了宋哲元。宋看韩电后,深恐韩复榘得罪蒋介石,于是专门去济南与韩会面,商量回旋办法。12月25日,闻西安事变和平解决,韩复榘责怪张学良做事虎头蛇尾,林济青却决定为蒋

图4-34　国立山东大学西安事变通电

介石"脱险"放假一天,"表示祝贺"。② 同时以个人偕全校师生的名义致电蒋介石"奉贺"。

> 南京行政院蒋院长钧鉴:
>> 天相中华,委座安返。国家之基础益固,民族之复兴可期。日月重光,河山焕彩。谨电奉贺,敬祈鉴察。
>> 　　国立山东大学代理校长林济青暨全体教职员学生同叩　宥③

---

① 《本大学全体学生致张学良快邮代电与急电》,载《国立山东大学周刊》第174期,1936年12月21日。

② 《国立山东大学布告(中华民国二十五年十二月二十五日)》,载《国立山东大学周刊》第175期,1936年12月28日。

③ 《国立山东大学通告　本日电慰蒋委员长》,载《国立山东大学周刊》第175期,1936年12月28日。

12 月 29 日,蒋介石复电林济青道"抵京安善,承注感铭",称呼上使用的是"林校长"。蒋介石的复电纯属格式辞令,但在林济青看来却是提高身价的砝码,在"一二·九"运动由高潮落入低谷、中共青岛地下组织尚未恢复的情况下,林济青应对西安事变的路数确具蒙惑性。紧接着,林济青于 1937 年元旦召开全校庆祝大会,主题是"庆祝民国成立及蒋委员长返京"。据悉,大会气氛空前火爆,"会场观众约千余人,几无隙地……笙弦歌咏,极臻妙境",最后全场高呼口号,直到"深夜一时始散会"①。

其实,林济青庆贺的与其说是蒋介石平安返回南京,毋宁说自己对国立山东大学校局的成功把控,他希望看到的是大学生对威权的敬畏与恐惧。

二 联青悼念鲁迅与"民先"山大队部的成立

1936 年秋,随着抗日救亡运动的深入发展和入校新生中进步青年的到来,国立山东大学学生运动出现了转机。其间,1936 年 10 月联合青岛学界举行的悼念鲁迅活动,使沉寂的大学校园泛起了浪花。中华民族解放先锋队山大队部的建立,把学生运动推向了一个新的阶段。

1.联合青岛学界悼念鲁迅与台静农的鲁迅影像

1936 年 10 月 19 日,鲁迅因肺病医治无效在上海家中与世长辞。噩耗传来,震惊了中国文坛。据赵瑞蕻回忆,"鲁迅先生逝世的消息传到山大时,我们是那么激动,那么悲痛,见面时都谈论这不幸的大事"②。

其实,青岛学界对于鲁迅并不陌生。梁实秋与鲁迅的论战曾是国立青岛/山东大学说不尽的话题,杨振声、沈从文、老舍及"新月派"作家都与鲁迅有过或深或浅的交往,但鲁迅除了 1913 年 8 月 3 日探亲回京途中乘船路经青岛有过一"抵"一"发"15 个小时的近距离接触外,他自言后来"连遥望一下的眼福也没有过"③。1936 年 6 月,鲁迅的健康状况急剧恶化,有朋友建议他到青岛疗养,但鲁迅还是以"不相宜"婉言回绝了,给青岛留下了永远的遗憾。

鲁迅一生以尖刻冷峻著称于世,少有朋友,但国立山东大学台静农与鲁迅过从甚密。据《鲁迅日记》记载,自 1925 年 8 月台静农与鲁迅结识以来,台静农拜访鲁迅 39 次,鲁迅回访 9 次;台静农致鲁迅信函有 74 封,鲁迅复信 69 封,鲁迅

① 《本大学元旦庆祝民国成立及蒋委员长返京大会盛况》,载《国立山东大学周刊》第 176 期,1937 年 1 月 4 日。

② 赵瑞蕻:《碧海红樱忆旧游》,载樊丽明、刘培平主编《我心目中的山东大学》第 77 页,山东大学出版社,2005。

③ 鲁迅:《伪自由书后记》,载《鲁迅全集》第 5 卷第 172 页,人民文学出版社,2005。

还在与友人的信中多次提及台静农。1936 年 8 月,台静农辞去厦门大学的教职,来到青岛国立山东大学。1936 年 10 月 17 日,鲁迅在致曹靖华的信中提及台静农:"农住青岛,我方以为也许较好,而不料又受人气,中国虽大,真是无处走。"①由此推测,台静农来青岛后可能写信向鲁迅倾诉过不快。事实上,以乡土文学作家走红文坛的台静农在青岛期间一直处于沉默状态。统观台静农的创作

图 4-35 台静农

旅程,他发表于 1936 年的作品仅有胡适主持复刊后的《歌谣》周刊第十六号上的论文《从〈杵歌〉说到歌谣的起源(一)》。此文发表于 1936 年 9 月 19 日,但其写作时间却在台静农来青之前的厦门。此文甫一发表,立即受到学界的重视,紧接着引来冯沅君的《论杵歌》和佟晶心的《夯歌》二文,《杵歌》一时成为热点。从台静农以"从《杵歌》说到歌谣的起源(一)"为标题看,他是想重新捡拾起歌谣的论题,把流传在乡民口头上的歌谣与记录在纸上的古代歌谣以及风俗的演变联系起来、融会起来进行研究,其思想流变显然超越了 10 年前所固守的乡土研究框限,朝着多学科的比较研究前进了一步。但是,台静农却止于"《杵歌》(一)",没有下文。

鲁迅逝世,台静农在青岛惊悉噩耗"惊骇万状",因为 10 月 15 日鲁迅曾致函台静农,这是鲁迅临终前少数几封亲笔信函之一。10 月 22 日,鲁迅的遗体被安葬,台静农因"不克来沪唁吊",便给许广平邮去 100 元奠仪赙金。鲁迅葬仪因在民族生存面临重大危机之际,便被塑造成高度意识形态化的历史图景。1936 年 10 月 31 日,国立山东大学师生施畸、老舍、吴绩、王艺、李斐、马骏与青岛文化艺术界王亚平、杜宇、孟超、李同愈、袁勃、沈旭,在青岛《正报》发布《青岛文化界追悼鲁迅先生大会启事》,公开发起悼念鲁迅活动。11 月 1 日,悼念鲁迅大会在国立山东大学礼堂举行,由国文学会主办,校内外与会人员 100 多人。据悉,礼堂讲台上方悬挂鲁迅遗像,周边是盛开的秋菊。悼念大会首由徐中玉叙述哀悼大意,继由中文系主任施畸、师生代表叶石荪、颜世甫、台静农、周世超(周浩然)分别发表演讲,其中台静农的演讲其意可哀,其情可感。据徐中玉称,悼念大会那天台静农"带病勉力参加了,伤痛之意极深"②。《国立山东大学周刊》报道台静农参会和演讲时写道:

① 鲁迅:《361017 致曹靖华》,载《鲁迅全集》第 14 卷第 171 页,人民文学出版社,2005。
② 徐中玉:《回忆我的大学时代》,载《学术界》2001 年第 3 期。

台氏为鲁迅先生之挚友,叙述极其沉痛、深邃。凡鲁迅先生之爱好、计划与尚未发表之著作,及其思想上所受之刺激与影响等,大半为普通人所不知者,皆详为追述,并将鲁迅先生对于近代文艺之贡献、提倡新文学之努力与爱护青年之诚意,竭力推崇。①

几天后,《青岛民报》出版了国立山东大学编辑的《鲁迅先生追悼会特刊》,载有鲁迅木刻头像及周学普、叶石荪、徐中玉、轩、蔡天心、吴绩共6篇哀悼诗文。公允地说,国立山东大学部分师生联合青岛学界举办的悼念鲁迅活动,一定程度上扭转了国立青岛大学时期"鲁-梁论战"的僵持局面,鲁迅挣脱了梁实秋在青岛给定的"鲁迅与牛"的形象。不过,此次山大悼念鲁迅活动的主题,更多地集中于鲁迅的文学成就,鲜有鲁迅思想的评述。尤其被学界所诟病的是,此后台静农不再谈及鲁迅。事实上,青岛之于鲁迅,始终是鲁迅心头的一根刺,梁实秋的对垒,抑或台静农的疏离,远非一般意义上的爱憎关系。从这个意义上说,鲁迅形象的建构是一个政治问题。

2.中华民族解放先锋队山大队部的成立及其影响

1936年"元宵节事件"后,由于王广义、陈延熙等党员学生被迫离校,国立山东大学未能建立党组织。1936年2月北平大学生发起成立中华民族解放先锋队("民先")的消息传到青岛,机械工程学系王冠仲便与"民先"总队负责人李昌取得联系,酝酿组建青岛"民先"队。②

王冠仲(1916—1940),又名徐允一,山东周村(今属淄博)人,1933年在上海同济大学附中求学时加入共青团,1934年考入国立山东大学机械工程学系。王冠仲在同济大学附中时与李昌同学,又因参加学潮与李昌同时被开除学籍。李昌北上去了清华,王冠仲因其亲友在山大供职来到青岛,一个曾经的热血青年在山大学生运动中被亲属拖了后腿,所以王冠仲在同学中威信不高。是年8月,由上海团组织学委负责人周南华安排考入国立山东大学的李欣来到青岛,王冠仲成为李欣"开展工作的依托"③。李欣(1917—2017),原名李鸿模,福建长汀人,幼年随父到香港,在圣保罗书院读书,1933年入读广州广雅中学,1935年考入同济大学工学院,因参加学潮被校方"责令退学",次年3月在上海加入共青团。李欣通过王冠仲很快和北平"民先"总队取得联系,得到了及时指导。9月,李欣、王冠仲与进步同学吴绩、王桂荣等借王桂荣的住宅——鱼山路6号召开会

① 《国文学会追悼鲁迅先生》,载《国立山东大学周刊》第168期,1936年11月9日。
② 王良:《忆1936年初山大学潮之后的抗日救亡斗争》,载中共青岛市委党史研究室编《亲历者忆——青岛革命回忆录》(内部资料)第2辑第10页,2004。
③ 李欣、许建中:《李欣口述自传》,第94页,中国大百科全书出版社,2014。

图4-36 李 欣

议,决定成立"青岛救亡同学会",并通过了李欣起草的成立宣言和组织章程。为了进行思想武装,李欣将从上海带来的秘密刊物在同学中传阅,其中有中共《八一宣言》、毛泽东与斯诺的谈话《从午夜十二点到两点钟》,还有季米特洛夫(Михайлов)关于建立国际反法西斯统一战线报告等共产国际第七次代表大会的有关文件,以及中共在巴黎出版的《救国时报》等等。这些刊物在暗中秘密传阅,团结联络了一部分思想进步的同学。

1937年2月,李欣去上海出席全国学生救国联合会执委会议。此前的1936年5月,廷荣懋出席全国学联会议时国立山东大学成为11个地方执委之一。李欣在上海与会期间,找到原共青团联系人袁汝铺。袁汝铺告诉李欣,1936年11月中共中央政治局决定将共青团改造成民族解放性质的青年群众组织,团员可以转为党员,袁汝铺让李欣"到北方找党"①。回到青岛后,李欣与吴绩、王冠仲等商定,在救亡同学会的基础上成立青岛"中华民族解放先锋队"组织。

1937年4月,20多名国立山东大学学生聚集在青岛中山公园日本人立有"忠魂碑"的小山上,召开"民先"组织成立会。据李欣的解释,选择此处成立"民先"有其深刻的含义。会上,李欣当选"民先"青岛地区队部负责人,吴绩为山大"民先"区队长。旋即在青岛海滨公园成立了"民先"山大队部,选举吴绩担任队长。② 吴绩(1916—1987),江苏吴县(今属苏州)人,毕业于北平第一女子中学,1935年考取国立山东大学中文系,是1936年青岛"元宵节事件"被拘的6名女生之首,在同学中威信很高。参加"民先"组织成立会的有李欣、吴绩、王冠仲、王良(王艺)、周仲篪、周璇(周持衡)、章茂桐、单勋(王中)、韩玉树(韩宁夫)、陈振麓、程恒诗(陈汉)、胡家珍(唐棣华)、沙霞英、贾兰英、王华美(丛一平)、王儒林、蔡国政(蔡天心)、王桂荣(王继

图4-37 吴 绩

---

① 李欣:《高举抗日救国的大旗——回忆七七事变后青岛党组织沿革及领导组建崂山抗日游击队的经过》,载中共青岛市委党史研究室编《亲历者忆——青岛革命回忆录》(内部资料)第2辑第18页,2004。

② 李欣、许建中:《李欣口述自传》,第97页,中国大百科全书出版社,2014。

川）、李凤（李风）、狄庆楼（狄克东）、郁少英、万家蕊等男女青年。"民先"山大
队部是在中共青岛地下组织尚未恢复、国立山东大学学生运动处于低潮时期创
建的左翼革命青年组织，又是中华民族危机空前严重、国内政治形势的变化迫切
需要新的先进青年组织团结引导广大青年投身抗日救亡洪流而建立的团体，其
历史的必然性、重要性、进步性是显而易见的。

青岛"民先"组织成立后，积极开展民族救亡活动，以《青岛时代》作为宣传
阵地。① "民先"队员经常有计划地在同学中介绍进步书刊，交换政治观点，并组
织救亡歌曲合唱团、世界语学习班，吸引广大同学参加。通过这些活动，"民先"
队员广泛联系校内外群众，不断扩大政治影响。②

1937 年 7 月，李欣、王冠仲、吴绪赴北平，准备参加全国"民先"代表大会，其
间巧遇原山大的李声簧、廷荣懋等同学。不料，7 月 7 日日军突然炮击卢沟桥中
国守军，挑起蓄谋已久的侵华战争。七七事变爆发，全国"民先"代表大会开不
成了。"民先"总队长李昌连夜召集各地代表分析局势，决定各地"民先"队员立
即行动起来，结成一气，共同对敌，争取抗日的民主与自由，把中华民族解放先锋
队建成一个先进的、抗日的、半军事化的、具有广泛群众性的青年组织。李欣等
就地参加了支援第二十九军的抗战活动。③

国立山东大学"民先"组织是 1936 年 2 月至 1938 年 11 月全国"民先"运动
洪流中一支不容忽视的力量，山大队部的活动成为青岛抗日救亡运动高潮的起
点。当然，比之 1936 年 4 月烟台成立的山东第一个"民先"组织，国立山东大学
"民先"队部成立晚，且主要依凭抗日救亡的热情。由于中共青岛市级机关尚未
恢复，"民先"山大队部体现的是爱国青年组织在政治上的活跃，缺乏政治主心
骨，在七七事变前的活动范围和影响力都很有限。

第四节　七七事变后的因应开学与内迁失败停办

尽管意识到日本侵华将影响中国高等学府的教学秩序，但国立山东大学坚
持迎来 1937 年度新学期。然而开学不久，林济青就不得不仓促内迁，山大流亡
至四川万县以停办告终。民族存亡，危在旦夕，李欣等"民先"队员因得随五十
一军进驻青岛的中共东北军工委领导，积极打通抗日路线，并实现了自身武装。

① 杜秀：《中华民族解放先锋队在山东》，载《山东省青年管理干部学院学报》2007 年第 11 期。
② 中共青岛市委党史研究室：《中共青岛地方史大事记（1921—1949）》，第 154 页，中共党史出版
社，2006。
③ 中共青岛市委党史研究室：《中共青岛地方史》，第 1 卷，第 196 页，中共党史出版社，2003。

历史的选择冷酷无情,并忠实地记录着国立山东大学每个人的脚印。

一 消极防御下的新学年与举棋不定中的仓促内迁

由于国民政府对青岛实行消极防御和避战方针,在淞沪战役日本无力派兵进攻青岛的形势下,国立山东大学借助青岛表面上的"祥和"假象,如期开始了1937年新学期。但是,开学未及一个月,由于日军侵华步伐的加快和青岛消极防御的制约,国立山东大学匆匆加入了民国大学战略大迁徙行动。

1.日本"现地保护"的调整与1937年秋季学期

青岛作为中国华北重要的军港和商埠,拥有大量的日资企业和众多日侨,对日本具有重要的政治和经济利益。七七事变后,日本曾决定"以武力现地保护帝国臣民及权益",派兵占领青岛。7月11日,日本陆海军达成华北作战协定,"竭力使作战地区局限于平津地区,华中、华南以不行使武力为方针。但不得已时,须于青岛、上海附近保护侨民",并约定"由海陆军以必要之兵力共同担任"。由此,日军明确了实施青岛"现地保护"的方针。7月29日,日军参谋本部制定《对支作战计划大纲》,明确规定青岛方向的用兵计划。[①] 8月12日,日海军军令部次长岛田繁太郎向海军大臣米内光政提出请陆军紧急出兵的意见,着手实施侵占青岛的军事行动。基于守土有责的沈鸿烈,致电国民政府,请示如日军登陆青岛是否应武力拒止。蒋介石在修改回电时,亲笔将"断然以武拒止"的"以武"二字删去,显露出对青岛的避战思想和消极防御方针。

然而,1937年8月13日开始的淞沪战役,迫使日军不得不调整作战部署,放弃对青岛的"现地保护"计划,欲以外交欺骗手段维护日本在青岛的利益,达到安全撤侨和保护在青资产的目的。日本驻青总领事馆武官田尻穰曾致电海军军令部,要求加快青岛作战进程。军令部在随即回复的第四三三号密电指示,此时增兵"可能产生与不扩大事态的宗旨相反之结果",强调当前必须坚持"不使青岛发生纠纷事态的坚定的中央方针",并要求严格控制在青日文报刊和人员活动,防止扰乱日军在华的战略意图和军事行动。日本外务省电令日本驻青总领事大鹰正次郎,分别"向沈鸿烈和韩复榘表明,我方不希望卷入战祸之中,敦促对方以诚意负责保护我方权益,并进行外交谈判"。8月25日,大鹰正次郎在与沈鸿烈的谈判中作出日军不进攻青岛的承诺,同时要求中国方面"保证侨民安全撤退,保护侨民遗留的财产以及日本的权益"。8月27日,大鹰正次郎发出撤侨命

---

① 《日本统帅部对华作战计划》,载张蓬舟主编《近五十年中国与日本》第2卷第290页,四川人民出版社,1985。

令，至 31 日青岛日侨基本撤离完毕。部署在青岛海域随时准备以武力保护撤侨的日本第二舰队一部，在青岛日侨撤离后急速开往上海增援；原部署用兵青岛的第十四师团、第十一师团天谷直次郎支队，则调转方向投入华北战场。9 月 3 日，日本海军军令部发布的封锁华北沿岸的"大海令"未将青岛列为封锁范围。9 月 4 日，大鹰正次郎等 320 名日本官员驶离青岛，前往旅顺。日本对青岛的作战意图几经变化，折射出日本侵华的诸多图谋和日军内部的利益纷争。

就是在战争疑团的笼罩下，国立山东大学紧张地等待着 1937 年新学期的到来。7 月 14 日，国立山东大学发布 1937 年度招生广告，除了文理院系本科外，增设一个电机班，定于 8 月 2 日—6 日在青岛、南京、济南、北平四地报名，8 月 10 日考试。① 教育部虽在 1937 年 8 月 27 日《总动员时督导教育工作办法纲领》提出"各级教育务持镇静，以就地维持课务为原则"的要求，但却推迟开学时间。林济青只得"奉教育部令实行延期"②，迟至 9 月 10 日发布开学通告，定于 9 月 23 日开学，9 月 27 日正式上课，并接收战区借读生。

为弥补教员不足、适应教学需要，林济青又新聘了一批教员。其中，有中文系系主任郝昺衡、物理学系主任潘祖武，教授郭本道、刘发煊、余雅松，副教授敖士英、孙泽瀛、许植方，讲师钱端义、吕宝东等 10 余人。

中文系新聘教员最多。系主任郝昺衡（1895—1978），谱名立权，江苏盐城人，1924 年毕业于北京大学中文系，历任厦门大学、齐鲁大学教职。郝昺衡辞职后，郭本道为代理系主任。郭本道（1901—1948），山东沾化人，1924 年入北平燕京大学修哲学，毕业后又入研究院研究神学，1934 年任教河南大学政治系、哲学系，编写的由世界书局出版的《黑格尔》被英国牛津大学列为教学参考书。敖士英（1899—？），江西清江人，1925 年考入北京大学，毕业后有任教北平大学女子文理学院、省立河北大学、私立中法大学、北京大学的经历，1935 年纂辑的《中国文学年表》由北平立达书局出版。此外，1935 年夏辞聘的丁山教授，于 1937 年 9 月回任国立山东大学中文系；1936 年春辞任的外文系讲师水天同，也在 1937 年 8 月回青岛，复任原教职。

1937 年 8 月应聘国立山东大学的生物学系教授刘发煊（1907—？），字瑞光，湖北襄阳人，清华大学动物学系毕业后留校任教数年，后赴英国留学，获伦敦大学动物学博士学位。数学系副教授孙泽瀛（1911—1981），四川新宁（今开江）人，17 岁考入浙江大学，1932 年入读日本东北帝国大学数学科，后攻读研究生。化学系副教授许植方（1897—1982），字鲁瞻，浙江黄岩人，1916 年考入南京高等

---

① 《青岛国立山东大学招生》，存青岛市档案馆，档号：D000363-00051-0011。

② 《山东大学开学延期》，载《青岛时报》1937 年 9 月 4 日。

图 4-38　孙泽瀛

师范学校理科,毕业后在齐鲁大学、金陵大学任助教,1923 年赴菲律宾华侨中学任训育主任,后进菲律宾大学半工半读,1931 年回国任中央研究院化学研究所国药研究室助理研究员,后任上海交通大学化学系讲师,1937 年 8 月—1938 年 3 月执教国立山东大学。[①]

国立山东大学 1937 年新学期最受瞩目的人物是王志超。王志超(1907—1994),青岛人,1933 年考取官费留学,入读美国艾奥瓦大学,后赴德国柏林工业高等学院留学。1937 年 10 月,王志超接到大使馆转来的国立山东大学的信件,信是山东省教育厅长何思源及山大代理校长林济青共同签发的。信中说,由于抗战的需要,希望王志超结束学习,火速返校处理学校迁移事宜,因为王志超出国前已任国立山东大学教务长。[②] 1937 年 8 月 31 日,教育部决定华北、华东等地的国立大学迁往西南、西北地区。

图 4-39　王志超

事实上,日本为实现武力征服中国的目的,有意识地将大学等文化教育设施作为战略破坏的重点目标。1937 年 7 月 29 日—30 日,日本军机轮番轰炸天津南开大学,致使这所历经张伯苓 30 多年苦心经营的知识殿堂"一朝毁灭"。林济青惊悉南开大学被炸做出了什么反应,难寻文献记载,但接下来清华、北大、中央大学等国立高等学校纷纷内迁的消息,着实让他不能自已。清华大学校长梅贻琦于 1937 年 8 月底即赴长沙筹备迁校。9 月 10 日,教育部令由清华大学、北京大学、南开大学 3 校组成长沙临时大学。与此同时,北平大学、北平师范大学、北洋工学院 3 校于 9 月 10 日迁至西安,组成西安临时大学。洞悉抗战局势的中央大学校长罗家伦,早在 1935 年华北局势告急时即定制大木箱做迁校准备。1937 年 9 月 23 日中央大学西迁重庆,"所有重要图书仪器文卷成绩等项,均已转运",甚至连教学用的解剖尸体、家禽等也未丢弃,成为民国大学内迁最迅速、资料保存最完整、复课学生最多的大学。

①　山东大学校史编写组:《山东大学校史(1901—1966)》,第 77 页,山东大学出版社,1986。
②　王天增:《影集里的回忆》,载冯克力编《老照片》第 68 辑,山东画报出版社,2009。

大学堂堂,学士跄跄,教育的战时认同与担当考验着每一位大学校长,尤其是在国民政府大学内迁缺乏通盘计划、各校自行其是的情况下。对于国立山东大学的迁移问题,韩复榘认为山大是山东的资产,不能外流,即使迁校也要在山东境内。民国大学确有从城市迁往本省偏远县镇办学的。例如:1937 年 8 月日军进犯太原,阎锡山就令拥有 5 院 14 个学系的国立山西大学迁往晋南的平遥-运城-临汾一带,在林济青迁校举棋不定的时候,国立山西大学各院系已于 9 月中旬在新址复课。其他迁本省隐蔽办学的还有迁柳州的广西大学,迁沙市的安徽大学,迁辰溪的湖南大学,迁长汀的厦门大学,迁梅州的中山大学,迁往鸡公山的河南大学等。鉴于青岛一时找不到隐蔽据点,林济青与山东省政府协商,将山大迁移鲁西南的单县。① 此时,教育部来电,要求国立山东大学迁往西安。② 林济青虽然意识到山大不能成为日军炮火下的牺牲品,但他既缺乏对抗战局势的洞察与判断力,又缺乏危急关头的缜密与果敢性,国立山东大学迁移之前面临太多不确定因素,错失了内迁良机。

2.第七十一号离校布告与不明目的地的颠沛迁移

1937 年 10 月 2 日德州失守,日军进入山东,林济青原定迁移鲁西南单县失去安全保障。在要不要动迁,是否按教育部指令迁移西安的问题上,山大师生各执一词,众说纷纭。据徐中玉回忆,由于意见分歧大,林济青不得已提出三个意向:"愿迁的去,愿回乡或留青的听便。"结果"三种去向都有:不顾一切先决定留下不走,必要时下乡打游击;回乡去参加抗日工作,这大都是山东同学;随校内迁,看情况再定行止"③。10 月 7 日,林济青签发第七十一号布告。

> 经决定,迁移未妥以前,为安全起见,校中学生准先自动离校,或借读他校,候迁校竣事后,随时前往复校。④

10 月 9 日,国立山东大学正式停课,100 多名随迁学生匆忙踏上外迁之路。学生会推举周仲箎、王华美和徐中玉为临时负责人。到达济南当晚,日本军机轰炸黄河泺口铁路大桥,济南战火连天,不可能停留。山大内迁师生会同北平学生流亡团,从车厢窗口爬上南下的火车,匆匆赶往南京再作定夺。

国立山东大学内迁师生本想在南京停留一下,但教育部以山大不遵部令,仓

---

① 《国立山东大学内迁往事》,https://baijiahao.baidu.com/s,2020 年 8 月 23 日。

② 《奉教育部关于山东大学迁移西安事宜的公函》,存青岛市档案馆,档号:B0047-001-00869-0114。

③ 徐中玉:《两次在山大的回忆》,载樊丽明、刘培平主编《我心目中的山东大学》第 55 页,山东大学出版社,2005。

④ 张静:《中国海洋大学大事记》,第 21 页,中国海洋大学出版社,2014。

促间无法安置,置之不顾。苏嘉战事失利,南京危急,教育部要山大"速搭江南铁路火车去芜湖"。刚到芜湖,又决定渡江去安庆,并计划 12 月 5 日在安庆借安徽大学校址开学。获悉这一复课消息,山大内迁师生不顾一切地来到江边。时值长江航运受阻,江岸守军通过抓获的几个日本特务得知,马当要塞正处于日本军机爆炸的目标中,必须赶紧渡江避险。当江岸守军鸣枪通知路过长江的轮船立即靠岸时,江岸逃难的民众蜂拥而至,一些怀抱幼童的妇女因孩子被挤,堕入江中,哭声盈耳,惨不忍闻。在安庆待了不过 10 天,教育部又急电山大内迁师生速去武汉。教育部在武汉召开的大学校长会议上指斥国立山东大学迁校损失惨重,一行人师多于生,无可为校,拟予撤停处理。

在武汉,国立山东大学许多师生囊空如洗,每日三餐多有不济,一些师生要求校方告知财务状况,盘算学校能维持多久。林济青则授意汉口的银行拒绝查账,童第周等发动内迁学生,迫使银行公开账目。据童第周回忆,"林济青想解散学校,说是没有钱了。我们到银行一查,山东大学还有 9 万元。校长开大会,刚讲完,我就在会上和校长进行了尖锐的斗争"①。此时,从天津赶来的工学院院长汪公旭带来一个不幸的消息,辞别山大土木工程学系主任、就任北宁铁路局总工程师的张倬甫教授在天津塘沽乘海轮时不幸被日军抓去,生死不明。② 此时,林济青沮丧地对大家说:"有亲投亲,有友投友,无亲友愿投笔从戎者,可为介绍参军,别无出路,国难至此,何以学为! 山大至此,前路尽矣!"③林济青的话让山大内迁师生普遍陷入绝望之中。据徐中玉回忆:

> 同学们情绪极不稳定,前途茫茫,有些同学已连零用钱都成问题。不断有同学离开了,有设法去他校借读的,有去参加国民党的培训班(后知实际是特工训练班)的,有去参加相识的国民党抗日前线部队的,这时"民先"经协议宣布自动解散,最后王华美决定到山西去参加"牺盟会"工作,周仲麓也打算到延安去了。这时一百多个同学已只剩下五六十个,个个焦急等待教育部下一步的办法。④

然而,打算处分国立山东大学的教育部对山大置之不理。内迁教师中有人

① 煦峰、文荔:《童第周:追求生命真相》,第 21 页,解放军出版社,2002。
② 周俊逸:《拳拳思念情——怀念恩师张倬甫教授》,载樊丽明、刘培平主编《我心目中的山东大学》第 304 页,山东大学出版社,2005。2015 年 8 月,张倬甫列入民政部公布的第二批 600 名著名抗日英烈和英雄群体名录。
③ 张晋三:《山东大学南迁见闻记略》,载《青岛文史撷英》文教卫体卷第 178 页,新华出版社,2001。
④ 徐中玉:《两次在山大的回忆》,载樊丽明、刘培平主编《我心目中的山东大学》第 55 页,山东大学出版社,2005。

与川军将领杨森有旧缘，求杨施援手，或可谋得落脚之地。无奈之下，林济青派人联络杨森，入川寻觅校舍。重新燃起希望的内迁师生不顾蜀道之难，绕水路前往四川，到宜昌时由于缺少船只，时甫经月，及至1938年春节后才到达万县。国立山东大学内迁自青岛—济南—南京—安庆—武汉—宜昌—万县，几乎是被日军炮火赶着跑，每到一处，日军的炮火便尾随而至。同处山东的齐鲁大学，也是在1937年10月才动身内迁，由于校长刘世传主动联系华西协合大学，便组织师生将图书、教学仪器打包装箱先运到上海，再乘海轮从香港转越南，经昆明运抵四川成都，还招聘顾颉刚、钱穆、孙伏园、胡厚宣、高亨、马彦祥、朱东润、王献唐、张维华、严耕望等国内一流学者到齐大任教或兼课，重振了山东齐鲁大学的名校辉煌。战时高校内迁，以保存中国高等教育实力、延续中国文脉为宗旨，在战火的炽炼中聚集了全国高教与科技的精华，推动了大后方高教事业的发展。但是，国立山东大学由于内迁失策，在疲于奔命中自我消耗殆尽。

1938年2月18日，国民政府行政院发布训令：国立山东大学"暂行停办"①。2月23日，教育部勒令国立山东大学就地解散，由于学生数量少，足以并入从南京迁重庆的中央大学肄业，个别转入其他大学；在校教职员造册送部，另行分配工作；图书、仪器、机械分别暂交国立中央图书馆、中央大学、中央工业职业学校使用。3月15日，教育部令国立山东大学一切校务

图4-40 并入中央大学的国立山东大学生

"限于今日结束，经费领取至今日截止"②。至此，国立山东大学名实俱亡，苦涩无奈地告一段落。

二 脱长衫打游击的留青学生与青岛党组织的恢复

在民族危亡的关键时刻，随五十一军进驻青岛的中共东北军工委给李欣等山大"民先"队员指明了方向，中共青岛特支、中共青岛市委相继成立。一批革命知识分子响应中共北方局"脱下长衫，到游击队去"的号召，留青慷慨赴难，先

---

① 山东大学校史编写组：《山东大学校史（1901—1966）》，第38页，山东大学出版社，1986。
② 山东大学档案馆：《山东大学大事记（1901—1990）》，第48页，山东大学出版社，1991。

后在崂山、诸城、高密等地开展斗争,为武装抗战输送了革命力量。

1.留青山大"民先"队员与中共青岛特支的成立

1937年暑假前,国立山东大学"民先"队部进行改选,由李欣任队长,主要成员有陈振麓、王艺、吴绪、胡家珍、王桂荣、周持衡、章茂桐、单勋、万家蕊、程恒诗、王儒林等,从1937年7月—10月底是"民先"山大队部最活跃的时期。李欣回顾这段经历,概括总结了六项工作:

> 第一件是开展对青岛市民群众的宣传工作。我们临时拼凑了一个话剧团,专演《放下你的鞭子》这出戏。当时这出戏对动员人们起来抗战曾起过十分积极的作用。

> 第二件是配合接待过经青岛的平津流亡同学。当时有一位东北大学的同学邹鲁风负责此事。我们之间保持着密切的联系。那时我们曾请路过青岛的知名进步教授刘清扬和我们一起座谈形势。为了准备迎接抗日游击战争,我们请曾参加过东北抗日联军的邹作华给我们讲授游击战术。

> 第三件是利用青岛国民党当局组织的防护训练班为掩护,在青岛市内和郊区毕家村一带发展"民先",向市民和农民群众进行抗日宣传。

> 第四件是和由平津的流亡同学组成的山东民先队省队部保持密切联系。我到济南向他们汇报了青岛救亡活动情况,从他们那里取得指示,并带回了一些关于开展抗日游击战争和游击战术方面的材料。为打通青岛与毗邻地区的关系,曾一度和武衡一起到潍坊一带进行活动。

> 第五件是说服动员在校同学反对学校内迁,争取他们留在敌后打游击战。

> 第六件是慰问当时驻进青岛担负保卫青岛任务的东北军五十一军于学忠部。①

1937年9月,进入关内的东北军于学忠第五十一军入鲁,担任胶济路东段及海防守备,其中一部进驻青岛,中共东北军工委也随军到达。李欣通过东北流亡学生、中共党员邹鲁风的介绍,与东北军工委接上组织关系。事实上,中共始终没有放松对学生的争取和对学生运动的领导,并通过扩大组织建设巩固共产党的政治影响力。据李欣回忆,东北军工委书记项迺光吸收李欣入党时就说了一句话:"听说你过去是个共青团员,现在你可以入党了。"②在国立山东大学的

① 李欣:《严冬过尽绽春蕾——忆"七七事变"前后青岛山东大学的抗日救亡活动》,载共青团青岛市委青运史办公室、中共青岛市委党史资料征委会办公室编《青岛党史资料》(内部发行)第7辑第309—310页,1991。

② 李欣、许建中:《李欣口述自传》,第106页,中国大百科全书出版社,2014。

宿舍里，李欣进行了入党宣誓。项逎光指示李欣，赶紧发展党员，建立党组织，因为山大学生政治基础好，决定首先在山东大学建立党组织。

李欣在开展抗日救亡运动中发现陈振麓、王艺的政治素质比较好。陈振麓（1913—1939），山东平阴人，先后就读于济南省立一中、聊城省立二中、北京师范大学附中，20岁参加由冯玉祥、吉鸿昌领导的抗日同盟军，其间加入共青团；抗日同盟军失败后，陈振麓与组织失去联系，1936年考入国立山东大学生物学系。经东北军工委批准，首先恢复了陈振麓的组织关系，并转为党员。王艺（1914—？）又名王良，江苏涟水人，1935年考入国立山东大学。

图4-41　陈振麓

李欣、陈振麓发展王艺入党。1937年9月，经东北军工委批准，中共青岛特别支部成立，李欣任书记，陈振麓任组织委员，王艺任宣传委员。中共青岛特支的建立，使破坏两年有余的中共青岛组织恢复了生机，这个完全由山大学生党员组成的中共青岛市级机关，在青岛党的历史上具有十分重要的意义。①

在读书与革命、学士与战士、完成学业与追求理想的抉择中，许多"民先"队员选择了后者。李欣的父亲曾来信责备他"不安心读书，两年之间，由粤而沪，由沪而鲁"，两年不回家探亲。李欣不断告诫自己："向前走，莫回头！"决意投笔从戎的王桂荣则经历了革命与爱情的考验。王桂荣（1918—2017），又名王继川，山东文登人，出生在一个高级职员家庭，与青岛海军学校一名男生热恋。因王桂荣要放弃学业参加游击队，而海校男生舍不得丢掉"锦绣前程"，两人在海滨公园摊牌。那天，海校男生带着手枪，威胁说：如果两人不能走到一起，就死在一起。王桂荣答：对这种愚蠢的行为坚决反对。海校男生气得朝王桂荣的影子打了几枪，愤愤地走开了。② 扭头从此别，各走天一方，儿女情长在民族大义面前自有是非曲直。

国立山东大学选择留青打游击的学生，其实并没有接受多少理想和信念教育，他们对信仰的追求也仅仅是在抗日救亡的政治生活中产生的感情和意识的归属认同，情愿将个人的生存、命运、情感与国家的存亡紧密连接起来，形成了与内迁同学不同的政治态度与立场。

2.李欣、陈振麓等的使命与分路组织抗日武装

① 中共青岛市委党史研究室：《中共青岛地方史》，第1卷，第200页，中共党史出版社，2003。
② 李欣、许建中：《李欣口述自传》，第111页，中国大百科全书出版社，2014。

为践行中共《抗日救国十大纲领》提出的"为动员一切力量争取胜利而斗争"的指示,在日军侵占青岛后开展游击战争,青岛党的活动中心转移到郊区农村,在崂山一带群众基础较好的农村组织抗日武装。中共青岛特支决定以毕家村、蓝家庄为中心,集中力量,开辟敌后战场。1937 年 11 月,中共东北军工委决定,李欣、陈振麓兵分两路深入敌后,积极组织独立自主的游击队伍。李欣率部分"民先"队员和进步学生,随中共东北军工委宣传部部长伍志钢到高密,动员各界民众,组织武装力量;陈振麓、王艺率部分"民先"队员和进步学生到毕家村一带,发动群众,开展抗日武装斗争。

高密绅士蔡晋康打着抗日的旗号,拉起高密抗日游击队,中共东北军工委决定争取蔡部建立一支真正的抗日队伍。为此,中共高密抗日游击队工委成立,由伍志钢、邹鲁风、李欣 3 人组成,伍志钢任书记。李欣带领周持衡、胡家珍、李凤、单勋、程恒诗等山大"民先"队员,每天利用军事训练之余给士兵上政治课,教唱抗日歌曲,讲救国救民的道理;同时在蔡家庄、高密火车站附近散发传单,绘制大型壁画,排演广场剧《放下你的鞭子》,向沿途广大农民宣传抗日救亡。国家危殆,民族危机,人民危险,李欣等国立山东大学留青学生以革命性、坚定性、实践性的特点诠释了青岛大学生与祖国患难与共的革命战斗精神。

陈振麓、王艺带领山大"民先"队员章茂桐、王儒林、王桂荣等到崂山毕家村后,为更好地开展工作,成立了毕家村党支部,陈振麓任书记。党员们分头联络失掉关系的老同志及老同学,努力扩大党的组织力量,为建立敌后游击队作准备。山大"民先"队员为实行知识分子同工农群众、革命的武装斗争结合起来,深入农村,张贴标语,演出抗日救亡戏剧,教唱抗日歌曲,讲授游击战术,很短的时间就把毕家村、蓝家庄、枣园一带的群众发动起来。1937 年 11 月,鉴于李欣已到高密,东北军工委决定,撤销中共青岛特支,成立中共青岛市委,由陈振麓、王景瑞等 5 人组成,陈振麓任书记,王艺任秘书。[①] 市委机关设在埠落小学。

中共青岛市委重建后,陈振麓决定凭借崂山得天独厚的自然条件加紧筹建抗日游击队,组建 4~5 个中队,补充兵员,积累军事经验。11 月底,在人员配备、武器收集基本就绪的基础上,崂山抗日游击队第四中队先行成立,由陈振麓任中队长,王儒林任指导员。这支 60 余人的游击中队,是青岛地区由中国共产党领导的第一支抗日武装,由于多数是山大"民先"队员,政治、文化素质高,实为一支集中了青岛革命精华的队伍。

在陈振麓等崂山抗日游击队成立的同时,受中共东北军工委派遣的伍志钢、

---

① 王良:《忆 1936 年初山大学潮之后的抗日救亡斗争》,载共青团青岛市委青运史办公室、中共青岛市委党史资料征委会办公室编《青岛党史资料》(内部发行)第 7 辑第 315 页,1991。

李欣等,已完成争取蔡晋康的高密游击队的工作。1938 年 1 月 10 日,侵华日军在崂山山东头登陆,侵入青岛。在高密即将被占领之前,蔡晋康部转移到诸城。东北军工委决定,中共青岛市委陈振麓领导的崂山抗日游击队前往诸城,与李欣等的中共高密游击队工委掌握的力量汇合,组成实际由中共领导的高密游击队第四中队。中共青岛市委与高密游击队工委合并后,组成中共鲁东南工委,由伍志钢任书记,李欣、陈振麓、王艺等为委员。① 1938 年 2 月,由于蔡晋康部反动分子制造事端,胁迫第四中队撤离,中共鲁东南工委带领全队 108 名同志,冒着大雪向徐州转移。据李欣转述,曾有北平"左联"作家经历的伍志钢利用苏联《祖国进行曲》的谱,填写了一首名为《长征进行曲》的歌。歌词是:

> 我们的队伍多么广大强壮,
> 他有优秀的工农和学生。
> 我们共有一百零八个同伴,
> 向着一个目标前进。
>
> 我们欢笑踏起一串歌声,
> 歌声惊醒天上的星星。
> 我们心胸好像蓝天的彩云,
> 充满抗战救亡的热情。②

虽然东北军工委领导"民先"队改造高密游击队的工作没有成功,但集结了青岛、高密、诸城一批优秀青年加入革命队伍,培养了一支抗日中坚力量。特别是李欣、陈振麓两名国立山东大学留青学生先后以中共青岛特支书记、中共青岛市委书记的领导身份恢复和重建青岛市级机关,把青岛人民的抗日救亡运动推向第一个高潮,充分体现了志愿加入中国共产主义先锋队的先进知识分子的崇高使命与责任担当。

3.吴缮等从女大学生到八路军指战员的蝶变

较之李欣、陈振麓、王艺等勇敢地走向抗日游击战场的男生,吴缮、胡家珍、王桂荣、王凤、万家蕊等国立山东大学女生则表现出巾帼不让须眉的英勇,她们为誓死不当亡国奴而义无反顾心献革命,绘就了人生最为壮美的画卷。

---

① 中共青岛市委党史研究室:《中共青岛地方史》,第 1 卷,第 205 页,中共党史出版社,2003。

② 李欣:《严冬过尽绽春蕾——忆"七七事变"前后青岛山东大学的抗日救亡活动》,载共青团青岛市委青运史办公室、中共青岛市委党史资料征委会办公室编《青岛党史资料》(内部发行) 第 7 辑第 311 页,1991。

　　其实,吴绡从 1937 年 7 月赴北平参加全国"民先"代表大会时就决定不再回校继续读书,而要全身心地投入到抗日救亡运动中去。9 月,吴绡在济南找到山东省"民先"总队负责人孙陶林,孙告诉她,"民先"总队机关很快将迁移泰安,让吴绡随济南的一些"民先"青年一起去泰安。吴绡在济南期间参加了山东省各界抗日群众联合会,听到山东省政府主席韩复榘"坚守山东,与济南共存亡"的慷慨陈词。一天,吴绡以抗日大学生的身份被邀请参加韩复榘的官邸宴会,其间发现装有韩家金银细软的十几辆汽车,仅中原银行的钞票就装了两车。亲眼看见这一切,吴绡便对国民党抗战的信心彻底破灭了。吴绡向外界发出讯息:"第三路军总指挥韩复榘要逃跑!"济南一家报纸的花絮上写道:"吴四小姐说:'韩复榘不抗日,要逃跑!'"①中共山东省委由此得到了韩复榘的动向。此时,山大"民先"同学李欣、胡家珍、王桂荣等写信来,动员吴绡回来一起参加游击队。于是,吴绡和平津流亡同学会武衡、顾刚等乘火车回到青岛,之后转道高密,与李欣、胡家珍等山大"民先"同学会合。

　　1937 年 11 月在诸城山区期间,李欣、周持衡开始与吴绡谈入党问题。抗战初期,在中共的组织力量远远落后于政治影响的情况下,大胆并积极地向革命青年学生开门,发展女性知识分子党员尤为迫切。从当事人和知情者的回忆文献提及的"怎样才能取得抗战胜利?"和"抗战胜利以后打算干什么?"等入党谈话内容看,对党的前途充满信心和党员的忠诚是最关键的问题,"永不叛党"成为一条铁的纪律。12 月,吴绡又介绍胡家珍和李凤入党,后来王桂荣也入了党。吴绡、胡家珍、李凤、王桂荣等国立山东大学女大学生自愿选择与内迁同学完全不同的道路,赴汤蹈火,甘愿为抗日这一中华民族历史上最伟大的卫国战争奉献青春和力量。

　　此时,抗战局势异常严峻。1937 年 12 月 18 日,日本陆军参谋部发出了进攻山东、青岛的作战指令。当天下午,沈鸿烈以青岛市市长的身份召开了最后一次会议,布置"焦土抗战"任务。②入夜,日本在青岛的大康等 9 个纱厂及铃木丝厂、青岛啤酒厂、四方发电厂、2 个橡胶厂、2 个自来水源地及青岛船坞等都被炸毁。12 月 25 日,沈鸿烈又下令将军舰和小火轮共 20 余艘船装上水泥凿沉于青岛港主航道中。12 月 31 日,沈鸿烈率部弃城而逃,南去徐州,青岛成了一座不设防的空城。1938 年 1 月 10 日,日军占领青岛市区,青岛彻底沦陷。

　　从青岛走出去参加游击队的李欣、吴绡等山大学生,在伍志钢的领导下于

　　① 吴安:《吴绡——从女大学生到抗日战士》,载北京新四军暨华中抗日根据地研究会编《专题资料汇编》,2019。
　　② 中共青岛市委党史研究室:《中共青岛地方史大事记(1921—1949)》,第 159 页,中共党史出版社,2006。

1938 年 2 月转移到徐州。根据中共长江局的指示,伍志钢、李欣带领 80 余人到东北军五十七军万毅部工作;邹鲁风、吴绩率 20 余人到迁移曹县的山东省主席沈鸿烈处开展统战工作。为此,李欣为吴绩赋诗一首:"家本苏州人,吴侬软语乡。会见沈鸿烈,雄辩折侯王。"①在抗日民族统一战线的旗帜下,沈鸿烈同意成立"山东省第一巡回宣传队",任命邹鲁风为队长,吴绩为副队长。巡回宣传队在沿途做宣传鼓动时,适逢荣高棠、张瑞芳的"战地剧团"路过曹县,给予吴绩等艺术上极大的指导,使演出水平大大提高。

由于吴绩等在宣传中贯彻了中共的方针政策,以及邹鲁风派人去八路军驻地时碰到国民党的人,沈鸿烈决定撤销巡回宣传队,成立"儿童剧团",由吴绩、胡家珍、李凤等 5 人负责。对于沈鸿烈限制和排挤中共抗日宣传活动的行为,吴绩、胡家珍等十分气愤,不想接受儿童剧团的任务。经邹鲁风与徐向前汇报,徐向前指示:吴绩等打进国民党上层机关不易,一定要坚持。为维护抗日民族统一战线,吴绩等义无反顾地卷入中国政治的纵横分合之中。邹鲁风提出建立一个特别支部,由吴绩任代理特别支部书记。儿童剧团在阳谷县、阿城镇一带演出的话剧和抗日歌曲颇受欢迎,这为播撒抗日火种、动员民众走上抗日前线发挥了重要作用。胡家珍回忆说:"我主演过《放下你的鞭子》,到工厂、农村进行演出,在群众中反响很大。"②

就这样,吴绩的儿童剧团为宣传抗日,随沈鸿烈部"走遍了小半个山东",但却失去了党组织关系。几经辗转,吴绩等摆脱国民党山东省政府,找到中共苏皖特委,加入了八路军山东陇海南进游击支队。吴绩任苏皖特委宣传部部长,胡家珍任陇南支队第一梯队政治处副主任、组织科长,李凤任教导队教导员。三位国立山东大学女学生正值风华正茂,却抛弃学业,走上抗日前线。是信仰的力量让勇敢站出来的女大学生将女性的娇柔抛在脑后,跟男人一样行军打仗,并随时准备牺牲自己年轻的生命。莫道女儿出征,红旗漫卷西风。

三 多变颠沛的校产迁贮与此起彼伏的复校呼声

国立山东大学校产的保管问题成为学校停办后的重大关切,由于迁移仓促,交通阻塞,仪器设备损失惨重。校产保管处两度改组变更负责人,两次搬迁贮藏存放地,流离失所,人心惶惶。自 1940 年起,呼吁国立山东大学复校之声接连不

---

① 李欣、许建中:《李欣口述自传》,第 101 页,中国大百科全书出版社,2014。
② 慈智慧访问整理:《访唐棣华同志》,载共青团青岛市委青运史办公室、中共青岛市委党史资料征委会办公室编《青岛党史资料》(内部发行)第 7 辑第 319 页,1991。

断,各地校友奔走呼号,上书、解说、声诉、撰拟代电,争取同情,为山大最终在青岛复校营造舆论氛围。

1.不无主观因素的仪器损失与校产保管处的改组

国立山东大学决定内迁后,校产搬迁是最大的难题。历经几年的办学积累,山大不仅存有大量的图书杂志、档案文件,而且作为一所理工科见长的国立大学,大量的仪器设备、标本模型、试验器具,无形中加重了迁移的负担。与其他民国大学不同的是,国立山东大学地处半岛东陲青岛,内迁路途曲折,不确定因素增多。

据山大职司设备保管的事务员王迺栋统计,国立山东大学迁移校产共计1000余箱,决定分批运出。按照教育部最初决定山大内迁西安的指示,第一批257箱仪器设备在与胶海关办理"免税放行"①手续后,由事务员李韵涛负责先行运至西安,旋又转运万县(宜昌)。然而,第二批837箱仪器外运时,由于山东省政府在迁校问题上游移不定,错失了宝贵时间,从青岛到西安的内迁路线已经非常危险,林济青临时改变计划,决定迁往安徽安庆。安庆的水陆位置比西安便利,可以从青岛沿胶济线先到济南,在济南换乘津浦线南下抵南京,再沿长江水路到安庆。由此,国立山东大学向教育部申请,改为内迁安庆,择地办学。获准教育部同意后,林济青决定由吴敬寰负责运送仪器。吴敬寰,字肃如,有燕京大学物理专业硕士文凭,曾在清华大学物理研究院、燕京大学和齐鲁大学物理学系任教,1936年8月应聘国立山东大学讲师,1937年晋升为副教授。吴敬寰是林济青齐鲁大学时的旧友,人称"林的亲信"。

图4-42 吴敬寰

据王迺栋称,仪器迁移因由吴敬寰负责,"本校事务课人员未得参与其事",王迺栋"只负在校点查装箱看守之责,其他则非所知"。②

当王迺栋等50多名员工到达南京,看到山大的800多箱仪器设备堆积在下关码头和浦口车站的仓库内,询及吴敬寰运输情形。吴敬寰称,一两天内即有船装运。王迺栋等以为此事必定稳妥,"未奉校令,未便僭越",乃从南京乘船前往安庆。然而,此时长江水路由于大量民众逃难而异常拥堵,交通运输船舶严重短缺,王迺栋等经过20多天跋涉才辗转到达安庆。吴敬寰在南京约定的船只爽

---

① 《奉教育部关于山东大学迁移西安事宜的公函》,存青岛市档案馆,档号:B0047-001-00869-0114。
② 王云浦:《本校迁移停办之始末》,载《国立山东大学校刊》第7、8合期,1946年12月28日。

约,山大的仪器设备滞留下关码头。此时,吴敬寰在济南的老家发生变故,情急之下他返回济南。林济青接到吴敬寰擅离职守的电报,要求已经抵达安庆的王迺栋等火速东返,到南京抢运校产。此时,长江水路炮火连天,航运不通,王迺栋等到达芜湖后决定改走陆路,但抵蚌埠时交通已断,无法前行。据去南京承办抢运图书的曲继皋回忆称:

> 我奉命赶赴南京抢救第二批图书,由安庆赴芜湖轮船,因难民拥挤,不敢靠岸,学校于先期夜晚派人由海关码头送我到船上。翌晨船靠码头,难民争上,超重停驶,在船上住一日一夜才启行。将到芜湖时,见江上漂浮汽油,原来芜湖当日受敌机侵袭,下船行经被炸的德和轮旁,还见到余火未烬,仓内尚有哭声,岸边尸体杂陈,难民塞途,情景凄惨。我急赴车站买票去南京,至站房却无一人。自计此地不可久居,虑翌日敌机再来侵袭,便于当日晚渡江至裕溪口。天明搭车至田家庵,转蚌埠去南京,但车至明光已不前进,乃返回合肥。电校请示办法,久候无信。……第二批运出的图书,就这样的断送了。[①]

王迺栋、曲继皋等人的回忆证实,回返南京抢运吴敬寰滞留下关码头的第二批837箱仪器设备,在日本攻陷南京后全部沦入敌手。国立山东大学内迁得以保存的校产仅有第一批运抵宜昌的257箱和第三批经汉口转运万县的16箱仪器图书,未能运出的物资在日军占领青岛盘踞山大校舍后,除家具外全被焚毁。根据教育部的统计,内迁中"损失最惨重的要数"国立山东大学,财产折合"总数高达三百六十一万余元"。[②] 这个数字很可能不包括化学系助教郭质良单独运送济南农学院"暂放"后运至湖南岳阳车站散落的化学仪器。[③] 相较之下,竺可桢校长领导的浙江大学借助内迁,不仅在浙赣闽设立分校扩大了办学规模,招聘了曾在国立青岛/山东大学任教的郭斌龢、王淦昌、吴耕民、皮高品等;而且受教育部委托,将杭州文澜阁的《四库全书》分装140箱在1937年12月杭州沦陷前搬出,历时两年多,穿越江南六省,于1940年抵达贵州,成功转移至贵阳黔灵山公园北的地母洞存放。

造成国立山东大学内迁受损的因素固然很多,但林济青领导无方、指挥不力、用人失察难辞其咎。特别是一些看不惯林济青做派的人,纷相责难,要求追

---

① 曲继皋:《抗战前后的山东大学图书馆》,载《山东大学校史资料》第1期,1981年10月。
② 《战区国立专科以上学校损失概况》,载《教育通讯》第2卷第5期,1939年1月28日。
③ 郭质良:《魂系祖国——简记我之化学生涯》,载樊丽明、刘培平主编《我心目中的山东大学》第31页,山东大学出版社,2005。

究林济青的责任。据悉,蒋介石耳闻此事,要教育部长陈立夫"传见"林济青。1938 年 3 月 15 日,教育部派黄龙先在万县组建国立山东大学校产保管处。黄龙先(1908—1961),字侬仙,湖南溆浦人,毕业于中央大学,1930 年留学英国伦敦大学,后转赴美国哥伦比亚大学,获硕士学位后回国,1935 年起在国民政府教育部任秘书、督学、参事。1938 年 4 月 14 日,教育部颁发《国立山东大学校产保管办法》,规定山大停办期间,所有校具系校产,由原教务长王志超任主任委员的保管委员会负责,委员为黄龙先、汪公旭。林济青缺席教育部委派的校产保管委员

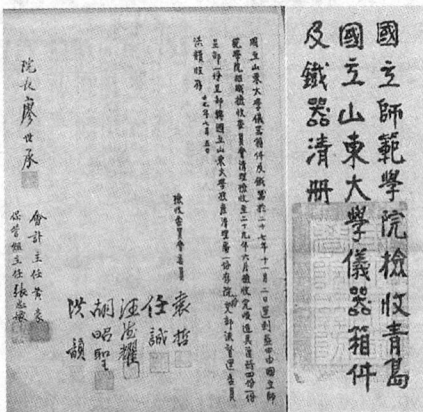

图 4-43　国立山东大学校产借用清册

会,发出了一个不详的信号。4 月 20 日,教育部准发"山东大学保管处"钤记,并于 5 月 8 日启用。① 1938 年 6 月,教育部下令解除林济青国立山东大学代理校长职务,林济青成为因内迁失败、学校停办而被解职的国立大学代理校长。1938 年 11 月 18 日,教育部改组山东大学校产保管处,令派王圻、张紫雏为保管委员,并指定黄龙先为主任委员,免去王志超、汪公旭的校产保管委员职务。② 改组后的山大校产保管处迁往重庆牛角沱教育部第二办公处。1939 年 3 月,山大校产保管处迁址江津,山大在渝职员王迺栋、李韵涛、曲继皋等抵达白沙镇。1942 年 12 月,教育部划拨山大校产保管经费 8000 元;1944 年 1 月又追加校产保管经费 10655 元。山大校产保管处实际成为国立山东大学停办后直属教育部的办事机构。

　　2.自发的复校促进委员会与几成规模的复校运动

　　在由抗日战争引发的中国高等教育乃至世界大学史上罕见的大迁徙中,出现了于国难当头之际靠教育与科研兴邦的大变局。据统计,1937 年全面抗战前全国专科以上高校共有 108 所,到 1938 年因合并、停办减至 97 所,及至 1940 年反增至 113 所,学校数、教职员和学生数及经费支出均超过战前水平,到 1945 年抗战胜利前,全国大学增至 141 所,在校生超过 8 万名,比战前足足翻了一番。③ 值得深思的是,在中国对日战争一再失利、军费开支庞大、财政几近枯竭的情况

---

① 山东大学档案馆:《山东大学大事记(1901—1990)》,第 48 页,山东大学出版社,1991。
② 山东大学百年史编委会:《山东大学百年史(1901—2001)》,第 109 页,山东大学出版社,2001。
③ 刘少雪:《中国大学教育史》,第 152 页,山西教育出版社,2007。

下，为什么中国高等教育出现了迅猛发展的势头？特别值得与国立山东大学对比的是国立浙江大学。1937 年 11 月分三批西迁的浙江大学，共有 16 个学系、师生及员工家属计 3000 余人（其中学生 460 人）。浙大 1938 年 8 月抵达桂、黔地区后，鉴于一大批浙籍高中毕业生和安徽、福建、江西因交通、经济困难等原因无法去内地升学的青年学生，于 1939 年提请教育部设立分校。教育部电复浙大可招各学系一年级新生并设大学先修班，其他学校希望借读的学生也由浙大登记收读。为此，竺可桢校长派人勘定校址，筹建国立浙江大学浙东分校。1936 年获得公费留美的山大物理学系讲师郭贻诚，于 1939 年获美国加利福尼亚博士学位后回国，即加盟浙大浙东分校任教。浙东分校共计招生七届，培养了约 1000 名学生。1946 年浙江大学返回杭州时，发展成 27 个学系，学生达到 2171 名。[①]此外，1937 年由私立改国立的厦门大学因战迁移长汀 8 年，规模日大，声誉日隆，及至 1945 年全校发展为 4 个学院 15 个学系，有教授、副教授 94 名，学生达到 1044 名。新的时空条件，不仅为浙江大学赢得了发展机遇，也使厦门大学的声望得以扩散和传播。

比较之下，被停办的国立山东大学便成为所有国立青岛/山东大学校友心头的一根刺。据牛星垣回忆，因陈立夫曾有"一俟抗战胜利，山东大学定恢复办学"的书面承诺，聚集在四川成都的三四十个校友，除了"工余常常的聚谈外，也有时举行小规模的聚餐，谈论的中心，都集中在其复校的题目上"[②]。1939 年全国第三次教育会议提出"战时须作平时看"的办学方针后，1940 年 1 月 4 日，一个名为"国立山东大学同学会三台分会"的组织在四川三台成立，薛传泗、丁金相、魏兴南为干事，会址设在教育部第五服务团。3 月 14 日，三台分会联络山大校友会、毕业同学会向山大校产保管处发出了要求母校复校的信函。得国民政府农林部长沈鸿烈的支持，任职农林部中央林业实验所的前国立青岛/山东大学化学系主任汤腾汉，发动散布在重庆、成都、西安、兰州、桂林等地的国立青岛/山东大学校友成立"国立山东大学校友会复校促进委员会"，敦请杨振声、赵太侔两位前任校长出面，邀约国民政府政要及社会名流联名致电国民政府，请求在青岛迅速恢复国立山东大学建制。[③]复校促进会委员会常务委员陈当春、吕少恒、宋默庵在联名上书教育部的函件中不无痛心地称：

　　巍然学府骤遭遣散，不独十载经营付诸东流，而数百青年顿失凭依，含

---

①　李连昌：《抗战期间内迁贵州的学校及浙江大学》，载《文史天地》2017 年第 10 期。
②　牛星垣：《抗战期间校友的复校运动》，载《国立山东大学校刊》（复校纪念专号）第 20 页，1946 年 12 月 28 日。
③　栾开政：《山东高等教育发展史（1840—2000）》，第 156 页，山东教育出版社，2003。

泪道别，各自奔投，流离失所，比比皆是，厥状之惨，不忍卒述。溯山东大学自成立以来，杨、赵两任校长锐意精进，不遗余力，惨淡经营，规模粗具。虽经费有限，举凡图书、仪器、实习工厂莫不应有尽有，不数年间成绩可观。①

山东大学成都校友在联名上书教育部长朱家骅《为呈请恢复国立山东大学敬献意见以备采择由》所提出的复校四点建议，其中之一："山大前校长杨振声、赵畸两先生艰难缔造，校誉昭隆。为恢宏山大以往之精神计，请即设置复校委员会，仍由杨、赵两先生负责领导。"②1945年9月12日，山东青年协会也上书教育部，敦请迅速恢复山东大学，谓："自抗战开始，国立山东大学随即停办，现倭寇受降，建国需才，山东青年未能来至后方者，为数甚多，至祈钧长体念青年失学之苦，迅予恢复国立山东大学，造福青年，裨益国家，实为德便。"

岁月蹉跎，斗转星移，停办后的国立山东大学就像一个断了线的风筝，前路迷茫。萋萋庭草，难舍旧雨，何年重遇天涯？

---

① 《为呈请任命校长明令恢复国立山东大学以宏教育事》，存中国第二历史档案馆，卷号：5-5343。
② 《为呈请恢复国立山东大学敬献意见以备采择由》，存中国第二历史档案馆，卷号：5-5343。

第五章　复员与赓续:1946—1949

　　山东大学第二次以"国立山东大学"之名在青岛办学,是借助抗战胜利的大势,挣得了浴火重生的机缘。赵太侔再次充任校长也应了历史的风云际会,偶然中自有必然。

　　二度主校的赵太侔,誓言倾其智慧和力量办好山大。为此,他竭力收复失地,筹措办学经费,广揽硕学名师,扩充院系专业,增加招生名额,形成文、理、农、工、医五院 15 个学系,还附设实习医院及护士职业学校,将山东大学办学规模推向一个历史新高度。赵太侔深谙大学教育完整性与特殊性的统一,洞悉青岛沿海区位优势和山东经济社会对人才的需求,提出"海洋的物理、气象、生物地质都是我们研究的对象"①,使国立青岛/山东大学的优良传统得以赓续,并凸显出水产、医护、矿冶工程等办学特色,为青岛高等教育的发展特别是海洋城建设作出了奠基性贡献。

　　复校后的国立山东大学,面临国共两党军事大决战的严峻局势。"蒋管区"经济崩溃,物价暴涨,挣扎在饥饿线上的广大师生教学科研举步维艰,罢教、停课风潮迭起。响应全国反饥饿、反内战、反迫害运动号召,国立山东大学进步师生投身反美倒蒋运动,掀起"六二"学潮,开展反"特刑庭"斗争。中共青岛地下组织推动政治攻势,积极开辟解放战争的"第二条战线",进步师生开展护校反南迁斗争,度过了黎明前的黑暗时刻。

第一节　因战胜利的复员大计与扑朔的复校困局

　　赵太侔重掌国立山东大学,既得益于其资历、威望和人际关系,又靠抗战期间教育部任职的近水楼台。较之其他国立大学,国立山东大学因学生早已并入

---

① 《本校校庆典礼校长致词补志》,载《国立山东大学校刊》第 9、10 合期,1947 年 1 月 18 日。

他校、教师在战乱中散落各地自谋生计、仪器设备大部损失,复校困难重重,一切皆须重新开始。契合教育部关于山大6院30个学系的发展规划,赵太侔以"逐年推进以期完成"之策,于复校初年就便择设5院15个学系及附属机构,迈出了稳健踏实的办学步伐。

一 不无悬念的人事校址之争与先期校产接收

1945年8月15日日本宣布无条件投降,9月,教育部即在重庆召开由官方与民间代表共同参加的全国教育善后复员会议,围绕高校的回迁与调整,教育部与地方教育当局在资源分配与人事安排上分歧丛生。国立山东大学是否在青岛复校办学及校长的人选问题成为悬念,其校产接收一波三折,山大复员回迁之路曲折复杂,暗流涌动。

1.全国教育复员会议与赵太侔回坐交椅

事实上,1944年以后随着世界反法西斯战争的胜利推进,中国的抗战胜利已成为不可逆转的事实,中国国内各方力量的聚焦点逐渐由抵御外侮转向和平建国,教育复员提上议事日程。时任教育部参事的赵太侔已进入战后中国大学政策调整、资源布局的谋划之中,教育部长朱家骅专设复员小组,由赵太侔领导。教育复员经纬万端,实较其他复员工作尤为繁难,断不能徒复战前之旧观。1945年9月25日,蒋介石在招宴全国教育复员会议代表时提出了"建国时期,教育第一"的口号。据此,教育部希望利用复员之机对全国的教育资源进行重新分配。针对内迁大学的复员,教育部决定复校不限原址,以兼顾各教育文化重心之建立与地理上之平衡发展,达到资源的合理配置。

教育部高等教育资源再调整战略本身具有一定的理性与善意,但在实施中却矛盾迭出。关于国立山东大学的复校,山东省政府抢先出手。1944年12月升任山东省政府主席兼保安司令的何思源提出,国立山东大学在济南复校,校长由杜光埙担任。[①] 通过何思源与朱家骅就国立山东大学复员问题的往来函电不难发现,何思源之意事出有因。首先,国立山东大学之名始于济南,源于官立山东大学堂,在山东省城办山东大学,学脉连贯,理所当然。其次,杜光埙是1929年济南国立山东大学的11名筹备委员之一,后任国立青岛大学总务长、国立山东大学教务长,1936年离开青岛后转任教育部专门委员兼高等教育司第一科科长,1938年任教育部战区中学教职员服务团校务委员会主任委员,1940年10

---

① 《为恢复山东大学并推荐杜光埙为该校校长与教育部的往来件》,存山东省档案馆,档号:J101-09-0747-006。

月—1944 年 2 月历任西北联合大学文学院院长、总务长、训导长、教务长，1943 年当选监察院监察委员。抗战时期杜光埙的履历并不比赵太侔逊色多少。不难想象，1945 年秋冬时节的赵太侔与杜光埙同时面对命运抉择，济南与青岛两地也面临着国立山东大学举办地的角逐。显然，倘若杜光埙胜出，国立山东大学必回济南；如果赵太侔重坐校长交椅，他必定将演一出"在哪儿跌倒就在哪儿爬起来"的"二进宫"。命运命运，命也运也，历史最终选择了赵太侔。

赵太侔的任职令始于 1946 年 1 月 25 日，教育部令派赵太侔为国立山东大学代理校长。1 月 29 日，国民政府行政院召开例会，通过赵太侔为国立山东大学校长的任命。次日的《青岛公报》即刊发了这一消息。[①] 2 月 11 日，教育部在印行的《国立专科以上学校调整地点方案》中确定，国立山东大学在青岛恢复办学。[②] 风生于地，起于青萍之末，止于草莽之间。此前有关国立山东大学复校地和校长人选的争议问题，顷刻间烟消云散。其实，山东高校复员发展的力度不算小，不仅私立齐鲁大学顺利地从成都回迁济南，而且成功地在济南建起了两所省立独立学院（山东省立农学院、山东省立师范学院）和一所省立专科学校（山东省立医学专科学校），其中山东省立农学院接收的日伪农学院，即 1934 年 7 月挂牌办公的国立山东大学农学院。1946 年 10 月，何思源调任北平市市长，离开了他盘踞 18 年的山东。杜光埙则任国立政治大学教授，受聘为出席联合国大会代表团顾问。

山东大学青岛校友会闻讯赵太侔复任校长后，当即致电欢迎。闻讯赵太侔复任山大校长，寓居重庆的校友欣喜若狂，有一则消息称：

> 为了纪念八九年来所遭受的苦楚，为了庆祝簧宇的重光，更为了欢迎重任校长的赵先生，我们在陪都青年馆举行了一次盛大的宴会，参加的人们都带了一副和悦的面庞和两条轻快的腿，至于各人的心情，也可以由那两种符号说明了，这次集会是这出戏的分水岭，以后应该是喜剧的排演了。[③]

此时，赵太侔最关切的问题是如果组织复校。1946 年 3 月初，青岛《民言报》豁然刊登国立山东大学复校处在重庆成立的消息，由刘次箫任主任，办公地点设在江津白沙镇国立中央图书馆。[④] 刘次箫（1889—1950），字招铺，山东安丘

①　《行政院举行例会　任命赵太侔为山大校长》，载《青岛公报》1946 年 1 月 30 日。
②　《国教育善后复员会议的文件（三）》，载中国第二历史档案馆，卷号：5-2-578。
③　《抗战期间校友的复校运动》，存山东省档案馆，档号：J110-01-933。
④　《山东大学仍设青岛》，载《民言报》1946 年 3 月 8 日。同日，《平民报》以"山东大学仍设青市，先办文理工续办农医"为题，刊发了同样内容的消息。

人,毕业于日本东京高等师范学校,历任山东省教育厅秘书、国民党中央党部调查统计局秘书、中央研究院总办事处秘书,1940—1945 年连续当选国民参政会第二、三、四届参政员。刘次箫与青岛教育颇有渊源,1929 年 7 月 8 日国立青岛大学筹委会在青岛举行会议时,刘次箫是会议记录人。1946 年 3 月下旬,赵太侔在重庆陪都中央研究院召开国立山东大学复校筹备会议,罗致李泰华等人,拟于 4 月中旬"偕同筹备人员乘机飞青"①。在教育部的主导下,国立山东大学复校筹备委员会由傅斯年、周钟岐、杨振声、段锡朋等 12 人组成。② 1946 年 4 月 1 日重庆中央社印发"任命赵太侔为国立山东大学校长"的《国府命令》,赵太侔遂于 4 月中旬派遣王景羊去青岛办理复校事宜,并向外界透露复校后的国立山东大学院系设置。③ 最终以复校委员会主任身份前往青岛接收校产的是周钟岐。周钟岐(1892—1987),山东单县人,毕业于美国密歇根大学,有胶济铁路管理局副局长、粤汉铁路管理局副局长的任职经历,抗战期间在河内和法属安南办理从海防到中国的公路运输业务,后在岭南大学任教。周钟岐与青岛也颇有渊源,他曾被国立青岛大学筹委会提名工学院院长人选,是

图 5-1 刘次箫

杨振声 1930 年 10 月聘任的 10 名国立青岛大学教授之一。1946 年 5 月,赵太侔敦请周钟岐赶赴青岛,召集前山大通讯处成员,临时在胶州路日本医专旧址办公,筹划复校事宜。④ 遥望远在天际的故乡,他们看到了回家的希望。

2.孟云桥先期接收与赵太侔指令"能收尽收"

1945 年 8 月 18 日,蒋介石电令在崂山一带坚持抗战的李先良任青岛市市长,代表国民政府接收敌伪资产。23 日,青岛接收委员会成立,李先良兼任主任委员。闻讯李先良率部进驻青岛市区,远在重庆的山大校产保管处时不我待,迅速呈文教育部,以"利于保管"为由,要求"接收学校停办时所缴纳的契据、印信、文册等"。得知孟云桥任职青岛市教育局局长,教育部遂聘其兼任山大校产保管委员会委员,就近接收保管青岛的山大校产。孟云桥(1904—1988),山东章丘

---

① 《筹备山大复校 赵校长定下月来青》,载《青岛公报》1946 年 3 月 30 日。
② 《山大积极复校 校舍犹需扩充》,载《民言报》1946 年 6 月 4 日。
③ 《山东大学秋季招生 设六学院及所组织完整 应本市需要再设造船水产两系》,载《平民报》1946 年 4 月 18 日。
④ 《关于聘周钟岐为国立山东大学复校筹备主任前山大通讯处自六月一日结束的函》,存青岛市档案馆,档号:B0032-001-00073-0076。

人，毕业于北京大学，曾留学英国伦敦大学哲学系，后入牛津大学攻读研究生学位，1938 年回国历任中央大学、武汉大学、中央政治学校、国立政治大学教授。孟云桥呈文教育部，要求拨款 100 万元作为青岛山大校产接收经费。11 月 6 日，教育部将拨款孟云桥一事电告山大校产保管处。

对于收复区青岛，在后方饱受经济困扰的国民政府各部门心羡眼红，纷纷想大捞一把。在接收日本医学专门学校附属医院的问题上，孟云桥与卫生署特派专员发生了争执。1945 年 12 月 14 日，孟云桥紧急致电朱家骅。

图 5-2　孟云桥

重庆教育部部长朱钧鉴：

亥齐电敬悉，自当遵办。顷卫生署朱特派员派张专员天民来青，据称日本青岛医专校附属医院原系日本同仁会青岛病院，应由卫生署统一接收等语，并向李市长一再交涉，取得同意。

查该病院初为德人经营，后由日本同仁会扩充续办，本年六月一日复将该医院改为医专校附属医院，规模宏大，设备完全。钧座既饬就近接管，该医院自不能与医专校分别接收，且日人投降后，所有接收各项财产事业，应以日人投降时之隶属性质决定，似不宜推究以往。拟请钧座将该校即改为国立青岛医学院，该院改为附属医院，并聘王历耕（重庆林森路二〇八号）为医学院长兼医院院长，速乘飞机来青接办，以免迟误，如何。请电示遵职。

孟云桥　秘（34）亥寒叩①

孟云桥的电报扼要叙述了日本医学专门学校附属医院的渊源，所提及的收复区接收"以日人投降时之隶属性质决定"不无理据，但孟云桥对接收后的使用另有机杼，他所推荐留美医学博士王历耕掌院司职给朱家骅出了一道难题。令孟云桥意想不到的是，王历耕却以"只身前往，孤掌难鸣，困难殊多，必无法办理"为由，打退堂鼓。12 月 29 日，李先良接到卫生署联络山东青岛区敌伪产业处理局签发的"将同仁会青岛医院拨归青岛市政府改为市立医院"的训令。② 随即，孟云桥受命与日本留守人员田中朝三、远藤佐助、中村喜内进行交接。

① 《孟云桥致电朱家骅》，存青岛市档案馆，档号：B0027-004-00184-0058。
② 《关于同仁会青岛医学院拨归青岛市政府改组青岛市立医院的训令》，存青岛市档案馆，档号：B0027-006-01702-0108。

尽管李先良抢得先机,但因接收人为双重身份的孟云桥,这一角色自然要对教育部和青岛市政府两面负责。1946年1月15日,教育部根据行政院《收复区敌伪产业接收处理办法》成立国立山东大学附属医院,由李士伟任院长。① 1月19日,朱家骅指令孟云桥启用"国立山东大学附属医院"钤印,并成立院务委员会。② 在李士伟到任之前,由院务委员会代行其职,聘綦建镒为院务委员会主任委员。朱家骅将青岛日本医学专门学校附属医院以"设备"论归属山大,这一先入为主之招使李先良措手不及。待行政院作出国立山东大学校长任命的决定后,教育部遂电令将"敌产"青岛医学专门学校及附属医院划归国立山东大学,由皮肤性病专家依克伦任院长。

接下来,有关国立山东大学校本部及其他校产的接办问题愈加艰难。1946年2月23日,从崂山返回市区自诩抗战有功的抗建学校代理校长吕颂华提请市政府将大学路东文书院"作为扩充小学用",并将鱼山路日本中学作为抗建中学校址。身兼抗建学校校长的李先良以照顾抗战遗孤为由,即签批指令。③ 但是,孟云桥早得行政院指令,将鱼山路日本中学校舍连同原国立山东大学校园留给山大复校使用。3月30日,孟云桥向李先良报告《关于日本中学校舍拨归山东大学应如何办理的呈文》,4月6日青岛市政府作出《关于日本中学校舍已拨归应用未便再拨山东大学知照的指令》。孟云桥几经周折,协调无效,只得电告朱家骅。6月13日,朱家骅就山大急需鱼山路日本中学校舍一事致电李先良。

先良市长吾兄勋鉴:

国立山东大学在青筹备复校,诸承协助,至深公感。惟该校将来所设院系较前增多,原有校舍实不敷用。兹闻鱼山路日本中学校址所驻盟军即将撤出,该处密迩山大,需要迫切。前已呈行政院指拨,并另饬孟局长先行拨交山大。嗣闻吾兄有意拨与抗建学校应用,则山大复校困难倍增,拟请仍将该校址让归山大,以利复校为荷。专此顺颂

勋祺

　　　　　　　　　朱家骅　敬启　六月十三日④

基于"能收尽收"的目的,赵太侔曾要求孟云桥设法接收青岛湛山陆军医

---

① 《关于成立国立山东大学附属医院的公函》,存青岛市档案馆,档号:B0047-001-00060-0086。

② 《国立山东大学附属医院启用钤印并成立院务委员会的公函》,存青岛市档案馆,档号:B0027-004-00184-0058。

③ 《拨鱼山路日本学校为抗建中学校址的指令》,存青岛市档案馆,档号:B0024-001-00720。

④ 《关于山东大学急需鱼山路日本中学校址给李先良的公函》,存青岛市档案馆,档号:B0024-001-00720-0110。

院。1946 年 3 月 16 日，孟云桥电告赵太侔，陆军医院已被军政部接收。[①] 孟云桥兼任的山大校产保管委员的任职持续到 1946 年 4 月 11 日。是日，教育部下达第一四七六一号训令，"国立山东大学校长业经行政院任命赵太侔充任，该校校产应移交该校长接收"。据此，孟云桥辞去半年之久的山大校产保管委员之职。6 月 1 日，周钟岐走进胶州路 1 号，国立山东大学复校之路正式开启。

收回校舍是复校的最大关切。青岛沦陷后，国立山东大学校舍被日本海军陆战队占据，抗战胜利后又被受降美军做了兵营。周钟岐以山大校舍非敌产"可以无条件收回"为由，与驻青美军频繁交涉。为了争取主动，周钟岐策动兼任美国合众社驻青访员的《民言报》记者发表"山东大学复校万事就绪，专候美军让出校舍即能开学上课"的新闻消息。美军迫于公众舆论的压力，乃先行交出一部分校舍。至 1946 年 7 月中旬，山大接管欧阳路宿舍一处，鱼山路 5 号，武定路、广西路、广饶路前日本第一、二、三小学校舍，泰山路 4~9 号，武定路 29 号，德平路 5 号、40 号、42 号，绥远路 18 号，大学路 3 号等处房产。8 月

图 5-3　周钟岐

9 日，国立山东大学与山东青岛区敌伪产业处理局就接收的上述房产签订协议书，言明一俟美军撤离，立将大学路校园北半部分收回。

为了尽可能多地占有教育资源，1946 年 3 月 13 日，赵太侔呈请教育部转行政院《关于将李村农场及全部设备拨归本校农学院以利教学的函》。李村农场系德租时期青岛特别高等专门学堂农林科的附属农场，面积 74 亩，1922 年青岛回归中国政府管辖后改为农事试验场，1938 年被侵青日军改称"华北产业科学研究所农事试验场青岛支场"，1945 年 8 月复名为"青岛农林事务所农事试验场"。鉴于李村农场是以青岛高等教育之附属设施而开办，因此用作国立山东大学农学院的教学农场不无理据，且既往山大农学院的农场设在济南，青岛没有实习基地。但是，在寸土必争的战后收复期，青岛市政府不可能将李村农场拱手出让。1946 年 3 月 26 日，李先良颁第二五七八号训令申明：李村农场系青岛农林事务所"直属机构"，此前"接管令饬在案"，目前"复员伊始，农事急待推进"，李村农场专供农林事务所"试验推广之用，犹感不敷"[②]，以此驳回山大的诉求。赵

<hr>

① 《关于告知山大校长赵太侔湛山陆军医院经军政部接收现有第八军应用的电报》，存青岛市档案馆，档号：B0027-006-04129-0046。

② 《关于为国立山东大学拟将李村农场划归该校农学院农场一事的训令》，存青岛市档案馆，档号：B0032-001-01081-0157。

太侔"能收尽收"之策也不免失算、碰壁的遭际。

二　赵太侔走马回任与停办 8 年后的复学准备

据青岛媒体报道，1946 年 6 月 12 日赵太侔从上海飞抵青岛，下榻亚细亚饭店。赵太侔在对报界发表的简短的答记者问中表示，国立山东大学定于当年秋季开学，先自大学一年级办起。[①] 其后的几天，赵太侔在谈及收回校舍、院系设置、延聘师资、招生考试、图书仪器等问题的基本态度是，"因河南、平、津多地最高学府无几，为适应需要起见，山大尤需适量扩充"[②]。本着"适应需要"和"适量扩充"的复校原则，赵太侔统筹机构与人事、招生与考试、校舍与设备等事关复校开学的重要环节，兼顾中央与地方、部令与校规、群体与个人等利益关系，紧张而从容地应对各种矛盾，有效地处置了一些棘手问题。

1.教务、训导、总务"三巨头"与多有空缺的院长职位

根据国立山东大学组织规程，在"综理校务"的校长之下，分设教务处、训导处、总务处，各置教务长、训导长、总务长一人，分别"掌理"全校教务、训导、总务事宜，由校长"就教授中聘任之"。[③]

教务长杨肇燫(1898—1974)，又名杨季，字季璠，四川潼南人，20 岁考取"庚款"留美，入读麻省理工学院，后入哈佛大学，获物理学硕士学位，1922 年回国历任南京高等师范学校工科教授、北京大学物理学系教授、中央研究院物理研究所研究员兼秘书。杨肇燫通晓英、德、法文，长期从事世界科学名著和外国大学物理学教科书的翻译工作，为统一、翻译、审订中国物理学名词作出了基础性贡献。教务处分注册、出版 2 组和图书馆，郭宣霖任注册组主任，李子青任出版组主任，刘崇仁任图书馆主任，各组有组员及馆员若干人。训导长刘次箫是 1946 年 3 月重庆国立山东

图 5-4　杨肇燫

大学复校筹备处主任，6 月受聘训导长。[④] 报界介绍刘次箫总爱冠以"参议员"的头衔，旨在暗示刘的政治背景。赵太侔抵青后曾电催刘次箫来青履职，但刘次箫

---

① 《国立山大校长赵太侔抵青　山大决于秋季开学》，载《民言报》1946 年 6 月 13 日。

② 《国立山大校长赵太侔教务长周钟岐及教授郭宣霖李茂祥来青　积极筹备复校　预计 10 月开学》，载《军民日报》1946 年 6 月 16 日。

③ 《国立山东大学组织规程》，存青岛市档案馆，档号：B0028-002-00523-0078。

④ 《参议员刘次箫任山大训导长》，载《民众日报》1946 年 6 月 30 日。

"因病滞京已久"，及至 12 月初由南京"乘机到青"，以"中国文学系教授兼训导长"。[1] 事实上，刘次萧是国立山东大学仅次于赵太侔的"二号人物"，凡赵太侔离青去外地公干，大都由刘次萧暂代校务，拥有"代拆代行"[2]之权。训导处分课外活动、生活管理、体育卫生三组，徐中玉、马晋先后任课外活动组主任，高哲生、杜宇先后任生活管理组主任，宋君复任体育卫生组主任，另有训导员、体育指导员、医师、护士若干人。复校筹备委员会主任周钟岐被聘为总务长，总务处初定文书、庶务、出纳、保管、福利等组，1948 年实设文书、庶务、出纳三组，由刘光普任文书组主任，王迺栋任庶务组主任，刘芳椿任出纳组主任，另有佐理员若干人。在教务、训导、总务机构之外，按 1947 年拟定的《国立山东大学组织规程》，得设校长办公室、会计室、人事室三个独立部门[3]，1948 年实设校长办公室和会计室。刘本钊、李希章分任校长办公室秘书、助理秘书，刘本钊、张镇球先后任会计主任。[4]

从上述机构的人员看，多数是新面孔，但也有周钟岐、刘本钊、宋君复、王迺栋、刘芳椿、郭宣霖等"老班底"。郭宣霖（1904—1975），字雨林，福建福安人，毕业于清华大学，1931 年 7 月应聘国立青岛大学注册部事务员，后任国立山东大学教务处事务员、校长室秘书，1936 年与赵太侔"共进退"离开青岛。

根据教育部《大学法》大学设校务会议的要求，国立山东大学校务会议由校长、教务长、训导长、总务长、各学院院长、各学系系主任、教授代表组成，其人员构成和职能设置与杨振声、赵太侔国立青岛/山东大学时期相差无几，不同的是行政会议、教务会议、各学院的院务会议、各学系的系务会议，以及训育委员会、福利委员会、图书委员会等程式化的会议多了，较高的行政成本既有体现

图 5-5　郭宣霖

管理民主性的一面，也带来效率低下、政出多门等弊端。这在涉及人事和分配问题上尤为突出。

1946 年 4 月教育部批复国立山东大学院系次第设置报告后，关于文、理、

---

① 《山大教务长聘定　训导长刘次萧到校视事》，载《平民报》1946 年 12 月 4 日。
② 《山大校长晋京　刘次萧暂代校务》，载《平民报》1947 年 1 月 16 日。
③ 《国立山东大学组织规程》，载《国立山东大学校刊》第 24 期，1947 年 12 月 31 日。1948 年 1 月16 日山大呈报教育部的《国立山东大学组织规程》共计 6 章 36 条。
④ 《本大学各单位负责人名录》，载《国立山东大学概览》第 46 页，1948。

农、工、医学院院长人选问题,赵太侔颇为用心。1946 年 7 月,郭宣霖向记者透露,"名作家朱光潜氏长该校文学院",国立青岛/山东大学老资格的汤腾汉将出任理学院院长,有法国工程师职衔的王书堂将任工学院院长。① 赵太侔对朱光潜这位获法国斯特拉斯堡大学博士学位致力于文学、美学与哲学的大师级名家极为欣赏,迅即发出邀请函。但朱光潜被北京大学校长胡适"坚留,已不克来青",于是报界又有"杨振声应聘文学院长"的舆论。② 杨振声不可能屈就,赵太侔遂向老舍这位 1936 年"共进退"、远在美国纽约的挚友发去了文学院长的聘书。1947 年 9 月 5 日,老舍在大洋彼岸致函赵太侔。

> 太侔校长:
>
> 　　谢谢信!
>
> 　　……弟明春能否回国,尚未可知。拙著《四世同堂》若有被选译可能,则须再留一年;此书甚长,非短期间可能译毕者。即使来春可以回国,家小尚在北碚,弟亦不知如何处理。全家赴沪转青,路费大有可观,必感困难;独身赴青,家小仍留北碚,亦欠妥善。
>
> 　　来信若能回国,且能全家赴青,弟至多只愿教课数小时;文学院长责任过重,非弟所敢担任。聘书璧还,一切俟见面妥为商议。院务不便久弛,祈及早于故人中选聘,为祷!
>
> 　　敬祝时祺!
>
> 　　　　　　　　　　　　　　　　　　　弟舒舍予躬③

1948 年 3 月老舍计划回国,敏感的青岛《大光报》记者于 3 月 19 日抢先发出一条题为《幽默作家老舍将主持山大文学院》的消息,并引用老舍"本学期暂难来青,下学期定可来青执教"等语。但因老舍《四世同堂》《离婚》等作品的翻译、好莱坞拍摄《骆驼祥子》的电影脚本,及他本人坐骨神经痛、腿病宿疾缠身等原因,迟至 1949 年 10 月才动身回国,12 月老舍到达北京,最终与国立山东大学失之交臂。念旧的赵太侔始终等着老舍,国立山东大学文学院院长一直虚位以待,后来赵太侔"暂兼"这一职务。

由于汤腾汉未到任,理学院院长一职由 1946 年 9 月初抵青的丁燮林担任。④

---

① 《岛上最高学府山东大学复校近情　名作家朱光潜氏长该校文学院　将附设护士学校及海洋研究所》,载《青岛晚报》1946 年 7 月 26 日。

② 《开学须在十月后　海洋研究所计划建筑中》,载《青岛晚报》1946 年 9 月 5 日。

③ 李耀曦:《老舍致赵太侔佚信揭示鲜为人知秘闻》,载《齐鲁晚报》2010 年 1 月 19 日。

④ 1946 年 9 月 5 日《青岛晚报》记者报道:丁燮林"现已抵青,闻系应山大之聘就任理学院长"。

但丁燮林旋即飞抵南京,处理中央研究院迁移事宜,致使理学院长一席空缺,后由教务长杨肇燫代理,1947 年 3 月丁燮林再抵青岛后方任此职。丁燮林(1893—1974),又名丁西林,字巽甫,江苏泰兴人,21 岁留学英国爱丁堡大学攻读物理学,后在伦敦大学做研究工作,回国后历任中央大学教授、北京大学物理学系主任,1928 年起历任国立中央研究院物理研究所所长、研究员、代理总干事、总干事,1948 年当选为中央研究院院士。丁燮林首先是一个物理学家,他以热电子发射实验直接验证了英国人麦克斯韦(Maxwell)速度分布律。同时,丁燮林又是中国现代文学史上不多见的以写戏为"别业"

图 5-6　丁燮林

的剧作家,他以"丁西林"之名先后发表了《一只马蜂》(1923)、《亲爱的丈夫》(1924)、《瞎了一只眼》(1927)、《等太太回来的时候》(1939)等反映国民世态的幽默喜剧,为现代话剧擢拔为艺术戏剧作出了努力。

农学院院长职位始终空缺。由于王书堂一直留任云南,工学院院长一职由教务长杨肇燫兼任。医学院院长人选也稍费周折。1946 年 4 月,赵太侔聘中国公共卫生学的创始人之一袁贻瑾为医学院院长。① 因袁贻瑾留美未归,8 月确定李士伟为医学院院长。李士伟(1898—1981),字子仪,河南卢氏县人,辛亥革命后考入开封留学欧美预备学校,1926 年毕业于北京协和医学院,旋入美国霍布金斯大学医学院深造,获博士学位,回国后历任南京中央医院妇产科主任、国立上海医学院妇产科教授、重庆陆军总医院妇产科主任,是民国妇产科医学权威。

对于国立山东大学设立的文、理、农、工、医五学院,舆论界颇有微词。青岛《平民报》发表署名殷龙珠的文章,认为山大作为山东 15 万平方千米、3800 万人口的高等学府,仅有 5 个学院是远远不够的,若"论缓急先后,法学院应列首位"②。殷龙珠提出在增设法学院的同时,添设师范学院和商学院。教育为百政之基础,造福鲁青学子,实非浅鲜。

图 5-7　李士伟

① 青岛医学院史志办公室:《青岛医学院院志(1946—1995)》(内部资料),第 14 页,1996。
② 《请山东大学添设法师商三院》,载《平民报》1946 年 8 月 22 日。

舆论界的要求不无道理,但作为复员一切从头开始的国立山东大学,一向谨慎的赵太侔实不敢行大刀阔斧之举。实际上,教育部提出的添设法学院始终在国立山东大学的规划蓝图上未能办理。

2.复校迟缓的招生矛盾与临大保送免试问题

关于1946年度的大学招生工作,教育部曾通令各高校务必在7月底前完成,由于国立山东大学"复校较迟",山东青年留居成都、重庆、西安者颇多,加之交通拥挤,"实难如期赶回应考"。① 1946年7月初,赵太侔在与驻青美军司令克莱门(Clements)准将就校舍问题交涉后,确定了国立山东大学复校后第一届新生招考条件和日程。规定,考生须是公立或已立案之私立高级中学毕业者,或后期师范学校毕业后服务满3年者,抑或具有上列相当资格,在教育部特设临时大学补习班或先修班结业者,公立或已立案之私立高级职业学校毕业者,得依其科别报考相关院系;同等学力,即在抗战时期因战事关系失学达1年以上,并于失学前修满高中二年级课程,或因地方失陷,不愿入日伪学校就学,在家自修,经家长及授课教师说明其自修各科成绩具有高中毕业程度者亦可报考,但录取名额以10%为限。1946年7月25日,《青岛公报》刊登国立山东大学青岛试区招生报考信息,报名时间为8月11日—17日,考试日期为8月20日。② 为了方便外地生源投考,按照教育部多设考区的规定,国立山东大学又在北平、上海、西安、成都、重庆、济南六地设立招生办事处。各地青年闻讯国立山东大学招生,计有5875人报名应考,踊跃之状可见一斑。

由于国立山东大学新生报考的时间比其他国立大学为晚,而此次招生选拔以考试为主导方式,以保送为补充,录取标准以考试成绩为主,因此考生的焦虑感普遍较重,这在青岛试区尤为显著。

招考中赵太侔遇到了临时大学补习班学生的"上访"问题。1946年初,教育部为争取青年归附,收容沦陷区尚未毕业的大学生,在济南开设临时大学的同时,也在青岛开办临时大学分班,共计89人,青岛市教育局为其"拨借"胶州路1号青岛日本医专旧址之一部及江苏路91号(医专宿舍)安置。临时大学补习班以先补习再考试的方式,成为国立山东大学的生源,其中的"成绩优良学生"可按教育部的"免试保送"之规定,只需复试即可注册编级。这一具有弹性的招考政策,让临大青岛分班的学生看到了新的希望。1946年4月15日—18日,临大青岛分班即进行结业考试,并将成绩报教育部审核后分发。但是,直到8月中旬

---

① 《山东大学招考新生延至秋凉举行 中学毕业生叫苦连天 赵校长太侔忙个不停》,载《民众日报》1946年7月2日。

② 《国立山大筹备招生 各院教授大部聘妥》,载《青岛公报》1946年7月25日。

教育部"保送同学问题迄无端倪"。青岛分班学生按捺不住，为"藉团体力量谋催切身问题之速行"解决，集会商讨办法，以免失学之虞。① 当了解到各地大学对临时大学学生"各有不同之收容手续和办法"，青岛分班向国立山东大学提出，要求校长赵太侔答复。8月19日，青岛分班推选8名代表当面向赵太侔询问保送免试入学的人数及办法。赵太侔十分同情这些因政治纷争导致四处流亡的学生，但限于国立山东大学复员不敷应用的校舍条件，无法安置更多的临大生入学。赵太侔答复时使用了官式措辞："本校完全遵照部令办理。"对于符合条件的保送免试入学者，将在"开学后加以简单之编级试验一次"。② 直到10月30日，教育部才向国立山东大学分发临大青岛分班保送生名单。

在青岛临时大学补习班争取免试保送机会的同时，山东临时政治学院提出并入国立山东大学的要求。1946年6月，远在皖北阜阳的山东临时政治学院，因鉴及济南"环境恶劣"，迁鲁复员"遥遥无期"，拟组织请愿团要求来青并入山大复课。③ 应对山东临时政治学院提出的并入国立山东大学的请求，赵太侔采取公事公办，把球踢给了省教育厅。这两个问题使赵太侔意识到，青岛"青年失学情形严重"，尚需"放宽"条件，增加录取名额。

经初试和复试，国立山东大学共录取本科生814名，占报考人数的13.9%（表5-1）。此外，教育部还拨来先修班及复员青年军学生245名，委托中央大

表 5-1　1946 年国立山东大学新生报考录取统计表

单位:人

地区 院系	青岛		济南		北平		重庆		成都		西安		上海		总计	
	报考	录取	报考	录取	报考	录取	报考	录取	报考	录取	报考	录取	报考	录取	报考	录取
文学院	220	74	90	14	91	26	393	15	105	4	380	20	277	13	1556	166
理学院	61	26	55	11	39	10	161	16	33	5	85	20	143	26	577	114
农学院	198	39	68	12	104	20	343	19	94	1	224	8	199	11	1230	110
工学院	211	91	119	35	89	20	393	23	80	1	258	31	317	31	1467	255
医学院	238	80	148	31	150	39	113	2	31	1	210	10	155	6	1045	169
合 计	928	310	480	103	473	115	1403	75	343	18	1157	106	1091	87	5875	814
百分比	15.8	38.1	8.2	12.7	8.1	14.1	23.9	9.2	5.8	2.2	19.7	13.0	18.6	10.7	100	13.9

资料来源：根据《国立山东大学1946年度各区新生报考录取人数分系统计表》整理，载张静主编《中国海洋大学大事记》第31页，中国海洋大学出版社，2014。

---

① 《临大学生今日集会》，载《民言报晚刊》1946年8月17日。
② 《临大同学代表谒赵太侔询问保送事宜》，载《青岛公报》1946年8月20日。
③ 《山东政治学院拟请并入山大》，载《民众日报》1946年6月28日。

学代办南京区录取 85 名,各指定中学送审成绩合格者 61 名,总计收录新生 1205 名。录取中发现,青岛试区若按比例分配仅能录取约 100 名,鉴于青岛"青年失学情况严重",其他大学均未在青招考,"特予放宽录取名额"。① 青岛试区录取人数多达 310 名,比率高达 38.1%。复校首次招考显示出国立山东大学入学机会的区域性和不平衡性特征。

鉴于出现大量的落榜生,为保证国立山东大学后续生源,1946 年 11 月赵太侔通过报界发布招收先修班告示,定于 11 月 20 日报名,11 月 28 日考试,录取 50 名,招生广告使用了不想荒废学业者"幸勿交臂失之"②的字眼。从国立山东大学此后几年的招生政策看,先修班并未成为常设教育机构。

3. 整修校舍、收回仪器等筹备与补行的复校典礼

国立山东大学复校筹备工作十分繁重,涉及整顿修葺校舍、追回内迁仪器、请求复校经费、添置图书设备等方面。孟云桥身兼接收委员伊始即在驻青美军斯蒂芬斯(Stephens)上校的引导下,专程到大学路国立山东大学原址视察,禁不住对日军投降撤离时之"破坏行为殊表遗憾"③。艰苦卓绝的抗日战争注定是一个残破和悲情的时代,重整家园费时、费钱,仅修建、设备两项费用至少需32.7亿元(法币)。教育部原定拨给山大的修建费仅 7 亿元,后经赵太侔多次致电再三陈述困难,才追加复校经费 1.5 亿元。据《行政院善后救济总署鲁青分署业务总报告》统计,共为国立山东大学修复教学楼 5 座,教室 222 间。1946 年 9 月,教育部向国立山东大学划拨办学经费,赵太侔即刻联系青岛地方银行开立账户。④ 1947 年,国立山东大学还与中央银行青岛分行签订透支合约。是年 3 月 20 日,教育部代电"核借"山大修建费 5 亿元。⑤ 1946 年 9 月,国立山东大学确定校舍使用方案:鱼山路 5 号为校本部及文学院、理学院院址;泰山路为工学院、农学院院址;武定路为医学院、先修班之用。⑥ 这一方案是赵太侔规划的国立山东大学复校格局,即"站在万年山顶,右手是工学院,在东镇的工业中心区;左手是附属医院,以及其他各校舍,遍布市中之要点,山大文化力量控制全市"⑦。

① 《山大放榜 青区录取三百》,载《民言报》1946 年 9 月 18 日。
② 《山大先修班招考新生五十名》,载《军民日报》1946 年 11 月 20 日。
③ 《孟教育局长昨视察山大》,载《青岛公报》1945 年 11 月 1 日。
④ 《关于山东大学经费以由教育部拨到请青行开立账户的函》,存青岛市档案馆,档号:B0040-003-00162-0338。
⑤ 《教育部代电准核借国立山东大学修建费五亿元的函》,存青岛市档案馆,档号:B0040-001-00470-0499。
⑥ 《沿革》,载《国立山东大学概览》第 1 页,1948。
⑦ 《国立山东大学昨举行开学典礼 赵校长主席致训剀切勖勉 周钟岐氏讲复校经过及未来计划》,载《军民日报》1946 年 10 月 26 日。

由于 1937 年国立山东大学内迁造成大部仪器、图书损失，这给复校带来了堪比"无米之炊"之难题。1946 年 3 月赵太侔在重庆召开复校筹备会议后，山大在渝人员便动手回收借存中央工业职业学校、中央图书馆等处的仪器、图书。及至 10 月底，运回青岛的内迁物资仅有 60 余箱仪器和 90 余箱图书，此即国立山东大学复校唯一的教学设备。只是仪器多已残损，无法使用。90 余箱图书计有 5166 册中文线装书籍和 3398 册西文图书，不及战前山大图书馆的 1/10。① 1946 年 10 月 22 日山大图书馆正式设立后，经请准山东青岛区敌伪产业处理局，又接管日伪时期遗留的德、日文书籍 6674 册，代管中国工程学会日文书籍 5349 册，山大又复购中西文图书 8321 册。1946 年 10 月，山大曾登报刊发启事，鉴于七七事变以来"公私图书、仪器之流在民间者为数当在不少"，恳望社会各界"出让或捐赠"新旧图书。② 丁山曾披露了一个令人痛心的消息：国立山东大学一部珍贵的德文化学辞典在浦口被弃后，有人发现辞典的书页被街头摊贩用来包花生米。山大同人闻讯都流泪了。孙昌熙在《国立山东大学校刊》复校纪念专号发表的《复活了的山大图书馆》一文，道出了万端感慨。

为加紧筹备复校开学，在教务长、训导长尚未到职的情况下，赵太侔提名组建临时校务会，由赵太侔任临时校务会主席，委员有蒋丙然、郭贻诚、王国华、王恒守、樊翕、高哲生、童第周、周钟岐、何作霖、王普、勾福长等教职员。10 月 21 日，赵太侔主持召开复校后首次校务会，议定了开学典礼及《国立山东大学周刊》复刊等事宜。复刊后的《国立山东大学周刊》更名为《国立山东大学校刊》，由刘本钊、牛星垣、邵式銮、高哲生、郭宣霖组成编辑委员会，刘本钊为主任，牛星垣为集稿及编辑人。

1946 年 10 月 25 日，国立山东大学在鱼山路校本部举行复校后第一次开学典礼。鉴于新生报到注册最后期限未到，各科实验设备也未整理到位，部分教职员尚未就职，经临时校务会议决，为营造教与学之氛围，先开设国文、英文、数学三门基础课程，定于 11 月 11 日在泰山路工学院开始上课，成绩"计入复试或总成绩内"③。12 月 4 日，国立山东大学召开临时校务会，议决成立复校庆祝委员会，推王普、刘本钊、王国华为委员，王普为召集人。经筹备会积极筹备及校友会热情协助，12 月 28 日上午 9 点，国立山东大学举行庆祝复校纪念大会。李先良等青岛各机关团体代表 30 余人，及山大教职员学生千余人出席。时年 57 岁、睽违山大整整 10 年的赵太侔百感交集，他在致辞中说：

---

① 有学者认为，国立山东大学内迁时在浦口丢弃的 837 箱校具中，其中图书共计 76724 册。（褚承志：《国立山东大学的复校与沦亡》，载《山东文献》第 7 卷第 1 期，1981 年 6 月。）

② 《征求新旧图书及科学仪器的启事》，载《军民日报》1946 年 10 月 11 日。

③ 《山大开课前补习国英数》，载《民言报》1946 年 11 月 8 日。

今天是山东大学举行复校典礼,承蒙各位来宾,在这样严寒天气百忙中抽暇莅临参加指示,觉得非常荣幸,非常感谢。

山东大学是因抗战而停办,又因抗战胜利而恢复,在半年的筹备期间,经同人的努力及地方各界的赞助,现在能够开学上课了。回想在八九年长期抗战学校停办期间,真不知何日才可恢复,所以在今天举行的大会,觉得值得庆幸,同时在庆幸中,可说百感交集,值得向各位来宾作一简单报告,请加以指教。

广泛的说,一个大学的任务,非常重大,一方是作学术研究,一方是造就专门人才,在学术研究方面无论是人文科学、自然科学,以及应用科学都包括在内。一个大学包括门类很多,在组织方面应包括各种学科。因为各种学科,具有他们的相关性,在训练人才方面,大学与专科学校不同,大学是训练通材,而专门学校,则是造就技术人材。山大在教育部的计划,预备设立六个学院三十个学系,两个专科学校和一个高级职业学校。本年先成立五个学院、十五科系、一个高级护士职业学校,并附设先修班,希望逐年推进以期完成最初的计划。

一个大学,固然有一般的完整性,同时也注意他的特殊性。山大实在有他可以特殊发展的地方。在环境方面,直接受山东半岛之特殊物产及青岛工业特别发展的影响,有值得进行特殊研究工作之处。所以在我们工学院方面,计划设立造船工程及矿冶工程两系;在农学院方面,我们已设立水产学系。其次便是青岛天然环境,与海洋有密切关系,所以我们计划设立海洋研究所。关于海洋的物理、气象、生物、地质都是我们研究的对象。这些都是地域上特殊条件,足以供我们研究的地方。

同时青岛气候温和,是国内有数的避暑胜地,正好利用暑假,来作学术研究。在暑假时可以聘请各地名流学者,来青岛讲学,开办夏令学校,以便鲁青中小学教员的进修及一般业余青年的补习。再说一个大学与其历在地方,还有一种密切关系,大学既受到地方的供养,一方面要协助地方解决各种技术上的问题;同时要供给地方所需要的人才,我们造就的学生,如果不能供应这种需要,那便是我们未能尽到责任。但是有一点要认识清楚,虽然大学与地方有密切关系,大学本身,却不能因此变成地方性的。学术无地方性,不应受地域的限制。有时有人要提出,山大应该多聘山东人教课,应该多多容纳山东籍的学生。这意见我们认为有解释的必要。我们知道中国学术落后,人材有多么寥落,再要限定在一地取材,那是事实上作不到的事。我们必须从全国乃至国际间延聘专家学者,即便聘用本省人到校任课,那是因为他们在学术上的地位,并非因他是本省人的关系。至于学生,当地的青

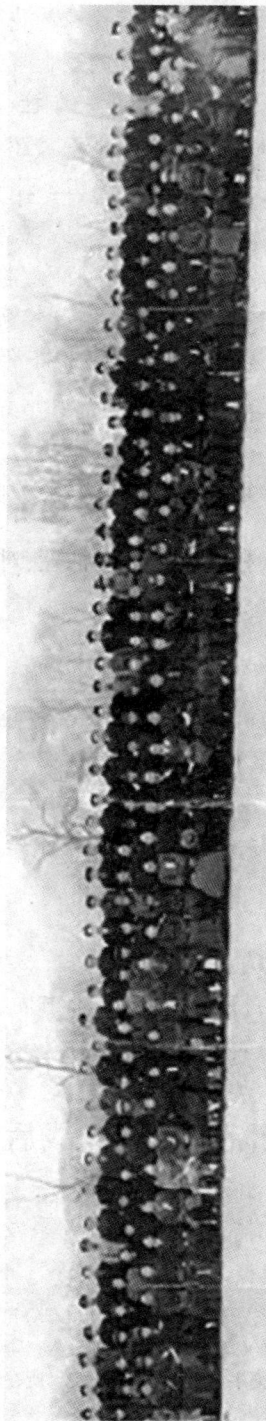

图5-8 1946年12月28日，国立山东大学复校纪念典礼嘉宾与师生合影

年自然占了许多便利,但不能希望有特殊的办法,因为在同一标准之下,考试应该公开竞争,此时只有以成绩来做我们客观的标准。如果对地方青年降低了标准,毕业时程度必定不够,将来在社会上,不会有好的表现。同时学校若仅能容纳一个地域的学生,学生胸襟不会开展而无偏见。一个大学应该收容各方面的学生,使他们彼此了解各种地方不同的生活方式,来源愈广,收获愈丰富,愈能陶冶优秀的人才,这一点也须要认识清楚。

现在虽然经过半年的筹备,在半年期间,本很短促。我知道过去青岛大学是经过二年的筹备,中间虽然经过"五三惨案",进行上受到阻碍,算起来仍在一年以上。现在无论经济、交通一切条件,都远不及当日。举一个浅例,即如向国外买一件仪器,当日一月的时期即可买到,现在即须经过三四道手续,过半年也未必能买得到。现在能够开学,可说全由同人的努力,及地方长官、社会人士的赞助。今天借此机会敬向各位致谢。①

李先良在随后的讲话中,接着赵太侔的话茬,对山大与青岛之关系述及三点感想:

(一)青岛外表较其他都(市)进步,然而内容极空虚,山大站于最高学府立场,对青市之学术应积极提高,对文化亦应尽量使其促进发展。

(二)地方一切希(望)与各学校能够配合起来,以学校为研究处所,如是可共得合作机会。

(三)期最高学府山东大学,领导各中小学校能够跟随时代的进步而进步。②

李先良因赵太侔服务地方的思想有感而发。事实上,战后青岛高校与中小学校的关联度较前更为紧密,特别在海洋事业方面,国立山东大学成为青岛城市发展的引擎。

第二节 复校院系扩容与战后大学专业取向

复员青岛的国立山东大学,从战前 3 院 8 系发展成 5 院 15 个学系,规模的

---

① 《本校校庆典礼校长致词补志》,载《国立山东大学校刊》第 9、10 合期,1947 年 1 月 18 日。
② 《山大复校庆祝典礼 赵太侔对筹备经过做详细报告 李市长出席讲述感想三点》,载《青岛公报》1946 年 12 月 29 日。李先良在致词中以"国内外大学多以所在地而命名"为由,提议"山大改称为国立青岛大学"。(《李(先良)市长致词补志》,载《国立山东大学校刊》第 9、10 合期,1947 年 1 月 18 日。)

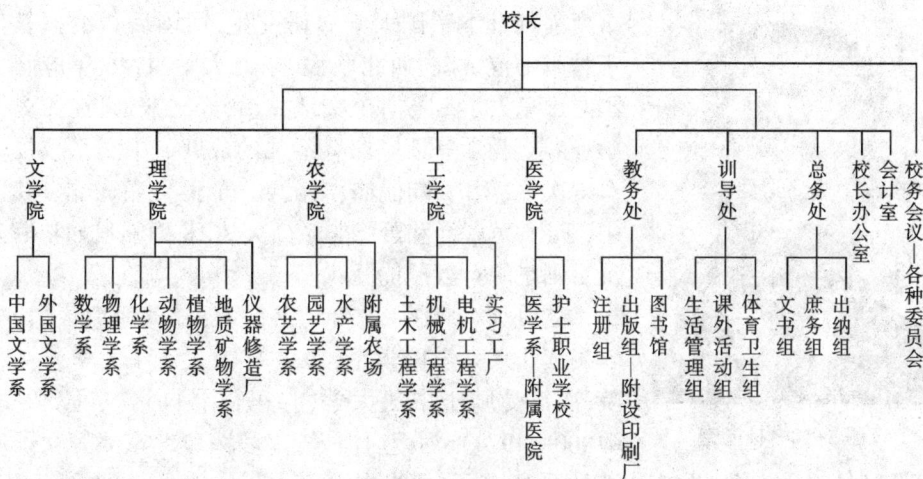

图 5-9　国立山东大学组织机构图(1948 年 4 月)

校长

文学院　理学院　农学院　工学院　医学院　教务处　训导处　总务处　校长办公室　会计室　校务会议—各种委员会

文学院:中国文学系、外国文学系

理学院:数学系、物理学系、化学系、动物学系、植物学系、地质矿物学系、仪器修造厂

农学院:农艺学系、园艺学系、水产学系、附属农场

工学院:土木工程学系、机械工程学系、电机工程学系、实习工厂

医学院:医学系—附属医院、护士职业学校

教务处:注册组、出版组—附设印刷厂、图书馆

训导处:生活管理组、课外活动组、体育卫生组

总务处:文书组、庶务组、出纳组

扩而大之促使国立山东大学迅速崛起,特别是理、农、工学院增设的地质矿物、电机工程、农艺、园艺、水产学系和分设的动、植物学系,以及含有实习医院和护士职业学校的医学院,填补了山东高等教育的空白;尤其是获教育部电批设立的海洋研究所,开启了青岛海洋城的建设之路。当然,作为一所综合性国立大学,舆论界对国立山东大学专业发展取向和课程教学实况多有批评,饱受内迁亡校、学人星散之苦的赵太侔,始终没有"不管者所以管也"的轻松感。

一　文学院失衡的中、外文系与止步规划的历史系

国立山东大学文学院的科系设置一如战前中、外文二系。中国文学系的社会期许很高,有"分量已重过了天枰的砝码"之誉。但外国文学系由于频繁更换系主任、名教授匮乏,引发学生不满。归属文学院的教授有孟云桥、赵纪彬、郭宣霖、陈云章,讲师有翟宗沛和孙兴时。①

1.中国文学系以古典文学为宗的学术气质和品格

从国立青岛/山东大学国文教育鼎盛期走来的赵太侔,自然重视闻一多、张煦等中国文学系学风传统的赓续,对延揽名师不遗余力。据悉,中文系系主任的最初人选是文学史家朱东润,后定为陈子展,最终改聘杨向奎。杨向奎(1910—2000),字拱辰,河北丰润人,19 岁考入北京大学预科,1931 年进入历史系,七七

---

① 《文学院教员名录》,载《国立山东大学概览》第 7 页,1948。

图 5-10　杨向奎

事变前赴日本帝国大学做研究生，回国后相继执教于甘肃师范学院、西北联大、东北大学，1946 年应聘国立山东大学。杨向奎文理并治，经史兼通，在历史学、经学、哲学等领域均有不凡的成就。中文系教授有刘次箫、丁山、陆侃如、冯沅君、黄孝纾、萧涤非。其中，丁山、黄孝纾和萧涤非系山大故旧，而陆侃如与冯沅君则是一对教授伉俪。

陆侃如（1903—1978），字衍庐，江苏海门人，19 岁入读北京大学国学系，1926 年考入清华大学研究院，次年受聘于中法大学，与冯沅君同事。冯沅君（1900—1974），河南唐河人，17 岁入读北京高等女子师范学校，22 岁考入北京大学国学研究所，成为中国第一位女研究生。1924 年 2 月，冯沅君以"淦女士"笔名在影响巨大的《创造季刊》发表小说《卷施》，此文深得鲁迅的赏识。1929 年，陆侃如与冯沅君在上海结婚，越二年夫妇二人共同考取法国巴黎大学文学院，1935 年双双获得博士学位，随即经莫斯科回国。在历经安徽大学、武汉大学、中山大学、东北大学执教后，1947 年秋陆侃如与冯沅君同年应聘国立山东大学。陆、冯二人自 1931 年合作《中国诗史》起，以诗为宗的美学追求成为中国古典文学研究领域最为璀璨的双子星座。

图 5-11　陆侃如与冯沅君

中文系还有副教授王仲荦、殷焕先、刘念和，讲师卢振华、孙昌熙、赵殿诰，讲员刘本炎、刘泮溪，助教赵西华、刘敦愿。[①]

国立山东大学中国文学系以"养成学生对于中国文化之瞭望、能作高深学术之研究、培养创作能力"[②]为教学目的，从健全学生的治学工具、训练治学方法入手，突出必修课程的比重，在前 3 个学年选修课仅为补充。通观中文系的课程设置（表 5-2），"读书指导"是一年级的首门必修科，与"文选""群经概论"和"声韵学"组成大学国文入门的必修课程，同时提高兼修自然科学的要求，由以往从数学、物理学、化学、生物学任选一门调整为必修数学和生物学两门，而外国语教

---

① 《文学院教员名录》，载《国立山东大学概览》第 7—8 页，1948。
② 《中国文学系概况》，载《国立山东大学概览》第 8 页，1948。

表5-2　国立山东大学中国文学系第一至三学年课程学分表

一年级				二年级				三年级			
课程	学　分		备注	课程	学　分		备注	课程	学　分		备注
	上学期	下学期			上学期	下学期			上学期	下学期	
读书指导	2	2	必修	文字学	2	2	必修	专书选读	3	3	必修
文选	3	3		中国文学史	4	4		词选及习作	3		
群经概论				诗选	3	3		曲选及习作		3	
声韵学				小说戏剧选	2	2		楚辞	2	2	选修
三民主义	2	2	文学院共同必修科	国史选读	2	2	选修	清真词	2	2	
英文	3	3		声韵学	2	2		杜甫诗	2	2	
中国通史	3	3		世界通史	3	3		中国小说史	3	3	
哲学概论	2	2		伦理学		3	文学院共同必修科	应用文	2	2	
普通数学	3	3		二年级英文	3	3		语音学	2	2	
普通生物	3	3		政治学	3	3		论语	2	2	
				经济学	3	3		中国地理沿革史	2	2	
								李义山诗	2	2	
								中国文化史	2	2	
合计	21	21		合计	27	30		合计	27	27	

资料来源:根据《中国文学系课程》整理,载《国立山东大学概览》第8—9页,1948。

学的要求降低,仅在大学前两年修英文,且未设比较文学的课程。值得注意的是,中文系自第三学年起"依学生旨趣"选修课程,并实行文学、经史"分组教授"。1947年开设的7组选修课及导师分别为:

(一)经史导师:丁山、杨向奎、王仲荦

(二)诸子导师:赵纪彬

(三)辞章目录学导师:黄孝纾、萧涤非、刘次箫

(四)戏曲导师:冯沅君

(五)文学史导师:陆侃如、冯沅君

(六)文字音韵学导师:丁山、刘念和、殷焕先

(七)文艺创作导师:老舍、冯沅君、孙昌熙[①]

---

① 根据《中国文学系概况》整理,载《国立山东大学概览》第8页,1948。

课程是大学中文系的灵魂,汇集着赵太侔及文学院同人的理念结晶,不能以对错是非的尺度去衡量,而要以合理与否的标准取舍。在山大中文系的课程设置中,黄孝纾的"楚辞"与萧涤非的"杜甫诗"、陆侃如的乐府辞"词选"与冯沅君的元杂剧"曲选"体现出交映生辉之精彩,堪称民国大学中国古典文学研究的重

图5-12　1947年国立山东大学中国文学系师生合影

镇。实际上,复校后的国立山东大学扭转了既往国立青岛/山东大学的学术方向。如果说,杨振声主校的国立青岛大学文学院以"新月派"现代文学创作为表征,战前国立山东大学文学创作与理论研究并举的话;那么,赵太侔复校后的山大则是文学创作让位于理论研究,并出现文史交融的症候。虽然"文艺创作"列入山大7组选修课之中,也安排了老舍、冯沅君、孙昌熙3名导师,但老舍仅挂名、未到任,冯沅君的"淦女士"作家之名已是明日黄花,孙昌熙也只在课余与友人合办的《晚风》及青岛文艺性副刊上发表抒情小品,战后国立山东大学未见有名气的文学巨匠和有影响的文学作品。特别是国立青岛大学时期的"高级作文"难寻踪影,复校后山大中文系写作列入课程的仅仅是三年级的"词选及习作"和"曲选及习作",各占3学分。[1] 名作家王统照是山大复校后最早应聘的教授,然1947年下半年国立山东大学教员名册中未再见王统照的名字。

客观地说,民国大学文学院的课程一直处于传统学术与现代文化学科对立中。伴随着"抗战文学"创作热潮的消退、学者群体空间流布的变化、师生代际传承的选择,古典文学教师成为文学院的主体,重"史"轻"文"、重学术轻创作等文学史学化倾向渐成,新文学在大学被边缘化。亦因此故,国立山东大学复校后中文系的课程设置在古典与现代之间缺少平衡点,这可能是20世纪30年代青岛隆起的大学文学高地及至40年代削为平原的一个注脚。

2.外国文学系的文化使命与不无缺憾的师资队伍

高等外语专业教育始终是民国大学的重要领域,其课程设置、教学资源、师资条件至为关键。通过表5-3可见,作为本科教育的国立山东大学外文系,其

---

① 《中国文学系概况》,载《国立山东大学概览》第8页,1948。

表5-3　国立山东大学外国文学系第一至三学年课程学分表

必 修 科								选修科（二、三、四年级选修）	
科 目	规定学分	第一学年 上学期	第一学年 下学期	第二学年 上学期	第二学年 下学期	第三学年 上学期	第三学年 下学期	科 目	规定学分
英文散文选读及作文[a]	14			3	3	2	2	中国文学史	6
英语语音学	4	2	2					世界文学史	6
英国文学史	6			3	3			西洋哲学史	6
英诗选读[b]	6	3	3					文法及修辞	3
小说选读[b]	6			3	3			应用英文	4
戏剧选读	6							演说及辩论	3
欧美文学名著选读[c]	12					6	6	分期英国文学研究[e]	12
文学批评	4							名家全集选读[f]	6
翻译[d]	4					2	2	中西文化比较研究	4
毕业论文	2-4							现代文学	4
								法国文学	6
								德国文学	6
								意大利文学	6
								俄国文学	6
								美国文学	6
								比较文学	4
								英文学科教材及教法	4
								第二外国语[g]	12
								专家研究	6
								中国文学西译	3

说　明	[a] 至少每两周作文一次； [b] 讲授欧美诗歌、小说之代表作； [c] 分古代及近代作品两部分； [d] 包括外文文牍和其他应用文件； [e] 可选某世纪为一期，随宜酌定，每年轮开，以全年或一学期研究； [f] 一人为原则； [g] 须连续修两年，否则不给学分。

资料来源：根据《外国文学系课程》整理，载《国立山东大学概览》第10—11页，1948。

一、二年级课程几乎全部为必修科,主要是英国文学史和英文诗歌、小说、戏剧研读,以"养成学生对外国语文之阅读、了解与会话能力"①;英语散文研读与写作同时进行,并规定至少每两周作文一次。自三年级始则以选修课为主,外文系不仅开设"世界文学史""西洋哲学史",而且开设"中国文学史""中西文化比较研究",加大翻译的比重(含中国文学西译),以实现"沟通中西文化"目标的达成。外文系在三、四年级开班讲授法文、德文,作为第二外国语,还计划开设希腊文、拉丁文等语种课程,但未规定学时和学分。

尤有意义的是,外文系没有把学生圈在只读洋文的狭小天地里,而是主动与中文系"商议",增开两系学生共同必修课程,所提出的"中国通史""世界通史""伦理学""哲学概论"均在两系课程表中得以落实。同时,外文系还强调课内与课外、语言与文学的结合,办有中、英文壁报各一处,组织文学研究会和戏剧研究会,开辟研究室,"以为学生研读之处"。外文系重视西文资源建设,运用教育部提供的图书经费,向美国和英国出版商订购了 395 部英文版书籍,还接洽青岛国际俱乐部获得 272 册赠书。这些图书"皆现代小说",可供学生课外阅读。由是可见,国立山东大学外文系的教学内容侧重文学艺术方向,突出语法、写作、字词、修辞的功力,讲求文法洗练,分析精透。

由于山大外系承担着全校公共英文教学和专业外语教育双重任务,师资问题是重大关切。战前国立青岛/山东大学梁实秋、洪深、凌达扬治学时期,中、外文两系平分天下,但复校后的山大外文系则颇受舆论和学生的批评,究其原因在于缺乏稳定的核心骨干教师群体。

据悉,山大外文系系主任初定郑成坤,郑上任后解聘朱景昌等 4 名讲师,聘任青岛某中学一名王姓女音乐教师任教外文系,并予以厚酬。1947 年 7 月 17 日,《青岛民报》发表了一篇措辞含蓄的消息《教坛登龙术,山大降格聘教授,暧昧关系作梯阶》。在舆论压力下,王姓女教师只好辞聘,郑成坤也远赴美国夏威夷大学讲学。之后,主持院务的代理系主任为山大的"老班底"李茂祥。李茂祥,字公瑞,广东清远人,毕业于上海圣约翰大学,留学德国柏林大学,历任北京大学教授,厦门大学英文、德文及经济学教授,1934 年 2 月曾应聘国立山东大学,1946 年复校后即来青岛。然而,李茂祥遭遇了比郑成坤更严厉的舆论批评。1948 年 4 月 3 日,《青岛民报》以犀利刺激的标题,指控李茂祥与二年级女生梁某某"常常幽会"②,以致造成无法挽回的恶劣影响。李茂祥被解聘后,代理系主

① 《外国语文学系概况》,载《国立山东大学概览》第 10 页,1948。
② 《山大教授诱奸女生　教导无方种子有术　美人饮恨失学　老师求免深究》,存青岛市档案馆,档号:D000377-0005-0029。

任为许桂英。许被称作"门外汉",因"排除异己、任用私人"遭到学生批评,学生要求许桂英"引咎辞职,退出学校"。①

1948 年《国立山东大学概览》上的外文系师资名录为:教授罗念生,副教授白美义、谢国栋、马爱茹、李明华、饶引之,讲师贺义尔、李巡、徐秀英、布格尔、李瑞咸,讲员贺绍兰,助教徐维垣、陈家泳。② 罗念生(1904—1990),四川威远人,毕业于清华大学,留学美国俄亥俄大学、哥伦比亚大学、康奈尔大学,1934 年回国任教北京大学,七七事变后只身绕道香港到达成都,经杨振声介绍到四川大学外文系任教。1948年 2 月,鉴于外文系急需引进知名学者建立高水平的师资力量来提高教学质量,宋君复向赵太侔举荐了罗念生。4 月,罗念生举家经上海到青岛,但是年 8 月罗念生应聘清华大学外文系。罗念生是中国世界文学界的拓荒者之一,对古希腊文学的翻译和研究深有贡献。首届毕业生丁金相于复校初期曾任讲师。③

国立山东大学文学院复校后始终是单纯的中、外文二系,历史系一直停留在规划蓝图上,1948 年夏曾酝酿增设教育学系,但未得官方证实。这一单薄的结构,不仅是国立青岛大学前期加设教育系的

图 5-13　罗念生

文学院,抑或战前国立山东大学文理学院的院系结构所难以比拟,而且在战后 29 所极度扩张的国立大学中也是不多见的。例如:浙江大学文学院成立人类学系与人类学研究所,山西大学添设了历史系、教育系,暨南大学则增设了新闻学、人类学系。战后国立山东大学文学院的单一格局,与赵太侔的院系设计理念和教员群体规模、结构及稳定程度有关,也受制于复校时校舍条件的影响。

二　理学院专业结构改革与部批海洋教科系所

复校后的国立山东大学理学院是科系变化最大的学院,除了旧有数学系、物理学系、化学系外,原生物学系分为动物学、植物学两个学系,另新增地质矿物学系,还附设仪器修造厂。1947 年 2 月经教育部批准设立的海洋学系及海洋研究

---

① 《山大学生反教授》,载《青联报》1949 年 1 月 5 日。
② 《文学院教员名录》,载《国立山东大学概览》第 8 页,1948。
③ 《历届毕业生职业调查》,载《国立山东大学校刊》第 13、14 合期,1947 年 3 月 8 日。

所,仅在动、植物学系基础上开办了海洋研究所,国立山东大学建立起主要由生物学工作者组成的海洋科学研究机构。

1.数学系的大学必修课与选修分组教学制

大学数学作为研究数量、结构、变化以及空间模型等概念的基础学科,一直是国立青岛/山东大学推崇的专业领域。自黄际遇担纲数学系主任留下"宁缺毋滥"的信条以来,缺少数学天赋的人均不敢染指。复校后的数学系系主任先由物理学系教授郭贻诚代理,1947 年 12 月聘从英国讲学归来的李先正担任。[①] 李先正,字保衡,河北钟祥人,毕业于武昌师范大学,留学日本东京文理科大学,1932年 8 月应聘国立山东大学。数学系有教授彭先荫、宋鸿哲、张国隆。彭先荫(1904—?),江苏扬州人,毕业于中央大学数学系,历任武汉大学教员,广西大学讲师、副教授,抗战时期任美国加利福尼亚州大学研究院研究员,1947 年应聘国立山东大学。宋鸿哲,字智斋,河南杞县人,毕业于河南大学,留校任助教、讲师、副教授,1931 年 6 月被黄际遇聘至国立青岛大学任讲师,是数学系资格最老的教员之一。数学系有副教授谢联芬、张学铭,讲师董树德、赵魁、颜道岸,讲员祝楣,助教张庆芬。[②] 其中,祝楣是 1937 年本校第四届毕业生。

图 5-14 李先正

图 5-15 宋鸿哲

通过表 5-4 可见,数学系的课程集中在纯数学领域。深谙黄际遇数学教育策略的李先正、宋鸿哲在"青出于蓝"的基础上探索"胜于蓝"之举,其历史的传承性和超越性十分明显,这突出地表现在因人设课淡出,数学思维的改善和数学文化的熏陶渐成主流。作为数学基础学科的微积分,仍然以函数的微分、积分及有关概念和应用为"重头戏";含有未知函数及其导数关系式的微分方程求解,能够解决物理学的许多问题;解析几何在一、二年级分为立体解析几何、高等解析几何,加之射影几何、微分几何,复兴了几何上的创造活动,借助矢量概念,几何更便于应用到某些自然科学与技术领域中去。

---

① 《数学系主任李先正先生到校》,载《国立山东大学校刊》第 24 期,1947 年 12 月 31 日。
② 《理学院教员名录》,载《国立山东大学概览》第 11 页,1948。

表 5-4 国立山东大学数学系第一至三学年课程学分表

第一学年			第二学年			第三学年		
课 程	学 分		课 程	学 分		课 程	学 分	
	上学期	下学期		上学期	下学期		上学期	下学期
三民主义	2	2	中国通史	3	3	社会科学	3	3
国文	3	3	普通化学	4	4	复变数函数论	3	
英文	4	4	高等微积分	4	4	高等代数	3	3
普通物理	5	5	微分方程式	3		第二外国语	3	3
微积分	4	4	高等解析几何	3	3	理论力学	2	2
立体解析几何			射影几何		3	微分几何		3
方程式论	3					专题讨论		

资料来源：根据《数学系概况·课程》整理，载《国立山东大学概览》第12—13页，1948。

数学系十分重视教科书、参考书和专业杂志的添置与应用，一、二年级"指定参考书，令学生自修"[1]。

当然，李先正、宋鸿哲等人具有向现代数学转型的意识，特别是 1946 年世界第一台电子计算机诞生后，原子能的利用和空间技术的兴起，促使数学发生急剧性变化。二战前后世界数学中心都在欧洲，中国的数学教育处于后发位置。中国近代数学教育是从分科开始的，由于西方的影响，混合数学受到民国大学的重视。复校后的国立山东大学数学系，自三年级起分为分析、代数、

图 5-16 1947 年国立山东大学数学系师生合影

几何、应用数学四组，每个学生从中"任择二组，期收专攻之效"[2]；同时在三、四年级增设数学问题"专题讨论"，引导学习者提高数学书籍阅读和研究能力。

数学系毕业生除了考试成绩及格外，尚需提交 1~2 篇论文，其标准为：

---

[1][2] 《数学系概况》，载《国立山东大学概览》第12、12页，1948。

（一）经考试委员会评定，认为有创作性的，为甲等；

（二）材料丰富，条理清楚，且认为富有新意思者，为乙等；

（三）材料丰富，条理清楚，且认为不无劳绩者，为丙等，否则不能毕业。①

2.物理学系的教学资源与理论实验并重的课程

复校后的物理学系是国立山东大学实力最强、活力最大的学系，舆论界认为"尤以教授阵容方面，实足以与国内各大学相争衡"②。据悉，物理学系系主任为王普，王普在杨肇燫未到任前曾兼代教务长职。

王普(1902—1969)，字贯三，山东沂南人，1924年考入北京大学，毕业后任中央研究院地质与地球物理研究所助理研究员，1930年9月任国立青岛大学讲师，1935年10月任教国立山东大学期间考入德国柏林大学，获博士学位后任美国卡内基学院客座研究员，1939年回国历任燕京大学、辅仁大学教授，1946年重返青岛应聘复校后的国立山东大学。③ 1947年12月王普赴美国做学术研究员、访问教授，物理学系系主任由郭贻诚代理。④ 郭贻诚(1906—1994)，字式毅，河北武清(今属天津)人，1922年考入北京大学预科，

图 5-17　王　普

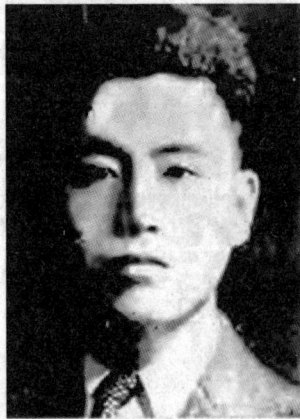

图 5-18　郭贻诚

后读物理学系本科，毕业后受聘北京中法大学助教，1931年9月应好友王普的邀请，到国立青岛大学任讲师；1936年郭贻诚任教国立山东大学期间考入美国加州理工学院，攻读博士学位，1939年9月学成回国后，任教浙江大学浙东分校，1941年到北京，历任燕京大学讲师、国立北京师范大学教授、北平临时大学物理学系主任，1947年重回青岛应聘国立山东大学。王普与郭贻诚都是国立青岛/山东大学最早的物理学系教员，都在青岛任教期间官费留学欧美，

---

① 《数学系概况》，载《国立山东大学概览》第12页，1948。

② 《山大介绍——给未来同学的呼吁与献礼》，载《民言报》1947年8月6日。

③ 《王普先生的生平与贡献》，载《王普先生纪念文集》第8页，山东科学技术出版社，2011。

④ 《物理学系主任王贯三先生赴美　系务由郭式毅教授代理》，载《国立山东大学校刊》第24期，1947年12月31日。

获得博士学位后又都回归母校任教,两人把根深深地扎在了青岛,把毕生的精力献给了山东大学。

在物理学系执教的教授有理学院院长丁燮林、教务长杨肇燫、前物理学系系主任王恒守,及王书庄。王书庄(1904—1988),直隶(今河北)任丘人,毕业于北京大学,曾任中央研究院物理研究所助理研究员、副研究员。物理学系讲师是留校任教的陈同新、杨幼泉,助教有熊正威、冯传海、王承瑞、王应素、陈成琳。[①] 隶属于理学院的仪器修造厂实际由物理学系经办,由丁燮林、王书庄管理,丁燮林任厂长。

物理学系的课程如表5-5所示,大致依教育部大学课程标准,一年级的"普通物理"主要侧重力学、电学,共10学分;而"微积分"和"立体解析几何"两门数学课的学分超过"普通物理",为11学分。二、三年级的力学、热学、物性学、光学、声学、电磁学等专门课程则通过理论与实验结合的方式,探索自然界物质结构、性质、相互作用及其运动的基本规律。同时,数学与物理学并行,二年级的"微分方程"和三年级"高等微积分"的学分均占相当比重。

值得参悟的是,国立山东大学物理学系继承了战前"质重量简"的课程传

表5-5　国立山东大学物理学系第一至三学年课程学分表

第一学年			第二学年			第三学年		
课程	学分		课程	学分		课程	学分	
	上学期	下学期		上学期	下学期		上学期	下学期
三民主义	2	2	理论力学	4	4	社会科学	3	3
国文	3	3	热学[c]	3		物理光学	3	3
英文[a]	4	4	物性学		3	理论电磁学[e]	5	5
普通物理(力学电学)[b]	5	5	光学音学[d]	4	4	热力学及分子运动论	2	2
立体解析几何	3		普通化学[d]	4	4	高等微积分	4	4
微积分	4	4	伦理学	3		选修		
中国通史	3	3	微分方程	2	2			
说明	[a]每周5小时; [b]每周5小时,实验1次; [c]包括普通热力学; [d]每周3小时,实验1次; [e]每周4小时,实验1次。							

资料来源:根据《物理学系概况·物理学系课程》整理,载《国立山东大学概览》第14—15页,1948。

[①] 《理学院教员名录》,载《国立山东大学概览》第11页,1948。

统,更加强调压缩经典、简化近代、突出重点,将既往视教与学具体情况"择要开设"的选修科,进一步改为"选修课程随时酌定开始"①。

由于内迁时设备、图书损失大半,借给中央大学等院校使用归还的仪器多半已残缺不全,复校后的山大物理学系极为重视教学资源建设。不仅从中央研究院物理研究所购来 2 套物理实验仪器,可供学生做 40 多种实验;而且从美国订购 3 批电学、光学仪器,开辟了 4 间普通物理实验室;丁燮林任厂长的仪器修造厂自制仪器设备,专供本系实验和研究之用,有表征实验 100 余种。同时,鉴于物理学系旧有图书仅存 50 余种,便从英国、美国、德国分途订购 400 多种图书资料。物理学杂志除接受美国赠阅的 *Trans. Amer. Math. Soc.* 和 *Duke Mathematical Journal* 外,还订购 *Journal of the London Mathematical Society* 等欧美知名专业学报七八种之多。

3.化学系的课程理念与必修课、拓展选修学程

复校后的化学系是国立山东大学人员变化最大的学系,除教授刘遵宪外,几无前任,系主任是有机化学教育家刘椽。

化学系教授有阮鸿仪、张怀朴、杨葆昌。阮鸿仪(1907—1996),字威伯,江苏淮安人,早年就读上海震旦大学,后赴法勤工俭学,入读巴黎矿业学院,获法国国家级工程师,在金属冶炼领域颇具造诣,以冶炼的中国第一块铝锭打破了美国专家关于中国是"贫铝国"的断言。这块铝锭一直放在阮鸿仪居室的办公桌上。② 张怀朴(1906—1986),浙江平湖人,22 岁留学法国南锡大学,攻读博士学位,1931 年在法国斯特拉斯堡大学化学研究所从事研究工作,次年回国先后任教河南大学、厦门大学、兰州大学,1948 年 8 月应聘国立山东大学。杨葆昌,浙江萧山人,先后留学英国、美国,曾任贵阳医学院化学科主任。化学系副教授有范玉瑜,讲师有曹金鸿、汪茂常、尹敬执、阎长泰,助教有谭金镛、丁松君、吴遵胜、王亮基、何圣绥、陈鸿宅。③

图 5-19 张怀朴

化学系的课程(表 5-6)可能是国立山东大学复校后各学系最简约的,但对

---

① 《物理学系概况·物理学系课程》整理,载《国立山东大学概览》第 14 页,1948。

② 居悌:《关中往事——阮鸿仪》(第七十六篇·十一),http://blog.sina.com.cn/juti2002cn,2009 年 8 月 22 日。

③ 《国立山东大学概览》,载张研、孙燕京主编《民国史料丛刊·文教·高等教育》第 1089 册第 15 页,大象出版社,2009。

必修与选修科的区分及阐述则至为真实。

在课程设置方面，除采纳最低限度之学程定为必修外，其余尽量设置选修，并定各院系所设与化学有关之学程为本系学生应尽力选修之学程，以求奠定广泛根基。[①]

表5-6　国立山东大学化学系第一至三学年课程学分表

第一学年			第二学年			第三学年		
课程	学　分		课程	学　分		课程	学　分	
	上学期	下学期		上学期	下学期		上学期	下学期
国文	3	3	普通物理	4	4	理论化学	9	
英文	3	3	微分方程	2	2	工业化学	3	3
微积分	4	4	定性分析	5		工业分析	4	
普通化学	4	4	定量分析		6	中级有机化学		3
中国通史	3	3	有机化学	6	6	有机分析化学 （第四学年修习）	4	
三民主义	2	2	经济学	3	3			

资料来源：根据《化学系概况》整理，载《国立山东大学概览》第16页，1948。

如同物理学系重视数学一样，"微积分"和"微分方程"是化学系一、二年级学时和学分赋值较多的必修科，"定性分析"先于"定量分析"体现的正是数据在两种不同方法上的优长，在用数据进行比较和分析作出有效解释之前，历史回顾、文献综述、观察访问、经验参与等非量化手段，则有助于学习者探索物质化学成分的真伪与优劣。"普通物理"和"经济学"设在第二学年，实为第三学年的课程铺路。第三学年的"理论化学"与"工业化学"分组课程不仅深化了化学系"并重学理与实验"[②]的教学理念，而且适应了青岛城市工业化发展趋势。1947年，国立山东大学商洽国民政府经济部，"拨借"前日本青岛工业化验所的仪器设备用于化学系教学与科研。此外，通过节流开源不断添置，至1948年底，化学系拥有全套工业分析仪器，及热化学、电化学所需之特种设备，各种有机、无机药品达1000多种。

4.分立的动、植物学系与海洋研究所的创设

国立山东大学复校后为"取分别研究之利"，分生物学系为动、植物学二系。1947年8月，青岛《民言报》在一篇题为《山大介绍》的文章中援引动、植物学两

---

①② 《化学系概况》，载《国立山东大学概览》第16、15页，1948。

系同人的话宣称:"非但抱不落伍之目的,就是领导世界的生物研究工作,我们也莫不这样来想。"①战后将生物学系分为植、动物学系的另有北京大学。

动物学系系主任为童第周。童第周(1902—1979),字蔚孙,浙江鄞县(今属宁波)人,1927年自复旦大学哲学系毕业,任中央大学生物学系助教,1930年留学比利时,获布鲁斯尔大学哲学博士学位后到英国剑桥大学短期访问,1934年9月回国应聘国立山东大学;七七事变后随校内迁,旋在中央大学、同济大学、复旦大学等校任教,1946年再次应聘国立山东大学。1948年2月童第周赴美国耶鲁大学研究②,系主任由水产学系教授戴立生代理。动物学系有教授秦素美、蒋天鹤,副教授曲漱蕙,讲师高哲生、李嘉咏,助教应幼梅、周才武、尹光德、李树华。③ 1948年夏,蒋天鹤代理系主任。

图 5-20 童第周

脱胎于生物学系的动物学系课程(表5-7),草创初期与植物学混杂的现象十分明显,尤其是第一学年基本可与植物学系学生同堂上课。第二学年的"比较解剖学"和"动物技术学"渐显动物科学本科属性,至第三学年乃与植物学系分野,课程的基础性、专业

表5-7 国立山东大学动物学系第一至三学年课程学分表

第一学年			第二学年			第三学年		
课程	学分		课程	学分		课程	学分	
	上学期	下学期		上学期	下学期		上学期	下学期
三民主义	2	2	社会学或经济学	3	3	脊椎动物分类学	4	
国文	3	3	普通物理学	5	5	种子植物分类学	3	3
英文	4	4	定量分析	4		无脊椎动物学	3	3
普通数学	3	3	有机化学		5	生物化学		5
普通化学及定性分析	4	4	比较解剖学	4	4	组织学	4	
普通动物学	3	3	动物技术学	1	1	胚胎学		4
普通植物学	3	3	选修	3	3	选修	5	5

资料来源:根据《动物学系概况》整理,载《国立山东大学概览》第16—17页,1948。

---

① 《山大介绍——给未来同学的呼吁与献礼》,载《民言报》1947年8月6日。
② 《童第周教授赴美研究》,载《国立山东大学校刊》第25期,1948年4月15日。
③ 《理学院教员名录》,载《国立山东大学概览》第11—12页,1948。

性明朗。值得注意的是,动物学系的选修课依学生兴趣分为两类,第一类以海洋生物和水产动物为主,兼学德文或法文;第二类以原生动物、寄生物为主,除德文(或法文)兼学英文。

植物学系系主任为曾呈奎。曾呈奎(1909—2005),号泽农,福建厦门人,1926年考入福建协和大学,次年转入厦门大学攻读植物专业,1932年赴岭南大学研究院进修,后任教厦门大学,1935年8月应聘国立山东大学,1940年赴美国密西根大学研究生院攻读博士学位,1946年底回任国立山东大学。植物学系聘有教授李良庆、朱彦丞,讲师曾友梅、郑柏林,讲员张峻甫、刘德仪,助教郭季芳、陈惠民、方同光。①

植物学系1~3年级的课程(表5-8),共计122学时,除了三年级12学时的选修课外,必修课程的比重超过90%。与动物学系一样,两系的公共课程多有交叉,其给出的解释是"良以动物之于植物,其关系犹物理之于数学,为学术之发展计,自以分门为当也"②。值得索解的是,以往山大生物学系的教学研究多以分类和形态为宗,

图5-21 曾呈奎

表5-8 国立山东大学植物学系第一至三学年课程学分表

第一学年			第二学年			第三学年		
课 程	学 分		课 程	学 分		课 程	学 分	
	上学期	下学期		上学期	下学期		上学期	下学期
三民主义	2	2	中国通史	3	3	无脊椎动物学	3	3
国文	3	3	德文(一)	3	3	植物生理学A	3	3
英文	4	4	普通物理学	5	5	种子植物分类学A	3	3
普通数学	3	3	定量分析	4		植物解剖学	4	
普通化学及定性分析	4	4	有机化学		5	细胞学	4	
普通动物学	3	3	植物形态学	4	4	选修	6	6
普通植物学A	3	3	植物技术学	1	1			
合 计	22	22	合 计	20	21	合 计	19	18

资料来源:根据《动物学系概况》整理,载《国立山东大学概览》第19页,1948。

---

① 《理学院教员名录》,载《国立山东大学概览》第12页,1948。
② 《动物学系植物学系及海洋研究所概况》,载《国立山东大学校刊》第7、8合期,1946年12月28日。

根据欧美实验生物学的发展趋势,为"在国际上不至于遭落伍之讥",山大"急起直追",十分重视"实验方面之研究"。①

此外,动、植物学系还为他系开出多门公共课程。例如:动物学系为文学院、医学院和水产学系开设"普通生物学",为农、园艺学系开设"普通动物学";植物学系为农、园艺学系开设"普通植物学 B""植物形态学 B""植物生理学 B"和"种子植物分类学 B",为水产学系开设"普通植物学 C"和"水产植物学"。从学科属性看,将生物学区分为动、植物两类,便与农学、园艺专业产生交集,生物界的划分、动植物特征及其在自然界中的作用,对于以农立国的中国来说实在太过重要。

当然,作为动、植物学系"共同计划"的得意之笔是海洋研究所的创建。赵太侔对山大海洋科学研究事业萦绕于心,复校伊始就有"尽量发展一切有关海洋的科学"之构想,并强调"有关海洋科学之研究,即将为山大惟一之特点"。② 显然,建立海洋研究所,提高国立山东大学办学层次是赵太侔复校时的强烈追求。为此,山大以美国伍兹霍尔、意大利那不勒斯(Naples)、法国罗斯科夫(Roscoff)研究所为参照,借得美国加利福尼亚州霍拉(La Jolla)海洋研究所的建筑图,决定建立一座"较有规模"的研究所。1946 年 9 月初青岛报界就披露,海洋研究所址已"勘就",在第二海水浴场"附近之滨海处",其所舍为"一纯石料筑成堡垒式",并附设海洋学馆。据悉,赵太侔已与行政院善后救济总署鲁青分署"商妥"用工赈办法开采石料,拟建中的海洋研究所"务期使达成全国设备最完善之学府"。③ 1947 年 2 月 19 日,教育部电批国立山东大学设置海洋学系并附设海洋研究所。

> 国立山东大学赵校长二月五日签呈悉,该校理学院规划设置海洋学系,同时注重物理与生物两方面之教学,附设海洋研究所,以系主任兼所长。此项计划分四年间完成,本年度可由教育部酌拨筹备费用。仰即知照。④

令人费解的是,国立山东大学并未执行教育部的电批。教育部此前曾批复复校后的厦门大学成立海洋学系及海洋研究所,由系主任兼任所长;而山大是由动、植物学系附设海洋研究所,而非海洋学系。应当说,赵太侔曾有增设海洋学

---

① 《动物学系植物学系及海洋研究所概况》,载《国立山东大学校刊》第 7、8 合期,1946 年 12 月 28 日。
② 《山东大学前路》,载《民言报》1946 年 8 月 26 日。
③ 《开学须在十月后 海洋研究所计划建筑中》,载《青岛晚报》1946 年 9 月 5 日。
④ 《教育部代电(高字第○九八九二号)》,载《国立山东大学校刊》第 13、14 合期,1947 年 3 月 8 日。

系的设想,1946 年 11 月《青岛时报》就透露了国立山东大学"正计划添设海洋及水产两系,以适应青岛环境"①的意图,但在是年 12 月校刊登载的《动物学系植物学系及海洋研究所概况》一文,则未提及海洋学系,本着"作育人才,助长海洋学发展之盛心",提出海洋研究所"将来可与农学院之水产系,密切合作"。② 不设海洋学系的真实原因恐怕只有当局者明了。从山大公布的海洋研究所的组织功能看,拟分的理化、生物两部,"前者研究海洋方面有关理化之特性,后者研究海产之动植物,理论与实际并重,同时拟设一大规模之养殖场,以供培养海藻及其他食用动物之用,并兼作研究及实验之场所"③。1947 年 4 月 24 日,童第周、曾呈奎分兼海洋研究所正、副所长。

5.地质矿物学的地-物专业与理论实践并重的教学

地质矿物学系是国立山东大学复校后新增的学系,也是民国大学唯一的地质学和矿物学并立的学系。舆论界认为,中国在科学研究上"最有成绩贡献给世界学术界的学科当首推地矿系"④。自 1909 年北京大学首创地质学系以来,中山大学、清华大学、中央大学、北洋大学相继设立地质专业,在古生物学、地质调查研究领域均有不凡的成就。国立山东大学新增地质矿物学系,旨在适应青岛城市化进程的诉求,赵太侔在复校之初接受青岛报界采访谈及山大学科与专业建设时明确表示:"青岛将为一走向工业化的都市,所以学校方面将尽可能利用环境,努力于纺织、化学及矿物冶金等学科。"⑤1946 年 8 月全国报考国立山东大学地质矿物学系的考生共有 153 名,录取 26 名,人数在理学院仅次于化学系。作为一个新兴学科,山大地质矿物学系首次报考就呈现出向好的势头。

地质矿物学系系主任是何作霖。何作霖(1900—1967),字雨民,河北蠡县人,毕业于北京大学,1938 年赴奥地利茵斯布鲁克大学深造,获博士学位后在德国莱比锡大学工作,1940 年回国历任中央研究院地质研究所研究员、北平临时大学地质系主任,1946 年经李四光推荐应聘国立山东大学。地质矿物学系有教授张寿常。张寿常(1908—1971),字纪五,河北定县人,毕业于北京大学,1935 年赴德国

图 5-22　何作霖

① 《山大开课　计划添设海洋等科》,载《青岛时报》1946 年 11 月 12 日。
②③ 《动物学系植物学系及海洋研究所概况》,载《国立山东大学校刊》第 7、8 合期,1946 年 12 月 28 日。
④ 《山大介绍——给未来同学的呼吁与献礼》,载《民言报》1947 年 8 月 6 日。
⑤ 《山东大学前路》,载《民言报》1946 年 8 月 24 日。

波恩大学地质古生物研究所深造,获博士学位回国,先后任西南联大地质系教授、中央研究院地质研究所研究员,1946年到青岛任教。地质矿物学系还聘有副教授范秀祚,讲师司幼东,助教张保民、关广岳、王麟祥、赫祥安。[①]

地质学与数学、物理学、化学、生物学并列为自然科学五大基础学科。随着生产力的发展和人类活动对地球的影响,传统地质学的框限被突破,人类社会对石油、煤炭、金属、非金属等矿产资源需求愈发突出,矿物岩石的研究"走到地球化学与地质力学方面"[②]。国立山东大学地质矿物学系的课程(表5-9)依据施教方针,在"实用方面注重矿物岩石之认识、金属矿床与非金属矿床的探测与制图、地层之时代与地层之变动"[③]的探讨;在理

图5-23　国立山东大学地质矿物学系野外实习的师生

论方面开设了如费氏旋转台(Fedorov stage)、X射线结晶学等高等地矿课程,还开设了青岛火成岩等极具地方特色的选修课,这在民国大学地质系是不多见的甚至可能是唯一的。

事实上,地质矿物学系的课程编制比较细致,尤其重视学生掌握测试、运算、分析、鉴定、作图、判断等技能。据知情者称:

> 何作霖先生经常出现在学生的实习课上,考查学生的情况。……他在一旁观察学生是否认真地按鉴定步骤操作,并亲自检查学生的鉴定结果,然后提几个问题,这种严肃认真的态度给学生留下了深刻的印象。除在教学上一贯强调严肃认真外,在其他方面也是一样。1946年建系时,何先生从北京请来一位姓赵的磨片师傅,是年寒假赵回家探亲,何先生当面对他讲必须按时归来,以免耽误工作,但赵却延期返校,遂被何先生辞退。……何先生设计并制成了新的切磨片机,不仅大大提高了效率,而且提高了薄片质量。[④]

---

① 《理学院教员名录》,载《国立山东大学概览》第12页,1948。

② 何作霖:《山东大学地质矿物学系概况及展望》,载《国立山东大学校刊》第7、8合期,1946年12月28日。

③ 《地质矿物学系概况》,载《国立山东大学概览》第20页,1948。

④ 张培善:《青岛山东大学理学院地质矿物学系简史》,https://zhidao.baidu.com/question/,2020年1月19日。

表 5-9　国立山东大学地质矿物学系第一至三学年课程学分表

科目名称	性质	学分	年级	每周时数 讲授	每周时数 实验	预修科目	备注
三民主义	共同必修	4	一	2			
中国通史		6	一	3			
国文		6	一	3			
英文		8	一	4			
普通数学 A	本系必修	8	一	4			
普通化学 S		8	一	3	6		
普通地质学 A		6	一	2	3		
普通矿物学		6	一	2	3		
普通地质学 B	选修	3	一或二	2	3		
普通地质学 C		3	一或二	2	3		
说　明	除以上课程外，一年级每两星期野外实习一次，不计学分						
伦理学(或其他)	共同必修	3	二或三	3			半年学程
光性矿物学	必修	6	二	2	3	普通矿物学	
构造地质学			二	2	3	普通地质学	
岩石学		6	二	2	3	普通矿物学	火成岩及发生史与三年级合班
地形测量学		3	二	2	3		半年学程，必要时得改全年
普通物理学		10	二	4	3		
分析化学		5	二	3	6		半年学程
说　明	除以上课程外，二年级每两星期野外实习一次，不计学分						
地史学	必修	6	三	2	3	普通地质学	
古生物学		3	三	2	3		半年学程
高等矿物学		4	三	2		普通矿物学	必要时增加实验 3 小时
金属矿床学		4	三	2			
不透明矿物鉴定学		4	三	1	3		
岩石学		6	三	2	3		火成岩及发生史
普通动物学	选修	6	三	2	3		可选可不选
说　明	除以上课程外，必要时于假期中作长期野外实习一次，不计学分						

资料来源：根据《地质矿物学系概况》整理，载《国立山东大学概览》第 20—21 页，1948。

三 农学院的农园传统专业与首创大学水产学系

农学院于复校时"又告重复",对于国立山东大学来说"诚足庆幸"。[1] 战前设于济南的农学院只从事研究和推广工作,复校后的农学院设立农艺学、园艺学、水产学三系,步入教学、研究、推广并重的规范化发展阶段,揭开了农学院发展史新的一页。据相关史料记载,农学院始终未设院长,陈瑞泰曾于 1946 年 10 月—1948 年 8 月以"代理负责人"主持农学院,1948 年 8 月—1951 年 3 月由李善勤代理院长。[2] 李善勤(1899—1968),字孟龙,上海市人,20 岁自上海沪江大学预科毕业,考入日本国立千叶高等园艺学校,毕业回国历任江苏省立苏州农业学校园艺系主任、四川省立教育学院教授、福建省立农学院教授,1948 年 8 月应聘国立山东大学。

图 5-24 李善勤

归属农学院的教授还有薛廷耀。[3] 讲师孙中信任农场主任。

农学院实习农场设在城阳,系接收的日伪农林试验场,占地 270 亩。但由于被警备第三旅占用,"一时尚难利用生产",农学院遂在李村、即墨"开辟农园及农学实习场",又商青岛农林事务所,借中山公园空地"数段"并"借得近校之地二十余亩,暂供急用"。[4] 1947 年 2 月,联勤总部接收美国赠送的 20 头乳牛,决定配给国立山东大学,但由于农学院无牛舍,只得以每月 40 美元的代价租赁汇泉鹊山路牛舍。[5] 1948 年,农学院为筹设农产品制作实习工场,"购妥"登州路酒厂后空地。1949 年 2 月农林部华北推广繁殖站迁移时,将站舍及农具、化肥移交山大。[6] 国立山东大学农学院实习农场七零八落,办学条件先天不足,这给农学院的生存埋下了隐患。

1.农艺学系的双重使命与"讲-验-田"教学模式

农艺学系在民国大学农学院中一直被尊为首位学系,关乎农学院的立院基

---

① 陈瑞泰:《农学院农艺系的现状及其展望》,载《国立山东大学校刊》第 7、8 合期,1946 年 12 月 28 日。

② 《山东农业大学史(1906—2006)》,第 602—603 页,山东农业大学电子音像出版社,2006。

③ 《农学院教员名录》,载《国立山东大学概览》第 22 页,1948。

④ 《农艺学系概况》,载《国立山东大学概览》第 22 页,1948。

⑤ 《农学院农场近况》,载《国立山东大学校刊》第 12 期,1947 年 2 月 15 日。

⑥ 《山大接收农业繁殖站》,载《青联报》1949 年 2 月 17 日。

础,师资阵容最为重要。山大农艺学系系主任为陈瑞泰。陈瑞泰(1911—2001),字晓光,山东潍县人,毕业于金陵大学,抗战后期考取农林部公费赴美进修,先后在康涅狄格州、北卡罗来纳州、加利福尼亚州及肯塔基大学、康奈尔大学学习,1946年10月应聘国立山东大学。农艺学系聘有教授李文庵、刘俊利、潘咏珂、王华文,讲师张生平、李家光、张石城,助教赵灿章、段秀泰、王序青、王宝康。[1]

农艺学系的课程(表5-10)旨在体现"研究教学及农业改进双重使命",其内容分解为两个方面:其一"教授学生理论,以便建立其将来从事试验研究工

图 5-25　陈瑞泰

作之基础";其二"教以实际智识,使其学习栽培经营之方法",由此形成"讲堂-实验室-田间"三者并重的教学模式。[2] 这一施教方针势必带来课程的繁杂,为解决"普博"与"专精"的矛盾,农艺学系在第三学年开设了42学分选修课,

表 5-10　国立山东大学农艺学系第一至三学年课程学分表

第一学年			第二学年			第三学年		
课　程	学　分		课　程	学　分		课　程	学　分	
	上学期	下学期		上学期	下学期		上学期	下学期
国文	3	3	普通经济学	3		遗传学	4	
英文	5	5	农业经济学		3	育种学		4
植物学	3	3	植物生理学	3	3	麦作学	3	
农场实习	1	1	土壤学	3		稻作学	4	
普通化学	5		肥料学	3		普通昆虫学	3	
分析化学		5	农业概论及普通作物学	3	3	经济昆虫学		3
动物学	3		普通园艺学	2	2	农场管理	3	
地质学		3	造林学	3		农具学		3
数学	2	2	气象学		3	设计实习	1	1
			有机化学		5	选修	21	21
			植物病理学		5			

资料来源:根据《农艺学系概况》整理,载《国立山东大学概览》第23—24页,1948。

[1] 《农学院教员名录》,载《国立山东大学概览》第22页,1948。
[2] 《农艺学系概况》,载《国立山东大学概览》第22页,1948。

持续一学年的有果树学、蔬菜学、花卉学,一学期的则包括遗传学、育种学、酿造学、植物分类学、植物病防治法、农村合作、土壤分类学、土壤分析、农产品加工等。应当说,农艺学系的课程很大程度上改变了以经验和手工劳动为基础、以田间作物耕种为主要特点的中国传统农艺,同时要求学生依其兴趣"选读一种特别专门学术,写作论文时,则应注重各种农业专门问题合理解决途径之研究"。农艺学系的经费使用也随之确定比例,用于教学和研究的各占45%,用于推广当地农家的仅占10%。根据山东主要农作物栽培数量及其经济价值,农艺学系确定小麦和烟草为一类研究顺序,次为小米、高粱和花生,再次为棉花、甘薯。[①] 烟草的位次偏高,既与陈瑞泰作为烟草专家的志趣有关,也有山东烟叶、卷烟产销的经济因素。山东省建设厅为农艺学系烟草育种研究投资 2000 万元[②],1947 年农林部烟产改进处还提供 500 万元津贴,1948 年又增拨了 3000 万元。

2.园艺学系的基础理论课与果、菜、观赏植物栽培

园艺学系作为研究园艺作物生长发育和遗传规律的学系,在农学院仅次于农艺学系。复校后的北京大学农学院设置了 10 个学系,排在前两位的与国立山东大学相同。山大园艺学系系主任一度空缺,由农艺学系主任陈瑞泰代理,1948年 6 月盛诚桂任代理系主任。盛诚桂(1912—2002),上海松江人,毕业于南京金陵大学,后有山东济南溥益甜菜制糖厂技师、南京国民革命军遗族学校技师、重庆中国乡村建设育才学院副教授的经历,1945 年赴美国康奈尔大学、马里兰大学园艺系学习,1947 年应聘国立山东大学。园艺学系还聘有讲师孙中信,助教牟云官、孙静如。[③]

园艺学系的课程如表 5-11 所示,以农业生物学为理论基础,突出果树、蔬菜、观赏植物三大类经济作物生产技术与原理的基础教学和应用研究。其中,第二学年开设的"蔬菜园艺学"和第三学年开设的"花卉园艺学"都是贯穿一学年各占 6 学分的基础课程;"普通园艺学""普通植物病理学"和"园艺加工及利用"是各占 4 学分持续一年的专业课程。较之农艺学系繁多的选修课,园艺学系则注重实践研究。据悉,由山大园艺学系出面与中央农业实验所洽商在青岛繁殖推广落叶果树苗本,并"承该所允拨

图 5-26 盛诚桂

---

① 《农艺学系概况》,载《国立山东大学概览》第 23 页,1948。
② 《农学院近况》,载《国立山东大学校刊》第 19、20 合期,1947 年 5 月 17 日。
③ 《农学院教员名录》,载《国立山东大学概览》第 22 页,1948。

表5-11　国立山东大学园艺学系第一至三学年课程学分表

第一学年			第二学年			第三学年		
课　程	学　分		课　程	学　分		课　程	学　分	
	上学期	下学期		上学期	下学期		上学期	下学期
三民主义	2	2	普通经济学	2		普通昆虫学	3	
国文	3	3	普通农业经济学		2	经济昆虫学		3
英文	4	4	有机化学	5		花卉园艺学	3	3
普通植物学	3	3	植物生理学		5	果树园艺学		3
农场实习	1	1	普通土壤学	3		园艺加工及利用	2	2
农业概论及普通作物学	5		肥料学		3	普通植物病理学	2	2
普通化学	4	4	植物分类学			农场管理		3
定性分析学			普通园艺学	2	2	果树分类学		
普通动物学		3	农业气象学		3			
普通地质学	3		遗传学	2	2			
			蔬菜园艺学	3	3			

资料来源:根据《园艺学系概况》整理,载《国立山东大学概览》第25页,1948。

经费十二亿元"[1]。为就近开展实验,园艺学系在泰山路农学院教学楼北侧隙地开辟种植区,并建起小型温室和冷藏地窖。甘薯为鲁东农家主要食粮,园艺学系与中央农业实验所合作,试验优良品种"南瑞莒"和"普利莒"进行区域栽培。在果树方面,园艺学系"以草果为主,搜集良种果苗定植留种,专作品种观察及比较试验"[2]。蔬菜方面,1947年冬园艺学系在青岛近郊选购大白菜良种,1948年进行番茄育种观察。花卉方面则主要培育草本花卉、药用植物及观赏树木,1948年收集170余种,并获得轰动中国植物学界的水杉种子,培育发芽成功。[3] 由于师资力量和设备条件受限,园艺学系的教学、研究与推广工作尚处于初创时期,尤其是果树、蔬菜、花卉的培育仅仅停留在试验阶段。

3.水产学系的"空前首创"之誉与水产学研究所

中国海岸线漫长,海域蕴藏极为丰富,如能科学经营,可"不费雄资而获厚利",而山东半岛黄、渤海区水生生物资源甚丰,又宜于水产养殖,因此添设水产学系是赵太侔复校伊始的心念。1946年3月即启动水产学系筹备工作,是年4

---

① ②　《园艺学系概况》,载《国立山东大学概览》第24页,1948。

③　《农学院近况》,载《国立山东大学校刊》第26期,1948年6月26日。

月赵太侔在重庆接受记者采访时就提出在"在理工两学院内决设造船及水产两系"①的计划。虽然院系设置计划多有变化,但水产学系的设置始终摆在国立山东大学重要议事日程。1946年8月,赵太侔对报界谈及山大发展前路时称:"农学院更将力求水产学系之发展。"②由于国立山东大学水产学系(中国海洋大学水产学院前身)是国内第一个大学本科水产专业,系主任人选备受关注。赵太侔在陈同白与朱树屏二人中选择了朱树屏。

朱树屏(1907—1976),字锦庭,山东昌邑人,毕业于中央大学,旋任中央研究院动植物研究所助理研究员,1938年考取公费留英,获剑桥大学博士学位后任英国普利茅斯海洋研究所研究员,1946年1月应聘美国伍兹霍尔海洋研究所,是年12月回国任教云南大学,1947年夏返回中央研究院动植物研究所。商得中央研究院、云南大学同意,朱树屏以"借聘"形式任国立山东大学水产学系系主任,聘期1年。山大复校招生中,水产学系在462名考生中录取52名,人数居15个学系第五位。在朱树屏到任之前,赵太侔安排植物学系主任曾呈奎代理水产学系主任。水产学系聘有教授戴立生、王以康、林绍文、林溁、王贻观。戴立生(1898—1968),江苏无锡人,毕业于南京高等师范学校,留学美国斯坦福大学,获博士学位回国后任

图5-27 朱树屏

教清华大学,1935年任中国西部科学院生物研究所所长,1947年应聘国立山东大学。王以康(1897—1957),浙江天台人,毕业于东南大学生物学系,1934年赴法国巴黎大学鱼类研究所进修,越二年转赴荷兰海牙皇家渔业研究所从事海洋渔业研究,1940年回国任贵阳湘雅医学院教授,抗战胜利前任联合国粮农组织渔业委员会执行委员,1946年任行政院善后救济委员会委员。水产学系还聘有讲师康迪安、刘伟,讲员尹左芬,助教张行志、李仲璆、郝锡宏、陈守中。③

1947年9月朱树屏到职后,带回一些英国有关海洋、水产教学科研方面的书籍、资料及实验设备,并重新修订教学大纲及专业课程。水产学系第一学年的课程修习共同必修科,除了国文、英文,还有普通植物学、普通动物学、普通数学及水产学通论,自第二学年起实行分组教学(表5-12)。水产学作为研究水生

① 《山东大学秋季招生 设六学院及所组织完整 应本市需要再设造船水产两系》,载《平民报》1946年4月18日。
② 《山东大学前路》,载《民言报》1946年8月26日。
③ 《农学院教员名录》,载《国立山东大学概览》第22页,1948。

表 5-12　国立山东大学水产学系第二至三学年课程学分表

第二学年养殖组			第二学年水产加工组			第二学年鱼捞组		
课程	学分		课程	学分		课程	学分	
	上学期	下学期		上学期	下学期		上学期	下学期
英文	3	3	英文	3	3	英文	3	3
日文	3	3	日文	3	3	日文	3	3
普通物理学	4	4	普通物理学	4	4	普通物理学	4	4
普通化学	4	4	普通化学	4	4	普通化学	4	4
水产无脊椎动物学	4		水产无脊椎动物学	4		水产无脊椎动物学	4	
鱼类学	3	3	鱼类学	3	3	鱼类学	3	3
普通生理学		4	应用机械常识		4	应用机械常识		4

第三学年养殖组			第三学年水产加工组			第三学年鱼捞组		
课程	学分		课程	学分		课程	学分	
	上学期	下学期		上学期	下学期		上学期	下学期
日文	3	3	日文	3	3	日文	3	3
定性分析化学		4	定性分析化学	4		海洋学	4	
定量分析化学		4	定量分析化学		4	湖沼学		4
生物化学		4	生物化学		4	浮游生物学	3	3
水产动物生理学		4	有机化学	5		鱼类生活史		3
水产植物生理学		4	营养学	3		水产生态学	3	3
水的检验与分析法	2		水产制造通论		4	水产植物学	3	
水产植物学	3		水产植物学	3		生物统计学		3
水产无脊椎动物胚胎学	2		工商管理法		3	渔具学	3	
浮游生物学	3	3	细菌学	3		海洋气象学		3
鱼类生活史		3	热力学		3	水的检验与分析法	2	

　　资料来源：《国立山东大学概览》，载张研、孙燕京主编《民国史料丛刊·文教·高等教育》第 1089 册第 30—32 页，大象出版社，2009。

物生产、技术及其发展规律的综合性学科，涉及水生生物的增殖、捕获、加工等专业，欧美国家的大学水产专业均 6 年学制。为了在 4 年中修完必要学程，朱树屏除平时加大授课内容，亲自执教水产学科前沿课程，还拟于每年暑假加开讲习班，1948 年夏拟聘费鸿年、陈同白、刘发煊、赵九章及丹麦学者隆氏等国内外水产学界知名专家来青讲学。[①] 水产学又具地方性特征,国立山东大学水产学系首先要关注的是山东半岛黄、渤海区域的生物和水域环境,但却少有可适用的教材。同时,中国"振兴渔业之需要极端迫切",而"渔业问题之亟待解决者甚多,须急切研究以谋解决"。为此,朱树屏提出水产学系必须教学与研究并进,以便"利用研究出的资料作为教材"。1948年4月,国立山东大学行政会议通过筹建水产学研究所的决议,5月教育部批准山大水产学系分设渔捞、养殖、加工三组,并准设水产学研究所。[②] 是年9月,山大水产学研究所首次招考研究生,计划招生14名,涵盖渔捞学、鱼类学、水产生物学、养殖学、水产化学、水产生态学、水产生理学等学科领域。

为了从事水产科学研究,闻讯教育部有数艘渔轮欲调拨涉海专业院校,1947年11月朱树屏亲赴南京"面陈,准予拨给渔轮二艘,俾应需要"[③]。1948年5月,教育部代电准国立山东大学配备渔轮一艘"Noyth Coast"号,作为"海上实习之用",青岛市警察局为此特为山大渔轮制定旗帜,"以资识别"。[④] 为增辟新的教学研究资源,1948年4月,国立山东大学与青岛市政府商洽将水族馆作为合作机构,但因李先良反对而搁置。[⑤] 是年10月,国立山东大学向国民政府行政院提出接管青岛观象台天文海洋部分设备,因战前山大即与观象台有密切合作,目下对该台设备"需要至殷"。山大又说服青岛市参议会出面协调,参议会对此"深以为然",并表示"电请中央,待八次大会追认"。[⑥]

国立山东大学善于调动社会力量,整合青岛资源为教学与科研服务。同时,水产学系作为中国第一个高等水产教育机构,以务实、耐劳、富有研究精神与学术兴趣,赢得了社会普遍赞誉。

四 工学院的土木、机械专业与新增电机工程学系

国立山东大学工学院在战前原有土木、机械工程二学系的基础上,复校新增电机工程学系,工科专业属性更加突出。1946年8月,赵太侔在答复社会人士

---

① 《山大设水产研究所 聘请国内水产学专家讲学 六年毕业制改为四年修毕》,载《军民日报》1948年7月9日。

② 《山大水产系 教部准予扩充》,载《青岛公报》1948年5月27日。

③ 《朱树屏教授因公抵京》,载《国立山东大学校刊》第24期,1947年12月31日。

④ 《关于抄发国立山东大学实习渔轮旗帜式样的训令》,存青岛市档案馆,档号:A0019-003-00439-0254。

⑤ 《关于水族馆与山东大学研究合作办法未获市长同意等情事的会议记录》,存青岛市档案馆,档号:B0035-001-00126-0039。

⑥ 《观象台天文海洋部分 山大要想接收》,载《青岛公报》1948年10月12日。

提出的于工学院"增加市政工程的学科"，以造就水道、海港等公共事业人才时称"这事正在慎重考虑中"。① 与民国其他大学四年制工学院不同的是，山大工学院修业年限为 5 年(含实习 1 年)②，教育部为此在审核山大学则时提出修正。归属工学院的教授有周钟岐，讲师有杨思平。

由于复校后工学院原有实习工厂不克收回，为使学生离校时"就敢面对技术，能担负起社会所托付的工作"，1946 年 9 月拟任工学院院长王书堂到青后即着手实习工厂建设，向经济部"价购了 4 个较为合用的铁工厂"③。其中，辽宁路 71 号机械工厂及钳工厂系日伪时期的梅泽铁工厂，规模较大，能容纳 60 多名学生实习；泰山路 9 号工厂系日伪时期的原田铁工所，有车床 5 台，刨床、钻床、铣床各 1 台，另具气焊及锻造设备；泰山路 25 号锻铸工厂拥有可供 30 多名学生实习之用的小型机器；此外还有工学院院内的木工厂，可供 30 余名学生实习之用。

1.土木工程学系跨学科知识与平日、假期实习

国立山东大学土木工程学系因有战前的实践史，1946 年复校更成为一个范围广阔的工科综合性学系。系主任许继曾(1905—1989)，字行远，山东聊城人，1923 年入山东矿业专门学校，后任职天津港务处，还有武汉大学、西北工学院任教经历，1947 年 8 月应聘国立山东大学。1946 年山大复校时丁观海再次应聘，任土木工程学系教授，其子丁肇中在青岛上过一年多小学，1948 年春丁观海应台南工学院之聘去了台湾。土木工程学系有讲师侯穆堂、博其尔(Boettcher，德国籍)，还有助教侯家泽、于典章、王锺泰、杨玉璧。④

图 5-28 许继曾

随着民国工程实践的发展，土木工程学系的课程(表 5-13)以造就工程专才为宗旨，课业"采严格办法"，基础年级着重于"工具智识之培植，期能养成独立研读与解决问题之风习"。课程实践除了平日按时进行各种实习与实验，还要利用寒、暑假期到校外进

图 5-29 博其尔

① 《山东大学前路》，载《民言报》1946 年 8 月 26 日。
② 《临时校务会议记录》，载《国立山东大学校刊》第 13、14 合期，1947 年 3 月 8 日。
③ 樊翕：《工学院计划大要及筹备经过》，载《国立山东大学校刊》第 7、8 合期，1946 年 12 月 28 日。
④ 《工学院教员名录》，载《国立山东大学概览》第 29 页，1948。

表5-13　国立山东大学土木工程学系第一至三学年课程学分表

第一学年			第二学年			第三学年		
课程	学分 上学期	下学期	课程	学分 上学期	下学期	课程	学分 上学期	下学期
国文	3	3	物理学	4	4	高等微积分	2	2
英文	4	4	化学	3	3	经济学	2	
微积分	4	4	物理实验	1	1	热机学	3	
普通物理学	4	4	化学实验	1	1	平面测量	3	
普通物理实验	1	1	应用力学	5		测量实习	2	
工厂实习	2	2	材料力学		5	工程材料	3	
投影几何		2	工程制图	1		水力学	3	
三民主义	2	2	微分方程	2	2	水力试验		1
			工程地质	2		结构学	3	3
			机动学	2		钢筋混凝土		3
			平面测量		3	最小二乘方		2
			测量实习		2	应用天文		2
						大地测量		3
						大地测量实习		1
						路线调查及土木		2
						路线调查实习		1
合　计	22	20	合　计	21	21	合　计	21	20

资料来源:根据《土木工程学系概况》整理,载《国立山东大学概览》第30—31页,1948。

行实习和参观,实现理论与实践相互印证的教学实效。分析表5-13可见,土木工程学系对数学、物理学、化学、地质学的要求高,尤其是数学,"微积分""微分方程""高等微积分"等分布在第一至第三学年,且贯穿全学年;"投影几何"与"最小二乘方"也是各占2学分的课程。物理学的力学部分除了"应用力学""材料力学""水力学"等课程知识,还要通过扭力试验机、混凝土弯力试验机、材料弯力疲劳试验机等操作得以体现。

尤为重要的是,土木工程学系对实验条件要求高。除了业已建起的水力实验室、材料实验室外,还在对外公开的文告中宣称,"俟本系扩大分组"后,土木工程学系还将增设公路材料实验室、水工实验室、土壤压力实验室、模型室等专业用房。[1]

2.机械工程学系的课程评价与教员分工实习工厂

机械工程学系作为工科院校的基本系别，在战前山大工学院已开办数年，复校时即成热门专业。系主任孙振先（1903—1989），山东济南人，1930 年毕业于北平师范大学数学系，后赴德国柏林工业大学机械制造系深造，1940 年回国历任航空委员会第一飞机制造厂设计员、长春大学工学院院长。机械工程学系聘有教授陈孝祖。陈孝祖（1914—1995），山东昌邑人，幼年随父陈干在青岛求学，1933 年陈孝祖赴日本帝国大学攻读，回国后任教湖南大学，1945 年在日军受降式上任翻译。机械工程学系还有副教授蒋士龢，讲师沈丙宪，助教张纪昌、申正宾、杨鋆、刘希贤、邢茂春。[2]

机械工程学系的课程（表 5-14）与土木工程学系有许多相似之处，对数学、物理学、化学知识都有要求，并有贯穿一学年的"微积分""微分方程""高等微积分""普通物理学""普通化学"等课程，其中"微积分"8 学分，"普通物理学"14 学分，"普通化学"6 学分。不同的是，机械工程学系的课程更注重

图 5-30　陈孝祖

对学习效果的评价，要求"无论全部机器或零碎配件，自最初构思设计起，以至建厂制造止所历过程，如材料之选择与试验，设计技术之研讨，制造方法之比较，成本高低之计算，工作效率之评定等，一一均须切实研究，以求贯彻"[3]。为此，机械工程学系特别重视教学资源建设，不仅将图书、杂志归并为基础设备，还将教员按其特长分配在 4 所工厂，指导学生实习。例如：副教授蒋士龢与助教杨鋆负责长春路和泰山路工厂，讲师沈丙宪负责辽宁路工厂，助教申正宾协助电机工程学系教授樊翕负责工学院实习木工厂。[4] 举凡车工、钳工、锻工、木工、翻砂、模型制造等学生实习指导，均由机械工程学系教员承担，并在工学院工厂完成。

不过，受复校时的资金条件和教学用房的限制，机械工程学系按民国大学工科院系的装备要求尚有差距，靠教育部、救济总署的调配总有捉襟见肘之感。截至 1948 年 5 月，国立山东大学工学院只有 3 间工程制图室，设有 60 套桌椅，供

① 《土木工程学系概况》，载《国立山东大学概览》第 30 页，1948。
② 《工学院教员名录》，载《国立山东大学概览》第 29 页，1948。
③ 《机械工程学系概况》，载《国立山东大学概览》第 31 页，1948。
④ 《山大考试新生揭晓　试读先修共取八十七人　工学院新添设工厂四所》，载《青岛时报》1946 年 12 月 12 日。

表 5-14　国立山东大学机械工程学系第一至三学年课程学分表

第一学年			第二学年			第三学年		
课　程	学　分		课　程	学　分		课　程	学　分	
	上学期	下学期		上学期	下学期		上学期	下学期
三民主义	2	2	微分方程	2	2	热工学	4	3
国文	3	3	普通物理学	3	3	机械设计	3	3
英文	4	4	普通物理实验	1	1	机械设计制图	3	3
微积分	4	4	普通化学	3	3	测量	3	1
普通物理学	4	4	普通化学实验	1	1	工程材料	3	
普通物理实验	1	1	应用力学	5		经济学		3
投影几何	2		材料力学		5	工业化学	1	1
机械图		2	机构学	3	3	金工	1	1
工厂实习	2	2	工程制图	2	1	热工试验		2
			工厂实习	1	1	材料试验	1	
			测量		2	高等微分	2	2
			二年英文(选修)	(3)	(3)			

资料来源:根据《机械工程学系概况》整理,载《国立山东大学概览》第31—32页,1948。

给各学系一、二年级学生绘图。配有材料硬度试验机和冲击试验机的材料实验室,是土木和机械两系学生共用。教育部调拨的柴油发动机和配有 20kW 的发电机,由于缺乏专用厂房无法安装试车。稍感欣慰的是,机械工程学系对未来发展胸有成竹,计划中的机械工程实验室需要各种蒸汽锅炉、水轮机、煤气机、制冰机;内燃机实验室则需要设置 CFR 燃料试验机、排气分析器、高速内燃机、火花塞试验机、平衡试验机、航空发动机、自动车试验台,以及有关动力、电系燃料、滑油等试验与维修设备。[①] 然而,这一切均停留在规划远景中。

　　3.电机工程学系的预修课程与电机研究所构想

　　电机工程学系是国立山东大学复校后的新设学系,实属"方兴之际",系主任陈茂康颇受瞩目。[②] 陈茂康(1887—?),四川巴县人,1910 年第二批 70 名"庚款"留美学生之一,获美国协和大学电工系硕士学位,回国后曾任中央研究院物理研究所研究员,1947 年以花甲之龄应聘国立山东大学。电机工程学系聘有教

---

　　① 《国立山东大学概览》,载张研、孙燕京主编《民国史料丛刊·文教·高等教育》第 1089 册第 36—37 页,大象出版社,2009。

　　② 《山大人士院系负责人大致已聘定》,载《民言报》1948 年 4 月 1 日。

授樊翕，副教授杜锡钰，助教刘浣非。[1]

由于电机工程为科学发展史上的新兴学科，民国大学尚无现成的教材可用，这使得山大电机工程学系"预修课程尤多"[2]。通过表 5-15 可见，课程的物理学要求高于数学、化学。物理学知识不仅在第一、二学年有连续修 18 学分的"普通物理"，而且在前 3 个学年，"应用力学""材料力学""机构学""热机学"均为高学分必修科。当然，电学的科目和学时比重更大，"电工原理"占时 1 学年，跨越第二、三学年 2 个学期；第三学年的"交流电路""直流电机""直流电机设计""电工实习""工程材料或电报电话"等课程，凸显出电机工程学系的专业特征。

图 5-31 陈茂康

表5-15 国立山东大学电机工程学系第一至三学年课程学分表

一年级							二年级							三年级						
课程	上学期			下学期			课程	上学期			下学期			课程	上学期			下学期		
	讲授	实习	学分	讲授	实习	学分		讲授	实习	学分	讲授	实习	学分		讲授	实习	学分	讲授	实习	学分
三民主义	2		2	2		2	微分方程	2		2	2		2	电工原理	3		3			
国文	3		3	3		3	应用力学	5		5				交流电路	4		4			
英文	4		4	4		4	材料力学				5		5	直流电机	3		3			
微积分	4		4	4		4	机构学	3		3				交流电机				4		4
普通物理	4	3	5	4	3	5	普通物理	3	3	4	3	3	4	直流电机设计				2	3	3
投影几何	2	3	2				普通化学	3	3	4	3	3	4	电工实习		3	1		3	1
机械图				1	3	2	电工原理				3		3	电工实习报告		3	1		3	1
工厂实习		6	2		6	2	工程制图	1	3	2	1	3	2	热机学	4		4	4		4
							工厂实习		3	1		3	1	热机实习					3	1.5
														高等数学	2		2	2		2
														水力试验		3	1.5			
														工程材料或电报电话				3		3

资料来源：根据《电机工程学系概况》整理，载《国立山东大学概览》第33—34页，1948。

---

[1] 《工学院教员名录》，载《国立山东大学概览》第29页，1948。

[2] 《电机工程学系概况》，载《国立山东大学概览》第33页，1948。

比较言之,电机工程学系的试验设备较土木、机械工程二系为少,第一、二学年的工厂实习为工科普通实习,电机专业实习安排在第三学年上学期至第五学年下学期,除在工厂实习外,还利用工学院楼底层的专用实验室操作,以期达成理论与实践并重。1948年8月,电机工程学系利用暑假安装电信设备,历时3个月全部完竣,确保三年级学生新学期实习之用。

值得一提的是,电机工程学系在公开的文告中提出,"添设电机工程研究所,以训练助教,增加教员工作兴趣",同时"准备学生之深造"的条件,还有"应社会上有关研究之需要"的目的。[①] 作为新增专业,电机工程学系创建伊始即有提高学历层次之设想,可贺可佩。

五 医学院西医课程本土化与医护卫教体系的初构

国立山东大学医学院因战后接收的敌产日本青岛医学专门学校及青岛医院诊疗班,而成为最早设定的学院,与之相连的附属医院遂成为医学院的教学医院。始建于1946年10月的高级护士职业学校,也作为医学院的附属教学机构,承担起医疗护理人才的培养任务。实际上,山大复校较之战前最大的专业变化便是医学院及其医护卫生教育体系的构建,青岛特别高等专门学堂停办后中断的医学教育获得了继承性发展。

1.医学本科教育的开拓发展与西医课程的本土化

在李士伟任院长的国立山东大学医学院,划为教员系列的共有解剖科、生物化学科、眼科、外科、小儿科、内科、骨科7个科室主任、教授、副教授、讲师、讲员和助教。解剖科主任由教授沈福彭兼任。沈福彭(1908—1982),江苏苏州人,初读东吴大学医学预科,后转燕京大学,1932年赴比利时布鲁塞尔大学留学,获博士学位后留校任教,1939年回国就职云南大学医学院,1946年4月应聘国立山东大学,由此沈福彭与青岛医疗教育事业深度结缘。1980年10月,当沈福彭意识到自己余年有限便写下了《我的解剖重点》,成为中国捐献遗体以骨架制成标本的第一人。作家秦牧赞曰:"一纸遗嘱直如震世春雷,一宗心愿想见哲人气概。"[②]眼科

图5-32 沈福彭

---

① 《电机工程学系概况》,载《国立山东大学概览》第34页,1948。

② 秦牧:《哲人的爱》,载《秦牧全集》(增订版)第4卷第466页,广东教育出版社,2007。

主任由教授潘作新兼任。潘作新(1903—1983)，山东掖县(今莱州)人，毕业于北京协和医学院，赴奥地利维也纳大学医学院任研究员，抗战时期在中国红十字会救护队任职，曾率医疗队深入晋东南根据地为抗日军民服务，1947年8月任教国立山东大学医学院。潘作新在生命弥留之际立遗嘱，留得光明在人间，他是中国第一个捐献自己眼角膜的眼科医生。[1] 外科主任由副教授冯雁忱兼任。冯雁忱(1904—1974)，山东昌乐人，1933年毕业于齐鲁大学医学院，同时获加拿大多伦多大学博士学位，1934年起先后在北京协和医院、南京中央医院、重庆市民医院、陆军医院任职，1946年9月应聘国立山东大学。小儿科主任由副教授秦文杰兼任。秦文杰(1906—1989)，号迈千，山东昌乐人，冯雁忱之妻，1930年毕业于齐鲁大学医学院，同时获加拿大多伦多大学博士学位，先后在南京中央医院、重庆中央医院、陆军医院、中央助产学校等任职，1946年与冯雁忱同时应聘到青岛。内科主任由副教授

图 5-33　潘作新

图 5-34　秦文杰

图 5-35　杨 枫

杨枫兼任。杨枫(1905—1981)，原名杨荫春，辽宁兴城人，毕业于辽宁医学院，任中央大学讲师，抗战后期任陕西汉中陆军医院内科主任，1946年应聘到青岛。骨科主任由副教授李温仁兼任。李温仁(1914—1999)，福建福州人，1933年考入燕京大学医学院预科，毕业于北平协和医学院并留校深造，获博士学位和妇产科荣誉奖，1947年应聘国立山东大学医学院。医学院还聘有教授穆瑞五，兼任教授綦建镒，讲师叶毓芬、李景颐、王培基、阎应明、张之湘、梁福临，讲员陆光庭，助教法德华、李鹏年、夏淑芳。[2]

---

[1] 吴良成、程宏：《眼科专家潘作新教授》，载《中国眼耳鼻喉科杂志》1997年第6期。

[2] 《医学院教员名录》，载《国立山东大学概览》第29页，1948。

根据民国医科专业修业规定,医学院年限为6年,实行学分制、必修制和选修制。山大医学院的课程(表5-16)第一学年全部为语言学(国文、英文、德文),数学、物理学、化学、生物学等基础课程,医学专业课自第二学年始设,主要是解剖学、生理学、药理学、病理学等现代医学技术教育。医学院要求,对于"法定的几样课程,要潜心研读,那是天经地义,根本不容疑问"[1]。由于医学的实践性特点,特别是接收的日本医专的仪器和设备"足以应付目前需要",医学院规

表5-16　国立山东大学医学本科第一至三学年课程学分表

第一学年			第二学年			第三学年		
课　程	学　分		课　程	学　分		课　程	学　分	
	上学期	下学期		上学期	下学期		上学期	下学期
三民主义	2	2	有机化学	5		生物化学	9	
国文	3	3	组织学	5		生理学	9	9
英文	4	4	解剖学	14	14	药理学	8	8
德文	3	3	胚胎学		3	细菌学	8	8
普通数学	3	3	神经解剖学		3	病理学		8
普通物理学	4	4	生物化学		9	病理讨论		
普通化学	4	4	体育					
普通生物学	3	3	英文(选修)	6				
体育								

资料来源:根据《医学院概况》整理,载《国立山东大学概览》第36页,1948。

定"后期课程将就附属医院开设,并可就近使学生临床实习"。[2] 以14学分的解剖学为例,学生不仅要修完5磅重的解剖学教程,还要进行人体解剖实习。为此,医学院"辟一尸池,以储备解剖材料",其来源为青岛警备司令部、警察局、地方法院处理的死亡时间在24小时之内无人认领的尸体。解剖实习时,每4~6名学生可分得一具尸体,但"女尸来源不易",只得"用动物代替",人体及胚胎标本则从接收的日本医专的标本中提获。[3] 围绕西医课程本土化和医学模式的转换,医学院致力于改变以知识为媒介的讲授方式,有教授提出:

　　　　其实单凭课堂里的学习,还不算够,必需更进一步,随时留心观察。每

---

① 綦孟璞:《和本校医学院的同学谈几句话》,载《国立山东大学校刊》第7、8合期,1946年12月28日。

②③ 《医学院概况》,载《国立山东大学概览》第35、35页,1948。

逢一种现象发生,都要多多运用自己脑筋,从长思考一下。……因为我们日常遇见的现象和变化,很少几样是和书本上所载完全吻合的。……单靠死书本,尽管你背诵得透熟,是没有多大用处的。①

为推动现代医学高等教育目标的实现,山大医学院既注重学科自身的特殊性,还注重学科与学科之间、医学学科与人文社会学科之间的关联。据史料记载,1948 年秋,医学院还对青岛中小学生"体格及营养"问题进行调查,并计划在5 年内成立生物化学及营养研究所。要强国必先强种,青岛报界曾在一篇广告性的报道中不无夸张地说:医学院院长李士伟"操到了本院的前途光明的左券"②。与同期从万县迁回济南并接收日伪省立医专的山东省立医学专科学校相比,山大医学院起步晚,缺少历史渊源,且李士伟

图 5-36　1948 年国立山东大学医学院学生合影

等教员多为美系医学脉,强调以学科为基础的医学教育模式。山东省立医科学校则系"德医派",校长尹莘农在 30 年代曾任青岛市立医院院长、国立青岛大学校医,执掌省立医专兼附属医院长达 17 年之久,尹莘农学贯中西,知识渊博,提出了"纳国医于科学之规辙"主张。1948 年 8 月经教育部核准,山东省立医学专科学校更名为山东省立医学院。山大医学院与省立医学院成为山东高等医学教育的两极。

2.附属医院的临床传承与完善的卫生教学机构追求

位于青岛江苏路 16 号的山大医学院附属医院,其前身系 1898 年德国租借地时期的海军野战医院,因 1909 年青岛特别高等专门学堂医科生的实习需要,已易名胶澳督署医院遂成为教学医院。但 1914 年日本占领青岛后,医院改成青岛病院,后归属日财团法人同仁会。及至抗战时期,青岛(东亚)医科大学/学院及更名的青岛医学专门学校,均将其作为附属医院。③ 教医分合固有其历史原因,1945 年接收的"敌产"青岛日本医学专门学校附属医院虽有归属争议,但最终以"日人投降时之隶属性质决定"。1946 年 1 月,教育部在赵太侔尚未就任国

① 綦孟璞:《和本校医学院的同学谈几句话》,载《国立山东大学校刊》第 7、8 合刊期,1946 年 12 月 28 日。
② 《要强国先要强种——介绍山大医学院　献给有志学医的同学》,载《军民日报》1947 年 8 月 6 日。
③ 钱国旗:《青岛大学校史》,第 30 页,中央文献出版社,2014。

立山东大学校长前即将附属医院揽在怀里,不仅启用了医院钤印,而且组建起院务委员会。1946年4月,赵太侔聘依克伦任附属医院院长。① 但是,依克伦不善管理,附属医院"人事未谐",多被社会指责。1946年12月,依克伦携带医院钤印,擅自离开青岛去了南京。1947年1月,赵太侔决定改组附属医院组织管理机构,成立医院委员会,由医学院院长李士伟兼任附属医院院长,綦建镒、冯雁忱、杨枫、邵式銮、曲天民任医院委员会委员。②

国立山大医学院附属医院"以冀成为鲁青区最完善之卫生教学机构"为目标,并确立"为供医学院学生临床实习、增进学术研究及临病经验,并为地方民众服务"的宗旨,设置了内科、外科、妇产科、眼科、小儿科、耳鼻喉科、泌尿科、皮肤科、牙科、X光科、检验科共11个门诊科,分设医务部、事务部、护士部、病人服务部、药局、会计处等部门。全院共有医护人员180人、员工100余人,拥有病室5

图5-37 国立山东大学附属医院

座、病床300张,每日门诊量400人。③ 然而,作为接管"敌产"的山大附属医院,始终存在着人员更替、机制转换等问题,依克伦上任之初曾留用一些日籍医学技术人员,有的还委以重任,如化验室主任安田忠次郎、X光室主任佐藤令造等。尽管如此,在李士伟兼任医院院长时期仍有设备无人管理、人

员素质偏低等缺憾。1948年8月,美国医药助华会专家葛莱格汉来华调查美国援华医疗器械的使用状况,结果在山大附属医院发现了与其他地方同样的问题:一些援华的医疗器械"不是因为没有房子,即是无人会用"。例如:X光机运抵中国500多台,但装机使用者不及1/4。葛氏表示,今后美国"不拟再行援助,所应注意者为医务人才之培养"。④

3.护士职业学校从独立办学到归属医学院管理

高级护士职业学校是国立山东大学复校的产物,校长初为包艾靖,1948年附属医院护士长王剑尘兼任校长,护士督导曲天民兼任教务主任。作为民国不多见的附设于综合性大学的高级护士职业学校,王剑尘等实现了护士学校与医学院协同发展,共同构建起医护一体化的青岛现代医学教育体系。

① 青岛医学院史志办公室:《青岛医学院院志(1946—1995)》(内部发行)第14页,1996。
② 《本校附属医院改组》,载《国立山东大学校刊》第11期,1947年2月1日。
③ 《山大附属医院概况》,载《军民日报》1947年8月14日。
④ 《葛莱格汉今离青 昨曾参观山大医院 并对记者阐述此行任务》,载《民言报》1948年8月6日。

　　1946 年夏,山大护校单独面向社会招生 25 名,招收条件为 17~25 岁初中毕业的未婚女子,考试科目有国文、英文、数学、公民、理化、博物,除了笔试还要口试。护校学制 3 年,不收学费,但入学时须预缴一定数额的"仪器赔偿费",此款毕业时清算,多退少补。护士生的第一学期为试读期,须按月随价缴纳膳费,第二、三学期的膳食由护校负担一半,第四、五、六学期则全部由护校津贴。山大护士生待遇是民国护士制度的体现。1947 年续招 25 名,1948 年又招 20 名。

　　通过山大护士学校 3 年的课程计划可见,作为造就医务卫生护理人才的高级职业学校,护士培养从传统的一维性向多维性转向。课程编制系统而周密,如第一学年的第一学期(表5-17)就分为前、后两期,前期10周,后期14周,每周

表5-17　国立山东大学附设高级护士职业学校第一学年第一学期课程表

教授科目 课程时数		解剖生理	公民	国文	社会学概论	护士心理学	化学	家政	英文	个人卫生	护病历史	护病原理	护病技术	史地	体育	细菌学	溶液论	绷带急救	病室实习	总计
前期	上课钟点	40	20	20	20	20	30	10	20	10	20		40	20	20					310
	实习钟点						10													10
	每周钟点	4	2	2	2	2	4	1	2	1	2		4	2	2					32
后期	上课钟点	60	20	20					20				40			30	20	10		280
	实习钟点																		120	120
	每周钟点	6	2	2					2				4			3	2	1	12	40

　　资料来源:根据《附设高级护士职业学校概况》整理,载《国立山东大学概览》第 37—38 页,1948。

教学时数为 72 个钟点,其中实习(含化学试验和病室实习)为 130 个钟点,由此折射出教育理念、培养计划、课程规划的实践性。护理专业作为一门日趋完善的独立门类,凡专业科目的教学,如护病技术、护病原理、溶液论、绷带急救、内外科护病、妇产科护病、小儿科护病、护病学、护士历史、护士心理学、家政等,均由护校教师任教;国文、英文、史地、化学、解剖学、细菌学、社会学、内科、外科、妇产科、小儿科等课程,则由山大教师和附属医院医师分别担任。学生在病房实习,除了护校教师负责实习指导外,并由各病房护士长及夜班长负责指导。值得提及的是,山大护校经历了 2 年独立

图5-38　国立山东大学附设高级护士职业学校师生

发展后,1949 年 1 月归属医学院管理,由此定名为"国立山东大学医学院附设高级护士学校"[1]。

事实上,无论是现代医学教育理念的增进,抑或卫生医疗服务的范围,国立山东大学医学院及其附属医院、护士学校均比德、日时期青岛医学教育有了质的发展。中国医务职业精神的觉醒,以及对世界新医学思想的接受和转化,使得山大医者由对人的自然属性的关注转向对人的全面关注,不仅培养了卫生医疗人才,而且为青岛西医教育的本土化提供了实践基础。当然,由于创始初期不可避免的问题,山大医学院及其附属医院、护士学校存在着中医药教育的缺失、卫生与教育体系的疏离、科学与人文精神的脱节等局限性。

六 纳入训导体制的体卫组与不计学分的体育课程

国立山东大学复校后的体育卫生组,隶属于训导处。训导制本是抗战全面爆发后国民政府为加强对大学的控制而实施的一项教育政策,是训政时期广义的党化教育的重要环节。训导处在 1939 年作为教育部划一专科以上学校行政组织的统一规制,成为与教务处、总务处并列的三大常设机构,1944 年取消军事管理组后,训导处形成了生活管理、课外活动、体育卫生三组定制。于是,战后大学体育卫生工作成为训导处的职能之一,战前体育强国强种与军事化特征被消解,却出现了政治意识形态化的迹象。当然,国立山东大学进步师生对体育纳入训导制并非为然,独立的自然主义体育观在制度与学人的抗衡中得以发展,山大体育卫生组与生活管理、课外活动二组渐现分化与隔阂。

山大体育卫生组的成员兼具教员与职员双重属性,除了教授兼主任宋君复,还有讲师兼指导员穆殿芳、毛献廷、杨俊昌、冯和光、万蓉,助教兼指导员陈振善、王俊朋,国术指导朱连城。[2]

1.体育正课考核与体育的普遍性原则、合理性标准

特别注意的是,在国立青岛大学和战前国立山东大学时期,体育是各院系计 8 学分的共同必修科,高于 4 学分的"党义"和 6 学分"军事训练"。但及至战后,由"党义"演化的"三民主义"列入各院系一年级学生固定的 4 学分必修课,而体育却成为不计学分的课程。翻检各学院的课程表,除了医学院将体育列入学程外,文、理、农、工四院的教学计划都没有体育课的踪影。

战后山大使用了"体育正课"的概念,称"全校学生每周必修体育正课两小

---

① 青岛医学院史志办公室:《青岛医学院院志(1946—1995)》(内部发行),第 21 页,1996。

② 《体育概况》,载《国立山东大学概览》第 39 页,1948。

时,分两次上课,其教材以球类、田径赛、器械、国术、游泳等为主",要求学生上体育课,"均须一律着短服及软底鞋,违者以缺席论"。[①] 体育课程的要求突出了强制性、服从性、标准性等特点。由于宋君复在战前的国立山东大学曾制发男、女生各项运动成绩的及格和满分标准,及至战后便进一步演化为"各年级标准测验项目",并规定毕业时须达到 16 种不同运动项目之标准,以此作为准予毕业的必备条件。1946 年 12 月,国立山东大学举行复校后第一次体育运动项目测试。其中,男生俯地双臂屈伸每分钟以 12 次为及格,达 29 次为满分;篮球投篮每分钟以投中 12 次为及格,达 22 次为满分。1948 年在山大公布的《国立山东大学概览》中,体育成绩的获得由以下四个方面构成:

(A)标准测试占百分之四十;

(B)运动精神占百分之三十;

(C)出席勤懒占百分之三十;

(D)健康检查,全校学生必须参加,不受检查者,以体育成绩不完全论。[②]

赵太侔多次强调体育"不能为少数同学所专有,而每位同学均应视之与其他功课同样重要,而予以认真的练习"[③]。由于受复校条件的制约,原山大的 360 米环形跑道和有 6 级石筑看台的体育运动场被美军占据,只得另辟一处较小的运动场,在文、理学院使用的鱼山路校区和农、工学院使用的泰山路校区,各有一处设有二三百米跑道的体育场地。同时,挖掘潜力开辟了 12 个篮球场、10 个羽毛球场、9 个排球场、4 个网球场、2 个足球场、2 个棒球场,安装了 3 个乒乓球台,还有单杠、双杠、天梯、爬绳等器械设备,在汇泉海水浴场设有更衣室,以供师生游泳之用。"体育正课"确立了体育课在山大课程与教学体系中的重要地位,并对体育与人格养成进行了必要的理论探讨,但在阐述体育的教育意义、体育"合乎教育哲学和教育心理学"的学理方面尚显空泛。

2.体育运动习惯之培养与蔚为风气的体育赛事

坦率地说,比之体育正课,宋君复更热衷于竞技性体育赛事,这与他深厚的奥运情结有关。1948 年 6 月,宋君复接到是年 7 月—8 月赴英国伦敦出席第十四届奥运会篮球指导员的通知。[④] 这是宋君复继 1932 年第十届美国洛杉矶奥运

---

①② 《体育概况》,载《国立山东大学概览》第 40、40 页,1948。

③ 《会长赵太侔致开幕辞》,载《国立山东大学校刊》第 26 期,1948 年 6 月 26 日。

④ 《宋君复教授被聘为本届世运会篮球指导员》,载《国立山东大学校刊》第 26 期,1948 年 6 月 26 日。

会、1936 年第十一届德国柏林奥运会之后,第三次出征世界体育盛会,成为民国唯一一个参与过 3 次奥运会的中国体育先驱。中国派出的 33 名男运动员,包括宋君复指导的 10 名篮球选手。中国男子篮球队在预赛中三胜二负、落选赛二胜一负,结果无缘晋级前 16 强,在参赛的 23 个国家的篮球队中位列第 18 名。陷入崩溃边缘的国民政府,缺乏参加奥运会的强烈动机,经费不足、回国路费无着的中国队未能拿回一枚奖牌。

作为青岛体育界名流的宋君复,还兼任青岛体育协进会主任、青岛体育场管理委员会主任,这些社会兼职成为宋君复组织和参与各种体育赛事的助推器。国立山东大学的体育赛事主要是每年一度的春季田径运动会和校内外各种球类比赛。宋君复强调,体育赛事旨在"培养学生运动兴趣及鼓励学生竞技精神",使学生"养成运动之习惯,及公正、服从、合作之德性"。①据记载,1947 年 5 月 3 日山大举办了复校后第一次田径运动会,为国立青岛/山东大学校史上的第七届。岛城报界纷纷刊发消息,称山大"体育成绩向不后人","山大战前历在本市运动会牛耳",战后"男女运动健将准备大显身手"。② 1947 年 5 月 17 日出刊的第十九、二十合期校刊,用 5 个版面刊载了此次运动会的组织机构、运动程序、竞赛成绩,以及奖品赞助者的名录。山大在总结问题时直言不讳地指出,作为拥有 800 多名学生的全校性运动会,仅有 170 多名学生报名参赛,而届时"出场竞赛者为数不多,颇影响竞赛成绩,似为美中不足"③。

1948 年 4 月 16 日—17 日举办的第八届春季运动会,赵太侔明确提出"此次运动大会,主要目的在使每位同学均能参加项目"。为此,宋君复等专门制发了章程,规定除因身体残疾或因病经医生证明者外,"凡本校之男女正式学生皆为本届大会之运动员,每一运动员必须参加一项,但最多以四项为限"④。校长赵太侔担纲运动会会长兼总裁判,杨肇燫、刘次箫、周钟岐、李士伟任副会长,宋君复任总干事兼副总裁判,全校教职工分任竞赛、场地、总务、交通、接待等职能。运动会第二天下午,适逢台湾教育观察团 10 多人参观国立山东大学,赵太侔遂请他们至运动场,全校师生报以热烈掌声,欢迎"五十年后重返祖国之台湾同胞莅临观礼"⑤。为了扩大体育运动会的影响力,并募集奖源,国立山东大学向青岛市各机关、团体、厂企、驻青单位发函联络,"如蒙惠赐奖品分发优胜,以启诱学

---

① 《体育概况》,载《国立山东大学概览》第 40 页,1948。

② 《山大春季运动会今日上午八时在校本部揭幕　男女运动健将准备大显身手》,载《军民日报》1947 年 5 月 3 日。

③ 《本校第七届运动大会志盛》,载《国立山东大学校刊》第 19、20 合期,1947 年 5 月 17 日。

④ 《本校第八届春季运动会章程》,载《国立山东大学校刊》第 25 期,1948 年 4 月 15 日。

⑤ 《本校第八届春季运动会补志》,载《国立山东大学校刊》第 26 期,1948 年 6 月 26 日。

生淬励精神,共襄盛举,尤深感荷",市政府、市参议会、市党部、驻青银行、胶海关、中纺公司等纷纷捐助奖品。同时,本校教职员也捐款捐物用于奖励。例如:朱树屏一人捐了50万元,丁燮林、郭贻诚、王恒守、王书庄4人共同捐助100万元,陆侃如、冯沅君夫妇捐了自撰的《南戏拾遗》2册,讲师翟宗沛则捐了1盒咖啡糖和2本《圣经》。①

国立山东大学复校后的球类比赛也此起彼伏,校刊上常有《本学期系际篮球锦标赛开始举行》《本校排球队参加青岛市春季排球锦标赛补志》《本校足球队产生》等报道。1948年11月20日《青联报》曾以"球赛风靡山大"为题,报道山大刚刚结束网球比赛,接着就开始了篮球比赛,院系间的足球赛正在筹备中等消息。通过本校院系开展的各类球赛,宋君复从中选拔球员,组队参加青岛市体育锦标赛。1947年5月,山大女篮荣膺"市长杯"。② 1947年7月,山大排球队参加青岛市春季排球锦标赛,前三战二胜一负,第四战虽占优势,但因前排健将"抱病出场",扣球手"杀球乏力",在"紧要关头,发球竟两次失误",最终告败。③ 此外,宋君复还以篮球权威的地位,组织山大教职员的球迷成立篮球队,冯绍尧、李嘉咏分任正、副队长。

处于训导体制下的山大体育活动,顽强地挣脱意识形态化的思想纠缠,以力量、速度、耐力、灵敏、协调等运动技能争取体育独立化的发展空间。其间,宋君复的积极作为是不容低估的。当然,身为职业体育教授,竞技性体育是宋君复的毕生追求,较之其丰富的体育实践,理论尤显薄弱,他的"机械化的训练""集多元而成一元"以及移植的"平时在运动场上多流一点汗,将来在战场上可少流一滴血"等提法④,有的不够严密,有的甚至可笑。

3.常规卫生指导监督与战后心理安全教育的缺失

由于战后大学的训育涉及学生在校内除课堂教学之外的所有事项,山大与体育划为一体的卫生,涵盖食堂清洁、校园清扫、垃圾处理等常规卫生活动及健康体检等学生疾病的预防与诊治,还有学生营养指导等工作。划归山大训导处体育卫生组的7项职责,其中4项涉及卫生。具体是:

(一)关于学校卫生设计及监督事项。

---

① 《本校第八届春季运动会补志》,载《国立山东大学校刊》第26期,1948年6月26日。

② 《本校女子篮球队荣膺市长杯》,载《国立山东大学校刊》第19、20合期,1947年5月17日。

③ 《本校排球队参加青岛市春季排球锦标赛补志》,载《国立山东大学校刊》第21期,1947年8月1日。

④ 宋君复:《本校过去体育实施之检讨及将来之展望》,载《国立山东大学校刊》第7、8合期,1946年12月28日。

(二)关于学生体格检查之定期施行事项。

(三)关于学生健康与营养之指导事项。

(四)关于学生疾病之预防及治疗事项。①

其中,“体格检查”在体卫组的工作职责中表述为:“本校于每学年之始,照例举办全校学生健康检查一次,其有疾病或缺陷者,则分别予以治疗、矫正,以作全校体育实施之参考。”②由于山大设有医学院附属医院,患病学生的诊疗“订有优待办法”。此外,文、理、农、工、医各学院分设诊疗处,“每日由附属医院派定医务人员应诊”。当时的大学生活来之不易,国立山东大学为学生提供了必要的诊疗条件。

与卫生相连的是学生的考勤管理,战后山大由训导处负责学生的请假事宜。为此,《国立山东大学学则》明文规定,“学生缺课无论曾否请假均由训导处登记并报告注册组”(第32条),“学生因故不能上课者须先期向训导处请假”(第33条),“学生请假逾三日者须经训导长核准”(第35条)。在1947年3月公布的《国立山东大学学生请假暂行规则》进一步规定,学生病假和事假“须每日向训导处报告一次,每满十小时扣全学期总成绩平均分一分”;如果请病假或事假“满四十次者,勒令休学”;休学的学生在教务处注册组办理手续后,由训导处“发给离校证明书”。③ 由于训导处经管卫生,原属教务处的职责分解给训导处。训导处进而包揽了学生上课点名。实际上,每堂课由训导员亲临每间教室逐一点名的办法,既不可取,也不现实。此项制度不仅遭到了学生们强烈反对,而且也带来了教员的认同危机,“碍于种种实施上之困难”,自1948年第二学期起改由授课的教员负责点名。④ 但训导处要求,注册组须排定各科学生上课的座号,总务处将学生座椅钉牢,学生出勤依旧受到严格监控。对大学生出勤的管控,其实就是将学生

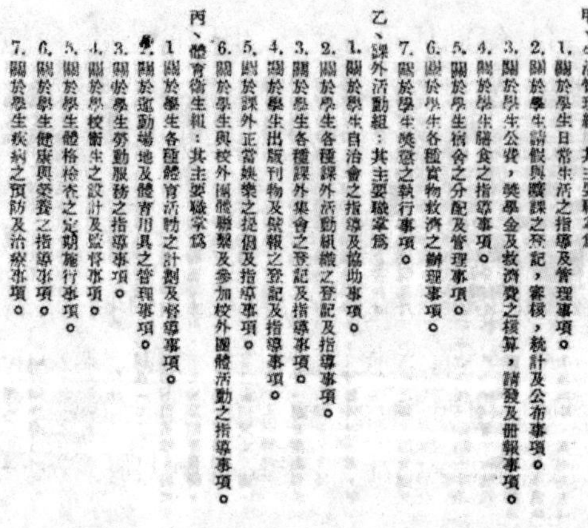

甲、生活管理組:其主要職掌爲
1. 關於學生日常生活之指導及管理事項。
2. 關於學生請假與曠課之登記,審核,統計及公布事項。
3. 關於學生公費,獎學金及救濟費之核算,請發及冊報事項。
4. 關於學生膳食之指導事項。
5. 關於學生宿舍之分配及管理事項。
6. 關於學生各種實物救濟之辦理事項。
7. 關於學生獎懲之執行事項。
乙、課外活動組:其主要職掌爲
1. 關於學生自治會之指導及協助事項。
2. 關於學生各種課外活動組織之登記及指導事項。
3. 關於學生各種課外集會之登記及指導事項。
4. 關於學生出版刊物及壁報之登記及指導事項。
5. 關於課外正當娛樂之提倡及指導事項。
6. 關於學生與校外團體聯繫及參加校外團體活動之指導事項。
丙、體育衛生組:其主要職掌爲
1. 關於學生各種體育活動之計劃及督導事項。
2. 關於運動場地及體育用具之管理事項。
3. 關於學生勞動服務之指導事項。
4. 關於學校衛生之設計及監督事項。
5. 關於學生體格檢查之定期施行事項。
6. 關於學生健康與營養之指導事項。
7. 關於學生疾病之預防及治療事項。

图 5-39 国立山东大学训导处各组职责

① 《训导概况》,载《国立山东大学概览》第42页,1948。

② 《体育概况》,载《国立山东大学概览》第40页,1948。

③ 《国立山东大学学生请假暂行规则》,载《国立山东大学校刊》第13、14合期,1947年3月8日。

④ 《上课点名改由授课教员担任》,载《国立山东大学校刊》第25期,1948年4月15日。

时时处于国民党的思想控制之下，目的就是让学生认同国民党的思想理念和道德观念，进而认可国民党的统治地位。[①]

民国大学生对于生活的态度一向洒脱自由，尤其受青岛城市欧化时髦风尚的影响，心理问题在所难免。1947 年和 1948 年接连发生的几起学生自杀、失踪悲剧性事件，无疑给国立山东大学训导处上了一课。

1947 年 4 月的一天清晨，有人在太平角海滨发现了一个自缢身亡的青年男子。经调查，死者系国立山东大学农学院农艺学系学生扈克强。扈克强，时年 24 岁，河北枣强人，抗战时期就读贵州大学化学系，1946 年从北平考入国立山东大学。据山大熟知扈克强的同学称，扈克强品学兼优，享公费生待遇，但不善交际，一周前焚毁了所有日记和信函。有记者遍访扈克强的同学朋友，通过种种蛛丝马迹推测，扈克强之死为殉情。山大训导处对扈克强殉情之说"坚不承认，又乏有力证据"反驳，最后"由校方准备棺殓，暂厝殡仪馆"，待家人来青安葬。[②]1948 年 4 月 21 日青岛《军民日报》以"前面有路吗？记山大学生张魁松的走出"为题，曝光了一起国立山东大学学生留下遗书、出走失踪的恶性事件。张魁松，山东平原人，时年 23 岁，系山大中文系二年级学生，享受公费生待遇。据同宿舍的同学反映，张魁松平日沉默寡言，出走的当天闷头写了一天，第二天早晨发现他留在床上的 3 封信。其中，张魁松写给母亲的信中称："世界在面前变了色，那么还有什么足以留恋吗？"记者在访问了熟悉张魁松的同学和教师后感慨道："这社会给予我们的精神和肉体的虐待也太重了。"[③]显然，张魁松的出走失踪是厌世所致，他找不到生命的意义，最终被无意义感的社会吞没了。

不能不说，战后大学训导制扭曲了民国训育的本意，以致成为国民政府完成其专制思想的宣传与同化。[④]尤其是以政治意识形态化的手段管理体育、卫生教育，势必造成对体卫学科属性的损伤。几起的悲剧虽属偶发的个别事件，但其显现的心理卫生安全教育缺失其实是对训育制度的否定。

第三节　战后新思潮下的校政管理与多样化的社团

国立山东大学复校不久赵太侔即提出了"养成纯朴学风"的目标追求。为了避免"一切阻碍和足以破坏研究学术的活动"，根据教育部修正的《学则》，山

---

① 张杰：《南京国民政府时期高校学生管理研究》，苏州大学博士学位论文，2017。

② 《山大农艺系高才生扈克强厌世轻生　在太平角自缢丧命》，载《民言报（晚刊）》1947 年 4 月 16 日。

③ 《前面有路吗？记山大学生张魁松的走出》，载《军民日报》1948 年 4 月 21 日。

④ 王延强：《民国高校训育体系与学生管理的制度化发展》，载《高教探索》2019 年第 12 期。

大健全了一系列关于招生、考试等管理制度,在内战风云密布的严峻形势下有限度地开展学术研究和社团活动。由于专制性的大学训导体制,学生自治组织及其活动多受限制,校园文化呈现多边和多样化。适应战后新思潮,山大教职员工队伍几经变化,众教授为追求沪、平大学平等待遇不惜酿成罢教停课事件。

一 部令修正的《学则》与招生考试等教务管理

国立山东大学《学则》作为学校施教的法规性、纲领性文件,赵太侔极为讲究其条款的严密性和规定的严肃性,规范明确,所受是极;而教育部对国立大学学则的审核,则以是否合度为准。显然,官府与学府对《学则》某些规范问题的争辩在所难免。

应当说,赵太侔对《学则》的颁行是十分慎重的,直到 1947 年 9 月才通过第二十二期《国立山东大学校刊》发布。1948 年 1 月 12 日国民政府颁布《大学法》后,山大《学则》于 1 月 16 日呈请教育部核准。教育部在是年 2 月下达"高字第一○八二○号令"予以"修正"。① 1948 年 5 月刊行在《国立山东大学概览》的《本大学学则》,共 7 章 49 条,对招生入学、缴费注册、改课转系、试验成绩、缺课休学、毕业退学等方面进行了规范。同时规定,《学则》"如有未尽事宜得由校务会议修正之"②,即国立山东大学校务会议拥有《学则》的补充和修正权。

1.青岛试区的优待政策与社会的求学压力

民国大学招生最能反映学校的办学实力,生源数量和质量决定了大学的办学水平,这对复校生源零起点的国立山东大学来说尤其如此。1946 年复校招生虽然仓促,但 814 名本科生及包括先修班在内的 1205 名招生数,无疑宣示了山大复校成功。经过 1947—1949 年 3 年不断改进和完善招生政策,及至 1949 年全校在校生达到 1615 名。③ 表 5-18 反映的 1946 年、1947 年两年在校生情况表明,国立山东大学各院系招生不平衡的现象比较突出,有些学系尚未被社会广泛认可。事实上,山大复校以来始终处于有限招生与失学青年众多、院系供给结构失衡的矛盾中,招考从未有一帆风顺的光景,有的年份甚至酿成轩然大波。

1947 年 4 月 25 日赵太侔主持召开的第三次校务会议,其中一项重要议题是研究招生问题。会议决定,成立招生委员会,推举教务长、注册组主任及郑成坤

---

① 《教育部指令》,载《国立山东大学校刊》第 25 期,1948 年 4 月 15 日。

② 《国立山东大学概览》,载张研、孙燕京主编《民国史料丛刊·文教·高等教育》第 1089 册第 11 页,大象出版社,2009。

③ 山东大学校史编写组:《山东大学校史(1901—1966)》,第 165 页,山东大学出版社,1986。

表 5-18　1946 年、1947 年国立山东大学各系学生统计表

单位:人

学年度＼科系	中国文学系	外国文学系	数学系	物理学系	化学系	动物学系	植物学系	地质矿产学系	农艺学系	园艺学系	水产学系	土木工程学系	机械工程学系	电机工程学系	医学院	先修班	总计	累计
1946	48	41	6	14	19	5	6	12	20	18	34	20	34	25	49	192	351	543
1947	43	57	7	20	24	3	3	11	22	15	58	37	35	40	42	—	417	960
合计	91	93	13	34	43	8	9	23	42	33	92	57	69	65	91	192	768	—

资料来源:根据《国立山东大学三十六年度第一学期各院系在校学生数统计表》整理,载《国立山东大学校刊》第 24 期,1947 年 12 月 31 日。

(文学院)、何作霖(理学院)、陈瑞泰(农学院)、樊翕(工学院)、李士伟(医学院)7 人为常务委员,因教务长杨肇燫尚未返校,由注册组主任郭宣霖为召集人。①

由于 1947 年招生收缩考区,国立山东大学除在青岛本地设招生处外,另在上海、北平、济南、潍县设试区。潍县试区的设立,得益于山东第八区行政督察专员张天佑的鼓动,考点设在潍县中学。② 8 月 4 日—8 日为国立山东大学报名时间,报名考生有 4300 多人,其中潍县报考 60 名。沪、平、青、济、潍五地以上海试区报名考生最多,超过 2000 之众。因原备试卷不够应用,赵太侔"亲携试卷赴沪,商借复旦、暨南两校为试场,以资应付"。考试于 8 月 11 日—12 日举行,13 日,青岛《民言报》突然捅出了一个爆炸性的新闻:国立山东大学招考试题泄密。③ 紧接着,青岛几家报社纷纷披露消息,称山大某科试题以每份 3600 万元的价码出卖,致使试题在未考试之前已成为公开的秘密。有记者声称,此舞弊行径系"校方某负责人故意出卖"。此时,赵太侔正在南京向教育部请求经费。为了平息事端,赵太侔匆匆返青,并安抚记者,"拟调查事实经过,搜集有力证据,将于近日内召开扩大校务会议,讨论处理方案,以挽回校誉"④。

显然,没有什么比国立山东大学的"校誉"更为重要。彻查作弊者并予以严惩是必要的,但平息事件风波、消除恶劣影响更是上上之策。赵太侔迅速调整各

① 《国立山东大学校务会议第三次会议记录》,载《国立山东大学校刊》第 19、20 合期,1947 年 5 月 17 日。

② 《山大在潍设立试区》,载《民言报(晚刊)》1947 年 6 月 15 日。

③ 《走漏试题盗卖试卷　山大今晨闹风波——投考新生已获有利证据》,载《民言报(晚刊)》1947 年 8 月 13 日。

④ 《赵太侔返青解决试题风波　将开校务会议》,载《民报》1947 年 8 月 16 日。

试区录取政策,以"山东情况特殊,中等学校颇受影响"为由,借山大的"地域关系",决定增加青、济、潍三试区考生10%的比例。经统计,青岛试区招生报名632名,成绩合格者仅有33名,占比为5.2%,调整录取比例加取25人后占比达到9.2%。这个比例与上海、北平两试区基本持平,是年国立山东大学共录取新生320名。① 新生发榜后,招考试题泄密一事随即不了了之。

意识到招考宣传的重要性,国立山东大学在1948年招生中增加了姿态性前置工作。是年5月30日,教务长杨肇燫出面招待青岛各中学校长,宣传招生政策,6月6日又组织青岛高中500多名应届毕业生参观国立山东大学。② 为了完善招考办法,山大对报名条件中的"同等学力"作出"失学一年以上"且"失学前曾修满高中二年级课程者"之解释,并规定录取比例以5%为限。与招生简章同时公开的奖学金申请办法规定,奖学金名额为录取新生的20%,入学成绩在"录取新生总额百分之四十以前者"。③ 除各院系招收一年级新生外,数学、化学、动物学、植物学四系还招收二年级转学生。由于山东潍县已从"蒋管区"的地图中抹掉,无法安排试区,招考仅在青岛、济南、北平、上海四地进行。其中北平、上海两区考生分别达1936名、2462名,四地报名考生总数超过5000名,多于1947年的考生数量。

时值1948年夏季,国共两党军事对峙进入大决战阶段,许多青年男子以选择升学而躲避去战场当炮灰,这无形中加剧了招考录取的竞争压力。临考之前《青岛民报》记者发表的一篇题为《求学难于上青天,山大考生云涌,各区报考达五千余名,僧多粥少上榜仅三百名》的报道,无疑火上浇油,不少考生"不择手段,请人代刀",替考、作弊等考场舞弊行为屡见不鲜。据悉,青岛试区查出崔承祥等8名作弊考生,北平试区当场抓出140余名作弊者,上海试区作弊考生有400多人。为求迅速、便捷地完成阅卷、审核、录取工作,赵太侔采取在沪、平、青、济四地就地分别开展的办法。始料不及的是,这种"背靠背"的录取方式将青岛试区考生质量低下的问题凸显出来,据悉符合录取标准的仅为个位数,有消息灵通人士称:只有两名。于是,《青岛民报》记者写出《"录取两名"岛上之耻,榜外学子赐予"普渡"》刺眼的标题,进一步把青岛生源质量问题炒得沸沸扬扬。参照1947年录取倾斜、适当照顾的办法,山大"将青岛区录取标准放低六分"④。

---

① 《山大招生放榜 报名四千余录取三百多 定十月一日开始报到》,载《军民日报》1947年9月18日。

② 《本大学招待本年度高中应届毕业生参观》,载《国立山东大学校刊》第26期,1948年6月26日。

③ 《申请奖学金办法》,载《国立山东大学校刊》第26期,1948年6月26日。

④ 《山大新生考试竣事 日内即可正式放榜 青岛区考生成绩较为落后 录取标准已降低以资救济》,载《青岛公报》1948年9月5日。

即使如此,录取的青岛、济南两地考生仅占总录取率的 20%,是年国立山东大学共计录取新生 313 名。据青岛教育界知名人士分析,青岛试区学生成绩不佳并非本市高中教学质量不高,而是山东(特别是青岛)考生凡优秀者均报考南京、北平、上海、天津等地的大学,国立山东大学并非他们的最佳选择。这实在是一个令人啼笑皆非的结论。

更令赵太侔难堪的是,青岛市参议会横插一杠。1948 年 9 月,青岛市参议会电请教育部饬令国立山东大学恢复先修班,并遣参议员王文坦、谌士英、于鸿国 3 人与赵太侔会面晤谈。① 先修班这个被山大同人及社会各界普遍看好的办学形式,在 1946 年复校招收第一批学生后,由于校舍紧张、不敷应用,1947 年招生时决定停办,1948 年也未恢复。招办先修班抑或补习班,设置旁听生席位,确有利于提高生源的质量,但却抑制了院系规模的扩大,教育部规划中的法学院将被继续搁置。青岛市参议会热衷于山大办学问题,这让赵太侔又担心又欢喜,如能借力向省参议会“传声”方为上策。1947 年 5 月,山东省参议会第十次会议曾有国立山东大学在济南开设分校的声音。对参议会的建议不可束之高阁,赵太侔曾主持召开第九次校务会议商讨对策。1948 年,山大增设旁听席,从 500 多名申请者中通过“甄试”录取了部分旁听生,具体数目未对外公布。同时,山大师生共同举办了一期补习学校,利用医学院武定路房舍和租赁青岛市立女子中学部分校舍,招收了 500 名走读制补习生,每生须缴纳学杂费 60 万元。

2.追求效益的校历编制与不同部规的考试办法

鉴于民国大学的校历编制与执行是维系教学秩序、确保教务正常运行的中心环节,国立山东大学克服复校中的种种不利因素,因时制宜,随机应变,努力实现课程教学效益的最大化。

由于 1946 年复校时相当多的学生和教授未能按时报到,正式开课前各系一补修国文、英文、数学三科,致使该学期学时无法完成预定课程。1946 年 12 月 30 日,赵太侔主持召开临时校务会议,决定调整校历,第一学期至 1947 年 3 月 29 日结束,第二学期定于 4 月 9 日注册,14 日上课,至 7 月 19 日终了。② 如此一来,1947 年的寒假取消,仅在 1 月 21 日—23 日放了 3 天春节假。1947 年暑假也仅安排了 10 天时间,8 月 1 日即开始新学年。但是,教育部因各地学潮严重,要求各国立大学于 6 月底前结束学业。山大婉言回复:因复校开学延迟,数次学潮致使“学业荒废甚多”,本学期预定课业“恐难届时结束”。③ 复校伊始的国立

① 《解决青年失学问题　参会将商请山大恢复先修班补习班增设旁听生　诸议员并将作实地访问》,载《青岛晚报》1948 年 9 月 23 日。
② 《临时校务会议决定校历》,载《国立山东大学校刊》第 11 期,1947 年 2 月 1 日。
③ 《学业荒废太多　山大延期结业》,载《青报》1947 年 6 月 18 日。

山东大学竭力呈现出学时较为饱满、课程几无缩水的现象。

当然,赵太侔并非"工作狂",度过复校非常期,1947—1948 学年度力图有一个善始善终的交代。国立山东大学规定,1947 年 8 月 11 日—16 日为新生报到注册时间,8 月 17 日—19 日为二年级学生注册、选课时间,8 月 22 日—27 日为改课与补考时间。第一学期只在 1948 年 1 月 1 日—2 日放 2 天年假,1 月 26 日—31 日举行学期试验,2 月 1 日—21 日放寒假 3 周,2 月 22 日开学进入第二学期。学年试验安排在 6 月 28 日—7 月 3 日,7 月 4 日—9 月 10 日为暑假时间。① 这是一份经校务会议研究、赵太侔校长签署、并报送教育部备案的年度校历,旨在表明国立山东大学跨过复校的仓皇期,逐步迈入规范的办学正轨。

特别值得注意的是,严格的教务并未限制学生选课、改系的自由,一如战前国立青岛/山东大学的教务传统。学生选修课程有退选、加选的权利,时间上也较宽裕,可以在"每学期开课后两周内申请",且只需"经各关系教员及所属系主任之核准"。学生因不合兴趣可以提出转学院或转学系的要求,手续只需在"学年始业注册时向注册组申请",并"经各关系系主任及教务长核准"。当然,为了确保学生有充分的时间专心致志地投入学习,转学院限定"第二级开始以前";转学系限定"第三年开始以前"。②

校历执行中时有随机应变的现象。1949 年 1 月 5 日青岛《民治报》透露一则消息,时值降冬,因取暖煤炭供应不足,致使"教室寒冷,水管冻封",学生理化实验无法进行,经山大第三十次校务会议研究决定提前放假,学期考试待下学期补行。1 月 13 日,教务处公布第二学期校历,定于 1949 年 3 月 1 日开学上课,执行第一学期课程方案,4 月 4 日放春假,其间于 4 月 5 日—8 日补行学期试验,4 月 14 日进入第二学期,8 月 1 日始放暑假。动荡的 1949 年不仅校历无法严格执行,学生学籍管理也大受影响。是年 1 月,在国立山东大学就读的所有复员青年军学生被国防部"召回集训",以"协助政府戡乱"。③ 赵太侔对此无可奈何。

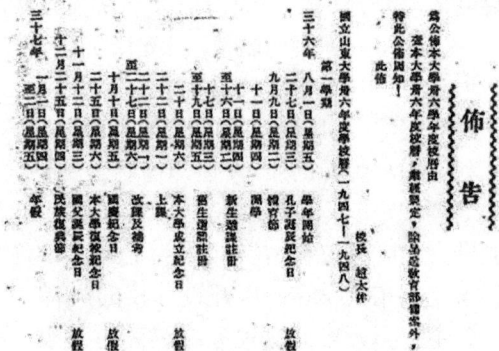

图 5-40 1947—1948 学年度国立山东大学校历

---

① 《国立山东大学卅六年度学校历(一九四七——一九四八)》,载《国立山东大学校刊》第 21 期,1947 年 8 月 1 日。

② 《本大学学则》,载《国立山东大学概览》第 6 页,1948。

③ 《复员青年军 还要再集训 山大接国防部令》,载《大光报》1949 年 1 月 8 日。

348

其实,赵太侔有不少教务策划与实施的遗憾。他曾在复校之初针对工学院、医学院学制较长和某些学系 5～6 学年的学程要求,提出创办"夏令学校"的设想。赵太侔曾以此作为国立山东大学的"前路"内容对报界记者宣称:"夏令学校如办得得法,可自成一学期,可能缩短大学教育之例行年限。"①这是一个基于青岛得天独厚自然条件擘画的颇具创意的学务设计,兼有校历管理和办学组织两重属性,可见赵太侔缜密、切实的办学用心。利用青岛酷暑不炎的特殊环境,战前的国立青岛/山东大学每年暑期总是吸引各种学术团体假青岛召开年会。避暑胜地青岛因为国立青岛/山东大学的学府名望,受到全国许多人文和自然科学积学之士的垂注。各种学科年会的相继召开,不仅带来十分受用的学术资源,而且厚植了岛城的文化土壤。但是,战后青岛罕见岛外学术大家的身影。1948年朱树屏策划的水产学暑期讲习班虽开了个好头,但未产生连锁反应。在内战硝烟的笼罩下,赵太侔的"夏令学校"只是一个美丽的幻影。

作为校历构成要素之一的课程考试,也是一个屡遭批评的问题。国立山东大学的考试规定因"与部颁学籍规则之学业成绩核算办法不同",并坚持实行学期试验制,颇受各方指摘。1947 年 3 月,山大教务处通过《国立山东大学校刊》公布了《学期试验办法》及《学期试验试场规则》,为复校后的山大考试立了规矩。《学期试验办法》规定:各科除了制图、实习、体育考试随堂进行外,其余全部在"学期会考试场进行"②。《学期试验试场规则》规定:学生如在学期试验期间因特殊原因请假,必须报请教务长核准,"未经教务长准假者,所缺考目以不及格论"。考试时,学生必须按时进入试场,"逾五分钟尚未入场者,即不准应试";学生与试除规定的笔墨、仪器外,"不准携带片纸只字入场,违者扣考";如有"旁窥、传递或夹带、抄书"者,除了扣考,还"依情形轻重予以惩戒"。③ 最要害的问题是,学生学期考试如有一门不及格,将影响全学年的成绩,如公费生在补考及格之前则停发公费。1948 年 1 月 18 日,有学生在学校"民主墙"张贴呼吁书,列举山大考试制度的种种苛责规定及其弊窦。

> (一)学期不及格之科目,第二学期不得继续修习,须至第二学年重行补修;
>
> (二)学期平均不及格或学分三分之一不及格,即勒令休学,第二学期不得修习该学年之课程;
>
> (三)学期不及格三分之一即勒令休学;

---

① 《山东大学前路》,载《民言报》1946 年 8 月 26 日。

② 《学期试验办法》,载《国立山东大学校刊》第 13、14 合期,1947 年 3 月 8 日。

③ 《学期试验试场规则》,载《国立山东大学校刊》第 13、14 合期,1947 年 3 月 8 日。

（四）照第二条所列，公费生及半公费生，势将被取消公费；

（五）被勒令休学后，须至九月方能复学，而这期间经济困难者，必无食无宿，将何所往？①

这份呼吁书提出，"如校方不取消这种制度，则全体同学采取一致行动，不参加考试"。据悉，呼吁书贴出不到一小时，有数百名学生签名拥护，只因期考在即，能左右公众的学生领袖未挑头发声，尚未产生负面作用。

国立山东大学对既定规章的执行显示出强烈的刚性原则，复校后第一学期的考试严格按照《学期试验办法》及《学期试验试场规则》执行，对作弊学生的处理由训导处负责，且将名单公之于众。1947 年 3 月 24 日—28 日学期考试，监考人员发现外文系学生隋文汇"携有夹带"，即宣布该科考试分数无效，并给予记大过的处分；外文系学生丁延令、葛秀兰"期考时交头接耳"，医学院学生余益礼、孙美郭"传递小抄"，以上 4 人除"所试一科分数无效"外，由"训导处分别予以警告"；先修班学生刘金衡、唐懋棠"请人替考"，即被"勒令退学"。物理学补考时发现土木工程学系安一鸣请电机工程学系杜其南替考，电机工程学系刘历辛请机械工程学系单克定替考，训导处即作出勒令安一鸣、刘历辛退学，杜其南和单克定则受到"各记大过二次，暂行留校察看"的处分。② 在 5 月 6 日召开的第四次校务会议上，教务处报告分数统计结果时称：学分未达修习规定"应令重读"的学生有 50 名，应"留级或令休学"的学生尚有 4 名，以上 54 人"究应如何办理，敬请公决"。③

苛刻的考务管理势必加重心理负担，学生视考试为畏途。1948 年 1 月 26 日—30 日，国立山东大学进行学期考试。青岛报界有记者竭尽渲染之能事，称800 多名学生"情形至为紧张云"。据悉，工学院的考题全部为英文，执教的外籍教授解释考题也操英语，一些学生听不太懂"颇伤脑筋"，一名学生"因紧张过度而晕倒"。④ 大学教育本是学府天堂，在民国"玩命的中学、快乐的大学"风气中，复校山大为博校誉舞弄考试利器，惩处过犹不及。在学习与考试的无形对立中，一些享有公费生待遇、某科成绩较差的学生，为了维持既得的公费利益，纷纷提出休学要求。

3.美式铁皮临时室舍建设与图书设备的添置

---

① 《山大学生力争学年考试制度》，载《青岛时报》1948 年 1 月 19 日。

② 《生活指导组布告》，载《国立山东大学校刊》第 19、20 合期，1947 年 5 月 17 日。

③ 《国立山东大学校务会议第四次会议记录》，载《国立山东大学校刊》第 19、20 合期，1947 年 5 月 17 日。

④ 《期考紧张过度山大一生晕倒　今日考竣可放寒假》，载《大光报》1948 年 1 月 30 日。

由于驻青美军先期占据，给国立山东大学复校造成"房荒"，院系规模扩张深受影响。1948 年，面对 300 多名新生和 50 多名新聘教员入校的现实问题，"势非增添不足适应将来需要，尤以教室、宿舍为然"，赵太侔亲往教育部面陈"请款"。1948 年 6 月，教育部长朱家骅亲临青岛，他在对山大校舍进行全面视察，基于未来发展的立场称："将努力设法在青岛市郊觅一地，重建新校舍。"① 出于如此考虑，教育部决定拨款 35 亿元为国立山东大学建造一批美式铁皮临时教室。这种铁皮教室，是美国二战时期研制的一种造价低、易搭建、活动式的教学用房，一般长为 48 英尺、宽 20 英尺，能够容纳一个教学班。为了节省施工费用，山大决定由本校附属工厂"自营"6 座，并以每座 3.47 亿元的工料预算先期建成两座。② 其余 4 座预算 11 亿元，用来购置地板、墙板、玻璃、油漆、零件，"美军赠予之铁皮材料"未计算在内。

山大复校后学生宿舍极端拥挤，男生每室睡 14 人（双层床）仍难容纳。为求学生宿舍不敷应用的破解办法，赵太侔将教育部规划中的法学院联系起来，进一步申述经费困难。对此，朱家骅在函复中称：除"法学院由青洽妥院舍即行添设"外，已"批款百亿元，作修建费"用于学生宿舍。很快，由中央信托局承包的 4 座二层砖瓦结构的宿舍楼，以 120 亿元的价格完成审核程序，迅速进入施工，工期预计 60 天。青岛报界对此给出了这样的评述：复校以来"该校第一次大兴土木。"③ 同时，对于美军占据的山大校舍，赵太侔派总务长周钟岐继续与美军交涉。周钟岐因回国多年，英语不甚熟练，便邀植物学系主任曾呈奎陪同前去。据曾呈奎回忆：

> 我同他一起去美军司令部交涉退还房屋事，几次交涉都没有结果。有一次美军代表讽刺我们，提到狗咬主人的比喻，影射我们是狗，他们是主人，我和周总务长都很气愤，立即停止谈判。这件事被美国领事知道了，来到学校表示歉意，同时要求继续谈判，因为他们知道我们有学生做后盾，怕事情闹大了不好办。最后学校以一个月六千美元的代价把房屋租给美军，要求他们在短时间内把全部房屋退还给学校。④

曾呈奎言及的每月 6000 美元租金一说有误，1948 年以前山大一直执行每

①　《朱部长昨视察各校　并对学生训话》，载《军民日报》1948 年 6 月 23 日。

②　《本校分期兴建房屋》，载《国立山东大学校刊》第 26 期，1948 年 6 月 26 日。

③　《教部拨款百亿兴建山大宿舍　添设法学院业经核准》，载《民报》1948 年 6 月 24 日。

④　曾呈奎：《往事忆旧》，载中共青岛市委党史研究室编《亲历者忆——青岛革命回忆录》（内部资料）第 3 辑上册第 246 页，2005。

月 5000 美元的租金标准,1948 年拟增至 1 万美元。由于美军不肯接受这一条件,并提出租期延长至 99 年,赵太侔遂致函美国驻华大使司徒雷登,请这位曾经的燕京大学校长"以教育家的立场,来解决这件事"①。国立山东大学发生在 1948 年 6 月的"房子纠纷",为最终解决驻青美军占据山大校舍问题起到了一定的铺垫作用。

图书设备的添置和图书馆建设是山大复校的文化精神象征,居于文献保障体系的基础,备受赵太侔及全体师生的重视。历经劫难,1946 年 10 月从四川运回的 90 余箱图书,暴露了山大贫瘠的图书家底,自此千方百计添购图书、营造信息汇集共享中心,便成为山大同人的共同追求。值得注意的是,几乎每一期《国立山东大学校刊》都有图书征集、书籍添置、典籍储藏、书目公开等信息,图书馆被山大师生尊为学校的圣地。据史料记载,1947 年 1 月 29 日,复校后的国立山东大学图书馆正式开放。1947 年 12 月经第十七次校务会议决定,山大图书馆委员会成立,由杨向奎、郭贻诚、朱树屏、许继曾、沈福彭、刘崇仁 6 人组成,郭贻诚负责召集,"俾便推进有关图书事项"②。

图 5-41　国立山东大学图书馆藏书章

一方面,山大图书馆极为重视图书购置。各院系的大宗外国教学参考书均由图书馆负责订购,仅从美国就订购了 3000 余册。1948 年春,山大投资 6000 万元向上海商务印书馆函购影印善本典籍多种,又通过北平图书馆购买影印元明善本丛书 10 种。1948 年 4 月朱树屏因公去上海出差,返青时顺便带回学校图书馆所购买的《大美百科全书》。这套英语世界最有影响的大型综合性百科典藏,皇皇 30 册本,系 ABC 三大百科全书之"A",由赖纳斯(Rines)主编、美国格罗莱尔出版公司 1918—1920 年出版,"诚为不可多得之参考书籍"。

另一方面,山大图书馆广泛接受各界捐赠。1947 年,山大接收了经济部鲁豫晋区特派员办事处捐赠的中文图书 289 册(部)、碑文 24 张,还有日文版图书 18 箱;同时还接受了英国文化委员会捐赠的 15 册书刊和 18 本画报,以及苏联大使馆新闻处捐赠的《苏联新五年计划(1946—1950)》等书籍。③ 1948 年争取

---

① 《山大房子纠纷美军不允增租　赵校长请司徒大使给解决》,载《军民日报》1948 年 6 月 29 日。

② 《本校成立图书委员会》,载《国立山东大学校刊》第 24 期,1947 年 12 月 31 日。

③ 《赠书志谢》,载《国立山东大学校刊》第 21 期,1947 年 8 月 1 日。

教育部平津区图书处理委员会的支持,国立山东大学一次分得中文图书 1367 种计 1.2 万册、日文图书 273 种计 342 册,其中包括《宋会要辑稿》《十三经注疏》《钦定大清会典》《百子全书》等珍贵版本"全部到馆"①。曾在山大任教的英文教员杨伯屏将自己领取的 80 万元薪金寄奉赵太侔,作为"太侔英文奖学金"。赵太侔感慨之下,将这笔款项交山大图书馆,名曰"杨先生捐赠英文图书"。②

在图书利用方面,山大图书馆每届月终"即将新编中西文书目",于校本部和工学院布告栏上公布,以供师生明了"借便参阅"。③ 大学图书馆作为高等教育信息资源和专业技术最为集中的场所,在国立山东大学拥有特别重要的地位。为了解决图书储存与传播馆舍的矛盾,1948 年 6 月山大校务会议决定,下学期拟将图书馆搬入体育馆内,并改礼堂为图书阅览室。④ 既然鱼翅与熊掌不能兼得,有所失方有所得,国立山东大学强化图书馆的作用旨在引领出一种更加具有大学精神的文化导向。

二 内战硝烟中的大学学术与多有框限的学生活动

因 20 世纪 30 年代国立青岛/山东大学时期创造了第一个学术"黄金期",复校后的山大围绕"养成淳朴学风",在学术研究和社团活动方面竭力作为。1947 年 11 月,赵太侔在"迎新会"上明确表示:

> 我站在学校行政负责人的地位上,为了不辜负教授们到山大来的这种原意,所以一切阻碍和足以破坏研究学术的活动,是要避免的。⑤

当然,由于复校后的国立山东大学一直处于国共两党军事对决的背景下,学术研究、文学创作成果除个别外,其数量与质量均未达到战前水平,社团活动则呈形式化、娱乐化等倾向。

1.丁山、陆侃如等的学术研究与王统照等的文艺作品

国立山东大学通过报界进行招生宣传时就学术研究概括了两句话——"社会科学在山大是自由的","自然科学在山大是严密的",并宣称:"自由思想和严密实验的山大,会用成绩证实我们并不虚幻的抱负。"⑥

---

① 《图书馆消息》,载《国立山东大学校刊》第 25 期,1948 年 4 月 15 日。
② 《杨伯屏先生捐赠本校英文图书》,载《国立山东大学校刊》第 9、10 合期,1947 年 1 月 18 日。
③ 《图书馆消息》,载《国立山东大学校刊》第 26 期,1948 年 6 月 26 日。
④ 《山大图书将加扩充》,载《民言报》1948 年 6 月 22 日。
⑤ 《真情和挚爱的流露 记山大迎新会》,载《民报》1947 年 11 月 3 日。
⑥ 《山大介绍》,载《民言报》1947 年 8 月 6 日。

在文史理论研究方面，丁山潜心于商周历史与文化研究，1947年初撰成的《甲骨文所见氏族及其制度》于1948年6月进一步修订，1948年《地理与中华民族之盛衰》由上海大中国图书局出版，顾颉刚为其作序；1949年1月丁山还完成《商周史料考证》。上述论著见解敏锐、富有探索精神，反映了丁山宽阔的学术视野。陆侃如于1948年1月在上海《文讯》月刊第八卷第三期上发表《记王逸及其子延寿》一文，对东汉文学家王逸、王延寿父子的考述别具深意。同年，陆侃如对左思撰写《三都赋》的成文时间等问题进行分析所撰的《左思练都考》由北京大学出版部出版。山大复校后来青岛的冯沅君，任教之余发表了《元杂剧中的〈东墙记〉》（1947）、《记侯正卿》（1948）、《唐传奇作者身份的估价》（1948）等文章。1947年，冯沅君的古代戏剧史研究专著《古剧说汇》由商务印书馆出版，此书论及宋元戏曲的形式、创作和演出中的许多具体问题。曾致力于民谣研究的刘泮溪，1948年在《文潮月刊》三月号发表了文论《冲突与和谐》。1945年曾发表《西汉经学与政治》的杨向奎，被学界称为其古代史研究建树"已省掉了许多后起古代史研究者的猜疑"[1]，只是1946—1950年的杨向奎未见有分量的著述问世；黄孝纾、萧涤非等似辍笔不言。

战后国立山东大学理工科学术研究比较纷杂。1948年为适应教育部发动的扩大科学化运动，山大在《青岛公报》辟《教育周刊》专栏，丁燮林发表了《科学与人生》一文。[2] 举办学术演讲会是国立山东大学的传统，不少校内外的积学之士来青岛发表学术高见。1947年2月6日，原山大生物学系系主任、时任农林部水产研究所所长的林绍文在山大礼堂做了题为《科学漫谈》的演讲，据称"逸趣横生，历二小时始闭"[3]。1948年4月29日，植物学系主任曾呈奎在山大校本部第八教室演讲《海藻的养殖》，之后水产学系放映幻灯宣讲海洋科普知识。[4] 此间，山大理工科学术研究较多地体现在日常教学之中。例如：物理学系在教育计划中提出，"大学之发展，端赖于学术之研究，研究工作不但有助于专题之解决，且可增进教学工作之生机，养成学生研究之兴趣"。为此，1948年3月—6月物理学系举办了8次"物理讨论会"，分别由杨肇燫、丁燮林、王恒守、郭贻诚、王书庄、陈茂康、阮鸿仪、杨幼泉担纲，讨论的内容包括介子质量、铝矿冶炼、高能离子等。其中，由杨肇燫开场的《量纲略说》（*Physical Dimensions Theory*）吸引了很多慕名师生前来听讲。[5] 在此之前，美国人裴济（Page）与亚丹姆斯（Adams）推

---

① 《介绍山大中文系》，载《青岛公报》1948年6月12日。

② 丁燮林：《科学与人生》，载《青岛公报》1948年10月8日。

③ 《本校敦请林绍文博士演讲》，载《国立山东大学校刊》第12期，1947年2月15日。

④ 《山大植物系曾教授讲演 放映幻灯助兴》，载《青岛公报》1948年4月29日。

⑤ 《物理学系举行第一次学术演讲》，载《国立山东大学校刊》第25期，1948年4月15日。

出的《电学原理》(*Electric Circuits Principles*)轰动一时,杨肇燫却发现了原书的不足之处。他在 1946 年交付中华书局出版的译本中做了修改,"如论电介质中应力之第十六段,即其一例"。又如,地质矿物学系的教学计划列举了地质力学、海滨矿物、火山岩等 4 项研究内容,并计划设古生物研究室、地质力学研究室、微量化学分析室、光结晶学研究室等。1948 年 6 月山大"科研节"期间,地质矿物学系在青岛海滨沙滩石砾中发现锆石。这种广泛存在于酸性火成岩、变质岩和其他沉积物中的稀有金属,因其化学性质稳定,可用作白金、金刚石之代用品,用于铸造工业、玻璃工业、化工及核工业。这一发现是值得珍视的,但需要鉴定含量之多寡,以便决定能否大量提炼。[①] 植物学系则聚焦藻类植物,从淡水藻、海藻的生态生理研究探讨经济藻类的栽培方法。

与学术研究相应的文学艺术创作以王统照最为典型。王统照在山大复校之初即走出了蛰居"孤岛"无以自处的困境,进入新的文艺创作期。1945 年 7 月王统照从上海来到青岛不久,即受朋友约请,为善后救济总署鲁青分署整理图书资料,之后受聘青岛临时大学补习班教授,后转入国立山东大学中文系。王统照(1897—1957),字剑三,山东诸城人,1918 年考入中国大学英文系,五四时期与郑振铎、沈雁冰等发起成立文学研究会,1927 年王统照定居青岛,成为青岛新文学的拓荒人。全面抗战爆发后,王统照迁居上海,历任《文学》月刊主编、开明书店编辑、暨南大学教授。1946 年王统照发表的文艺作品,有刊于青岛《民言报》副刊的新诗《公道》《黄金时代》,长诗《白云洞》,杂文《"乡愿"的进化论》《"民佣"与"公仆"》,文论《诗"话"》等。1947 年 8 月,王统照因战事稽迟多年的短篇小说集《银龙集》由上海文化生活出版社出版,他还发表了散文《一代不如一代》《"五四"之日》《追怀济之》,及《介绍耿氏遗译〈卡拉马助夫兄弟们〉》《清中叶中鲜文艺的交流》等文论。1948 年已离开山大教席的王统照,发表了《散文诗十章》、散文《悼朱佩弦先生》,短篇小说《灰脊大衣》《"小天分人"的生与死》等作品。[②] 1949 年还有律诗《一九四九年初春远行前作》《几度》等篇什。此间,王统照叙事的主观直觉与批判性手法流露出对时局的强烈不满和对未来的热切憧憬,反映了"一个真诚作者的真诚心思"。

图 5-42 王统照

---

① 《山大地质系发现稀有金属锆石 海滨沙滩石砾内含有》,载《军民日报》1948 年 6 月 30 日。
② 《王统照年表》,载《王统照全集》第 7 卷第 556 页,中国工人出版社,2009。

山大教员徐中玉、孙昌熙、刘次箫等多有作品发表。据悉,冯沅君的小说《倒下了这个巨人》,收在赵清阁主编的《无题集——现代中国女作家小说专集》中,1947年10月由上海晨光公司出版。此外,1947年冯沅君译出了《法国的新文学》《萨特存在主义》两篇文章,译诗有《播种的季节》《人民颂》《我曾散步》《双牛吟》《工人歌》等作品。1947年1月收有丁燮林《一只马蜂》《亲爱的丈夫》《酒后》《北京的空气》《瞎了一只眼》《压迫》和《三十块钱国币》7部剧作的《西林独幕剧集》由上海文化生活出版社出版后,1948年12月又印行了第四版。① 山大学生中的文学爱好者为数不少,有影响的作品是孔成宇的剧本《绝食》,1949年3月刊登在《青联报》伊何主编的《艺文》副刊上。② 1948年4月,中文系会拟创办《国文系年刊》,刊载师生的作品,系主任杨向奎表示经费设法"请校方垫借"③。总的看,山大师生的文学创作有借力战后讽刺文学潮流的一面,并寻求特殊社会环境背景下的喜剧力量。

2.徐中玉等的文艺副刊与文艺节、诗人节时令节庆

徐中玉以副教授身份再现复校后的国立山东大学,由于任职课外活动组组长,又迎来了他的编辑文艺刊物高潮期。1946年暑后徐中玉来到青岛不久,即应济南《山东新报》邀请编辑每周一期的《文学周刊》。每期对开一整版的《文学周刊》,容量1.5万字,稿酬每千字为7000~8000元,至1947年5月已出版16期。之后,徐中玉又应青岛《民言报》之邀主编《每周文艺》副刊,稿酬为每千字8000~12000元。④ 稿酬标准高于同类报纸副刊。徐中玉创刊于1947年初的《星野》月刊,系岛城是年发行的11个人文期刊之一,因是山大"星野"月刊社的出版物,备受学界青年特别是大学生的关注。1947年3月徐中玉撰写《批评随笔》,刊《星野》月刊第一卷第二期,同期《星野》还刊登了翁劼翻译的尼古拉·克拉希尼古夫长篇小说《劲扑》的缩写,文尾标注"译成于民国三十六年三月二日夜青岛山大"。⑤ 1947年青岛文艺期刊中还有山大师生编辑的《岛上文艺》。

借助战后青岛文学期刊的复兴潮流,1945年12月王统照在《民言报》创办《潮音》副刊,每周3期,每期发稿5000字,至1946年2月停刊,共出29期。1946年1月,孙昌熙主编《中兴周刊》,7月又创刊《海风周刊》。1948年5月,王统照、刘次箫在《民言报》创办《艺文》特刊,王统照题写"艺文"刊名,刘次箫发表

---

① 孙庆升:《丁西林生平和文学活动年表(1893—1974)》,载孙庆升编《丁西林研究资料》第9页,知识产权出版社,2010。

② 孔成宇:《绝食》,载《青联报》1949年3月8日。

③ 《山大国文系拟创办年刊 樱花晚会定期举行》,载《青岛公报》1948年4月14日。

④ 《课外活动组近讯》,载《国立山东大学校刊》第19、20合期,1947年5月17日。

⑤ 《徐中玉青岛编年事辑(1934—1947)》,https://www.douban.com/group/topic/,2019年6月25日。

《向中国文艺界呼吁》的长文。应当说，战后国立山东大学师生主编的文学期刊和报纸文艺副刊，与同时期的岛城文学艺术类期刊副刊群，共同记录了风云动荡岁月中的青岛文化状貌，成为战后青岛文学场的重要组成部分。但作为内战硝烟中的产物，山大的几份文艺报刊不甚出众，尤其对处于主流的讽刺文学的理论探索不足，未能发挥引领城市文艺发展的作用。

国立山东大学的时令性节庆活动主要有五四文艺节、端阳诗人节。

用文艺节的形式纪念五四，在战后国立山东大学几成传统。1947 年 5 月 4 日，山大"星野"月刊社在学校礼堂举办纪念五四文艺节，王统照发表演讲，对五四新文学形成的前因后果"阐发尤详"，青岛《军民日报》委托沙公普笔录了王统照的演讲文稿，以"文艺节王统照教授讲词，五四前后文学运动略说"为题刊发了较大的篇幅；刘次箫也在会上做了题为《五四运动在济南》的演讲。王、刘二人均是五四时期的文学青年，其"过来人"的身份宛如现身说法。5 月 4 日当晚，"星野"月刊社还发起文艺晚会，内容包括文艺漫谈、作家小事、作品故事、散文朗诵、诗朗诵、独唱、合唱，以及国乐、吉他、提琴、口琴演奏。① 1948 年五四期间，由学生自治会发起的纪念活动持续了一个星期。其中，5 月 3 日的文艺演讲会由王统照、罗念生、刘次箫、杨向奎分别主讲；5 月 2 日开幕的展览会，内容包括校史资料、社团壁报、同学艺术作品（绘画、木刻）；在 4 月 28 日举行的晚会上，除了音乐演奏，新文学研究会还上演了独幕剧《未婚夫妇》。② 这出由陈白尘创作于 1940 年的"后方小喜剧"，通过两性的言语交际，反映出男女的社会地位、心理构成、角色认同等方面的诸多差异。5 月 4 日，女同学壁报社还排练演出了话剧《舞女泪》、歌剧《黄花曲》唱段。1949 年为纪念五四运动 30 周年，山大教员会、助教会、学生自治会于 4 月 24 日联合发起筹备会，决定筹办"五四纪念周"，内容有科学纪念会、文艺演讲、体育表演、展览会、营火晚会，因"时局关系，各项纪念节目只在校内活动"。但 4 月 28 日又宣布，"为体念时艰，节省物力起见，现已放弃原来计划，停止举行，并已将筹备会解散"③。

文艺节作为传承五四记忆的重要途径，自 1944 年在中华全国文艺界抗敌协会的主张下渐成风尚，在民国大学非常普遍。值得注意的是，战后国立山东大学的"青年节"选择的是 3 月 29 日黄花岗起义烈士纪念日，这是接受了 1943 年三民主义青年团的提议。据悉，1948 年 3 月 29 日这一天，山大新文学研究会、历史研究会联合举办了一次青年问题座谈会，邀请校内几位有知名度的师长主讲。

---

① 《纪念五四文艺节　星野月刊社发起文艺晚会》，载《军民日报》1947 年 5 月 3 日。
② 《纪念五四山大开展览会　出演未婚夫妇》，载《民言报》1948 年 4 月 29 日。
③ 《五四文艺节山大停止纪念》，载《联青晚报》1949 年 4 月 28 日。

其中,外文系许桂英谈职业问题,总务长周钟岐谈政治问题,中文系杨向奎、萧涤非谈读书问题,陆侃如、赵纪彬谈生活修养问题,冯沅君谈妇女问题,训导长刘次箫则谈恋爱问题。① 把纪念五四衍变成文艺节,而将青年节与黄花岗起义烈士相关联,有强化五四的文艺成就,引导青年走"国民革命"之路的意味。将五四与文艺连接而与政治脱钩,势必压制青年对五四精神的追溯和继承,阻碍青年干预政治,冲淡青年反抗独裁政府的意图。

端阳"诗人节"也是国立山东大学的一个时令性节庆活动。1948 年 6 月 11 日是农历五月初五端午节(端阳节、午日节、重五节等),山大各壁报社纷纷出刊"诗歌专号"。在泰山路第二院礼堂举办的诗人节上,陆侃如讲《屈原的伟大》,萧涤非讲《杜甫》,刘泮溪讲《新诗与新诗人》。② "诗人节"借投江自沉的屈原寓意,与中国其他传统节日的喜庆欢乐大异其趣,折射出的是中国屈子式知识分子的悲情、悲魂和悲剧。此外,山大还有定义与来源不确的"音乐节",这种持续数天、由一种或几种艺术形式组合的娱乐性聚会没有产生多少历史记忆,1949 年的"音乐节"就是 4 月 5 日在学校礼堂举行的一场音乐晚会。③

3.训导制下的大学生社团与娱乐性戏剧活动

战后大学生的课外活动时间较多,负责课外活动组的徐中玉一开始就明确提出学校"决不应该是消极的'统制'或'限制',而尤应着重在积极的'指导'和'帮助'"④。特别是 1949 年初全面收回校舍后,山大各种课外活动团体与日俱增,"次第组织成立的已有四十余单位"⑤。

国立山东大学训导处为强化政治化、制度化的训育管理要求,1947 年 3 月制发了《学生团体组织暂行规则》和《学生出版刊物暂行规则》,规定学生社团"应以从事学术研究及正当康乐者为主",成立前须由发起人将"组织旨趣、参加人数及姓名一并报由训导处核准设立后,始得召开成立会,并请由训导处派员出席指导";社团活动"如有妨碍课业与公共秩序之活动者,训导处得随时纠正或解散之"。⑥ 学生团体兼办出版物者,"如有不遵本规则办理者,训导处得随时纠正或取缔之"⑦。1947 年 4 月山大颁布的《学生操行成绩考核办法》,又将学生在课外活动中的表现作为操行评定内容之一。这样,山大学生参加社团、出版刊

① 《山大庆祝青年节 举行青年问题座谈会 聘请各教授专题指导》,载《青报》1948 年 3 月 29 日。
② 《昨为端阳诗人节 山大晚会吊屈原》,载《民报》1948 年 6 月 12 日。
③ 《今日音乐节 山大举行晚会》,载《大民报》1949 年 4 月 5 日。
④ 徐中玉:《课外活动组的任务与希望》,载《国立山东大学校刊》第 7、8 合期,1946 年 12 月 28 日。
⑤ 《山大课外活动 犹如雨后春笋》,载《联青晚报》1948 年 4 月 10 日。
⑥ 《国立山东大学学生团体组织暂行规则》,载《国立山东大学校刊》第 13、14 合期,1947 年 3 月 8 日。
⑦ 《国立山东大学学生出版刊物暂行规则》,载《国立山东大学校刊》第 13、14 合期,1947 年 3 月 8 日。

物等言行举止完全被训导制度管控起来。根据训导处的登记记录,1948 年 5 月前山大的学生社团组织和刊物属性大致分为六类:

(一)同学会。以地域分,计有豫、皖、晋、冀、苏、浙、湘、粤、陕、平、津等省及鲁属掖、潍、诸、安、莱、平、烟等县市并曹属八县同学会;以出身学校分,计有瑞安、济中二同学会。

(二)系会及学会。计有中国文学系系会、数学会、物理学会、化学社、地质矿物学会、农学会、水产学会、工学会、医学会等。

(三)各种研究会。计有中国文学研究会、新文学研究会、外国文学研究会、历史研究会等。

(四)音乐团体与剧社。计有东山剧社、幻想音乐团、大众音乐团、一一一音乐团。

(五)团契。有基督教团契。

(六)刊物和壁报。计有文摘、正视、向阳报、晨曦、泥土、死水、新文学、女同学、菁野、工坛、人间、艺海、新向、水产、新生(英文壁报)等。①

实际上,这份出自训导处的统计材料未能涵盖山大学生团体和刊物的全貌,但不难看出,战后国立山东大学学生社团呈现出"万花筒"样貌。同学会的范围涉及全国各地,但山东籍同学占有相当的比例。1948 年 3 月一项对山大 789 名在校生籍贯的调查表明,山东籍为 494 名(其中女生 65 名)②,占比为 62.61%。山大学生的宗教信仰缺乏统计分析,但中文系讲师翟宗沛时常组织基督教仪式。据报载,1947 年 4 月的一天山大信仰基督教的 100 多名学生聚集在青岛湛山路耶稣教会,翟宗沛发表演讲《回来吧,主为你预备了温暖的家》。③ 1948 年 1 月底,山大基督教徒团契还举行了一次 30 多人的布道会。基督信仰问题在战前国立青岛/山东大学的校史上罕有记载,却成为战后山大校园文化中不容忽视的现象,这实在耐人寻味。其实,第二次世界大战后期的西方便出现了思想危机,传统的价值观念被颠倒,感觉灵魂成了破碎的幻象。青年在多元文化背景下很怀疑自己的信仰,拒绝深沉意识,只追求欲望与刺激。在任意性和杂异多样观念的影响下,1948 年 5 月,山大女同学壁报社甚至刊行了一期"恋爱专号"④。

① 《训导概况》,载《国立山东大学概览》第 42 页,1948。
② 《山大学生籍贯统计》,载《民言报(晚刊)》1948 年 3 月 28 日。
③ 《山大基督徒举行联欢会》,载《军民日报》1947 年 4 月 10 日。
④ 《山大女同学壁报社所刊行之壁报"恋爱专号" 昨日在山大校本部出刊》,载《青岛公报》1948 年 5 月 29 日。

　　循着战后艺术风尚的嬗变,国立山东大学戏剧娱乐性活动成为校园文化生活的主流,其中尤以"东山剧社"的演出活动最为典型。"东山剧社"成立于1947年,创社伊始便排练上演山大前外文系主任洪深导演过的三幕话剧《寄生草》,以及袁俊的四幕话剧《万世师表》、心理剧《心狱》等。话剧表演在国立青岛/山东大学历史上有难忘的记忆,不论俞启威、崔嵬等的"海鸥剧社",抑或洪深时期的"话剧社""戏剧团",以及俞珊等参与的"和声社",始终保持着对戏剧创作与演出的自觉与热情。复校后的山大,既有"国剧运动"的奠基人赵太侔,又有"喜剧之王"丁燮林的名望,"东山剧社"涉猎古典先锋、悲剧喜剧、原创改编,在校园续写着以往的话剧之梦,并将戏剧体验带给社会更多的人。1948年3月,"东山剧社"决定排练演出古装名剧《桃花扇》。据悉,赵太侔亲任艺术顾问,聘请旅华韩国音乐艺术家韩悠韩担任导演,丁山解说背景,冯沅君设计服装,据说《桃花扇》的服装制费高达一亿元。青岛报界不无渲染地称:山大的《桃花扇》为"岛上剧运开一新纪元"①。

　　话剧《桃花扇》是欧阳予倩1937年改编为京剧、1939年改编为桂剧的基础上,1947年改编为话剧的经典作品。这部由清初孔尚任花10多年时间精心打磨的传奇,数百年来一直是戏剧舞台的聚光之作,其意蕴一如孔尚任所概括的"借离合之情,写兴亡之感"。演出时,丁山以"说书人"的讲述淡入淡出,画龙点睛;演员则把焦点集中在核心剧情和人物塑造上,浓缩所需交代的内容。全剧如同一幅水墨长卷画,灰、白、黑的色调使服装、布景、道具等戏剧元素游移在浓淡墨的韵味里,传达出中国话剧的意蕴。赵太侔是如何理解并处理欧阳予倩的改编,没有文献记载,因为欧阳予倩旨在写一部错位的爱情悲剧,让爱情为政治牺牲,这便在张扬艺术原则的同时带来理解上的简单化之弊。毕竟"东山剧社"系非专业性学生剧团,其活动轨迹和演剧特点不仅是山大文学艺术教育的表征,更是大学训导体制干预校园戏剧的缩影。山东青年协会曾联络"东山剧社"《桃花扇》剧组举行义演,将所得收入用以社会救济。② 山大的戏剧活动与主流话剧运动具有或融合或疏离等特征。据悉,"星野"月刊社、"岛上文艺"月刊社与山大烟台同学会联合排练曹禺的剧作《原野》,还演出美国作家劳伦斯·兰纳(Langner L)的《结婚进行曲》等剧目。③

　　与戏剧活动同步的是接连不断的音乐艺术晚会。在1948年"樱花晚会""五四晚会""诗人晚会"和"岁暮晚会"举办后,1949年1月27日时值腊月二十

　　① 《全力排演桃花扇 〈心狱〉近期即公演　山大东山剧社工作积极》,载《军民日报》1948年3月6日。
　　② 《特请山东大学剧社公演"桃花扇"将所得救济贫苦会员的呈文》,存青岛市档案馆,档号:A0021-001-00507-1715。
　　③ 《课外活动组近讯》,载《国立山东大学校刊》第19、20合期,1947年5月17日。

九日,为庆祝己丑年春节,国立山东大学文学院举行文艺晚会。节目开始前,由外文系教授梁希彦作文艺演讲。之后从下午 5 点至夜晚 9 点,在长达 4 个小时的晚会上,共演出化妆朗诵《夜之过客》、歌剧《马车夫恋歌》、独幕剧《佳偶天成》等十余个声乐、器乐、戏剧节目。据青岛报界记者称,由"大众歌咏团"团长周忠雅指挥的《黄河大合唱》,将晚会推向高潮;由山大学生孔成宇编剧、胡献文导演、赵传英主演的独幕剧《绝食》,"作风大胆,动作惊人,台下观众莫不为之咋舌"①。1949 年初国立山东大学为收回校舍举办的"大团圆晚会",连续演出 6 个晚上,成为岛城文学艺术界难以抹去的历史记忆。

三 训导制下的学生自治会与进步学生的社团组织

国立山东大学训导内涵的政治化,必然形成以政治意识形态干预大学生的自治组织及其活动。但是,自治的理念在民国大学早已形成共识,训导的管控遭到学生的反感,并被予以不同程度的抵制。一些向往光明的学生组织的进步社团,通过创办报刊、召开读书会、举办文艺演唱会、戏剧演出等公开和半公开活动,向中共地下组织靠拢。

1.数度改组的学生自治会与学校训导的管控

国民政府教育部针对大学生自治组织的制约性规章,早在 1943 年 11 月就颁行了制度化的《学生自治会规则》,其基本精神是以"养成学生法治精神为宗旨",训练学生具备适应民主社会的能力,但学生自治是有约束条件的,须"受学校之指导"。在训导处的统摄下,国立山东大学复校后于 1947 年 1 月开始酝酿成立学生自治会,其成员由各系选出的正、副代表组成。② 为祛行政色彩,学生自治会不设理事长,设常务理事 1 名、副常务理事 1~3 名;学生自治会的执行机构为学术、福利、总务、康乐、交际五股,每股设干事 1 名、副干事 1~2 名。3 月初,17 名代表经投票选举,石勃瑜当选常务理事,潘之恕、王义锐为副常务理事,其余 14 人为理事,分任五股正、副干事,具体分工是:

学术股 正干事:王育干 副干事:路 明、刘媛文

福利股 正干事:梁培智 副干事:王嘉育、孙思燮

总务股 正干事:陈学龄 副干事:顾国英、孙月岫

康乐股 正干事:冈凤麟 副干事:刘思俭、秦 涛

① 《山大文学院庆祝春节 昨举行文艺晚会 句句动人字字入耳》,载《青岛健报》1949 年 1 月 28 日。

② 《校闻》,载《国立山东大学校刊》第 12 期,1947 年 2 月 15 日。

交际股　　正干事:钟剑秉　　副干事:胡献文(宋斌代)①

　　由于是复校后的首届学生自治会,其成员的构成备受各方势力的关注,特别是中共地下组织的适时介入,倾向于光明的学生凝聚起进步的力量。作为学生自治会核心的常务理事石勃瑜被同学誉为"一个顽强的、有胆识的革命青年"②。石勃瑜(1924—),又名萧平,陕西长安(今西安)人,1946年考取国立山东大学中文系。自治会的梁培智(文纵)、孙思爨(宋鲁)、钟剑秉(丁华)、路明等均是中共争取的进步青年。石勃瑜等积极的斗争精神不免遭遇敌视,1947年6月1日青岛市参议会借第三次会议开幕之际,以"勿与共党可乘之机"为题,致电国立山东大学学生自治会。③ 这道电文在青岛几家报馆发表,签署人为市参议长李代芳、副议长姜黎川,会议开幕时青岛警备司令丁治磐和市长李先良在座,这足见电文的政治背景之深。

　　据史料记载,国立山东大学第一届学生自治会仅存续3个月,特别是经历了1947年"六二"学潮,学生自治会被迫改组。6月20日,石勃瑜代表第一届自治会宣布总辞职,次日选出刘冠文等15名理事、王克祯等5名候补理事。④ 刘冠文(1927—),又名石磊,山东寿光人,1946年考取国立山东大学外文系。上届学生自治会仅有孙月岫、刘思俭继续当选理事。1947年12月6日,教育部颁第六六二〇六号训令,公布新修订的《学生自治会规则》,强调学生自治会"为学生在校内之课外活动组织,不得参加校外各种团体活动",学生自治会"应由学校校长及主管训导人员负责指挥、监督",当选的理事须"操行学业成绩确属优良而具有领导能力者充任"。⑤ 此外,新修订的《学生自治会规则》还规定了理事职数、产生办法、机构名称、追责处罚等具体事宜。这道训令明显影响到国立山东大学第二届学生自治会的续存。

　　1948年3月,国立山东大学根据《学生自治会规则》规定的1500名学生以下设11~17名理事的限额,选出由王方等17名理事组成的第三届学生自治会,并依章组建学艺、健康、服务、风纪、事务五部。据青岛报界报道,此次山大学生自治会选举冷淡,大有"王小二过年,一年不如一年"之感。⑥ 很快,学生自治会走马灯似的先后换了李春序、王昶两届。记载这两届学生自治会的资料多是一

---

　　① 《课外活动工作展开》,载《国立山东大学校刊》第13、14合期,1947年3月8日。

　　② 吕涛:《忆山大"历史研究会"》,载中共青岛市委党史资料征委会办公室编《青岛党史资料》(内部发行)第4辑第557页,1989。

　　③ 《勿与共党可乘之机　参议会致山大自治会文》,载《青报》1947年6月1日。

　　④ 《山大自治会改组　刘冠文等十九名当选理事》,载《军民日报》1947年6月21日。

　　⑤ 《教育部训令(附件)》,载《国立山东大学校刊》第24期,1947年12月31日。

　　⑥ 《山大自治会今午改选理监事》,载《大光报》1948年3月26日。

些服务性、娱乐性活动。例如：1948 年的考生服务团由学生自治会组成，承担招生宣传、考试问题解答、考场环境布置、为考生介绍食宿、考后迎新等工作。[1]1948 年 12 月 31 日的"岁暮晚会"是学生自治会操办的一台艺术演出，内容有"东山剧社"演出的独幕剧《赔罪》、外文系会的京剧《奇冤报》（《乌盆计》前本）、幻想音乐团的大合奏及四部合唱《长江谣》，据称节目"均极精彩"[2]。学生自治会本意是学生为自治而成立的组织，训导制对学生自治团体"道具化"形塑，势必引发学生的抵制。1949 年 4 月成立的第六届山大学生自治会，采取竞选的方式，由各系学生自由组织竞选团，若胜出则由该系负责自治会的某一部工作。竞选驱动民主，民主刺激激情，一时间，"磐石""骆驼""火车头""提恩提""大方""低调""拖拉机""三千"等名目繁多的竞选团纷纷登场，可谓"五花八门，洋洋大观"。[3] 最终选出以地质矿物学系三年级学生刁正清为首的新一届自治会。

　　总的看，国立山东大学复校后的学生自治会是国民党教育训导体制的产物，同时也是中共争取的对象。在训导处当局的严密控制下，学生自治会频繁改组、人选变更，其立场或激进，或温和，反映出山大学生寻求自治权益的复杂形态。在"自治"与"训导"的纠葛中，学生自治会成员大都倾向于共产党，有的竞选传单竟印出"让自治会成为我们打击反动势力的堡垒，走向新中国的桥梁"[4]等口号，更有一些进步学生在黎明前最黑暗的时刻奔向了解放区。

　　2.《青年新报》、历史研究会与大众音乐团、方生剧社

　　国立山东大学训导处对学生社团扼压式的管控，反而刺激了学生公共关怀、公共参与的热情。在被称之为灰色、甚至黑色的岁月里，一些寻求充分自治权益的学生挑战训导处的高压规制，以创办报刊、召开读书会、举办文艺演唱会、戏剧演出等公开和半公开活动，与当局对抗。其中，《青年新报》、历史研究会等进步社团，及大众音乐团、方生剧社最具代表性。

　　《青年新报》是 1947 年 4 月由中文系学生宋斌、程民觉等创办，这份 4 开 12 版刊发时评、通讯、杂文、随笔、诗歌等的综合性周刊，以明朗的战斗姿态在校内外产生了强烈的反响。刊发的文章有石勃瑜（以"岳如"笔名）的《袁世凯与国民革命》，明骂袁世凯，实骂蒋介石，笔锋犀利、辛辣；刘冠文写的《正视"罢"、"抢"风潮》，谴责国民党挑起的内战将善良的人民陷入"赤贫，疾病，饥寒，死亡"；还

　　　① 《山大自治会组织考生服务团　分本埠及外埠两组》，载《青岛公报》1948 年 6 月 3 日。

　　　② 《岁暮晚会山大今晚举行　节目均极精彩》，载《青联报》1948 年 12 月 31 日。

　　　③ 《山大自治会即改选　民主空气充溢校园　各院系展开竞选活动》，载《联青晚报》1949 年 4 月 17 日。

　　　④ 白伟民、刘卓、焦琴颐：《忆山东大学"地下工作小组"与外围组织"学习社"》，载中共青岛市委党史资料征委会办公室编《青岛党史资料》（内部发行）第 4 辑第 568 页，1989。

有《经济危机下各地一片罢课罢教罢工声》《为什么还用帽子？现在是肚子问题!》《这是什么社会》《奈奈何》《谈奴化教育》《泪》等或嘲讽、或鞭挞的时评。与同期一些隐晦、含蓄的报刊主旨不同，《青年新报》旨在促使那些埋头读书、不问政治的学生抛弃知识分子超阶级的中间立场，虽笔力幼齿，但在揭露"蒋管区"黑暗统治方面"犹如一支匕首刺向了反动派的心脏"①。这种公开对着干的做法必然招致国民党青岛市党部的封杀，《青年新报》仅办了3期即告停。

1947年秋成立的"历史研究会"是继《青年新报》之后又一政治性社团组织。会长程民觉以文学院尚未建立历史系为发起缘由，下设的历史、经济、哲学3个小组，聚集起刘冠文、胡维溥(鲁毅)、郑荃(黄岩)、杨颐康、李君起(吕涛)、丁延令、李豹德、李佑麟等30多名各院系的同学。② 他们阅读、讨论包括《资本论》在内的马列主义著作，暗地传阅毛泽东的《新民主主义论》《论联合政府》《中国革命与中国共产党》，还读苏联革命文学作品《静静的顿河》《钢铁是怎样炼成的》《铁流》《青年近卫军》等中译本，举办座谈会，邀请赵纪彬、徐中玉、杨向奎、王统照等教授做哲学、历史等专题讲座。显然，历史研究会只是用一个合法登记的社团名称，而实际从事进步活动。1947年10月，国共两党彻底决裂，中华民族再次走到了和平与战争的十字路口，历史研究会通过"历史研究""黑与白"等壁报，生动地作出了言说选择。此间，在国立山东大学类似的社团还有刘卓等的"学习社"、余益礼等的"医海社"、马捷等的"拓荒社"等等。最敏锐的问题总是发生在大学生身上，青年永远是时代的风向标。

当意识到青春不该委屈，运用音乐、戏剧等艺术形式表达思想情感，便成为许多学生的共同选择。1947年秋，国立山东大学机械工程学系学生周忠雅等一些热情、正义、爱好音乐的青年学生，在泰山路工学院的大教室发起成立"大众歌咏队"，起初只有20多名男女同学参加，到1948年夏扩大到近100人，由此改名"大众歌咏团"。这个起初"无明确的政治方向，在政治上处于中间状态"③的音乐社团，接受了中共地下组织的指导后，立足山大，面向青岛各中学校，重新组成"大众音乐团"，经常参加活动的学生达400之众。大众音乐团大量采用政治色彩浓、战斗力强的歌曲，大型的有冼星海的《黄河大合唱》《生产大合唱》、马思聪的《祖国大合唱》等，短小的有《到敌人后方去》《插秧谣》《五月的鲜花》《光明

① 鲁毅:《忆山大〈青年新报〉社》,载中共青岛市委党史资料征委会办公室编《青岛党史资料》(内部发行)第4辑第554页,1989。

② 吕涛:《忆山大"历史研究会"》,载中共青岛市委党史研究室编《亲历者忆——青岛革命回忆录》(内部资料)第3辑上册第213页,2005。

③ 周忠雅、米光盛:《山东大学"大众音乐团"简述》,载中共青岛市委党史资料征委会办公室编《青岛党史资料》(内部发行)第4辑第571页,1989。

赞》《我们要渡过长江》《垦春泥》《团结就是力量》《跌倒算什么》《你是灯塔》等。
据悉，王秀成高昂的男生领唱"我站在高山之巅"、刘卓悠扬的女声领唱"黄水奔
流向东方"，极富感染力。一曲曲歌声，抒发出青年学生内心深处的爱和憎，表达
了痛恨黑暗、渴求光明的思想感情。随着参加人数的增多，根据音乐表现形式的
需要，大众音乐团分设为大合唱、群众歌曲、舞蹈3个队，在山大护士学校和青岛
各中学校都设有联络员，凝聚起骨干力量。歌咏作为大众化的艺术活动形式，在
解放战争时期的青岛形成了群众性运动，山大大众音乐团以知识青年为主体，以
热烈的激情演唱和无所畏惧的斗争精神，演绎出"蒋管区"学生期待黎明、追逐
梦想的心声。

与音乐团相应的是戏剧艺术团体。1948年冬，在大众音乐团的基础上，一
个受中共地下组织指导的"方生剧社"得以成立。据悉，"方生"之名取义鲁迅方
生方死的"大时代"之思考。晚年鲁迅更集启蒙者与革命者于一身，其生命意志
的深刻体验，亦即其生命哲学在历史领域的延伸。方生剧社将办社宗旨立于方
生未死之间，并公开与山大校方的"东山剧社"相对抗。[①] 剧社的不少成员同时
又是大众音乐团的成员，两者是以不同活动形式出现的姊妹社团，还组成"大方
竞选团"参加学生自治会的竞选。剧社推举水产学系二年级学生李豹德任社长，
焦琴颐、苏砚田、王济民任副社长，导演为胡献文，剧务为王方，演职员七八十人。
剧社演出的舞台布景、道具服装、灯光设备，全部由社员捐助，制作景片的布都是
由社员捐献的床单拼接而成。尽管条件简陋，但演出的要求非常严格，演职员经
常在谢幕后围坐在舞台上交流得失，往往至深夜才怀着兴奋的心情、拖着疲惫的
步子返回宿舍。剧社刚一成立就为救济困难同学公演了陈白尘编剧的《岁寒
图》，在排练中将个别关键台词做了修改，使得"迎接新春、期待解放"的主题更
加明朗，更加突出。方生剧社在大团圆晚会演出的独幕话剧《开锣之前》，揭露
特务横行、疯狂摧残进步文艺的伎俩，博得了正义观众的一片赞誉。尽管方生剧
社的演出存在着种种艺术瑕疵，远不及当年"海鸥剧社"的知名度，但作为处于
反动派覆灭前夕白色恐怖中的学生艺术社团，其不屈不挠的斗争精神推动了战
后青岛话剧运动的蓬勃兴起，为岛城戏剧演出史留下了值得回眸的一页。

四　教职员中的新群体与争待遇权罢教的教授

国立山东大学复校后为承继战前名师治教的优良传统，一面设定优渥的薪

---

① 李豹德：《忆"方生剧社"和水产系南迁》，载中共青岛市委党史研究室编《亲历者忆——青岛革
命回忆录》(内部资料)第3辑上册第215页，2005。

酬待遇,一面严肃资格考绩制度,一个多成分、多层级、不同思想倾向和追求的教职员新群体,借助反饥饿政治运动傲然出现。

1.教职员的聘任考绩规定与层级式薪俸待遇

1947年7月11日,经第九次校务会议讨论通过并报教育部备案的《国立山东大学教员聘任及服务规程》规定:专任教员分为教授、副教授、讲师、讲员、助教五个层级,其中特别厘清讲师与讲员的资格。讲员须有国内大学(研究院)3年以上学历,讲师则须有硕士学位;讲员一般具有3年助教的经历,讲师则为助教5年或讲员2年的资历。副教授任职3年并"著有成绩,有重要之著作者",方可晋升教授。各级教员升等、晋级的条件为"任教及研究著有成绩"。[①] 可见,任教是教员的主业,研究以"著有成绩"为标准。在国立山东大学,教授、副教授和讲师每周至少承担9小时或每学年18学分的授课任务;如超过每周12小时或每学年24学分的限度,则"加支钟点费";未达到最低限度的教授和副教授"不得在校外兼课或兼任有给职务"。即便为满课时教授和副教授提供了校外"捞外快"的机会,但其时限以每周4小时为度,且须"先得本校之同意"。讲师、讲员和助教则没有校外赚钱的自由。同时规定,教授和副教授连续服务满7年并得续聘者,可获得带薪休假1年的待遇,条件是不得在校外担任有给职务;休假期间如从事研究需要经费补助者,可"详具计划"呈送校务会议研究,或呈请教育部核发补助费。享受休假的教授和副教授,休假期满后至少要返校服务1年。根据1948年5月统计,国立山东大学共有教授62名、副教授19名、讲师40名、讲员7名、助教39名。[②] 之后,1948年夏至1949年初,鉴于学生增多的需要,先后有80名教员加盟国立山东大学。

通过横向比较发现,战后国立山东大学教员的薪俸标准与同期北大、清华等国立大学相差无几。在山大,自教授至助教,其薪资各为九级。一级教授月薪为600元,二级580元,依次以20元级差递减,九级教授为440元;一级副教授月薪为480元,二级460元,依次以20元级差递减,九级副教授为320元;一级讲师月薪为360元,二级340元,依次以20元级差递减,九级讲师为200元;一级讲员和助教的月薪分别为240

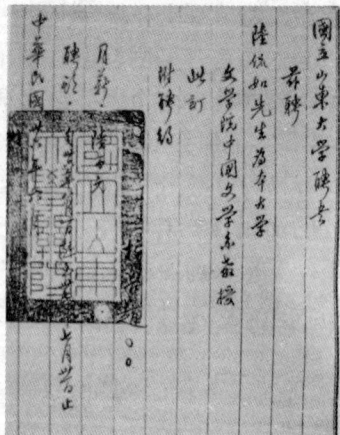

图5-43 陆侃如的薪资聘书

---

① 《国立山东大学教员聘任及服务规程》,载《国立山东大学校刊》第21期,1947年8月1日。
② 山东大学档案馆:《山东大学大事记(1901—1990)》,第67页,山东大学出版社,1991。

元、200 元,其级差同为 10 元,讲员的底薪为 160 元,助教为 120 元。① 可见,教员职级等级森严,收入差距悬殊,最高收入的教授是最低收入助教的 5 倍。收入差异造成同校从业者的待遇分化,势必引发低收入助教群体的不满。据悉,1948年国立山东大学曾有一名夏姓女助教自杀轻生,幸亏发现早及时送医院抢救,才得以脱险。1948 年,山大助教联名上书要求增加薪水,将底薪 120 元提高到 150元。② 对这个数额虽小、但颇具要挟性的增资要求,赵太侔不得不施以怀柔政策。是年 4 月,赵太侔委托山大助教会以"不愿负此大好春光"③为题,邀请各位助教偕眷或女友游览青岛中山公园和海滨风景线,以示校方的关怀。

与教员严格的聘任制相应的是职员的考绩制度。根据 1947 年 9 月统计,国立山东大学共有教职员工 298 名,其中教员 117 名、职工 189 名。④ 对于这个超过教员数量 38%的职工群体,自应有区别于教员的管理办法。1947年《国立山东大学职员考绩暂行规则》颁布,规定对职员的考绩根据其工作、操行、学识,按百分制评定,80 分以上者为甲等,70～79 分为乙等,60～69 分为丙等,50～59分为丁等,50 分以下为戊等。获甲等者可以升等或晋级,获乙等的晋一级,丙等保留原级,丁等降一级,

图 5-44　国立山东大学教职员(摄于 1948 年)

戊等则免职。⑤ 比照山大教授会、助教会,职员也建立了行业性组织——职员会。及至 1948 年 10 月第三次职员会理监事改选,宋君复、刘芳椿、刘筠实、刘本钊、李子青、王逦栋、刘志英、周俦、彭延年、王枚生、阎味辛 11 人为理事,宋君复当选理事长,张镇球等 5 人为监事。⑥ 以情感交流、沟通友谊、精神保健为目的的国立山东大学员工业余联谊会,也于 1948 年 1 月成立。

山大教职员工是一个囊括从知识精英到未受多少教育的校工等社会底层人员的复杂群体,如同一个体系完整的"微观社会"。由于受战后国民经济萧条、国立大学从业人员生活水平严重下降的影响,一个关注并旨在提高国立山东大

---

① 《国立山东大学教员聘任及服务规程》,载《国立山东大学校刊》第 21 期,1947 年 8 月 1 日。
② 《山大全体助教向校方要求加薪　如无具体答复即行请假》,载《大光报》1948 年 1 月 8 日。
③ 《山大助教会今日春游》,载《大光报》1948 年 4 月 11 日。
④ 《国立山东大学教职员工人数》,存青岛市档案馆,档号:B0024-001-00509-0034。
⑤ 《国立山东大学职员考绩暂行规则》,载《国立山东大学校刊》第 21 期,1947 年 8 月 1 日。
⑥ 《山大职员会改选理监事》,载《军民日报》1948 年 10 月 24 日。

学教职员工待遇的福利委员会应运而生。1947年12月,第十七次校务会议议决进一步改组福利委员会,推举王书庄、刘椽、何作霖、周钟岐、曾呈奎、宋君复、刘次箫、翟宗沛、高哲生9人为委员,刘椽任主席。① 可以说,战后国立山东大学教职员新群体具有趋利避害、看重生活水平和社会地位等特征。

其实,职业角色和人际关系可能更切合国立山东大学的实际,因为职业角色模糊和人际关系紧张成为几起山大教职员不光彩事件的根由。例如:1948年12月,医学院院长兼附属医院院长李士伟被曝涉嫌贪污。此前,李士伟曾"指控"前任院长依克伦"放纵属员舞弊情形",结果屎盆子转手却扣到了自己的脑门子上。有人将李士伟一案捅到了教育部,朱家骅核示青岛市教育局新任局长隋星源前往国立山东大学附属医院进行"监盘"。学生自治会要求与校方联合组织清查团彻查此事,赵太侔息事宁人试图为李士伟开脱,结果学生代表集会以70:60的票决结果通过罢课。赵太侔为安抚学生不得不组织调查委员会,责成何作霖、宋君复负责。② 此案最终的结局是当事人辞职,1949年2月李士伟携眷离青去了台湾。再如,据青岛报界揭露,山大某教员讲民间歌谣时肆意哼了一首令女生羞红了脸的淫词滥调。歌谣道:"哥是天上一条龙,妹是地上花一蓬。龙不翻身不下雨,雨不沥花花不红。"据记者称,该教员吟罢让所有在场的女生"低下头,显出怪不好意思的表情"。③ 至于山大教职员因无视职业操守、师德不良、两性关系错乱被报界公开曝光者,绝非个别人。

2.为争待遇平等权罢教与教育部长朱家骅的调解

很难想象,民国高等学府教授为争待遇而罢教停课,这在复校后的国立山东大学却屡有发生。

应当说,民国大学教授一直享有丰厚的薪资待遇,优渥的生活条件所带来的经济归属感和社会优越感,促成了大学教授与国民政府的"亲密"关系。但是,随着"蒋管区"愈演愈烈的通货膨胀和经济危机,作为知识精英的大学教授的生活每况愈下。加之青岛地区消费水平高,物价昂贵,靠薪资生活的公教人员苦不堪言。1947年2月,国民政府公布实施《民生日用必需物品供应办法实施细则》,对南京、上海的公教人员实行民生日用品配售制。由于青岛被列为第二级地区,便造成同为公教人员的国立山东大学教员,却无权享有京(南京)、沪地区的待遇问题。为此,童第周、樊弇、陈瑞泰、郭宣霖、王国华、沈福彭等教授联名向教育部长朱家骅并转行政院,提出"与京沪区同等待遇"的强烈要求。但是,习

① 《福利委员会改组》,载《国立山东大学校刊》第24期,1947年12月31日。
② 《山大学生今复课　校方已组调查委会　负责调查李士伟案》,载《青报》1948年1月5日。
③ 《山大花絮——教授诙谐女生含羞　龙不翻身不下雨　雨不沥花花不红》,载《军民日报》1946年11月14日。

惯于军事统制、经济行政化手段的国民政府,仅照京、沪地区标准增加了学术研究费(按教授 5 万元、副教授 4 万元、讲师 3 万元分配),而搁置了教员的生活待遇问题。1947 年 5 月 2 日,已被各地纷沓而至的增费求薪电函搞得焦头烂额的朱家骅除电函赵太侔"代致慰问"外,并致电童第周等。

蔚苏、樊翁、瑞泰、宣霖、国华、福彭诸先生台鉴:

上月二十九日惠书教已诵悉。青岛一地物价奇昂,而待遇标准仍划二级,生活艰苦,极所关切。

数月以来,本部对于内地及边地各校教职员待遇,宜明提高标准、发给特别补助费,及提高教授学术研究费等案,已一再奉主席核准。因行政院方面初以宋子文院长辞职,继以政府之改组,以至迟迟未及实施。最近已与张岳军院长再三商谈,料想不日当有合理之解决。务请诸体念国家之困难,并顾念学生学业之重要,勉力维持,勿使课务停顿,公私均感。

耑此奉复。顺颂教祺。

弟朱家骅①

朱家骅的复电试图以行政院宋子文与张群两任院长交接过渡为由做安抚工作,但在这个因民生日用品供给分配不公充满怨气的时候,身为部长所言"体念国家之困难,并顾念学生学业之重要,勉力维持,勿使课务停顿"之语,引来的却是山大同人的怒气。5 月 4 日,国立山东大学教员会因"对教育部答复表示有欠圆满",遂召集全体教职员"商决应付办法"。② 生也易,活也易,生活不容易。童第周在回忆这一"应付办法"时称:"我当时是山东大学教员会主席,提出罢教,许多人赞成。"③5 月 5 日,国立山东大学在河南大学教员罢教的次日,宣布集体罢教。

国立山东大学教员罢教、学生停课,造成了巨大的社会反响。为避免罢工、罢市等连锁反应,5 月 6 日,青岛警备司令丁治磐分电蒋介石、张群、朱家骅,请求速谋解决办法。及至 5 月 12 日,童第周在接待《军民日报》记者时称:"惟同人等均以尚未接获圆满解决办法之前,不愿复课。"④山大教职员因"与京沪区同等待遇"的要求未被准允,不愿让度权利,遂以无限期罢教公开向政府当局发难。

_____

① 《山大教员请求改善待遇　朱部长复电到青　已向政院力请嘱务安心守职》,载《军民日报》1947年 5 月 3 日。

② 《山大教员待遇问题朱部长有复电到青　已向政院作五次呈请》,载《青岛公报》1947 年 5 月 3 日。

③ 童第周:《关于入选中央研究院院士》,载《童第周:追求生命真相》第 27 页,解放军出版社,2002。

④ 《朱家骅慰问山大教授　待遇改善日内即有适当办法　顾念学生课业希望早日复教》,载《军民日报》1947 年 5 月 13 日。

这是青岛教育史上罕见的教员因经济利益发生的群体性罢教事件。青岛报界有舆论宣称:此为"中华民国行将实行宪政之前添一段史料矣"①。

值得注意的是,山大教员的罢教事件发生在国民党政府经济崩溃的背景下,紧随其后的京、沪、苏、杭等数千名学生因举行"挽救教育危机"联合大游行惨遭镇压酿成"五二○"血案引发的席卷全国大学的罢教、罢课学潮,无形中给山大教员罢教添加了意识形态色彩,以至于遮挡了有人站在师道立场对山大罢教是非曲直的考量,也掩盖了有人对山大罢教起因系攀比和追索既得利益的质疑。其实,山大教员罢教前后并非一个声音,童第周就直言不讳地说:"这期间斗争很激烈,有人曾嘲笑我们:'看你们怎样下台!'"②

也许,感觉"下"不来"台"的是朱家骅,因为山大教员的罢教事件发生在他的复电之后。1948年6月20日—24日,朱家骅莅临青岛,其间于21日来到国立山东大学。在完成一整天的视察后,是日下午5点,朱家骅召集山大教职员代表座谈。到会的许继曾、刘次箫、郭贻诚、周钟岐等教职员相继发表意见,并尖锐地指出中央"歧视山东",且有"重南轻北"的倾向。朱家骅立即声明:"教育部绝对一视同仁,对华北尤为重视,希望大家体贴时艰,仍本刻苦精神,将此最艰难之非常时期。"③当一些教员要求从精神和物质两个方面体恤国立山东大学,并提出按青岛实际物价指数拨发生活费或配给实物时,朱家骅感慨地说:"诸位所说的都是我的责任,这都是我照顾不周,惟因值此国难时期,我也没有这种力量。苦是我们都苦,请诸位忍受点。"④

朱家骅此言道出了些许苦衷。更令朱氏意想不到的经济危机事态发生在是年8月。8月19日,国民政府颁布《财政经济紧急处分令》,实行"币制改革"和"限价政策",冻结生活指数。有人以500元月薪的教授为例算过一笔账:根据兑换比率,每月只能拿到加成数37.5万元、基本数11万元、研究费5万元,总共不过53.5万元。一个月教授的伙食消费须12万元,最低限度的教授家庭(一个妻子、两个孩子)靠53.5万元难以维持正常开支。至于助教,那就更苦,以120元底薪计算,折合兑换比率,包括2万元研究费,一个月仅有20余万元。10月11日,国民政府又公布了《修改金圆券发行办法》,给币制改革套上了枷锁。青岛因内战交通受阻,所有生活必需品全靠上海供给,这不仅导致物价暴涨,而且许多日用品供给断档。此时,全国各地不少大学酝酿罢教、停课,抨击国民政府失败的经济政策。10月25日,北京大学季羡林、俞平伯等83名教授签署宣言,

① 《山大教授实行罢教 接朱部长复电认为仍不圆满》,载《青岛时报》1947年5月5日。
② 童第周:《关于入选中央研究院院士》,载《童第周:追求生命真相》第27页,解放军出版社,2002。
③ 《朱部长昨视察山大 山大各院代表提出要求》,载《军民日报》1948年6月22日。
④ 《山大教职员昨宴朱部长 会中尽诉目前苦境 部长慰勉耐苦忍受》,载《民报》1948年6月2日。

宣布停教 5 天。次日，北大"讲助联合会"也宣布停教 5 天。① 10 月 27 日，清华
大学全体师生停教、请假。闻此讯，国立山东大学教员会决定发布宣言，自 11 月
1 日起"停教三日，藉表其万不获已之苦衷，并昭示其争取生存之决心"。

　　全国各级政府、各机关、各团体、各学校、各报馆、各通讯社及各界同胞公鉴：
　　　　自币制改革限价失败以来，感觉生活困难者，不仅教育同人，即以教育
　　界而论，亦不仅山东大学一校为然。惟是青岛市物价之昂，久为国人所共
　　见。最初政府核定生活补助费标准时，误将青岛列入二级。几经呼吁，始得
　　改列一级，但实物配售之惠及于京、沪、平、津者，虽经本校同人再四恳求，终
　　未获得政府之允许。同人等身肩教育之责，自知其使命之重要，在万分拮据
　　之中，仍不敢不勉力以赴……最近数周以来，日用物品先后绝迹，食粮无市，
　　尤感恐慌。数年来勉强维持之一线生路，至此乃面临完全断绝之危机，而莫
　　知所以自保。以国民之立场而言，同人等当有其生存之自由；以国立学校人
　　员之资格而言，同人等更有向政府要求改善待遇之权利……至同人等所要
　　求者为：
　　　　（一）请教部准予贷给本校全体员工薪津三个月，以供设法购求粮、煤，
　　暂维目前之急需。
　　　　（二）以往所发每人每月三斗米之代金，系以限价为标准，不及实际价
　　格八分之一，有名无实，所裨甚少，请政府自即日起改发实物。
　　　　（三）以前之实物配售，青岛独抱向隅之痛，现在筹备中之全面配售，闻
　　亦置青岛于化外。同为国家之教育人员，同受物质生活之压迫，且视他地为
　　尤甚，乃竟不蒙鉴察，任其日趋于死亡而不一伸援手，事之不平孰甚于此？
　　请政府即日对青岛配售食粮、油、盐、糖、煤、布等日用必须品，以资救济而昭
　　公平。
　　　　……
　　　　以上六点，为同人等所提之最低要求。希望政府当局正视现实，速予采
　　纳。并请各界明达鉴其苦衷，予以精神上之支援，则同人幸甚，教育幸甚。
　　谨此宣言。
　　　　　　　　　　　　　　国立山东大学全体教员同启　卅七年十月卅一日②

　　一纸宣言施展出高等学府知识精英方有的文字技巧，尤其是抱怨不平等待
遇的措辞，尖锐、泼辣，充斥着愤怒的怅恨。青岛《民言报》在转述山大教员的停

---

① 《国立北京大学讲师讲员助教联合会停教宣言》，载《北大清华联合报》第 4 期，1948 年 11 月 1 日。
② 《国立山东大学全体教员争取生存停教宣言》，存青岛市档案馆，档号：B0038-001-01815-0016。

教宣言时,使用了"枵腹难维师道"一语。恰当其时,在国立山东大学停教的当日,南开、北洋、燕京等16所院校的教员宣布罢课停教。[1]

民国知识分子与国民党政权离心离德在很大程度上源于经济生活。"蒋管区"的经济崩溃是使包括国立山东大学教员在内的全国学界与其彻底决裂的最终推力。从银圆到法币,迭又改成金圆券,越改越糟,通货恶性膨胀到钞票即便每天加一个"0"都跟不上物价飞涨的速度,真是"数钱数到手软,饿肚饿到脚软"。金圆券币改措施犹如最后一根稻草,彻底压垮了知识分子对国民党的信任,致使两者最终分道扬镳。

3.徐中玉被迫离职与孙思白等守护信仰的"群社"

1947—1948年的国立山东大学有"待解放的解放区"之说。此话暗指山大有不少追求真理、不畏黑暗、践行梦想的进步教职员,甚或潜伏着一个受中共地下党领导的知识精英群体。

徐中玉是国立山东大学校史上特别值得关注的人物。除了他以战前山大学生之身战后就任山大副教授的不凡经历,及其在文学创作、编辑文艺期刊的成就外,徐中玉还是一个思想进步、向往光明的山大学人。1947年春,由于徐中玉对进步学生组织的"反饥饿、反内战"学潮表示同情,并参加了几次校外进步文艺团体的会议,不料被反动当局的密探暗中盯梢。

图5-45 徐中玉一家

徐中玉在回忆文章中称:1947年7月"青岛警备司令丁治磐密报当时教育部,说我有'奸匪'(指共产党)嫌疑,朱家骅即命令我的母校把我和我向无政治兴趣的妻子一并中途解聘"[2]。据知情者披露,此电由朱家骅和杭立武联合签发。赵太侔接到密电后竭力为徐中玉开脱,并复电称:徐中玉"以写作争取文艺界之地位,立论稍激,系近来一般作家之态度,徐亦未能例外。惟在本校任职一年期间,尚未发现有何显著之活动"。9月29日,赵太侔又接到第二封"督办"密电[3]。迫于上峰的威逼,考虑到徐中玉及家人的安全,一天深夜,赵太侔敲开徐中玉的家门,坦诚地道出了原委,并给徐看了"副教授徐中玉等有共匪嫌疑

---

[1] 梁荒岑:《争温饱运动的综合报告》,载《北大清华联合报》第5期,1948年11月11日。
[2] 徐中玉:《忧患深深80年——我与中国20世纪》,载《徐中玉自选集》第7页,重庆出版社,1999。
[3] 张籍中:《徐中玉的多彩人生》,载《新文学史料》2012年第2期。

一案"的密电原文。① 赵太侔很无奈，希望徐中玉迅速离开青岛，并表示可以为他介绍到内地任何一所大学任教。徐中玉婉言谢绝了赵太侔的推介，毅然告别国立山东大学，去了上海。多年后，徐中玉回忆说："若没有这件事，我很可能一直在山大住下去，直到今天。"②

当然，更有在黑暗中摇曳光明的烛火，为了新中国的到来秘密开展地下斗争的山大教职员。事实上，中共青岛市委、胶东区党委统战部、中共南海工商局、西海地委统战部等都秘密派遣人员潜伏在国立山东大学执行特殊任务。其中，孙思白及其"群社"同人最为突出。孙思白（1913—2002），原名孙兴诗，化名孙放，笔名劳苏、叶是一，山东历城人，1934年入北京大学，七七事变后回鲁西北聊城地区参加抗战，1938年加入中国共产党，后在重庆接受八路军驻渝办事处指导，从事地下工作，1946年来青岛临时大学谋得教职，后转入国立山东大学任中国历史讲师。1948年春，一向思想倾向相近的物理学系讲师熊正威（熊仪廷）告诉孙思白，他的一位朋友（季振川）受解放区来人嘱托，要在山大建立一个工作点。很快，由孙思

图5-46　孙思白

白、熊正威、陈家泳、孟祥河、王应素、张学铭、杜之奎7人组成的"群社"地下组织秘密成立。他们除收听解放区的广播，还得到毛泽东的《新民主主义论》，由孟祥河刻写蜡版，油印后发给大家阅读讨论。③ 为发展民主统一战线，孙思白的"群社"团结有进步倾向的教职员，与周钟岐、杨向奎、郭宣霖、王承瑞、尹敬执、谭金镛等建立密切的联系。孙思白以前读过纪玄冰著的《中国哲学史纲要》，一次，他在赵纪彬教授的书架上发现了这本书，并看到一些书页上写满了修改的文字。孙思白这才得知"纪玄冰"便是赵纪彬。

图5-47　赵纪彬

---

① 史若平：《从一件密电看太侔先生》，载山东大学青岛校友会编《山东大学（青岛）人物志》第17页，海洋出版社，1991。

② 徐中玉：《建国前两次在山大的回忆》，载中共青岛市委党史研究室编《亲历者忆——青岛革命回忆录》（内部资料）第2辑第379页，2004。

③ 孙思白：《青岛地下"群社"记略》，载中共青岛市委党史资料征委会办公室编《青岛党史资料》（内部发行）第4辑第580页，1989。

赵纪彬(1905—1982),又名赵化南,笔名纪玄冰、林冰,山东濮阳人,1926年加入中国共产党,1929年因叛徒告密而被捕,出狱后任西安警备师政治教员、中共陕西省委宣传部部长,1934年转入文化教育界,先后任复旦大学、东北大学、东吴大学教授,为躲避反动当局的迫害,1947年来到青岛在国立山东大学讲授"哲学概论"等课。随着人民解放战争的节节胜利,赵纪彬在家里经常秘密接待学运骨干和地下工作者,其妻弟李希凡在山大做旁听生,时常协助赵纪彬抄写文件、传递信息、散发宣传材料。李希凡,一个求知若渴的文学青年的命运就此出现转机。1949年青岛解放前夕,赵纪彬因上了特务的"黑名单",奉命撤离青岛,偕李希凡去了解放区。

此外,游离在国立山东大学门前的黄绍湘也是一个"秉烛待旦"的地下工作者。黄绍湘(1915—2015),湖南临澧人,19岁入读清华大学,参加"一二·九"运动,1936年6月加入中国共产党,1943年得中共南方局资助,通过自费留学考试,赴美国哥伦比亚大学研究生院攻读历史学,获硕士学位,1947年回国后来青岛与丈夫中纺青岛分公司毕中杰做地下工作。黄绍湘曾托人向赵太侔介绍到山大教授美国历史,但遭到拒绝。对此,赵太侔曾在《自传》中写过一笔:"黄绍湘先生,在解放前几次托人介绍,要到学校教课,我迟迟未聘。解放后有人传说我因为黄先生是共产党,所以不聘。其实不然,黄先生是不是共产党我无从知道,相反的,其主要原因是她所找的介绍人全是南京部长以上的大官僚,这让我很怀疑她

图5-48 黄绍湘

的作风,和她的实学。"①显然,赵太侔难以理解一个中共地下党员的使命。黄绍湘于青岛解放后成为国立山东大学教授,在中国首开以马克思主义观点撰写和研究美国史之先河,其研究成果在国内外颇具影响。

第四节 反美倒蒋运动与黎明前的校园地下风云

1947年后"蒋管区"陷入经济、军事、政治的重重危机之时,正是国立山东大学进步师生响应全国"反饥饿、反内战、反迫害"运动之日,一场以经济斗争为基础、以学潮为推力的反美倒蒋运动骤然兴起。由于中共山大地下小组的领导,1947年"六二"学生运动、抗议"特刑庭"逮捕学生及反南迁护校斗争,此起彼伏,

---

① 《赵太侔档案》,转引自杨洪勋著《才华内蕴——赵太侔》第228页,中国海洋大学出版社,2020。

并成为全国爱国民主运动的重要组成部分。此间,国立山东大学也暴露出复校办学基础薄弱、应对能力不足等问题。

一　接连不断的反美行动与 1947 年"六二"学潮

事实上,中共对复校后的国立山东大学,经历了从派遣生员考入、发展学生党员、适时介入学潮到思想和组织领导不断推进的夺取过程。

1945 年抗战胜利后,中共胶东区党委根据山东分局暂不用武力解放青岛的指示,作出了"隐蔽精干、长期埋伏、积蓄力量、以待时机"的工作方针。特别是 1946 年 3 月华东局城工部对中共青岛市委地下组织扎根不深、隐蔽性不强、斗争方式不够灵活等问题提出改进和加强的措施后,青岛党的地下工作作风有了显著转变。国立山东大学复校伊始,中共青岛市委派去的党员是考入山大的宋斌,之后又派党员赵劭坚以《民报》记者为掩护从事山大学生运动工作。赵劭坚(1926—2006),山东泰安人,1938 年入读青岛市立中学,1942 年高中一年级时与同学孙思燮等组织秘密抗日团体"学术研究会",1946 年 11 月赵劭坚加入中国共产党,1947 年 2 月返回青岛,根据中共青岛市委的指示,秘密发展山大化学系学生宋鲁和中文系学生郑荃为工作关系,成立地下小组。1947 年 9 月,宋鲁、郑荃加入中国共产党,由此组成由赵劭坚任组长的中共山东大学地下小组,山大的学生运动置于中共的领导之下。1948 年 9 月,宋鲁、郑荃调回市委机关,山大地下党小组撤销。是年 11 月,中共青岛市委指示,重建由马绪登(史乘)领导的中共地下小组,继续在山大秘密开展工作。① 在中共地下小组的领导下,国立山东大学进步学生掀起一次又一次反美倒蒋运动,逐步形成了青岛学界反对国民党腐朽统治的"第二条战线"。②

1.反美运动迭相兴起与学生代表的致美大使书

1945 年,美国以接受日降为名,先后有数万名官兵驻扎青岛。趾高气扬的美军横行霸道,在青岛街头恣意滋事。据统计,自 1946 年 8 月到 1949 年 5 月,美军在青岛的犯罪案件达 373 起,无故打死打伤中国人 117 人,造成车祸 282 起,撞死轧伤 193 人。③国立山东大学反美斗争自 1946 年复校不久便不断掀起高潮。1946 年 11 月 4 日,国民政府与美国政府在南京签订《中美友好通商航海条约》,将中国领土向美商开放。为此,延安各界青年在"一二·九"纪念大会上提出将"一一·四"美蒋商约签订日定为"中国国耻纪念日"。1946 年 12 月 24 日,

---

① 《中共青岛地方史大事记(1921—1949)》,第 264 页,中共党史出版社,2006。
②③ 中共青岛市委党史研究室:《中共青岛地方史》,第 1 卷,第 366、374 页,中共党史出版社,2003。

国立山东大学学生会通电全国青年学生，响应延安的号召，并提出"全解放区的青年学生，以及蒋管区的青年学生一致团结起来，携手共进，为反内战、反卖国、反独裁、争和平、争独立、争民主作不疲倦的斗争"①。

1946年底北平发生"沈崇事件"，由于政府当局施以大事化小、小事化无的政治手腕，一起美国士兵强暴北大女生的案件竟似罗生门般扑朔迷离。为声援北平同学的正义斗争，1947年1月5日，国立山东大学进步学生召开了抗议美军暴行大会。石勃瑜、宋斌等先后登台发表演说，声讨美军在华罪行，控诉驻青美军的种种暴行和强占山大校舍的霸道行径。大会发出《告全市同胞书》和《告全国同胞书》。中共胶东区委《大众报》的消息称："久埋在青岛学生心底的爱国热情，突破蒋党高压，发出：'要求美军撤出中国'悲愤的吼声。"②据悉，石勃瑜等进步学生曾策划游行示威，但训导长刘次箫以王耀武签发的"民众不得有越轨行为"③的训令，予以阻挠。时值国立山东大学复校不久，学生之间彼此不熟悉，一些学生对时局的认识还很模糊，游行示威的决议未能施行。

抗议美军士兵凶杀青岛人力车夫苏明成，成为国立山东大学爱国学生近距离反抗美军暴行的具体实践。1947年3月30日晚，数名美军士兵在俱乐部酗酒作乐后，乘人力车到广西路第一旅社门前，下车后因不付车资引起争执。美军士兵白德洛(Birobedro)掏出尖刀朝车夫苏明成猛刺过去，致其流血不止当场死亡。事件发生后，有关方面依照中国刑法及处理美军在华刑事案件的有关条例致函美方，要求"依法惩治凶手"，对死者家属"从优抚恤"，并"保证嗣后不再发生同样事件"。④ 4月15日，国立山东大学学生自治会就美军士兵凶杀人力车夫苏明成事件，并联系青岛港六号码头工人刘修文遭美军枪击身亡一案，发表"严重抗议函"⑤。山大的"民主墙"上也贴满了洋溢民族正义感的壁报，爱国呼声再次鼎沸。4月30日，美海军第七舰队司令柯克致函青岛市政府，公然为凶手开脱，并表示对肇事美兵"最大予以监禁十年之处分"。

此间，美国驻华大使司徒雷登(Stuart)正在青岛逗留，并将莅临山大演讲。学生自治会决定利用时机，揭穿美国所谓"民主""自由""平等"的虚伪幌子。5

---

① 《山东大学学生会通电全国青年学生响应"一一·四"为国耻日》，载《大众日报》1946年12月24日。

② 《青岛爱国学生突破蒋党高压 奋起要求美军滚蛋 散发告书控诉美军在青暴行》，载《大众报》1947年1月12日。

③ 《关于北平美兵奸污中国女生一事美方将犯事者依法审讯各地民众不得有越轨行为的训令》，存青岛市档案馆，档号：B0027-004-00289-0049。

④ 《就苏明成被害一案青岛市政府致美驻西太平洋舰队司令柯克的公函》，载中共青岛市委党史征委会办公室编《青岛党史资料》(内部发行)第4辑第274页，1989。

⑤ 《中共青岛地方史大事记(1921—1949)》，第252页，中共党史出版社，2006。

月 2 日,司徒雷登来到国立山东大学时,发现校园张贴的"不要失掉中国四万万人民的深厚友谊!""我们渴望真正的友谊与和平!"等标语。司徒雷登在演讲中赞扬 1946 年 11 月蒋介石政府"国民大会"提出的实行民主政治,并要学生"准备做良好公民"。① 司徒雷登讲完进入会客室时,学生代表石勃瑜递交了《致大使书》,全文如下。

图 5-49　司徒雷登在国立山东大学演讲消息

司徒大使阁下:

　　顷闻阁下莅临青岛,并在敝校演讲,使我们感到无限的兴奋与愉快。我们愿以中国大学生的身份,坦白地向大使提两点关于贵国军队驻青的要求:

　　一、贵国军队原为受降遣俘,留驻中国各地,现今任务既已完毕,而此驻军仍无撤退期限。敝校原有校舍,亦为贵国军队占住,迄未归还。现校舍不敷应用,问题极为严重,本年暑假招收新生将大受影响。深望阁下转达贵国政府,让出敝校校舍,庶免摧残我国教育之嫌。

　　二、贵国军队留驻中国,时以暴行加之我人民。以青岛一地而言,贵国驻军时常侮辱居民,而卡车之撞死轧伤者,尤属屡见不鲜。日前洋车夫苏明诚,又以索取车资故,为贵国水兵白罗德惨杀。消息传来,各界莫不愤慨。虽经青市市政府、市参议会、人力车夫公会及敝校全体同学,先后提出严重抗议,迄无结果。深望大使转告贵国驻青当局,严格约束所属不法行为,从速严惩凶手,抚恤死者家属,赔偿一切损失,并保证今后不发生同样事件。否则敝校同学为争国格及民命计,实难隐忍不言。

　　以上两点,均为敝校同学所深切希望者。贵国向以民主、自由、平等号召全世界,对此等问题,谅不至漠视无睹,坐令我国人们遗憾在心,甚非友好之所宜也。专此匆祝

　　安好!

国立山东大学全体学生上②

山大学生的《致大使书》有理有节,不失外交辞令,且锋芒犀利。中共的《大

---

① 《司徒雷登大使在山大演讲》,载《军民日报》1947 年 5 月 2 日。
② 《山大学生致司徒大使函》,载《军民日报》1947 年 5 月 2 日。

众日报》在 20 多天后刊发消息称:司徒雷登"读信以后,无辞可答,快快而去"①。

1948 年 5 月—6 月,围绕声援上海"反对美国扶植日本"的正义斗争和收回美军占据校舍问题,国立山东大学又掀起了一次反美高潮。1948 年,美国为实现其霸权主义的全球战略,推翻《波茨坦协定》,扶植日本复活法西斯主义势力,力图将日本建成冷战的前哨阵地。为此,中共中央发出"反对美帝国主义扶植日本侵略势力复活"的号召。5 月 4 日,上海 150 余所大中学校万余名师生在交通大学发起组织挽救民族危机联合会,22 日发起 10 万人签名运动,一场声势浩大的以青年学生为主体、各界人士参加的"反美扶日"运动从上海蔓延到全国各地。此时,驻青美军为了长期驻扎青岛,在租用山大校舍期满后竟提出续租 99 年的无理要求,还辱骂学校派去交涉校舍问题的人员。面对美军的蛮横态度和无理要求,山大师生义愤填膺。中共山大地下小组通过学生自治会,发动全校学生自 6 月 28 日起罢课 3 天,在校园内举行抗议示威活动。一众同学对着铁丝网后的美军兵营竭力怒吼,反对美军无理霸占山大校舍的愤怒呼声经久不息,反映爱国学生民族情绪的传单散遍了美军兵营。山大教授也发表反对美军占据校舍的宣言,99 名教职员在宣言上签名。一份来自 1948 年 6 月青岛市警察局的书面报告称:"美军借用山大校舍已满期,因与美方交涉受辱群情不满。"②慑于青年学生的强大声势,加以校方在交涉中的坚定态度,美军不得不有所收敛,将占用山大校舍的期限改为 1950 年,后于 1949 年 2 月归还。

事实如此,一浪高过一浪的反美怒潮,唤醒了山大埋头读书的学子,锻炼了学运骨干,并使国立山东大学成为青岛反美斗争的前沿阵地。

2.反饥饿、反内战"六二"学潮与校园的饥饿窘况

显而易见的事实是,蒋介石政权依傍美国政府支持发动的全面内战,致使中国经济崩溃、物价暴涨、民众陷入空前的灾难之中。1947 年 5 月 18 日,北平学生走上街头进行"反饥饿、反内战"宣传,惨遭国民党军警袭击酿成血案。当晚,北大、清华、燕京等 13 所院校学生代表在北京大学召开紧急会议,成立华北学生反饥饿反内战联合会("反饥联")。"反饥联"在 5 月 20 日国民参政会开幕时游行请愿未果的情况下,决定将 6 月 2 日国民参政会闭幕日定为全国"反内战日",并通电全国大中学校共同行动。5 月 31 日,国立山东大学学生自治会为响应"反内战日"的建议,召开全校学生民主大会,通过 6 月 2 日罢课游行的决议,并成立行动委员会,组成主席团,石勃瑜当选为主席团主席。对此,王统照、周钟岐、杨

---

① 《司徒雷登赞扬反对派　山大学生面递抗议书　要求青岛美军撤出侵驻校舍》,载《大众日报》1947 年 5 月 25 日。

② 《警察局报告四则》,载《岛城春秋》第 399 页,中共党史出版社,1992。

向奎、徐中玉、高哲生、张学铭、童第周等教授公开发言予以支持。

王统照教授说："愿同全体的教职员作你们有力的后援。"

周钟岐总务长说："青年人是国家的精萃，牺牲了优秀的青年，就等于阻碍了文化的进步，所以我十分忧虑。"

杨拱辰教授说："我的意见（一）站在人的立场上我反对人杀人的内战；（二）站在中国人的立场上，反对残酷的内战。"复强调说："环境是恶劣的，外面的压力是大的，但是威武不能屈，你们决定了什么，就勇往直前地干去。"

徐中玉教授说："我赞成同情反内战，因为人人都有生活的权利。"

高哲生教授说："现在不是同情同学，因为我们也同样受着内战的痛苦与饥饿，实际是我们站在一条阵线上。"

张学铭教授说："我愿以学生的热情永远地和你们站在一起。"

童第周教授说："只要学生能够团结一致努力干下去，没有一件事情是达不到目的的，希望同学苦干。"①

青岛当局则竭力阻挠山大学生的"六二"游行，一面指使报馆大肆散布谣言，声称"山大学生受了共产党的指使，要在六月二日暴动"，并污蔑"内战、饥饿之造成是由于共产党的叛乱"；一面通过青岛市参议会向山大学生自治会发出警告性电函，更有一些流亡青岛受唆使的"难胞"来到山大门前"苦劝"，一派惺惺作态。为了廓清视听，6 月 1 日上午，山大学生自治会召开青岛报界记者会，石勃瑜向记者说明"六二"游行系响应全国"反内战日"的号召，重申此次罢课游行"无任何政治背景"，并表示将"发动联合全国各大中学校，于本月（六月）二十六日赴中共区作反内战游行"。② 当晚，青岛警备司令部参谋长徐人众指使山大训导处，将行动委员会负责人石勃瑜、梁培智、路明 3 人送达"听训"，威胁他们不得出校游行，但石勃瑜等当即予以拒绝。

恰在此时，中共华北地下党指示"反饥联"，取消"六二"示威游行，改为总罢课一天。消息传至青岛已是 6 月 1 日夜晚。赵劢坚找到郑荃，要她立即回校改变斗争方式。深夜 10 点多钟，郑荃返校后刚好碰上从警备司令部回来的石勃瑜等 3 人。郑荃传达了"反饥联"的最新指示，但石勃瑜等刚刚在警备司令部严词拒绝了停止上街游行的要求，此时又来不及与行动委员会及主席团其他成员会商，拟定新的行动方案。后来，郑荃在回忆文章中称："我也深知我们的工作实在

① 《教授的话》，载《国立山东大学反内战运动委员会公报》第 1 期，1947 年 6 月 1 日。
② 《赴中共区游行宣传反内战　山大同学的建议　明日仍将罢课游行》，载《青报》1947 年 6 月 1 日。

做得太晚了。"①

6月2日清晨,青岛市警察局、宪兵团等数百名军警将国立山东大学校本部及分院包围,设路障堵塞学校大门和各交通要道,并对集合准备上街游行的学生进行恐吓。面对此情,石勃瑜等决定派学生代表出校交涉,但他们刚一走到校门口即遭强行逮捕。行动委员会经过紧急磋商,决定先召开大会抗议当局非法逮捕学生的野蛮行径。会上,群情激愤,怒不可遏,坚决要求游行示威,以示强烈抗议。身在其中的郑荃感到,游行已无法阻挡了,便建议以抗议非法逮捕同学的名义出校游行。下午1点多钟,行动委员会将"反饥饿、反内战"横幅的背面写上"抗议无理逮捕学生!""必须立即释放学生代表!"的口号,整队冲出校门,但学生行至鱼山路、大学路口便被"拒马"挡住了去路,四周聚拢着虎视眈眈的

图5-50 1947年国立山东大学"六二"学潮情形

警察、宪兵、便衣特务。学生们怒火在胸,高呼口号,与前来阻拦的军警进行长时间对峙。时近黄昏,军警凶相毕露,手执凶器对赤手空拳的学生大打出手。据郑荃称,她的两条辫子被狠狠地扯拽,一只耳朵顿时失去听觉,脸上被打出了许多血印。据警察局长王志超的报告,当场"将一百三十七名学生……送上十余辆备妥之卡车",之后"送往若鹤兵营干训班"。②

为形成"反饥饿、反内战"运动高潮,中共青岛地下党动员社会各界声援山大"六二"学潮,青岛出现了学生罢课、工人罢工、商人罢市的政潮。山大学生自治会成立起以进步学生石磊为首的"六二惨案善后委员会",并向全国各界人士发出呼吁:"现在我们欲哭无泪,欲呼无声,二、三院的同学已经绝食,把节余下来的钱给同学养伤。这充分表明我们的心已紧紧团结一起,青年人是打不散的,我们永远这样相信!"③山大"六二"学潮得到全国各大学及社会团体的广泛同情,延安《解放日报》和山东《大众日报》刊发专题电讯,临沂解放区的山东大学通电支持青岛山大同学的"六二"学潮。6月5日,国民政府行政院电令青岛市政府

---

① 郑荃:《我怎样走上革命之途》,载中共青岛市委党史研究室编《亲历者忆——青岛革命回忆录》(内部资料)第3辑上册第77页,2005。

② 《市警察局就镇压六二游行经过给市政府的报告》,载中共青岛市委党史资料征委会办公室编《青岛党史资料》(内部资料)第4辑第293页,1989。

③ 《抗议蒋党"六二"暴行 青岛山大告同胞书》,载《大众日报》1947年6月28日。

"如无特殊案情应即尽速开释",至 6 月 11 日,石勃瑜等 4 人无条件获释。

统观国立山东大学"六二"学潮的整个过程,不能不说,这本是一次由学生自治会出于公义、响应"反饥联"号召举行的"反饥饿、反内战"活动。石勃瑜等骨干成员都是没有任何政治背景的正直、正义的大学生,他们的反内战宣传计划包括去解放区的活动。此前的 5 月 19 日,山大学生自治会曾组织为期 3 天的罢课,并于 5 月 22 日以全校同学的名义致函中共中央机关。

> 中国共产党中央党部公鉴:
>
> 　　内战日极,经济危机,有加无已。迩来物价暴涨,工厂倒闭,农村破产,流离颠沛。饥饿死亡者,几至无时不有,无地不有。学生等欲哭无泪,睹国难之急切,愤不能已。除罢课三日以响应京、沪、平、津各大学外,并望钧部体念时艰,共以国事为重,从速停战,实行政协决议。国家幸甚! 民族幸甚!
>
> 国立山东大学全体学生上
> 五月二十二日①

反对内战,实行《和平建国纲领》,是石勃瑜等青年大学生的赤诚愿望。但是,青岛国民党当局对山大"六二"学潮则取压制手段,拒绝抗议的合法性,以至动用武力处置,使得本无政治背景的青年学子"更加不愿支持政府对中共的战争"②。山大教员会对"六二"学潮有过客观的评述:学生对政府腐败、经济凋敝等问题"均为万难隐讳之事实";青年关心政治"对政府有所请求",既是因为血气方刚,"复为历痛苦所驱使",其行动虽有"操切欠当之处",但其动机"则甚纯洁";因此处理学潮,"应一本爱护青年学生之主意,采取开明办法,予以疏导"。③然而,"蒋管区"民众啼饥号寒、朝不保夕的残酷现实,迫使国立山东大学的学生们再也无法安心读书。

1947 年 5 月,《青岛公报》披露了一个令人发指的事件。一名来自天津、时年 21 岁、名叫杨美丽的年轻女子为供给在山大求学的兄弟,被其父(平康二里潇湘班主)逼迫卖身"新乐"茶社充当歌女,杨美丽实不情愿,欲与父亲脱离父女关系。④ 当然,这是个极端的例子。但自 1947 年下半年,青岛报界每有披露山大学

---

① 中共青岛市委党史征委会办公室:《青岛党史资料》(内部发行),第 4 辑,第 283 页,1989。

② [美]费正清、[美]费维恺:《剑桥中华民国史(1912—1949 年)》,刘敬坤等译,下卷,第 743 页,中国社会科学出版社,1994。

③ 《国立山东大学教员会对当前学生运动之意见》,载中共青岛市委党史征委会办公室编《青岛党史资料》(内部发行)第 4 辑第 289 页,1989。

④ 《逼迫生女作歌伎供子山大攻读　杨兆先人生观特殊　杨美丽请脱离父女关系》,载《青岛公报》1947 年 5 月 24 日。

子饥肠辘辘的消息。1947 年 10 月,《青岛民报》报道《粮价如虎,山大一学生呼吁十三万一月公费伙食,连窝窝头也啃不成了》,及至 1948 年 3 月,青岛《大光报》记者则发出了《穷学生们读书难,山大自费生叫苦,每月饭费即需二百余万》的感叹。1948 年 3 月山大开学后据注册组统计,全校休学、退学生共计 124 人,占学生总数的 1/5,其中医学院多达 60 人,几占全院学生的 1/2。据分析,造成大量学生休学或退学的原因"多系经济来源断绝,无法继续,被迫辍学"①。

复校后的国立山东大学在校学生是一个多元的经济来源群体。国民政府对国立大学学生先后实行了公费制和奖学金制,这便造成名目繁多、标准不一的现象。1948 年春,山大共有 653 名学生,其中公费生 512 名。这些公费生包括 73 名"全公费生"、49 名"半公费生"、51 名"奖学金生"、79 名"青年军",还有 113 名从解放区流亡青岛的所谓"匪区生"及 147 名"匪区救济金生"。上述学生均有不同数额的补助,如"全公费生"每月有 46 斤面粉和 64 万元副食品费。然而,公费生之外的 141 名自费生则"叫苦不迭",每月仅伙食费就要支付 200 多万元。② 随着"蒋管区"经济日趋衰退,严重的粮荒、如虎的粮价最终使公费生也苦不堪言。1948 年 10 月,山大学生们"吃光了所有配给的面粉",颇现断炊之虞,一些南方学生不得不考虑"请假返乡,待形势好转再来复学"。③ 一时间,愁苦笼罩着自由的学府,嗟叹充斥着国立山东大学的角角落落。

二 抗议"特刑庭"拘捕学生与反迫害争自由斗争

当"反饥饿、反内战"与"反迫害"连结成"三反"运动,其政治影响力如同一颗爆炸的精神原子弹,加速了国民党政权的垮台。1948 年 9 月—12 月,国立山东大学反对青岛特种刑事法庭大肆拘捕学生事件,将"蒋管区"民众反迫害、争自由斗争引向深入。

特种刑事法庭("特刑庭"),系国民党政府为迫害共产党人和进步人士特设的刑事审判机关。这个分设于各大城市负责审理《戡乱时期危害国家紧急治罪条例》有关的案件,均秘密进行,"裁判"不许上诉或抗告,被告人应有的诉讼权利全被剥夺。1948 年 8 月 17 日,教育部密电国立山东大学,"凡被特种刑庭指控为共匪间谍之学生,学校当局应即一律开除学籍"。26 日,教育部再电山大:"仰切实遵照并将该校、院学生被开除学籍及已投案出庭与畏罪潜逃或抗不出庭

---

① 《山大学生辍学百廿四人 因为负担太重》,载《民言报》1948 年 3 月 25 日。
② 《山大已上不起了 自费学生交不上饭费》,载《青报》1948 年 4 月 2 日。
③ 《粮荒入山大 为了交不起经费 学生纷奏返乡曲》,载《民报》1948 年 10 月 28 日。

种种情由等姓名清册与考察及办理情形,分别查明详报为要。"一场针对进步学生的拘捕迫害事件骤然降临。9 月 15 日,"黄海表"——一个国民党青岛市党政军警联席汇报会的代号组织,给青岛"特刑庭"发来 38 名拟逮捕学生名单,由国民党青岛市党部青年运动委员会与"特刑庭"决定行动时间。

对"特刑庭"的大逮捕行动,中共青岛地下组织已有准备。根据中共中央作出的"不论党内党外,凡是已经暴露或为敌特注意分子,都应设法离开岗位,首先向解放区撤退";"凡未暴露而又未为敌特注意的分子,应继续深入隐蔽,在检举风浪过去后,再谋有步骤的发展,以便积蓄新的力量,等待时机"的指示,打入国民党青岛警察局内的地下党员吴孝感(周文琪)将"特刑庭"开具的"黑名单"及时汇报市委,一些党员和进步学生由市委安排转移或隐蔽。1948 年 8 月 17 日国民政府行政院致函教育部的"特就战乱时期后方应行注意事项列出四点",为"特刑庭"迫害学生大开绿灯。8 月 19 日,北京大学、清华大学等 11 所院校被北平"特刑庭"传讯、拘提了 250 名进步学生。8 月 20 日,天津"特刑庭"逮捕了南开大学、河北工学院等院校 46 名学生。

1948 年 9 月 17 日夜,青岛"特刑庭"首席检察官朱巍然以"危害国家"案,亲至国立山东大学会晤训导长刘次箫。刘次箫与训导处生活指导组主任杜宇,组员杜之奎、严宗京,及课外活动组主任马晋,会同"特刑庭"书记官和法警"分赴山大各学生宿舍",于 18 日凌晨 2 点多钟传唤王方、王皇、钱传孝、石荫坪、罗迈威、苏砚田、纪树立、董国楹、王济民、周惠民、余益礼、李茂吉、王寿建、刘景田、曹润伍 15 名学生"面交传票,限被传人随票到庭"。[①] 同时,"特刑庭"提出 23 名"同案被告"因其"不在学校住宿,传票未能送达",要求山大函复地址"以便传讯"。这 23 名学生是:程民觉、郑荃、郑乃瞻、孙炯、孙克文、潘之恕、张惠春、黄扬濂、葛懋春、刘学清、孙思燮、顾国英、李佑麟、闫荫黎、杨寿元、王允祯、王浚、徐全德、李君起、丁延令、赵宗智、尹道蕴、戴启华。[②]

山大被捕学生仅是多少参加过一些进步社团的活动,并非学生运动的骨干,但国民党当局连这样的学生也不放过,并以"危害国家"之罪名予以逮捕,这就不能不激起广大师生的愤怒,国立山东大学掀起了规模巨大的反迫害、争自由斗争。9 月 21 日,山大教员会召开会议,推举干事郭贻诚、郭宣霖向校务会议提出,保释被拘学生"在外候讯"[③]。22 日,教员会提出的准由学校保释被羁学生、

---

① 《山大一部分学生被传讯之经过》,载中共青岛市委党史征委会办公室编《青岛党史资料》(内部发行)第 4 辑第 320 页,1989。

② 《青岛高等特种刑事庭就受理"危害国家"一案致山东大学公函》,载中共青岛市委党史征委会办公室编《青岛党史资料》(内部发行)第 4 辑第 318 页,1989。顾国英、徐全德也被捕,实际羁押学生 17 名。

③ 《为保释被传学生山大教员会开会,议决四项函达特庭》,载《青岛公报》1948 年 9 月 22 日。

在押期间对学生予以优待、尽量缩短侦讯期等要求,函达"特刑庭"。学生自治会则开展募捐、征集寒衣,督促校方争取探视权,以便慰问、传递信息,设法营救。10月1日,国立山东大学学生自治会发布呈校长赵太侔文,声言被拘同学一事使得同学"深感惶惑……恒感自由之旦夕不保",而被拘同学"身陷囹圄中徒以莫须有之罪名,空作楚囚之哀歌,更感有所不忍也"。① 在押学生曹润伍、刘景田、徐全德等7人在被拘月余后联名致函赵太侔校长,明确表示遭"特刑庭"羁押属"不白之冤",由于"功课荒废多日……有失学之虑,前途实不堪设想",故特"恳请校长速与特刑庭交涉,援照北平被拘学生准予保释听课之例,使生等得恢复自由,继续学业"。②

其实,赵太侔一直牵挂着学生,不断通过各种渠道进行交涉。获悉北平"特刑庭"准予被拘学生保释听课的讯息后,10月19日,赵太侔以校长名义致函青岛"特刑庭",郑重表示:"在押同学,经贵庭着手调查,已逾数周,大致情形,当必洞尘。其情节较轻者,可否暂准保外候讯,似亦可予考虑。"③为配合营救活动及对物价昂贵、生活贫困不满,山大教员会决定自11月1日起罢教3天。学生自治会即时予以支持,提出总请假3天;后因所提条件未获圆满答复,又继续总请假3天。教员罢教、学生请假,狱内狱外连成一气,国立山东大学师生从未如此同声协力、紧密配合。11月5日,赵太侔在签署的"山训字第一三七七号"文告中义正词严地对"特刑庭"称:"当兹时局艰难之际,青年学子受此刺激最易对于现状表示不满,而望政府有以改善其环境及生活,此固一般之普遍现象,不独一校为然。即间有一、二青年关怀时事,偶发牢骚,亦不能指为有意危害国家。"④"特刑庭"要学校报送被押学生的在校表现情况,赵太侔参照各院系上报的材料,签送了《国立山东大学被传各生在校言行概况》。

> 程民觉:因不算聪明,故平时甚为努力读书,向为本班代表,而行为亦谨饬。
>
> 王浚:人尚聪明而肯努力,平时亦热心于公共服务,但无偏激之处。
>
> 刘学清:平日努力读书尚不能及格,并无思想问题。
>
> 郑荃:平素用功,成绩甚佳,思想行为无偏激之处。

---

① 《国立山东大学学生自治会为保释被拘同学呈校长文》,载中共青岛市委党史征委会办公室编《青岛党史资料》(内部发行)第4辑第326页,1989。

② 《特刑庭在押山大学生给校长的信》,载中共青岛市委党史征委会办公室编《青岛党史资料》(内部发行)第4辑第323—324页,1989。

③ 《为保释学生赵太侔函青岛特刑庭》,载中共青岛市委党史征委会办公室编《青岛党史资料》(内部发行)第4辑第325—326页,1989。

④ 《山东大学为开脱被押学生复函特刑庭》,载中共青岛市委党史征委会办公室编《青岛党史资料》(内部发行)第4辑第330页,1989。

王皇：本为国防部退伍军人入学者，长于书画，生活亦多赖此补助。

董国楹：用功，成绩亦好，是以行为言论皆甚直爽，思想行为无引人怀疑处。

闫荫黎：因成绩不及格，业已退学。

杨寿元、葛懋春、李君起、丁延令、赵宗智、戴启华、王寿建、纪树立、李佑麟、刘景田、黄扬濂、顾国英等在校情况尚好。

张惠春：功课较佳，品行亦优。

王允祯：在物理系肄业一年中，情形尚好，现已休学。

孙思燮：为人老成持重，攻读不遗余力，成绩为化学系二年级生二十四人之冠，与师长、同学相处极为谦逊，且生活俭朴，绝无骄奢习气，一切行为颇能循规，为化学系现有学生中最优秀者。

尹道蕴：此生学力较逊，数项功课不能及格，平日极为沉默，不特长于言谈，即课程以内之问题，每永不发问，观其衣服用费，极称节省，是一极平庸之学生。

曹润伍：平日言行谨慎，勤苦用功。

钱传孝：思想中庸，行为规矩端庄，用钱方面以甚俭省，对于功课一向敏求，不落人后。

郑乃瞻：思想行为均规矩，平日用钱亦无浪费之处。

孙炯：已因课程不及格退学。

孙克文：早已转学他校。

潘之恕：平日对师长有礼貌，喜运动，言语和平，功课于中上等。

石荫坪：对于进修学业颇知努力，用钱节约，少外出，未有超越校规言行。

王方：行动较为活跃，功课优等，言行颇有礼貌，用钱节俭，不浪费。

苏砚田：行动迟钝，功课次于中等，言行尚有礼貌，用钱俭，不浪费。

罗迈威：行动爽快，功课中等，言行不甚拘泥，尚保有中学生风度，甚节俭。

王济民：身体较弱，功课优等，言行甚有礼貌，至于用钱甚为节俭，并无浪费现象。

余益礼、周惠民、李茂吉平日在校言行、思想均甚正常，用钱亦不奢侈，功课均好，并越规举动。[1]

上述评语措辞平实，且都从品学方面给予肯定的评价，其保护学生之苦心溢于言表。被拘学生在狱中也展开针锋相对的斗争。1948年11月，被拘学生石

---

[1] 《国立山东大学被传各生在校言行概况》，载中共青岛市委党史征委会办公室编《青岛党史资料》（内部发行）第4辑第333—334页，1989。

荫坪、李茂吉、徐全德等6人联名上书"特刑庭",鉴于被羁押已逾2个月,因"失去自由精神抑郁,思及学业荒废心绪更为不宁",兼之"所食囚粮营养缺",经济"困难无力购买食物",被拘"同学多患贫血、腹泻、关节酸痛、食欲不振等症",要求"保释在外"。① 11月27日,赵太侔再次致函"特刑庭",鉴于山大有一学期缺课1/3时数即令休学1年并停发公费、奖学金、救济金等待遇之规定,而被拘学生"什九"享有公费生等待遇,一旦休学"其生活亦将失去救济",提请"提前将本案办理完结,倘一时不能完结,则请将嫌疑轻微或证据不足者先行责付与本校,以昭重视青年学业之至意"。②

懔于社会舆论的强大压力,12月2日,青岛"特刑庭"宣布王方、罗迈威、王皇、苏砚田、徐全德5人"已无羁押必要,均予以暂行责付"山大"领回管束"。③此后,又有8名被拘学生获释。天津被非法羁押的学生于12月23日全部交保释放,青岛"特刑庭"曾允12月28日释放刘景田、李茂吉、石荫坪、董国楹最后4名在押学生,但至29日仍未见放人。赵太侔向"特刑庭"发出急函,要求"即日结案"。与此同时,山大学生自治会召开青岛报界记者会,指出"特刑庭"羁押同学已近4个月,"尚提不出半点证据,更证实了同学的清白",为营救尚在被押的4名同学,决定自12月30日起全体总请假,"迄被捕同学释放之日为止"。④ 但是,李茂吉因被控"帮助他人犯罪嫌疑提起公诉"。直到青岛"特刑庭"撤销前夕,李茂吉才获释。据悉,青岛"特刑庭"自1948年7月1日成立至1949年1月31日撤销,以所谓"触犯戡乱时期危害国家紧急治罪"判处的刑事案件共达618件。数量之多令人不寒而栗。

国立山东大学与"特刑庭"拘捕学生的反迫害、争自由斗争,将青岛学生运动发展到一个前所未有的高度,并融入全国民主运动的洪流之中。

三 1949年房争风波与水产学系借读及护校运动

进入1949年于沧桑巨变前的国立山东大学,被一连串风起云涌的纷争所困扰。年初因校舍分配问题险些酿成内乱,致使学校几位主要职员请辞;而发生在

---

① 《被押山大学生为获保释上书特刑庭》,载中共青岛市委党史征委会办公室编《青岛党史资料》(内部发行)第4辑第336页,1989。

② 《为商请保释被押学生赵太侔致特刑庭函》,载中共青岛市委党史征委会办公室编《青岛党史资料》(内部发行)第4辑第338页,1989。

③ 《青岛特刑庭就责付王方等五名学生函国立山东大学》,载中共青岛市委党史征委会办公室编《青岛党史资料》(内部发行)第4辑第339页,1989。

④ 《山大学生总请假 营救各在押同学 校方于特刑庭交涉中》,载《大民报》1948年12月31日。

3、4月的水产学系借读事件,却与反南迁斗争纠葛在一起。深明大义的赵太侔在黎明前的关键时刻,组织应变护校,等待着曙光来临。

1.房争风波与教、训、总、理"四长"集体请辞

1949年2月初,占据国立山东大学校舍的驻青美军终于全部撤出。2月3日,赵太侔偕全体职员及院系负责人"前往点验"①。同日,赵太侔还在湖南路驻青美军司令部签约,并于2月24日接管德平路美军汽车保养厂(兵营)。按照经年忖度、几番研磨和设计,赵太侔立即商请青岛市政部门,将原德俾斯麦兵营与原日本中学之间的齐河路、蓬莱路收入校园,至此国立山东大学鱼山校区连接成片。然而,当这一始于复校之初、魂牵梦萦且不无屈辱的心愿变为现实的时候,本应皆大欢喜的校舍分配竟生发出巨大的风波。

其实,对于各院系教学和科研用房的分配使用问题,国立山东大学在2月11日召开的行政会议上已有决议。即大学路院区为学校行政机关,文、理二学院及农学院的水产学系;工学院居泰山路;农、医二学院使用鱼山路原校本部房舍;武定路原医学院址拨作教职员宿舍。但是,2月19日刘次箫在各院系负责人会议上报告的校舍分配方案却是,文、理、工三学院居大学路院区,农、医二学院在鱼山路院区。② 朝令夕改自是矛盾诱因,但具体执行中出现的各自为政、界限模糊,以及分歧处理的情绪化,将房争小事演变成为离心纠纷。

先是,一些学生未等总务处"丈量"宿舍、颁定分配方案,便纷纷抢占宿舍,致使自国立青岛大学时期建立的严格有序的学生宿舍管理办法形同虚设。学生自治会对总务长独自使用一座小楼表示反对。1948年9月周钟岐离任后,新任总务长葛毓桂没有威信,且在学校房舍紧张的情况下,无视学生学宿需求独占楼座,有利用职权行腐败之嫌。为此,学生自治会傅信礼代表理监事会提出总辞职。文学院因迁入的医学院未商妥合用的总务室用房,状告医学院新任代理院长潘作新,潘因上任前未参与分配会议含糊其词,令文学院大为不满。

继而,理学院因故拖延分配方案引发学生抗议,训导处职员处置

图5-51　国立山东大学发布罢教停课通告

① 《山大今晨收还美军租借房舍》,载《青联报》1949年2月3日。
② 《山大校舍有新决定》,载《青联报》1949年2月15日。

不当,酿成纷争。因行政会议规定院长可统一调配各系房舍,理学院院长丁燮林计划化学系与地质矿物学系共用化学馆,但由于化学系系主任刘遵宪离青外出,故待刘返青后再做决定。结果,急不可待的地质矿物学系学生以其他各系均已安定房舍,似感校方未平等对待,遂于3月7日以"地矿学会"的名义发表宣言,提出抗议。由于抗议书立在训导处门前,3月8日,训导处职员以"有碍观瞻"为由将其抬走,此举激怒了张贴抗议书的学生。该生不仅"复贴宣言",还对前来劝阻的教务处职员大发雷霆,甚至对教务长杨肇燫出言不逊。"地矿学会"的抗议宣言立即得到支持,3月9日—11日3天,各系会纷纷发表宣言。训导处全体职员则于3月11日宣布停工。联系近日迭次纠纷,又未见校长赵太侔的明确态度,在训导处全体职员停工的同时,教务长杨肇燫、训导长刘次箫、总务长葛毓桂及理学院院长丁燮林以"不能维持校务"为由,共同向赵太侔请求辞职。①

教务长、训导长、总务长及理学院院长"四长"为校舍分配问题请辞,使沉浸在收回山大校园喜悦中的赵太侔警醒。事不迟疑,3月11日下午,赵太侔召集由18名教授参加的行政例会,作出四项决定:

(一)学生尚未遵分配办法迁移宿舍者,应令从速迁移。

(二)各院系教学研究之所需之房舍尚待分配确定者,由各院系负责人与学校尽早商定,学生不得过问。

(三)地矿学会张贴文字,侮辱师长,并不服制止,由何主任雨民告诫该会负责人,自行撤除,并书面道歉;如不接受,即予惩处。

(四)丁先生等辞职由本会推杨向奎、何作霖、许继曾、陈瑞泰、沈福彭五人代表出面挽留。②

赵太侔的高姿态以及措辞坚定的四项决议,不仅迅速平息了房争纠纷,纠正了房舍分配中的失措,而且维护了"四长"的颜面。杨肇燫、葛毓桂、丁燮林见赵太侔连日冲折,化戈为帛,便顺势而为,撤回辞呈,唯刘次箫别有用心。

其实,自1948年8月私立胶澳中学校长李树峻辞世后,刘次箫就心有旁骛,专注于这个由市党部指派的校外兼职。1949年2月山大房争风波期间,刘次箫以私立胶澳中学代理校长的名义,几次向赵太侔提出拨借礼堂、体育场、房舍等要求。③ 对这所战后复以"私立胶澳中学"之名开办的学校,赵太侔早就打过交道。山大复校后招收的先修班,曾与私立胶澳中学共用武定路校舍。1947年7

---

① 《山大校舍风波扩大》,载《大民报》1949年3月13日。
② 《山大纷争校舍 学生宣言四长请辞 行政例会通过四项决定》,载《青联报》1949年3月15日。
③ 《关于请拨借山东大学礼堂及房舍的公函》,存青岛市档案馆,档号:B0027-004-00271-0054。

月的一天清晨，武定路校园突燃大火，警察局消防队出动 6 辆消防车和 80 多名消防官兵"疾驰扑救"，火灾造成 4000 万元的损失，幸无人员伤亡。但在调查事故原因时，由于私立胶澳中学推诿，不予配合，失火责任始终未得"究明"。① 碍于与刘次箫同事的情面，赵太侔对私立胶澳中学拨借校舍之事没有直截了当回绝，但函复使用的"歉难拨借""希谅察为荷"等字眼，足让刘次箫有碰钉子之感。

2. 水产学系赴沪借读事件与反南迁斗争

有理由认为，赵太侔拒绝刘次箫拨借校舍的要求，可能暗含对训导处策动南方籍学生南迁肢解山大的不满。实际上，1949 年 3 月水产学系提出的南迁借读，以及围绕南迁与反南迁的纷争，不仅导致赵、刘矛盾的公开化，而且使水产学系借读事件被政治化了。

国立山东大学水产学系作为复校后的新设学系，由于朱树屏的倾心竭力，表现出强烈的后发之势。然而，正当水产学系在本科的基础上获批研究所，并着手招收研究生的时候，朱树屏却于 1948 年 8 月初向校长赵太侔提交了辞呈，拟离开山大去中央研究院"做研究工作"。其实，此时朱树屏借聘山大尚未期满。有好事的记者援引"熟悉内幕者"的话称：只因水产学系"进步太快，处处在他系前头，因而招致嫉忌"，朱树屏"不愿与之勾心斗角"，故"愤而挂冠"。闻讯朱树屏辞职，水产学系学生一致挽留，并上书校方"陈明同学意见"，还表示若无结果，"全体将以不注册表明挽留之心"。② 然而，朱树屏还是离任去了上海。随后，赵太侔任沈汉祥为水产学系代理系主任。沈汉祥（1908—1998），江苏江阴人，毕业于厦门大学生物学系，任农林部江西推广养殖站技术专员，1944 年赴美国波士顿渔业研究所研修渔业工程，回国后任上海复兴岛渔业善后物资管理处专员，1948 年 9 月应聘国立山东大学。

恰在此时，因国民党山东军政当局刮起的南迁之风波及济南的齐鲁大学，令青岛的国立山东大学惶惶不安。青岛《平民报》闻讯齐大董事长孔祥熙决定齐鲁大学迁移，立刻发声：如果齐鲁大学"非搬不可，最好是搬到青岛来，我们反对南迁，挽留这所高等学府"③。然而，处于粮荒、难民和通货膨胀日

图 5-52　沈汉祥

① 《山大先修班今晨被火烧》，载《青岛晚报》1947 年 7 月 28 日。
② 《水产教授挂冠　山大学生挽留》，载《民报》1948 年 8 月 13 日。
③ 《挽留齐鲁大学》，载《平民报》1948 年 8 月 18 日。

益加剧之下的青岛实在难以容纳齐鲁大学。见青岛落脚无望,齐鲁大学师生便迁往杭州。① 齐鲁大学南迁,济南大战在即,国立山东大学一些南方籍学生纷纷提出请假离校。刘次箫等趁机煽动学校南迁,国立山东大学处于历史的十字路口,南迁与反南迁斗争渐显白热化。

1948 年 11 月,刘次箫指使山大训导处与第十一绥靖区水运处接洽,以八折优惠的价格为山大一些南方籍学生预定了"景兴"轮三等舱客票。② 赵太侔闻讯后甚为愤慨,但他意识到稳住学生至关重要。11 月 29 日,赵太侔在泰山路工学院礼堂对全校学生说:"学校南迁,目前尚未做此准备,事实上也有很多之困难,非到紧急时不能有所行动。"赵太侔要求学生"努力用功求学,要有上到最后一课之精神"。③ 刘次箫见一计不成,又施一计。12 月 9 日,刘次箫授意三青团青岛分团主任张晓古任社长的《大民报》以"山大准备迁四川成都"为题,制造舆论,扰乱人心,并称赵太侔已领到 10 万元"应变费"。12 月 22 日,山大校园突然贴出了一张署名"部分学生"的壁报,言及战事关乎师生性命问题"刻不容缓",要求学校"尽快设法迁移至安全地带",并希望校方"将图书、仪器先运走",且提议"最好向海校当局交涉船只"。④ 赵太侔知道这又是刘次箫在背后搞的鬼。赵太侔盘算过,山大学生、教职员及其家属共有 3400 余众,迁校费至少需要 100 万元,在经费如此困难的情况下,迁校没有可能。时值年终,因煤炭缺乏,校务会议决定本学期缩短 2 周,不进行学期考试,"成绩以期中分数计算"。同时,赵太侔新聘教员 50 名,以缓解"教授荒",并通过青岛报界发布山大各项统计数据,在公布的 42 名休学生数时特意加注一句:"绝不如外间传说之多。"⑤

但是,水产学系因朱树屏离任,原在系兼职的王以康、王贻观等人随之去沪,新聘的教员也未到职,致使水产学系新学期开课"实成问题"。为使学生不耽误课业,赵太侔决定援例去外地借读。可供山大水产学系借读的学校只有 3 所:一是设有海洋学系的厦门大学;二是生物学系设有海洋学组的复旦大学;三是设有海洋研究所的台湾大学。1949 年 3 月 2 日上午 10 点,山大水产系会假鱼类实验室召开,决定将全系整体迁往福建。会后,赵太侔即发公函给厦门大学,"商请委托厦门大学代办",并派沈汉祥"迳往接洽",如果"进行顺利,同学决接校方计划随同前往"。⑥ 但是,厦门大学需待暑假后方能安置山大水产学系的借读学生。

① 《齐鲁大学决定迁杭》,载《青岛晚报》1948 年 9 月 18 日。
② 《山大南方学生纷纷候轮南下》,载《大民报》1948 年 11 月 23 日。
③ 《安心求学要紧 赵太侔昨训勉同学 对建议事项都有答复》,载《青联报》1948 年 11 月 23 日。
④ 《山大部分学生提出南迁要求 校方对此尚未答复》,载《青联报》1948 年 12 月 23 日。
⑤ 《新聘教员五十位 学生休学四二人 山大发表统计》,载《大民报》1948 年 12 月 31 日。
⑥ 《山大水产系决将迁厦门》,载《青联报》1949 年 3 月 4 日。

为促进借读计划早日进行，赵太侔决定"乃于进行厦大时，同时与沪复旦交涉"。3月10日，赵太侔打电话给时在上海的童第周，请其"代表就近联系"。①3月20日，复旦大学答复山大水产学系"准予全部前往"。3月21日午后12点半，水产学系全体教职员、学生召开会议，讨论"迁沪案"。会上，部分学生提出"迁沪未免失当"，乃提请民主表决。结果，二、三年级学生除加工组"再作考虑"外，均同意到复旦借读，一年级仍留青岛。下午4点，赵太侔、刘次箫来到水产学系，劝勉学生前往，以免耽误学业。刘次箫甚至提出，"赵校长已同意"由校方负担旅费，公费生可预借2个月公费，并称可出面联系3月29日的"海苏"轮去上海。顷因时间仓促，又改乘4月1日的"景兴"轮，并订妥舱位。

闻讯山大校方决议水产学系借读复旦，3月21日，朱树屏在一封信中称："大局稳定后自当尽早返回山大，今年也好，明年或几年后也好。青岛是山大水产系老家。可能时当尽早返校。"②3月22日，山大水产学系反对南迁的部分学生给朱树屏寄去一封长信，表达了种种苦恼。

朱先生：

　　我们由衷地敬爱您，所以愿意直率地向您说些实话。这次的迁系，大家多以肤浅的考虑做了"迁"的决定，但实际上这次的迁系问题出现的有些突然而且多少有些荒唐。我们愿意诚恳地将这些问题的前因后果作一个观察分析。……至少可以帮助先生了解一部分无从知道的事情。

　　首先我们先谈水产系这次"迁"系的理由，最冠冕堂皇而可以那[拿]出来诉诸众人的便是"水产系在青岛聘不到教授，开不成课，荒废时间，耽误学业，所以要南迁继续求学"。对这理由，我们敢武断地说是"荒唐"（朱先生请原谅我们说的粗率）。……我们的迁系大家一致认为是"暂时的"，但我们却忽略了"暂时的迁移"，迁去再迁回，在搬动与安置上面用去的时间与精力，是多么大的耗费？……我们不得不怀疑这种史无前例的荒唐做法，是不是"劳民伤财"而"得不偿失"呢？

　　在学校方面我们可以肯定地说他们是办腻了水产系而以为这是一个累赘，不如一脚蹬开省些心事，所以便帮助迁而且鼓励迁！而在同学方面呢？老实说可以分为两部分：一部分是家（在）上海或南方，如果"迁系"愈走愈离家近，他们自然愿意，而且对这件事特别热情；另一部分便是想去上海开开眼玩一玩，吃着公费作长途旅游，何乐而不为？所以当表决迁与不迁的时

---

① 《山大水产系或可迁往上海》，载《青联报》1949年3月11日。
② 朱树屏：《致 Miss 尹》，载日月、朱谨编《朱树屏信札》第339页，海洋出版社，2007。

候,他们自然会举起手来。这两部分同学看法虽然不同,但他们的出发点却是一样的,是"自私"!他们全不曾考虑到水产系的整个利害和"真正的学习"问题。固然我们不能抹杀有些真正为了迁就教授而去求学的好同学存在,但这些同学实在太少了。再说到教授,除朱先生而外,不可否认有些教授是不重视水产系的。他们多是为着本身的利害和事业而带着"逃难"的性质南下了。……对朱先生我们自然信得过,但对于那些只顾个人利益、个人事业而对于教育漠不关心的"教授们"我们却不敢恭维了。起码他们对于我们迁系问题不置可否的态度就很难使人佩服的。而且我们真怕耗费上时间精力……迁到了上海,等到时局万一稍微"一变"他们再"逃",……在复旦失去了借读的意义而又远离母校山大……我们岂不要啼笑皆非了。

我们应该顾及事实,再慎重考虑。朱先生,我们诚恳而坦白地向您直言不讳就是因为敬爱你的心切啊!"我爱我师,我尤爱真理。"我们不甘心眼看着我们的水产系走上荒唐的路,也不愿眼看着朱先生为着水产系将来的恶果引起了懊悔或不安,所以此刻我们大胆地向您说出,请把这封信当作一个"信"看。它代表着一部分水产系学生的意见,也代表着一部分爱护朱先生的学生的"心"。

最后,我们诚恳地要求朱先生再考虑,如果这是一个错误,我们盼望朱先生能尽力挽回这个错误。此刻我们坚决地主张"不迁系",并望朱先生能帮助我们在青岛努力,俾使水产系全体同学能在青岛继续学业。谨此敬祝
健康!

反对南迁而留青的同学　谨上
三月二十二日①

这封信反映了山大各方对水产学系借读的不同心态,披露了一些鲜为人知的内情。之后,发生在 3 月 28 日的大辩论和 30 日的全校学生停课游行事件说明,反对水产学系南迁借读并非空穴来风。

3 月 28 日,山大学生自治会决定举行水产学系南迁大辩论。结果,反对南迁的呼声高涨,并决定 3 月 30 日停课进行环校游行。据青岛报界报道,"一霎时千余学生排成一条长蛇阵,'团结大游行'的鲜明旗帜高高举起来做前导,同时并奏打锣鼓,以壮声势。行列间并高举着一幅漫画,上面画着一个人割掉一只手臂(人代表山大,手代表水产系),其意义明显而深刻"②。见此情形,赵太侔紧急

---

① 日月、朱谨:《朱树屏信札》,第 336—338 页,海洋出版社,2007。
② 《山大学生游行反对水产系南迁》,存青岛市档案馆,档号:G000015-00533-0001。

召开全校师生会议，一再表明水产学系迁沪借读是使"水产研究学不致停顿"，并坚决表示国立山东大学"不以时局转变而迁移"。尽管赵太侔的表态明确，但众师生仍迁否难辨，莫衷一是。当天下午4点，山大学生自治会要求总务长葛毓桂撤回船票登记，禁止水产学系仪器装运。民国大学生的活跃与激情是始终一贯的，一时间山大校园贴满了五颜六色的标语口号，有的批评学校措施失当，有的呼吁同学要加强团结，有的警告阴谋者如分离山大就是公敌。①

图5-53 国立山东大学团结大游行

刘次萧见状气急败坏，声称这些学生一定受了共产党的蛊惑，应严加惩处。对于学生的停课游行，有的教员批评称：近来学生"迭作事端，影响校政，荒废学业"，校长整治学生心慈手软。刘次萧趁机，当众宣布辞去训导长职务。世道浇漓，赵、刘二人由此一拍两散。

4月1日，国立山东大学水产学系60多名学生及沈汉祥等15名教职员"登轮远去"，全系"未随行者仅十三人"。② 借读的师生走后，为劝慰罢课的学生，赵太侔向学生自治会承诺："保证其他院系无援例的事情发生。"至于水产学系的系务交由农学院负责，"留青同学的课能开多少即开多少"，并"尽力延聘"教员来青任教。③

3.应变委员会、"十人小组"的成立与护校运动

1949年初的房争纠纷和水产学系借读，令赵太侔苦不堪言。因上学期"不行学期考试"，校历缩短，各院系的课程便延续到1949年3月，而原定3月1日开学又拖延了一个星期，3月6日开课时"继续教授上学期未结束之课程"④，新学期的起始时间实为4月5日。追求整饬校历、纯朴学风的赵太侔坚持课业学时，并借助美军撤走腾出的校舍开展课外活动，各类社团"次第组织成立"，几呈"雨后春笋"之势。⑤

---

① 《山大昨未上课 为了不让水产系迁沪》，载《青联报》1949年3月31日。
② 《山大水产系走了 大部学生想复课 三年级不支持》，载《光华日报》1949年4月1日。
③ 《山大昨天复课 校长答复学生认为满意 教授书告学生看重学业》，载《大民报》1949年4月2日。
④ 《山大开课》，载《大民报》1949年3月7日。
⑤ 《山大课外活动犹如雨后春笋》，载《联青晚报》1949年4月10日。

1948 年 9 月济南解放后,山东乃至华北的战局日趋明朗。国民党青岛当局以蒋介石"保存有生力量,力避就歼"的密令,策划对青岛市政设施、机关学校进行破坏和抢劫。为了应对随时可能出现的复杂局势,得赵纪彬介绍,杨向奎与中纺公司副总经理、中共地下党员王新元秘密会面。王新元向杨向奎表示:"中纺公司可以接济山东大学经费,即使南京不汇款,山大经费亦可无虞。"①赵太侔则在学校进步师生的协力下,用美军占据校舍时的租金购买了 1 万袋面粉,并储存了足够的煤炭和生活用水。12 月,为"谋管理储粮煤便利起见",山大产生了一个由学生自治会与助教会商讨成立的"应变技术委员会",共有成员 30 人。②1949 年 2 月 13 日,山大应变技术委员会发布通告称,"我们不应再粉饰太平,忌疾讳医,呼吁全体同学对此种情状不应熟视无睹,应作未雨绸缪之准备",并言"现在不研讨应变技术,将来一定要手足无措,发生不可想象的后果",因而鼓动同学们"要以灯蛾扑火的精神,来保护学校,保障生命"。③

此时,中共中央将接管沈阳的经验通过各地地下党组织层层传达,要求"各待解放城市的地下党组织,全力组织工人、学生、市民保护工厂、学校和一切市政设施,协助入城部队,做好接管工作"。中共青岛市委向重新建立的山大地下党小组发出了"护校就是当前中心任务"的指示,很多进步师生纷纷参加护校运动中来。与此同时,一个由中共西海地委统战部领导的山大"十人小组"秘密成立,其主要成员有王寿建、刁正清、王昶、姜震、郭孝丰、顾国英、贾会堂、徐全德、孟昭汉。④ 他们中的大多数是学生自治会的理事,有的还是"应变技术委员会"骨干。"十人小组"的任务是发动广大学生阻止学校南迁,并积极采取各种措施保护学校水电安全。为了保密,"十人小组"的一切活动均实行单线联系,内情不得泄露,集中开会时"敲门四下,两长两短,一人一旦遇难,决不涉及他人"。1949 年 1 月 18 日,中共青岛市委发出第一号通知,要求全市各地下党组织和党员在国民党官员撤逃慌乱之时,采取各种形式,广泛散发宣传品,扩大党的影响,配合人民解放军解放青岛。⑤

及至 1949 年 4 月初,青岛、即墨已陷入大军压境之中,岛城形势异常混乱。华北大部解放后,来自东北、华北 500 多名流亡学生聚集在青岛,等待南下上海

---

① 杨向奎:《青岛解放前夕护校(山东大学)护厂(中纺公司)记实》,载中共青岛市委党史研究室编《亲历者忆——青岛革命回忆录》(内部资料)第 3 辑上册第 244 页,2005。

② 《山大储粮储煤成立技术委会》,载《大民报》1948 年 12 月 20 日。

③ 《山大学生倡护校应变运动》,载《大民报》1949 年 2 月 14 日。

④ 王寿建:《忆山东大学十人小组》,载中共青岛市委党史资料征委会办公室编《青岛党史资料》(内部发行)第 4 辑 596 页,1989。

⑤ 中共青岛市委党史研究室:《中共青岛地方史》,第 1 卷,第 461 页,中共党史出版社,2003。

的船只。而山大水产学系赴沪借读的师生在复旦大学注册上课不久，解放军就逼近上海。一些学校纷纷停课，复旦大学则被强迫疏散，山大水产学系寄读的学生"亦先后作归校计"，据悉已有26名学生返回青岛，尚有20人在途中。为此，赵太侔"特准补行注册手续，继续上课"。[①]

4月25日下午，赵太侔召开校务会议讨论应变问题。5月初，宋君复接任国立山东大学训导长。[②] 阎敦接任总务长。5月9日，学校应变委员会成立，主席为赵太侔，委员由各单位选出。教员会代表是郭宣霖、王书庄，职员会代表为钟季翔、李子青，工人团体代表系王福堂、毕可明，还有学生自治会代表刁正清、苏砚田、王昶、杨颐康，及训导长宋君复、总务长阎敦，共计13人。应变委

图5-54 1949年迎接解放的国立山东大学教职员

员会分安全、生活、总务三组18个股，日夜轮流守护学校的水电设施和仪器财产。学生纠察队执勤时三人一组，"中间一人持卡宾枪，两边的人执垒球棒"[③]。国民党海军司令桂永清来青岛欲挟持赵太侔乘舰南逃，赵太侔深明大义，不愿和国民党残余逃亡，便在一些师生的掩护下，隐蔽在山大医学院附属医院第六病房的一个房间里。

5月23日，国民党青年军突然进驻国立山东大学。25日，警备司令部又增派一个连的兵力驻守，从晚6点起至次日晨8点，整个校区被划入特别戒严区。31日晨，青岛全市戒严，水源断绝。当晚，进驻山大的国民党军撤离，护校工作处于半公开状态。山大地下小组动员组织师生赶制标语、传单，印制和画出了许多大大小小的毛泽东和朱德的肖像，并排练革命歌曲、唱词，安全地度过了黎明前最黑暗的时刻。

终于，一个"千门万户曈曈日，总把新桃换旧符"的新时代来临了。

---

① 《山大水产系学生陆续返来》，载《青联报》1949年5月21日。
② 《山大训导长刘次箫辞职 宋君复继任》，载《大民报》1949年5月3日。
③ 柴恭纯：《护校斗争的前前后后》，载中共青岛市委党史研究室编《亲历者忆——青岛革命回忆录》（内部资料）第3辑上册第237页，2005。

第六章　重生与动迁:1949—1958

1949 年 6 月青岛解放,军管会对国立山东大学实行接管,校长赵太侔去职,军管会文教部长王哲兼任校长,旋即便实行丁熒林、华岗等主任委员领导的校务委员会过渡体制,"国立山东大学"之名持续到 1951 年 3 月。1951 年春,济南的华东大学迁至青岛与国立山东大学合并,基于"事理兼顾""舍异求同"①原则重组的高等学府,汇集了两个不同办学主体的优长,山东大学在创办新型社会主义大学的征程中形成了第二个"黄金期",赢得了"海洋学科远东第一""生物学科全国最好"和"文史见长"三大美誉。

初任校长华岗是革命家办学、政治家办学、理论家办学的典型,他善于借助意识形态的风向和力量,坚定而熟练地运用马克思主义改造大学。1951 年《文史哲》杂志的创刊,特别是关于《红楼梦》问题的讨论,使山东大学在海内外一时名声大噪。50 年代中后期的风云变幻,将山东大学置于政治漩涡之中。1955 年华岗因受诬陷去职,山东省副省长晁哲甫兼任校长,未及两年改由中共老教育家成仿吾接任。成仿吾到青岛后便将山东大学迁回济南。其实,山东大学一直处于不停顿的调整中。先是政治系迁济南,农学院三系及工学院二系迁济南并校;理学院二系迁长春,艺术系分迁上海和无锡;土木工程学系留青与他院校的系科合并建成青岛工学院,不久又迁武汉;医学院也于 1956 年独立组建为青岛医学院。终于,1958 年 10 月山东大学动迁,留下的海洋、水产、地质等系科成立山东海洋学院。山东大学由此走完了 1929 年开始的 30 年青岛办学之路。

第一节　军事接管小组与校务委员会的接办改造

1949 年 6 月初至 9 月底的青岛市军事接管工作,揭开了国立山东大学政治

---

①　华岗:《合校方案和山大前途》,载《青岛日报》1951 年 3 月 22 日。

改造的序幕。赵太侔去职后，军管会王哲曾短暂兼任校长职务，之后便进入由校务委员会集体领导的接办改造期。在丁燮林、华岗等主持校务委员会管理时期，学校的组织、思想、教学整顿步步深入，形成了解放初期青岛高等教育的新秩序。这对巩固新生政权、增强执政党的大学领导力意义重大。

一　军管会莅校接管与王哲、罗竹风的方针策略

　　1949 年 6 月 2 日青岛解放，历经旧中国 20 年沧桑之变的国立山东大学迎来了新纪元。王哲、罗竹风等军管小组成员莅校接管，标志着国民党政府统治下的高等教育事业回到了人民手中。山大学生高举"八尺长、五尺宽的中国人民领袖毛主席的巨幅画像"，举行"盛大游行，庆祝青岛解放与慰问人民解放军"。[①]

　　青岛市军事管制委员会，这个成立于 1949 年 5 月青岛解放时的全市最高权力机关，辖属 16 个部，其中文教部部长为王哲，副部长王卓青。文教部下辖 4 个处，其中大学处设秘书、教导 2 个组，及派驻各院

图6-1　国立山东大学庆祝青岛解放大游行

的"负责干部"[②]。6 月 3 日，青岛市军管会主任向明，副主任赖可可、谭希林签发学校接管令，各军管小组即日起莅校接管。国立山东大学军管小组由王哲、罗竹风、高剑秋、张惠 4 人组成，王哲任组长。[③] 针对山大所设的文、理、农、工、医五个学院，军管小组为每个学院组建了接管工作组，各组组长分别是：刘禹轩任文学院接管工作组长，王迅任理学院接管工作组长，孙更生任农学院接管工作组长，赵锦铭任工学院接管工作组长，王子才任医学院接管工作组长，附属医院军代表为王滋才、王乐三。[④]

　　接管是严肃、繁重而复杂的工作。早在 5 月 5 日军管会文教部拟定的接管国立山东大学的方案中，即将范围确定为"文学院二系，理学院六系（附设仪器

---

　　①　《青岛山大学生盛大游行欢庆解放》，载《胶东日报》1949 年 6 月 6 日。

　　②　《青岛市军管会文教部接管方案》，载中共青岛市委党史资料征委会办公室、青岛市博物馆编《青岛党史资料》（内部发行）第 5 辑第 122 页，1989。

　　③　张静：《中国海洋大学大事记》，第 40 页，中国海洋大学出版社，2014。

　　④　青岛医学院史志办公室：《青岛医学院院志（1946—1995）》（内部资料），第 22 页，1996。

修造厂),农学院三系(附属农场二三百亩、渔船二个、酿造厂),工学院三系,医学院(附属医院、附设高级护士职业学校)";同时又提出以"医学院及附设医院、工学院及附属工厂为重点"。[①] 军管小组莅校后得到了师生员工的拥护、支持和配合。由于山大"教职员工学生坚决护校,物资设备可说完好无损",军管小组采取"迅速复课,各安职守,稳步前进的方针"和"基本保留学校原貌、原学校工作人员基本留用"的原则,赵太侔、杨肇燫及各院院长、系主任大都留校任教。6月8日,中共山东分局在呈报接管山东大学的报告中称:

中央、华东局:

已冬接管山大。变乱后,山大经员工护校,完整无损,并对我很热情,当即要求对住校学生五百余人讲话,要点有三:

一、对过去学生所受迫害及英勇护校致谢慰。

二、宣告山大已变成人民的大学,庆祝全体同学今后在人民大学中自由学习研究。

三、号召同学继续护校复课。三日召开扩大校务会议,宣布军管会命令后,首先对其护校工作表示谢慰;第二宣布军管会方针;第三请学校代理人负责办理校产登记。多数人表示愿诚恳合作,积极负责。近两三日来,学生经常出发宣传,教授、教员已组织新民主主义研究会,并纷纷索阅毛主席著作,要求学习革命理论。各同志已分头到各院广泛接触教职员学生。山大设备尚称完备,教授中有不少全国学术界知名之士,比之济南高出多点。此次接管采取稳重步骤,态度反映良好。今日上午已正式复课,下午召集全体教职员工学生大会,除对护校致以谢慰外,军管会就目前时局、文教政策、接管方针三方面为题作一报告。我意:①每位教授、教师、助教赠送毛选一部,合一百八十余部。②在山大成立一新阅览室,专陈我方书报。③下月开始以北平标准发薪。④山大学生几全部公费,据说党团员占百分之六十左右,应如何处理,望指示。望中央、华东局电告北平及上海关于处理学校中国民党员团员的方针和经验。

山东分局　六月八日[②]

这份写实性的接管报告反映了接管国立山东大学最初阶段的真实情况,体

---

① 《青岛市军管会文教部接管方案》,载中共青岛市委党史资料征委会办公室、青岛市博物馆编《青岛党史资料》(内部发行)第 5 辑第 110、124 页,1989。

② 《中共中央山东分局关于接管山东大学情况的报告》,载韩连霆主编《山东党史资料文库》第 29 卷第 426—427 页,山东人民出版社,2015。

现了"只有接好，才能管好"的辩证关系。为"联系着接后的管理与建设"，6 月 14 日，山东省人民政府发布第一〇号通令，任命王哲兼任山东大学校长。① 王哲成为青岛解放后，由省级人民政府任命的第一位山东大学行政首长。王哲（1900—1990），山东沾化人，1925 年毕业于北京大学，同年留学苏联莫斯科中山大学，1927 年加入中国共产党（后脱党，1937 年重新入党），历任延安大学预科部主任、华北联合大学政法学院副院长、辽东军事大学副校长，济南解放后任山东省人民政府委员会委员、教育厅厅长。身为红色知识分子的王哲在中国共产党领导的青岛新政权建立的喧天欢呼声中，思考的则是如何为这所旧式高等学府的新生寻求杠杆和支点。

图 6-2　王　哲

青岛市军管会决定，罗竹风任国立山东大学军事代表，由罗竹风、张惠主持学校日常工作。罗竹风（1911—1996），笔名骆漠，山东平度人，18 岁离家北上求学，1931 年考入北京大学，并加入"左联"，毕业后任教益都中学、烟台中学，七七事变后投笔从戎，回原籍平度与乔天华组织抗日游击队，1938 年罗竹风加入中国共产党，历任平度县抗日民主政府县长、胶东公学教务长等职。罗竹风同样是有北大学子身份和教育工作经历的革命干部，"行云流水六十秋"是他学术生涯的概括。② 为从根本上改变旧教育与新政权极不适应的诸多方面，彻底清除帝国主义、封建买办势力在教育上的影响，王哲、罗竹风共同认识到，必须"以最大的努力来完成接管任务"，推动山大"有重点的、逐渐的深入和发展"。

图 6-3　罗竹风

应当说，国立山东大学的接管工作始终得以有序推进，且边"接"边"管"，很大程度上弥补了山大以往管理上的漏洞。6 月 16 日，军管会在接管进展的报告中称："现在已进入①清点物资，②审查旧人员。山大物资相当多，并且也相当混乱，决定彻底清点，求得做到物物必点，工人便心中有数，现各区分头进行中，大

---

① 《关于公布本府教育厅厅长王哲兼任山东大学校长的通令》，存青岛市档案馆，档号：C0028-002-00011-0014。

② 刘迪：《罗竹风："不唯书"是人类创造发明的新起点》，载《文汇报》2021 年 4 月 14 日。

半已清点二分之一,二十六日前后大体可完成。图书馆三年未加整理,这次清点,准备与整理工作结合起来,以便一劳永逸,因此所费时间较多。关于审查旧人员一般是了解其政治情况与工作情况,将来作处理的根据,预计月底可初步完成。"①6月28日,文教部在编发的第六号接管简报中,用军管式术语和统计口径概述了国立山东大学的几个数据:接管的5院15个学系共有教职员491名、学生699名、工友335名,有"农场一、渔轮一、实习工厂五(木厂、炼铸、机械、仪器修造、酿造),仪器齐全,主要图书十一万册,附属医院一所分十科,各科完整,有X光机九架"②。这就是国立山东大学解放时的全部家底。

为增进文教界对新生政权的认同感,6月18日,军管会召开青岛市文教界人士座谈会,到会46人,其中主要是国立山东大学"教授、系主任、院长及其他在青之学者、专家、科学工作者"。22人即席发了言,纷纷要求"增加报纸(现只胶东日报),增加书刊杂志(现许多人买不到书),办图书馆、阅报室、讲演会,出版读书指导";同时希望"加强对大、中学领导,在大学中针对山东情况,应设海洋、气候、冶金、农艺、渔盐等专门训练机构,并与现有之企业组织联系起来"。③7月31日,国立山东大学"夏令学园"举行开学典礼。④ 无疑,1949年夏山大师生迎来的是不同寻常的暑期生活。

为确保青岛解放后首次招生顺利进行,军管小组决定由原招生委员会办理。7月8日,由杨肇燫(教务处)、郭宣霖(注册组)、杨向奎(文学院)、丁燮林(理学院)、许继曾(工学院)、李善勤(农学院)、沈福彭(医学院)7人组成的招生委员会召开会议,议定在平、沪、青、济、潍五地设立考区,计划招收新生500名。接受王哲的意见,同时"增设先修班,除在青办,还到济南、潍县老解放区"开办;关于新学年的课程安排,则交陆侃如、赵纪彬"负责计划,提请校务会议讨论办理"。⑤9月30日,国立山东大学新生发榜,共录取一年级本科新生375名,另取先修班学生90名。

此间,由于解放区部分院校合并,1949年8月江苏师范学院的部分学生并入国立山东大学,18日首批学生到达青岛。同时,根据上海对部分公立大专院校调整合并的计划,因复旦大学水产及海洋专业人数偏少,条件受限,决定并入国立山东大学。4个月前发生的山大水产学系借读事件,因祸得福,不仅回迁青

---

① 《军管会文教部接管工作报告》,存青岛市档案馆,档号:G000015-00150-0001。

② 《文教部接管工作的简报》,载《青岛解放档案史料汇编》第168页,中国档案出版社,1998。

③ 《军管会关于文教界座谈会的报告》,存青岛市档案馆,档号:G000015-00345-0001。

④ 《青岛大中学校开展暑期活动》,载《胶东日报》1949年8月4日。

⑤ 《山大将招考新生 录取名额暂定为五百名 决定下学年增设先修班》,载《大民报》1949年7月9日。

岛,而且带来了复旦大学海洋组。据知情者称,"经华东军政委员会教育部批准,我们复旦大学海洋组的部分学生和自山东大学水产系南迁到复旦大学借读的上述部分学生一起离沪北上,并到青岛山东大学学习"①。10月,农林部中央水产实验所由上海迁至青岛,由此催生了翌年成立的中科院水生生物研究所海洋生物研究室,从而带动了海洋研究各学科的发展。

总的看,国立山东大学的接管是正确而顺利的,表现出计划周密、稳健推进等特点。王哲、罗竹风的北大学子底色和王哲身兼的省教育厅厅长职务,此前接管济南的经验,以及军管会雷厉风行、谦虚谨慎的工作作风,都是成功接管山大的要素。中共山东分局在接管报告作出的"教授中有大小全国学术界知名人士,比之济南高出多点"的评价,不啻是山东大学名望形成和发展走向的伏笔。

二　丁燮林、华岗校务委员会与军管后的校政变迁

王哲兼任山东大学校长不久,便调中共山东分局文教委员会工作返回济南,国立山东大学改由各方代表参加的校务委员会集体领导制。自1949年8月至1951年3月,校务委员会先后由丁燮林、华岗及杨肇燫、罗竹风主持,这个过渡性校政机构是中共"维持原校加以必要与可能的改良"的产物,所遗留的人事更替、校政变迁的历史细节值得回味。

1.丁燮林的校务委员会与基本不变的教学系统

青岛市军管会接管国立山东大学不久,即面临胜任大学管理的干部准备不足的矛盾,特别是在王哲调任山东省政府机关去济南、青岛市军管会基本完成接管任务的时候,组建新的山大行政领导机构尤为迫切。

1948年7月中共中央宣传部《关于新收复城市大学办学方针的指示》提出的"维持原校加以必要与可能的改良"的指示,是高等学校接办、改造的基本依据。结合北平、上海、南京、天津等地接办高校、成立校务委员会的做法,1949年8月,中共山东分局文教委员会与青岛市委酝酿组建国立山东大学校务委员会。根据1949年2月《中共中央关于改革平津两市学校教育的指示》提出的"所有各大学中学的校长教职员,均须从平津各学校原有人员中选择调整,无法由外面派人去接办"的要求,以及1949年8月1日周恩来与陆定一对武汉大学校委会人选作出的"不宜目前就派自己的人去担任校长……因为这有使自己陷于被动和孤军深入的危险,不如先从内部(学生和教授中)培养其本身进步力量而我们

①　管秉贤:《中国海洋学高等教育最早机构之一——国立复旦大学理学院生物系海洋组的创建史》,载《复旦杂忆》第512页,复旦大学出版社,2005。

则从旁扶植,实行管制,比较稳妥些"的具体指示,国立山东大学拟"组建成由各方面代表参加的校务委员会"①。

所谓"各方面代表",即包括本校行政、教学、总务及学生会的代表,是众望所归人士。为体现新生政权的革命性和大学教育的特征,其成员必须是在青岛反美反蒋运动中表现积极,能团结师生对校务进行"必要与可能的改良"的优秀分子。经过充分酝酿、民主推举、投票表决,10月8日,由21名成员组成的国立山东大学校务委员会正式成立。丁燮林任主任委员,代行校长职务。这个结果,尤其是丁燮林骤登显秩出人意料。其实,1948年春夏丁燮林"借聘"台湾大学教务长期间,在校长庄长恭请辞后一度代理校长,8月中旬丁燮林称要回青岛处理事务便离开台湾。② 校委会副主任委员为杨肇燫、赵纪彬,常务委员是童第周、王统照、刘椽、魏一斋、陆侃如、罗竹风,委员是李善勤、郭贻诚、潘作新、陈瑞泰、杨向奎、许继曾、曾呈奎、郭宣霖、王应素、侯家泽、王方、魏金陵。其中,王方和魏金陵为学生代表,均系委员职,且排名居后;罗竹风进入校务委员会常委会,但排名最后。除魏一斋是进校不久的"红色医生"外,其余15人即超过3/4的席位皆系原国立山东大学的教授、讲师和助教,且教授占13席。根据校务委员会规程,委员会每月召开会议一次,常委会每周开会一次,必要时由主任委员召集临时会议;常委会议时,委员中的讲师、助教代表和学生代表可各推1人列席。③ 可见,教授仍是国立山东大学校务委员会的主导力量,知识分子仍处在乐观的环境中。只是赵太侔乐不起来。

国立山东大学校务委员会类似于北京大学汤用彤、清华大学叶企孙、武汉大学邬保良等由本校宿望教授任主任委员的格局,却不似复旦、交通、同济、湖南等大学均将原任校长结合进校委会的模式。复旦大学校务委员会为前校长章益保留了委员的名分,上海交通大学校长王之卓则任该校常务委员,而同济大学校长夏坚白、湖南大学校长易鼎新仍为"老大"——校委会主任委员。据悉,武汉大学校长周鲠生曾是军管会提名的校委会主任人选,因反对票过多,改由理科研究所所长邬保良担纲,但周鲠生没有被弃用,1950年调北京任外交部顾问。然而,两度出任国立山东大学校长、与山大有着血脉情缘的赵太侔却声名沉落。论岁数,赵太侔不是最年长的,周鲠生与赵太侔同龄,易鼎新则长赵太侔两岁。赵太侔可能是1949年国立大学中唯一一个未被理会的"弃子"。

1949年10月12日,国立山东大学校务委员会常委会召开会议,决定校行政

---

① 山东大学校史编写组:《山东大学校史(1901—1966)》,第190页,山东大学出版社,1986。

② 孙庆升:《丁西林研究资料》,第9页,知识产权出版社,2010。

③ 李耀臻:《中国海洋大学大事记》,第56页,中国海洋大学出版社,2004。

机构设秘书处、教务处，由罗竹风任秘书长，杨肇燫任教务长。取消原训导处，其下属体育卫生组分为两个组，划归教务处。增设人事组和秘书组，由高剑秋、郭宣霖分任组长，直属校委会领导。各系主任如下：王统照任中文系主任，杨向奎任历史系主任，梁希彦任外文系主任，李先正任数学系主任，郭贻诚任物理学系主任，刘椽任化学系主任，童第周任动物学系主任，曾呈奎任植物学系主任，何作霖任地质矿物学系主任，许继曾任土木工程学系主任，陈基建任机械工程学系主任，樊翕任电机工程学系主任，李文庵任农艺学系主任，李良庆任园艺学系主任，沈汉祥任水产学系主任，魏一斋任医学院院长。

这份名单上的李先正、郭贻诚、刘椽、童第周、曾呈奎、何作霖、许继曾、陈基建均为原系主任，沈汉祥由代理职转为系主任，梁希彦、樊翕、李文庵、李良庆由原系教授升为系主任；王统照离任两年后再次进入山大，并任中文系主任，杨向奎转任历史系主任，只有魏一斋是"新面孔"。魏一斋（1906—1975），又名魏兴谦，山东寿光人，毕业于齐鲁大学医学院并留校任妇产科医师，1938 年 9 月到延安，毛泽东在所居窑洞接见魏一斋，打趣地称他是"自投梁山"①。1941 年魏一斋加入中国共产党，历任八路军医院医务主任、中央医院院长等职，一直兼任中央医科大学教师和中央主要领导人的保健医生，1949 年 6 月随解放大军进入青岛，任职国立山东大学，并兼任青岛市卫生局局长。1950 年 2 月国民党飞机对上海发动"二六轰炸"后，于 27 日空袭青岛，造成紧邻造船厂的四川路一带居民伤亡。魏一斋率外科冯雁忱等 12 名医护人赶赴现场抢救。②

1949 年 11 月 3 日，国立山东大学举行新中国成立后第一次开学典礼，到会的师生及社会各界来宾有 600 多人。丁燮林任校委会主任委员时期，国立山东大学教学机构略有调整。1950 年 3 月 27 日，经山大校务委员会常委会批准，中文系与历史系合并成立"文史系"，由杨向奎任系主任，萧涤非任系副主任。③ 文史系分设文、史两组，分中有合，合中有分，既有"文"的精髓，又有"史"的脉络，于离则两伤、合之双美求得平衡。这为山东大学引以为豪的"文史见长"夯实了基础。

在国立山东大学校务委员会成为青岛解放和新中国成立后管理山大校政唯一合法机关的同时，共产党、青年团组织开始从地下转为地上，组织建设与领导能力得以迅速发展。

青岛市军管会进驻国立山东大学时曾任命罗竹风、张惠分任党、团组织书

---

①　《"红色医生"魏一斋》，载袁魁昌主编《齐鲁医学往事》第 217 页，山东大学出版社，2018。

②　青岛医学院史志办公室：《青岛医学院院志（1946—1995）》（内部资料），第 24 页，1996。

③　张静：《中国海洋大学大事记》，第 42 页，中国海洋大学出版社，2014。同年 9 月王统照奉调去济南。（第 43 页）

图6-4 国立山东大学文史系"六二"纪念活动

记,但党员的身份以及党、团组织尚未在群众中公开。随着广大师生思想觉悟的提高,他们入党、入团积极性高涨,党、团组织迎来了大发展。为适应青年学生的进步需要,青岛市团委以国立山东大学为试点单位,经过个人申请、群众评议、组织批准,吸收了一大批先进青年入团。1949年12月25日,中国新民主主义青年团国立山东大学总支部成立大会召开。会上宣布,山大共有7个团支部,团员157名,其中正式团员128名,候补团员29名。在团组织建设的基础上,中共青岛市委根据中共山东分局提出的"积极的、慎重的、公开的、经常的"建党方针,委派梁玉山、崔子厚等来山大培养和发展党员。在教员中先后发展了杨向奎、张学铭、尹敬执、陈家泳、王承瑞、冯传海、常春欣等入党,在职员中发展了张育瑾、刘敏等入党,在学生中发展了王昶、仝治国、苏砚田、陈服伍、杨颐康、傅信礼、吕慧鹍、王方等入党。① 1950年1月16日,中国共产党国立山东大学总支部宣布公开。

图6-5 国立山东大学青年团组织活动

应当肯定地说,丁燮林的国立山东大学校务委员会在新旧政权更替之际,调动积极因素,放手发动群众,使山大的工作"大大地前进了一步"。经费收支平衡,略有结余。据统计,1949年6月2日至12月底收入10亿1127万8072元,支出9亿8909万3599元,其中"俸给费"占比为64%。② 同时,丁燮林校委会还存在着许多问题,主要表现在:尚"不会运用民主集中制",对"工作缺乏预见",缺乏"正确的工作制度,游击作风还相当严重"。③ 事实上,在丁燮林校委会成立

---

① 山东大学校史编写组:《山东大学校史(1901—1966)》,第190页,山东大学出版社,1986。
②③ 《国立山东大学工作总结(一九四九年十月底到一九五〇年三月)》,载《山东大学校史资料》第6期,1983年11月。

前后相继召开的青岛市第一届各界人民代表会议和第一次全国教育工作会议传达出许多富有深意的声音。人民翻身以后，旧的教育制度如何通过改造适合于人民的需要？尤其是第一次全国教育工作会议所确定的"建设新教育要以老解放区新教育经验为基础，吸收旧教育某些有用的经验，特别要借鉴苏联教育建设的先进经验"的方针，都在提醒这个接办型的校务委员会，基本未变的内设机构和一仍教授主导的管理机制难以适应新中国迅速发展的革命和建设形势。

2. 华岗与杨肇燫、罗竹风相继主持的校务委员会

果然，经 1950 年 4 月国立山东大学第一届师生代表会议选举产生的以华岗为主任委员的新的校务委员会，其组成人员的结构和位次均发生了微妙的变化。

其实，华岗之于山东大学有着极大的偶然性。华岗(1903—1972)，又名华延年、华少峰，字西园，笔名林石夫、华石修、晓风等，浙江龙游人，受五四运动的熏陶，中学未毕业就投身革命，1924 年加入中国社会主义青年团，1925 年加入中国共产党，1928 年去莫斯科出席中共六大和共产国际第六次代表大会，华岗写成的《1925 年~1927 年中国大革命史》是"一部具有开拓性的现代史著作"①。回国后，华岗任青年团中央宣传部部长、党中央华北巡视员，1932 年 9 月途径青岛时因叛徒告密被捕，1937 年 10 月经党组织营救出狱；1943 年任中共中央南方局宣传部部长，派赴云南做统战工作，应聘云南大学社会学教授，1945 年任国共谈判中央代表团顾问。1949 年 8 月华岗从香港乘船北上在驶临上海吴淞口时遇国民

图 6-6　华　岗

党飞机轰炸，因而转道停靠在青岛大港码头。青岛市军管会主任向明与华岗是多年的故友，华岗因患严重肠道出血，向明便极力挽留华岗留青休养。经山东分局请示中央，华岗被安排留在青岛协助指导文教工作。据知情者罗竹风称，华岗在青养病期间，罗竹风、高剑秋、张惠前去探望，华岗应允可以讲授"社会发展史"这门新课。② 1950 年春，丁燮林奉调北京任职文化部副部长。

1950 年 4 月 22 日开幕的国立山东大学第一届师生代表会议，是一次人事更迭、局面更新、习气更易的会议。经 102 名代表选举产生的新校务委员会，华岗当选主任委员，副主任委员为杨肇燫、赵纪彬、陆侃如，常务委员是罗竹风、魏一

---

① 吴富恒：《华岗校长生平》，载《山东大学(青岛)人物志》第 21 页，海洋出版社，1991。
② 罗竹风：《华岗同志虽死犹荣》，载《华岗纪念文集》第 22 页，青岛出版社，2003。

图 6-7　鲍文蔚

斋、刘椽、童第周、陈瑞泰、丁履德、李先正,委员杨向奎、樊翕、何作霖、潘作新、许继曾、沈汉祥、郭贻诚、鲍文蔚、陈机、陆光庭、颜子平、王承瑞、冯祖寿、张学铭、董国楹、王明理,共27人。[①] 在这个名单中,陆侃如提任副主任委员自是一大新闻,中共党员罗竹风、魏一斋位列常委之首更是一个重要的信号。当然,最引人瞩目的是鲍文蔚。鲍文蔚(1902—1991),江苏宜兴人,1920年考取北京大学西洋文学系,未及毕业赴法国格勒诺布尔大学留学,回国后就职于商务印书馆,因与潘汉年有一层鲜为人知的特殊关系,鲍文蔚成为打入上海淞沪警备司令部的中央特科高级情报人员。[②] 抗战胜利后,鲍文蔚先后在沈阳东北大学和天津北洋大学教书,曾任北洋大学总务长,1949年青岛解放时进入国立山东大学。鲍文蔚是著名的法国文学翻译家,他首译法国作家拉伯雷(Rabelais)的《巨人传》(*Gargantua et Pantagruel*)在翻译界具有相当的影响力。

　　1950年5月政务院《各大行政区高等学校管理暂行办法》关于"各大行政区高等学校暂由各大行政区教育部或文教部代表中央教育部领导"的规定,实际上赋予了大学的人事权和校政裁决权,校务委员会的初步民主化管理,不仅反映在对旧有教育接管的坚定性和稳妥性,更表现为对大学"加以必要与可能的改良"的领导力。1950年8月华岗因病辞去校务委员会主任委员一职,按序由杨肇燫接任,但不久杨肇燫调任北京中国科学院工作,主任委员一职由罗竹风暂代。剧烈的人事变动势必带来山大各院院长频繁的调整。最初的院长格局,由赵纪彬任文学院院长、丁履德任工学院院长,理学院院长因杨肇燫调离暂缺,李善勤任农学院代理院长、魏一斋任医学院院长。1951年3月李善勤调任,农学院改由陈瑞泰负责(副院长职);1951年1月13日,魏一斋奉

图 6-8　魏一斋(前排右三)与国立山东大学医学院师生(摄于 1951 年 1 月)

---

①　《山大师生代表会闭幕　选出新校委会　将由大会呈请上级批准》,载《青岛日报》1950年4月24日。

②　姚小平:《翻译家鲍文蔚的中央特科经历》,载《党史博览》2012年第5期。

图 6-9 徐佐夏

调去北京中央卫生部任职,19 日校务委员会决定改由徐佐夏任医学院院长。① 徐佐夏(1895—1971),字益甫,山东广饶人,毕业于北京医学专门学校,1920 年赴德国柏林大学留学,获博士学位,抗战期间回国,历任北平大学医学院教授、西北联大医学院院长、江苏医学院教务主任,1951 年 7 月来到青岛就职。在专业科系建设方面,1950 年文学院增设历史语言研究所,外文系增设二年制俄语专修科②;农学院增设植物病虫害学系,王清和任主任。王清和(1908—1986),河北顺义人,1928 年考入南京金陵大学农学院,毕

图 6-10 王清和

业后受聘于清华大学任研究助教,1937 年随校内迁入西南联大,曾在福建省立农学院、福州协和大学农学院、湖北省立农学院任教,1949 年秋应聘国立山东大学。

鉴于全国尚未制定统一的招生政策,山大校务委员会时期经历了 1949 年、1950 年两次招生,但都没有完成招生任务。1949 年计划招生 500 名,仅录取了 375 名,只完成招生任务的 75%。1950 年计划招生 800 名,实际录取"正式生"420 名,以及为填补未报到空缺的"备取生"129 名,两项合计不足招生任务的 70%,且正式生的录取标准为 41.5 分,备取生则为 36 分。1950 年先修班只有 44 人升入本科,占 90 名入学生的 49%,山大先修班至此结束。招生不足的原因是多方面的。首先,新中国成立后工农业发展的大好形势带来就业良机,青年学子面临升学、就业多种选择。其次,有升学愿望的学生对新生政权下的人民大学持观望态度。再次,新中国成立前"公费生"待遇取消,改为"人民助学金",占比为 47%。③ 1951 年 6 月 13 日,山大第五次常委会决定,下年度收取学生学杂费为 100 斤小米价的 40%。据考入医学院的王贤才回忆,1951 年入学时"学费是四十斤小米,按市价折合现金缴纳",伙食"考虑到同学们的不易,伙食费不

① 青岛医学院史志办公室:《青岛医学院院志(1946—1995)》(内部资料),第 30 页,1996。
② 《国立山东大学俄语专修科新生及各系转学生通告》,载《青岛日报》1950 年 8 月 13 日。
③ 《国立山东大学工作总结(一九四九年十月底到一九五〇年三月)》,载《山东大学校史资料》第 6 期,1983 年 11 月。"人民助学金"以小米计算:甲等 72 斤,乙等 60 斤,丙等 36 斤。

是每年或每学期交一次,而且每月交一次;记得是每月 75000 元"。① 按 1949 年 10 月小米每斤 195 元的牌价计算,供养一个大学生一年约 100 万元。

　　此间,校务委员会为响应"抗美援朝、保家卫国"的伟大号召,积极动员广大师生员工报名参战,特别是组织以山大医学院附属医院和护士学校医护人员为主体的赴朝医疗队,为山东大学发展史写下了浓墨一笔。1950 年 10 月朝鲜战争爆发后,11 月 7 日国立山东大学成立"反美侵略委员会",在 11 月 10 日召开的全校动员大会上,有 344 人签名要求赴朝参战。会后,山大师生员工还发表《反美侵略宣言》及《给朝鲜人民军和中国人民抗美援朝保家卫国志愿军部队的慰问信》,校园出现了爱国参军的高潮,有 600 多人报名参军。1950 年 12 月中央军委、政务院发出年满 18 周岁的青年学生、工人为抗美援朝、保家卫国积极参加军事干部学校的号召后,山大校园又一次沸腾了。在 112 名体检合格的学生中,有 56 人被光荣保送。其中,时年 20 岁的医学院细菌科职工王在中因态度坚决,破指宣誓入伍,被特别批准。1951 年 12 月,第一批 41 名学生启程赴军干校,其余 15 人(后又增加 5 人)于 21 日步入国防建设的行列之中。

　　1951 年 1 月 18 日,国立山东大学教授、中苏友好协会青岛分会副总干事陈云章受青岛市各界委托,赴东北慰问中国人民志愿军伤病员。1951 年 2 月,为响应中国人民保卫世界和平反对美国侵略委员会、中国红十字总会发出的《关于组织医疗队的通知》,国立山东大学医学院及附属医院、护士学校的教职员和医护人员踊跃报名参加。2 月 16 日,从 270 名报名者中选定 42 人(其中山大 32 人)组成的第一批赴朝医疗队,由山大医学院教授兼外科主任冯雁忱任队长。3 月 1 日,冯雁忱等赴

图 6-11　1951 年 3 月冯雁忱率医疗队赴朝

朝志愿医疗队"胜利启程"②。据悉,山大医学院和附属医院、护士学校前后有三批 50 多名的教职员和医护人员参加抗美援朝医疗队开赴前线,他们用青春和热血抒写了捍卫国土和民族尊严的壮丽篇章。

　　3.校务委员会时期的教学科研与华岗的政治大课

① 王贤才:《回忆上世纪五十年代的大学生活》,载《纵横》2014 年第 2 期。
② 《本市医务工作者两千余人举行抗美援朝示威游行　欢送志愿医疗队启程》,载《青岛日报》1951年 3 月 2 日。

丁燮林、华岗等校务委员会时期的山大校园，既有沸腾的革命场面，也有严谨的治学成果。由于青岛解放后在国立山东大学实行与北平对等的薪酬待遇，经历了解放前物价飞涨、饥饿窘困的教授，在共产党领导的新中国进入了一个和平、安定的工作环境。山大校务委员会时期，以直接发放粮食作为教职员的月薪，按小米市斤为计量单位。在医学院附属医院实习的医生，除"按过去规定管饭"外，自 1949 年 11 月起每人每月可以领到"4 斤猪肉价的津贴"。① 生活无忧的教员，其教学与科研的积极性十分高涨。1950 年 6 月，校务委员会决定成立学术审议委员会，由冯沅君、何作霖分任正、副主任，主持教学科研成果的评议。

在课程教学方面，各院系调整学程方案，注重理论与实践的结合。为了减轻学生的课业负担，一些必修课改成选修课。例如：一年级的国文，除文学院外，一律改为选修；一年级的英文，除外文系外，也改作选修课。② 农艺学系联系 1950 年全国农业以粮棉增产为压倒一切的生产方针，确定教学重点以讲授农作物为主，并积极改进农场。③ 园艺学系则根据农村实际，确定以果树、蔬菜为重点，并突出水果、蔬菜的深加工知识。中文、历史两系协助青岛市博物馆鉴定古代文物。动物学系与青岛水产实验所合作，开展青岛近海生物调查、采集和研究。土木工程学系承担了淄博煤矿厂址和隧道的设计任务，并参加了青岛港务局的船坞和海军造船所的坞门测绘工作，1950 年还组成 20 多人的治淮工作队参加全国治理淮河运动。医学院新

图 6-12　1950 年国立山东大学治淮工作队合影

组建微生物和卫生学两个学科，并组织医疗队到胶东和惠民地区巡回医疗，为老区人民解除疾病痛苦。1949 年秋，地质矿物学系应华东工矿部矿产勘测之邀，在莱芜发现热液型铁矿脉群，为后来莱芜钢厂的建立奠定了矿石原料基础。1950 年，地质矿物学系师生实习时在莱阳盆地首次发现白垩纪时期恐龙化石及完整的恐龙蛋化石。④ 这一发现对研究地球史和古生物史具有重大意义。

---

① 青岛医学院史志办公室：《青岛医学院院志(1946—1995)》(内部资料)，第 29 页，1996。

② 《山大师生座谈研究精简旧制课程》，载《青岛日报》1950 年 1 月 6 日。

③ 《山大农学院成立农场改进小组》，载《青岛日报》1950 年 9 月 9 日。

④ 任建新等：《青岛山东大学理学院地质矿物学系简史》，中国地质学会地质学史专业委员会第 20 届学术年会，2008。

在学术研究方面,基本恢复正常,文理科都有可圈可点的研究成果。自1950年2月起,山大在《青岛日报》开辟"新史学"专栏,以此"散布些历史科学的种子"①,至6月出版了9期。丁山"日课三千字",于1950年12月完成了52万字的《中国古代宗教与神话考》。② 此书在古神话的考辨、推原方面显示出丁山深厚的学术功底。此外,丁山还撰有《姓与氏》《半亚血族群婚制——媵》,刊于《新建设》杂志。王统照写了《明光照耀了新中国》③等近20首诗歌,还有几篇散文和评论。1949年7月,王统照在"文代会"上当选全国文联委员和文协理事。1949年秋,山大同人组织青岛市鲁迅逝世13周年纪念大会,为新中国成立后纪念鲁迅活动开了新局。

图6-13　1949年山东大学召开纪念鲁迅逝世13周年大会。左起:赵纪彬、王统照、华岗、罗竹风、杨向奎

曾呈奎与李良庆合著的《米丘林路线的理论与实践》一书由上海新农出版社出版后,由于具有学术和实用价值,送请科研部门给予嘉奖;后又经中国米丘林学会会长乐天宇审定,提出了"对应用科学的提高和生产技术的发展有很大帮助,建议再版"的评语。1950—1951年,杨肇燫翻译出版了美国学者席尔斯(Sears)和泽门斯基(Zemansky)的《大学物理学》(University Physics)第1~3册,他对原著提出了批评:"原书对于表面张力,一字未提,未免是一缺憾,所以另从席氏所著《物理学原理》一书中摘译,作为第十三章的补遗。"此书由中华书局出版后被各高校广泛采用。1949年,陈瑞泰的英文论文《水稻秸秆上赤霉产孢的研究》(Sporulation of gibberella zeae on rice straw)发表在美国《植物病理学学报》上;陈瑞泰与张端清合作的论文《介绍不怕腰烂病的两个烤烟品种》,在《农业知识》1951年第三期发表,陈瑞泰的译著《植物病理学》于1951年由上海新农出版社出版。1949年4月由山大学生自治会创办的油印小报《山大生活》,从1950年1月起改为校刊,每期2版或4版,铅印发行。

此间,华岗的政治大课成为山大校务委员会时期最重要的教学现象。为贯

---

① 《新史学·发刊的话》,载《青岛日报》1950年2月15日。
② 刘敦愿:《回忆丁山先生》,载《刘敦愿文集》下卷第877页,科学出版社,2012。
③ 冯光廉、刘增人:《王统照研究资料》,第443页,知识产权出版社,2011。

彻《共同纲领》的文教政策，顺利实现向新民主主义大学的转变，1949年12月29日，山大校务委员会发布《关于政治大课的决定》，1950年1月又决定把政治课列为全校必修课，并计算成绩。① 这种面向全校师生员工的政治大课，定在每周六下午进行，一般不得挤占。在罗竹风开讲《新民主主义论》之后，1950年1月便聘请时在青岛休养的华岗莅校宣讲。1950年1月7日—31日，华岗以"怎样用理论与实践结合的方法学习《共同纲领》"为题，为全校师生员工连续讲了3次政治大课。1950年4月华岗主持新的校务委员会后，为帮助师生初步树立马克思主义的阶级观、价值观，确定新社会存在和发展的必然性，华岗又于4月—7月底为全校师生讲了7次"社会发展史"，其间还穿插时事报告、中共党史等内容。② 华岗每次作报告之前总要召开各院系积极分子会议，摸清学校存在的一些思想症结。山大教授大都接受欧美教育，对西方心存敬畏，质疑马克思主义的科学性，对中国共产党和中国革命知之甚少，甚至对中共的执政能力表示怀疑。据童第周披露，为推举代表参加山东省各界人民代表协商会议，军管会曾提名郭宣霖与会，因事先"不通过大家就直接宣布"，"立即有72名教授联名贴出一张大字报"，这些一直不受约束的教授们极不情愿，最终因"向明要郭宣霖当代表，大家只好选他当代表"。③ 华岗的报告联系实际，对一些问题有分析、有批评，有时甚至是很严厉的批评，很多人称华岗"真不愧是当年的少共书记"④。

　　华岗的政治大课对于新中国成立初期渴望了解中共革命与建设大政方针的知识分子来说是难得的思想教育机会，符合大学公开教学的一般特点，易于被广大师生所接受。不可否认，国立山东大学校务委员会时期兴起的政治大课制度，为其后出现的知识分子思想改造运动奏响了前奏曲。

第二节　华东大学来青合校与新型社会主义大学目标

　　国立山东大学与华东大学的合并，并非为了去掉"国立"二字，而是实现政治与学术的合并，为新中国初期成功合校创造典型经验。华岗的革命家、政治家和理论家的特殊身份，借助中央和地方高等教育管辖权的平衡关系，华岗成为新山东大学校长的理想人选。华岗较好地处理了正规化大学与党校型教育深度结合的矛盾，通过管理体制和运行机制予以充分体现。华岗之后晁哲甫的接任，进

---

①　山东大学档案馆：《山东大学大事记（1901—1990）》，第73页，山东大学出版社，1991。
②　徐畅：《华岗"政治大课"简论》，载《高校教育管理》2010年第1期。
③　童第周：《我当山东大学副校长》，载《童第周：追求生命真相》第29页，解放军出版社，2002。
④　陆凡：《忆华岗同志二三事》，载《华岗纪念文集》第59页，青岛出版社，2003。

一步丰富了新中国社会主义新型大学的办学实践。

一 华东军政委员会的合校意图与华岗的校政重组

济南的华东大学迁到青岛与国立山东大学合并,本是为解决两校面临的人事、校舍、物力等困难而进行的,但却以成功合校的实践为 1952 年全国高等学校大规模院系调整提供了新鲜经验。华东军政委员会的合校意图、中央教育部的周密安排,以及华岗卓越的领导能力,都是新的山东大学崛起不可或缺的要素。

1.华东军政委员会的意图与教育部的实施步骤

青岛的国立山东大学与济南的华东大学合校之初衷,始于 1950 年 9 月 27日华东军政委员会致政务院转中央教育部的备案电报。之所以提出这两所在鲁大学的合并,是"因山东大学领导人选久悬未决,华东大学因限于人力物力办理亦有困难,为求集中力量办好山东大学起见,经详加考虑后,决定将华大与山大合并办理,而保留山大校名,已电令山东省府考虑校长人选,并令鲁教育厅负责即行会同该两校当局进行合并事宜,请准予备案"①。

华东大学是在临沂山东大学和华中建设大学合并的基础上组建而成。临沂山东大学始建于抗战胜利后的 1945 年 9 月,校名与抗战时期内迁停办的国立山东大学以区别。1946 年 3 月,设于江苏淮阴的华中建设大学部分干部、教师、学员,北上并入临沂山东大学。至 1948 年 6 月,以临沂山东大学和华中建设大学为基础的华东大学在潍县成立。济南解放后,华东大学于 1948 年 11 月迁往济南,之后又接管了国民党山东省教育学院。至此,华东大学由中共山东分局直接领导,全校师生大部实行供给制。设有文学院、社会科学院、教育学院和研究部、讲习班、师训班,全校干部、教师有 300 余名,学生 1400 余名,师生中党员 170 余名、团员 700 多名,是一所山东省内"以革命思想为指导,全心全意为革命培养干部的大学"②。1950 年 5 月,根据全国高等教育会议精神,华东大学在大批人员南下、分配本省工作和接收老解放区文工团的基础上,决定以培养中学政治、国文等学科师资和文艺宣传干部、俄文翻译人才为办学方向,分设政治、文学、史地、艺术、俄语 5 个系,学制均暂定 2 年。由于华东大学在济南没有固定校舍,且设备缺乏,学科单一,一度曾有迁南京办学的动议。然而,中共华东局第一书记兼华东军政委员会主席饶漱石则坚决主张,将华东大学与青岛的国立山东大学合并。实际上,华东大学已开始与青岛接触,1950 年暑假华大政治系 38 名学生

---

① 山东大学百年史编委会:《山东大学百年史(1901—2001)》,第 184 页,山东大学出版社,2001。
② 山东大学校史编写组:《山东大学校史(1901—1966)》,第 141 页,山东大学出版社,1986。

来青岛开展为期3周的实习。①

自1950年7月政务院下达《关于高等学校领导关系的决定》后，中央教育部开始收回高等教育领导权，因此中央教育部的意见十分重要。10月4日，针对合校问题，高等教育司副司长张宗麟签署"应予批准"的意见，报请副部长兼高教司长钱俊瑞。10月8日，钱俊瑞批示："可予同意，但须经过充分酝酿准备，校长人选须恰当。"10月24日，高教司拟出复电文稿，经张宗麟审阅后，报请韦悫副部长签发，以中央教育部的名义复电华东军政委员会。

> 山东大学与华东大学合并事，我部同意。惟须经过充分酝酿与准备，校长人选亦须恰当。并请转饬将筹备情况报告我部。②

华东军政委员会接到中央教育部的复电后，立即研究两校合并事宜，并转告山东省人民政府要求山大和华大迅即筹划办理。11月15日，山东省政府同时给山大和华大分别发电通知，决定组建由两校干部参加的学校迁并处理委员会，由彭康、陆侃如、张勃川、童第周、余修、罗竹风、刘椽、刘宿贤8人组成，彭康任主任委员，陆侃如与张勃川为副主任委员。彭康（1901—1968），原名彭坚，字子劼，江西平江人，16岁留学日本，先后就读于鹿儿岛第七高等专科学校和帝国大学哲学科，回国后投身革命，与郭沫若等共同组织"创造社"；1928年彭康加入中国共产党，1930年由于叛徒出卖被捕入狱，关押7年之久，1945年任中共在根据地创办的华中建设大学校长，新中国成立前历任中共山东分局宣传部部长、中共上海市委委员、华东军政委员会文教委员会主任，1949年5月任华东大学校长。委员会名单是中共山东分局拟定的，任命彭康为两校迁并处理委员会主任委员，不外乎任职新山东大学校长之意。据知情者罗竹风称，在委员会所有研究、讨论两校迁并处理的问题上，都"以彭康同志主张最力"③。12月8日，华东大学全校1000多名师生离开济南，迁往青岛，暂住黄台

图6-14 山大华大迁并处理委员会成员合影。
左起：张勃川、陆侃如、童第周、罗竹风、
彭康、余修、刘宿贤、刘椽

---

① 《华大政治系同学暑假来青实习》，载《青岛日报》1950年8月11日。
② 山东大学校史编写组：《山东大学校史（1901—1966）》，第193页，山东大学出版社，1986。
③ 罗竹风：《华岗同志虽死犹荣》，载《华岗纪念文集》第25页，青岛出版社，2003。

路和太平角海滨一带,校部设在黄台路 10 号。① 12 月 15 日彭康到达青岛,两校迁并工作紧锣密鼓地开展起来。

12 月 18 日,彭康召集迁并处理委员会第一次会议,对两校不同的历史渊源和不同的现状交换了意见,重点分析了两校师生对合校重大意义的认识问题。会后,两校委员分别向本校师生传达会议精神。12 月 20 日,迁并处理委员会第二次会议举行,除研究上次会议的遗留问题外,对组织机构、人事工作、两校系科等问题进行了详尽讨论。12 月 22 日举行的第三次会议,则对合校后的院系设置、行政机构、人员安排、学生待遇、合校时间五个方面的工作形成决议。

其一,院系设置方面,合并调整为 6 个学院。山大文史系的文学组与华大文学系并为中国文学系,历史组与华大历史系并为历史系。山大外文系(含俄语专修科)与华大俄语系并为外国语文系,分英语、俄语二组,一律 4 年毕业。为照顾实际教学需要,两组课程均以两年为一学习阶段,第一阶段期满后视情况,"或分配工作,或留校深造"。合并后的中文系、外文系与华大的艺术系(内分戏剧、音乐、美术三组,均为四年制,两年为一阶段)成立文艺学院。合并后的历史系与华大政治系成立社会科学院(待条件成熟时再增设其他学系)。山大的理、工、农、医四学院不动。

其二,行政机构方面,实行"校长负责制"。校长办公室下分秘书科、人事科。设教务长、秘书长。"教务长下设"教务处、图书馆、体育室、教学研究委员会、仪器管理委员会;教务处下分注册科、教导科、出版科、校刊编辑室;图书馆下分馆务科、编纂科;"秘书长下设"总务处、生产管理委员会(负责管理附设的企业单位);总务处下分庶务科、会计科、校产管理科、供给科、医务室。

其三,教职工安排及待遇问题。两校现有工作人员不因合校而变动,但工作岗位和职务可能另作合理安排。教职工待遇均暂时按原薪、原供给制标准,"华大一部分薪金制工作人员的工分值改为按青岛物价计算"。

其四,学生待遇问题。"根据华大历史条件,学生的供给制尚不能改为助学金制",但号召华大学生在自觉的基础上按其家庭经济情况,可自动放弃一部或全部供给制待遇,逐步走上制度的统一。对此问题,应向两校学生进行解释,继续寻求合理的解决办法。华大学生供给制中的伙食费用,交给食堂统一安排使用。两校学生同样要交纳讲义费。

其五,合校的具体时间。争取在寒假期间完成一切准备工作,"开学后两校在组织上、教学上、生活上完全合成一个整体"。②

---

① 《山东大学新阶段——山大与华大胜利合校》,载《山东大学校史资料》第 6 期,1983 年 11 月。

② 《一九五〇年合校会议记录》,载《山东大学百年史》第 186—187 页,山东大学出版社,2001。

应当说,这是一个颇周详的合校方案,既考虑到山东大学的实际,也顾及华东大学的利益。12 月 23 日,迁并处理委员会召开两校师生员工大会,彭康在会上报告了迁并处理委员会工作概况和合校初步方案,张勃川、陆侃如、童第周等委员和学生会代表相继发言,一致表示赞同。会后,迁并处理委员会将合校方案书面报告华东军政委员会和中央教育部。

1951 年 1 月 18 日中央教育部收到迁并处理委员会的合校方案后,多次进行专门研究,尤其对校长人选、院系设置、行政机构及人事安排提出了一些修正和补充意见。之后,钱俊瑞副部长向主管文化教育的中共中央宣传部部长陆定一当面进行汇报,决定委派高教司副司长张宗麟代表中央教育部去山东办理两校合并事宜。2 月 27 日,中央教育部颁文,决定华岗任华大与山大合并后的山东大学校长。3 月 6 日,张宗麟来到青岛。在同彭康及迁并处理委员会各委员座谈后,张宗麟与华岗进行了交谈,还邀请两校 14 名教授、干部开会征询意见。至此,新的合校方案已为大家所接受,合校的时机基本成熟。

3 月 13 日,张宗麟与华岗应邀出席迁并处理委员会第二十次(最后一次)会议。会上,张宗麟宣布了教育部对合校方案的修正意见。[①]　主要内容是:

(一)两校合并后称山东大学,设文、理、工、农、医五院及政治、艺术两直属系。

(二)原华东大学文、史、俄语三系,并入原山东大学文学院,学生按照原有年级上课,等暑假考试后再定升级或留级。

(三)原华东大学政治系、艺术系改为直属系。

(四)校长华岗同志遵照中央教育部电令先行到职视事。

(五)副校长童第周、陆侃如,教务长何作霖,副教务长余修、罗竹风,秘书长刘椽,副秘书长刘宿贤,文学院长吴富恒,理学院长郭贻诚,工学院长丁履德,农学院长陈瑞泰,医学院长徐佐夏,副院长潘作新。

(六)张勃川同志遵照中央指示调京工作。

(七)两校合并后取消教务秘书两处的处长一级,一切行政机构力求简单合理,避免因人设事,具体配备由新的领导机构成立商洽决定并由华校长呈报。

(八)两校合组的迁并委员会及两校原有的校务委员会三月十四日宣布结束。

(九)两校教职工待遇急需个别调整者,由华校长拟出具体方案,呈报

---

① 《山东、华东两大学隆重举行春季开学典礼暨合校成功庆祝大会》,载《青岛日报》1951 年 3 月 22 日。

华东教育部批核,原华大学生待遇(供给制)暂维原状,逐步调整到与原山东大学学生同样。[①]

显然,这个修正补充后的合校方案吸取了两校之长,且积极稳妥,减少了调整的阵痛。特别是五院和两个直属系的设置,没有简单套用华大文艺学院、社会科学院的体制,而是充分照顾到两校学生的实际情况,通过必要的考试决定升留级,以便保证教学质量。合校后山东大学党组织建设则充分吸收华大的经验,分别成立作为学校领导和决策机构的党组和处理党内日常工作的党委会。党组以华岗为书记,余修、罗竹风、刘宿贤、崔戎、武杰为委员;党委会以刘宿贤为书记,崔戎、武杰为副书记。彭康在概括两校迁并处理工作时给出了"合校胜利,皆大欢喜"8个字。明湖水冷,霜凌历下,青岛海浪云头。彭康结束两校迁并处理委员会的任务后返回济南(1952年11月彭康出任上海交通大学校长)。

3月15日,华东大学完成了历史使命。华大与山大的合并使山东大学规模空前壮大,全校共有教师486人、职工524人、学生2366人。山东大学的历史由此翻开了新的一页,3月15日被确定为山东大学校庆节。

2.合校庆祝大会与新山大的机构设置、人事安排

1951年3月19日,山东大学全校师生员工举行开学典礼暨合校成功庆祝大会。山东省、青岛市的党、政、军负责人前来祝贺,校长华岗发表了长篇报告。他说:"把原有的华东大学和原有的山东大学合并成为现在的山东大学,乃是两个性质不同的教育队伍的胜利会师,是中国高等教育史上的创举。"[②]庆祝大会最激动人心的是宣读山东大学全体师生员工给毛泽东的致敬信。

> 亲爱的毛主席:
>
> 在您和中央人民政府的英明领导和关心培养下,我们山大、华大两校的合并工作已告完成。从今天起,人民的新山大即将跨入一个完全崭新的历史阶段,向着新型的正规大学教育方向迈步前进了!
>
> 当我们欢欣鼓舞地举行着合校成功庆祝大会的今天,亲爱的毛主席,请接受我们全体师生员工向您表示最热烈的感谢和崇敬。我们永远忘不了您给我们带来解放胜利后的今天,这样幸福而又愉快的学习生活。在新民主主义教育里,我们一定更加努力学习科学知识,并把自己锻炼成为人民忠诚的勤务员,祖国的远大前程正鼓舞着我们,跟随着您的胜利旗帜前进!我们

[①] 杨新:《中央教育部处理华东大学和山东大学合并问题的一些情况》,载《山东大学校史资料》第6期,1983年11月。

[②] 华岗:《合校方案和山大前途》,载《新山大》第2期,1951年4月1日。

现在更感到了生长在您的光辉时代,是可引为骄傲的!

亲爱的毛主席,我们绝不会辜负了您和人民政府对于新山大的关怀和希望;全校师生员工都明确地认识到合并后山大发展的光明远景,它将在新中国高等教育事业上有着重大的意义与作用!我们现在感到了加在自己肩上的责任如此重大,同时,也为能负起这个重大责任而感到光荣!

毛主席,让我们向您报告:在两校合并的过程中,我们的工作在迁并处理委员会的领导下,是十分顺利的。我们两校师生员工本着互相尊重、互相学习、发扬优点、克服缺点的精神,展开过一连串的活动,增加了了解也巩固了团结。

毛主席,我们还向您保证:在合并以后,我们更要在人民政府和华岗校长的领导下,继续和发扬合并中的优良精神,团结一致,办好人民的大学教育事业。两校过去的历史虽有不同,但我们有信心有勇气是可以克服一切困难,向新型正规大学的教育方针胜利前进,为培养高级科学知识干部,为祖国的经济建设、国防建设而服务!

亲爱的毛主席,祝您身体永远健康!并致
革命敬礼

山东大学全体师生员工上

一九五一年三月十九日①

根据中央教育部 1950 年 8 月《高等学校暂行规程》关于在校长领导下设校务委员会的规定,1951 年 3 月合校后新的山东大学校务委员会成立,成员包括正副校长、正副教务长、正副总务长、图书馆馆长、各院院长、各系主任,以及医学

图 6-15　山东大学合校成功大会主席团成员

院科主任代表 6 人、工会代表 6 人、学生会代表 2 人,共计 36 人。校长华岗为校务委员会"当然主席",委员有童第周、陆侃如、何作霖、余修、罗竹风、刘椽、刘宿贤、吴富恒、郭贻诚、丁履德、陈瑞泰、潘作新、杨向奎、李先正、曾呈奎、许继曾、陈基建、樊翁、李文庵、王清和、沈汉祥、宋金声、傅宝瑞、张育瑾、高兰、武杰、张之湘、陈慎昭、沈

① 《庆祝两校合并成功　全体师生员工上书毛主席》,载《新山大》第 2 期,1951 年 4 月 1 日。

福彭、金泽忠、穆瑞五、冯雁忱、秦文杰、王秀成、沈为霑，共36人。在4月2日和6日下午召开的第一次校务委员会议上，共推定15名常务委员，其中各有一名工会和学生会代表。校务委员会每月开会一次，研究、讨论"全校性的经常性的重大事项"；常务委员会每半月召开一次，"负责研究各项工作的具体实施与检查"；必要时"得由校长召开临时的校委会或常委会"。①

对于行政机构和教学组织的人选，经校长提名、校务委员会通过后，随即任命公布，并于3月28日报中央教育部备案。

山东大学行政机构各室、科负责人分别为：校长办公室主任崔戎、副主任孙思白；校长办公室下分秘书科和人事科，秘书科科长钱冰，人事科科长武杰、副科长张文彬。教务处主任秘书陆光庭、张学铭、赵凌；教务处下分注册科、教务科、出版科、校报编辑室、体育室，注册科科长张育瑾，教务科科长赵凌（兼），出版科科长阎怀生、副科长孟祥河，校刊编辑室主任孙昌熙，体育室主任刘化鹍、副主任傅宝瑞。总务处主任秘书贺治明、董树德；总务处下分庶务科、会计科、校产科、保健科，庶务科科长于建、副科长王志轩，会计科科长李允诚、副科长赵子安，校产科科长胡克诚，保健科科长顾光华。其中，傅宝瑞、王志轩均是山东大学的"元老"。傅宝瑞（1907—1979），字子玉，辽宁金县（今属大连）人，毕业于东北大学，1932年9月应聘国立山东大学②，1937年随校内迁，曾任北京师范大学教授，1948年回任国立山东大学体育教授，曾参与1932年第十届美国洛杉矶奥运会、1936年第十一届柏林奥运会中国代表团的组织与训练工作。王志轩，山东益都人，曾是省立山东大学商业专科学校教员，1929年6月

图6-16　傅宝瑞

作为私立青岛大学庶务主任加盟国立青岛大学。③此后，王志轩历经国立山东大学前后两个时期，及其内迁停办，始终与山大不离不弃，至与华东大学合校后仍任职。山东大学的史册有一层老员工的底色。

山东大学教学组织各系、所、科负责人分别为：历史语言研究所所长杨向奎，海洋物理研究所代理所长赫崇本；中文系主任吕荧，副主任高兰；外文系主任吴

---

① 《依据〈高等学校暂行规程〉校务委员会及其常委会组成》，载《新山大》第3期，1951年4月11日。

② 《国立山东大学一览》，载张研、孙燕京主编《民国史料丛刊·文教·高等教育》第1089册第234页，大象出版社，2009。

③ 《职教员录·教育学院》，载《二十年度国立青岛大学一览》第158页，1931。

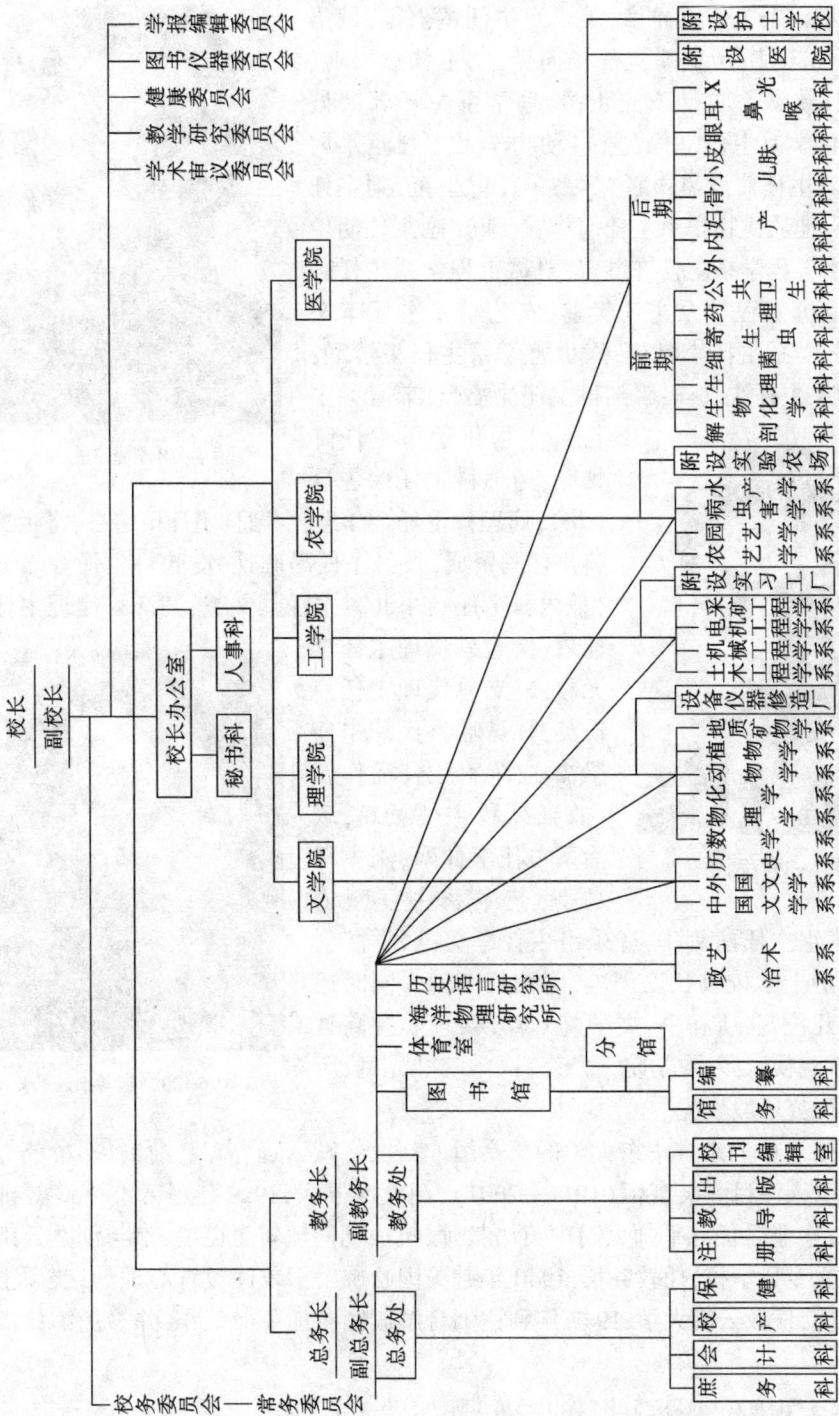

图6—17　山东大学组织系统图(1951年6月)

富恒（兼），副主任梁希彦，英语组主任黄嘉德，俄语组主任方未艾；历史系主任杨向奎，副主任童书业、黄云眉；数学系主任李先正；物理学系主任郭贻诚（兼）；化学系主任刘椽（兼）；动物学系主任童第周（兼），副主任曲漱蕙；植物学系主任曾呈奎，副主任李良庆；地质矿物学系主任何作霖（兼），副主任胡伦积；土木工程学系主任许继曾；机械工程学系主任陈基建；电机工程学系主任樊翕；农艺学系主任李文庵；园艺学系主任李良庆；病虫害学系主任王清和；水产学系主任沈汉祥；解剖科主任沈福彭（兼骨科主任），生物化学科主任陈慎昭，药理科主任徐佐夏（兼），病理科主任金泽忠，细菌科主任田浩泉，寄生虫科主任马贤成，外科主任冯雁忱，皮肤科主任穆瑞五（兼内科主任），小儿科主任秦文杰，妇产科代理主任何森，检验科代理主任李元彩，X光科代理主任卢筱英，耳鼻喉科代理主任梁福临，眼科主任潘作新（兼），牙科主任梁斌；政治系主任李仲融，副主任马亭；艺术系主任臧云远，美术组主任俞剑华，音乐组主任牟英；医学院附设高级护士学校校长王剑尘，副校长李镛。同时还聘任了几位院、所秘书：文学院刘泮溪、理学院高哲生、工学院侯家泽、农学院茅乃纬、医学院陆光庭、历史语言研究所殷焕先。①

图6-18 樊翕

图6-19 高哲生

图6-20 殷焕先

这张名单上来自华东大学的吴富恒、李仲融、臧云远、高兰、俞剑华、牟英等人特别引人注目。吴富恒（1911—2001），河北滦县人，1929年考入北平高等师范学院，毕业后任北平师大附中英语教师，抗战期间辗转至昆明，参与创办云南省立英文专科学校，任教务长；1940年赴美国哈佛大学攻读教育心理学，获硕士学位回国，任教云南大学，1947年到达烟台解放区参加革命工作，并参加解放济

① 《各系科负责人选聘定》，载《新山大》第3期，1951年4月11日。

南后的接收工作,1948 年 10 月任华东大学文学院教授、文艺系和文学系主任,1950 年底随校迁至青岛。李仲融(1903—1980),湖南长沙人,1925 年由恽代英介绍加入中国共产党,大革命时期李仲融曾任广州、湖南农民运动讲习所政治教员,武汉工人纠察总队政治总教官,抗战时期历任湖南文化界抗敌后援会宣传部主任、新四军第二师高干班教授、江淮大学和华中建设大学教授,1951 年随华东大学来青岛并入山东大学。李仲融著有《唯物论与唯心论》《哲学思潮》等著作,堪称山东的中共哲学理论家。

图 6-21 吴富恒

图 6-22 臧云远

臧云远(1913—1991),笔名季沅、辛苑,山东蓬莱人,早期就读于青岛胶东中学,闻一多任职国立青岛大学时曾慕名拜访,后来臧云远在北平加入"左联",流亡日本,1932 年任《杂文》《质文》文艺刊物编委,回国后任汉口《自由中国》主编,与王云阶合作大型歌舞剧《法西斯的丧钟响了》,1948 年臧云远在济南任华东大学教授、艺术系主任,1950 年底随校迁至青岛。高兰(1909—1987),原名郭德浩,笔名黑沙、齐云等,黑龙江瑷珲人,初入黑龙江省立第一师范学校,1928 年考入燕京大学国文系,抗战时期加入中华全国文艺界

图 6-23 高 兰

图 6-24 俞剑华

抗敌协会,积极投身民族解放斗争,用诗歌宣传抗战救国,抗战胜利后任长春大学中文系教授,1950 年至济南,旋任华东大学教授,之后随校迁至青岛。高兰是中国现代朗诵诗的倡导者和奠基人之一,著有《高兰朗诵诗》《高兰朗诵诗集》《高兰朗诵诗新辑》,他的朗诵诗朴实、豪放,感情真挚。俞剑华(1895—1979),原名俞琨,字剑华,山东济南人,1915 年考入

北京高等师范学校手工图画专修科,1928年任上海新华艺术大学教授兼教务长,次年暑假随张大千游历日本,并在大阪举办个人画展;1940年俞剑华任暨南大学教授、总务长,抗战胜利后历任吴淞商船专科学校教授、私立上海学院副院长、华东大学教授。俞剑华在中国美术史论界拥有众多的学术知音、敬仰者和同路人,形成了不同凡响的"俞剑华学派"[①]。牟英(1912—1980),原名牟翰卿,又名陈耀光,河北赵县人,抗战时期在延安鲁迅艺术学院学习音乐,1940年加入中国共产党,1946年转赴山东解放区,历任山东省人民文工团团长、华东大学副教授。

新山东大学的人员组合是一种混成的立体式人才结构,自然生成,绝非刻意遴选,反映了华岗两支队伍的"会师"之意。端木蕻良为之赋诗云:"同怀同志同游,度峥嵘岁月,作孺子牛。"教职员队伍的多元专业性和人才成长背景的权变性、综合性,是另一种国立青岛/山东大学名师办学传统的承续,山东大学找到了多向、多样发展变迁的历史新起点。

二 晁哲甫接任与教育同生产劳动结合方针的贯彻

1956年晁哲甫接任山东大学校长后,借助中共八大的浩荡东风和社会主义建设高潮,致力于毛泽东教育同生产劳动相结合方针的贯彻,在理论联系实践、勤工俭学等方面,为山东大学进入一个新阶段发挥了推力作用。

1.健全党组织与民主集中生动活泼局面的追求

1956年7月9日,国务院任命晁哲甫任山东大学校长。晁哲甫(1894—1970),原名晁登明,河北清丰(今属河南)人,1920年毕业于直隶(今河北)高等师范学校,旋任直隶第七师范学校教务主任,1926年加入中国共产党,七七事变后历任清南边东中心县委书记、直南特委统战部部长、冀鲁豫边区行署主任、晋冀鲁豫边区政府教育厅厅长、华北人民政府教育部部长,新中国成立后历任平原省政府主席、山东省副省长。同时,杨希文任副校长[②],位次列陆侃如之后。杨希文(1910—1991),原名杨翼心,山东金乡人,1931年入国立青岛大学教育学院乡村教育系,次年秋转入江苏省立教育学院,毕业后回山东推动民众教育,七七事变后历任鲁南抗

图6-25 晁哲甫

---

① 马鸿增:《俞剑华和"俞剑华学派"》,载《南京艺术学院学报》(美术与设计版)2009年第2期。
② 《晁校长、杨副校长到校工作》,载《新山大》第230期,1956年9月8日。

图 6-26　杨希文

日动员委员会宣传部副部长、山东省战时工作推行委员会教育组组长，1942 年加入中国共产党，抗战胜利后任山东省教育厅厅长。这位当年的国立青岛大学学生 25 年后以副校长身份重回母校，定会生发些许感慨。杨希文的到来使山东大学副校长干部有了中共人士，尽管他排名最末。

8 月 23 日，经中共青岛市委批准，新的中共山东大学委员会由晁哲甫、叶锦田、房金堂、高云昌、蒋捷夫、杨希文、贺治明、王承瑞、赵子安、邱锡斌、戴钊、巩念圣、刘华、赵觉、徐圭鑫、王从人、邵平 17 人组成，并由晁哲甫、叶锦田、房金堂、高云昌、蒋捷夫、杨希文、贺治明组成常委会。9 月 14 日，中共山东省委决定，晁哲甫任山东大学党委书记，叶锦田、高云昌、房金堂任副书记。[①]

副书记比副校长多一职，列副书记首位的叶锦田特别引人瞩目。叶锦田（1916—1995），广东宝安（今深圳）人，生长在香港，1933 年在香港参加中国共产主义青年团，1936 年加入中国共产党，后在上海从事地下工作，抗战后期到淮南敌后根据地，后任华东大学党总支书记，1949 年春因病离职休养，1952 年 6 月来到青接替崔戎出任山大校长办公室主任；1956 年 9 月叶锦田任山大党委

图 6-27　叶锦田一家在青岛（摄于 1956 年）

副书记兼人事处处长，虽然他未在华大与山大合并时来到青岛，但仍是"归队"之人，在山东大学"有一个时期党委的日常工作实际上由叶锦田同志主持"[②]。

晁哲甫主校山大时期，中共学校组织化建设显著加强，各系普遍设立了党的总支部，配备了专职书记。为此，山东省委抽调了一批政治干部来山大各系任总支书记（或副书记）：中文系梁学礼，历史系徐竞成，外文系曲兰芳，数学系徐圭鑫，物理学系张鼎周，化学系赵觉，生物学系邓宏庆，水产学系糜白辰，海洋学系杨润玺。为大学二级单位配置党的专职书记，使校党委的指示、决议及时得到落

---

① 《中共山大委员会由 17 人组成》，载《新山大》第 233 期，1956 年 9 月 29 日。
② 编辑组：《叶锦田同志传略》，载《叶锦田纪念文集》（内部资料）第 8 页，1996。

实,从而保证了思想政治工作在大学的统领地位。有的系书记带头深入教学和科研一线,以现身说法体现政治是业务工作的生命线。例如:水产学系党总支书记糜白辰"在领导种海带试验田的工作中",发现浮筏式养殖在五六月间因水温升高海带腐烂,便"大胆领导试验了他自己设想的'垂帘式立体养殖法'和'蜈蚣式海底分苗养殖法',从两个多月的情况来看,试验是成功的"。[1] 糜白辰还善于寓学术专业以政治意义。他阐释山东大学开展的勤工俭学是"揭开两条道路尖锐斗争的序幕",他对校党委 1958 年 2 月关于"教育必须为政治服务,教育必须结合生产的方针"又进一步解读为,勤工俭学是"劳动锻炼的熔炉和取得知识的源泉,从而由劳动中创造科学"。[2]

晁哲甫任山大校长兼党委书记之初,正逢中共八大召开的大好形势。作为连续出席七大、八大的党代会代表,晁哲甫具有山大同人难以比拟的荣幸感和使命感。面对国家基本完成对生产资料私有制的社会主义改造、建立起社会主义

图 6-28　萧涤非一家在青岛
（摄于 1957 年）

基本制度、进入社会主义社会这个中国历史上前所未有的新阶段,身居大学校长职位的晁哲甫比山大同人感悟到更深层的一面。1956 年高等教育部在大学实行教授一职数级制,山东大学评出冯沅君等 3 名一级教授,杨向奎、郭贻诚等 5 名二级教授,李先正、黄孝纾、萧涤非、梁希彦等 21 名三级教授,还有 31 名四、五级教授,他们共同支撑起山东大学的学术大厦。教授评级,不仅优化了人才队伍结构,而且使大学教员的收入因货币工资制取代"工资分"而大幅度增长。青岛优待知识分子的政策走在全国前列,《光明日报》为此予以报道,尤其称赞青岛对用所非学的高级知识分子调整到适合他们的工作岗位。[3] 身兼中共青岛市委委员、青岛市政协副主席的晁哲甫,历史上曾因抵制党内"左"倾错误路线而遭遇开除党籍的处分,因此晁哲甫对于克服"左"的倾向,贯彻党的"团结、教育、改造"知识分子的方针,使其成为接受马列主义基本观的社

---

① 马绍先:《敢想敢干,试验田上首创　山大水产系试验新法养海带》,载《中国水产》1958 年第 7 期。

② 糜白辰:《水产系勤工俭学总结——坚决贯彻党的教育方针进行两条道路的斗争大力开展勤工俭学》,载《文史哲》1958 年第 10 期。

③ 《青岛订出知识分子工作规划》,载《光明日报》1956 年 8 月 21 日。

会主义知识分子有着深切的体会。据载,1956 年山东大学有 700 多名师生员工提出入党申请,其中高级知识分子 114 名。① 1956 年前 10 个月,山东大学新增教职员 245 名,其中教师 97 人。全校 90% 的教师订立个人专业发展规划,许多决心走红与专道路的青年教师纷纷提出争取几年内达到讲师、教授、副博士、博士水平或取得学位。1956 年 10 月,袁世硕、庞朴等 34 名助教晋升为讲师。②

事实上,1956 年至 1957 年上半年山东大学的教学与科研均有值得总结的成绩,其显著特点是一定程度上转变了脱离实际、脱离生产的思想倾向,各学系出现了一些理论联系实际、解决生产实践问题的新做法。例如:

> 数学系的同学和部分教师制成模拟电子计算机,并深入厂矿解决了 49 个生产实际问题;物理系制成微波发生器、定标器、示波器等尖端项目 13 种;生物系同学下乡为人民公社调查土壤,仅 20 天就完成 28 万亩土壤调查;中文系同学在 20 天内写成了当代文学史和学点文学等 7 本专著的初稿;历史系在 7、8 天内,集体编写了中国近代史等 5 部分教学大纲等等。③

由于以晁哲甫为首的山大党委积极践行中共八大精神,较好地运用"人民内部矛盾"的观点协调山大各类群体的关系,而不是"武断地把不适当的概念和方法"运用于教学与科研事业,校、系两级党组织对山东大学的稳步前行发挥了政治领航的作用,实事求是的良好学风和勤俭节约的工作作风进一步形成。到 1957 年,山东大学图书数量较解放时增加了近一倍,达到 26 万册,教学仪器新增 700 余件,建成并投入生产的工厂(农场)26 个。④ 1957 年 12 月 31 日,晁哲甫在为《新山大》校刊题词所引用的毛泽东 1957 年 2 月《关于正确处理人民内部矛盾的问题》的一段话,实则表达了山大党委的真切追求和真诚愿望。

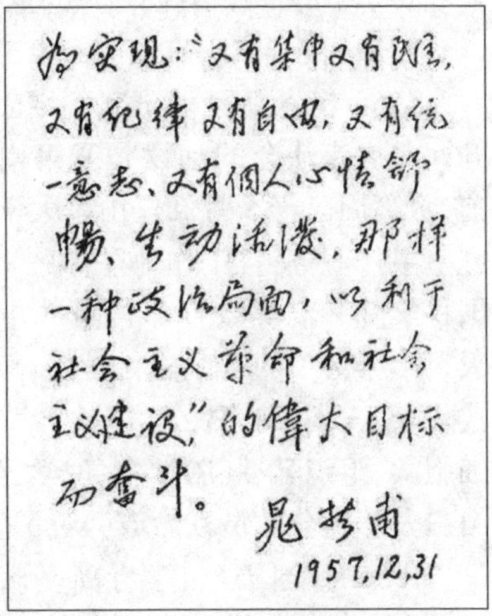

客观地说,"教育与生产劳动相结合"作为马克思主义教育思想的精髓,有其放之四

图 6-29 晁哲甫为《新山大》题词

---

① 《山大党组织积极发展新党员》,载《青岛日报》1956 年 5 月 26 日。
② 《我校 34 名助教晋级讲师》,载《新山大》第 235 期,1956 年 10 月 13 日。
③ 《一年来的工作检查和整改意见(初稿)》,存山东大学档案馆,档号:WSHX-1959-007。
④ 《山东大学的勤工俭学情况》,载《文史哲》1958 年第 9 期。

图6-30　山东大学师生在青岛郊区修水库情形

海皆准的真理性,大学生开展勤工俭学活动不仅培养了热爱劳动人民、珍惜劳动成果的思想感情,而且有力地支持了国家工农业建设,其方向的正确性和成就的显著性是毋庸置疑的。但是,受制于晁哲甫等党委领导成员自身文化底子薄弱和正规大学管理经验匮乏等问题,山东大学在"教劳结合"的实践中,过多地偏向于"知识分子工农化""把知识分子人上人的架子放下来"①的思想改造上,轰轰烈烈的勤工俭学活动削弱了书本知识获取的客观必要性,不仅消耗了过多的时间成本,而且因缺乏必要的劳动保护和人性化管理,加重了师生的身心负担。山东大学在总结经验教训时写有一段自我批评:"学生因参加生产劳动,饭量增加,衣服破损多了,而造成生活上的困难,解决得不够及时。前一时期在生产劳动中,对于年老体弱和女学生的特殊情况,注意的也不够。"②尽管措辞含蓄,却也道出了实情。

2.青岛遗传学座谈会与"双百"方针的贯彻

1956年青岛科学研究领域颇具历史意义的会议是全国遗传学座谈会的召开。此次座谈会的动议是童第周在是年3月提出来的。③尽管座谈会召开之前,童第周已于5月卸任山东大学副校长职,但一直兼任中国科学院海洋生物研究室主任职务,且工作地在青岛。全国遗传学座谈会是在中宣部的领导下,由中国科学院和高等教育部共同举办,会议从8月10日开始到25日结束,历时15天。出席会议的有中国科学院、高等教育部、教育部、农业部、林业部等系统的正式代表43人,列席代表73人。一时间,国内动物学、植物学、微生物学、昆虫学、细胞学、组织学、胚胎学、生理学、生物化学等专家齐聚青岛。得天时地利之便,山东大学部分教员列席或旁听了座谈会,方宗熙还就有关问题做了交流发言。

1956年全国遗传学青岛座谈会的召开有其深刻的学术和政治背景。早在1952年"全盘学苏联"的热潮中,米丘林(Мичурин)的生物学及其米丘林旗帜下的李森科(Лысенко)的遗传学和进化论在中国讨论广泛,而经典的师承孟德尔

---

① 《山东大学的勤工俭学情况》,载《文史哲》1958年第9期。

② 《一年来的工作检查和整改意见(初稿)》,存山东大学档案馆,档号:WSHX-1959-007。

③ 童第周:《学术自由争鸣是发展遗传学的希望》,载《童第周:追求生命真相》第211页,解放军出版社,2002。

（Mendel）定律的摩尔根（Morgan）学派，则因苏联学术批评中粗暴的教条主义作风，被贴上了"反动的、唯心主义的、形而上学的、资产阶级的"标签。1956年4月，毛泽东在反思苏联和我国发展的经验教训时做了《论十大关系》的讲话，随后提出了艺术问题上"百花齐放"、学术问题上"百家争鸣"，因此"双百"方针成为促进中国米丘林遗传学工作者（"米派"）和摩尔根遗传学工作者（"摩派"）争鸣的思想基础，全国遗传学座谈会是最早受"双百"方针之惠的试验田。在青岛，"摩派"与"米派"50余人第一次在一起对几十年来遗传学争论不休的理论问题进行了探讨，为此许多人提前几个月做了准备，携带了许多资料。① 会上各抒己见，但始终保持相互尊重、实事求是的态度。通过座谈会，被分裂的中国遗传学终于重归统一。身临其境的方宗熙撰文称：全国遗传学座谈会"是我国自然科学领域百家争鸣的开

图6-31　1956年全国遗传学青岛座谈会代表合影

端"②。参加会议的北京大学教授李汝祺于1957年4月在《光明日报》发表了《从遗传学谈百家争鸣》的文章，并阐述了繁荣学术研究的具体意见。毛泽东读后十分赞赏，亲自为此文重拟《发展科学的必由之路》的标题，并撰写编者按语在《人民日报》上转载。

全国遗传学座谈会在青岛召开，进一步促进了青岛"百花齐放、百家争鸣"方针的贯彻。③ 其实，1956年1月中央知识分子问题会议后，面对世界科学技术迅猛发展和国内社会主义建设大规模展开的新形势，山东大学党委意识到知识分子问题、发展科学技术问题已作为全党密切关注的重大工作郑重列入议事日程，急需给予能彰显学术真理性、民主性和规律性的政策保障。据此，山东大学提出了《关于改进我校当前工作的意见》，并拟定1957年科学研究工作任务，具体分为228项年度科研计划。④ 这一计划按其内容分为四大类：

其一，接受高教部委托或为本专业教学急需而编写的教材共36种。主

---

① 《生物学家在本市举行遗传学座谈会》，载《青岛日报》1956年8月12日。
② 方宗熙：《参加遗传学座谈会的一些体会》，载《生物学通报》1956年第10期。
③ 中共青岛市委党史研究室：《中国共产党青岛历史》，第2卷，第208页，中共党史出版社，2016。
④ 山东大学校史编写组：《晁哲甫校长在山大片段》，载刘荫灏主编《晁哲甫纪念文集》第199页，山东大学出版社，1998。

要有:陆侃如和冯沅君的《中国文学史教科书》,陈机的《植物学教科书》,尹敬执的《无机化学教科书》,赵太侔的《大学英语教材》,束星北的《电磁学讲义》,郭贻诚的《磁学讲义》,赫崇本的《潮汐学讲义》,王彬华的《气象学讲义》,武际元的《化学工艺讲义》,政治课教研室的《中国革命史讲稿》等等。

其二,提高学术(科学)水平的研究项目共 134 项。主要有:高亨的《诗经新解》,萧涤非的《杜甫研究》,殷孟伦的《汉语专题研究》,黄孝纾的《目录学研究》,黄嘉德的《英国作家莫里哀研究》,赵俪生的《秦汉宋明时期阶级斗争特点》,童书业的《中国手工业商业史》,张维华的《自汉末至西晋王朝这一时期封建经济形态》,郑鹤声的《史料学》,莫叶的《贝塞尔函数》,张学铭的《微分方程稳定性理论》,束星北的《相对论》,王普的《宇宙线分析》和《X 光各吸收系数之测量》,王祖农的《土壤微生物》,方宗熙的《种内关系》等等。

其三,结合工农业生产实际的研究项目共 42 项。主要有:武际元的《铁的电去锈》,郑柏林的《中国北部海藻》,孙月浦的《沿海气象与盐业生产的关系》,黄文沨的《黄海东海渔场及底层鱼产资源》,闵菊初的《鱼类鲜度及盐渗透度的关系》等等。

其四,接受有关出版社委托的专著 6 部。主要有:陆侃如和冯沅君的《中国诗史》(修订本),萧涤非的《陈子昂诗诠》,高亨的《古字通集证》和《商君书注释》,黄云眉的《明史考证》和《全望祖集选注》,王仲荦的《北周六典》,陈同燮的《古代希腊罗马史》等等。[1]

这一颇具影响力的科研计划,起初有 165 名教师参加[2],后来增加到 196 人。致力于杜甫研究的萧涤非,曾在 1955 年《文史哲》上连载 4 期《杜甫研究》文章,1957 年科研计划发布后,萧涤非在 1957 年第五期发表了《杜甫研究》下卷的引言。高亨在《文史哲》1956 年第六期发表《诗经引论》的基础上,又提出写作《诗经新解》的计划,1957 年《文史哲》第三期刊登的高亨与王季星关于《诗经》中《陈风·月出》篇的讨论,深化了《诗经》研究的态度和方法。陈同燮为写作《古代希腊罗马史》,在 1956 年《文史哲》第十一、十二期分别发表了《古代罗马奴隶社会》上、下两文。黄云眉为写作《明史考证》和《全望祖集选注》,另有《试论全望祖的表章明季忠义及其文学的特征》(《文史哲》1958 年第二期)佐证。童书业的《中国手工业商业史》也有《战国秦汉时代的手工业与商业》(《文史哲》

---

① 山东大学百年史编委会:《山东大学百年史(1901—2001)》,第 226—227 页,山东大学出版社,2001。

② 《讨论 57 年研究计划与校庆科学讨论会工作》,载《新山大》第 248 期,1957 年 1 月 12 日。

1958 年第二期)和《魏晋南北朝时代的手工业与商业》(《文史哲》1958 年第五、六期)的细描。殷孟伦的《汉语专题研究》在《文史哲》上至少能找到《汉字简化中的"系统"和"类推"问题》(《文史哲》1955 年第十一期)、《推广普通话运动中的方言调查工作》(《文史哲》1956 年第一期)、《关于汉语复音词构词形式二三例的试解》(《文史哲》1958 年第四期)等。可见,1957 年山东大学科研计划既有生成的基础,又有预设的发展,基本代表了 20 世纪 50 年代的科研水平。

难能可贵的是,赵太侔也提交了科研项目。这位青岛解放即蛰伏的前校长,后来一直在外文系担任教职,并凭借其资历和业务能力喜获二级教授职位,仍是高收入者。他当年主校时的名师硕学离青后都有长进,获批二级教授的有任教复旦大学的孙大雨,任教交通大学的张煦,任教北京外国语学院的水天同、李茂祥,任教华东纺织工学院的蒋德寿、张闻骏、周承佑,任教北京体育学院的宋君复等,而在北京大学的游国恩和浙江农学院的吴耕民则登顶一级教授。只有同等能量的人才能相互赏识,赵太侔用自己的学养定义了自己。①

第三节　丰硕的教科研成果与批判争鸣型学风的形成

20 世纪 50 年代山东大学出现的第二个"黄金期",主要体现在形成了"以理论与实践一致的教学方法"和造就"具有高级文化水准,能够掌握现代科学与技术,全心全意为人民服务的建设人才"。② 斗南一人,曾无与二。华岗之于山东大学最宝贵的思想遗产,就是探索出一条以坚定而鲜明的政治方向领导新中国大学教学与科研的康庄之路。

一　"冯陆高萧""八马同槽"与鲁迅研究的开启

山东大学"文史见长"既有历史积淀的底蕴,又有与华东大学成功合校之成因。学界津津乐道的中文系的"冯陆高萧"和历史系的"八马同槽"学林景象,显示出山大的文科人才优势;新中国成立初期山大在全国高等学校首开"鲁迅研究"专题课程,表现出强劲的学术创新力。

1.文学"冯陆高萧"与史学"八马同槽"人才盛况

1951 年山大与华大合并后,中文、历史二系不仅师资上人多势众,而且在教

---

① 赵太侔于 1949 年青岛解放后,历任山东大学、山东海洋学院教授,晚年致力于文字改革的研究工作,撰有《汉字改革方案》等文稿。1968 年 4 月 24 日在青岛附近海面发现赵太侔的遗体,死因不明。

② 华岗:《合校方案和山大前途》,载《山东大学校史资料》第 6 期,1983 年 11 月。

授、副教授高级职务的比例上也占优势。中文系教授、副教授计有 11 人,占比
32%,在全校与理学院的生物学系并列第二。历史系则拥有教授、副教授 15 人,
占全系教师数的 43%,为山东大学全校之冠。从一个意义上说,文、史两系的人
才优势恰恰是在全国高等学校的并迁和调整中形成的。中文系 11 名教授、副教
授中有 5 名是在此间新调入的(其中包括高亨、高兰、殷孟伦、关德栋等名师),
占全系高级职务教师的 45%。历史系 15 名教授、副教授中,有 9 名是"新面孔"
(其中包括郑鹤声、张维华、黄云眉、陈同燮、吴大琨、赵俪生、许思园等名师),占
全系高级职务教师的 60%。其时也,共同执教于山东大学的中文系"冯陆高萧"
与历史系的"八马同槽",为一时之盛。

中文系的"冯陆高萧",指的是冯沅君、陆侃如、高亨、萧涤非 4 人。4 人中,
萧涤非在山大的资格最老,冯沅君与陆侃如是山大复校时来到青岛,唯古文字学

图 6-32 高 亨

家、先秦文化史研究和古籍校勘考据专家高亨是"新
面孔"。高亨(1900—1986),字晋生,吉林双阳人,
1924 年考入北京大学,次年考入清华国学研究院,
毕业后历任东北大学、河南大学、武汉大学、齐鲁大
学、西北大学教授,1953 年调任山东大学。高亨对
于先秦诸子文献的整理研究数量既多,方面亦广,其
中尤以《老子正诂》《墨经校诠》等著作最为引人注
目。[1] 数年后,毛泽东
为高亨写了"高文典册,
我很爱读"[2]之赞语。
中文系颇受推崇的殷孟
伦、蒋维崧、关德栋均值
得写一笔。殷孟伦(1908—1988),字石臞,四川郫县
人,1932 年毕业于中央大学,旋即留学日本帝国大
学,因七七事变中断学业回国,抗战期间任四川大学
中文系主任,1945 年任教中央大学,1953 年调任山
东大学中文系教授。殷孟伦以精于古汉语、古文字
和训诂学著称,"遍究六经,旁综百氏,尤精苍雅,幽
赞微旨"[3]。蒋维崧(1915—2006),字峻斋,江苏常

图 6-33 蒋维崧

---

① 董治安:《20 世纪学术史上的一代大家——简述高亨先生的学术成就》,载《文史哲》2011 年第 5
期。

② 毛泽东:《给高亨的信》,载《毛泽东书信选集》第 596 页,人民出版社,1983。

③ 程千帆:《殷石臞教授墓铭》,载《古迹研究》1996 年第 4 期。

州人,1938 年毕业于中央大学,历任中央大学助教、广西大学讲师,山东大学中文系副教授、教授,中文系副主任、文史哲研究所副所长。蒋维崧以文字学研究闻名于世,又书篆双修,自成一家气格。关德栋(1920—2005),满族镶黄旗,生于北京,1939 年考入北京大学,毕业后先后在北京中国佛教学院、沈阳博物院、上海佛学院、无锡国学专修学校任职,1949 年后历任兰州大学、福建师范学院、福州大学教授,1953 年调任山东大学。关德栋是国内研究敦煌文献的著名学者之一,也是中国为数不多的研究梵、巴文典籍的学者。①

历史系的"八马同槽",指的是杨向奎、童书业、黄云眉、张维华、郑鹤声、王仲荦、赵俪生、陈同燮 8 人。除杨向奎、王仲荦外,其他 6 人均为青岛解放后加盟山东大学的。童书业(1908—1968),字丕绳,安徽芜湖人,自幼随祖父童祥熊寓居青岛,青年时师从顾颉刚在燕京大学和北京大学做助教,还有一段在上海博物馆历史部任主任的经历,1949 年 8 月应聘山东大学历史系教授兼文学所研究员。童书业专于先秦史,兼治中国绘画史、瓷器史和历史地理,1956 年前后形成个人学术生涯又一个高峰期。黄云眉(1898—1977),字子亭,浙江余姚人,初在宁波中学教国文,1929 年任金陵大学文化研究所研究员

图 6-34　童书业

和教授,抗战胜利后历任沪江大学、上海临时大学、无锡国学专科学校教授,1951 年 1 月由华东局教育部分配至青岛山东大学任教。黄云眉是著名的明史、清史专家和史学教育家,并在音韵训诂、版本目录等领域拥有很高的学术造诣。张维华

图 6-35　黄云眉

(1902—1997),号西山,山东寿光人,1928 年毕业于齐鲁大学,旋即入燕京大学研究院学习,抗战时期在北平研究院历史考古研究所任职,1949 年回齐鲁大

图 6-36　张维华

① 叶涛:《俗文学、满学与敦煌学家关德栋教授》,载《文史哲》2011 年第 5 期。

图 6-37 郑鹤声

图 6-38 王仲荦

图 6-39 赵俪生

图 6-40 陈同燮

学任文学院院长,1952 年任山东大学历史系教授。张维华长期从事战国秦汉史、中国土地制度史、中西交通史的教学与研究。郑鹤声(1901—1989),字萼荪,浙江诸暨(今属绍兴)人,19 岁考入南京高等师范学堂,毕业后在云南高等师范学校任教,曾有任职教育部编审处、编译馆和中国科学院近代史研究所的经历,1951 年到山东,后随华大至青岛任教山东大学。郑鹤声是中国近代史研究的开拓者之一,兼治史学史、文献史,旁涉海外关系与中西交通问题、中国民族问题等领域。王仲荦(1913—1986),浙江余姚人,青年时在上海正风文学院求学期间得章太炎的赏识,收为晚年弟子,抗战时期任教上海太炎文学院、中央大学,1947 年北上青岛应聘国立山东大学。王仲荦对于古史分期、敦煌文书、二十四史校点等方面堪为"学统与新知的相融、作史与考史的兼领",是"淹通文史的一代学者"。① 赵俪生(1917—2007),原名赵甡,字俪生,山东安丘人,幼年随母来到青岛,在铁路中学求学期间开始文学创作,1934 年入读清华大学,七七事变后在山西、陕西做抗战工作,先后在乾州中学、西安高中、陕西扶轮中学、雍兴高级工业学校等任教,抗战胜利后先后在华北大学、中国科学院、东北师范大学任职,1950 年冬"应华岗校长之邀"②来青岛任教山东大学。赵俪生在中国土地制度史、农民战争史等领域有开创之

---

① 齐涛:《仰之弥高 钻之弥坚——王仲荦先生的学术与学问》,载《文史哲》2011 年第 5 期。

② 赵俪生:《篱槿堂自叙(我的回忆录)》,载《赵俪生文集》第 5 卷第 226 页,兰州大学出版社,2002。

功。陈同燮(1898—1970)，河北武清(今属天津)人，初读南开大学，毕业时被张伯苓聘为南开中学教师，1930年陈同燮自费留学美国，获密歇根大学硕士学位后回国，先后在东北大学、厦门大学、北京大学、广州勷勤大学、上海暨南大学、北京师范大学、燕京大学任教，1951年来青岛山东大学执教。陈同燮精通四五种外语，为中国"最早独立开展希腊罗马史、民族解放运动史和若干国际问题研究的学者之一"①。"八马同槽"为山东大学在中国史学界树立了群体性坐标，每每被受教者所回忆。据1952—1956年入读山大历史系的邹逸麟称：

> 在我个人的印象中，讲课讲得最精彩的是张维华和赵俪生两位先生。张先生讲课底气实足，声音响亮，一口山东普通话，乡音很重，上课时嘴上香烟不断，一支接着一支，一进课堂，就不必再用火柴，烟灰落在前胸也不掸去。因课程内容丰富，听来很有收获，所以有一时期我很想搞明清史，在校时曾注意过明代的朝贡贸易问题，这完全是受张先生课的影响。赵先生有一副男中音好嗓子，声音洪亮宽广，抑扬顿挫，十分悦耳。他上课是全身心投入，在讲台上走来走去，写板书时贴近黑板，非常用力，经常将粉笔整断。一门想来比较枯燥的哲学思想课(辩证唯物主义和历史唯物主义)，被他讲得十分生动有趣，听他的课简直是一种享受，不知不觉中下课铃响了，然仍余意未尽。②

"八马同槽"之史林佳话，仅是山东大学历史学科的缩影，因为丁山、赵纪彬、黄绍湘的学术成就未必逊色于"八马"。令人遗憾的是，丁山于1952年1月18日在青岛逝世；赵纪彬于1951年11月调任平原师范学院院长；黄绍湘则在1951年7月与丈夫毕中杰奉调北京，出任中央人民出版社编审。③

山东大学历史专业还值得提及的名人有许思园、莫东寅、吴大琨、韩连琪等，尤其是许思园。许思园(1907—1974)，原名寿康，字思园，以字行，江苏无锡人，20岁从上海大同大学毕业，任中央大学哲学系助教，1937年得"庚款"资助留学法国，获巴黎大学博士学位。1942年，许思园用法文写成《相对论驳议》，当

图6-41　许思园

---

①　解玉军：《陈同燮先生与我国的世界史学科建设》，载《文史哲》2011年第5期。
②　邹逸麟：《忆"八马同槽"时代的山大历史系》，载《联合日报》2014年5月28日。
③　《作者年表》，载《黄绍湘集》第517页，中国社会科学出版社，2001。

该书译成英文出版后,许思园被爱因斯坦(Einstein)邀至寓邸交谈。1946年许思园回国任中央大学教授,1950年应聘山东大学历史系,并兼教外文系的英语。许思园于1956—1957年发表的有关中国哲学论、文化论和诗论的12篇文章,其"体认式的而非旁观式的姿态、立足于本土文化的中国情结、摆脱文化反思的情绪化干扰"①,非学界泛泛可论。许思园的博与精成就了他只能作为"八马"之外实力不可测的一匹"黑马"。莫东寅(1914—1956),辽宁沈阳人,1933年东渡日本留学,后入帝国大学大学院(研究院)专攻中国经济史,于结业前一年应北京

图6-42　吴大琨

大学之聘回国,历执北京师范大学、东北大学、齐鲁大学教鞭,1952年随齐鲁大学并入青岛山东大学。莫东寅专攻汉学史、民族宗教史,对满族史、满族萨满教深有研究。吴大琨(1916—2007),笔名吴伟石,江苏吴县人,19岁赴日本留学,回国后任全国各界救国联合会宣传部总干事,1939年因慰问新四军被囚上饶集中营,1942年出狱后任教暨南大学、东吴大学,1945年加入中国共产党,旋赴美国华盛顿州立大学远东研究所工作,1951年冬回国,未几应聘山东大学,任马列主义教研室副主任。吴大琨的履历充满传奇,在革命、学术、政治、统战等方面是"国内为数不多的涉猎比较广泛的综合型学者"②。韩连琪(1909—1990),字东生,山东安丘人,1931年考入国立青岛大学,毕业后任安丘县立中学校长,抗战时期任鲁苏游击战区《阵中日报》总编辑,曾任教山东师范学院、华东大学、齐鲁大学等校,1951年9月转入山东大学历史系。韩连琪对于先秦秦汉土地制度、赋役和社会结构研究多有建树。

山东大学文科呈现的"冯陆高萧""八马同槽"现象,很大程度上得益于马克思主义理论学习形势的催生与校长华岗的战略眼光。这一大多出生于民国初年的"中生代"群体,正处于学术生命的旺盛期,他们敢于聚焦重大学术话题,并善于向唯物主义观、融理论指导与实证研究于一炉的研究方向转化,华岗将山东大学塑造成20世纪50年代意识形态主导下的历史新思潮策源地。

2.华岗主导的鲁迅研究与"大一国文教学小组"

---

① 何中华:《在东西互参中体认中国文化真谛——许思园先生有关学术思想述评》,载《文史哲》2011年第5期。

② 杨济东:《爱国见壮志　学术有创新——吴大琨教授传略》,载《兰州学刊》1994年第6期。

学界普遍认为,山东大学对国内高等学校的鲁迅研究具有开创性贡献,而华岗则是"山大鲁迅研究课程的倡导者和鲁迅研究工作的奠基人"①。

华岗研究鲁迅是基于对鲁迅的崇拜。他曾在青岛撰文将鲁迅与毛泽东、瞿秋白相提并论:"在中国近代史上,真正能够上成为创造性马列主义者与伟大人民思想家,并在革命运动和思想运动中发挥了领导作用,除了毛泽东主席和瞿秋白同志以外,就要数到鲁迅先生。"②这一类比性定位带来了两个方面的效应。一方面,山东大学在华岗的倡导和主持下开设了"鲁迅研究"专题课程。为此,1953 年一个由中文系讲师刘泮溪、孙昌熙和助教韩长经组成的三人备课小组宣告成立。刘泮溪(1914—1978),字质灵,山东昌邑人,1935 年考入北京大学,毕业于昆明西南联大,后任联大附中国文教员,1946 年秋应聘国立山东大学。孙昌熙(1914—1998),笔名钟咸,山东安丘人,1936 年

图 6-43 刘泮溪

图 6-44 孙昌熙

自青岛铁路中学毕业考入北京大学,于西南联大毕业后留校做朱自清的助教,后任华中大学中文系讲师,1946 年秋赴青岛任教国立山东大学中文系。刘泮溪与孙昌熙同龄,且都是赵太侔复校时招聘的教员。三人中韩长经最年轻。韩长经(1927—1978),山东临朐人,1948 年考入国立山东大学,1952 年毕业留校任教。华岗是三人备课小组的实际领导人,又是"鲁迅研究"课程的执教者,授课的许多细节有大量的史料记载。有研究者总结道:华岗从"中国作风"和"中国气派"的高度对鲁迅及其杂文、小说、散文等作品进行了系统分析和评价,搭建起鲁迅研究的平台,这对后来"鲁迅学"的形成具有奠基意义。③ 事实如此,由华岗挂帅的"鲁迅研究"专题课,每一篇讲稿几乎都经华岗过目,且大都在《文史哲》刊登(表 6-1)。这些授课讲义整理成《鲁迅研究》一书,于 1957 年由作家出版社出版。这是新中国最早的

---

① 孙昌熙:《怀念山大鲁迅研究的开拓者华岗同志》,载《华岗纪念文集》第 49 页,青岛出版社,2003。
② 华岗:《我们应该从鲁迅思想中学习什么》,载《胶东日报》1949 年 10 月 20 日。
③ 孙宜山:《华岗学术思想研究——革命语境下的求真探索》,山东大学博士学位论文,2014。

表 6-1　1951—1954 年《文史哲》刊登鲁迅研究文章情况表

序号	文 章 标 题	作者	发表时间	期号	起止页码
1	鲁迅论中国历史	华　岗	1951	第 1 期	7—15
2	鲁迅论科学	华　岗	1951	第 2 期	16—20
3	鲁迅论文艺	华　岗	1951	第 4 期	18—27
4	鲁迅论妇女问题	华　岗	1952	第 1 期	24—30
5	鲁迅杂文的政治意义和艺术价值	刘泮溪	1953	第 5 期	39—48
6	鲁迅所创造的民族形式	刘泮溪	1954	第 3 期	25—31
7	鲁迅的诗歌和书信	刘泮溪	1954	第 8 期	48—54
8	鲁迅介绍世界文艺的成绩	刘泮溪	1954	第 12 期	15—25
9	鲁迅与高尔基	孙昌熙	1951	第 1 期	16—20
10	鲁迅小说的特色	孙昌熙	1953	第 6 期	38—46
11	鲁迅整理中国文学遗产的成绩	孙昌熙	1954	第 10 期	16—24
12	学习鲁迅先生的反帝精神	韩长经	1952	第 6 期	20—22
13	鲁迅底现实主义的发展道路	韩长经	1953	第 5 期	30—39
14	鲁迅与农民问题	韩长经	1954	第 1 期	35—41
15	鲁迅论美国	韩长经	1954	第 6 期	9—14
16	鲁迅与文艺统一战线及文艺批评	韩长经	1954	第 11 期	19—28
17	读了鲁迅小说旧文钞后关于三国演义的补充	陈登原	1952	第 2 期	31—32
18	关于鲁迅故乡的几个问题	潘颖舒	1953	第 3 期	26—28

资料来源:根据 1951—1954 年《文史哲》目录整理。

一部系统地研究鲁迅的专著,在国内外所产生的巨大影响是预料之中的。

另一方面,"鲁迅研究"专题课也为反对者提供了批判华岗的口实。① 翻检《文史哲》的鲁迅研究文章,主要集中在 1951—1954 年,至 1956 年春刘泮溪、孙昌熙、韩长经 3 人联名在《文史哲》发表《批判华岗的"鲁迅思想的逻辑发展"》后,"鲁迅研究"的话题就此中止。1955 年秋华岗因受胡风案牵连蒙冤入狱,《文史哲》从 1956 年第二期起开始刊文声讨华岗。在连篇累牍的批判文章中,就有

---

①　1956 年 4 月 10 日,《青岛日报》刊发公开揭批华岗的文章《〈文史哲〉月刊发表批判华岗"著作"的文章》,其中涉及华岗的"鲁迅研究"。

刘、孙、韩3人发表的批判华岗的"鲁迅研究"的文章。这其中固然有政治运动不得已的违心之举，但刘、孙、韩3人的文章不仅竭尽攻讦之能事，而且指责华岗的"鲁迅研究"，是"夸大鲁迅、巧妙地歪曲鲁迅"①。这一出自"鲁迅研究"同人的批评，恰好证实了华岗开设"鲁迅研究"课程的缺陷。

　　中国的鲁迅研究不乏前锋式经验和苦楚性教训，其偏误在于概从预设的思维窠臼诠释鲁迅及其作品，满足于表面的是非判定，缺乏富有穿透力的思考。其实，山东大学谈鲁迅有着他校不可企及的历史纵深性，因为本校与鲁迅有交集的就有梁实秋、杨振声、沈从文、老舍、洪深、台静农、王统照、臧克家、冯沅君等，还有徐中玉、蔡天心、赵瑞蕻、吴绪、吴伯箫、叶石荪、周学普等一批鲁迅的追随者。1936年鲁迅逝世时国立山东大学编辑的《鲁迅先生追悼会特刊》，单从时间维度上就足以为《文史哲》的"鲁迅研究"作"黄历"。对如此鲜活的史料视而不见，硬性神话一个不可思议的"鲁迅"，如此研究岂有意义或价值可言。

　　山东大学"大一国文教学小组"的国文教学活动是形成全校"批评研究风气"的一个缩影。1951年4月，基于"合校为了改革"的原则，中文系牵头提出打破系的界限，实行集体研究与互助，成立"大一国文教学小组"。其成员包括中文系和外文系一年级，俄语组一、二年级，历史系一年级，以及艺术系戏剧组、美术组共8名任课教师，由中文系主任负责。这个旨在发挥"集体智慧最大可能性"的教学组织，根据教育部大学一年级国文教材，选定8

图6-45　1952年山东大学走进教学楼的学生

篇文章编订教学提纲。这种做法便于统一教学标准，一人主编，大家分享，节时省力，对于合校之初的山东大学教学来说不失为良策。但是，由于教师个体对负责编订教学提纲的文章"是由教学小组主任最后决定，个别通知的"，这就难免出现所负责编订提纲的文章非己擅长，统一意志之下掩盖了矛盾分歧；听课学生还从教员的讲授方面发现"为提纲而提纲"的倾向。显然，教员的讲授与学生的思想实际未能实现有机结合。还有，"大一国文教学小组"的作用仅仅停留在编订教学提纲上，尚未达到"从准备教学到实施教学的完整过程"。②

──────────

① 刘泮溪、孙昌熙、韩长经：《批判华岗的"鲁迅思想的逻辑发展"》，载《文史哲》1956年第4期。
② 张祺：《介绍大一国文教学小组》，载《新山大》第7期，1951年5月21日。

1951 年 5 月中文系学生发起成立的"新文学学会",是山东大学合校后群众性、学术性社团的代表。其广泛性在于,中文系全体同学"几乎全部参加为会员",并推选杨立、陶阳、田师善、吕家香、王真、赵丹、樊庆荣、李希凡、曲凤官 9 同学组成干事会。"新文学学会"的办会宗旨是"结合正课学习,配合当前政治任务,贯彻文艺政策,运用新的观点、立场、方法展开马列主义新文学的学习与研究,提高与巩固会员新文学的理论与写作水平"①。1951 年 5 月 21 日出版的第七期《新山大》报,刊登了臧云远、方未艾、郭宏业、李希凡、田师善、任同和、王绿天、吴玉黎 8 名师生的散文和诗歌作品。这些诗文大都以讴歌新社会、抒写新生活为主调,葆有浓浓的激情,虽多为急就章,不乏青涩,然其创作的热情足可称道。对山东大学文学艺术创作具有引领性的文章,是 1952 年 5 月华岗在青岛市文艺界纪念毛泽东《在延安文艺座谈会上的讲话》发表十周年大会上作的题为《贯彻毛泽东文艺方针的根本关键》的发言,党对文学艺术的原则、政治责任心和艺术的严肃性成为山大文学艺术工作的指针。

二 加强理科的办学方向与海洋特色专业的崛起

不可否认,山东大学的优势在理科,特色是海洋专业。这个萌芽于国立青岛/山东大学时期的办学思路,在青岛解放后更趋明朗化。经过 1952 年全国高校院系调整,1953 年 6 月山东大学提出了《关于我校理、文两科发展重点与方向》的报告。1954 年为落实全国综合大学教学工作座谈会精神,山大进一步将"贯彻专业教学,开展科学研究,积极培养师资,加强劳动纪律"作为工作重点。②

1.理化基础学科的强势与生物学科的壮大

1953 年 6 月山东大学确定的 6 个重点发展学科,包括海洋生物、动物胚胎和植物,同时认为物理、化学两个专业因师资和设备条件都较好,又承担理科各系的基础课程,也定为重点学科,力求得到发展。

其一,山东大学有数学系优先发展的传统。系主任李先正得黄际遇真传并对山大数学教育丹心耿耿,他对数学理论有深入探索,专长三角级数。1949 年,李先正的论文《三角级数的一个注记》在英国《伦敦数学学会杂志》(*Journal of the London mathematical society*)甫一发表,美国的《数学评论》即以转载,但因交通阻隔,李先正未见及;他在 1951 年第一期《山东大学学报》以"关于三角级数的问题"为题,用中文发表。李先正领导的山大数学系有教授莫叶、刘智白、周怀

---

① 《中文系〈新文学会〉成立》,载《新山大》第 7 期,1951 年 5 月 21 日。
② 《本校隆重举行开学典礼 华校长报告学年工作重点》,载《新山大》第 144 期,1954 年 9 月 11 日。

生、胡昭全、张学铭。莫叶(1914—?),湖南新邵人,毕业于上海交通大学并留校任教,1947年留学美国华盛顿大学,获哲学博士学位后回国任教上海交通大学,1952年院系调整时分配到山东大学。莫叶长期从事复变函数的教学和研究,1956年在山大创建函数论教研室,并兼任室主任。1956年莫叶的论文《勒襄特级数》在《山东大学学报》(自然科学版)第三期发表。刘智白(1908—1991),山东高青人,毕业于济南女子师范学校,1931年报

图6-46 莫 叶

图6-47 刘智白

考国立青岛大学补习班,次年升入数学系本科,1936年毕业留校任教,因七七事变随校内迁,先后任教于四川罗江国立六中、四川江津国立九中、重庆大学、上海暨南大学,1948年返回国立山东大学。张学铭(1919—1986),安徽巢县(今巢湖)人,1936年考入浙江大学数学系,后随校西迁长沙转入湖南大学,1946年应聘国立山东大学,1950年3月加入中国共产党,1951年9月升任教授,后任教务长、中共山东大学党委常委。张学铭是国内最优控制理论和分布参数系统控制理论"最早的倡导者和开拓者之一"[1],1956年在山大创立控制论研究室,并兼任室主任。数学系副教授谢力同(1919—2007),原名谢联芬,四川富顺人,1938年考入中央大学,毕业后留校任助教,抗战胜利前赴美国密歇根大学攻读硕士学位,1948年1月应聘国立山东大学。谢力同致力于拓扑学、运筹学研究,是中国运筹学的奠基人之一。[2] 数学系的青年教员均为英彦,都有论文发表,如贺广文的《关于拉盖尔多项式的一些注释》、郭大钧的《无穷线性运算子方程组解的存在唯一及其收敛性》、陈祖浩的《特征指数的不稳定性和在干扰下特征指数间的幅度》、欧阳亮的《关于二阶微分方程的解的有界性》等。数学系微分方程教研组在1956年山大第二次科学研究讨论会上提交了6篇论文。[3]

其二,山东大学物理学系在基础物理和尖端物理研究方面具有一定优势。

---

① 胡炳生:《我国最优控制理论研究的开拓者——张学铭》,载《中学数学教学》1989年第5期。

② 魏海政:《追思谢力同先生的学术与人生》,载《山东大学报》第1710期,2008年4月2日。

③ 《向科学的高峰攀登——记山大微分方程教研组的科学研究工作》,载《青岛日报》1956年3月17日。

图 6-48　束星北

1953 年 5 月,山东大学确定物理学系为重点发展的学科之一。是年,物理学系有 32 名教员,其中教授 4 名、副教授 2 名、讲师 8 名、助教 18 名,系主任为郭贻诚。物理学系知名教员有束星北、王普、张亮、周北屏、杨幼泉、刘鸿宾、余寿绵、王承瑞、王应素、冯传海、陈成琳、陈继述、熊正威等。束星北(1907—1983),江苏扬州人,19 岁出国留学,入读美国堪萨斯州拜克大学三年级,后转旧金山加州大学,又去欧洲游历,入英国爱丁堡大学、剑桥大学深造;1931 年获硕士学位后回国,历任南京中央陆军军官学校、浙江大学、暨南大学教授,1944 年借聘到重庆军令部技术室,参与研

制雷达试验装置,曾在之江大学兼职,1952 年 10 月因院系调整至青岛任教山东大学。束星北是中国从事相对论研究的理论物理学者,他的研究还涉及量子力学、电动力学、统计力学等多个领域。王普在 1946 年国立山东大学复校时曾任物理学系主任,并兼代教务长,1947 年 12 月应邀赴美,先后在美国国家标准局、杜克大学、凡德比尔特大学等学术机构做研究工作,1956 年 8 月绕道欧洲回国,重返山东大学。王普为物理学系带来了两个新的研究方向,其一是利用核乳胶对高能核相互作用中产生的超裂片现象进行研究。1958 年 7 月,王普在山东大学主持开办了全国"基本粒子与原子核理论"暑期讲习班,

图 6-49　1956 年山东大学物理学系毕业生合影
(二排左起六、七、八分别为郭贻诚、束星北、王普)

邀请朱洪元、张宗燧等国内知名学者前来青岛讲学。此为粒子理论在全国范围的第一次普及。[①]

　　其三,山东大学化学系突出基础理论教学研究。化学系主任由总务长刘椽兼任,化学系有教授刘遵宪、徐国宪,副教授阎长泰、尹敬执,讲师杜作栋、邓从豪、陈鸿宅、柳正辉、叶长龄、武际元等。阎长泰(1914—?),山东利津人,1941 年

　　[①]　谢去病:《建院八十周年　缅怀王普教授》,载《王普先生纪念文集》第 437 页,山东科学技术出版社,2011。

自成都华西大学毕业留校任教,1947年应聘国立山东大学,次年赴英国利兹大学攻读硕士学位,1950年重返山东大学化学系任教,1952年12月任化学系主任。阎长泰开设无机化学、制革化学、油脂化学、蛋白质化学等课程。杜作栋(1916—1999),山东莒县人,毕业于四川大学,之后任教于四川灌县中学、四川内江中学、重庆清华中学,1947年至青岛私立高级工业职业学校任职,后执教于山东工业专科学校潍坊分校,1951年调任山东大学。邓从豪(1920—1998),江西临川人,1941年考入厦门大学,1948年春得刘椽引荐应聘国立山东大学。在山大任教期间,邓从豪发表第一篇量子化学研究论文《键函数》,1956年晋升为副教授并任化学系副主任,10月加入中国共产党。邓从豪专长量子化学与分子反应动力学,他在1957年发表的《一个双原子分子势函数》被称为"邓势",选入《物质结构》教科书。[1] 化学系重视教学研究,1950年6月即成立"普通化学教学小组",1951年5月进一步组建起"化学基本课程教学小组"。[2] 1953年暑假,化学系承接了高等教育部在青岛举办的"物质结构教师进修班",这个旨在培养高校化学师资的学习班,会集了唐敖庆、卢嘉锡、吴征铠、徐光宪等知名理论化学家,对山东大学的化学教育起到了推动作用。

图6-50　阎长泰

图6-51　邓从豪

山东大学生物学系则由分而合,终成一个整体。1952年随院系调整,动、植物学二系合并为生物学系,共有教师37名[3],陈机任系主任。陈机,北京人,1937年毕业于北京中法大学生物学系,1943年获法国里昂大学博士学位,回国后任厦门大学、江南大学、山东大学教授。生物学系教授有曲漱蕙、王祖农、方宗熙、王敏、钟兴正。曲漱蕙(1908—?),字香余,山东招远人,1936年于国立山东大学生物学系毕业并留校任教。王祖农(1916—2008),江苏南京人,1937年考入浙江大学,毕业后在中国蚕桑研究所任助理员,1946年留学法国,获巴黎大学博士

①　蔡政亭、冯大诚、刘成卜:《邓从豪与配位场理论》,载刘培平主编《山大第一》第261页,山东大学出版社,2017。

②　《化学系的教学和研究》,载《新山大》第7期,1951年5月21日。

③　《山东大学介绍》,载《新山大》特刊,1954年6月10日。

学位,1950 年 7 月应聘山东大学。1952 年,王祖农在山东大学创建了全国综合性大学首个微生物学小组。1955 年,王祖农编著的《土壤微生物学》和自养微生物专著《硫磺细菌》均由科学出版社出版,1957 年王祖农又将俄文版《铁细菌》译成中文出版。[①] 方宗熙(1912—1985),又名方少青,福建云霄人,毕业于厦门大学生物学系并留校任教,1938 年在印度尼西亚巨港中学任教,抗战

图 6-52　王祖农

图 6-53　方宗熙

胜利后赴英国伦敦大学留学,获博士学位,回国后在国家出版总署、人民教育出版社任编审,1953 年春来青任教山东大学。方宗熙对达尔文的进化论和遗传学深有探讨,1957 年他在《生物学通报》上发表了《孟德尔摩尔根主义与达尔文主义》等论文。[②] 生物学系还有副教授郑柏林、叶毓芬、黄浙、高哲生、李冠国、李嘉咏,讲师陈惠民、周才武、陈倬、周光裕、方同光、尹光德、李桂舫等。生物学系根据学科整合实际,建立了无脊椎动物、脊椎动物、普通植物、微生物、达尔文主义 5 个教学研究组。无脊椎动物教研组由曲漱蕙任组长,脊椎动物教研组由黄浙任组长,普通植物教研组由陈机任组长,微生物教研组由王祖农任组长,达尔文主义教研组由方宗熙任组长。

事实如此,作为以专业和学科知识本身为研究对象的数理化基础学科,代表了山东大学的科学水平;而山大的生物学科通过合并动、植物二系壮大了人才队伍,教学研究组的精细划分又体现出动、植物种属分类与生物的多样性特征。

2.海洋学新科系的兴起与水产学系的新活力

山东大学科系发展最具地域性和生命力的是海洋学科。特别是 1952 年厦门大学海洋学系海洋理化专业部分教师调入山东大学与海洋研究所合并成立海洋学系,1953 年河北水产专科学校部分师生来青并入山大水产学系,院系调整使山东大学海洋学科师资力量得到增强,办学规模不断扩大。

山东大学海洋学系历经 1947 年 2 月国民政府教育部批准规划设置的海洋

---

① 青宁生:《我国研究自养细菌的先驱——王祖农》,载《微生物学报》2008 年第 9 期。
② 《方宗熙发表的论文和图书目录》,载《方宗熙文集》第 663 页,海洋出版社,2012。

学系并附设海洋研究所,1947 年由童第周、曾呈奎分任正、副所长的海洋研究所,以及 1951 年主持海洋物理研究所的代理所长赫崇本,终于在 1952 年 9 月始告成立,系主任为赫崇本。赫崇本(1908—1985),字培之,满洲镶白旗,祖籍辽宁凤城,1928 年考入清华大学,毕业后任教河北工学院、烟台益文中学、天津南开中学、清华大学、西南联大,1943 年留学美国,获加州理工学院博士学位,后入加州大学斯克里普斯海洋研究所,1949 年春回国应聘国立山东大学,1956 年 4 月加入中国共产党。赫崇本为中国海洋事业留下了不朽的治学精神和人格风范。[1]

图 6-54　赫崇本

海洋学系教授有唐世凤、文圣常、牛振义。唐世凤(1903—1971),江西太和人,毕业于中央大学,七七事变前考取"庚款"赴英留学,获利物浦大学博士学位,1946 年在厦门大学创建中国最早的海洋学系及海洋研究所。[2] 文圣常(1921—),河南光山人,19岁考入在四川乐山的武汉大学,抗战胜利后赴美国航空机械学校短期进修,1953 年应赫崇本之邀来青岛山东大学执教,是海浪学科的开拓者,致力于探索海浪谱。[3] 1953 年,山大物理学系气象组并入海洋学系。至 1954 年 6 月,海洋学系共有教师 18 名。[4] 青岛观象台台长王彬华正式调入山大海洋学系后,带来海洋科学与大气科学协同的发展理念。王彬华(1914—2011),原名王华文,字彬华,安徽寿县人,1934 年考入国立山东大学,

图 6-55　唐世凤

图 6-56　文圣常

①　吴德星:《〈一代宗师——赫崇本〉前言》,载侍茂崇、李明春、吉国著《一代宗师——赫崇本》第 1页,中国海洋大学出版社,2014。

②　陈宗铺、王景明:《纪念唐世凤先生诞辰一百周年》,载《海洋湖沼通报》2004 年第 4 期。

③　赵新安、石诚:《海浪谱写辉煌人生——记著名物理海洋学家、中科院院士文圣常教授》,载《中国高等教育》2002 年第 Z1 期。

④　《山东大学介绍》,载《新山大》特刊,1954 年 6 月 10 日。

1937 年在南京紫金山实习时因七七事变内迁重庆中央大学复读，毕业后考入中央研究院气象研究所，抗战胜利后受命接管青岛观象台并任台长。

风浪历练，方成气象。得益于"开拓海洋"的办学理念，山东大学海洋学系自建立之日起发展迅猛。据记载，1957 年海洋学系的研究经费占山大全校科研经费总量的 40%，其中人民币达 22946 元，还有 15386 卢布、1000 美元。1957 年 9 月，经高等教育部同意，山东大学海洋气象组扩充为海洋气象专业，这意味着 1935 年蒋丙然在国立山东大学创建的天文气象组，历经 22 年的辛勤耕耘终于梦圆。

图 6-57 王彬华

水产学系根据农林水利部关于"今后全国渔业中心在华北，华北渔业中心在山东，山东渔业中心在青岛"的指示精神得到重点发展。1953 年 4 月，位于天津的河北水产专科学校停办，9 月部分师生并入山东大学水产学系，包括教师 8 人、学生 16 人。河北水专的并入为山东大学水产学科注入了新的活力。至 1954 年 6 月，山大水产学系共有教师 25 人（教授 4 人、副教授 6 人、讲师 3 人、助教 12 人）[1]，系主任为沈汉祥。教授薛廷耀（1914—1998），福建漳州人，1937 年毕业于国立山东大学生物学系，1948 年获美国密苏里大学生物化学博士学位。薛廷耀专长水产捕捞和加工。教授邹源琳（1908—1974），江苏无锡人，1934 年毕业于中央大学生物学系。邹源琳擅长水产捕捞和养殖。

图 6-58 1957 年太平洋西部渔业会议中的部分中外代表

1951 年朱树屏回到青岛任农业部水产实验所所长时，曾兼任山大水产学系教授，讲授湖泽学、浮游生物学、海洋化学等专业课。[2] 水产学系副教授黄文沣（1907—1989），福建莆田人，从集美水产学校，读到日本东京农林水省讲习所，专攻水产资源与海洋捕捞专业，1930 年回国，先后在浙江、广东水产学校任教，抗战胜利后任福建渔业管理

---

① 《山东大学介绍》，载《新山大》特刊，1954 年 6 月 10 日。
② 朱谨、日月：《朱树屏传记》，第 119 页，新华出版社，2007。

局局长兼福建省立高级水产职业学校校长,1952 年至青岛任教山东大学。黄文沣的渔捞、渔具教学经验丰富;副教授闵菊初精于水产加工学;副教授胡文溶曾在海军舰艇服役,擅长船艺学理论,并积累了许多航海实践经验。

心归大海,梦在云端。1950 年 7 月山东大学水产学系第一届学生毕业,至1958 年共有毕业生 241 人。其中,养殖专业毕业学生八届共 101 人,水产加工专业毕业学生六届共 55 人,捕捞专业毕业学生七届共 85 人。1957 年 2 月山东大学制定的年度科学研究计划,水产学系有 22 项列入其中。1957 年,水产学系的研究经费达 91790 元,仅次于海洋学系,在山东大学各系列第二位。

三　师法苏联的教学改革与《文史哲》等学刊创办

20 世纪 50 年代初,山东大学跟随全国高等教育"以俄为师"的风潮,开展了一系列专业化和统一化的教学改革,其间既有经验,也有教训。自 1951 年创办的同人杂志《文史哲》,致力于挖掘潜在热点、引领学术潮流,特别是名噪一时的"《红楼梦》大讨论"推动了学术争鸣。《山东大学学报》《山东大学学生科学论文集刊》等刊物成为检阅师生学术研究和理论创新的平台。

1."苏式"教学组织与俄语为先的外国语教学

山东大学与华东大学合校不久,中央华东局教育部即于 1951 年 8 月 27日在批准《山东大学暂行规程》的同时,批复了《山东大学学则》。新的山东大学学则强调关注新的社会现实,以服务于新青岛与新中国的建设事业。[①] 事实上,合校后的山东大学十分重视教学工作。1951 年 5 月 15 日成立的教学研究委员会,由童第周任主任委员,何作霖任副主任委员,余修、罗竹风、吴富恒、郭贻诚、丁履德、陈瑞泰、徐佐夏任委员,其任务是"领导并推进教研工作,改进教学方法,研究课程改革等"[②],要求成立以院为单位的教学研究组织。与此同时,山大图书仪器委员会成立,由陆侃如任主任委员,何作霖、刘椽为副主任委员,委员有吴富恒、郭贻诚、丁履德、陈瑞泰、徐佐夏。[③] 1953 年 6 月 2 日定稿的 11 章 46 条《山东大学暂行学则》,通过《新山大》校刊发布实施,明确提出结合实际学习苏联经验,开展全面的教学改革。[④] 这个标为"暂行"的新学则,突出强调加强教学组织,贯彻集体教学制度,教学方法则实行课堂学习和课外辅导相结合。

① 华岗:《怎样用理论与实践结合的方法来学习共同纲领》,载《山大生活》1950 年 1 月 11 日。
② 《加强教学工作　教学研究委员会成立》,载《新山大》第 7 期,1951 年 5 月 21 日。
③ 《统一管理图书、仪器事宜　图书仪器委员会成立》,载《新山大》第 7 期,1951 年 5 月 21 日。
④ 《山东大学暂行学则》,载《新山大》第 92 期,1953 年 6 月 6 日。

由于确立了马克思列宁主义在中国大学的指导地位,1953年9月山东大学马列主义教研室成立,由校党委副书记、校长办公室主任崔戎兼任室主任,另设3名副主任。马列主义教研室下分中国现代革命史、马列主义基础、辩证唯物论、政治经济学4个教学小组,担负全校政治理论课的教学任务。同时,根据苏

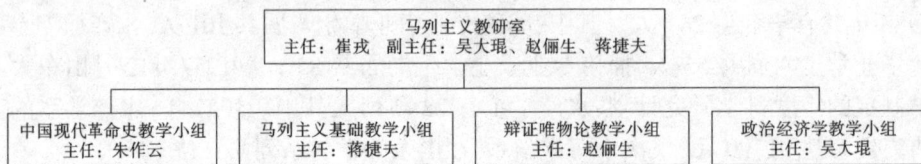

图 6-59　1953年山东大学马列主义教研室组织结构

联高等学校设立教学研究室的经验,山大各系陆续建立起一批教研组、教学小组(表6-2),彻底改变了原有的"大学—学院—学系"的组织结构,代之以"大学—学系—专业(教研组/教学小组)"新的组织形式。

表6-2　1953年山东大学文理各系教研组/教学小组及其负责人一览表

系 别	教 研 组	教 学 小 组
中文系	现代文学(孙昌熙、刘泮溪);中国文学史(冯沅君、萧涤非)	中国语言(殷焕先)
外文系	基本俄语(方未艾)	俄语公共必修科(金诗伯);英语(黄嘉德)
历史系	中国通史(王仲荦、卢振华);中国近代史(郑鹤声、孙思白)	世界史(陈同燮)
数学系	高等数学(刘智白、刘冠)	高等分析数学(莫叶);代数(周怀生);几何(谢力同)
物理学系	普通物理(刘鸿宾、王应素)	力学(周北屏);实验(杨幼泉)
化学系	有机化学(刘椽、杜作栋);无机化学(尹敬执)	理论化学(刘遵宪);分析化学(叶长龄);化学工艺(武际元)
生物学系	无脊椎动物(曲漱蕙);普通植物(陈机)	脊椎动物(黄浙);微生物(王祖农);达尔文主义(方宗熙)
水产学系	水产通论(沈汉祥)	水产动物(邹源琳);水产加工(闵菊初、刘纶);鱼捞渔具(黄文沣);航海船艺(胡文溶)
海洋学系	海洋学(唐世凤、景振华)	海洋气象(王彬华);海洋动力(文圣常)
体育室	—	体育(王俊朋)

资料来源:根据《学习苏联经验,进行教学改革》整理,转引自《山东大学百年史》第208—209页,山东大学出版社,2001。

与教研组织形式相应的是教学内容和教学方法的全面改革。各系对开设的课程进行了全面更新(表6-3),有60%的课程参照苏联的经验,许多课程直接选用了苏联教材。教学方法则实行教授讲大课、基础课,讲师、助教负责课外辅导,并施行课代表制。《新山大》校刊还开辟"教与学"专栏,便于教授与学生公开对话,检讨和改进教学问题。

表6-3　1953年山东大学文理各系课程一览表

系　别	课程门数	课　程　名　称
中文系	14	文艺学引论、中国文学史、写作实习、现代文学、人民口头创作、古典文学、世界文学、苏联文学、语言学引论、中国语言学、诗词研究、诗经研究、杜甫研究、鲁迅研究
历史系	14	中国历史文选、中国史、亚洲史、世界史、中国近代史、世界近代史、中国文学史、中国思想史、考古学通论、中国地理、世界地理、自然地理、中国经济史、中国农民战争史
外文系	7	中国语文、语法修辞、写作实习、基本俄语(包括语音、语法、口译)、俄语语音学、俄语词汇学、苏俄文学
数学系	10	数学分析、解析几何、高等数学、普通物理学、微分方程、微分几何、复变函数论、理论力学、特殊函数、专题讨论
物理学系	13	普通物理学、物理实验、高等数学、普通化学、理论物理、热力学、统计物理学、电力学、量子力学、数理方程、电工及无线电、工艺力学、物理学史
化学系	13	高等数学、理论物理、无机化学、有机化学、分析化学、物理化学、化学工艺、结晶学、物质结构、胶体化学、化学热力学、量子化学、电化学
生物学系	18	共同基础课(8门):生物学史、生物学引论、物理学、生物化学、地质学、组织学、达尔文主义、遗传学;动物学专业课(5门):动物学、动物基础学、动物生殖学、人体解剖学、动物饲养学;植物学专业课(5门):植物学、植物生理学、微生物学、农业与土壤学、植物栽培学
水产学系	15	普通植物学、水产动物学、达尔文主义、遗传学、普通物理学、普通化学、分析化学、海藻学、贝类学、鱼类学、浮游生物学、经济海洋学、无脊椎动物学、胚胎学、海洋学
海洋学系	15	高等数学、普通物理学、分析化学、海洋通论、自然地理、力学和流体力学、普通气象学、潮汐学、波浪学、海洋动力学、海洋化学、海洋工程学、天气学、海洋沉积学、海洋船艺及海道预测

资料来源:根据《学习苏联经验,进行教学改革》整理,转引自《山东大学百年史》第209—210页,山东大学出版社,2001。

尊苏联为"老大哥"的理念及"苏联的今天就是我们的明天"的口号,必然带来学习俄语的高潮。山大外文系俄语成为热门专业,各系普遍开设俄语公共必修科,有60多名教职员组成两个俄语学习班,每周坚持学习三次。[①] 山大俄语专业有两位颇具知名度的教员方未艾和金诗伯。方未艾(1906—2003),又名方靖远,辽宁台安人,1932年加入中国共产党,后赴红色苏俄学习时加入苏联共产

---

① 《为便于学习苏联经验　山东大学教职员组织学习俄语》,载《青岛日报》1952年11月13日。

图6-60 方未艾

党,1938年因苏联肃反扩大化被捕,1945年获释回国,曾任甘肃省文联副主席、兰州大学俄语副教授。方未艾在军界、政界、文学界、教育界都有名气,据说萧军有感于方未艾的经历,曾给方未艾拟题写《劫海余生录——大时代中一个小人物的追忆》。[1] 金诗伯(1914—1993),原名萨姆·金诗伯,苏联赤塔有犹太血统的俄罗斯族人,自幼随父母在中国满洲里、哈尔滨、上海生活,1932年在上海震旦大学肄业,抗战胜利后从上海奔赴烟台解放区任外事教员,后被派往华东大学俄语系任教,1951年随华大来青并校,任教新山东大学外文系。与金诗伯同时来青岛的还有其新婚妻子徐世琳,他们夫妇有4个孩子,其中3个生在青岛。1953年,金诗伯得到周恩来批准加入中国籍。金诗伯是一个献身于中国外语教育事业的苏联人,著有《我在中国的六十年》,留下了一些动人的故事。[2] 此外,山大俄语教员还有曾宪溥、杜鲁珍娜、罗西尼娜、马卡洛娃、扎格洛德尼等人。1947年毕业于清华大学历史系的孔令仁,1950年在青岛看到山东大学招收俄语专修班的简章便报名入学。孔令仁回忆说:

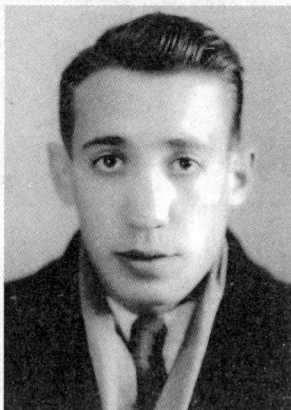

图6-61 金诗伯

> 当时社会上俄文人才奇缺,学好俄语后工作是没有问题的,于是我就去报名。当主持人知道我是清华大学毕业生后,认为再上大学是人才浪费,所以不准我报名。后经我再三请求,他们才允许我到班上旁听进修。[3]

1953年,孔令仁自山东大学俄语专修班毕业后便留校任教,但她被分配到历史系。其实,山东大学外文系的英语专业仍具实力,系主任吴富恒、梁希彦均是英文专业人才,还有教授赵太侔、黄嘉德、乔裕昌、谢震亚,副教授张健,讲师陆凡、徐维垣、王荣兴等,其中特别值得提及的是黄嘉德。黄嘉德(1908—1992),笔名蓝萍心、默然,福建晋江人,上海圣约翰大学毕业并留校任教,1936年与胞

---

① 《〈历史珍忆〉前言》,载《本溪日报》2017年2月15日。
② 孔亚兵:《背景渐远格犹高——追念萨姆·金诗伯教授》,载《春秋》2001年第3期。
③ 孔令仁:《锦瑟华年:孔令仁文集》,第54页,山东画报出版社,2003。

弟黄嘉音和林语堂创办《西风月刊》《西风精华》等
杂志;抗战胜利后黄嘉德留学美国哥伦比亚大学,
1952 年 9 月至青岛任教山东大学外文系。黄嘉德
是英国文学研究专家,尤重萧伯纳(Shaw G B)研究,
他的《萧伯纳研究》一书是中国第一部比较完整地
研究萧伯纳的学术著作。[①] 黄嘉德翻译英国威廉·
莫里斯(Morris W)的小说《乌有乡消息》(*News from
Nowhere*)在《青岛文艺》发表。1955 年 3 月,黄嘉德
兼任山大图书馆馆长,1956 年 8 月代理外文系主
任。然而,由于"一边倒"地师法苏联,致使山东大
学英文专业步步萎缩。先是 1953 年 6 月山大外文
系英语组并入复旦大学,继之 1955 年 6 月高等教育

图 6-62　黄嘉德

部通知山大外文系英文专业停办。1957 年 6 月俄语组学生并入上海外国语学
院后,8 月山大外文系撤销,系的建制缩编为外国语言文学、俄语两个教研组。

　　坦白地说,学习苏联教育经验是改革中国旧式高等教育、突破西方封锁的主
动选择,苏联与中国社会制度和政党主义的一致性使得"以俄为师"成为历史必
然。但是,苏联对中国的教育体制产生了"支配性作用",外国有学者不无挖苦
地指出,"这在历史上是其他任何一个曾经在中国进行过殖民统治的国家都未能
起到的"。[②] 山东大学师法苏联存在过急过高和教条式盲目照搬的倾向,致使原
有的按系招生、选课制、学分制等灵活有效的方法被取消,以往办学积累的来自
欧美教育的有益成果和合理因素被排斥,普遍学俄语又窄化了大学外国语教育
的多样开放性。"以俄为师"走了弯路,遗留的苏联痕迹带来不少负面影响。

　　2.校庆科学讨论会与《文史哲》等刊物的创办

　　其实,山东大学的教学与科研事业早在山大与华大合校大会上就写入华岗
的报告中。值得注意的是,华岗将教学与科研赋予了政治的高度,并作为山东大
学的发展目标。

　　　　以理论与实践一致的教学方法,培养热爱祖国及具有高级文化水准,能
　　够掌握现代科学与技术,全心全意为人民服务的建设人才,这就是目前我们
　　新山大的方向和任务。[③]

---

　　①　李乃坤:《黄嘉德先生与萧伯纳研究》,载《文史哲》1993 年第 2 期。
　　②　[加拿大]许美德:《中国大学 1895—1995:一个文化冲突的世纪》,许洁英主译,第 39 页,教育科
学出版社,1999。
　　③　华岗:《合校方案和山大前途》,载《新山大》第 1 期,1951 年 3 月 19 日。

　　1951年4月,山东大学在合校后的第一次校务会议上又进一步明确了教学与科研的关系,即"学术研究工作应围绕教学去进行,帮助和加强教学"①。经过集思广益,最终形成的意见是,山大每年校庆(3月15日)举行一次科学讨论会,以检阅一年来的教学与科研成果。为此,山东大学重新组建学术委员会,由童第周任主任委员,陆侃如、何作霖为副主任委员,规划全校科学研究工作,筹办出版文、理、工、农、医各学科综合性学术刊物。1952年12月经校务委员会常委会决定成立的研究部,由童第周任主任,郭贻诚、杨向奎任副主任。针对新中国成立初期过多的政治运动影响和冲击教学、科研的问题,华岗特别提醒教师,"一方面要贯彻运动,同时又不能太多,影响同学们的学习,因为保证上课的正常进行,是教育工作者的主要责任"②。

　　山东大学校庆科学讨论会从1952年开始举办,一般在3月15日开幕,至4月中旬结束。根据科研成果的性质、水平和实用价值,科学讨论会分为大、中、小三种类型。大型的邀请或吸收校外有关人员参加,由学校负责人主持;中型的是本校学科相近的几个系参加,由教务长或系主任主持;小型的是本系人员参加,由系主任或教研室主任主持。据载,1952年第一次校庆科学讨论会举办期间,共收到全校各类论文62篇,华岗在开幕式上作《论毛泽东思想的本质》的学术报告。1953年举办的第二次校庆科学讨论会,全校提交论文94篇。1954年校庆科学讨论会的参与论文有120余篇,华岗作《综合大学如何开展科学研究工作》报告。③ 至1958年,山大校庆科学讨论会共举行了6次。

　　1953年9月高等教育部在北京召开全国综合大学会议后,山东大学随即贯彻会议精神,围绕"培养科学研究工作和教学的专门人才"的任务和目标,将科学研究列为山东大学的工作重点。1953年12月,校长办公会议决定成立山东大学研究委员会,主任委员为童第周,副主任委员是郭贻诚、杨向奎、徐佐夏,委员有方宗熙、吴大琨、李先正、沈汉祥、冯沅君、梁希彦、赫崇本、刘遵宪、穆瑞五。1954年10月,结合第一次全国人民代表大会精神的学习贯彻,山东大学校务委员会扩大会议决定将"贯彻专业教学,开展科学研究,积极培养师资,加强劳动纪律"作为工作重点。④ 1957年4月,山大设立科学研究处,王祖农任处长。山大的教学与科研一步一个脚印,广大教师的积极性和创造性得以发挥。

　　刊物是培育学术的泥土,欣欣向荣的科研局面必然激发创办学术刊物的热

---

① 《校委会举行第一次会议　讨论通过六项重要议案》,载《新山大》第3期,1951年4月11日。

② 《华岗在课前和全体教师谈话》,载《新山大》第38期,1952年2月21日。

③ 《山大师生员工集会庆祝校庆　华岗校长在会上作了开展科学研究工作的报告》,载《青岛日报》1954年3月17日。

④ 《山东大学教职员和学生热烈学习全国人民代表大会文件》,载《青岛日报》1954年10月29日。

情。山东大学出刊的《文史哲》杂志和综合性《山东大学学报》交相辉映,刊载学生成果的《山东大学学生科学论文集刊》则一定程度上反映出山大的教学质量。1956 年 5 月成立的山东大学学生科学研究协会,会集了 420 多名会员。①

蜚英腾茂,独步当时,《文史哲》杂志享全国大学文科"学报之王"之誉。其实,《文史哲》创办之初只是一份同人杂志。1951 年 4 月,在华岗的支持下,由山东大学中文、历史两系教员共同发起的"文史哲杂志社"成立。华岗被推举为社长,陆侃如、吴富恒为副社长,杨向奎任主编,编委会起初没有专职人员,由历史系教师童书业、赵俪生、孙思白、卢振华和中文系教师殷焕先、孙昌熙等人负责日常工作。《文史哲》初为双月刊,采繁体字竖排版式,16 开本,每期约 3.5 印张。从 1953 年 2 月《文史哲》总第 12 期起,改由山大学报委员会编辑出版,

图 6-63　1952 年《文史哲》创刊一周年编委合影

作为"山东大学学报之一",经费由学校担负。自 1954 年 1 月《文史哲》总第 17 期起,改为月刊。1955 年 1 月《文史哲》改为横排版,每期容量扩大为 4 印张。是年因杨向奎工作调动,《文史哲》改由蒋捷夫任主编。②《文史哲》自 1951 年 5 月创办至 1958 年第 12 期后第一次停刊,共出刊 76 期,发表文章 780 多篇。

知出乎争,《文史哲》之所以博得大名概因其"提倡争鸣",勇于充当共和国重大学术争论的策源地和风暴眼。20 世纪 50 年代中国史学界的"五朵金花"(五个重大问题的研究)中,至少有三朵(资本主义萌芽问题、古史分期问题、农民战争问题)绽放于《文史哲》杂志上。《文史哲》在 1951 年第二期即发表了童书业《中国封建制的开端及其特征》一文,提出了中国封建社会始于西周的观点。随后,1952 年第一期发表了杨宽的《战国时代社会性质的讨论》,同年第五期杨向奎的《关于西周的社会性质问题》一文刊出,对郭沫若所主张的西周属于奴隶制社会的观点进行了批驳。紧接着,杨向奎又在《文史哲》1953 年第一期发表了《中国历史分期问题》,详细论述了关于中国古史分期的见解。上述论文引起了历史学界的广泛重视,众多著名学者如郭沫若、范文澜、翦伯赞、周谷城、吕振羽、唐兰、尚钺、金景芳、侯外庐、李亚农、白寿彝、日知(林志纯)、何兹全等纷

① 《山大学生科学研究协会正式成立》,载《青岛日报》1956 年 5 月 30 日。
② 邹强:《〈文史哲〉大事记(1951—2004)》,载《文史哲》2005 年第 6 期。

纷撰文发表意见。这是《文史哲》创刊后引发的首次全国性的学术大讨论。之后,形似飞沙走石、刀光剑影的学术争论围绕土地制度和农民战争、亚细亚生产方式、社会主义经济法则、《红楼梦》研究等屡有表现。观水有术,必观其澜。学者余英时称:《文史哲》杂志自问世以来即波澜壮阔,一展卷而数十年人文思潮之起伏尽收眼底。[①]

《文史哲》作为新中国成立初期创办最早、影响最大的高校文科学报和人文社会科学杂志,创刊伊始即展现出延揽名家的气象。一批国内著名学者,如顾颉刚、陈子展、谭丕模、陈登原、王亚南、陈直、罗尔纲、黄药眠、杨超、傅振伦、齐思和、严北溟、季羡林、孙作云、程千帆、杨宽、阴法鲁、任继愈、周汝昌等均把自己的得意之作首选在《文史哲》发表。同时,"奖掖青年学者"又为《文史哲》的宗旨之一。据1951年山大历史系毕业留校任教的葛懋春回忆,他的毕业论文《从昌潍土改工作中看封建剥削》就是由赵俪生教授推荐,经华岗审定,在《文史哲》1951年第三期上刊登出来的。[②] 1951年11月吕荧推荐李希凡在《文史哲》第四期发表的《典型人物的创造》,则是《文史哲》最早刊发的一篇在校学生的论文,也是李希凡个人学术生涯的第一篇论文。李泽厚、汝信、庞朴、张传玺、汤志钧、路遥、华山等皆于《文史哲》发表了步入学坛的处女作或成名作。

事实上,20世纪50年代《文史哲》与北京的《新建设》、上海的《学术月刊》鼎足而立,成为国际汉学界了解中国文化的窗户。据悉,1954年郭沫若赴日本考察时,应日方要求,携带了50本《文史哲》进行交流。1955年12月,高等教育部函请山东大学赠送《文史哲》给苏联科学院图书馆,以代表国家进行书刊交换。1956年2月,高等教育部同意山东大学以《文史哲》和英国伦敦大学东方与非洲学院交换书刊。同年,山东大学根据高等教育部的要求,以图书馆的名义向日本名古屋大学文学部古川道雄等学者赠送《文史哲》,还以《文史哲》与越南《文史地》、日本《中国年鉴》等进行学术交流。[③]《文史哲》在"弘扬中华文明、繁荣学术研究等方面做了大量工作,在国内外赢得一定声誉"[④]。

与《文史哲》同时期,1951年8月15日以理、工、农、医自然科学为主的《山东大学学报》(季刊)正式创刊。其实,在酝酿《文史哲》杂志的同时,华岗等便考虑到理、工、农、医和文史哲以外学科论文的发表问题。根据童第周、陆侃如的倡

① 《"〈文史哲〉丛刊"简介(之二)》,载《文史哲》2014年第5期。

② 葛懋春:《回忆首任〈文史哲〉杂志社社长华岗同志》,载《华岗纪念文集》第171页,青岛出版社,2003。

③ 徐显明:《〈文史哲〉与山东大学文科建设——〈文史哲〉创刊50周年献辞》,载《文史哲》2001年第3期。

④ 《习近平给〈文史哲〉编辑部全体编辑人员回信》,载《人民日报》2021年5月11日。

议,决定创办综合性的学术期刊《山东大学学报》,并组建由童第周、何作霖、吴富恒、郭贻诚、丁履德、陈瑞泰、徐佐夏、杨向奎、赫崇本任委员的学报编辑委员会。华岗对《山东大学学报》的出刊缘由专门写道:

> 本校经过两年来的学习和改革,虽然已经有了一些进步,同时也还存在着不少的缺点,特别是在推行课程改革及贯彻理论与实际结合方面,虽然已经取得了某些成绩,可是还不能满足客观的需要;学术研究的风气,也还不够浓厚,这就多少限制了教学内容的充实。为了弥补上述缺陷,本校历史语文研究所与文学院同仁曾经发刊了《文史哲》杂志,唯内容仅限于文学、史学和哲学方面,而本校除文学院和政治、艺术两直属系以外,尚有理、工、农、医四院从事自然科学研习的师生,亦有加强学术研究的要求。所以除继续发刊《文史哲》杂志外,现在又出版这个综合性的《山东大学学报》,借以推进课程改革和学术研究,范围包括自然科学、社会科学和文学艺术在内。①

华岗为《山东大学学报》确定的办刊方向是“借以推进学术研究”,“对新中国文化教育事业略尽责任”。由是,《山东大学学报》创刊伊始便以高起点的学术水准在学术界、期刊界独树一帜。与《文史哲》由双月刊改为月刊不同,1952年7月《山东大学学报》由季刊改为年刊。1953年2月,华岗与武杰联名向中共青岛市委宣传部呈文,建议将《山东大学学报》分为自然科学版和社会科学版两种,自然科学版为年刊,社会科学版为双月刊。这份呈文经层层审批,于1954年4月得以批复,但中宣部规定,学报“暂时不向国外发行,亦不交换”。

由于恪守“学术立刊”的理念,《山东大学学报》在全国高校学报中形成了广泛的影响。1955年11月23日,中共中央办公厅秘书室函告山东大学,拟给毛泽东主席订阅两份《山东大学学报》,要求从学校存余中售给之前因北京的书店没有发行缺失的3期,并“请寄北京中南海,主席办公厅”②。

山东大学学术刊物的进步与繁荣还体现在以“集刊”形式汇编学生的论文。1956年,山东大学科学研究委员会编辑出版了《山东大学学生科学论文集刊》③,分人文、自然科学两个版,收录了中文系谭永祥的《论“是……的”》、数学系梁中超的《线性微分方程组解的有界性及渐近型》、数学系蒋璧的《关于二阶方程式解的有界性的一些问题》、物理学系曾坦的《中子模型及其磁矩的计算》等50多篇山大在校学生的论文。

---

① 华岗:《〈山东大学学报〉创刊号发刊辞》,载《山东大学学报》第1卷第1期,1951年8月15日。
② 贾乐耀:《华岗——新中国大学学报的奠基人》,载《山东大学学报》(哲学社会科学版)2003年第5期。
③ 《我校“学生科学论文集刊”出版》,载《新山大》第244期,1956年12月15日。

3.《文艺报》的课程批评与《红楼梦》研究争鸣

不可否认的是,山东大学学术研究中的批判争鸣风气,在繁荣学术的同时也存在滥用意识形态、伤害学人友谊等不良后果。

1951 年 11 月,由丁玲等主编的《文艺报》开展的高等学校文艺学偏向的讨论,在刊发的 6 篇文章中就有山东大学中文系张祺的文章。张祺在题为《离开毛主席的文艺思想是无法进行文艺教学的》一文中,揭发山东大学的"文艺理论"课程"很少联系文艺方向,多以古典的和外国的文艺作品(如哈姆莱特、奥勃洛摩夫)为例子"。张祺指责山大的教师不注重工农兵文艺,不注重当代写工农兵的文艺作品,对现实政治漠不关心。例如:对批判《武训传》,山大的老师却说"不要赶时髦";有的同学学期考试打算用人民文艺和朝鲜通讯作为分析材料,而老师却说:"谁再分析这些东西,不给分数。"①

张祺发表在《文艺报》上的文章在山东大学引起了轩然大波,用李希凡的话来说"造成了一种'运动'的声势",突出的表现是中文系学生掀起了一场以本系教师为基本声讨目标的批判热潮。崔杰民、赵开华在共同署名的《为甚么不热爱新的人民文艺》一文中指出:"我们感到这样下去非常危险,我们希望对文艺学这门课程进行改革,首先要求先生端正他的文艺思想和教学方法。"刘乃昌、任思绍和冯少杰以山东大学学生会的名义给《文艺报》写了一封长信,指出:"我们的文艺学,虽然在概念上给了同学一些知识,但由于没有贯彻毛泽东文艺思想,片面地强调了外国的古典作品,错误地解释了普及与提高,这就使得同学距离人民文艺越来越远了。"②《文艺报》特意为刘乃昌等文章加了"编者按":

> 山东大学中文系刘乃昌等同志反映的情况很好。能够认真检查文艺教学中的缺点和错误,以求得改进,这是正确的。他们所反映的第二种少数人的看法,说明了少数学生正受着教条主义(即所谓"高深"的"马列主义")的毒害与迷惑,尚不能认识脱离实际的、违反毛泽东文艺思想的教学对于自己的危害。我们建议,山东大学的领导方面组织学生对这种思想进行讨论,使改进文艺教学的工作得以顺利进行。③

《文艺报》的"编者按"如同火上浇油,进一步激发了山东大学学生以教师为

---

① 张祺:《离开毛主席的文艺思想是无法进行文艺教学的》,载《文艺报》第 5 卷第 2 期,1951 年 11 月 10 日。

② 刘乃昌、任思绍、冯少杰:《这是我们迫切需要解决的问题》,载《文艺报》第 5 卷第 3 期,1951 年 11 月 25 日。

③ 《编者按》,载《文艺报》第 5 卷第 3 期,1951 年 11 月 25 日。

批判对象的热情。李希凡在《对我校文艺教学的几点意见》中首先检讨自己"受着教条主义的毒害与迷惑,不能认识脱离实际的违反毛泽东文艺思想的教学对自己的危害",接着从六个方面对山大中文系主任吕荧的"文艺理论"课教学展开了批评,并点了吕荧的名字。李希凡指出:"吕荧先生的对于古典文学的介绍,客观上是引导我们陶醉于古典主义文学的迷窟里,不能自拔。"①吕荧(1915—1969),原名何佶,安徽天长人,1935年入北京大学历史系,七七事变后随流亡学生赴武汉,参加中华全国文艺界抗敌协会,1939年去昆明西南联大复学,毕业后任贵州大学、台湾师范学院教授,1949年辗转经香港到北京,出席全国第一次"文代会",1950年9月任教山东大学,是中国现代高等学校不可多得的文艺理论家、翻译家、美学教育家。

图6-64 吕 荧

对于李希凡等刊在《文艺报》上的批评文章,吕荧给《文艺报》写信予以申辩。1952年1月25日,《文艺报》在刊载吕荧信函的同时加注了一段将其视为反面典型的编者按:"这里所发表的山东大学中文系系主任、文艺学教授吕荧同志的来信,就表明了他在这次思想改造运动中所采取的不正确的态度……他还没有很好地考虑批评者所指出的他的教学中根本性质的问题。"有意思的是,《文艺报》对吕荧的批评引来了三位好事同行的参与,他们是北京师范大学黄药眠、山西大学姚奠中、西北大学刘思虹。作为吕荧的同道,他们在自我检讨的同时都针对吕荧给《文艺报》的信进行了批评。前有车,后有辙。山东大学在《文艺报》对吕荧的批评,引来复旦大学学生马畤、张德林对其老师赵景深的批评;重庆大学朱斐对其老师邵祖平的批评。据统计,全国共有28所高校300多人参与其中,"国家意识形态通过文艺批评的形式渗透到文艺领域"②。山东大学作为《文艺报》的点将单位,经过一番准备,在学校大礼堂召开文学院全体师生参加的批判大会。尽管在华岗的干预下,会场横幅上的"批判"两字被删除,但批判的基调没有变。2月25日,《文艺报》发表了4篇文章。吕荧对这种"上纲上线"武断批判极为愤慨,痛苦无奈之下,拂袖而去。③ 更令吕荧意想不到的是,1955年批胡风时,吕荧再次被山大作为反面典型横遭批判。

---

① 李希凡:《对我校文艺教学的几点意见》,载《文艺报》第5卷第4期,1951年12月10日。
② 胡友峰:《〈文艺报〉与十七年(1949—1966)的文学批评》,载《百家评论》2017年第4期。
③ 谭好哲:《吕荧先生的人格精神与学术思想》,载《文史哲》2013年第1期。

　　有论者称:1951 年的文艺学批评及其对山东大学吕荧的批判可以视为 1954 年关于《红楼梦》研究批判的一次"预演"①。斯言的注脚是,1954 年 9 月《〈红楼梦简论〉及其他》和 1954 年 10 月《评〈红楼梦研究〉》两文在全国文艺界的巨大影响。如果说 1951 年针对山东大学吕荧的"文艺理论"课批评仅是弟子对授业先生的不敬,那么 1954 年围绕《红楼梦》研究的批判则是剑指红学权威,而刮起这股理论飓风的还是李希凡(另有同盟者蓝翎)。

　　李希凡(1927—2018),字畴九,祖籍浙江绍兴,生于北京通州,因家贫没有受到完整的小学教育,初中仅上了一个月,1947 年寄居青岛大姐家,并在国立山东大学旁听,1949 年夏入读华东大学,1950 年 12 月随合校至山大,1953 年毕业后考入中国人民大学哲学研究班。蓝翎(1931—2005),原名杨建中,山东单县人,1949 年 6 月考入华东大学社会科学院三部,1950 年 12 月至青岛山大,1953 年毕业于山东大学中文系,之后被分配到北京师范大学工农速成中学任教。

図6-65 李希凡

図6-66 蓝翎

1954 年春,李希凡与蓝翎在《新建设》杂志看到俞平伯发表的《红楼梦简论》一文,联想到几年前俞平伯出版的《红楼梦研究》《红楼梦辨》以及 20 年代胡适的《红楼梦考证》,认为这些"新红学派"权威只在琐碎考证上下功夫,以偏概全地曲解《红楼梦》的美学底蕴和时代意义。李希凡、蓝翎因"心里一直放不下这个问题,终于下定决心",撰文批驳俞平伯。

　　据悉,文章完稿后李希凡曾以《文艺报》通讯员的身份写信联系在《文艺报》发表,由于"没有得到回信"便改投母校的《文史哲》,但有论者坚称此文系《文史哲》杂志编委会的约稿。斯时,批判胡适、确立马克思主义在学术界的地位是主流意识形态的迫切任务,由革命家、政治家华岗掌舵的《文史哲》"自然对上层的这一意图心领神会"②。《〈红楼梦简论〉及其他》在《文史哲》1954 年第九期发

---

　　① 谢泳:《"文艺学"如何成为新意识形态的组成部分——以 1951 年〈文艺报〉一场讨论为例》,载《南方文坛》2003 年第 4 期。
　　② 王学典:《"红楼梦研究"大批判缘起揭秘》,载《中华读书报》2011 年 9 月 21 日。

表,李希凡、蓝翎使用这样的措辞:

> 俞平伯先生未能从现实主义原则去探讨《红楼梦》鲜明的反封建倾向,而迷惑于作品的个别章节和作者对某些问题的态度,所以只能得出模棱两可的结论。
>
> 俞平伯先生不但否认《红楼梦》鲜明的政治倾向性,同时也否认它是一部现实主义作品。
>
> 俞平伯先生唯心论的观点,在接触到《红楼梦》的传统性问题时表现得更为明显。①

之后,李、蓝合作的《评〈红楼梦研究〉》于1954年10月10日在《光明日报》见报。1954年10月16日,毛泽东在《关于〈红楼梦〉研究问题的信》中写道:"作者是两个青年团员,他们起初写信给《文艺报》,请问可不可以批评俞平伯,被置之不理。他们不得已写信给他们的母校——山东大学的老师,获得了支持。"毛泽东认为,李、蓝的文章"是三十多年以来向所谓《红楼梦》研究权威作家的错误观点的第一次认真的开火",并断言"这个反对在古典文学领域毒害青年三十余年的胡适派资产阶级唯心论的斗争,也许可以开展起来了"。② 11月7日,山东大学即召开《红楼梦》研究讨论会③,朝胡适、俞平伯开了火,至12月18日共召开5次讨论会,明确表明"严重斗争已经展开"④。11月20日出刊的《新山大》,刊登了华岗在讨论会上做的《怎样在红楼梦研究领域中有效地战胜资产阶级》的发言稿。

平心而论,李希凡、蓝翎的《红楼梦》研究评论文章是对《红楼梦》全新的价值判断,对于扭转流行已久的古典文学研究模式,呼吁研究者关注《红楼梦》的思想、艺术、人物和现实主义精神,具有一定意

图6-67 毛泽东接见李希凡

---

① 李希凡、蓝翎:《〈红楼梦简论〉及其他》,载《文史哲》1954年第9期。
② 毛泽东:《关于〈红楼梦〉研究问题的信》,载《毛泽东文集》第6卷第352页,人民出版社,1999。
③ 中共山东省委党史研究室、山东省档案馆:《中共山东历史大事记(1949年10月—1978年12月)》,第183页,山东人民出版社,2000。
④ 《批判古典文学研究中的资产阶级观点》,载《新山大》第152期,1954年11月6日。

义。但是，李希凡、蓝翎的《红楼梦》研究评论文章"批"字当头，多出言不逊、滥贴标签，少心平气和、平等切磋，给学界留下了激烈批判甚于理性思辨、上纲上线甚于学理剖析、学术研究步入意识形态化的倾向。多年后，李希凡回顾当时就有人提醒他，"批评是批评，对俞平伯连'先生'的称谓都没有了，这不好"①。俞平伯对《红楼梦研究》批评的反思黯然而沉重，他曾对人说，"千秋功罪，难于辞达"，"何计他评"。② 经过几十年的历史沉淀，山东大学对当年的《红楼梦》研究问题一定会有客观而深刻的反思。

第四节　知识分子思想改造运动与校园政治斗争

在 50 年代风起云涌的政潮之中，在"三反""肃反"、反"右"、"大跃进"等一个接一个的政治运动中，山东大学一直处于风口浪尖上。政治运动在提升新中国大学师生国家认同感和政治行为能力的同时，也造成民主水平减低、意识形态教条化等严重弊端。华岗被隔离反省、山大错划的 204 名右派分子及许多遭受政治运动打击的教职员无法发挥应有的作用，这对党的建设和社会主义经济文化建设产生了长期而消极的影响。③

一　"三反""肃反"等政治运动与华岗等悲剧性案件

山东大学的政治运动始于对知识分子的思想改造，在经历了 1950 年 1 月开始的学习运动后，1951 年 11 月和 1953 年 9 月接连形成了两次学习高潮，并与"三反""肃反"等政治运动迭交缠绕。山东大学在破除知识分子优越感、纯技术观的同时，也对广大师生构成了潜在的政治威胁。陈慎昭、束星北、华岗等悲剧性案件，透射出政治运动"宁左勿右"的极端倾向。

1.知识分子"学习–思想改造"运动与陈慎昭等案件

事实上，山东大学 1950 年 1 月开始的政治大课其实是 50 年代大规模学习和思想改造运动的前兆，华岗的高明之处在于对知识分子的思想改造首先从提高思想认识入手。其实，对于山东大学师生来说，1950 年 12 月前训导长刘次箫伏法，及 1951 年 3 月外文系四年级学生胡广纯因"勾结匪特顾仁恩进行反革命活动"④被开除学籍，都触目惊心。基于新生政权在高等教育领域的特殊需要，

---

① 李希凡：《往事回眸》，载《李希凡文集》第 7 卷第 220 页，东方出版中心，2014。
② 李哲良：《红楼禅话》，第 4 页，河南人民出版社，1999。
③ 中共青岛市委党史研究室：《中国共产党青岛历史》，第 2 卷，第 243 页，中共党史出版社，2016。
④ 《布告（新字第八十五号）》，载《新山大》第 2 期，1951 年 4 月 1 日。

为确保高校由半殖民地半封建的旧式教育向民族的、科学的、大众的新民主主义教育根本转变,当 1951 年 10 月 23 日毛泽东在政协一届三次会议提出"思想改造,首先是各种知识分子的思想改造"后,山东大学自 1951 年 11 月下旬起开展了"改造思想、改革教育、精简节约"的主题学习运动。① 华岗以习惯性的学习为先导,将山东大学面临的教育改革和教学实践问题与教职员的思想联系起来。因此,《中国共产党青岛历史》明确写有:"山东大学率先在教职员工中开展学习运动,拉开了全市知识分子思想改造的序幕。"②

　　帷幕开启于 1951 年 11 月 17 日,华岗在全校师生大会上做了题为《目前形势、思想改造和学制改革》的报告。首先,华岗回顾了两年来山大思想改造的情况,指出思想改造中存在三种人,"第一种是愿意参加并在实际上进行了不同程度的自我教育和自我改造,第二种是以两面派的态度对待思想改造,第三种是反对自我改造",并认为第一种人数量最多,第二种人次之,第三种人最少。华岗说:新中国需要培养大量的技术人员和管理干部,要完成这个任务,"必须首先清除存在大学教师里面的坏习惯和坏思想,如个人主义、本位主义、宗派主义和保守主义等。如果高等学校的教师不清除欧美资产阶级的反动思想,就不可能为新中国培养新后代"。华岗还指出:

　　　　这次学习运动的目的,就在于用马克思列宁主义毛泽东思想来武装自己,改造自己的思想,提高自己的思想,提高自己的政治觉悟,肃清帝国主义和封建主义的反动思想,批判资产阶级和小资产阶级的错误思想,确立革命的和全心全意为人民服务的新人生观,以便彻底改革旧教育。③

　　华岗报告的意义如同美国学者的评价,即知识分子的思想改造"更全面的目的是削弱所有背离中共式马列主义的思潮的影响"④。只是,山东大学所开展的"学习-思想改造"运动是将学习与思想改造糅合在一起,实属初级形态的思想改造。1951 年 11 月 30 日,中共中央发出《关于在学校中进行思想改造和组织清理的指示》,提出"立即开始准备有计划、有领导、有步骤地于一至二年内,在所有大中小学校的教员中和高中学校以上的学生中,普遍地进行初步的思想改

　　① 《改造思想改革教育与实行精简节约　山东大学教职员展开学习运动》,载《青岛日报》1951 年 12 月 8 日。
　　② 中共青岛市委党史研究室:《中国共产党青岛历史》,第 2 卷,第 98 页,中共党史出版社,2016。
　　③ 华岗:《目前形势、思想改造和学制改革——一九五一年十一月十七日在本校政治讲座上的报告》,载《文史哲》1952 年第 1 期。
　　④ [美]R.麦克法夸尔、[美]费正清:《剑桥中华人民共和国史·革命的中国的兴起(1949—1965)》,谢亮生等译,第 92 页,中国社会科学出版社,1990。

造的工作……并在这些基础上……组织忠诚老实交清历史的运动,清理其中的反革命分子"。由此,山东大学的学习运动进入思想检查、开展批评与自我批评阶段,但暴露出的问题仅仅停留在政治与业务的关系上。例如:电机工程学系查摆的问题是"教课第一,学习第二"。①

为了配合思想改造运动,深挖教员们"封建的、买办的、资产阶级的腐朽思想",由山东大学党委领导的学习委员会在《新山大》校刊开辟"努力改造思想,做一个新中国的人民教师"专栏,先后刊登了近百篇教员自我批评的文章。其中标题就明确把"我"拽进去批判的有:杨向奎的《改造我的思想》、郭贻诚的《检讨我的资产阶级教育思想》、吴富恒的《检讨我的教育思想和工作作风》、张亮的《我在教学上所犯的错误》、周北屏的《批判我资产阶级的腐朽思想》、曲漱蕙的《检查我在教学中的错误思想》、胡伦积的《清算我腐朽的资产阶级教育思想》、丁履德的《我初步批判了旧思想和旧作风》、陈瑞泰的《清除我教育思想上的污毒》、黄嘉德的《彻底清除我反动的买办思想》、张健的《正视自己的错误,决心改造思想》、等等。知识分子从自高自大到自贬自虐,这种不情愿的刀刃向内、每个人自己对自己斗争的思想改造,一定程度上将执政党与知识阶层对立起来。

1951年12月1日中共中央作出《关于实行精兵简政、增产节约、反对贪污、反对浪费和反对官僚主义的决定》("三反")运动的决定后,1952年1月14日,山东大学党委召开全体党员干部大会,党委书记刘宿贤做了关于开展"三反"的动员报告,号召干部带头检讨,深入发动群众,将学习运动与"三反"运动紧密结合起来,并要求"大张旗鼓、雷厉风行地、首长带头逐级深入地在全校展开"。青岛市的"三反"运动在1952年1月25日市人大四届二次会议之后进入打"虎"(贪污分子)和追赃定案阶段,随着一批工矿企业查获的"虎"和赃款赃物的追缴,山东大学也将反贪

图6-68 1952年2月山东大学"三反"运动游行

污作为"三反"运动的重点。正当"三反"轰轰烈烈之时,1952年1月26日,中共中央发出了《关于首先在大中城市开展"五反"斗争的指示》,即反对行贿、反对偷税漏税、反对盗骗国家财产、反对偷工减料、反对盗窃国家经济情报。"五反"

① 《山东大学教职员初步开展思想改造运动》,载《青岛日报》1951年12月19日。

不仅比"三反"的范围大,而且明确冠以"斗争",山东大学一些热衷于跟风弄潮者从中嗅到了火药味。3月19日,山大学生会根据校党委的指示召开了300多名学生参加的座谈会,号召青年学生"投入火热的阶级斗争中去"[1]。一旦以"阶级"划线,阶级斗争成为特别强调的要害问题,"三反""五反"必然朝着敌我关系的分辨、两类矛盾的转化方向发展。4月19日,山东大学成立了校内"人民法庭",由19人组成的审判委员会负责审理案件。至6月"三反"运动结束,山东大学共发现全校(包括医院等附属机构)浪费累计81亿元左右,有贪污行为尚不作贪污分子论处者338人,占全校总人数的23%。除有贪污行为的分子由各院系自行处理不计外,另外发现贪污1000万元以上的大、小贪污分子24人,贪污数额共计20亿元左右。[2]

山东大学"三反"运动和"五反"斗争中最大的悲剧性事件是医学院生物化学科主任陈慎昭自杀。据悉,陈慎昭被打成"贪污分子",并被指控为"蒋匪帮特别培养出来双手会使枪的女特务"。陈慎昭(1906—1952),又名陈索非,福建长乐人,及笄之年考入燕京大学化学系,22岁任燕京大学助教,1937年留学美国康奈尔大学,获博士学位后回国,历任陆军军医学校、江苏医学院教授,1948年应聘国立山东大学。陈慎昭专长生物化学及营养学,著有《生物化学概论》等,1951年5月当选山大工会女工工作委员会主任委员,10月任民盟山大区分部委员兼组织部部长,陈慎昭还被选为青岛市人民代表大会代表。[3] 这样一个忠诚于共和国高等卫生教育事业的女教授,何以被戴上"贪污分子"和"女特务"的帽子呢?据知情者回忆,定此案的主要领导者是刘宿贤,华岗则反对这一做法。"教桌上哪来的'老虎'?"华岗对刘宿贤明确表示,"不要怕别人说我们'右倾',只要我们实事求是就行了;对陈先生首先应该解除隔离,在未拿到确凿证据前,还是一边教学,一边审查为好"。[4] 然而,陈慎昭仍被关在实验室"隔离审查"。终因不堪心理重负,1952年6月的一天,陈慎昭服氰化钾自杀。事件发生后,华岗极为震怒。据目击者赵俪生称:

> 我在华岗的第二会客室里等候谈话,听到在第一会客室里华岗拍着桌子骂刘宿贤在陈慎昭问题上"太左"啦,"影响很坏"。刘不服,一摔门就走了。[5]

① 《划清界限站稳立场　山大学生会召集同学座谈》,载《青岛日报》1952年4月2日。
② 徐畅:《政权更替与大学重塑——20世纪50年代初期山东大学思想改造初探(上)》,载《中国历史评论》第4辑,上海古籍出版社,2014。
③ 《教授介绍(1946—1995)》,载《青岛医学院院志(1946—1995)》(内部资料)第254页,1996。
④ 赵淮清:《华岗的卓越贡献与悲惨遭遇》,载《炎黄春秋》2002年第7期。
⑤ 赵俪生:《篱槿堂自叙》,载《赵俪生高昭一夫妇回忆录》第135页,山西人民出版社,2010。

事后，华岗还在全校党员大会上教育大家要爱护知识分子。他说："损失几万元也抵不了损失一个专家重要，几万元买不了一个专家。"①事实如此，华岗利用职权保护了山大的一些专家教授。据悉，来自齐鲁大学的张维华在"三反"运动中被指控新中国成立前曾任"庚款"管委会委员，政治和经济上都有问题，齐鲁大学留守处派人来青岛要求山东大学同意将张维华押回济南接受审查批判。华岗拒绝道："张先生是山大的教授，有问题可以在山大审查，不能送回济南。"张维华由此得救，直到晚年每提及此事无不声泪俱下。②

"三反"运动和"五反"斗争具有深远的政治背景，其积极意义在于惩治了党和国家干部队伍中的一些违法乱纪和腐化变质分子，推动了私营工商业民主改革的进程，教育了广大党员、干部、群众，但也存在值得汲取的教训。主要是对知识分子思想改造的长期性认识不足，思想批评是非界限不清，方法简单粗暴，伤害了知识分子的自尊心，挫伤了工作积极性。同时，思想改造运动中自我检讨的过分自贬，助长了年轻人蔑视权威的倾向；而批评演化为相互揭发，导致人际关系严重恶化。思想改造运动之后知识分子队伍出现了一种可怕的现象，即在政治高压之下套话、空话、假话盛行，这对中国思想文化的破坏性极大。

2."哲学-物理学"之争与华岗、束星北被停职

1952 年 9 月的"五反"斗争结束不久，1953 年 1 月，中共中央发出《关于反对官僚主义、反对命令主义和反对违法乱纪的指示》（"新三反"）。1953 年 11 月，中共中央作出《关于审查干部的决定》。1955 年 7 月，中共中央发出《关于展开斗争肃清暗藏的反革命分子的指示》，结合"肃反"展开审干工作。结果，运动成了政治审查和组织清理的工具，山东大学再次坠入风雨飘摇的政潮之中。1955 年 8 月，束星北遭遇批斗，并被停职反省。历史同样跟华岗开了个大玩笑，旋即他便被隔离反省。

人们往往从同情的角度将束星北的厄运怪罪于华岗。其实，华岗与束星北的矛盾纯属观念之争，两个固守各自领域的学者互不相让，走向了对立面。

据悉，华岗与束星北第一次见面开始的气氛还是友好的。华岗是中共资深理论家，深受知识分子的拥戴；束星北在理论物理学界才华横溢，踌躇满志。据有意将这两个不同专业的"大角色"引为相知的刘鸿宾称，当两人的话题谈到"本行"，谈及"哲学-物理学"的关系时，气氛立即发生了变化。束星北不否认哲学和物理学有一定关系，但是哲学是哲学，物理学是物理学，两者是两个完全不同的领域，所谓关系也只是方法上的关系。华岗觉得有必要正本清源，他讲到哲

---

① 吕慧鹃：《华岗同志，"山大人"怀念你》，载《华岗纪念文集》第 154 页，青岛出版社，2003。
② 史若平：《知识分子的良师益友》，载《华岗纪念文集》第 198 页，青岛出版社，2003。

学的来源,讲到唯物主义和唯心主义,讲到辩证唯物论,最后引出了马克思列宁主义辩证唯物论是放之四海而皆准的真理的结论。束星北则直截了当地予以否定,他认为哲学是抽象的东西,不可能成为放之四海而皆准的真理。要说真理那只有一个,就是发现和证明,如门捷列夫的化学元素周期表、爱因斯坦的广义相对论等。在华岗的心目中,辩证唯物论神圣无比,马列主义的辩证唯物论是一切科学的科学,自然要管到包括物理学在内的所有科学。束星北则认为,哲学说到底就是白马非马,这样说也行,那样说也可以,不能解决具体问题;而自然科学如物理学、数学、化学、生物学都是具体的,可以解决客观世界的问题。两人你一句我一句争论起来,越争越激烈,竟就哲学与物理学谁大谁小较起真来,最后闹得不欢而散。①

　　束星北回家后思前想后,并联系近年来山东大学开展的一系列政治运动,认定山大之所以"像一潭政治沸水",始作俑者便是华岗。② 这个判断是导致华、束关系恶化的起点。令人惊讶的是,束星北竟将自己的认识和思想逐一列项写了一封长信寄给华岗。华岗自然不会容忍山东大学有人对共产主义神圣理论进行如此不恭的理解,但华岗又自信完全有能力帮助束星北弄清"哲学-物理学"的关系。同时华岗又觉察到,山东大学有不少像束星北这样的老知识分子思想意识囿于传统的旧东西,难免会产生糊涂认识。因此,华岗

图 6-69　华岗在山东大学学习运动做大会报告

想通过束星北以点带面教育大家。自 1953 年 3 月—1954 年 9 月,华岗在山大教职员学习会上围绕辩证唯物论与历史唯物主义做了 13 次报告。束星北的信正好成为华岗备课的素材,华岗的大会报告时常将束星北的一些观点提出来理论一番。如 1953 年 4 月一次大会上,华岗说了这样的话:

　　　　特别是讨论到辩证唯物论和物理学关系问题的时候,竟有个别物理学教授表现出很不虚心的态度,公然认为"辩证唯物论不是普遍真理,不能应

①　唐宝民:《束星北的耿介性情》,载《闽南日报》2020 年 3 月 31 日。
②　徐畅:《华岗"政治大课"简论》,载《高校教育管理》2010 年第 1 期。

463

用到物理学领域,特别是物理学的微观世界,完全受自由意志所支配,根本没有什么客观规律可说,也不是辩证唯物论所能解决"。有人居然公开声言"自然科学应当和哲学分家",要求辩证唯物论不要"过问"和"干涉"自然科学,尤其不要"过问"和"干涉"物理学。我们不难看出在这种声言中所包含的根本意义,这在实质上是唯心论者对于辩证唯物论的一次反攻。全部科学史已经给我们证明:任何一个扬言拒绝辩证唯物论的自然科学家,都存心把自己的研究领域引进唯心论。事实上凡是责骂进步哲学的人,都不可避免地要成为最丑恶的哲学体系的奴隶或俘虏。①

束星北具有罕见的"身上每一个棱角都异常锋利鲜明"的个性,尤其在学术问题上,他锱铢必较,毫不客气,且不分场合,不讲方式,也不分对象,不计后果。一次,华岗在政治大会上讲到马列主义哲学的真理时,束星北竟当众站起来高声反驳道:"学校里应该科学技术第一,马列主义其次。"②华岗的党性信念和原则比钢铁还硬,自然难以容忍束星北对马克思主义辩证唯物论的无知与诋毁。华岗不仅连续十数次在政治大会上讲辩证唯物论,而且将辩证唯物论作为山东大学学习运动的主要材料,组织山大校本部及附属单位共计482名教职员进行专题学习。华岗的讲稿大都发表在《新山大》报和《文史哲》杂志上,有几篇还在《文汇报》上转载。1954年7月—1955年1月,华岗将讲稿以"辩证唯物论大纲"为题交上海人民出版社出版,连单行本和合订本先后共计发行21万多册,在社会引发的反响可想而知。

话语权在华岗方面,束星北失去了发声的空间。但是,束星北不会认输,不想被政潮所淹没,他便退守到物理学"地盘"上,用自己的教育方式与当权者争夺"阵地"。为了分散学生的政治学习热情,让学生更多地投入到物理学习中来,束星北不断增加测试、考试,并粗暴地谩骂跟不上课的学生。学生们常常因考试负担疲于奔命,致使一些学生带头"罢课",联合展开驱逐束星北的行动。1954年11月,山东大学辩证唯物论学习总结列举的"我们搞自然科学的都是实事求是,马列主义是空喊"和"马列主义不能侵占自然科学的阵地,自然科学不能由马列主义作领导"③等反面言论,虽未点名,但指向束星北是毫无异议的。事实上,自1954年下半年山东大学对束星北展开了公开的批判,有些对束星北及妻子葛楚华的批判行为不免带有变相体罚和人身攻击。1955年7月28日,束星北在给中共青岛市委并山东省委的信中称:

① 华岗:《辩证唯物论和物理学》,载《华岗选集》第3卷第2603页,山东大学出版社,2003。
② 《斗争束星北是完全正确的!》,载《青岛日报》1957年7月6日。
③ 《山东大学教职员"辩证唯物论"学习总结》,载《文史哲》1955年第2期。

青岛市委〈员〉会并转山东省委员会:

　　这次山东大学把我当做"反革命分子"斗争已多天,并有时指摘〈责〉我是"反革命分子",已报请检查。现在更多次肯定我是"山大反革命集团"的头子。运动正在开展中。特再提请注意检查、彻底的检查。昨日,校产科对我爱人竟采取了体罚手段:"罚站"(站在凳子上)并用强力抽去凳子,不准离开会场,结果〈致使〉我爱人坐在地上。此事昨晚即报告校方及学委会(但尚未提出抗议)请予注意,并请假。现校方委员会,虽不否认罚站抽凳子等事,但不准假。为避免妨碍运动的进行,我爱人下午仍去开会,不过为避免不幸发生(昨天我爱人不肯接受罚站),及〈欲出门而〉不准出门时已两次以头撞门,请予注意山大这种行为,〈并〉及时掌握。我今天先写下这点材料供给您〈你〉们参考,其有序的,待以后头脑较清〈醒〉时,整理奉上。

　　此致

　　　　敬礼

　　　　　　　　　　鱼山路 26 号甲山大宿舍

　　　　　　　　　　束星北上　　1955.7.28①

　　8 月 6 日,束星北再次向青岛市委反映自己的遭遇。他还给中共中央发电报,申诉"山东大学把我当反革命分子斗争已三天,请注意发展"②。8 月 13 日,山东大学召开了"束星北反革命斗争大会",大会主持人在总结发言时指出:"今天大会上可以看出束星北面目,看出他对揭发批判的态度。群众给他机会要他交待,但他却顽抗狡辩。我代表党委宣布他停职反省。"接着,几个人冲上去强行摘下束星北胸前的"山东大学"校章。

　　据悉,束星北曾在 1955 年 8 月致王淦昌的信中将自己不幸之"远因"归因于 1953 年与华岗的"哲学–物理学"之争。③ 应当说,华岗的辩证唯物论政治学习及其结集出版的《辩证唯物论大纲》,契合了全国兴起的批判资产阶级唯心主义的需要,对于加强山东大学教职员学习马克思主义哲学理论具有必要性和迫不及待性。但是,华岗忽视了理论学习的可接受性,尤其对束星北这种对哲学抱有偏见且不通世故的狷介之士,用针尖对麦芒的方式迫其在理论上就范,其结果只能适得其反。同时,华岗的辩证唯物论研究也存在缺陷。1955 年 8 月,有学者

① 转引自刘海军著《束星北档案:一个天才物理学家的命运》,第 103 页,作家出版社,2005。

② 杨树珍:《束星北先生年表》,载孙志辉主编《胡杨之魂——束星北先生百年诞辰纪念文集》第 276 页,海洋出版社,2007。

③ 束美新:《父亲的真情》,载孙志辉主编《胡杨之魂——束星北先生百年诞辰纪念文集》第 255 页,海洋出版社,2007。

对华岗的《辩证唯物论大纲》提出批评，指出华岗对辩证唯物主义理论中的一些基本概念和范畴"缺乏明确的说明和定义"，在本质和非本质的联系、唯心主义根源等问题的阐述"是不够确切的，甚至是错误的"。[①] 这篇文章发表在华岗"出事"之前。此时华岗的处境已不妙，他的妻子谈滨若——时任青岛第七中学校长已被"隔离审查"。

其实，自 1955 年 5 月 11 日《人民日报》刊发编有毛泽东按语的《关于胡风反党集团的一些材料》就有"山雨欲来"之势。5 月 18 日，全国人大常委会批准将"胡风反党集团"的骨干分子逮捕收审，结果全国共有 2100 人受到牵连，其中就有华岗。据说，华岗在 30 年代做《新华日报》编辑时曾与胡风有过交往。从胡风的日记里查出华岗和胡风自 1937 年 12 月 6 日至 1940 年 9 月 10 日互访 52 次、通信 3 次。此外，新中国成立后因文艺界的宗派主义，胡风情绪不好，华岗曾写信劝慰过胡风。同时，"以向明为首的反党宗派集团"案发，华岗被指控为集团成员。华岗大难临头了。据执行搜查华宅的知情者披露：

> 1955 年 8 月 25 日，我接到通知，不准外出，要参加一个重要行动。到了晚上八点左右，由市委组织部副部长武杰和市公安局副局长杨光天同志率领到了龙口路华岗的家。杨光天上前按响了门铃，出来开门的是华岗的警卫员小王同志。杨光天先让小王交出枪支，然后进入华岗家的客厅开始搜查，搜查了一宿。与此同时，还搜查了杨向奎、吴大琨、孙思白、葛懋春四位同志的家。[②]

华岗被罗列的罪名有三项，其中之三是不准逮捕"历史反革命"的教授，在山大"包庇反革命"。显然，若不是华岗有意网开一面，束星北早就被打倒了。束星北在国民党军令部技术室研制探测器等电讯器材是一个具有重大嫌疑的"历史反革命"问题，早已落入公安机关的惩治大网。华岗与束星北本是完全不同的两类人，却在很大程度上演绎了极为相似的命运悲剧。[③]

与"华岗案"相连始于 1955 年 7 月的"肃反"运动，对山东大学带来巨大震动。根据 8 月 28 日中共中央《关于彻底肃清暗藏的反革命分子的指示》，运动的重点是有严重历史问题的教职员工，以及"组织反动小集团、仇视党团组织、散布反动言论、对抗各项政治运动"的大学生。1955 年 10 月 28 日，中文系教授许文

---

① 高清海：《评华岗的〈辩证唯物论大纲〉》，载《东北人民大学人文科学学报》1955 年第 2 期。

② 陈景中：《从华岗冤案说开去》，载《山东大学报》2016 年 6 月 29 日。

③ 1957 年，华岗被转入北京秦城监狱。面对无数次审讯，华岗只说了五个字："我无罪可服！"1965 年 3 月，华岗被判 13 年徒刑，此时他已失去自由长达 10 年。1972 年 5 月 17 日，华岗因病在济南逝世。

雨被捕。① 许文雨(1902—1957),又名许孝轩,字维周,浙江奉化人,1925 年考入北京大学,毕业后留校任教,后又相继任教于之江大学、福建省立师范专科学校,著有《诗品释》《文论讲疏》《唐诗集解》等,在中国文学批评史领域"能超迈浮泛蹈空的侪辈俗流"②,1954 年 3 月任山东大学中文系教授。至 12 月中旬,山东大学以"坏分子"论开除了马诗海、唐英强等 23 名学生学籍。③ 1956 年 11 月许文雨出狱,欲重返山东大学未如愿,几经辗转去了郑州师范学院。"肃反"运动教育了广大干部和群众,提高了社会主义觉悟和警惕性,同时又存在扩大化失误,混淆了两类不同性质的矛盾,给社会风气带来不同程度的消极影响。

二　1957 年反右斗争扩大化与"大跃进"中的教育革命

山东大学的 1957 年笼罩在以整风运动为前导、以大"鸣"大"放"为形式的反右风云中。由于"左"的思想带来的反右扩大化,致使 200 多人蒙冤受屈,知识分子民主建言的氛围被打破。紧随其后的"大跃进"运动在改革人才培养模式和办学形式、激发群众参与高等教育建设的同时,由于偏离国情、违背教育发展规律,山东大学出现了教育质量滑坡、教育秩序混乱等严重问题。

1.反右扩大化与陆侃如、束星北等被错划的右派

根据中共八大精神,1957 年 4 月 27 日中共中央发出《关于整风运动的指示》,提出在全党重新进行一次普遍的、深入的反官僚主义、反宗派主义、反主观主义的整风运动。5 月 9 日,中共青岛市委召开全委扩大会议,确定了山东大学等 108 个第一批整风单位。5 月 21 日,山东大学党委召开全校师生动员大会,以青岛市委的统一口径,号召对党的领导机关和党员干部作风等方面提出批评意见和建议。这个起先在党的文件上表述为"既严肃认真又和风细雨的思想运动",形式为"恰如其分地进行批评和自我批评",范围"只限于人数不多的座谈会和小组会",由于 5 月 24 日中共青岛市委第一书记滕景禄在邀集各民主党派青岛地方组织负责人座谈会上要求党外人士"尽量对整风运动计划和整风重点等提出意见",结果一些"从未发表意见的"人也开始大"鸣"大"放"了,有人竟然用"四个钟头的时间还未说完准备好的全部意见"。④

---

① 《披着人民教师外衣的反革命杀人犯许文雨已被逮捕归案法办》,载《新山大》第 200 期,1955 年 12 月 10 日。

② 柳诒徵:《〈文论讲疏〉序》,载许文雨撰、杨焄整理《文论讲疏》第 2 页,上海古籍出版社,2020。

③ 《本校开除坏分子 23 名学籍　2 名反革命分子由政府依法逮捕》,载《新山大》第 202 期,1955 年 12 月 24 日。

④ 《党内外干部开始大鸣大放》,载《青岛日报》1957 年 6 月 8 日。

"鸣""放"这个颇具时代性的概念,源于1956年4月中共发展科学、繁荣文艺的"百花齐放、百家争鸣"方针。但是,1957年初毛泽东从治国理政的高度赋予其新的政治功能,在随后的整风运动中"双百"便改称"鸣""放",失却了"双百"的含义。旋即,"鸣""放"进一步演化为大"鸣"大"放",加之不受约束的大字报、大辩论,"不能容忍地削弱党对知识分子的领导"①。山东大学一些热衷于特殊政治文化现象的知识分子,竟忘我地投入到大"鸣"大"放"之中。《中国共产党青岛历史》明确写道:"首先开展'鸣''放'的是山东大学。"②

据史料记载,1957年5月29日,山东大学物理学系九三学社小组以"青年人,不要沉默吧,起来战斗!"③为题贴出了首张大字报,接着各学系纷纷张贴大字报,并普遍成立"鸣放委员会"组织开展各种形式的"鸣""放"活动。据不完全统计,至6月10日山大共贴出大字报2023张。④此外,九三学社山大支社印发了《民主报》,山大学生会举办了"民主论坛",山东大学全校师生员工给校党委和党员个人提出各类意见总计3783条。

运动中,山东大学束星北、陆侃如的表现最为突出。1956年9月解除"停职反省"的束星北于1957年5月在山东省委宣传工作会议上做了题为《用生命维护宪法的尊严》的发言,束星北总共半个多小时的发言竟被台下欢呼的掌声打断了20余次。几乎与此同时,陆侃如则大谈取消高等学校党组织的问题。6月2日,陆侃如在九三学社青岛分社会议上做了题为《我赞成取消高等学校党委制》的发言,又于6月8日在《青岛日报》发表了《我对学校党委制的看法》。据说,这是贯彻毛泽东是年2月27日在最高国务会议上的报告和4月30日在天安门城楼同民主人士的关于"学校党委制恐怕不适合,要改一下"的谈话精神。

显然,"鸣""放"的闸门一打开,各种意见喷涌而出。有的批评山大与华大合并带来了"宗派情绪",山大党委"宗派主义严重"⑤;还有的认为山大政治待遇存在"九等三十六级",唯"党员一等"⑥;更有一些人失去了理智,"民主墙"上甚至出现了人身攻击、暴露个人隐私的大字报,很多学生聚集在"民主角"讨论国家前途;中文、历史、海洋等学系的"学生代表"甚至要求校党委停课开展"鸣""放"。一时间,山东大学出现了学校历史上空前的政治沸腾局面。

---

① [美]R.麦克法夸尔、[美]费正清:《剑桥中华人民共和国史·革命的中国的兴起(1949—1965)》,谢亮生等译,第143页,中国社会科学出版社,1990。

②④ 中共青岛市委党史研究室:《中国共产党青岛历史》,第2卷,第235、235页,中共党史出版社,2016。

③ 《反右派斗争在山大》,载《青岛日报》1957年7月9日。

⑤ 《揭透矛盾 倾尽肺腑 拆墙填沟 共同前进——政协青岛市第一届委员会第三次全体会议上的发言》,载《青岛日报》1957年6月4日。

⑥ 仲平:《国事十条》,载《新山大》第268期,1957年6月14日。

　　此间，山大学生组织的一起"闹《青岛日报》事件"搅得政坛哗然，满城风雨。1957年5月，《青岛日报》发表的一篇山东大学整风运动的官方文章引起山大部分学生不满，6月3日，姜宝福、牟迅、王春城、夏维成、周善成、郁展学等数十名山大学生到青岛日报社门口张贴大字报，青岛市政协和部分民主党派人士参与其中，支持学生的行动。① 青岛日报社认定，山大来报社闹事学生的背后一定有"阴谋的主使者"。而此时，中共的党内文件已要求把控"鸣""放"的时间，掌握主动，锻炼人才，不要为一时"好似天昏地暗而被吓倒"。6月8日，毛泽东起草了《组织力量反击右派分子的猖狂进攻》的党内指示，特别强调指出：

　　　　高等学校组织教授座谈，向党提意见，尽量使右派吐出一切毒素来，登在报上。可以让他们向学生讲演，让学生自由表示态度。最好让反动的教授、讲师、助教及学生大吐毒素，畅所欲言。他们是最好的教员。②

　　形势突变，风向急转，一场狂风暴雨降临了。6月10日，青岛市中级人民法院公开审判了方未艾。③ 6月17日，中共山东省委、省整风领导小组决定在《大众日报》对18名山东知名人士点名批判，山大的陆侃如、束星北名列其中。④ 山东大学党委立即就陆侃如提出的取消党委制展开批判。山大部分学生的"闹《青岛日报》事件"，被认定为"有目的、有组织的政治阴谋，是全国右派分子向党进攻的组成部分之一"⑤。7月上旬，山东大学反右斗争告一段落，陆侃如、束星北、刘鸿宾、伍恩照、王馥宇等204人被划为右派分子，其中正副教授16人、讲师和助教38人、干部6人、学生144人（含应届毕业生12人）。⑥ 右派学生占比高达70.59%，超过全国高校均值。

　　此时，毛泽东正在青岛。他写的《一九五七年夏季的形势》强调反右

图6-70　山东大学演出独幕剧《异路人》

---

　　① 《山大部分学生到本报无理取闹的经过》，载《青岛日报》1957年7月14日。
　　② 毛泽东：《组织力量反击右派分子的猖狂进攻》，载《毛泽东选集》第5卷第432页，人民出版社，1977。
　　③ 《方未艾被判五年徒刑》，载《青岛日报》1957年6月13日。
　　④ 中共山东省委党史研究室、山东省档案馆：《中共山东历史大事记（1949年10月—1978年12月）》，第257页，山东人民出版社，2000。
　　⑤ 《告青岛各界人民书》，载《青岛日报》1957年7月18日。
　　⑥ 山东大学校史编写组：《山东大学校史（1901—1966）》，第244页，山东大学出版社，1986。

斗争的性质"是对抗性的不可调和的你死我活的矛盾"。7 月 21 日,《人民日报》发表了题为《陆侃如想把"九三"分社变成反共司令部》的长篇文章,并配有"道貌岸然的学者原来是野心勃勃的阴谋家"的肩题及"山东大学师生和分社成员群起反击,右派的美梦破灭了"的副题,文章指出陆侃如最热心的是反对党的领导。据悉,山东大学在批判陆侃如的会上,点名要冯沅君发言批判。冯沅君沉默良久,最后迸出一句:"我大半生与'老虎'同衾共枕,竟无察觉,是得了神经麻痹症吧?"①8 月 24 日陆侃如在《大众日报》发表《向全省人民低头认罪》的"认罪"书后,又于 9 月 16 日在《青岛日报》发表《向全市人民低头认罪》的"认罪"书,说了许多言不由衷的话。

1957 年山东大学的"反右"是全国反右斗争的缩影,山大确有个别坚持反动立场的人向党恶毒攻击。② 但由于受"左"的思想指导,反右派斗争被严重扩大化,致使一些诚心诚意帮助中共整风的知识分子蒙冤受屈。被打成右派的大学生,青春年华遭遇身败名裂;参与反右斗争的学生,竟错误地认为经历了一场"庄严、伟大而非常艺术的斗争"③。自此,愈演愈烈的"左"倾思想和阶级斗争"损害了知识分子投身党的发展目标的热情"④。

2.总路线为指导的教育革命与大炼钢铁、人民公社

1958 年 5 月中共八届二中全会根据毛泽东的创议通过的"鼓足干劲,力争上游,多快好省地建设社会主义"的总路线,极大地促进了山东大学教职员工为高速度建设社会主义奋斗的热情。在此之前的 3 月 3 日中共中央发出《关于开展反浪费反保守运动的指示》("双反")后,根据山东省委、青岛市委的贯彻意见,山大师生已投身于反浪费、反右倾保守、实现教育"大跃进"的运动中来。据悉,山东大学 2000 多名师生员工在校党委动员大会的当天就贴出了 12 万余张大字报,比以往运动张贴的数量增加了 14 倍。⑤ 在"超英赶美、跑步进入共产主义"的目标导向下,3 月 28 日,青岛市委制发了宣传文教战线"百日奋战"计划,发出"全线出击,展开竞赛,奋战百日,赶上形势"的"战斗号召",决定"筹设新型大学二十一处"⑥。及至 11 月 26 日市委作出的《关于教育工作的指示》竟提出,青岛市要在 1966 年内普及高等教育。

---

① 杜书瀛:《我所知道的陆侃如、冯沅君先生》,载《文艺争鸣》2020 年第 8 期。

② 山东大学百年史编委会:《山东大学百年史(1901—2001)》,第 227 页,山东大学出版社,2001。

③ 《山大同学陆续回家度暑假 离校前交流反右派的心得》,载《大众日报》1957 年 8 月 2 日。

④ [美]R.麦克法夸尔、[美]费正清:《剑桥中华人民共和国史·革命的中国的兴起(1949—1965)》,谢亮生等译,第 145 页,中国社会科学出版社,1990。

⑤ 中共青岛市委党史研究室:《中国共产党青岛历史》,第 2 卷,第 240 页,中共党史出版社,2016。

⑥ 《本市掀起大办学校热潮》,载《青岛日报》1958 年 7 月 19 日。

　　山东大学在总路线的指导下,着力于改革教学内容、教学方法、考试制度,并采取学校领导、教师、学生"三结合"的方式修订教学大纲、编写教材,大力开展教育革命。据统计,在教育革命中,全校共修订教学大纲 117 门,编出教材 129种,撰写公社史、厂矿史、学校史 4 部,解决生产中较大技术问题 58 个,提出科学论文或报告 244 篇。例如:中文、历史二系师生通过下乡、下厂接触工农群众,写出了《高唐人民公社史稿》和《枣庄煤矿史》。其中,《枣庄煤矿史》经枣庄矿务局和中国科学院山东分院历史研究所的参与,1959 年由山东人民出版社出版。化学系师生对大炼钢铁中的产品进行分析化验,以便提高钢铁质量。水产学系师生大力开展水产养殖和加工,并提出通过生产商品海带和养殖鱼,3 年内实现经费自给,不要国家一分钱;力争 5 年内商品海带产量提升到 2000～3000 斤,到 1962 年年产海带 320万～500 万斤,池塘鱼养殖 17 万～25 万斤。① 事实上,1958 年 3 月15 日山东大学举行"跃进誓师大游行"后,全校师生便投身"大跃进"生产建设的热潮之中,到 7月,山东大学新建的农场、养殖场、硫酸化工厂、无线电制造厂等已投入生产。②

图 6-71　山东大学学生在海滨作业

　　基于总路线的教育"大跃进"带来了一系列问题。为贯彻陈伯达 1958 年 3 月作出的哲学、社会科学"应该跃进,而跃进的方法之一就是厚今薄古"的批示,1958 年夏山东大学陈百中、张良权、胡锡涛、任孚先等学生对中文系教学研究中存在的厚古薄今的问题撰文批判。陈百中称"中四语言专门化同学,初步检查了四年来所学的全部语言课,一致感到厚古薄今,颂古非今,脱离实际,脱离政治的现象在语言教学中严重存在",并且"完整地表现在课程设置、教学内容、教学方法等各个方面"。③ 张良权使用了"山大中文系文学史教学中的'崇古非今'"的标题,尖锐地指出:"我们的老师对古人、古代作品常推崇备至,错误地把他们捧到不应有的高度。"④刘泮溪、韩长经进一步证实,"新中国成立以后的文学则根本不讲",对一些"无产阶

①　《山大水产系力争三年全部经费自给》,载《青岛日报》1958 年 4 月 7 日。
②　山东大学档案馆:《山东大学大事记(1901—1990)》,第 111 页,山东大学出版社,1991。
③　陈百中:《山大中文系语言教学中的厚古薄今、脱离实际》,载《文史哲》1958 年第 7 期。
④　张良权:《山大中文系文学史教学中的"崇古非今"》,载《文史哲》1958 年第 7 期。

级作家则表现得极为冷淡甚至根本不提"。① "厚今薄古"还是"厚古薄今"，一时成为文学艺术跃进还是倒退的问题，并被进一步上升为思想文化战线上的两条道路斗争问题，教育领域迅速展开了"拔白旗、插红旗"运动。矛头尖锐，势不可当。《文史哲》的厚古薄今讨论正酣，刘泮溪撰写的《向大跃进中的新民歌学习》一文掀起了新的波澜。1958 年 3 月，毛泽东在中共中央召开的成都会议上号召和搜集新民歌。面对"人人会写诗，人人会画画，人人会唱歌"狂飙突起的文艺"大跃进"和突击式的群众性文艺创作运动，刘泮溪的文章发出了"社会主义大跃进中产生的新民歌，它们以气吞山河，英勇豪迈的思想感情和艺术魔力，汇成了诗的海洋，诗的天国"②的感叹。然而，不及一年毛泽东对遍地放"民歌卫星"、违背艺术创作规律的倾向否定，他在郑州召开的中共中央政治局扩大会议结束时说："写诗不能每人都写，要有诗意才能写诗。"1958 年"大跃进"中的《文史哲》，在语言教学的今与古、文学与政治等重大命题上发表了不少颇受思想理论战线关注的文章。

当然，最令人不解的是 1958 年山东大学兴起的大炼钢铁运动和开办的学校人民公社。

1958 年 7 月，山东省委一届九次全委扩大会议提出"让粮食、钢铁、机械三大元帅先行升帐"，特别强调"钢铁元帅必须先行升帐"。对此，青岛市委在贯彻时又提出钢铁、机械"两个元帅"必须"迅速升帐"，用大中小并举、土法与洋法结合的办法开展大炼钢铁运动。山东大学在大炼钢铁运动中，整个校园到处都是

土炼铁炉，教学楼各教室门窗上的小五金件也被拆去"炼钢"，而炼出来的一坨坨带气泡眼的铁疙瘩则是一堆废物。物理学系四年级师生计划炼出电机及电器工材用的合金钢，但最普通的焦炭"也总得要走遍四方还弄不到"。③ 高等学校参与大炼钢铁，停课甚至挑灯夜战，严重影响了学生的学业，干扰了正常的教学秩序，破坏了校园环境和教

图 6-72　山东大学师生在大炼钢铁运动中

---

① 刘泮溪、韩长经：《现代文学各课教学改革中的几个问题》，载《文史哲》1958 年第 10 期。
② 刘泮溪：《向大跃进中的新民歌学习》，载《文史哲》1958 年第 8 期。
③ 王绍渤：《我们的合金钢厂是这样建立起来的》，载《文史哲》1958 年第 10 期。

学设施。其实,时任山东大学校长的晁哲甫对大学师生投身大炼钢铁运动极不赞同。据知情者称:

> 他(指晁哲甫)看到学校里热火朝天不顾一切的大炼钢铁运动,看了许多省里发来的各条战线的材料,引起了无限的思虑。这位久经风霜的老共产党员,随着党的发展,走过了胜利的道路,也受过艰难的挫折,对于每一个行动带来的结果是敏感的。他曾问我:"只算政治账,不算经济账,能行吗?"我当然无以对答。我的沉默却引起了老人滔滔不绝的议论,表示我们不要去推波助澜。①

1959 年 1 月,山东大学在总结 1958 年工作时称:"在大炼钢铁时期,学校未能在大炼钢铁的同时,继续抓紧社会主义思想教育方针的学习,对教学工作有所忽略,也没能及时地做出全面安排。"②山东大学如何纠偏,未见文献记载。

更意味深长的是,"人民公社"这一概念是在高等学校的一次会议上作为领袖的意志首次披露出来。1958 年 7 月 1 日,陈伯达在北京大学纪念党的生日大会上发表的题为《在毛泽东同志的旗帜下》的长篇演讲中公开披露毛泽东关于建立共产主义公社的构想,即"逐步地有秩序地把'工(工业)、农(农业)、商(交换)、学(文化教育)、兵(民兵,即全民武装)'组成为一个大公社,从而构成为我国社会的基本单位"。8 月 9 日,毛泽东在视察山东济南北园乡农业社时说了一句"还是办人民公社好"③。8 月 17 日,中共中央政治局北戴河会议通过了《关于在农村建立人民公社问题的决议》,山东大学的行动颇具跃进性和创造性。9 月 16 日,山大全校师生员工大会列举出大学办人民公社的十大好处:

> (一)解放生产力,提高生产,加速社会主义建设;
> (二)建立武装,学习军事,保卫和平建设,逐步打击美帝的侵略;
> (三)教育与政治、军事、经济紧密结合起来,可以充分发挥人力物力的作用,积极配合国家建设,使学校能对国家做出更大贡献,并利于学校的发展,迅速成为工农商学兵的共产主义大学;
> (四)加强对教学、科学研究、生产劳动的领导,更好地贯彻党的教育方针;

---

① 郭新璋:《忆随晁哲甫同志工作的片段》,载刘荫灏主编《晁哲甫纪念文集》第 213 页,山东大学出版社,1998。
② 《一年来的工作检查和整改意见(初稿)》,存山东大学档案馆,档号:WSHX-1959-007。
③ 中共山东省委党史研究室、山东省档案馆:《中共山东历史大事记(1949 年 10 月—1978 年 12 月)》,第 288 页,山东人民出版社,2000。

（五）使教学和科学研究更紧密结合实际,提高教学质量和科学水平;

（六）使生活集体化,培养集体主义精神;

（七）组织军事化,行动战斗化,可以培养高度的组织性、纪律性;

（八）加强生产劳动,可以加速实现知识分子工农化;

（九）把家属组织起来,参加社会劳动,便于提高其社会主义觉悟和生产水平;

（十）使儿童进入托儿所、幼儿园,加强教育,使下一代迅速成长。①

不知山东大学是否论证了大学办人民公社的必要性,三天后(9月19日)中共中央、国务院《关于教育工作的指示》提出的"教育为无产阶级的政治服务,教育与生产劳动相结合"的方针不期然给山大增添了大学办人民公社的紧迫性。9月20日,山东大学人民公社宣告成立,通过建立人民公社实现教育"大跃进"。②时任山大校长的成仿吾为"山东大学人民公社"揭牌,激情昂扬的师生们簇拥着"山东大学人民公社"的牌子振臂高呼,整个鱼山校园沸腾了。山东省副省长王哲在成立大会上的讲话道出了些许感慨,"人民公社成立,学校又是工厂,又是学校,又是农场","它将把我们从资产阶级观点中解放出来"。③王哲曾是1949年接管国立山东大学时的校长,彼时他提出的山大师生"从资产阶级观点中解放出来"的要求仍是领导者的口吻。

根据山东大学人民公社章程,学校最高权力机关为社员代表大会,这一名称彻底颠覆了自国立青岛/山东大学以来30年的学校系统概念。由社员代表大会选举产生公社委员会,在委员中产生社长、副社长,以取代过去的校长、副校长。公社委员会下设教学工作、科学研究、生产劳动、武装保障、民政、财务、福利7个部。全社划分中文、历史、数学、物理学、化学、生物学、水产学、海洋学、地震学、校部、工农预科11个支社,以取代以往的学系。各支社成立管理委员会,将过去的教学和管理机构改成若干生产队,生产队是生产、学习、工作的基本单位。山东大学人民公社诞

图6-73　山东大学公社化的学生食堂

① 《认真办好我们的人民公社》,载《山东大学》第396期,1958年9月22日。

② 《山东大学1958—1959学年工作方针和任务》,存山东大学档案馆,档号:WSHX-1958-001。

③ 《欢呼山东大学人民公社成立》,载《山东大学》第396期,1958年9月22日。

生于 1958 年,与"大跃进"同为总路线所孕育,并真实地反映出山东大学 1958 年的发展轨迹,给山大校史写下了极为特殊的一笔。

总的看,面对 20 世纪 50 年代中后期中苏两党两国关系非正常化等严峻复杂的外部环境,毛泽东极为关注社会主义政权巩固,产生了依靠自己力量率先进行"超英赶美"的深切使命感。由于中共八大"形成的正确路线未能完全坚持下去,先后出现了'大跃进'运动、人民公社化运动等错误";"在关于社会主义社会阶级斗争的理论和实践上的错误发展得越来越严重,党中央未能及时纠正这些错误"。① 在"左"的思想指导下,山东大学的"大跃进"运动、人民公社化运动,违背了教育规律,延迟了教育现代化的进程。

第五节　几度变更的高校调整政策与回迁济南行动

20 世纪 50 年代的山东大学一直处于接连不断的调整迁并之中。如果说,1951 年山大与华大在青岛合校是调迁的前奏;1952 年调出的工学院、农学院和政治、艺术等系,1956 年医学院独立建院为调迁的序幕;那么,1956 年在郑州的建校计划搁浅后 1958 年回迁济南,则是山东大学整部调整动迁乐章的主调。这样,山东大学在青岛走过 30 年办学路程后又回到了济南。

一　1952 年院系调整与 1956 年医学院的独立建制

其实,1951 年山大与华大的合校就折射出建立集中统一的高等院校管理体制的紧迫性问题,为适应国家建设对专门人才的需求,山东大学的调迁将不可避免。1952 年,山东大学在以华东、东北、华北为重点的大规模院系调整中调出了工学院、农学院大部和几个学系,1956 年医学院又剥离出独立建成青岛医学院。山东大学在全国高等学校院系调整中有许多值得总结的历史经验。

1.院系调整的得失与全国综合性大学的定位

1952 年 6 月—9 月的全国高等学校大规模的院系调整,是以 1951 年 10 月中央人民政府政务院《关于改革学制的决定》为指针,以 1951 年 11 月教育部召开的全国工学院院长会议为引介,之后,全国 3/4 的高等学校加入了中国教育空前的大调整浪潮中来。根据 1952 年 5 月教育部发布的《一九五二年全国高等学校院系调整计划》,7 月 8 日,华东军政委员会召开第一一五次行政会议,成立华

---

① 《中共中央关于党的百年奋斗重大成就和历史经验的决议》,载《人民日报》2021 年 11 月 17 日。

东区高等学校院系调整委员会,7月26日下达《华东区高等学校院系调整设置方案》,8月2日—4日召开会议专门部署调整工作,主持人是华东军政委员会教育部高教处长曹未风。曹未风紧锣密鼓的工作节奏对山东形成无形的压力。8月13日,山东省文教委员会召开第六次扩大会议,决定正式开展调整行动。在吸收各有关院校负责人和教授代表参加的基础上,一个由37人组成的华东区高等学校院系调整委员会山东分会成立,主任委员由中共山东分局宣传部部长夏征农担任,华岗、王众音、王统照、刘剑飞任副主任委员。会议要求山东省各高校普遍成立相应的调整委员会,山东大学还应商请青岛市委派员参与委员会的工作。此次山东的高校调整以山东大学、齐鲁大学为重点。齐鲁大学随全国教会大学"集体隐身"主要完成分解问题;而山东大学则要在发展专门学院、培养工业建设人才的布局调整中,解决重新组合的问题。显然,山东大学的调整是山东乃至华东地区高校调整中的关键环节。

1951年11月全国工学院院长会议之后,华岗即结合山东大学思想改造运动,不失时机地将全国院系调整的意向与山大面临的形势和任务结合起来,于11月17日做了一次政治大会报告。华岗强调指出:

> 必须充分和合理运用现有力量,适当调整院系,改革课程内容,改善教学方法,防止人力浪费,提高工作效率。但要彻底实现这些改革,就必须首先清除存在大学教师里面的坏习惯和坏思想,如个人主义、本位主义、宗派主义和保守主义等。如果高等学校的教师不清除欧美资产阶级的反动思想,就不可能为新中国培养新后代。如果不克服本位主义、宗派主义和个人主义,就不可能顺利地进行院系调整和课程改革,即使做了,也会流于形式。[①]

实际上,华岗的报告已经超前做了院系调整的动员,他连续使用的个人主义、本位主义、宗派主义、保守主义这"四个主义"分明指向院系调整的要害问题。院系调整的必要性、紧迫性众所周知,一曰政治改造,二曰经济建设。在政治改造方面,新中国在红色政权建立不久即大规模调整高等学校的院系设置,旨在最大程度地拆散民国大学体系,对民国时期效仿美式、英式构建的高校体制进行彻底的改造,从制度上保障新中国高等教育的发展方向,以提高广大劳动人民文化水平、工农干部的深造和国家建设事业的促进。[②] 在经济建设方面,新中国

---

① 华岗:《目前形势、思想改造和学制改革——一九五一年十一月十七日在本校政治讲座上的报告》,载《文史哲》1951年第1期。

② 《中央人民政府政务院关于改革学制的决定》,载《人民日报》1951年10月3日。

成立后,全国高等学校存在着地区分布不合理、师资设备分散、系科庞杂、教学不切实际的问题,由此造成了人才培养不够专精、大学生数量不能适应国家工业建设需要等问题。尤其是 1953 年国民经济第一个五年计划实行在即,苏联支持的100 多个重点项目使人才成为中国最紧缺的资源,特别是工科人才严重匮乏。1949 年新中国成立时全国接受高等教育的在校大学生只有区区 11 万名,工学院每年毕业生不到 1 万名,这个数量根本无法满足国家工业建设,特别是重工业发展的需求。高等教育改革的目的就是要把"抽象、广博的学府改造成具体、专业的学府"。只是如此轰轰烈烈的全盘调整,全国理、工科教学人员将有 3/4 被调离,"一纸令下"必将牵扯太多的利益关系。

8 月 19 日,华岗召开校务委员会常务会议,传达贯彻上级会议精神,成立由25 人组成的山大院系调整委员会,华岗任主任委员,李芸生、童第周、陆侃如、吴富恒任副主任委员,李芸生系青岛市人民政府文教委员会主任。委员会下设秘书、宣传、总务、联络、物资清点等职能小组,一条责任清晰的指挥链一节节传导下去。8 月 23 日,山大校务会议第十一次扩大会议召开,华岗在会上宣布了《山东大学院系调整方案》。主要内容是:

(一)政治系迁至济南,组建成山东政治学校。

(二)艺术系的戏剧组迁至上海,与上海戏剧专科学校合并,组建成中央戏剧学院华东分院。

(三)艺术系的音乐、美术两组迁至无锡,与上海美术专科学校、苏州美术专科学校合并,组建成华东艺术专科学校。

(四)工学院的土木工程学系与原山东工学院的土木、纺织两系,及原山东农学院的农田水利系合并,成立山东大学工学院(新设暂名)。

(五)工学院的机械、电机工程两系迁至济南,与原山东工学院合并,组建成新的山东工学院。

(六)农学院的水产学系留校,农艺、园艺、植物病虫害学三系迁至济南,与原山东农学院合并,组建成新的山东农学院。

(七)厦门大学海洋学系理论组部分教师并入山东大学,组建新的海洋学系。

(八)医学院独立建制,校名为山东大学医学院。[①]

8 月 26 日,山东大学院系调整大会举行,并定出调迁时间表。[②] 农学院农

---

① 栾开政:《山东高等教育发展史(1840—2000)》,第 238—240 页,山东教育出版社,2003。

② 《山东大学院系调整正式开始》,载《青岛日报》1952 年 9 月 5 日。

艺、园艺、植物病虫害三学系须于 9 月 6 日迁至济南,以便腾出房舍接纳自济南迁来的学系;政治系须于 9 月 7 日前迁至济南;9 月 10 日左右工学院的机械、电机工程二系迁至济南。其他迁移省外的学系,由于经费须经华东局批复,相互调动的具体日期由山东大学提出,协商解决。山大院系调整方案在实施过程中又有一些变动。具体是:其一,理学院地质矿物、工学院采矿工程学系原定留在山东大学,后改为迁至长春,与有关院校合并组建东北地质学院。其二,山东大学工学院独立建制,校名为"青岛工学院";原定并入的山东农学院农田水利系改为调整到华东水利学院。① 其三,独立建制的医学院因受校舍限制,暂缓调整。其四,齐鲁大学文学院的文学系、历史系并入山东大学。②

调出省外的山东大学艺术系,除少数人员做个别调整外全部离开青岛。其中,迁至无锡华东艺术专科学校计有师生员工 140 多人,包括教授 7 人:臧云远、何之培、俞成辉、曾以鲁、姜希、程午加、曼者克;副教授 5 人:牟英、施诗珍、李子铭、高登洲、瞿安华;讲师 7 人:苏天赐、张炬、金若水、魏乐文、傅蒙、张家政、何佩珊;助教 7 人:张树云、林希元、陈积厚、凌环如、钟璐茜、陈泉生、陈万隆。③ 上述人员 1950 年 12 月随华大与山大合校来到青岛,居青不到 20 个月。山大艺术系并入由刘海粟任校长的华东艺术专科学校,臧云远任副校长、党组书记,牟英任教务主任,俞成辉任美术系主任,姜希任音乐系主任。

山大农学院的农艺、园艺、植物病虫害学三系调出似在情理之中。国立山东大学时期的农学院即在济南原省立农专的校址办公,1946 年在青岛复校的农学院一直没有适宜的实习农场。而在济南,先是 1947 年山东省立农学院成立,1948 年济南解放后山东省立农学院又与省立高级农业职业学校、农林专科学校合并组建起规模较大的山东农学院。因此,此次山东大学农学院调往济南并入,不失为调整山东农业高等教育资源的良策,同时并入的还有齐鲁大学农业专科、金陵大学园艺系、南京大学园艺系果树组等。学农就要爱农,哪里有需要就去哪里。陈瑞泰明确表示,此次农学院系调整可以改变"人力浪费和设备不集中的状况",调整以后,"山东的高等农业教育将会得到健全的发展"。④

山大工学院一分为二,一定程度上反映了山东大学的发展成就;而山东工学院的土木、纺织二系迁青与山大工学院土木工程学系合并组建的青岛工学院,为青岛收获了一个新的院校。丁履德称赞道:"山东地区两个工业学院有明确的分

---

① 栾开政:《山东高等教育发展史(1840—2000)》,第 241 页,山东教育出版社,2003。
② [日]大塚丰:《现代中国高等教育的形成》,黄福涛译,第 40 页,北京师范大学出版社,1998。
③ 蔡淑娟:《历史回望:华东艺术专科学校组建与发展的六年纪程(1952 年—1957 年)》,载《山东大学艺术系华东艺专研究》第 818 页,南京大学出版社,2012。
④ 山东大学校史编写组:《山东大学校史(1901—1966)》,第 199 页,山东大学出版社,1986。

工……这一决定是完全正确的……坚决拥护并保证贯彻执行。"①丁履德（1912—1972），字骥甫，山东日照人，早年就读私立青岛大学，后转入南开大学，毕业后留学意大利都灵大学航空研究院，获博士回国后正值七七事变，历任航空机械学校、西北工学院、浙江大学、西南联大教授，抗战胜利前赴美国耶鲁大学机械研究院深造，后至美国纽沃克工学院任教，1947年回国任教国立山东大学，1950年任山东大学工学院院长。丁履德是内燃机专家，在航空工程领域造诣颇深。此次院系调整，丁履德被任命为山东工学院院长。1952年9月11日，随丁履德从青岛迁往济南的山东工学院名单填造完成。其中，机械工

图6-74　丁履德

程学系有系副主任关廷栋，教授金榜、蒋士龢，副教授陆修涵、周坤永，讲师颜子平、孟繁杰、候穆楷，助教尹长吉、裴烈钧、郑创新、陈谌闻、俞佐平、白详、王建琨、栾吉三，技术员张丹溪。电机工程学系有系主任樊翕，教授陈茂康、周伯鼎、庄正邦，副教授邵洪泮、牟敦煌、魏先任、侯博渊，讲师刘瀚非，助教常春馨、陈尚勤、曲喜新、梁泰基、王宪百、杨鸿铨、万国珍，助理员孙昌燕，技工辛丕贤、陈谅本。在全国大规模的院系调整中，个人的去留似乎微不足道。

　　客观地说，山东大学在1952年院系调整中最大的收益是定位由中央高等教育部直接领导的全国文理综合性大学，与北大、南开、复旦、南京、武汉、中山大学等并驾齐驱。以往同等类型的山西大学、安徽大学、湖南大学、广西大学等则在院系调整中被裁撤销名；河南大学被肢解后，1953年与平原师范学院合并，改名河南师范学院；浙江大学虽校名未变，但却改为多科性的工业高等学校。横向比较，山东大学是幸运的。尤其在人文社会科学的办学实力大大萎缩、文科院系被边缘化的背景下，山东大学却因接收齐鲁大学的文学、历史两系，实力大为增强。大学既是学术系统，又是权力系统，其兴旺与否取决于学校决策者透视专业兴衰的眼光和把控大起大落关头的韬略。正是1952年的院系调整，山东大学才确定了汉语言文学、历史、海洋生物、动物胚胎、植物、海洋物理6个专业为发展重点。事实如此，学科是"联结"各类专家的"专门化组织方式"，并通过"知识领域实现专门化"。②

---

①　丁履德：《我对院系调整工作的几点认识》，载《青岛日报》1952年9月6日。
②　[美]B.R.克拉克：《高等教育系统——学术组织的跨国研究》，王承绪等译，第34页，杭州大学出版社，1994。

2.1956 年青岛工学院再调整与医学院独立建院

1952 年青岛工学院建院之初设土木、纺织 2 个学系，开设 3 个本科和 4 个专修科。土木工程系本科设工业与民用建筑专业、河川及水电站的水力技术建筑物专业，专修科设工程测量、建筑、水力技术建筑专业；纺织工程系本科设纤维材料及机械工学专业，专修科设纺织专业。院址分设在青岛黄台路 10 号和松山路 16 号。院长为前北洋大学代理校长、土木工程学家金通尹，山东大学的刘宿贤调任青岛工学院党委书记兼副院长，另有副书记周汶源、张肇翼；前上海交通大学校长、航空摄影测量与遥感专家王之卓任青岛工学院教务长。青岛工学院由华东军政委员会领导，是 1952 年院系调整新设立的全国 12 所高等工业专门学院之一，与大连工学院、南京工学院等齐名。① 1952 年 11 月 5 日，青岛工学院举行建院典礼，时有师生员工 1023 名。②

然而，1956 年以中南地区为重点的高校院系调整波及青岛工学院。3 月 12 日，高等教育部作出同意中央卫生部关于山东大学医学院是年暑假在青岛工学院原址独立建院的批复，这意味着青岛工学院将被撤销。由于大规模的经济和国防建设急需大批测绘人才，决定集中同济大学、天津大学、青岛工学院、南京工学院、华南工学院 5 所院校测绘专业的师资、设备，在武汉组建一所由国家测绘局管理的测绘高等学校。在 6 月 14 日公布的武汉测量制图学院筹备委员会名单上，金通尹出任副主任委员，刘宿贤任秘书长，王之卓任委员。旋即，成立仅 4 载的青岛工学院被肢解。其工程测量专修科及基础课、公共必修课的师资迁往武汉，金通尹任武汉测量制图学院副院长，刘宿贤任副院长、副书记，王之卓任航测与制图系主任。③ 金通尹与王之卓均为一级教授。另外，青岛工学院的土木工程系调至西安，并入新组建的西安建筑工程学院；水利工程系调至西安，参与合并组建西安动力学院；纺织工程系并入华东纺织工学院。④ 青岛工学院办学 4 年，共培养毕业生 250 余名。

青岛工学院撤销建制和校名，所遗黄台路和松山路两处院区做青岛医学院址，从而完成了 1952 年因校舍问题搁浅的医学院独立建院议题。1956 年 4 月 5 日，为贯彻高等教育部关于山东大学医学院独立建院的指示，晁哲甫主持召开校长办公会。7 日，山东大学就医学院独立问题呈文高等教育部，主要内容是：

（一）医学院独立后，根据指示使用青岛工学院黄台路、泰山路全部校

---

① 《武测前身——青岛工学院的前世今生》，载《青岛城市档案论坛》2019 年 3 月 14 日。

② 《青岛工学院隆重举行建院典礼》，载《青岛日报》1952 年 11 月 9 日。

③ 谢红星：《武汉大学校史新编（1893—2013）》，第 208 页，武汉大学出版社，2013。

④ 钱宝钧、严灏景：《华东纺织工学院建校三十年》，载《纺织学报》1982 年第 1 期。

舍及该院其他各处教职工宿舍。

（二）独立后所需仪器设备、图书、家具用品等，现为医学院所用者，原则规定一律随迁；属于公用者适当分配；不足者造预算解决。

（三）建院后的组织机构正在研究，另文报告。

（四）建院经费预算已报，请速核拨。

（五）派李维新前去汇报。①

5月24日，医学院独立建院筹备委员会成立，校名定为"青岛医学院"，山东大学医学院附设医院改称"青岛医学院附属医院"。6月17日，青岛医学院向山东省人民委员会呈文，就目前安排及长远规划请省人委研究后转报中央卫生部批复。7月31日，山东大学报批山大、青医两校党委组成人员，其中青岛医学院党委成员为书记崔戎，副书记丛立、贾萍，委员韩文、李维新、王滋才、林纯之、邵济钧、聂仲远。同时，青岛医学院行政领导人选亦确定，徐佐夏任院长，潘作新、崔戎任副院长。附属医院由沈福彭任院长，林纯之任党总支书记。只是，7月19日山东大学医学院附设护士学校与山东省青岛护士学校合并成立的青岛卫生学校，因而同青岛医学院脱钩。②

8月16日，青岛医学院院本部迁至黄台路10号办公，5个年级学生分别安排在松山路16号、黄台路10号、龙口路48号三处院区。8月19日，青岛医学院240余名新生入学报到，9月3日正式上课，时有学生697人，教学人员150人，辅助人员及职工210人。9月29日，青岛医学院在德平路青岛第二体育场

图6-75　1956年青岛医学院建院庆祝大会

召开独立建院庆祝大会。③青岛医学院作为新中国创建最早的36所高等医学院校之一，独立建院后得以长足发展。1957年4月，青岛市中心检验室由市卫生局管理转为青岛医学院领导，1957年全校在校生达到834名，较1949年青岛解放时增长了7倍，比1956年独立建院时增加了60%。全院教授、讲师、助教计158名，其中教授、副教授22名，徐佐夏、潘作新、穆瑞五皆为一级教授。灼灼庭

---

① 钱国旗：《青岛大学校史》，第43页，中央文献出版社，2014。

② 1958年8月，青岛医学院附属医院护士学校成立，聂仲远任校长；1959年11月更名为"青岛第一护士学校"；1962年8月并入青岛卫生学校。

③ 《青岛医学院昨举行建院庆祝大会》，载《青岛日报》1956年9月30日。

花,记取囊萤窗下,青岛医学院进入一个相对稳定的发展时期。

20 世纪 50 年代的中国高等教育院系调整,无论波及范围,还是调整幅度,在世界高等教育史上都是罕见的。院系调整加速了实用人才的培养,尤其是工科类专门学院有了相当可观的发展。从青岛高校调整的实际效果看,山东大学有得有失,并在"失"中孕育了第二个"黄金期"。青岛医学院的独立发展,得益于 1946 年复校时的先机意识及数年人才基础的厚植,收获了大学权力的"百搭牌"效应。青岛工学院的沉浮则反映出全国院系调整"有过急的毛病",采取的是"绝对办法,单纯地调出、合并或取消,而不是有区别有步骤地加以合理取舍,逐渐改造"。症结在于经验不足,通盘规划不周,犯了运动式治国的痼疾。

3.工农速成中学的创办与大学业余函授教育

与高校院系调整相伴而生的是工农速成中学的建立和大学业余函授教育的推行。随着高等教育向工农开门政策的提出,作为师法苏联、培养工农出身的新型知识分子的工农速成中学如雨后春笋般出现在全国各地。工农速成中学既有别于一般干部文化补习学校,也不同于普通中学,而是一种特殊的大学预科形式,故以工农业生产中优秀分子为主要招收对象。条件是参加革命工作 3 年以上的工农干部或 3 年以上工龄的产业工人,具有相当于高级小学毕业文化程度,年龄 18~30 岁,个别特殊者可放宽到 35 岁。1950 年 4 月北京实验工农速成中学成立后,沈阳、大连、哈尔滨、太原、保定、西安等地相继建起 18 所工农速成中学。根据 1952 年春全国第一次工农速成中学工作会议的精神,1952 年11 月,山东大学附设工农速成中学组建,起初学制定为 3 年。山大速中因附设于大学,师资、设备等办学条件得天独厚。为了加强山大速中的领导,由陆侃如兼任校长,赵凌任专职副校长,邵平任校临时党支部书记。[1] 1956 年6 月,中共青岛市委批准,邵平任山东大学工农速成中学校长。

1952 年 11 月 30 日,山大速中第一批 138名学生报到开学,12 月 2 日正式上课,其中有来自青岛国棉六厂获全国工业劳动模范称号的郝建秀,她在开学典礼上代表全体同学表示

图 6-76　郝建秀(中)与
山东大学工农速成中学同学

---

① 　山东大学档案馆:《山东大学大事记(1901—1990)》,第 92 页,山东大学出版社,1991。

"保证胜利的完成这一光荣的学习任务"①。郝建秀仅仅上过小学三年级,她克服文化底子薄等困难,第一学期 7 门功课全部及格,有的学科还考到 80 分。郝建秀在山大速中学习期间担任了全国总工会、共青团中央的领导职务,经常到北京开会,不免影响学习。吴玉章来青岛考察时了解到这一情况,建议将郝建秀转

图 6-77　1952 年山东大学附设工农速成中学开学典礼

到中国人民大学附设工农速中插班学习。

　　1953 年,山大速中招生 320 人,分文科 2 个班、理科 3 个班。1954 年招生扩大到 498 人,其中包括荣立特等功的战斗英雄陈立贵、刘焕昕,以及王庆海、史起有等劳动模范。② 是年,全国工农速成中学发展到 87 所,其中 57 所附设于高等学校。1955 年,山大速中第一届学生学习期满,与试 95 人,有 81 人合格毕业。鉴于入学的工农学生文化程度参差不齐,且"多半不习惯于正规的学习"③,1955 年山大速中将理科班中不适于升入大学学习的学生单独编班,实行 4 年学制,毕业后分配工作。尽管如此,仍有一些未录取的发牢骚说,"门虽为工农开,可是门槛太高,进不去";"不是工农速成中学,而且知识分子中学"。1955 年 5 月,政务院召开全国文化教育工作会议,决定工农速成中学从 1955 年秋季起停止招生。1958 年"凡修业期满,毕业总评及格者,都准予毕业",至此山大速中共毕业 957 人。④ 随即山大速中与全国工农速成中学集体退出了历史舞台。

　　山东大学附设工农速成中学,作为山东解放区干部教育的再现形式,为工农干部和产业工人升入大学开辟了捷径,涌现出一批工农出身的技术专家和建设骨干。但是,作为一种新生、特殊的学校系统,工农速成中学机械地照搬苏联经验的错误,以短暂的学制学时、仓促的教学内容应对文化起点较低的工农学员,

---

　　① 《培养新中国的工农知识分子　工农速成中学举行开学典礼》,载《青岛日报》1952 年 12 月 6 日。

　　② 《工农速中五百名同学入学　新生中产业工人占百分之八十》,载《新山大》第 146 期,1954 年 9 月 25 日。

　　③ 《山大附设工农速中在迅速成长》,载《青岛日报》1954 年 5 月 15 日。

　　④ 山东大学档案馆:《山东大学大事记(1901—1990)》,第 92 页,山东大学出版社,1991。

急于求成却速而不成,违背了教育的基本规律;而且"速成习惯"形成的思维方式具有强烈的急功近利倾向,极易使人失去静下心来钻研问题的耐心和能力,对教育的负面影响甚大。

大学举办业余函授教育是又一种开门办学的教育形式。受制于大学入学规模的限制和人才滞后性的影响,1952年政务院批准的《教育部一九五二年工作计划要点》提出,在大中城市试办夜大学、函授学校。在中国人民大学函授专修科、函授站的示范引领下,为贯彻1956年高等教育部《关于综合大学开办函授教育的通知》精神,全国举办函授教育的高等院校达到58所。1958年7月,山东大学决定开设中文、历史、数学、生物四科函授班,面向山东全省招生600名。同时,山东大学三年制夜大学开办,设中文、历史、哲学三科,招生300名。此外,还接受单科结业的学生,考试合格的发给及格证书。①

山东大学还参与青岛市教工业余教育工作,积极培训中学师资。1951年秋,青岛教育工会商请山东大学、青岛市人民政府文教局、市总工会文教部,发起成立"青岛教育工作者业余学院",推选山东大学童第周为筹备委员会主席,聘请陆侃如为院长,刘鸿宾任教务长,11月10日召开成立大会。② 该院所招学员分甲、乙两班,甲班学员须具有高中文化水平,乙班为初中文化程度,共计20个班、1200余名学员;开设汉语言文学、数学、历史、地理、物理、化学、生物、音乐八科,以"短期速成,学好一门"为原则,学制2年。③ 1954年9月,该院改建为"青岛教师进修学院",学制改为3年,由市文教局接办,局长彭畏三兼任院长,自此山东大学与之脱钩。大学业余函授教育是打破高等教育旧有格局、为广大工农群众争取接受高等教育权利的有益尝试,山东大学为之做出了一定的努力。

二 刘椽奉派郑州异地建校与成仿吾的济南动迁

山东大学动迁济南是在1955年落实国家迁校内地政策而在郑州的异地建校计划变更后,根据国务院批准的"必要时再迁往济南"的意见,1958年由新任校长成仿吾组织实施的。结果,远赴郑州建校的刘椽等人遗留在河南,山东大学除涉海专业留居青岛外,主体迁往省城济南办学,由此结束了山东大学在青岛30年的办学历程。

1.刘椽奉派郑州建校与水产学系迁沪计划搁浅

① 《让更多的人受到高等教育　山大筹办函授班和夜大学》,载《青岛日报》1958年7月14日。
② 《努力提高师资,为国家建设服务　本市教育工作者业余学院开学》,载《青岛日报》1951年11月13日。
③ 陈硕:《青岛教工业余学院概况介绍》,载《人民教育》1953年第3期。

山东大学迁离青岛的问题由来已久。据悉，1954年高等教育部为改变全国高校布局、促进中西部地区的高等教育发展，报请国务院将沿海某些高等学校内迁，其中就有山东大学。1955年7月全国人大一届二次会议提出"无论从社会主义建设的长远目标着眼，还是从国防观点着眼，高等学校的分布都不能过于集中"的意见后，高等教育部即提出1955—1957年高校布局调整方案，拟将一些大学的全部或部分迁至内地建校。特别是上海、杭州、福州、厦门、青岛、大连等沿海城市的高等学校，除造船、海运、水产等学系必须沿海外，其他专业均迁到内地。计划内迁5所，撤销校名的5所，改变学校性质的1所，新建17所。1955年8月11日，高等教育部下达山东大学迁往河南郑州建立新校的通知。

　　其实，此前高等教育部考量河南省高等教育的现实状况和发展远景，曾于1954年河南省会由开封变更郑州时，决定在郑州设立一所新的大学，交由山东大学、北京大学、吉林大学、东北大学等院校协办。山大接到内迁郑州异地建校的通知后，立即召开会议，成立建校办事处，由总务长刘椿任主任，总务处主任秘书董树德任副主任。1955年8月14日，刘椿、董树德等赴郑州勘选校址。① 刘椿（1903—1971），山东诸城人，1926年毕业于清华大学，留学美国伊利诺伊州立大学，1930年回国后应聘厦门大学，从副教授、教授，到化学系主任；七七事变时随校迁往福建长汀，任理学院院长、总务长，抗战胜利后迁回厦门，在厦大前后执教18年，1947年回山东老家应聘国立山东大学。1948

图6-78　刘　椿

年，刘椿任化学系主任，1949年10月出任校务委员会常务委员，是1950年山大、华大迁并处理委员会8名委员之一，1951年3月任秘书长（后改为总务长）。经过勘察，河南大学设在郑州西郊碧沙岗附近，建校工程自9月22日正式开工。先行建设的数理楼、化学楼、行政楼和宿舍楼，拟于1956年7月前完工，以便当年秋季招生开学。② 据刘椿之子刘光夏回忆：

　　　　50多岁的父亲，撇下老母和妻子，在郑州一住就是半年。他跑到政府和设计院，跑到市内和郊区，最后确定建设区的菜王、焦家门、蜜峰张和兑周四个自然村922亩土地作为首期建校用地。③

①　山东大学档案馆：《山东大学大事记（1901—1990）》，第102页，山东大学出版社，1991。
②　《河南大学基建工作已于9月底正式开工》，载《新山大》第191期，1955年10月8日。
③　刘光夏：《怀念父亲》，载《河南工人日报》2009年12月18日。

1955 年 9 月 23 日,山东大学校务委员会召开第二十四次扩大会议,研究迁校计划,并在 9 月 24 日开学典礼上向全校师生公布。[①] 为统一步调,在华岗隔离审查、主要领导缺席的情况下,10 月 6 日,山东大学迁校委员会成立,由童第周任主任委员,陆侃如、崔戎、黄云眉任副主任委员,委员会下设秘书、人事、财务、物资、基建 5 个组。[②]

正当山东大学迁校河南计划紧锣密鼓进行之时,1956 年 2 月,高等教育部在通盘考虑山东、河南两省的高校发展实际后,最终作出山东大学不再迁往郑州

图 6-79 《新山大》校刊登载的郑州大学建设工地

的决定。但在郑州建设的校舍仍由山东大学负责,以便在第二个五年计划时期成立河南大学。4 月 3 日,高等教育部根据全国高等学校规划会议的决议,确定在郑州新建的大学命名为"郑州大学",设数学、物理学、化学三系,随后组建起由龚依群为主任的筹建委员会,山大吴富恒、刘椽、董树德为委员。4 月 13 日,筹委会在青岛山东大学召开了第一次会议。

一夜春风起,天送大学来。选址后仅 5 个月,郑州大学教学楼、办公楼和生活区建成。1956 年 8 月,郑州大学数、理、化三系在全国招生 700 多名。9 月 15 日,郑州大学举行建校首次开学典礼,刘椽任郑州大学校长助理兼化学系主任,由此在豫郑中原扎根。[③] 1958 年高等学校管理权下放后,郑州大学划归河南省管理,是年又增设政治、历史、中文三系。山东大学迁往河南的计划流产,却促成郑州大学坐地登高,成为新中国成立后兴建的第一所综合性大学。[④]

值得注意的是,1955 年 12 月,高等教育部在一份编号为"农便字〔55〕223号"文件中认为"山东大学水产系留青独立有困难",提出并入上海水产学院的动议。上海水产学院是中国第一所本科建制的高等水产学府,其前身系 1912 年张謇、黄炎培筹划成立的江苏省立水产学校,1928 年为国立中央大学农学院水

---

① 《本校举行开学典礼 报告贯彻全面发展教育方针和迁校等问题》,载《新山大》第 189 期,1955 年 9 月 27 日。

② 《本校成立迁校委员会》,载《新山大》第 191 期,1955 年 10 月 8 日。

③ 1957 年,刘椽因一条有关高校院系调整的整改意见,被戴上"内部右派"的帽子,撤销校长助理兼化学系主任职务,1971 年 5 月 20 日在郑州含冤逝世。

④ 《郑州大学校史文库》编写组:《郑大记忆·纪事卷》,第 1 页,郑州大学出版社,2018。

产学校,抗战时内迁四川,1947 年在上海以吴淞水产专科学校之名复校,1951 年更名为上海水产专科学校。1952 年全国高校院系调整定名上海水产学院时,华东水产管理局从圣约翰大学、大同大学等调入一批师资和设施。1953 年河北水产专科学校部分师生并入山东大学的同时,也向上海水产学院输送了力量。及至 1954 年,上海水产学院共设海洋渔业、水产加工、养殖生物 3 个系,养殖生物系设有水产养殖、水生生物、鱼类学、水产资源 4 个专业;还联络山大水产学系翻译了一批苏联海洋水产类教科书。① 显然,上海水产学院的知名度及其办学实力明显高于山东大学水产学系,两院系合并能收凝聚力量、规模发展之效。

1956 年 1 月,山东大学水产学系教师李爱杰、马绍先、张定民等在参加相关会议时得知并入消息,立即向校方反映并提出反对合并的理由。青岛“地理环境及工业条件适宜,有海洋和水产研究单位配合,在综合大学中基础教学比较扎实”,以中国幅员之广,海岸线之长,水产事业肯定要发展,现在“只有一院(上海水产学院)一系(山东大学水产系)培养高等水产技术人才,水产高校是少了,而不是多了。要求在山大继续办好水产系”。② 在水产学系沈汉祥等人以书面、口头等形式向高等教育部、水产部据理力争下,1957 年 1 月 7 日,水产部给山东大学回电称:根据国家建设需要,水产工业要发展扩大,不同意山大水产学系与上海水产学院合并,继续在青岛为将来扩建做基础。同年 4 月 26 日,高等教育部函告山东大学,水产学系决定不迁上海。为了提高培养较高质量的人才,决定水产养殖专业从 1956 年所招新生起学制改为 5 年。

此前,高等教育部参照苏联莫斯科渔业工学院的教学计划已批复山东大学水产类五年制本科专业教学计划。至此,经一系列调整,山大水产学系实力增强,办学条件明显改善,为教学科研全面发展奠定了基础。

2.高校体制下放政策与成仿吾的济南动迁

其实,早在 1956 年医学院独立建院时即有山东大学迁往济南的意向。据史料记载,1956 年 5 月 27 日高等教育部通知山东大学,经国务院批准,山东大学不迁河南,暂留青岛,就现有校舍容量招生,必要时再迁往济南。对于这一预案,山东大学部分教职员工借助“百花齐放、百家争鸣”的宽松环境,向有关部门提出了四条不迁济南的理由:

(一)青岛环境优美,气候宜人,得天时,占地利,是理想的办学和研究环境,最好不动。

① 宁波:《我国水产高等教育的百年沿革与战略转型》,载《上海海洋大学学报》2011 年第 3 期。
② 田广渠:《水产系发展道路上的三次曲折经历》,载《中国海洋大学报》第 1860 期,2014 年 9 月 18 日。

(二)山东大学就是因为设在青岛,专家学者多愿应聘,从而创造她的黄金时代,国内外闻名,迁去济南将失去这一优势。

(三)培养人才首先在于质量,山东大学在青岛虽然规模不大,但以质见胜,蜚有声誉,这个好的传统一定要保持。

(四)应在济南另建综合性大学,山东省人口多于英、法,土地接近日本,再建几所综合大学也不算多,只此一所何必搬来搬去。①

山东大学动迁济南的决定性因素是 1958 年大跃进浪潮中的全国高校体制下放政策。经过自 1952 年开始的全国大规模高校院系调整,至 50 年代中后期逐步暴露出过度集中体制带来的集中太多、统得过死等弊端,影响和限制了部门和地方办理高等教育事业的积极性。1958 年 4 月,中共中央下达《关于高等学校和中等技术学校下放问题的意见》,决定将全国中央部委直属的 299 所大学下放 187 所归地方领导。其中,由教育部领导的 53 所直属高校仅留北大、清华等 7 所"以便吸取经验指导全国",其他全部下放地方,山东大学列入下放名单之中。7 月,教育部电告中共山东省委、省人委,请省教育厅代为办理山东大学"交接事项及手续"。此时正是山东大学迁离青岛的良机。由于青岛校舍的限制,山东大学难以扩建发展,将山东大学迁往济南有四大优长:

(一)山东大学基础较好,今后还要创建文学、历史、数学、物理、化学、生物等学科研究所,济南在这些方面有更多优势和有利条件。

(二)山东大学迁至济南可以与其他高校互相学习。交流经验,取长补短,共同提高。

(三)在济南便于省委、省政府领导,全国重点高等学校多数在省会城市。

(四)山东农学院已经决定迁往泰安,山大接受使用其校舍可以再行扩建,逐步建设成为"规模具备"的综合性大学。②

一个可展望的预期是,山东大学迁济南后校区占地可达 1025 亩,建筑面积21 万平方米,这在青岛是难以办到的。7 月 30 日,山东大学党委副书记张滨黄、高云昌到达济南,接待他们的山东省副省长兼文教部部长正是 1952 年调离山大的余修。8 月上、中旬,山东大学总务长王显周、基建办公室主任贺治明、财务科长赵子安先后到济,分别与相关部门商定基本建设、物资供应、经费划拨等事宜。

---

① 《1958 年山大由青岛迁至济南的前后事》,载许志杰著《山大故事》第 33—34 页,山东大学出版社,2013。

② 《几度风雨　几度沧桑》,载许志杰著《山大故事》第 24 页,山东大学出版社,2013。

从 1958 年 9 月 1 日起，山东大学在体制上归山东省教育厅直接管理。9 月 2 日，山大校党委召开干部会议，传达中央关于成仿吾任山东大学校长兼党委书记的决定。[①] 成仿吾（1897—1984），原名成灏，湖南新化人，早年留学日本，参与创建革命文学团体"创造社"，大革命失败后流亡欧洲，在法国加入中国共产党。成仿吾回国后曾参与"左联"活动，随中央红军长征，1935 年起历任中共中央党校教务主任、陕北公学校长、东北师范大学校长，是中共老资格的教育家。成仿吾任职青岛山东大学时期，党委常委由成仿吾、张滨黄、杨希文、叶锦田、高云昌、房金堂、吴富恒、张琳、王显周、蒋捷夫、贺治

图 6-80　成仿吾

明、高登仁 12 人组成，张滨黄、杨希文、叶锦田、高云昌、房金堂任副书记。山东大学校务委员会由成仿吾、张滨黄、杨希文、吴富恒、张琳、王显周、梁希彦、房金堂、姜炳坤、白端云、章茂桐、刘泮溪、蒋维崧、冯沅君、萧涤非、高亨、张健、陆凡、黄嘉德、金诗伯、蒋捷夫、孙思白、韩连琪、黄云眉、童书业、王仲荦、郑鹤声、李先正、张学铭、莫叶、谢联棻、叶锦田、余寿绵、郭贻诚、王普、王承瑞、阎长泰、邓从豪、尹敬执、徐国宪、王祖农、黄哲、周才武、沈汉祥、薛廷耀、邹源琳、赫崇本、唐世凤、贺光、丘捷、傅宝瑞 51 人组成，成仿吾任主任委员，张滨黄、杨希文任副主任委员。这个 1958 年 9 月组建的校委会是一次具有历史意义的"群英会"，他们是山东大学第二个"黄金期"的见证人。开阖延群英，夫复何求？

9 月 23 日，山东大学召开全校师生员工大会公布迁校方案，将中文、历史、数学、物理学、化学、生物学六系分三批迁往济南，水产学、海洋学、地质学三系留在青岛。据 10 月 11 日山东大学的报告统计，留青岛的学生有 698 人，教职工 353 人，共计 1051 人；迁往济南的学生有 2169 人，教职工 587 人，共计 2747 人。在迁济的 587 名教职工中，教师 257 人，教学辅助人员 51 人，干部 152 人，工人 118 人。其中，单身的 213 人，结婚成家的 365 人，有的夫妇二人均在山大工作，实际是 314 户。[②] 9 月 26 日动迁济南开始，至 10 月 24 日搬迁完毕。

应当说，山东大学对于迁济和留青两方面都做了前景分析和规划。山东大学迁移济南后的思路是"逐步发展成为一个一万学生的综合性大学"。山东大学党委对留青岛的部分则提出，"逐步发展成为海洋、水产两个学院"。海洋学

---

① 张静：《中国海洋大学大事记》，第 63 页，中国海洋大学出版社，2014。

② 《中共山东大学委员会报告》，存山东大学档案馆，档号：WSHX-1958-001-008。

院根据海军、中国科学院、中央气象局、交通部等部门的意见和海洋科学发展的需要,设置海洋水文、海洋气象、海洋动力、海洋地质地貌、海洋生物、海洋化学、海洋物理等科系,学生规模为 3000~3500 人,"现有校舍基本足用"。水产学院设海水养殖、淡水养殖、加工、渔具机械 4 个专业,学生规模为 4000~6000 人,"校舍需另建"。在海洋、水产两个学院"筹建过程中,仍暂住用现有校舍,并仍作为山大的一部分"。① 这个海洋学、水产学双峰并立的设学规划,最终落实成合二为一——发展为山东海洋学院(中国海洋大学前身)。

　　1958 年 11 月,山东大学党委成立中共山东大学(青岛)委员会。1959 年 1 月 31 日,中共山东大学(青岛)委员会选举高云昌等 11 人为党委委员。3 月 30 日,中共中央批准山东省委 3 月 2 日呈报的《关于成立山东海洋学院的请示报告》,设置海洋水文气象学系、海洋物理学系、海洋化学系、海洋生物学系、水产学系 5 个系。3 月 31 日,中共山东省委派曲相升主持山东海洋学院工作。7 月 9 日中共山东省委决定,曲相升任山东海洋学院院长兼党委书记。山东大学在剥离与独立、赓续与创化中为山东乃至中国夯实了青岛作为东方海洋城的蓝色基石。

　　事实如此,在全国高等教育的大格局中,山东大学的动迁意味着青岛高等教育事业有了美好的憧憬。1960 年 10 月,中共中央作出《关于增加全国重点高等学校的决定》,确定全国 13 所大学为重点综合大学,山东大学与山东海洋学院同时名列其中。② 这个数字恰好与国立青岛大学创办时全国 13 所国立大学的数量相同。

图 6-81　曲相升

　　资料显示,1994 年,经国家教委指定专家论证并备案,中国海洋大学的校史源头追溯至 1924 年创立的私立青岛大学。③ 从变迁史角度看,山东大学与中国海洋大学在青岛形成了长达 30 年的共同期,这是客观事实。这一点,1998 年两校就以官方名义、正式文本给予确认,也成为学界共识。莫道风云际会,承载时代重托和岛城梦想的高等学府风鹏正举,踏浪而来。

　　① 《中共山东大学委员会报告》,存山东大学档案馆,档号:WSHX-1958-001-008。
　　② 《中国教育年鉴》编辑部:《中国教育年鉴(1949—1981)》,第 330 页,中国大百科全书出版社,1984。
　　③ 《关于我校 70 年校史专家论证工作情况汇报》,存中国海洋大学档案馆,档号:HD-1994-XZ11-16-1。

附 录

山东(青岛)大学大事记^①

(1901—1959)

1901 年(清光绪二十七年 辛丑)

11 月 4 日(农历九月二十四日) 山东巡抚袁世凯根据 9 月 14 日(八月初二)清光绪帝谕令,上《山东试办大学堂暂行章程折稿》。是月,官立山东大学堂开办,招生 300 名,址在济南泺源书院,周学熙(一说唐绍仪)任管理总办(校长),美国人赫士(Hayes)为总教习。

1904 年(清光绪三十年 甲辰)

11 月 官立山东大学堂改称山东高等学堂,迁济南杆石桥新校址。1911 年改称山东高等学校。

1909 年(清宣统元年 己酉)

10 月 25 日 中德政府合作青岛特别高等专门学堂开学典礼举行,德国官员凯贝尔(Keiper)任监督(校长),清政府记名御史学部员外郎蒋楷任总稽察。

1914 年(民国三年 甲寅)

8 月 青岛特别高等专门学堂停办。建校 5 年共培养法政科 2 届和工科、农林科 1 届约 40 名毕业生,未毕业学生转入上海同济德文医工学堂。

10 月 山东高等学校遵章停办,师生分别转入山东省立法政、工业、农业、商业 4 所专门学校。1915 年山东省建立医学、矿业传习所。

---

① 为展示山东(青岛)大学发展脉络的连贯性,上限与山东大学 1901 年创始同步,下限延至 1959 年。

1922 年

7 月 5 日 陶行知在中华教育改进社济南会议上提出《提倡创办青岛大学案》。

12 月 中国政府收回青岛主权前,日本在青岛伊尔蒂斯/旭兵营筹办青岛商科大学。1923 年 9 月因日本关东地震,筹办流产。

1923 年

3 月 教育部员李贻燕奉令来青岛调查,在《调查青岛教育报告书》中作出青岛是"天然文化中心点"的定位。

6 月 康有为为在山东创办曲阜大学来青岛考察,拟在青岛"先开预科"。

1924 年

5 月 29 日 胶澳督办高恩洪召集私立青岛大学(今中国海洋大学源头)发起会,推举高恩洪、邵筠农、宋传典、傅炳昭、张德纯、刘子山、王子雍、宋雨亭、于耀西、孙炳炎、孙广钦 11 人组成校董会,诚聘梁启超、蔡元培、张伯苓、黄炎培、颜惠庆、顾维钧、罗家伦等 24 人为名誉董事。

9 月 20 日 私立青岛大学开学上课,址在俾斯麦/万年兵营,共招收工科、商科新生各 40 人,学制 4 年。10 月 25 日补行开学典礼,胶澳督办、校长高恩洪发表训词。

11 月 因第 2 次直奉战争直系败北,高恩洪去职,孙广钦暂代校务。21 日校董事会公议校董、山东省议长宋传典为校长。

1925 年

6 月 罗荣桓、张沈川等私立青岛大学进步学生声援"青沪惨案",组织义演、集会、抚恤等活动。

9 月 私立青岛大学加设土木工程科、采矿工程科、机械科。

1926 年

7 月 24 日 山东省立工业、农业、矿业、商业、医学、法学 6 所专门学校合并,组建省立山东大学,设文、法、工、农、医 5 个科(后改称学院)、13 个分科(后改称系)。8 月 5 日王寿彭任校长。9 月 5 日举行开学典礼。

9 月 私立青岛大学加设铁路管理科,招收学生 20 名。

1927 年

6 月　省立山东大学校长王寿彭因思想守旧遭师生责难辞职,辜鸿铭接任校长。10 月辜鸿铭辞职,山东省督办张宗昌"自兼"校长。

1928 年

6 月　因"五三济案",省立山东大学停办。

8 月　南京国民政府教育部根据山东省教育厅的报告,下令在省立山东大学的基础上筹建国立山东大学,由何思源、魏宗晋、陈名豫、赵太侔、王近信、彭百川、杨亮功、杨振声、杜光埙、傅斯年、孙学悟 11 人组成筹备委员会。8 月 7 日筹委会在泰山红门宫举行第 1 次会议。

9 月　私立青岛大学在校生 155 名。

1929 年

3 月　中日签署《济南协定》。5 月国立山东大学筹备委员会随省政府自泰安迁回济南,但筹备工作仍未开展。

4 月　南京国民政府接管青岛,私立青岛大学经费断绝,师生散去大半。

6 月 4 日　南京政府行政院第 26 次会议照准教育部部长蒋梦麟提交的国立青岛大学筹建议案。12 日教育部函请何思源、王近信、赵太侔、彭百川、杜光埙、傅斯年、杨振声、袁家普、蔡元培 9 人组成国立青岛大学筹备委员会。20 日接收省立山东大学校产,同日国立青岛大学筹备委员会在济南召开第 1 次会议。29 日筹委会接收私立青岛大学校产。

7 月 8 日　国立青岛大学筹备委员会在青岛汇泉饭店召开第 2 次会议,公推何思源、傅斯年、杨振声、赵太侔、王近信为常务委员。14 日筹委会在济南召开第 3 次会议。

10 月　教育部增聘陈调元、于恩波、陈名豫为国立青岛大学筹备委员,委员由 9 名增至 12 名。筹委会推定杜光埙为驻青岛代表。

1930 年

4 月 28 日　国民政府任命杨振声为国立青岛大学校长。

6 月　国立青岛大学确定设文、理 2 个学院。文学院设中国文学系、外国文学系、教育学系,理学院设数学系、物理学系、化学系、生物学系。各院系负责人如下:文学院院长闻一多(兼中文系主任),理学院院长黄际遇(兼数学系主任),

外文系主任梁实秋(兼图书馆馆长),物理学系主任蒋德寿,化学系主任汤腾汉,生物学系主任曾省。教务长张道藩,总务长刘本钊(兼会计课主任),图书馆主任皮高品。原省立工专保留工厂管理处建制,主任孟礼先;原省立农专旧址改为农事试验场,主任任德宽。

7 月 6 日 发布招生简章,10 日—12 日举行招生考试,报名考生 360 名,录取 153 名,先修班学生测试合格者升入 23 名,录取比率为 42.5%。

8 月 12 日—15 日 中国科学社第 15 次年会在国立青岛大学举行。

8 月 22 日—26 日 中华农学会第 13 届年会在国立青岛大学举行。

9 月 20 日 国立青岛大学开学典礼举行,校长杨振声宣誓就职,蔡元培监誓、授印,并致训词。

10 月 6 日 经国立青岛大学聘任委员会审定,杨振声校长聘张道藩、闻一多、黄际遇、汤腾汉、谭葆慎、谭书麟、梁实秋、赵太侔、周钟岐、杜光埙为教授。

11 月 在甄别考试中发现有些学生使用假文凭报考录取,学校校务会议决定褫夺学籍,勒令退学,由此引发 12 月 4 日开始的"反甄别"罢课学潮。

12 月 5 日 校务会议决定,将用假文凭报考录取的 13 名学生开除学籍(另有 8 名自请退学),开除罢课中的主要成员,共计 38 人被除名。

12 月 18 日 校务会议决定,在学校体育部附设军事训练组。

12 月 学潮后,教务长张道藩辞职他就,赵太侔任教务长,杜光埙任总务长。

1931 年

1 月 26 日 学校图书馆委员会成立,梁实秋任主席,委员有闻一多、黄际遇、汤腾汉、皮高品。

1 月 胡适根据中华教育文化基金会编译世界名著的计划,在青岛启动《莎士比亚全集》汉译项目,委员会由闻一多、梁实秋、陈源、徐志摩、叶公超 5 人组成,闻一多为主任。

2 月 24 日 校务会议决定,将教育系扩充为教育学院,设教育行政系和乡村教育系。5 月复决议黄敬思任教育学院院长兼教育行政系主任,谭书麟任乡村教育系主任。

5 月 4 日 杨振声在国立青岛大学全校大会上作《校长报告》,阐述教育理念和办学方针。

5 月 14 日 学校训育委员会成立,成员有赵太侔、黄际遇、刘本钊、谭书麟、梁实秋 5 人。

5 月 《国立青岛大学周刊》创刊,至 1932 年 9 月共计出刊 64 期。

8月6日　学校建筑委员会成立,赵太侔任主席。

8月　1931年新生招考,报名412名,录取180名,录取比率为43.69%。同时为山东省旧制师范学校毕业生开办一年制补习班,共计21名。

9月20日　国立青岛大学成立1周年大会召开,时值九一八事变,全校教职员和学生肃立、静默,杨振声发表《校长演词》,黄敬思演说日军侵略中国东北的暴行。

9月　中共国立青岛大学支部成立,中文系学生王弢(王林)任书记。

10月1日　国立青岛大学"反日救国会"成立,选出15人组成执行委员会。10日组建青年义勇军。

11月25日　第34次校务会议批准本校东北籍学生李云东、华芳、张麟阁、季鸣时、赵金堂、曹吉豫、关立藩、勾福长、李复初、郭质良、白元贞、张廷谥、高翔翎13人休学1年,保留学籍。

11月30日　"反日救国会"召集全校大会,成立学生南下请愿团,以学院为单位组成3个中队,许星园、俞启威、李仲翔为中队长,杨翼心、魏少钧为领队。12月2日南下请愿团179名学生从青岛乘火车出发,3日抵达南京,5日接受蒋介石"训话"接见,6日谒中山陵。

12月7日　杨振声校长因学生请愿事进退两难,向教育部部长李书华提交辞呈,引咎辞职。教育部随即复电挽留。17日国立青岛大学第38次校务会议决定,给南下请愿团杨翼心、陈和均、许星园、姜化邦、谢冶英5人各记过一次,其余人不予追究。

1932 年

春　在中共青岛地下市委的领导下,王弢、俞启威等组织进步学生,秘密建立青岛"左联"小组(对外称"文学研究会"),成立"海鸥剧社",排演进步话剧,被中国"左联"誉为"预报了暴风雨的海鸥"。

3月30日　第43次校务会议通过学则修正案,其"学分淘汰制"条款受到学生强烈反对。杨振声赴南京请求拨发积欠经费,校务交教务长赵太侔"代拆代行"。因催款碰壁,杨振声于5月5日电呈教育部辞职,去了北平。

5月10日　第45次校务会议召开,决定暂由校务会议负责维持校务,黄际遇为临时主席。6月2日杨振声返校"勉暂维持",并三电教育部坚辞校长职务。

6月21日　国立青岛大学"非常学生自治会"成立,选出钟朗华等9名常委,决定次日起全校罢课。23日国立青岛大学期末考试,学生罢考,校务会议决定提前放假,俟开学后再行补考,同时开除"非常学生自治会"9名常委。25日"非常学生自治会"发表《驱闻宣言》,28日发表《国立青大全体学生否认杨振声校长并驱逐赵畸梁实秋宣言》,并形成"请教育部另选贤能"等 5 项决议。

7月5日 教育部令国立青岛大学"解散",10 日组建国立青岛大学整理委员会,由蒋梦麟、丁惟汾、朱经农、傅斯年、赵太侔、何思源、王芳亭、王向荣、张鸿烈 9 人组成。

7月15日 国立青岛大学整理委员会在济南召开会议,组建甄别委员会,成员有杨振声、杜光埙、汤腾汉、曾省、梁实秋、闻一多、黄际遇、赵太侔、郭斌龢、蒋德寿。除了维持原先开除 9 人外,以"不及格者"为由又有 66 人被甄别,取消学籍者几占全校学生的 1/3。

8月 在青岛、济南、北平招收理工科生,报名考生 697 名,录取 99 名,录取比率为 14.2%。

9月2日 国民政府行政院会议决议,将国立青岛大学更名为国立山东大学,杨振声校长辞职照准,任命赵太侔为国立山东大学校长。16 日南京国民政府正式任命赵太侔为国立山东大学校长,10 月 1 日赵太侔到任就职。

9月 校务会议决定:吴之椿任秘书长,杜光埙任教务长,黄际遇任文理学院院长兼数学系主任,郝更生任训育主任兼体育部主任,黄星辉任图书馆主任;各系主任为:中国文学系主任张煦,外国文学系主任梁实秋,化学系主任汤腾汉,生物学系主任曾省;停办教育学院,在青岛筹建工学院,在济南筹办农学院。

秋 国立山东大学工学院成立,设土木工程学系和机械工程学系,赵铭新主持院务。

1933 年

年初 "海鸥剧社"将话剧《放下你的鞭子》改编为街头广场剧《饥饿线上》,并用方言到青岛农村演出,取得良好的社会效果。

3月 中共青岛临时市委成立,国立山东大学学生俞启威任宣传委员。

4月1日 国立山东大学科学馆落成揭幕典礼举行,建筑面积 3800 平方米。山东省教育厅厅长何思源代表教育部莅临致辞。

春 学校在沙子口筹设青岛海滨生物研究所。

8月24日—31日 中国经济学社第 10 届年会假国立山东大学礼堂举行。

8月 在青岛、济南、北平、南京 4 地招生,报名考生 822 名,录取 185 名,录取比率为 22.51%。

10月5日 校务会议选举赵少侯、傅鹰、曾省为本年度校务会议教授代表。

10月 中共国立山东大学地下支部成立,由李香亭、李实谓、王广义(王路宾)3 人组成,李香亭任书记。11 月李香亭任中共山东省工委委员。

本年 国立山东大学在聘教授 31 名:杜光埙、黄际遇、梁实秋、汤腾汉、曾省、张煦、姜忠奎、丁山、赵少侯、陈遘、王维周、曾炯、王恒守、傅鹰、刘咸、张玺、喻兆琦、沈嘉瑞、赵铭新、周承佑、吴之椿、宋君复、戴丽琳、罗文柏、任之恭、王淦昌、张闻骏、李茂祥、洪深、吴耕民、陈之霖。

1934 年

4 月　太平洋科学协会海洋学组中国分会决定,拟在厦门、定海、青岛、烟台 4 地分设海洋生物研究机构。7 月 1 日青岛海产生物研究所成立。

6 月 25 日　第 1 届学生毕业典礼举行,53 名学生合格毕业。

7 月 7 日　国立山东大学农学院在济南挂牌办公,设研究部和推广部,研究部设农艺学系、病虫害学系、园艺学系,暂不招生本科生,曾省任院长。

8 月　1934 学年招考新生揭晓,报名考生 864 名,录取 176 名(其中正取生 152 名),录取比率为 20.37%。

9 月 20 日　学校建校 4 周年纪念及始业式举行,蔡元培到场讲话。

11 月　投资 19500 元招标建筑国立山东大学体育馆,同时建筑教职员和女生宿舍各一所。

12 月 28 日　第 40 号布告颁布《国立山东大学职业指导委员会规程》。

本年　国立山东大学数理学系恢复数学系、物理学系,王恒守任物理学系主任。

1935 年

1 月 10 日　第 31 次校务会议召开,修正《国立山东大学教员服务及待遇规程》。

3 月 8 日　文化建设协会青岛分会在国立山东大学召开成立大会,赵太侔为主席,洪深为评议员。

6 月 10 日—13 日　第 2 届毕业考试举行,与试 93 人,及格 87 人,22 日举行毕业典礼。

7 月 14 日—9 月 15 日　由国立山东大学洪深、老舍、赵少侯、臧克家、吴伯箫、水天同等发起和参与的《避暑录话》,共出刊 10 期,发表小说、散文、诗歌、随笔、文评、译文等各类文体作品 67 篇。

8 月　1935 学年招考新生揭晓,报名考生 1026 名,录取 195 名(其中备取 41 名),录取比率为 19.01%。物理学系始设天文气象组。

9 月 3 日　中国物理学会第 4 次年会在国立山东大学召开,王恒守任年会主席。

10 月　农学院院长曾省辞职,秘书长皮松云"兼代"农学院院长。

12 月 18 日　在北平"一二·九"学生运动影响下,国立山东大学学生抗日救国会成立,推举王广义、陈延熙等 21 人组成执行委员会。

1936 年

2 月 7 日 国立山东大学学生抗日救国会学生冲进青岛大港三号码头落成典礼会场,宣传"一二·九"运动,要求"停止内战,一致对外"。青岛市当局派军警驱散学生和群众,当场拘捕王广义等学生。

2 月 29 日 第 54 次校务会议以"行动逾轨,破坏校纪"为由,将李声簧、王广义、陈延熙、韩福珍、熊得邵、周文煜 6 人开除,限时离校。由此引发学潮,学生张贴"抗议赵畸破坏抗日救国运动""驱逐赵畸"等标语。

3 月 4 日 教育部电令"以严厉手段处置"山大学潮。8 日晨 4 时青岛市军警 500 多人包围学生宿舍,拘捕学生 32 名。同日国立山东大学第 55 次校务会议以"结合被革学生,鼓动风潮,破坏校纪"为由,令程恒诗、廷荣懋、朱缵高、沙霞英、武希龄、汪昭武、吴绩、刘一志、刘荣汉、严曙明、顾欲然、党士英、赵如辰等 13 人退学。后经教育部督学孙国封等调解,28 名学生获保释回校,13 名学生的退学处分改为留校察看。

3 月 13 日 赵太侔向教育部提出辞职,校务会议推选张煦、陈之霖、张闻骏为常务委员,刘本钊暂代秘书长,张瑞鹫暂代教务长。6 月 20 日教育部训令,赵太侔辞职照准,暂由校务会议常务委员代行校务。

7 月 9 日 山东省政府委员林济青任国立山东大学代理校长。7 月 16 日林济青到任视事。

7 月 20 日—22 日 中华图书馆协会第 3 次年会和中国博物馆协会第 1 次年会在国立山东大学联合举行。

8 月 3 日—6 日 中国生理学会第 9 届年会假国立山东大学科学馆举行。

8 月 1936 学年招考新生揭晓,报名考生 1786 名,录取 196 名,录取比率为10.97%。应届(第 3 届)毕业生为 53 名。

9 月 学校组织机构人员调整,严智开、王圻先后任秘书长,王志超任教务长。设三院八系,各院系负责人如下:文理学院院长汤腾汉(兼化学系主任),中国文学系主任施畸,外国文学系主任凌达扬,数学系主任周绍濂,物理学系代理系主任方光圻,生物学系主任林绍文;工学院代理院长汪公旭(兼机械工程学系主任),土木工程学系主任张倬甫。农学院对外仍设研究部和推广部。同时新聘教授、讲师 30 多人,增设副教授席。

10 月 6 日 校务会议选举闻宥、童第周、史久荣为教授代表。

10 月 26 日 临时校务会议召开,决定成立学校建筑委员会,建设化学馆,设立应用化学研究所。1937 年 2 月以 7.8 万元招标建设化学馆,7 月落成。

11 月 1 日　国立山东大学海产生物研究室成立,研究人员由生物学系全体教员充任,年经常费为 2000 元。

1937 年

2 月 4 日　教育部批准国立山东大学机械工程学系添设机电学组。

4 月 10 日　国立山东大学第 1 届师生代表大会召开。

4 月　中华民族解放先锋队("民先")山大队部成立,机械工程学系学生李欣任青岛地区负责人,吴绩任队长。

6 月　第 4 届毕业生 67 名合格毕业。1934—1937 年共计 4 届 260 名毕业生(其中女生 23 名)。

7 月 7 日　卢沟桥事变,全面抗战爆发。8 月 14 日青岛发生"八一四"事件,中小学纷纷停课。

7 月 14 日　1937 年度招生广告发布,定于 8 月 2 日—6 日在青岛、南京、济南、北平 4 地报名,增设 1 个电机班,8 月 10 日考试。

8 月 4 日—6 日　中国化学会第 5 届年会在国立山东大学举行。

9 月 10 日　开学通告发布,定于 9 月 23 日开学,9 月 27 日正式上课,接收战区借读生。新聘中文系主任郝昺衡、物理学系主任潘祖武,另有教授、副教授、讲师近 10 名。

9 月　李欣与随东北军第 51 军进驻青岛的中共地下工委取得联系,不久成立由国立山东大学党员学生李欣、陈振麓、王艺组成的中共青岛特支,李欣任书记。历近 3 年破坏的青岛市级党组织得以恢复。

10 月 7 日　因战事,国立山东大学决定内迁,迁移未妥前准学生自动离校,迁校竣事后前往复课。9 日决定停课。

秋　李欣、陈振麓、吴绩、胡家珍、王桂荣、周持衡、章茂桐、单勖、万家蕊、程恒诗、王儒林等留青学生响应中共华北局"脱下长衫,到游击队去"号召,坚持武装斗争。11 月李欣随东北军工委到高密开展武装斗争。中共青岛特支改为中共青岛市委,陈振麓任书记。

12 月 5 日　内迁师生在安庆安徽大学校址开学。不久又迁往四川万县。

1938 年

2 月 18 日　国民政府行政院颁布训令,将国立山东大学"暂行停办"。23 日教育部勒令解散国立山东大学,学生大部并入国立中央大学;在校教职工造册送部,另行分配工作。

3 月 15 日　教育部令国立山东大学一切校务结束。4 月 14 日教育部颁《国立山东大学校产保管办法》,派王志超、黄龙先、汪公旭为保管委员,王志超任主任委员。4 月 20 日教育部准发"山东大学保管处"钤记,保管处设在四川万县。

6 月　教育部指令,解除林济青国立山东大学代理校长职务。

11 月 4 日　教育部改组山大校产保管处,令派王圻、张紫雏为委员,指定黄龙先为主任委员,保管处迁往重庆牛角沱办公。

1939 年

3 月　教育部同意山东大学校产保管处迁往江津县白沙镇办公。

1940 年

1 月 4 日　国立山东大学同学会三台分会成立,旨在谋母校之复兴与学术之发扬。3 月三台分会、山大校友会、毕业同学会在四川三台向山大校产保管处发函,要求母校复校。

1941 年

4 月 12 日　山东大学校产保管处派李韵涛等前往中央大学、中央工业职业学校、中央图书馆等处,察看、点验所借原山大图书、仪器等保管使用情况。

1942 年

12 月 5 日　教育部划拨山大校产保管经费 8000 元。

1944 年

1 月 28 日　教育部给山东大学校产保管处追加经费 10655 元。

10 月 3 日　山东大学校产保管委员王圻奉调教育部驻渝办事处。

1945 年

9 月 28 日　教育部聘青岛市教育局局长孟云桥兼任山大校产保管处委员,就近接收、保管在青岛的山大校产。

1946 年

1 月 25 日　教育部令派赵太侔为国立山东大学代理校长。1 月 29 日国民政府行政院通过赵太侔为国立山东大学校长的任命。

2月11日　教育部在《国立专科以上学校调整地点方案》中确定国立山东大学在青岛恢复办学。3月9日国立山东大学及校长印章正式启用。

3月23日　教育部代电,将青岛(日本)医学专门学校及其附属医院划归国立山东大学。

6月1日　复校筹备主任周钟岐在青岛胶州路1号办公。6月12日赵太侔到青岛主持复校工作。学校组织机构:教务处分注册、出版2组及图书馆,训导处分生活管理、课外活动、体育卫生3组,总务处分文书、庶务、出纳3组,校长办公室,会计室;聘杨肇燫为教务长,刘次箫为训导长,周钟岐为总务长,刘本钊、李希章为校长办公室秘书,张镇球为会计主任。

8月　在青岛、济南、成都、重庆、西安、北平、上海7地设招考办事处,报名考生5875名。经初试、复试共计录取新生1205名。

10月21日　临时校务会议决定成立校刊编辑委员会,刘本钊任主任,牛星垣为集稿及编辑人。25日《国立山东大学校刊》第1期出刊。

10月25日　复校后第1次开学典礼在鱼山路校本部举行。学校设5个学院15个学系:文学院分设中国文学系、外国文学系,理学院分设数学系、物理学系、化学系、动物学系、植物学系、地质矿物学系,农学院分设农艺学系、园艺学系、水产学系,工学院分设土木工程学系、机械工程学系、电机工程学系,医学院设医学系及附属医院、高级护士职业学校。

12月21日　学校法制委员会成立,刘次箫、王普、王国华、刘本钊、周钟岐、樊翕、綦建镒为委员,刘次箫为召集人。

12月28日　国立山东大学复校庆祝大会举行,全体师生及来宾千余人,赵太侔报告复校筹备经过及今后计划。

1947 年

1月5日　学校声援北平"沈崇事件"抗议美军暴行大会召开,通过罢课游行示威决议,发布《告全市同胞书》和《告全国同胞书》。

2月1日　学校附属医院组织机构改组,李士伟兼任附属医院院长,并组成医院委员会,綦建镒、冯雁忱、杨枫、邵式銮、曲天民为委员。

2月19日　教育部代电,批准国立山东大学设置海洋学系,附设海洋研究所。4月24日聘童第周为海洋研究所所长,曾呈奎任副所长。

2月　中共青岛市委派党员赵劬坚在国立山东大学先后发展2名学生为地下关系,9月中共青岛市委山东大学小组成立,直属市委领导。

3月8日　第1届学生自治会成立,设学术、福利、总务、康乐、交际5股,共选出 17 名理事,石勃瑜当选常务理事(负责人)。

3 月 28 日 复校后第 1 次校务会议召开,公布校务会议教授代表选举结果,郭贻诚、樊翕、黄孝纾 3 人当选。

3 月 29 日 国立山东大学三十五年度第 1 学期结束(不放寒假),第 2 学期自 4 月 14 日起上课至 7 月 19 日终结。

4 月 15 日 学生自治会为抗议美军士兵在广西路凶杀人力车夫苏明成和在大港枪杀流青难民刘修文发表宣言,提出 4 项强烈要求,呼吁全国各地大学同起声援。

4 月 25 日 第 3 次校务会议决定,成立招生委员会,杨肇燫、郭宣霖、郑成坤、何作霖、陈瑞泰、樊翕、李士伟为常务委员,郭宣霖暂为召集人。

5 月 1 日 美国驻华大使司徒雷登到国立山东大学演讲,学生自治会草拟《告大使书》,提出归还山大校舍、驻华美军立即撤走等要求。

5 月 3 日 学校复校后第 1 次运动会在鱼山路校本部举行。

5 月 5 日 学校教员会因呼吁与京(南京)、沪等地公教人员享同等待遇未允,宣布自即日起罢教。5 月 22 日复课。

6 月 2 日 学生自治会组织"反内战、反饥饿"示威游行,遭青岛当局镇压,100 多名学生遭毒打、被拘走;酿成"六二"学潮。至 11 日被拘学生陆续获释。

6 月 20 日 第 2 届学生自治会成立,选出刘冠文等 19 名理事、5 名候补理事。

8 月 1947 年新生招考在上海、北平、青岛、济南、潍县 5 地设考点,共计报名考生 4307 名,9 月 17 日发榜录取新生 451 名。

9 月 16 日 学校奖学金审查委员会成立,除校长、教务长、训导长及会计主任为当然委员外,推沈福彭、王书庄、杨向奎、李文庵、秦素美、樊翕、朱树屏、宋君复为委员。

9 月 国立山东大学统计教职员工共计 298 名,其中教员 117 名、职工 189 名。

11 月 22 日 学校先修班结业考试,129 人升入一年级。12 月 10 日统计全校在校生共计 768 名,其中女生 99 名。

12 月 31 日 学校图书委员会成立,杨向奎、郭贻诚、朱树屏、许继曾、沈福彭、刘崇仁为委员,郭贻诚为召集人。

1948 年

2 月 1 日 寒假开始,至 2 月 21 日。2 月 22 日第 2 学期开学,3 月 1 日上课。

2月6日　校务会议决定,本年度出席教授代表为杨肇爝、丁山、丁燮林、戴立生、樊翕、潘作新6人。

3月29日　第3届学生自治会成立,共选出王方等17名理事。

4月15日　教育部"指令修正"并发《国立山东大学学则》和《国立山东大学组织规程》。

5月　《国立山东大学概览》公布各学院、学系负责人名单:文学院院长老舍(现留美),中国文学系主任杨向奎,外国文学系主任郑成坤(赴美)、代主任许桂英;理学院院长(空缺),数学系主任李先正,物理学系主任王普(赴美)、代主任郭贻诚,化学系主任刘椽,动物学系主任童第周(赴美)、代主任戴立生,植物学系主任曾呈奎,地质矿物学系主任何作霖;农学院院长(空缺),农艺学系主任陈瑞泰,园艺学系主任(空缺),水产学系主任朱树屏;工学院院长杨肇爝(暂代),土木工程学系主任许继曾,机械工程学系主任孙振先,电机工程学系主任陈茂康;医学院院长李士伟,解剖科主任沈福彭,生物化学科主任陈慎昭,眼科主任潘作新,外科主任冯雁忱,小儿科主任秦文杰,内科主任杨枫,骨科主任李温仁。

本月　国立山东大学统计,共有教授62名、副教授19名、讲师40名、讲员7名、助教39名。

本月　教育部批准国立山东大学水产学系分设鱼捞、养殖、加工3组,并准设水产学研究所。

6月28日　中共山大地下组织通过学生自治会,为反对美国扶植日本政策、抗议美军租借校舍99年的无理要求,自即日起罢课3天;山大99名教职员签名发表宣言,支持学生的正义斗争。

7月　1948年新生招考在上海、北平、青岛、济南4地设考点,共录取新生313名。

8月　周钟岐辞职,葛毓桂任国立山东大学总务长。

9月17日　国民党青岛特种刑事法庭以"匪嫌分子"罪名拘捕国立山东大学15名学生,由此引发反迫害、争自由斗争。自11月13日起分批获释。

10月4日　1948—1949学年第1学期开学。

12月3日　校行政会议通过《国立山东大学应变委员会组织大纲》,设委员13~17名。

12月　学校新聘教员50名。

1949 年

1月5日　因燃煤缺乏,提前2周放假。3月6日开课。4月5日始行第2学期。

1月14日 校务会议决定，护士学校定名为"国立山东大学医学院附设高级护士职业学校"。2月15日决定设立"教职员工子弟小学"。

2月3日 美军撤出占用国立山东大学校舍。因校舍分配内争，引发教务长、训导长、总务长和理学院院长集体请辞风波。

3月18日 经临时校务会议研究，同意水产学系学生借读复旦大学。4月1日62名学生及15名教职员离青去上海。

4月19日 第6届学生自治会成立，共选出刁正清等17名理事。

5月3日 刘次箫辞职，宋君复任国立山东大学训导长。葛毓桂辞职，阎敦任国立山东大学总务长。

5月9日 学校应变委员会成立，主席赵太侔，委员宋君复、阎敦、郭宣霖、王书庄、钟季翔、李子青、王福堂、毕可明、刁正清、苏砚田、王昶、杨颐康，共13人。

6月2日 青岛解放。青岛市军事管制委员会派文教部王哲、罗竹风、高剑秋3人组成军管小组进驻国立山东大学。

6月14日 山东省人民政府任命省教育厅厅长王哲兼任山东大学校长。

7月 1949年招生委员会成立，成员有杨肇燫、郭宣霖、杨向奎、丁燮林、许继曾、李善勤、沈福彭7人。9月30日新生发榜，共录取375名，另取先修班90名，转学生10名。

10月1日 中华人民共和国成立，国立山东大学师生隆重集会，庆祝新中国诞生。

10月8日 国立山东大学校务委员会成立，主任委员丁燮林，代行校长职务，副主任委员杨肇燫、赵纪彬，常务委员童第周、王统照、刘椽、魏一斋、陆侃如、罗竹风，委员李善勤、郭贻诚、潘作新、陈瑞泰、杨向奎、许继曾、曾呈奎、郭宣霖、王应素、侯家泽、王方、魏金陵，共21人。

10月12日 校务委员会常委会议举行，决定设立行政机构，设秘书处、教务处，罗竹风任秘书长，杨肇燫任教务长。取消训导处，其下属体育卫生组分为两个组，划归教务处。增设人事组和秘书组，直属校委会领导，高剑秋任人事组组长、郭宣霖任秘书组组长。各系主任如下：中文系主任王统照，历史系主任杨向奎，外文系主任梁希彦，数学系主任李先正，物理学系主任郭贻诚，化学系主任刘椽，动物学系主任童第周，植物学系主任曾呈奎，地质矿物学系主任何作霖，土木工程学系主任许继曾，机械工程学系主任陈基建，电机工程学系主任樊翕，农艺学系主任李文庵，园艺学系主任李良庆，水产学系主任沈汉祥，医学院院长魏一斋。15日发出各系主任聘书。

11月3日 国立山东大学新中国成立后第1次开学典礼举行。

12 月 25 日　中国新民主主义青年团国立山东大学总支部成立大会召开,选举张惠为书记。

12 月 29 日　校务委员会发布《关于政治大课的决定》,列政治课为全校必修课,并计算成绩。

1950 年

1 月 16 日　中国共产党国立山东大学总支部宣布公开,书记罗竹风。

3 月 27 日　校务委员会常务会议决定中文系与历史系合并成立文史系,分设文、史 2 组,杨向奎、萧涤非分任正、副系主任。

4 月 5 日　国立山东大学新一届学生会成立,共选出 19 名执行委员,董国楹当选主席。

4 月 23 日　国立山东大学第 1 届师生代表会议召开,选举产生新的校务委员会:主任委员华岗,副主任委员杨肇燫、赵纪彬、陆侃如,常务委员罗竹风、魏一斋、刘椽、童第周、陈瑞泰、丁履德、李先正,委员樊翕、杨向奎、何作霖、许继曾、潘作新、沈汉祥、郭贻诚、鲍文蔚、陈机、陆光庭、颜子平、王承瑞、冯祖寿、张学铭、董国楹、王明理,共 27 人。各院院长如下:文学院院长赵纪彬,理学院院长暂缺,工学院院长丁履德,农学院院长李善勤(后为陈瑞泰),医学院院长魏一斋(1951 年 1 月 19 日改为徐佐夏)。

5 月 19 日　为庆祝青岛及国立山东大学解放 1 周年,并纪念"六二"反饥饿斗争 3 周年,校务委员会召开会议,定"六二"为山大校庆日。

6 月 7 日　学校学术审议委员会成立,冯沅君任主任,何作霖任副主任。

6 月 18 日　复校和新中国成立后第 1 届毕业生毕业典礼举行,共有文、理、工、农 4 院毕业生 226 名。

7 月 20 日　华东局教育部原则同意国立山东大学 1950 年招生计划,全校计划招生 800 名。8 月 11 日新生榜公布,录取一年级正式生 420 名,备取生 129 名,转学生 68 名。

9 月 27 日　华东军政委员会致政务院转中央教育部,决定将华东大学与山东大学合并办理。11 月 15 日华东军政委员会发电:经中央教育部批准,华东大学迁青岛与山东大学合并,成立迁并处理委员会,主任委员彭康,副主任委员陆侃如、张勃川,委员童第周、余修、罗竹风、刘椽、刘宿贤。

11 月 10 日　国立山东大学抗美援朝动员大会举行,344 人签名要求赴朝参战。

12 月 8 日　华东大学全校 1000 多名师生离开济南,迁往青岛。12 月 18 日彭康在青岛召集两校迁并处理委员会第 1 次会议。

1951 年

2 月 27 日　中央人民政府教育部发文,华岗任华东大学、国立山东大学合并后的山东大学校长。

3 月 13 日　两校迁并处理委员会第 20 次会议召开,教育部张宗麟宣布合校方案,设文、理、工、农、医 5 个学院 16 个学系,政治、艺术 2 个直属系,历史语言、海洋 2 个研究所。合并后的山东大学领导成员:校长华岗,副校长童第周、陆侃如。中共山东大学党组成员:书记华岗,委员余修、罗竹风、刘宿贤、崔戎、武杰;中共山东大学党委成员:书记刘宿贤,副书记崔戎、武杰。

3 月 19 日　1951 年开学典礼暨合校成功大会召开。

4 月 6 日　山东大学新的校务委员会第 1 次会议召开,校委会组成人员:主席华岗,委员童第周、陆侃如、何作霖、余修、罗竹风、刘椽、刘宿贤、吴富恒、郭贻诚、丁履德、陈瑞泰、潘作新、杨向奎、李先正、曾呈奎、许继曾、陈基建、樊翕、李文庵、王清和、沈汉祥、宋金声、傅宝瑞、张育瑾、高兰、武杰、张之湘、陈慎昭、沈福彭、金泽忠、穆瑞五、冯雁忱、秦文杰、王秀成、沈为霈,共 36 人。教务、总务及各院院长名单:教务长何作霖,副教务长余修、罗竹风;秘书长刘椽,副秘书长刘宿贤;图书馆馆长陆侃如(兼);文学院院长吴富恒,理学院院长郭贻诚,工学院院长丁履德,农学院院长陈泰瑞,医学院院长徐佐夏。

4 月 8 日　山东大学合校后第 1 届学生会成立大会召开,选出 25 名执行委员、6 名候补执行委员,王秀成任主席。

4 月 11 日　《新山大》报公布各室、所、系、科负责人名单:校长办公室主任崔戎,副主任孙思白;历史语言研究所所长杨向奎,海洋物理研究所代理所长赫崇本;中文系主任吕荧,副主任高兰;外文系主任吴富恒(兼),副主任梁希彦,英语组主任黄嘉德,俄语组主任方未艾;历史系主任杨向奎,副主任童书业、黄云眉;数学系主任李先正;物理学系主任郭贻诚(兼);化学系主任刘椽(兼);动物学系主任童第周(兼),副主任曲漱蕙;植物学系主任曾呈奎,副主任李良庆;地质矿物学系主任何作霖(兼),副主任胡伦积;土木工程学系主任许继曾;机械工程学系主任陈基建;电机工程学系主任樊翕;农艺学系主任李文庵;园艺学系主任李良庆;病虫害学系主任王清和;水产学系主任沈汉祥;解剖科主任沈福彭(兼骨科主任),生物化学科主任陈慎昭,药理科主任徐佐夏(兼),病理科主任金泽忠,细菌科主任田浩泉,寄生虫科主任马贤成,外科主任冯雁忱,皮肤科主任穆瑞五(兼内科主任),小儿科主任秦文杰,妇产科代理主任何森,检验科代理主任李元彩,X 光科代理主任卢筱英,耳鼻喉科代理主任梁福临,眼科主任潘作新(兼),牙科主任梁斌;政治系主任李仲融,副主任马亭;艺术系主任臧云远,美术组主任俞剑华,音乐组主任牟英;医学院附设高级护士学校校长王剑尘,副校长李铺。同时聘任各院秘书:文学院刘泮溪、理学院高哲生、工学院侯家泽、农学院茅乃纬、医学院陆光庭、历史语言研究所殷焕先。

4 月 26 日　校务委员会常委会决定,文、理、工、农 4 院学制为 4 年,医学院学制为 5 年。

5 月 1 日　《文史哲》杂志创刊,初为双月刊,1954 年 1 月改为月刊。1959 年 1 月停刊,1961 年 8 月复刊;1966 年 7 月再停刊,1973 年 10 月再次复刊。

5 月 13 日　山东大学合校后第 1 届工会代表大会召开,李先正任主席。

6 月 2 日　华东局教育部同意山东大学增设采矿工程学系,第 1 年计划招生 60 名。

6 月 11 日　1951 年招生计划确定,全校计划招生 950 名。8 月 21 日新生榜公布,录取一年级学生 686 名。

7 月 24 日　1951 年毕业典礼举行,全校毕业生 165 名。

9 月 16 日—18 日　山东大学合校后第 1 届团代会召开,选出中国新民主主义青年团山东大学委员会委员 19 名、候补委员 5 名。

9 月 17 日　华东局教育部下文,批准齐鲁大学的中国文学系、历史系合并到山东大学。

11 月 1 日　《新山大》报公布学习苏联经验,成立 3 个教研组、58 个教学小组。

11 月 10 日　童第周任筹委会主席的青岛教育工作者业余学院成立,陆侃如任院长,刘鸿宾任教务长。1954 年 8 月归青岛市文教局管理。

12 月 19 日　校务委员会常委会决定,将教职工底薪制改为工资分制。

1952 年

1 月 4 日　山东大学全面开展反旧教育思想、反贪污、反浪费、反官僚主义运动。4 月 19 日成立山东大学人民法庭,由 19 人组成审判委员会,华岗任审判长。

2 月 29 日　华东局教育部同意山东大学土木工程学系增设市政卫生工程组。

3 月 15 日　第 1 次校庆科学讨论会召开,全校提交论文 62 篇,华岗在开幕式上作《论毛泽东思想的本质》的学术报告。

6 月 7 日　校务委员会常委会决定,吴富恒任教务长,崔戎任副教务长,杨向奎任文学院院长,叶锦田任校长办公室主任。

8 月 19 日　山东大学院系调整动员委员会成立,华岗任主任委员,李芸生、童第周、陆侃如、吴富恒任副主任委员,崔戎等 20 人为委员。9 月院系调整工作结束,取消院一级建制,共设 10 个学系:中国语言文学系、历史学系、外国语言文学系、数学系、物理学系、化学系、动物学系、植物学系、水产学系、海洋学系。

9 月 11 日 1952 年毕业典礼举行,全校毕业生 315 名。

10 月 24 日 1952 年新生报到,全校招生 1102 名,27 日正式上课。

10 月 校党组、党委合一,华岗任党委书记,崔戎、武杰任副书记。

11 月 10 日 山东大学附设工农速成中学开学典礼举行,首批学员 140 余名,陆侃如兼任校长,赵凌任专职副校长,邵平任临时党支部书记。

12 月 15 日 校务委员会常委会决定,成立研究部,童第周兼任主任,郭贻诚、杨向奎任副主任。

12 月 29 日 校务委员会常委会决定,阎长泰任化学系主任,曲漱蕙任动物学系主任。

1953 年

1 月 30 日 校长办公会决定,山东大学学报编辑委员会由吴富恒等 15 人组成;《文史哲》编辑委员会由 10 人组成,杨向奎为主任。

3 月 第 2 次校庆科学讨论会召开,全校提交论文 94 篇。

4 月 4 日 高等教育部决定,河北水产专科学校停办,并入山东大学。9 月 8 日 8 名教师、16 名学生报到。

5 月 童第周在青岛第 1 次盟员大会上,当选民主同盟青岛支部主任委员。

6 月 8 日 高等教育部同意山东大学外文系英语组并入复旦大学外文系。

7 月 17 日 奉高等教育部指示,山东大学动物学系、植物学系合并为生物学系,陈机为系主任。

8 月 19 日 1953 年毕业典礼举行,全校毕业生 312 名。

9 月 山东大学马列主义教研室成立,崔戎任主任,吴大琨、赵俪生、蒋捷夫任副主任。

本月 根据全国综合性大学会议精神,山东大学确定设置汉语言文学、历史学、俄语、数学、物理学、化学、动物学、植物学、水产学、海洋物理学 10 个专业,建立 14 个教研室(组)。

10 月 10 日 1953 年参加全国统一招考的新生报到,共计 505 名,另有工农速成中学学员 320 名。

12 月 25 日 校长办公会议决定,成立山东大学科学研究委员会:主任委员童第周,副主任委员郭贻诚、徐佐夏、杨向奎,委员方宗熙、吴大琨、李先正、沈汉祥、冯沅君、梁希彦、赫崇本、刘遵宪、穆瑞五,共 13 人。

1954 年

1 月 15 日　中共青岛市委同意,中共山东大学委员会由华岗、崔戎、武杰、高云昌、蒋捷夫、巩念圣、张学铭、贺治明、叶锦田、赵凌、王从人、孙自平组成;华岗任书记,崔戎、武杰任副书记;由华岗、崔戎、武杰、叶锦田、高云昌 5 人组成常务委员会。中共山东大学纪律检查委员会由武杰、叶锦田、高云昌组成,武杰任书记。

3 月 15 日　1954 年校庆大会举行,全校提交论文 120 余篇,华岗作《综合大学如何开展科学研究工作》报告。

同日　1953 年寒假毕业典礼举行,毕业生共计 63 名。

5 月 28 日　校长办公会议决定,高兰任中文系主任。

8 月 20 日　1954 年暑假毕业典礼举行,全校毕业生 148 名。

8 月 24 日　1954 年新生报到,全校招生 586 名(含朝鲜留学生 8 名),9 月 3 日正式上课。

9 月　《文史哲》杂志发表 1954 届毕业生李希凡、蓝翎的《关于"红楼梦"简论及其他》的文章,引发国内外学术界的强烈反响。

1955 年

1 月 7 日　中共青岛市委决定,山东大学党委审干小组由崔戎等 5 人组成,崔戎任书记,高云昌任副书记。

3 月 6 日　中共青岛市委决定,山东大学党委成立组织部和宣传部。3 月 11 日中共青岛市委同意高云昌兼任中共山东大学纪律检查委员会书记。

3 月 25 日　校长办公会议决定,外文系教授黄嘉德兼任图书馆馆长。

5 月 29 日　中共山东大学第 1 届代表大会召开,6 月 5 日选出党委成员,华岗任书记,崔戎任副书记,华岗、崔戎、房金堂、高云昌、贺治明为常委,邱锡斌任纪检委书记。

7 月 2 日　校党委发出《关于传达省委开展批判胡风运动的指示的重点》的通知。

7 月 27 日　高等教育部、教育部通知:工农速成中学停止招生。

8 月 11 日　高等教育部下达关于山东大学迁往河南建立新校的通知。14 日刘椽、董树德赴郑州,分任建校办事处正、副主任。

8 月 13 日　中共青岛市委同意,高云昌兼任山东大学党委组织部部长,房金堂兼任宣传部部长。

8 月 25 日　中共山东省委决定,对华岗进行隔离反省。华岗去职后,副校长童第周主持行政工作,副书记崔戎主持党委工作。

8月30日 校长办公会议决定,萧涤非任中文系主任。

9月15日 1955年新生开学上课,全校招生670名。

9月17日 1955年暑期毕业生派遣,共计327名。

10月29日 山东大学学生会第8届代表大会举行,乔幼梅任主席。

11月20日 山东大学工会第6届代表大会举行,王祖农任主席。

11月 九三学社青岛分社成立,陆侃如任主任委员,徐佐夏任副主任委员。

1956 年

2月3日 根据高等教育部会议精神,山东大学不迁河南。

3月14日 1956年校庆大会召开,会上奖励优等学生94名。

3月21日 青岛市肃反委员会决定,成立山东大学党委肃反运动小组,由7人组成,高云昌任组长,巩念圣任副组长。

3月22日 青岛市委文教部同意,中共山东大学委员会由崔戎、高云昌、房金堂、巩念圣、邱锡斌、邵平、王滋才、王从人8人组成。3月31日中共山东大学第2届代表大会召开,选举党委委员17人,崔戎任书记,丛立任副书记,房金堂、高云昌、贺治明、叶锦田、蒋捷夫为常委。

5月16日 接高等教育部通知,经国务院批准,山东大学暂留青岛,就现有校舍容量招生,必要时迁往济南。

5月24日 青岛医学院独立建院筹备委员会成立。7月31日山东大学党委报批山大、青医两校党委组成人员。

6月1日 《文史哲》编委会改由陆侃如、吴富恒负责;黄云眉代理历史系主任,1957年5月11日任系主任。

6月13日 中共青岛市委决定,丛立、高云昌任山东大学党委副书记。6月14日决定韩文任山东大学党委宣传部部长。

6月29日 中共青岛市委常委会批准,邵平任山东大学附设工农速成中学校长。

7月9日 国务院任命山东省副省长晁哲甫为山东大学校长,杨希文为副校长。

8月10日—26日 基于"百花齐放、百家争鸣"方针,由童第周等发起、中国科学院和高等教育部主持的遗传学座谈会的青岛召开。

8月23日 中共青岛市委批准,中共山东大学委员会由晁哲甫、叶锦田、房金堂、高云昌、蒋捷夫、杨希文、贺治明、王承瑞、赵子安、邱锡斌、戴钊、巩念圣、刘华、赵觉、徐圭鑫、王从人、邵平17人组成,并由晁哲甫、叶锦田、房金堂、高云昌、蒋捷夫、杨希文、贺治明组成常委会。

8 月 25 日　1956 年毕业典礼举行,全校毕业生 413 名。

9 月 3 日　1956 年新生开学上课,全校招生 917 名(含朝鲜、越南留学生 10 名)。

9 月 14 日　中共山东省委决定,晁哲甫任山东大学党委书记,叶锦田、高云昌、房金堂任副书记。

10 月　高等教育部批准山东大学中文系、历史系招收副博士研究生,当年录取 4 人。

12 月 10 日　中共青岛市委常委会批准,邱锡斌任山东大学党委组织部部长,金里任共青团山东大学委员会书记。

1957 年

2 月 23 日　1957 年科学研究计划呈报高等教育部审批,全校共列研究项目 228 项,参加教师 196 人。4 月 8 日设立科学研究处,王祖农任处长。

5 月　校党委根据中共中央整风运动的指示,发动全校师生帮助整风。6 月 8 日根据中共中央《组织力量反击右派分子的猖狂进攻》的指示,在整风运动中开展反右派斗争。同日中共山东省委派何匡任山东大学党委副书记。

6 月 22 日　接高等教育部指示,山东大学外文系学生暑假并入上海外国语学院,外文系名义自 1957 年 8 月 1 日起暂时撤销,原有 3 个教研组调整为外国语言文学教研组、俄语教研组,

7 月上旬　反右斗争告一段落,陆侃如、束星北等 204 人被划为右派。

8 月 31 日　1957 年毕业典礼举行,全校毕业生 287 名(含研究生 2 名)。

9 月　高等教育部同意,山东大学海洋学系海洋物理专业改为海洋水文专业,海洋气象教研组扩充为海洋气象学专业。

1958 年

3 月　校勤工俭学指导委员会成立,杨希文任主任委员。

4 月　山东大学党委副书记何匡奉调省委;7 月 17 日山东大学党委副书记张滨黄到任。

5 月 26 日　山东省教育厅批准,山东大学举办函授教育和夜大学,函授教育开设中文、数学、历史、生物 4 个专业;夜大学开设中文、历史、哲学 3 个专业。7 月 4 日开始招生。

7 月 2 日　教育部同意,山东大学增设地质地貌学系,由长春地质学院协助

筹办。

7月23日 学校决定,机构设置取消处级组织,教务长、总务长直接领导科,人事科由校长领导。

7月29日 接教育部电,山东大学归山东省领导。时,山东大学共有学生2864名,教职工755名。

8月18日 中共山东省委常委会批准,王显周任山东大学总务长。

9月2日 校党委召开干部会议,传达中央关于成仿吾任山东大学校长兼党委书记的决定。山东大学党委常委由成仿吾、张滨黄、杨希文、叶锦田、高云昌、房金堂、吴富恒、张琳、王显周、蒋捷夫、贺治明、高登仁12人组成,张滨黄、杨希文、叶锦田、高云昌、房金堂任副书记。山东大学校务委员会由成仿吾、张滨黄、杨希文、吴富恒、张琳、王显周、梁希彦、房金堂、姜炳坤、白端云、章茂桐、刘泮溪、蒋维崧、冯沅君、萧涤非、高亨、张健、陆凡、黄嘉德、金诗伯、蒋捷夫、孙思白、韩连琪、黄云眉、童书业、王仲荦、郑鹤声、李先正、张学铭、莫叶、谢联棻、叶锦田、余寿绵、郭贻诚、王普、王承瑞、阎长泰、邓从豪、尹敬执、徐国宪、王祖农、黄哲、周才武、沈汉祥、薛廷耀、邹源琳、赫崇本、唐世凤、贺光、丘捷、傅宝瑞51人组成,成仿吾任主任委员,张滨黄、杨希文任副主任委员。

9月5日 1958年毕业生派遣完毕,全校毕业生325名。

9月20日 山东大学人民公社成立大会召开,选举社长、副社长、社委。

9月23日 校党委召开扩大会议,传达中共山东省委关于山东大学迁济南的决定。9月26日起分批行动,至10月24日搬迁完成。

1959年

2月19日 中共青岛市委公布中共山东大学(青岛)委员会委员由高云昌、刘欣、洪波、杨润圣、糜白辰、邵平、贺光、宗志文、孙风山、姜洪仁、刘忠远11人组成。

3月30日 中共中央批准山东省委3月2日呈报的《关于成立山东海洋学院的请示报告》,设置海洋水文气象学系、海洋物理学系、海洋化学系、海洋生物学系、水产学系5个系。

3月31日 中共山东省委派曲相升主持山东海洋学院(中国海洋大学前身)工作。7月9日中共山东省委决定,曲相升任山东海洋学院院长兼党委书记。

参考文献

一、史籍类

(一)通史、专题史

[1]白寿彝.中国通史:第12卷[M].上海:上海人民出版社,1999.

[2]中共中央党史研究室.中国共产党历史:第1卷[M].北京:中央党史出版社,2002.

[3]中共中央党史研究室.中国共产党历史:第2卷(1949—1978)[M].北京:中央党史出版社,2011.

[4]费正清,费维恺.剑桥中华民国史(1912—1949年)[M].刘敬坤,等译.北京:中国社会科学出版社,1994.

[5]麦克法夸尔,费正清.剑桥中华人民共和国史·革命的中国的兴起(1949—1965)[M].谢亮生,等译.北京:中国社会科学出版社,1990.

[6]安作璋.山东通史:现代卷[M].北京:人民出版社,2009.

[7]《民国山东通志》编辑委员会.民国山东通志[M].台北:山东文献杂志社,2002.

(二)教育史

[8]熊明安.中国高等教育史[M].重庆:重庆出版社,1983.

[9]毛礼锐,沈灌群.中国教育通史:第5卷[M].济南:山东教育出版社,1985.

[10]何东昌.中华人民共和国教育史[M].海口:海南出版社,2007.

[11]田正平.中国教育史研究:近代分卷[M].上海:华东师范大学出版社,2009.

[12]赵承福.山东教育通史[M].济南:山东人民出版社,2001.

[13]栾开政.山东高等教育发展史(1840—2000)[M].济南:山东教育出版社,2003.

[14]刘增人,王焕良.青岛高等教育史:现代卷[M].北京:人民出版社,2008.

(三)校史

[15]山东大学校史编写组.山东大学校史(1901—1966)[M].济南:山东大学出版社,1986.

[16]《山东大学百年史》编委会.山东大学百年史(1901—2001)[M].济南:山东大学出版社,2001.

[17]《山东农业大学史》编委会.山东农业大学史(1906—2006)[M].泰安:山东农业大学电子音像出版社,2006.

[18]钱国旗.青岛大学校史[M].北京:中央文献出版社,2014.

[19]张静.中国海洋大学大事记[M].青岛:中国海洋大学出版社,2014.

[20]青岛医学院史志办公室.青岛医学院院志(1946—1995)[Z].1996.

二、史料类

(一)校史资料

[21]私立青岛大学.私立青岛大学一览[Z].1924.

[22]国立青岛大学.二十年度国立青岛大学一览[Z].1931.

[23]国立山东大学.国立山东大学一览[Z].1933;1935.

[24]国立山东大学.国立山东大学年刊[Z].1936.

[25]私立青岛大学.青大旬刊[N].1924—1929.

[26]国立青岛大学.国立青岛大学周刊[N].1930—1932.

[27]国立山东大学.国立山东大学周刊[N].1932—1937.

[28]国立山东大学.国立山东大学校刊[N].1946—1949.

[29]国立山东大学.国立山东大学概览[Z].1948.

[30]国立山东大学.山大生活[N].1949—1951.

[31]山东大学.新山大[N].1951—1958.

[32]山东大学.文史哲[J].1952—1958.

[33]山东大学.山东大学学报[J].1952—1958.

[34]山东大学校史编写组.山东大学校史资料[Z].1981—1996.

(二)人物传记、年谱与纪念文集

[35]山东大学青岛校友会.山东大学(青岛)人物志[M].北京:海洋出版社,1991.

[36]刘荫灏.晁哲甫纪念文集[M].济南:山东大学出版社,1998.

[37]刘培平.战士·学者·校长:华岗同志百年诞辰纪念文集[M].济南:山东大学出版社,2003.

[38]刘海军.束星北档案——一个天才物理学家的命运[M].北京:作家出版社,2005.

[39]魏世江.走近海大园[M].青岛:中国海洋大学出版社,2007.

[40]《王普先生纪念集》编委会.王普先生纪念集[M].济南:山东科学技术出版社,2011.

[41]季培刚.杨振声年谱:上册[M].北京:学苑出版社,2015.

[42]杨洪勋.才华内蕴——赵太侔[M].青岛:中国海洋大学出版社,2020.

(三)档案与报刊

[43]私立青岛大学请拨补助费的函批[A].青岛:青岛市档案馆(1924:B0029-001-02090).

[44]转行政院关于国立青岛大学更名国立山东大学原校长杨振声免职任命赵畸为校长的公函[A].青岛:青岛市档案馆(1932:B0032-001-00421-0024).

[45]关于聘周钟岐为国立山东大学复校筹备主任前山大通讯处自六月一日结束的函[A].

青岛:青岛市档案馆(1946:B0032-001-00073-0076).

[46]关于公布本府教育厅厅长王哲兼任山东大学校长的通令[A].青岛:青岛市档案馆(1946:C0028-002-00011-0014).

[47]一九三四年六月五日教育部给山东大学的训令[A].济南:山东省档案馆(1934:J110-01-485).

[48]为恢复山东大学并推荐杜光埙为该校校长与教育部的往来件[A].济南:山东省档案馆(1946:J101-09-0747-006).

[49]青岛海滨生物研究所代表大会会议记录[A].南京:中国第二历史档案馆(1946:393-625).

[50]一年来的工作检查和整改意见(初稿)[A].济南:山东大学档案馆(1959:WSHX-1959-007).

[51]教部筹备设青岛大学委何思源等为筹备委员[N].大公报,1929-06-17.

[52]青岛大学行开学典礼[N].申报,1930-09-29.

[53]废年·除夕·青岛·山大一夜狂欢 笑神老舍大显身手[N].益世报,1935-02-09.

[54]赵畸辞职 教部业经照准[N].正报,1936-06-22.

[55]孟教育局长昨视察山大[N].青岛公报,1945-11-01.

[56]山大农艺系高才生扈克强厌世轻生 在太平角自缢丧命[N].民言报(晚刊),1947-04-16.

[57]青岛山大学生盛大游行欢庆解放[N].胶东日报,1949-06-06.

[58]山东大学教职员和学生热烈学习全国人民代表大会文件[N].青岛日报,1954-10-29.

[59]青岛订出知识分子工作规划[N].光明日报,1956-08-21.

三、研究类

(一)研究著述

[60]大塚丰.现代中国高等教育的形成[M].黄福涛,译.北京:北京师范大学出版社,1998.

[61]金以林.近代中国大学研究:1895—1949[M].北京:中央文献出版社,2000.

[62]阿特巴赫,马越彻.亚洲的大学——历史与未来[M].邓红风,主译.青岛:中国海洋大学出版社,2006.

[63]田虎伟.中国高等教育研究方法的反思与重构[M].北京:中国社会科学出版社,2009.

[64]周洪宇.学术新域与范式转换 ——教育活动史研究引论[M].武汉:华中科技大学出版社,2011.

[65]潘懋元.理论自觉与实践建构:高等教育的历史、现实与未来[M].北京:北京师范大学出版社,2014.

(二)博士学位论文

[66]谢雪峰.从全面学苏到自主选择——中国高等教育与苏联模式[D].武汉:华中理工大学,2000.

[67]黄启兵.我国高校设置变迁的制度分析[D].南京:南京师范大学,2006.

[68]贺金林.抗战胜利后国民政府教育复员研究[D].广州:中山大学,2007.

[69]柳轶.国民党对学生运动的控制研究(1919—1949年)[D].长春:东北师范大学,2013.

[70]孙宜山.华岗学术思想研究——革命语境下的求真探索[D].济南:山东大学,2014.

(三)报刊论文

[71]余子侠.抗战时期高校内迁及其历史意义[J].近代史研究,1995(6):167-178.

[72]张斌贤.中外近代高等教育发展机制的比较研究[J].高等师范教育研究,1997(4):75-81.

[73]杜成宪.20世纪关于中国教育史分期问题的探索[J].华东师范大学学报(教育科学版),2000,18(3):85-90.

[74]高宝立.中国高等教育研究:进展、问题与前景[J].教育研究,2003,(7):26-31.

[75]徐晓楚.真的是"苏联模式"吗?——对20世纪50年代初院系调整的一些思考[J].高等理科教育,2010(6):15-18.

[76]陈廷湘.政局动荡与学潮起落——九一八事变后学生运动的样态及成因[J].历史研究,2011(1):67-87.

[77]马晓雪.论国立青岛大学时期杨振声的教育思想及实践[J].四川大学学报(哲学社会科学版),2017(2):170-176.

[78]王少芳,吴霓.民国时期对世界高等教育知识的引进与接受[J].江西社会科学,2018(10):170-178.

[79]刘子凌.民国大学外语教育与新文学的关系之一例——以国立山东大学为中心[J].中国现代文学研究丛刊,2019(10):247-259.

[80]王学典."红楼梦研究"大批判缘起揭秘[N].中华读书报,2011-09-21(5).

[81]储朝晖.教育改进的想象与实证[N].光明日报,2015-05-12(14).

四、外文类

[82]SEYBOLT P J,HU S M,SEIFMAN E.Toward a New Worlds Outlook:ADocumentary History of Education in the People's Republic of China,1949-1976[M]. New York:AMA Press,Inc.,1976.

[83]CLARK B R.The Higher Education System:Academic Organization in Cross-National Perspective[M].Berkeley Los Angeles London:University of California Perapective,1983.

[84]HAYHOE R.China's Universities 1895-1995:A Century of Cultural Conflict[M]. New York:Garland Press,1996.

[85]『文化戦略』としての大学設置をめぐる日中対立:1920年代前半の青島商科大学構想と私立青島大学設立をめぐって[J].日本国際文化学会年報,2011(9):114-129.

后　记

　　毋庸讳言,我在《后记》唯一要坦白的问题是,何以敢冒"谁动了我的奶酪?"之不题编修山东大学在青岛的办学史。不晓得当年台湾学者苏云峰先生撰写清华大学校史是否被"鬼使神差",反正我没有接受任何单位的授意。

　　至于何时动了此番心思,无从说起。只记得小时候听长辈们说,青岛有座八关山,那是值得所有青岛乃至山东的读书人"朝圣"的地方。以后能记忆杨振声、赵太侔、华岗、晁哲甫、成仿吾,还有林济青,以及闻一多、老舍、洪深、冯沅君、杨向奎、黄际遇、汤腾汉、曾省、童第周、张㳇甫、丁燮林、赫崇本、沈福彭、宋君复等众多教坛名宿、学术巨匠名字的时候,我被他们走过的淹塞岁月、穿越的寥廓时空惊呆了。然而,令我终生遗憾的是,由于愚钝无能加之生不逢时,及至花甲仍无缘于八关山——既未在此读过书,也未在此工作过。万般懊恼与无奈倒刺激我痛下决心以第三方的视角编修这部史稿,而全不在乎八关山的主人们如何看我。我较陶英惠、苏云峰、李喜所、熊月之等职业私著史家出道也晚,实不敢与科班学者比试身手。我只期待这部史稿能给阅读需求者以帮助,只求后人给出这样的评价:《山东(青岛)大学史:1929—1958》真实、客观地反映了山东大学在青岛30年的办学历程,是一部靠谱儿的实录。仅此而已。

　　山东大学是中国近代高等教育的源头性大学,迄今已有120年的办学史。承认这一事实意味着应当投以足够的目光观照其间30年选址青岛的办学历程——自1929年6月南京政府确定以"国立青岛大学"之名,将不克筹办的国立山东大学从济南迁移青岛,到1958年10月以"山东大学"之名从青岛回迁济南。我要回答的是为期30年的青岛办学史何以创造了山东大学百廿年史上的两个"黄金期",及"海洋学科远东第一""生物学科全国最好"和"文史见长"三大美誉。这两个"黄金期"和三大美誉为中国教育史学界所公认,每每让山东大学及中国海洋大学等高校津津乐道,已被齐鲁坊间学者及官方史家费尽笔墨大书特书。老实说,我无意在历史的喧嚣处拥挤,更没有什么功利性目的,编修这部史稿只为实现魂萦梦绕的夙愿,以慰藉那些跟我谈及八关山前辈们的英灵。

　　其实,中国史学界对于大学校史写作的思维定式、墨守成规,以致浮谈无根、曲解误读的不满由来已久,大学校史编修实不乏"内卷化"弊窦。是故"居今识古,其载籍乎"。大学是人类有史以来最能促进社会变革的机构,中国的大学又总是处于社会改造和文明进步的前沿。大学校史作为历史研究的一个独特视角,就是要透射大学系统如何决定行动和实现变革的。山东大学百廿年的发展之路伴随着中国波澜壮阔的历史进程,跌宕起伏,几度变迁,而最激越动荡的岁月正是 1929—1958 年的青岛办学时期。考验史家的,不仅是如何静态地描述山东大学在青岛办学的校制沿革、院系更迭与学科流变,还更是怎样动态地将山东大学在青岛的办学史置于中国政治中心南北播迁、山东文化中心东西转移的历史图景中,怎样展示栖身于八关山下的杨振声等人在青岛这座远离京沪的"文化边城"创造出两个"黄金期"和三大美誉,于岁月的留声处去体悟罗荣桓、郭永怀、臧克家、俞启威、何炳棣、黎锦扬、张致一、陈振麓、李希凡、项怀诚、郝建秀等学子鲜活丰富的青春记忆,以及弦歌不辍、薪火相传背后深远而根固的生命气息。说到底,这 30 年山东大学在青岛的"历史指纹"究竟在哪里?尤其是如何实现从民国大学到共和国高校的丕变?这一切如何通过出自校外不带成见、约束主观的私著史稿真实呈现?

诚然,挖掘和淘洗史料,我比任何一位职业校史编撰者付出得都多。因为选择了山东大学在青岛办学的历史截面,就必须在宏观视野之下,耐心冷静地爬梳 1929—1958 年所有有关山东大学的微观讯息,屡经"踏破铁鞋无觅处"之烦恼,却不求"得来全不费工夫"之幸运。这常常使我在倾心聆听历史的原声时生发出长久的羡慕与好奇,傅斯年的"材料越生越好"一说为我支起了一个开阔而生动的面向,由此可避热衷熟稔史料惯行的囿于成见、预设在先之弊。基于截面史范式的追求,我不循职业史家的路数,而靠第三者的悟性和感应融通力,用 60 万字的篇幅及直观、典型化的图表谋求私著史稿的充分必要性和无可替代性。我想,采借和吸收教育学、历史学外其他领域的方法和路径,可求一反窠臼之效;从已有校方史著有意无意的遮蔽和疏漏处入手,可以展现那些鲜为人知的大学生活图景。庶几或可免被后人责备,那种批评能叫人耳痛。特别是站在 2016 年山东大学在青岛重建校区,以及庚子百年未有之大变局的历史节点思考校史编修,可能攸关大学未来走向甚或道路选择。

在山东大学漫漫百廿年的发展旅程中,识论之纷繁歧异酷若万花之筒,百廿年已尽,评说仍未达其本柢。尽管我谨遵"唯文献存史"之原则,经年研磨,皓首孤灯,但凭一己之力和一孔之见对山东大学在青岛 30 年的办学历史难以钩稽完备,舛错传讹何敢言谅。在此恳请方家,有以匡正,殊为厚幸。

罗广顺

2021 年小雪